D1695458

Friedrich Oberkogler

TIERKREIS- UND PLANETENKRÄFTE IN DER MUSIK

Vom Geistgehalt der Tonarten

Friedrich Oberkogler

TIERKREIS- UND PLANETENKRÄFTE IN DER MUSIK

Vom Geistgehalt der Tonarten

Novalis Verlag

Gesamtherstellung:
Freiburger Graphische Betriebe
Freiburg i. Br.
ISBN 3-7214-0590-0

Inhaltsverzeichnis

Vorwort

Dieses Buch ist in der Absicht geschrieben worden, das musikalische Bewußtsein wieder stärker auf die Verbundenheit unserer Musik mit den geistig-kosmischen Realitäten zu lenken. Jahrtausende sprachen von einer «Sphärenmusik», einer «musica mundana», als deren klingendes Abbild die vom Menschen geschaffene Musik verstanden und erlebt wurde. So war es mein Anliegen, jene kosmischen Zusammenhänge, die einst zu dem Begriff einer Sphärenharmonie geführt haben, konkret aufzuzeigen; darzustellen, wie diese Sternenkräfte einer Weltenmusik ganz exakt in unser irdisches Klanggeschehen hereinwirken. Wobei ich mir bewußt bin, daß es nicht mehr als ein bloßer Versuch zur Wiedergewinnung eines kosmisch-orientierten Musikerlebnisses sein kann. Mit Dank habe ich dabei der Arbeit Hermann Beckhs zu gedenken, der mit seiner «Sprache der Tonart» uns als erster eine kosmische Perspektive zu den Tonarten aufgezeigt hat.

Ich habe in meiner Betrachtung jene Musikepoche herausgegriffen, in der das europäische Musikschaffen seine bisher unerreichten Gipfelpunkte erreicht hat und in deren harmonischen Strukturen die Verbundenheit mit den Tierkreis- und Planetenkräften sich vielleicht am sinnenfälligsten darstellt: das Tonartengefüge unserer Dur- und Moll-Tonleitern. Doch sei mit dieser Wahl gleichzeitig betont, daß die sphärenharmonikale Verbundenheit für alle Formstrukturen unserer Musik Geltung hat, und sie bei den mittelalterlichen Kirchentönen ebenso gefunden werden kann wie in dem musikalischen Schaffen unseres Jahrhunderts.

Um den spirituellen Gehalt einer Tonart zum Ausdruck zu bringen, schien es mir geboten, jene Darstellung zu Hilfe zu nehmen, die Rudolf Steiner in den «Zwölf Stimmungen» gegeben hat. Es soll durch diese Gegenüberstellung das Tönend-Unhörbare bewußtgemacht werden, was der einzelnen Tonart ihren spezifischen Charakter verleiht. Um jedoch ein umfassendes Verständnis für den vielschichtigen Charakter einer Tonart gewinnen zu können, mußte auch die Wirkung jener sphärenharmonikalen Kräfte auf die Menschenseele miteinbezogen werden. Dies bezieht sich aber allein auf die Wirkungsweise der einzelnen Tierkreissphäre; eine «Deutung» im astrologischen Sinne lag meiner Absicht völlig fern.

Um ein praktisches Einhören in die aufgezeigten Phänomene zu ermöglichen, wurde den Musikbeispielen größerer Raum gegeben. Denn nicht allein auf eine bloße Orientierungshilfe und ein theoretisches Erfassen kam es mir an, sondern auf ein erlebnismäßiges Vertiefen, durch welches dem Leser ein allmähliches Empfinden für die aufgezeigten Zusammenhänge erstehen kann. Die Beispiele sind so ausführlich wiedergegeben, daß man sich das volle harmonische Klangbild am Klavier selbst vergegenwärtigen kann. Daß es sich dabei nur um eine verschwindend kleine Auswahl handeln kann, bedingt der Umfang des Buches.

Was schließlich den Aufbau meiner Betrachtung betrifft, ist der erste, allgemeine Teil als musiktheoretische Unterbauung zum eigentlichen Tonartenteil gedacht. Der Laie, dem es nicht so sehr auf eine solche Fundierung ankommt, wird daher über manche Abschnitte hinweglesen können. Ganz überschlagen sollte er sie jedoch nicht, da in den Tonarten-Kapiteln immer wieder darauf zurückgegriffen und zumindest eine allgemeine Kenntnis des Inhaltes vorausgesetzt wird. Für den Musiker sind diese theoretischen Darstellungen freilich bloße Binsenwahrheiten, aber sie könnten durch den besonderen Gesichtspunkt, der ihnen zugrunde liegt, eine interessante Ergänzung und Bereicherung sein und manchem Zweifler vielleicht einen Weg aufzeigen, der ihm das Hereinwirken der Tierkreis- und Planetenkräfte einsichtiger werden läßt.

So übergebe ich dieses Buch als Niederschlag einer Jahrzehnte währenden Beschäftigung mit den in ihm aufgezeigten Phänomenen der Öffentlichkeit, die in einer Zeit des technischen Fortschrittsglaubens seinen Inhalten gewiß nicht ungeteilt gewogen sein wird, die aber in manchem ihrer hervorragendsten Vertreter doch auch der Auffassung ist, daß ein rein diesseitsbezogenes Denken nicht ausreicht, um all die schwierigen Probleme unseres Menschseins zu lösen, und die sich daher wieder bewußt zu einem scheinbar verklungenen Wissen hinwendet. Möge der hier aufgezeigte Weg allen jenen eine Orientierungshilfe und Richtungsweise sein, die nach Wiedergewinnung der sphärenharmonikalen Geheimnisse in unserer Musik streben.

Wien, im Mai 1987   Friedrich Oberkogler

ERSTER TEIL

Allgemeine Aspekte
als Voraussetzung
zum Verständnis
einer Sprache der Tonarten

Einleitung

«Sieh, wie die Himmelsflur
Ist eingelegt mit Scheiben lichten Goldes!
Auch nicht der kleinste Kreis, den du da siehst,
Der nicht im Schwunge wie ein Engel singt,
Zum Chor der hellgeaugten Cherubim.
So voller Harmonie sind ew'ge Geister.
Nur wir, weil dies hinfäll'ge Kleid von Staub
Ihn grob umhüllt, wir können sie nicht hören.»
(Shakespeare, «Der Kaufmann von Venedig»)

Wenn wir von Tierkreis- und Planetenkräften in der Musik sprechen, dann berühren wir damit ein seit Urzeiten in der Menschheit bekanntes und immer wieder erwähntes Phänomen: die *Akróasis* (wörtlich: Anhörung), die Lehre von der *Harmonie der Welt:* «Und Gott *sprach!*»

Der 19. Psalm schildert diese «Durchtönung» der Welt mit aller Eindringlichkeit:

«Die Himmel erzählen die Ehre Gottes, und die Feste verkündigt das Werk seiner Hände. Ein Tag sagt es dem andern, und eine Nacht tut es der andern kund – ohne Sprache, ohne Worte, mit unhörbarer Stimme. Ihr Klingen geht durch alle Lande, ihr Reden bis zum Ende der Welt.»

Zahllos sind die Zeugnisse der Menschheitsgeschichte von der Klangemanation eines ur-tönend Göttlichen, durch das sich die Weltschöpfung einst vollzogen hatte. Der «Urklang der Welt» stand für den Inder zu Anbeginn alles Seins, und das Auftönen der zwölf absoluten «Lü» – der sphärischen Tonorte – war für den Chinesen die Manifestation eines absoluten musikalischen Raumes. Von den alten orientalischen Hochkulturen, über China, Griechenland bis in unsere europäische Neuzeit blieb das Wissen um die Bilde- und Gestaltungskraft einer tönenden Weltenmusik lebendig. Und diese von einer «musica mundana» erfüllten Schöpfungsberichte uralter Menschheitskulturen sind keine intellektuelle Spekulation; vielmehr bilden sie den Niederschlag dessen, was ein einstiges, noch nicht so stark im Physisch-Sinnlichen verhaftetes Bewußtsein erlauschen konnte von jenem kosmisch-ätherischen Melos, das bildend und gestaltend die Dinge der Sinneswelt durchklang und seither geheimnisvoll in ihnen ruht. Uns Heutigen ist diese Welt stumm geworden, nur das «innere Ohr» des Dichters vermag die Äther-Melodie, ihren verzauberten Rhythmus noch zu erahnen, die sich in Pflanzen, Kristallen, in Bäumen, Seen und Bergen einst hineingesungen hat:

«Schläft ein Lied in allen Dingen,
Die da träumen fort und fort,
Und die Welt hebt an zu singen,
Triffst du nur das Zauberwort.»
(Eichendorff, «Sängerleben»)

Daß die Welt *tönt*, daß das Universum *singt*, daß Himmel und Erde eine auf *Harmonie* gegründete Ganzheit darstellen, war bei allen orientalisch-antiken Kulturvölkern in jeweils abgewandelter Bildgestalt sich darstellend, ein immer wiederkehrender Grundgedanke. So erlebte sich nach brahmanischem Schöpfungsbericht der Urmensch als ein *«durchsichtiges, leuchtendes, tönendes, durch die Lüfte dahinschwebendes Wesen, das erst allmählich zur Erde herabsinkt, seine Durchsichtigkeit und Leuchtkraft einbüßt und als letzten Rest klingender Existenz seine Stimme behält.»*[1] Und die Lehre des Pythagoras, des Entdeckers der quantitativen Beziehungen der Intervalle, nahm ihren Ausgang von der sphärenharmonikalen Ordnung des Kosmos, wobei die *Zahl* die eigentliche «Substanz» der Dingwelt war. *Plato*, mit der pythagoreischen Lehre eng verbunden, hat dies in seinem Timaios-Dialog zur Darstellung gebracht. In konkreten Zahlenverhältnissen schildert er die Abgliederung der «Weltseele» von einer allgemeinen, umgreifenden göttlichen Seelensubstanz:

«Zuerst nahm er» – es ist die Rede vom göttlichen Schöpfer – *«einen Teil von dem Ganzen weg, darauf das Doppelte desselben, zum dritten sodann das Anderthalbfache des zweiten Teils, zum vierten das Doppelte des zweiten, zum fünften das Dreifache des dritten, zum sechsten das Achtfache des ersten und zum siebten das Siebenundzwanzigfache des ersten.»*[2]

Diese Zahlenoperation hört sich schwieriger an, als sie in Wahrheit ist. Schreibt man nämlich die angegebenen Zahlen der Reihe nach an: 1, 2, 3, 4, 9, 8, 27 –, so kann man unschwer feststellen, daß sie sich in die beiden aus der gemeinsamen Eins hervorgehenden Potenzreihen von 2 und 3 gliedern: 4 als 2^2, 9 als 3^2, 8 als 2^3 und 27 als 3^3. Aus dieser Potenzschreibweise ist abzulesen, wie Plato den göttlichen Weltenbaumeister die Weltseele sich aus der Eins bzw. aus der Trinität der ersten drei Zahlen weben läßt. Dieses Teilungsverhältnis ist aber gleichzeitig auch ein *tönendes*. Denn würden wir diese Zahlen als Intervallzahlen von Tönen deuten, und den Ton C mit der 1 gleichsetzen, dann ergäbe sich folgende Tonreihe:

1	2	3	4	8	9	27
C	c	g	c'	c''	d''	a'''
	2/1	3/2	4/3	2/1	9/8	3/1

An Intervallen tritt uns damit entgegen:

2/1: die reine Oktave
3/2: die reine Quinte
4/3: die reine Quarte
9/8: der große Ganzton
3/1: die Quinte der Oktav: Duodezime

Setzt man diese Zahlenoperation gemäß der noch folgenden platonischen Darstellung fort, wie dies Ernst *Bindel* in seiner Arbeit über *«Die Zahlengrundlagen der Musik im Wandel der Zeiten»*[3] in exakter Weise durchgeführt hat, dann offenbart uns dieser göttliche Schöpfungsakt eine Skala, die aus zwei völlig gleichen

Tetrachorden besteht und zwei Intervalle, nämlich «Tonos» und «Limma» aufweist, die annähernd unserem heutigen Ganzton- und Halbtonschritt entsprechen. Würden wir damit den Oktavraum von unserem heutigen e′ nach e – im Sinne des antiken Skalenerlebnisses – nach abwärts durchschritten – ausfüllen, ergäbe sich folgendes Resultat:

$$e' \quad d' \quad c' \quad h \qquad und \qquad a \quad\quad g \quad\quad f \quad\quad e$$
$$\ T \quad\ T \quad\ L \qquad\quad (T) \qquad\quad T \quad\quad T \quad\quad L$$

Die Skala, die aus der hier skizzierten Zahlenoperation resultiert, läßt sich mit keiner der sieben alten «harmoniai» der Griechen vergleichen, da sie an Regelmäßigkeit ihrer Gliederung alle übertrifft. Auch dürfte es unserer Aufmerksamkeit nicht entgangen sein, daß diese, später als *dorische* Skala fungierende Tonreihe in ihrer Anordnung von Ganz- und Halbtönen genau unserem heutigen *Dur* entspricht.

Die Richtungsumkehr des Leitererlebnisses, die uns ihre Tonfolge von einem Grundton ausgehend nach aufwärts durchschreiten läßt, bringt erst die nachchristliche Zeit. Sie bedeutet ein wichtiges Symptom für den Bewußtseinswandel, den das Ereignis der Zeitenwende der europäischen Menschheit gebracht hat. Der menschheitliche Inkarnationsprozeß, wie ihn einst die brahmanische Schöpfungslehre verkündet hatte, ist an sein Ende gekommen; der Blick, bislang hinab zur Erde gewendet, richtet sich nunmehr empor zu jenen Sphären, von denen der Inkarnationsprozeß seinen Anfang genommen hatte.

Die wichtigste Erkenntnis, die wir aus dem geschilderten platonischen Schöpfungsbericht gewinnen können, ist das Wissen um die tönende Beschaffenheit der Weltenseele. Nicht minder wichtig jedoch ist auch die Fortsetzung dieses Schöpfungsberichtes:

«Als nun aber der Vater, welcher das All erzeugt hatte, es ansah, wie es bewegt und belebt und ein Bild der ewigen Götter geworden war, da empfand er Wohlgefallen daran, und in dieser seiner Freude beschloß er denn, es noch mehr seinem Urbilde ähnlich zu machen.»[2]

Ein *«bewegtes Bild der Ewigkeit»* sollte nach dem Willen des Schöpfers entstehen, ein *«von der in der Einheit beharrenden Ewigkeit nach der Vielheit der Zahl sich fortbewegendes dauerndes Abbild»*[2]: die *Zeit*.

«Zufolge solcher Betrachtung und Überlegung Gottes in bezug auf die Zeit entstanden, damit diese hervorgebracht werde, Sonne, Mond und die fünf anderen Sterne, welche den Namen der Wandelsterne tragen, zur Unterscheidung und Bewahrung der Zeitmaße.»[2]

Schon hier kann ersichtlich werden, daß es weder Willkür noch Spekulation bedeutet, wenn man mit den Intervallen ganz bestimmte Qualitäten zu verbinden geneigt ist, und in den sieben Tönen, aus denen sich die Tonleiter aufbaut, ein klingendes Abbild der planetarischen Welt erblicken will. Die Struktur der Tonleiter ist eben in zweifacher Weise fixiert: wissenschaftlich-mathematisch und kosmisch. Denn aus der «Reigenbewegung» dieser Sternenwelt ertönt geistige Musik. *Plato* zeigt dies in seinem Dialog «Politeia» auf, worin die Lehre der pythagoreischen Schule über die Planetenbewegungen ausführlich vorgetragen wird, gemäß welcher acht himmlische Sphären um die Erde als Mittelpunkt kreisen und zwar solcher Art, *«daß oben auf jedem Sternenkreis je eine mitumschwingende Sirene säße, immer einen und denselben Ton von sich gebend, aus welchen acht Tönen zusammengenommen sich eine Harmonie bilde.»* [4] Durch Plato wird uns also bis in alle Einzelheiten das Entstehen jener Sphärenharmonie aufgezeigt, die als Vorstellung einer «musica mundana» noch bis in die mittelalterliche Scholastik lebendig blieb und durch Johannes *Kepler* als eine kosmische Realität wissenschaftlich neu errechnet worden ist. Kepler schließt das Kapitel über die Gesamtharmonien der Planeten mit den Sätzen:

«Es sind also die Himmelsbewegungen nichts anderes als eine fortwährende mehrstimmige Musik (durch den Verstand, nicht das Ohr faßbar), eine Musik, die durch dissonierende Spannungen, gleichsam durch Synkopen und Kadenzen hindurch (wie sie die Menschen in Nachahmung jener natürlichen Dissonanzen anwenden) auf bestimmte, vorgezeichnete, je sechsgliedrige (gleichsam sechsstimmige) Klauseln lossteuert und dadurch in dem unermeßlichen Ablauf der Zeit unterscheidende Merkmale setzt. Es ist daher nicht mehr verwunderlich, daß der Mensch, der Nachahmer seines Schöpfers, endlich die Kunst des mehrstimmigen Gesangs, die den Alten unbekannt war, entdeckt hat. Er wollte die fortlaufende Dauer der Weltzeit in einem kurzen Teil einer Stunde mit einer kunstvollen Symphonie mehrerer Stimmen spielen und das Wohlgefallen des göttlichen Werkmeisters an seinen Werken soweit wie möglich nachkosten in dem so lieblichen Wonnegefühl, das ihm diese Musik in der Nachahmung Gottes bereitet.» [5]

Die «musica mundana» ist also eine Schöpfung Gottes, die für Keplers wissenschaftlich-mathematisch ausgerichtetes Bewußtsein geistig ertönte, und die in der Musik des Menschen, der «musica instrumentalis» ihr irdisches «Echo», d. h. eine schöpferisch-menschliche «Nachahmung» erfährt. Dieser Konnex zwischen «musica mundana» und «musica instrumentalis» kann allerdings nur dann Effektivität gewinnen, wenn die Menschenseele in ihrer Wesensstruktur abbildlich die Weltenseele widerspiegelt. Auch darüber finden wir schon im «Timaios» Aufschluß, wenn gesagt wird, Gesang und Musik hätten den Sinn, die Harmonie der Weltenseele in der eigenen Seele nachzuvollziehen.

«Denn sowohl die Sprache ist zu diesem gleichen Zwecke bestimmt und trägt den größten Teil dazu bei, wie auch die musikalische Anwendung der Stimme uns verliehen ist, um neben dem Gehöre die Harmonie uns zugänglich zu machen. Die Harmonie aber, welche mit den Umkreisungen der Seele in uns verwandte Umläufe hat, erscheint dem, welcher vernunftgemäß des Umgangs mit den Musen pflegt, nicht als zu einem bloßen vernunftlosen Vergnügen, wie man sie jetzt ansieht, bestimmt; sondern sie ist uns von den Musen als Helferin verliehen, um den in Zwiespalt geratenen Umlauf der Seele in uns zur Ordnung und Übereinstimmung mit sich selber zurückzuführen, ebenso wie auch der Takt wegen der Unregelmäßigkeit in uns und des der inneren Anmut entbehrenden Wesens der meisten uns als Unterstützung zu eben demselben Zwecke von eben denselben gegeben ist.» [2]

Daß sich daher in der Klangwelt der Töne kosmische Gesetze finden lassen müssen, würde sich allein schon aus diesem Zusammenhang zwangsläufig ableiten.

Nun ist Plato aber keineswegs die einzige Quelle, aus der wir ein Wissen über

14

die Verwandtschaft von Menschen- und Weltenseele, und ihr beiderseitiges musikalisches Übereinstimmen, schöpfen können. In kaum überschaubaren Darstellungen des Altertums und des Mittelalters wird von Musikern, Philosophen, Theologen und Ärzten immer wieder, in stets neuen Bildern und Gedankengängen darauf verwiesen. Daß der Mensch gleichsam aus dem Kosmos herausgesungen wurde durch die göttlichen Schöpfermächte, daß er in seiner Drei-Einheit von Leib, Seele und Geist eine wunderbare kosmische Polyphonie darstellt, dieses Wissen leuchtet am eindringlichsten vielleicht in jener dreifachen Charakteristik des musikalischen Wesens auf, die das ganze Mittelalter hindurch Geltung hatte: im Wissen um eine «musica mundana», «musica humana» und «musica instrumentalis». Über die «Weltenmusik» scheint uns das Wesentlichste bereits gesagt. Der Begriff der «musica humana», des Menschen *als* Musik, sagt uns, daß der Mensch als ein tönendes Instrument der Götter verstanden wurde. So schreibt Aristides *Quintilianus* bereits im zweiten Jahrhundert n. Chr., daß sich für die Leidenschaften der Seele die Musik als das geeignete Heilmittel erweise, da die Seele selbst *«eine Art Harmonie von Zahlen sei»* und die musikalische Harmonie daher *«sicherlich mit denselben Verhältnissen auch die anderen wesensgleichen Seelenbewegungen errege.»*[6]

Aber nicht nur um eine Durchdringung der Seele mit den Kräften der Musik handelte es sich bei dem Begriff der «musica humana». Auch als «Körpermusik» tönte sie z. B. einem *Hugo* von *St. Victor* (etwa 1096–1141) im *«vegetativen Leben»*, in den Wachstumskräften, in *«den Säften, aus denen der Menschenleib aufgebaut wird»*, und in *«den Tätigkeiten, die meist mechanisch, von unseren Gliedmaßen bewirkt werden.»*[7] An der Wende des 15. Jahrhunderts spricht *Agrippa von Nettesheim* in allen Details von dieser Menschenmusik, wenn er die harmonischen Proportionen des menschlichen Körpers und der Seele beschreibt. In einem gesunden und kräftigen Menschen würde sich *«Blut und Schleim wie 2:1, Blut und gelbe Galle wie 4:1, Schleim und schwarze Galle ebenfalls wie 4:1, Blut und schwarze Galle wie 8:1 verhalten»*[8], und auch die anatomischen Maße des Körpers würden bestimmte Relationen einhalten. Unserem heutigen Bewußtsein ist der Sinn dieser Begriffe, mit denen noch ein Paracelsus arbeitete, so ziemlich verlorengegangen, und damit auch ihr weltenmusikalischer Bezug. Äußerlich gesehen haben wir in diesen Begriffen die vier für den Menschen spezialisierten Bestandteile zu erkennen, welche alles physische Sein konstituieren: Erde, Wasser, Luft und Feuer. Die schwarze Galle entspräche demnach der Erde, die gelbe Galle dem Wasserelement, der Schleim der Luft und das Blut dem Feuer. Nun verband aber diese Humoralpathologie mit jenen vier auf den menschlichen Organismus hin spezialisierten Elementen auch gewisse ihnen innewohnende Eigenschaften, die außerhalb des irdischen Bereichs liegen, also kosmischer Natur sind.

«Es werden also durch die Flüssigkeitsbestandteile, die in dem menschlichen Organismus sind, in diesen Organismus, nach der Ansicht der Alten, Kräftewirkungen hineingetragen, die aus dem Kosmos stammen.»[9]

Gleiches gilt von den anderen Elementen. Und zu diesen kosmischen Wirksamkeiten zählt auch die weltenmusikalische Kraft des Klangäthers.

Im 16. Jahrhundert war Gioseffo *Zarlino* der wichtigste Vertreter dieser

Erkenntnisse. Er sieht die «musica humana» durch den Einklang von Körper und Seele verwirklicht, sie tönt für ihn zwischen Rationalem und Irrationalem.

Daß wir den Menschen als ein Wesen zu verstehen haben, das aus dem Kosmos «herausgesungen» wurde, wie vorhin erwähnt, können wir nach all dem einsehen. Verständlich wird aber auch die Notwendigkeit einer Bewußtwerdung seiner selbst, ehe jene «musica instrumentalis» entstehen konnte, die wir als ein klingendes Abbild jener in ihn hineingesungenen Weltenmusik bezeichnen dürfen. In dieser Notwendigkeit, sein eigenes Ich in der Seele ergreifen zu können, mag auch das relativ späte Erwachen der Musik liegen, gemeint als eine Kunst, die sich den anderen, längst ihre Gipfelpunkte erklommenen Künsten gleich würdig und vollendet zur Seite stellen konnte.

Auch in unserem Jahrhundert ist diese Auffassung trotz der sich ausbreitenden Ausschließlichkeit eines ganz auf das Sinnlich-Materielle orientierten naturwissenschaftlichen Denkens, nicht zur Gänze geschwunden. So etwa schreibt Hans *Kayser* in seinem grundlegenden Werk «Der hörende Mensch»:

«Der Harmoniker ist ergriffen von dem Gedanken, daß Mensch und Weltall in tönender Beziehung stehe, daß alles einen klanglichen, also seelisch faßbaren Sinn habe, daß Freude und Schmerz, mit dem uns das Schicksal nun einmal behaftet hat, auch aus dem Stein, der Pflanze, dem Tier in jenem wunderbaren Melos spricht, welches wir in unserer eigenen Brust empfinden. Es ist dies ein Gedanke, der nur ein einziges Mal festen Fuß gefaßt haben muß, um uns einen vollen Strom jener inneren Gewißheit, jener sinnhaften Ordnung zu schenken, mit der die Schöpfung von Anfang an begabt wurde.»[10]

In neuester Zeit hat der Arzt Armin J. Husemann eine schlüssige Darstellung des «Menschen als Musik» in seiner Arbeit «Der musikalische Bau des Menschen» gegeben. Neben der faszinierenden Entsprechung von Intervallen und menschlichen Organen, die Husemann aufzeigt, ist es vor allem das Herausplastizieren der Leibesform aus dem Embryo und das daraus resultierende Verhältnis von Kopf und Rumpf, das exakte musikalische Zahlenproportionen widerspiegelt. Der Mensch durchläuft nämlich während seiner Bildung *«Stadien von 2, 3, 4, 5, 6, 7 und schließlich 8 ‹Kopfhöhen›. Der Kopf durchläuft dabei Stadien, in denen er 1/2, 1/3, 1/4, 1/5, 1/6, 1/7, 1/8 der Gesamtlänge ausmacht, Rumpf und Glieder entsprechend 1/2, 2/3, 3/4, 4/5, 6/7, 7/8. Solche Zahlenverhältnisse kann man als Intervalle zum Klingen bingen.»*[11] Sie ergeben die Obertonreihe. Auch hier also ertönt Musik für das «innere Ohr»; wir vermögen den Vorgang mitzuerleben, der sich in unserem «Sternenleib» – der *Seele* – während des Wachstums abspielt; ein Prozeß, bei dem die Teilungsverhältnisse sich zueinander verändern, aber immer bestimmte zahlenmusikalische Proportionen aufweisen. Nach den Darstellungen Rudolf Steiners liegt darin die Ausgestaltung des Ätherleibes durch die Wirkenskräfte des Astralleibes; jenes Ätherleibes, der Träger und Vermittler alles Lebens und Wachstums ist:

«Der Astralleib zählt, – aber zählt differenzierend – den Ätherleib. Er gestaltet ihn zählend. Zwischen Astralleib und Ätherleib liegt die Zahl, und die Zahl ist ein Lebendes, ein in uns Wirksames.»[12]

Husemann überträgt nun diese Zahlenverhältnisse auf das Monochord und bringt dadurch das «zählende Gestalten» des Ätherleibes durch den Astralleib zum Klingen. Damit zeigt er gleichzeitig die musikalischen Proportionen auf, die der Kopf zum Rumpf während des Wachstums durchläuft. Ist die Saite des Monochords auf C gestimmt, ergeben sich folgende Töne:

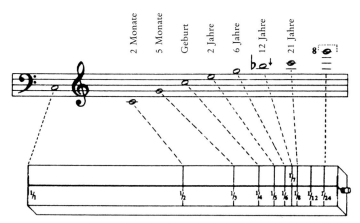

Das Monochord. Bruchteile der Seitenlänge bzw. des Kopfes an der Gesamtlänge des Körpers während des Wachstums.

«Was da erklingt, ist, als klingendes Bild der ganzzahligen Proportionen, die bekannte Naturtonreihe, in die sich alle Vorgänge übersetzen lassen, die sich in einem stetigen Teilungsverhältnis zueinander verändern.» [11]

Aufschlußreich für das Durchdrungensein unserer Sinneswelt von einer «musica mundana» sind auch die Resultate der Forschungen Wilfried *Krügers* bezüglich der Strukturen einzelner Atome. In seinem Buch *«Das Universum singt»* wird der verblüffende Nachweis über die harmonikalen Strukturen des Sauerstoff-, Stickstoff-, Kohlenstoff- und Phosphoratoms, sowie der Nukleinsäurefäden der RNS (Ribonukleinsäure) und DNS (Desoxyribonukleinsäure) erbracht. Diesen physikalisch-musikwissenschaftlichen Forschungen zufolge zeigt sich das Sauerstoffatom – wichtigste Grundlage aller Lebensbereiche – eindeutig in Dur schwingend:

«Den acht positiv geladenen Protonen des Sauerstoffatomkerns stehen acht negativ geladene Elektronen in der Hülle gegenüber. Sowohl die acht Protonen des Kerns als auch die acht Elektronen der Hülle schwingen in der Durtonleiter. Aber das vollbesetzte Sauerstoffatom besitzt z e h n Elektronen! Vom ersten Elektron aufwärts finden wir Dur. Steigen wir indessen vom zehnten Elektron abwärts und hören das zehnte Elektron als magischen Ton* acht (Eins/Acht, Beginn/Ende), so entdecken wir Moll im Saum der größten Sphäre des Atoms!» [13]

Eine weitere, sehr interessante Darstellung über neue Erkenntnisse der Wissenschaft in bezug auf weltenharmonikale Strukturen bietet das 1983 erschienene Werk des Jazz-Experten Joachim Ernst *Berendt: «Nada Brahma – Die Welt ist Klang».* Eine Überfülle von Forschungsergebnissen wird darin aufgezeigt. So

---

* Atomkerne mit einer bestimmten Anzahl von Teilchen sind besonders stabil. Dort zeigen sich die «magischen Zahlen» 2, 8, 20, 28, 50, 82 und 126. Sie wurden von Maria Goepppert-Mayer und Hans D. Jensen entdeckt, die dafür im Jahre 1963 den Nobelpreis erhielten.

wird uns berichtet, daß es der modernen photoakustischen Spektroskopie gelungen sei, den Klang einer aufbrechenden Rosenknospe hörbar zu machen:

«Ein orgelartiges Dröhnen, das an die Klänge einer Toccata von Bach oder an die der ‹Ascension›, der ‹Auferstehung› für Orgel von Messiaen erinnert – an genau das also, was man in der abendländischen Orgelmusik als eine ‹aufbrechende› Folge von Akkorden empfände.»[14]

Was nun hier hörbar gemacht wird, ist nichts geringeres als der Lebensvorgang der Pflanze selbst, d. h. geisteswissenschaftlich gesprochen, die Wirkenskraft der ätherischen Bildekräfte.

Wichtig auch die in diesem Buch aufscheinenden zahllosen Zitate führender Physiker und Wissenschaftler aus aller Welt, die erkennen lassen, welche fundamentale Wandlung das bislang materialistisch orientierte Weltbild der Naturwissenschaft inzwischen erfahren hat. So etwa Fritjof *Capra*:

«Wir müssen sehen, wie die beiden Fundamente der Physik des 20. Jahrhunderts – Quantentheorie und Relativitätstheorie – uns zwingen, die Welt auf sehr ähnliche Weise zu sehen, wie ein Hindu, Buddhist oder Taoist sie sieht ... Die moderne Physik führt uns zu einer Anschauung von der Welt, die den Ansichten der Mystiker aller Zeiten und Traditionen sehr ähnlich ist ...»[14]

Und der Physiker James Hopwood *Jeans* resümiert:

«Heutzutage herrscht weitgehend Übereinstimmung, die auf der Straße der Physik beinahe an Einstimmigkeit grenzt, daß der Strom des Wissens einer nicht-mechanischen Realität entgegenfließt; das Universum beginnt mehr einem mächtigen Gedanken als einer Maschine zu gleichen. Der Geist scheint nicht länger mehr ein zufälliger Eindringling in den Bereich der Materie zu sein. Wir beginnen zu mutmaßen, daß wir ihn eher als Schöpfer und Lenker des Bereichs der Materie begrüßen sollten ...»[14]

Man muß Berendt beipflichten, wenn er es als *«seltsam verwirrend»* bezeichnet, daß diese Botschaft der modernen Physik *«nun schon seit länger als einem halben Jahrhundert ertönt und gleichwohl immer nur von den Fach-Physikern vernommen wird. Die anderen betrachten sie wie ein Exotikum. Wie eine Kunde von fernen Sternen. Dabei müßte sie doch unser ganzes modernes Wissenschaftsdenken längst völlig revolutioniert haben. Erst dann wäre dieses Wissenschaftsdenken wirklich wieder ‹modern›. Solange es die Botschaft der neuen Physik nicht verstanden hat, ist es antiquiert. Ein vor-modernes Denken. Ein Denken des 19. Jahrhunderts.»*[14]

Rückblickend lassen sich die hier angeführten Phänomene im geisteswissenschaftlichen Sinne dahingehend zusammenfassen: Das Wesen der Sphärenharmonie offenbart sich uns als der Sternen-(Astral-)Bereich der Weltenseele. Der Vermittler dieser tönenden Impulse der «anima mundi» ist der *Äther*, der die Brücke bildet zwischen Stoffeswelt und astralem Sphärenraum. Dieser Weltenäther muß als eine übersinnliche wesenhafte Entität verstanden werden, durch die sich die kosmischen Bildekräfte der Materie mitteilen und formend einprägen. Eine wichtige Schicht dieser Äthersphäre bezeichnet Rudolf Steiner als *Klang-* oder *Chemischen*-Äther, der seiner Qualität nach unmittelbar mit dem astralen Element der «anima mundi» verbunden ist und dessen Wirksamkeiten die Stoffeswelt affizieren. Diese zweifache Bezeichnung, zu der mitunter auch die Benennung *Zahlenäther* tritt, weist auf die Tätigkeit dieses Trägers aller tönenden Wirkenskräfte hin. Die Weltentöne des Klangäthers durchklangen in der Erdenevolution die bis zum wässerigen Element verdichtete Materie und führten, ähnlich dem bekannten Phänomen der Chladnischen Klangfiguren, zum «*Tanz der Stoffe*».[15] Man muß sich eine Art «Wassererde» vorstellen, in der bereits alle Stoffe enthalten waren, die später als feste Substanzen wie Minerale, Metalle usw. in Erscheinung traten, als der Verdichtungsprozeß bis zum eigentlichen irdischen Element fortgeschritten war. Und da ist es «*interessant, den geistigen Blick hinzurichten auf diese alte Zeit, zu sehen, wie sich die verschiedensten Formen aus dem Wasser herausbilden, indem der Ton im Wasser Gestalten schafft ... So bildeten sich durch die aus dem Weltenraum hineinströmende Musik die mannigfaltigsten Gestalten und Figuren und die Stoffe, die im Wasser gelöst waren, die selber wässrig waren, sie gehorchten der Weltenmusik und ordneten sich nach der Weltenmusik. Und die wichtigste Bildung des Tanzes der Stoffe nach der Weltenmusik ist das Eiweiß, das Protoplasma, wie es die Grundlage ist aller lebendigen Bildung.*»[15]

Mit diesem Hinweis erklärt sich auch der Name «chemischer Äther» und die Tatsache, daß die Zahlenverhältnisse der Chemie, wie sie uns z. B. in den Atomgewichten entgegentreten, wirklich der Ausdruck für die Zahlenverhältnisse der Sphärenharmonie sind.

Doch nicht nur in den «Weltenkörper» wirkten die Kräfte des Klangäthers; wir hörten, daß die Sphärenharmonie auch die Seele durchtönt, die ja unmittelbar aus der sphärenharmonikalen Weltenseele heraus gestaltet ist. Die menschliche Seele und die klangätherischen Wirkenskräfte müssen daher intensivst in Kommunikation stehen. Durch diese Kommunikation wird uns das die Seele durchziehende Urerlebnis aller Musik zur inneren Gewißheit: daß die Sterne Töne, daß die Töne Sterne sind. Und wir verstehen noch besser, warum Rudolf Steiner für die Tiefen unserer Seele, für ihre Vorstellungen, Empfindungen, Gedanken, Gefühle, Sehnsüchte, Triebe und Wünsche die umfassende Charakteristik «astral» gewählt hat. Die Seele ist «*unser* Sternenleib», denn sie wurzelt im Sternenbereich der «anima mundi», und die Musik ist das klingende Zeugnis dieser Weseneinheit von Sternenweiten und Menschenseele.

Dieser Gedanke eines Gleichklanges zwischen «außen» und «innen» blieb das ganze Mittelalter hindurch lebendig und verblaßte erst im Zeitalter der Aufklärung; aber noch Goethe hatte sich dieses Wissen erhalten:

> «*Müsset im Naturbetrachten*
> *Immer eins wie alles achten;*
> *Nichts ist drinnen, nichts ist draußen:*
> *Denn was innen, das ist außen.*
> *So ergreifet ohne Säumnis*
> *Heilig öffentlich Geheimnis.*»
> (*Epirrhema*)

Der mittelalterliche Mensch erlebte sich noch hineingestellt in das Universum und ganz von ihm umgriffen. Der Gott, dem seine Verehrung galt, war derselbe Gott draußen im Kosmos wie in der eigenen Seele. Keine dualistische Schranke trennte Welt und Mensch. Eindringlich tritt uns dieses Streben nach Einheit – Rudolf Steiner spricht von einem monistischen Weltbild, dem auch Giordano

Bruno huldigte – in Herders «Ideen zur Geschichte der Philosophie der Menschheit» entgegen, in dem Natur und Moral noch in völligem Einklang stehen. Wir denken an das Faust-Wort beim Anblick des Zeichens des Makrokosmos:

> «*Wie alles sich zum Ganzen webt!*
> *Eins in dem andern wirkt und lebt.*»
> *(Faust I, Nacht)*

Es ist *ein* Gesetz, das vom kleinsten, unscheinbarsten Zellkeim der Natur bis herauf zu dem Gedanken des Menschen «wirkt und lebt».

«*Was im Menschen als Sittengesetz sich darstellt, ist im Kristall sich selbst Gesetz der Gestaltung. Eine Grundentwickelung zieht sich durch alles Bestehende hindurch, so daß, was an der Pflanze sich als Blüte gestaltet, in dem Menschen sich zur Humanität entwickelt.*»[16]

Daß auch Goethe von dieser Überzeugung einer allumfassenden Einheit von Gott, Welt und Mensch durchdrungen war, und ihm Natur und Moral im Einklang standen, dafür legen die Verse Zeugnis ab:

> «*Was wär' ein Gott, der nur von außen stieße,*
> *Im Kreis das All am Finger laufen ließe,*
> *Ihm ziemt's, die Welt im Innern zu bewegen,*
> *Natur in sich, sich in Natur zu hegen.*
> *So daß, was in ihm lebt und webt und ist,*
> *Nie seine Kraft, nie seinen Geist vermißt.*»
> *(Prooemion)*

Auf die Musik übertragen heißt dies, daß sie sowohl als makro- wie mikrokosmische Realität verstanden werden muß. Als tönende Weltenseele, als «musica mundana» ist sie «All-Musik», als «musica humanis», als Ausdruck menschlicher Seelenerlebnisse ist sie «Ich-Musik». Im musikgeschichtlichen Werden haben wir es somit mit zwei Prozessen zu tun, die gewissermaßen aufeinander zugehen und sich entgegenwachsen: das sphärische Musikerleben senkt sich in dem Maße zur Erde und verendlicht sich in der Stoffeswelt des Klanges, als das menschliche Ich-Bewußtsein erwacht und sich die Fähigkeit erringt, diese Klangmaterie abbildhaft im Sinne ihrer All-Gesetzlichkeit zu gestalten. Dieser «Inkarnationsprozeß» zur Ich-Musik findet nach dem Überschreiten der Todesschwelle sein makrokosmisches Gegenbild, indem sich diese «Ich-Musik» wieder zur «All-Musik» wandelt. Denn mit dem Ablegen des astralischen Leibes nach dem Tode, «*legen wir auch alles dasjenige ab, was uns vom Musikalischen erinnert an dieses Erdenleben.*»[17] In diesem «*Weltmomente verwandelt sich das Musikalische in die Sphärenmusik ... Denn dasjenige, was hier als Musik in der Luft erlebt wird, das ist oben die Sphärenmusik ... So daß wir in Musik und Dichtung ein Vorleben desjenigen haben, was nach dem Tode unsere Welt ist, unser Dasein ist.*»[17]

Aus dieser Sicht läßt sich aber auch die Erkenntnis gewinnen, daß es einen «unmusikalischen» Menschen in Wahrheit gar nicht geben kann, da der Mensch bis in seine Leibesstruktur hinein musikalisch gestaltet ist und aus dem Kosmos als «Instrument der Götter» herausgesungen wurde. Freilich gilt dabei die Einschränkung, daß es nicht jedem Menschen vergönnt sein muß, mit den *klanglichen* Gesetzen zurecht zu kommen, die alles Musikalische für seine sinnliche Offenbarung nun einmal benötigt; aber dies berechtigt noch nicht, die Menschen, die für diese Gegebenheiten des Klanges kein «Gehör» haben, als «unmusikalisch» zu deklassieren. Dieses Urteil erfließt aus einer zwar sehr verbreiteten, aber durchaus irrtümlichen Auffassung des Wesens der Musik; aus der Auffassung, daß Musik reines Klanggeschehen bedeute. Die Unfähigkeit richtig intonieren zu können, heißt jedoch nichts anderes, als daß der Betreffende den in seinem Innern durchaus richtig erlebten Ton nicht in die entsprechende Klangvorstellung überzuleiten vermag. Er kann die Höhe oder Tiefe der dem Ton gemäßen Klänge stimmlich nicht realisieren, um dem innerlich gehörten Tongebilde die entsprechende Klanghülle zu verleihen. Wird ihm jedoch der Ton, oder die melodische Tonfolge richtig vorgesungen, dann identifiziert er sie spontan mit der von ihm innerlich wahrgenommenen.

Mit der Kommunikation zwischen All-Musik und Ich-Musik sind wir bei einem entscheidenden Punkt unserer Thematik angelangt: bei den beiden Prinzipien der Zwölf- und Siebenordnung, denen Raum und Zeit unterstehen, und die für das Ineinanderwirken von All-Musik und Ich-Musik von größter Bedeutung sind.

Die Zwölfordnung und die Siebenordnung

Die Sternenwelt zeigt uns zwei Bereiche, die einer unterschiedlichen Gesetzmäßigkeit unterliegen: die Sphäre der Wandelsterne, in der wir eine kosmische
Repräsentanz der Siebenordnung zu erblicken haben, und die Fixsternwelt, die
sich uns im Tierkreis repräsentiert und einer Zwölfordnung gehorcht. Die Siebenordnung beherrscht alles zeitliche Werden, das Nacheinander des Entwicklungsprozesses, im Gegensatz zum Nebeneinander der Raumeswelt. Im Rhythmus der «Sieben» gliedern sich unsere Lebensepochen – Zahnwechsel, Pubertät,
Großjährigkeit, usw., wie auch der ganze Evolutionsverlauf von Erde und
Mensch; man denke an die verschiedenen Entwicklungsrunden der Johannes-
Offenbarung: sieben Sendschreiben, sieben Siegel, sieben Posaunen, sieben Zornesschalen. In der Zwölfheit dagegen wirkt der ursprünglichste und weitgrei-
fendste Ausdruck der im Raume sichtbar gewordenen Erscheinungswelt. Zwölf
ist die allumfassende Zahl des in die Offenbarung getretenen Geschaffenen. Beiden Prinzipien begegnen wir auch auf musikalischer Ebene.

Wir sprachen gleich zu Beginn unserer einleitenden Betrachtung von den zwölf
aboluten «Lü» der Chinesen, von jenen zwölf sphärischen Tonorten, die als
Manifestation eines absoluten, alles umgreifenden musikalischen Raumes ver-
standen wurden. Aus diesen zwölf weltenmusikalischen Sphären wurde das
Klangmaterial – die zwölf relativen Lü – gewonnen, von denen zunächst aller-
dings nur fünf, in späterer Zeit sieben praktische Verwendung beim Musizieren
fanden. Was hier speziell für China gesagt wurde, gilt jedoch prinzipiell für alle
Völker und Kulturen. Die ersten Zeugnisse weisen überall eine pentatonische
Tonfolge auf, deren einzelne Glieder aus einer ursprünglichen alles umfassenden
Zwölfheit gewonnen wurden. Und daß es über den kosmischen Ursprung dieser
Musik nirgends Zweifel gab, das hat der Überblick unserer Einleitung zur
Genüge aufgezeigt.

In der griechischen Kulturepoche wurde dann die Fünfheit zu einer Siebenheit
ergänzt. Indem man aus dem Schoß der Zwölf noch zwei weitere Töne herauslö-
ste, war die «Heptatonik» geboren und damit eine folgerichtige Leiterstruktur
geschaffen. Und bis ins neunte nachchristliche Jahrhundert wurde mit dieser Siebenheit in strenger Einstimmigkeit musiziert. Was nun ist das Spezifikum einer
siebenstufigen Tonfolge? Es ist leicht zu erkennen, wenn man ihr vergleichsweise
die chromatische Halbtonfolge zur Seite stellt, die in unserer gleichschwebenden
Temperierung die Oktave in zwölf gleiche Abschnitte unterteilt. Die chromatische Skala ergibt ein beziehungsloses *Nebeneinander,* das den musikalischen
Raum absteckt, innerhalb dessen sich unser Musizieren vollzieht; in der Aufein-
anderfolge der Stufen aber liegt keine innere Dynamik, die mit einer gewissen
Zwangsläufigkeit von einem Ton zum anderen führt.

Diese Zielstrebigkeit zeigt sich jedoch bei den siebenstufigen Leiterfolgen als ein folgerichtiges Durchschreiten eines Weges von der Prim zur Oktave. Jedes «Vorher» zieht ein «Nachher» nach sich, jedes «Nachher» erhält durch das «Vorher» seinen Sinn. In diesem *Nacheinander* der Stufen läßt sich kein Ton vertauschen, soll der Sinn dieser zielstrebigen Tonfolge nicht verlorengehen, oder eine völlige Umwertung erfahren. So *muß* z.B. die Stufenfolge der Dur-Leiter die Halbtonschritte von der dritten zur vierten und von der siebenten zur achten Stufe aufweisen, sonst wäre es keine Dur-Tonleiter:

$$C - D - E - F - G - A - H - C$$
$$I - II - III - IV - V - VI - VII - VIII$$

Alle übrigen Stufen verbindet ein Ganzton, d.h. ein großes Sekund-Intervall. In gleicher Weise ist die Stufenfolge in der Mollskala fixiert:

$$A - H - C - D - E - F - G - A$$
$$I - II - III - IV - V - VI - VII - VIII$$

Die Halbtonschritte (kleine Sekundintervalle) verbinden hier die zweite mit der dritten, und die fünfte mit der sechsten Stufe. Jede andere Anordnung würde den Moll-Charakter zerstören.

Gleiches gilt natürlich auch für die kirchentonalen Vorläufer unserer Dur-Moll-Leiter. Die «Modi» gewannen ihre individuelle Besonderheit ja gerade dadurch, daß jeder Modus seine spezifische Halb- und Ganztonfolge aufwies, je nachdem, auf welchem Ton er sich aufbaute. Eine siebenstufige diatonische Leiterstruktur ruht somit auf dem Nacheinander der uns vertrauten Zeitdimension, und als solche ist ihr der Charakter einer in sich abgeschlossenen Entwicklung aufgeprägt; sie stellt ein tönendes «Werden» dar, das von der Prim ausgehend, in der Oktave sein Ziel findet. Daß die Heptatonik, in welcher Form sie auch in Erscheinung treten mag, der Siebenordnung untersteht ist daher zweifelsfrei. Bereits in den ältesten Kulturen, in Sumer und Babylon etwa, begegnen wir der Sieben als einer heiligen Zahl. In einem auf sieben Tafeln uns erhaltenen Epos von der Höllenfahrt der Göttin Istar wird uns von sieben Winden und von sieben Geistern der Stürme erzählt, von sieben bösen Dämonen und sieben, durch sieben Tore verschlossenen Abteilungen der Unterwelt, die den sieben Zonen der Oberwelt und des Himmels nachgebildet sind, sowie von den sieben Gewändern der Istar. All das weist auf keine statische, räumlich-umgreifende Universalität hin, sondern auf ein in der Zeit verlaufendes prozessuales Geschehen, auf ein Durchschreiten von Werdensrunden, das eine in sich geschlossene Entwicklung darstellt. Interessant ist auch, daß dieses babylonische Weltschöpfungsepos auf sieben Tafeln aufgeschrieben ist, wogegen das sumerische Gilgamesch-Epos aus zwölf Tafeln besteht. Auch der «Lebensbaum» des Paradieses zeigt in verschiedenen symbolischen Bildern sieben Äste, oder er erscheint mit zweimal sieben Zweigen. In christlicher Esoterik, so hörten wir bereits, zeichnet die Offenbarung des

Johannes diesen Evolutionsverlauf von Erde und Menschheit in den Siebener-Runden der Sendschreiben, Siegel, Posaunen und Zornesschalen. Ähnliches ließ uns der menschliche Lebenslauf erkennen.

Fragen wir nun nach der kosmischen Urbildlichkeit, d. h. dem eigentlichen Quell dieser, der Siebenordnung unterstehenden Wirkenskräfte, kann uns die Antwort nur auf die «Wandelsterne» verweisen, die den Tierkreis durchwandern. Denn indem sie solcherart zwischen den einzelnen Tierkreissphären Beziehungen herstellen, schaffen sie ein «Werden» in der Zeit. Und daß in diesen Bewegungen der Planeten in gewisser Weise die *musikalischen Modi oder Tonarten ausgedrückt sind*, das hat Johannes Kepler in seiner «Weltharmonik» ausführlich errechnet:

«Die einzelnen Planeten bezeichnen in gewisser Weise mit ihrer Bewegung im Perihel Stufen des Systems, insoweit es ihnen gegeben ist, ein bestimmtes Intervall der Tonleiter zwischen bestimmten Tönen oder Stufen zu durchlaufen, angefangen je mit dem Ton oder der Stufe, die im vorausgehenden Kapitel der Bewegung im Aphel zugewiesen wurde.»[1]

Kepler zeigt auf, wie durch die Intervalle, die jeder einzelne Planet vom Aphel bis zum Perihel – vom sonnenfernsten bis zum sonnennächsten Punkt der Planetenbahn – durchläuft, in gewisser Weise die Stufenfolge der damals gebräuchlichen Tonfolgen – der sogenannten Kirchentöne –, sich in kosmischer Urbildlichkeit darstellt. Der Umstand, daß er die Kirchentöne des Mittelalters in der Planetenwelt urständen läßt, gibt uns Aufschluß über den Charakter dieser «Modi»: es sind reine Melos-Strukturen, Planetenskalen, in denen noch der Geist der griechischen Antike weht. Bei allen Völkern wurden die heptatonischen Leitern, so verschieden und variabel sie im einzelnen waren, als Planetenskalen verstanden. In den Kirchentonarten des Mittelalters verglimmt gleichsam die letzte Abendröte dieses Leiter-Erlebnisses.

Wir können zusammenfassend demnach feststellen, daß sich bis zur ersten nachchristlichen Jahrtausendwende die Musik allein auf das melodische Element der Siebenordnung gründete und daß ihr hervorragendstes Charakteristikum die Einstimmigkeit war. Wohl gab es einen «Zusammenklang» von Instrumenten schon in der ägyptischen Kulturepoche, aber von einem gleichzeitigen Erklingen zweier oder mehrerer selbständiger Melodien kann bis zu dem erwähnten Zeitpunkt keine Rede sein. Das Bewußtsein konzentrierte sich auf die horizontal zu erlebende Linienführung des Melos, der Zusammenklang der Instrumente wurde wohl wahrgenommen, aber bewußtseinsmäßig nicht *auf*-genommen.

Mit dem Beginn der Mehrstimmigkeit im 9. Jahrhundert erwachte jedoch das Bewußtsein für den Zusammenklang, d. h. für das *harmonische* Element. Man begann allmählich auch auf die vertikale Gleichzeitigkeit der Töne zu achten, nicht allein auf den horizontalen Linienverlauf der Melodie. Daß durch dieses gleichzeitige Erklingen zweier oder mehrerer Melodiestimmen die Fähigkeit des horizontalen Hörens in ihrer Intensität langsam nachlassen mußte, darf als notwendige Folge dieses neuen Hörens verstanden werden. Dafür aber bildete sich ein immer intensiveres akkordliches Ganzheitshören heraus, dessen Gesetzmäßigkeiten in der «Harmonielehre» ihren Niederschlag fanden.

Damit ist aber auch das metaphysische Element dieses neuen musikalischen

Erlebens ausgesprochen. Offenbarte sich das Melodische als ein in der Zeit verlaufendes Nacheinander und unterstand es damit der Siebenordnung, so bedeutet Harmonie immer Gleichzeitigkeit im Raume und erweist sich als Ausfluß der Zwölfordnung. Mit der Mehrstimmigkeit beginnt der Inkarnationsprozeß der Harmonie, d. h. der Wirkenskräfte der Zwölfordnung in den Klang. Vorher sprach das harmonische Element allein durch das Melos der Siebenheit; im Klang war es noch nicht inkarniert.

Wir haben eben die mittelalterlichen Kirchentöne als letzte Abendröte des rein von Planetenkräften getragenen Leitererlebnisses bezeichnet. Mit Recht! Denn es ist ein einzigartiges Paradoxon in der Musikgeschichte, daß diese Kirchentöne zwar mit der Mehrstimmigkeit erst wirklich zum Erblühen kamen, daß aber mit dieser Polyphonie auch gleichzeitig ihr unausweichlicher Untergang prädestiniert war. Denn dieses vertikale harmonische Hören drängte zwangsläufig von Anbeginn nach Überwindung des reinen horizontalen Linienerlebnisses. Wir begreifen dies, wenn wir dem jonischen Kirchenmodus unser C-Dur an die Seite stellen. Leitermäßig herrscht zwischen beiden völlige Kongruenz: c–d–e–f–g–a–h–c, das ist der jonische Kirchenton gleichermaßen wie unsere C-Dur-Skala. Der tiefgreifende Unterschied zwischen beiden liegt in der Einbeziehung des vertikalen Elementes, d. h. in dem permanenten Mittönen des Grund- und Ausgangstones der Leiter, wodurch alle melodischen Vorgänge auf ihn rückbezogen werden. Melodie wird also jetzt nicht allein als ein Nacheinander gehört, die einzelnen Intervallschritte der Melodik werden nicht nur in ihrer linearen Dimension verstanden, sondern immer schwingt auch die Frage mit, wie sich diese melodische Ganzheit zum Grundton verhält und wie sich diese melodischen Ereignisse in dessen tonales Feld einfügen. Der Tonalitätsbegriff wird jetzt eindeutig durch die Harmonie festgelegt. Wie sehr unsere Dur-Moll-Tonalität permanent von diesem Harmoniestrom durchflutet wird, läßt sich leicht an der immer noch spürbaren Zweiteilung der Leiterstruktur in zwei Quarträume (Tetrachorde) erkennen. Für unser heutiges Erleben wird diese Zweiteilung dadurch intensiviert, weil der dritte, bzw. siebente Ton der Leiter mit besonderer Vehemenz in den nächstfolgenden, den vierten, bzw. achten Ton drängt. Diese Vehemenz resultiert aus der Tatsache, daß wir das e – die dritte Stufe der Leiter – ohne uns dessen besonders bewußt zu sein, als Terz zum Grundton c hören und damit auch der inneren Weitungsdynamik inne werden, die dem großen Terzintervall eigen ist. Dieses Drängen zur Peripherie scheint den nächstfolgenden Ton mit Macht herbeizuziehen, weshalb die Harmonielehre von einer Leittonspannung spricht. Durch diese Leittonspannung erhalten die beiden Tetrachorde einen ganz anderen Charakter als es jener der beiden in sich ruhenden antiken Quarträume war. Die erste Terz «e» zum Grundton c drängt ins f: c–d–e → f; die Septime «h» (ebenfalls auf den Grundton c bezogen) macht diesen Drang zur Oktav mit noch vernehmlicherer Vehemenz deutlich: g–a–h → c. Beide Zieltöne, das f und das c erhalten durch diese Strebedynamik, der in den beiden Tetrachorden eingebetteten Terzen ein besonderes Schwergewicht. Das c sogar in zweifacher Potenzierung, da es Ausgangston (Prim, Grundton) und leidenschaftlich erstrebter Zielton (als Oktave) der gesamten Stufenfolge der Skala ist; das f dagegen, weil die immanente Dehnungstendenz des großen Terzintervalls (e) dem f als Zielton zustrebt und mit seiner Erreichung dem Melosfluß der Tonleiter eine gewisse Cäsur aufprägt. Diesen Einschnitt würden wir niemals so intensiv fühlen, wenn wir – wie die Menschheit vergangener Epochen – die Skala nur melodisch-horizontal erleben könnten. Dies ist unserem jetzigen Bewußtsein aber kaum mehr möglich; denn wie vorhin bereits erwähnt, hören wir unwillkürlich mit dem Erklingen des «e» auch den Grundton «c» mit, und empfinden das Terzintervall auch in seiner vertikalen Gleichzeitigkeit ertönend. Und gerade diese Vertikalität macht die Terz ja zum Leitton.

Würde man nun dieser Leitton-Spannung restlos nachgeben und die in der Dur-Tonleiter verborgene Harmonie von ihr ergreifen lassen, dann würde durch sie sogar der ursprüngliche Ausgangston c in Bewegung geraten und mit wuchtigem Quintschritt nach abwärts, ebenfalls jenes f aufsuchen, das durch die Leitton-Terz e so eindringlich beschworen wurde:

Hier also tritt die verborgene Harmonie der Dur-Tonleiter an die Oberfläche: der melodische Terzschritt zieht einen harmonischen Fundamentwechsel nach sich, um den Ton f mit seiner Harmonie zu umgeben; oder noch konkreter ausgesprochen: die immanente Harmonie des durch die Leittonspannung akzentuierten Tones f wird so «dominierend», daß sie die ursprüngliche Harmonie von c auszulöschen droht. Damit aber wäre das Ausgangsfundament c verlorengegangen und wir wären auf eine neue, um eine Quinte tiefer liegende Basis hinabgestiegen.

Doch damit nicht genug. Das Zur-Ruhe-Kommen des melodischen Flusses auf der IV. Stufe (f) erfordert zwangsläufig eine verstärkte Anstrengung, diesen Strom nicht versiegen zu lassen; denn das retardierende Element, der durch den Leitton e festgebundenen Quarte f muß überwunden werden. So kommt es zu einer affektiven Wechselwirkung zwischen der IV. und V. Stufe der Tonleiter. Der Schritt von der Quart f zur Quint g wird zu einer musikalischen «Interaktion», durch die sich zwei polar entgegengesetzte harmonische Basen in die Tonleiter drängen und in deren mittleren Abschnitt so etwas wie ein eigenes harmonisches Feld anstreben. Denn die V. Stufe der Leiter, das g, bildet mit der noch leitton-intensiveren Septime h ja ebenfalls eine große Terz und die potentielle harmonische Energie, die wir schon bei der ins f strebenden Grundton-Terz c–e erlebten, wiederholt sich als *eigentliche* Leittonterz g–h noch einmal: das h ergießt sich in die Oktave c und ihre Dynamik drängt das g wiederum zu einem Quint-Sprung abwärts in den Grundton c.

Diese spannungsgeladene Wechselbeziehung zwischen der ersten, vierten und fünften Stufe der Tonleiter, deren beherrschende Tendenz ein Ausfluß der harmonischen Durchdringung des Tonleiter-Melos ist, nennt man die *Dominant*-Verstrebungen (von lat. dominare = herrschen) der Skala. IV. und V. Stufe der Tonleiter bilden die Unter- und Oberdominante der Tonika C. Um die harmonische Durchdringung des Tonleiter-Melos ganz sinnenfällig zu machen, lassen wir sie aus ihrer Verborgenheit einmal heraustreten und fügen diesen drei Stufen ihre Dreiklänge hinzu, wie sie sich aus den leitereigenen Tönen der Skala ergeben. Auf der Tonika C steht dann der Dreiklang: c–e–g, auf der Subdominante: f–a–c und auf der Dominante: g–h–d. Drei Dur-Dreiklänge, die zusammen sämtliche Töne der Leiter umfassen. Wir können daher das ausschließliche Nacheinander der Skala auch durch eine relative Gleichzeitigkeit der Harmonie umschreiben, nämlich durch die «Kadenz-Folge» dieser Hauptdreiklänge: I–IV–V–I:

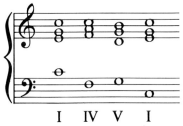

I   IV   V   I

Von einer einzigartigen Ausgewogenheit zwischen der Sieben- und der Zwölfordnung sehen wir demnach unsere Dur-Moll-Tonalität durchdrungen und gleichzeitig mit den Sternensphären verbunden. Durch die Siebenstufigkeit der Leiter, deren Durchschreiten von der Prim zur Oktav das zeitliche Nacheinander eines «Werdens» darstellt, werden uns die Wirkenskräfte der Planetenwelt vermittelt, während der die räumliche Ganzheit der Harmonien umfassende Quintenkreis klingendes Abbild des Zodiakus bedeutet. Wir können daher der Auffassung Jacques *Handschins,* einem der bedeutenden Musikhistoriker unseres Jahrhunderts, nur beipflichten, wenn er die Musik als *«Teil des Weltenplanes»* anspricht und meint, daß unsere Musik *«nur eine Nachahmung jener himmlischen sei, an die sich der Mensch unbewußt erinnert fühle, wenn er die irdische höre.»*[2]

Diese kosmische Gegründetheit unserer Musik ist aber gleichzeitig ein wichtiges Kriterium in der Frage nach der Eigensprache der Tonarten, der wir uns jetzt zuwenden wollen. Denn wie anders sollte sich das *Urbild* in diesem, von Dur und Moll geprägten *Abbild* finden lassen, denn in der gespiegelten Mannigfaltigkeit der Sternenwelt? Tatsächlich wurden auch immer wieder Versuche gemacht, den Tonarten ihre spezifische Qualität durch vergleichende Methodik abzulauschen. Namen wie Mattheson, Heller, Hennig, Mies, Böttcher, Schubart müssen hier als die eifrigsten Verfechter genannt werden.

Das «Für» und «Wider» einer Eigensprache der Tonarten

Die Erkenntnis von den kosmischen Elementen der Musik müßte uns die Frage nach der Eigenständigkeit der Tonarten eo ipso, ohne viel «Pro und Contra» bejahen lassen. Dem ist jedoch nicht so. Den Befürwortern dieser Auffassung werden Einwände und Argumente entgegengehalten, die in ihrer scheinbaren Stichhaltigkeit einer positiven Beurteilung offenbar widersprechen. Gleich zu Beginn dieser Erörterung sei jedoch festgehalten, daß die großen schöpferischen Musiker unserer europäischen Musik nie den geringsten Zweifel über die Eigensprache der Tonarten aufkommen ließen und jede Tonart bewußt gewählt haben, da sie überzeugt waren, daß die einzelne Tonart eine ganz spezifische Empfindungssphäre zum Ausdruck bringt. Vor dieser intuitiven Erkenntnis des Genius müßte eigentlich alle gegenteilige Kritik verstummen, denn wer sonst als der Schöpfer des Werkes selbst könnte uns eine kompetentere, stichhaltigere Antwort auf diese Frage geben? Ehe wir daher auf die kritischen Einwände – vorwiegend der Musiktheoretiker – eingehen, wollen wir einige Stimmen namhafter Komponisten zu diesem Problem zu Wort kommen lassen.

Von Hector *Berlioz* liegt uns ein Selbstzeugnis vor, das von einem Traumerlebnis spricht, durch welches ihm die Inspiration zu einer Symphonie zuteil wurde, die in einer ganz bestimmten Tonart stand. Am Morgen erwachend, erinnerte er sich genau des ganzen ersten Satzes, der ein Zweivierteltakt-Metrum aufwies, ein Allegro war und in a-Moll stand. Berlioz konnte sich jedoch zu einer Nachschrift nicht entschließen, da er sich dann genötigt gesehen hätte, die anderen, ihm nicht mehr in Erinnerung gebliebenen Sätze, hinzuzukomponieren. Aber in der folgenden Nacht hörte er die Symphonie wieder:

«Deutlich höre ich das Allegro in a-moll, ja mehr noch, ich sehe es geschrieben. Ich wachte in fieberhafter Erregung auf, sang mir das Thema vor, dessen Charakter und Form mir ausnehmend gefielen; ich wollte aufstehen ..., aber die Erwägungen des vorigen Tages hielten mich wieder zurück, ich sträubte mich gegen die Versuchung, klammerte mich an die Hoffnung des Vergessens. Endlich schlief ich wieder ein, und anderen Tags, beim Aufwachen war alle Erinnerung in der Tat auf immer geschwunden.»[1]

Von einem ähnlichen Traumerlebnis spricht Anton *Bruckner* in bezug auf das Hauptthema seiner E-Dur-Symphonie. Über dessen Entstehung erzählt er uns:

«‹dieses Thema ist gar nicht von mir. Eines Nachts erschien mir Dorn (Kapellmeister, einer der alten Linzer Freunde) und diktierte mir das Thema, das ich sogleich aufschrieb›: ‹Paß auf, mit dem wirst du dein Glück machen!› Dieser Symphonie verdankte Bruckner seinen Weltruhm.»[2]

Bei einer anderen Gelegenheit sprach Bruckner über die Tonart d-moll, in der seine IX. Symphonie steht. Wir übertragen das im oberösterreichischen Dialekt gesprochene Wort Bruckners sinngemäß ins Hochdeutsche: *«Es ist eben eine so wunderschöne Tonart.»* Und ein anderes Mal äußerte er sich darüber:

«Jetzt verdrießt es mich wirklich, daß mir das Thema zu meiner neuen Symphonie gerade in d-moll eingefallen ist, weil die Leute sagen werden: natürlich, die ‹Neunte› von Bruckner muß mit der ‹Neunten› von Beethoven in der gleichen Tonart stehen. Aber zurückziehen oder auch nur transponieren kann ich das Thema nicht mehr, weil es mir eben so sehr gefällt und es sich gerade in d-moll so gut macht.» [2]

Auch Richard *Wagner* empfing sein Es-Dur zum Rheingold-Vorspiel aus einem derartigen inspirativen Traum-Erlebnis. In seiner Autobiographie «Mein Leben» heißt es von einem Septembertage des Jahres 1853 gelegentlich der Heimkehr von einem Ausflug nach La Spezia:

«Am Nachmittag heimkehrend, streckte ich mich todmüde auf ein hartes Ruhebett aus, um die langersehnte Stunde des Schlafes zu erwarten. Sie erschien nicht; dafür versank ich in eine Art von somnambulem Zustand, in welchem ich plötzlich die Empfindung erhielt, als ob ich in ein stark fließendes Wasser versänke. Das Rauschen desselben stellte sich mir bald im musikalischen Klange des Es-Dur-Akkordes dar, welcher unaufhaltsam in figurierter Brechung dahinwogte. Diese Brechungen zeigten sich als melodische Figurationen von zunehmender Bewegung, nie aber veränderte sich der reine Dreiklang von Es-Dur, welcher durch seine Ausdauer dem Elemente, darin ich versank, eine unendliche Bedeutung geben zu wollen schien. Mit der Empfindung, als ob die Wogen jetzt hoch über mich dahinbrausten, erwachte ich in jähem Schreck aus meinem Halbschlaf. Sogleich erkannte ich, daß das Orchester-Vorspiel zum ‹Rheingold›, wie ich es in mir herumtrug, doch aber nicht genau hatte finden können, mir aufgegangen war, und schnell begriff ich, welche Bewandtnis es durchaus mit mir habe: nicht von außen, sondern nur von innen sollte der Lebensstrom mir zufließen.» [3]

Kritische Zungen versuchten dieses Inspirationserlebnis dadurch zu entwerten, daß sie die Thematik des Rheingold-Beginnes als ein Plagiat Wagners aus Mendelssohns Ouvertüre «Die schöne Melusine» erkennen wollten. Eine Behauptung, die sich durch Wagners Schilderung zwar von selbst erledigt, die jedoch dessen ungeachtet auch für sich genommen oberflächlich und falsch erscheinen muß. Oberflächlich deshalb, weil eine gleiche Thematik, wäre sie tatsächlich gegeben, nur beweisen würde, daß beide Meister an derselben Erlebnisquelle lauschten, wie dies im Schaffen aller Großen immer wieder festzustellen ist. Aber diese Oberflächlichkeit ist gar nicht gegeben, da das Urteil falsch ist. Sind die beiden Themen doch völlig verschieden gestaltet. Bei Mendelssohn fehlt das 16 Takte hindurch während Verharren auf der Tonika «Es», das Hinzutreten der Dominante 'B und die sich entfaltende Fortbildung zum reinen Es-Dur-Dreiklang. Erst die anschließende Brechung dieser Harmonie schafft eine äußerliche Ähnlichkeit mit dem Thema Mendelssohns, das jedoch als «geprägte Form» von Anbeginn fertig konturiert ertönt, in der Folge bald in dieser, bald in jener Tonart erscheint, aber niemals in Es-Dur. Und darauf aber kam es Wagner gerade an: daß er diese werdende, langsam zum wogenden Dreiklang sich entfaltende Thematik als unmittelbaren Ausdruck von Es-Dur empfand. Die große Bedeutung, die Wagner in seinem Selbstzeugnis dem Wesen einer bestimmten Tonart beimißt, indem er dieses Wesen mit dem Element gleichsetzt, in das er «versank», legt sogar die Vermutung nahe, «daß die Seelenschicht, aus der heraus die Sprache der Tonarten tönt, noch um einiges tiefer liegt als diejenige, in welcher die leicht vernehmbare Sprache der Tongeschlechter zu Hause ist.»[1]

Auch Robert *Schumann* war von dem spezifischen Wesenscharakter einer Tonart überzeugt:

«Daß durch Versetzung der ursprünglichen Tonart einer Komposition in eine andere eine verschiedene Wirkung erreicht wird und daß daraus eine Verschiedenheit des Charakters der Tonarten hervorgeht, ist ausgemacht. Man spiele z. B. den ‹Sehnsuchtswalzer› (von Franz Schubert in As-Dur komponiert) in A-Dur oder den Jungfernchor (in Webers ‹Freischütz› in C-Dur stehend) in H-Dur! – und die neue Tonart wird etwas Gefühlswidriges haben, weil die Normalstimmung, die jene Stücke erzeugte, sich gleichsam in einem fremden Kreis erhalten soll. Der Prozeß, welcher den Tondichter diese oder jene Grundtonart zur Aussprache seiner Empfindungen wählen läßt, ist unerklärbar wie das Schaffen des Genius selbst, der mit dem Gedanken zugleich die Form, das Gefäß gibt, das jenen sicher einschließt. Der Tondichter trifft daher unmittelbar das Rechte wie der Maler seine Farben, ohne viel nachzudenken.»[1]

Mit dem ihm eigenen temperamentvollen Feuer und Eifer vertrat Ludwig van *Beethoven* die «Eigensprache» der Tonarten, die ihn auch jegliches Transponieren ablehnend beurteilen ließ. Schindler berichtet:

« Wer es gewagt hätte, in seiner Gegenwart ein kleines Lied von seiner Composition in eine andere Tonart zu versetzen, an dem hätte er sich vergriffen. Er war erbittert, wenn er gehört, diese oder jene Nummer aus einer Mozart'schen Oper sey in einer andern Tonart vorgetragen worden, als sie geschrieben steht. Derlei Unfug ist durch eine capriciöse Sängerin (Grünbaum) in Wien um die zwanziger Jahre häufig vorgekommen. Beethoven nahm keinen Anstand zu bekennen, daß vor Ausarbeitung eines Textes er gewissenhaft mit sich über die der Situation am besten entsprechende Tonart zu Rathe gehe. Um das Grundlose in Verneinung des Charakteristischen in den Tonarten recht zu kennzeichnen, verglich er es mit dem Läugnen der Sonn- und Mondeinwirkung auf Ebbe und Fluth des Meeres, welche den Alten schon bekannt und durch die Untersuchungen von Laplace unwiderleglich zum Abschluß gebracht ist.»[4]

Derartige Äußerungen aus berufenstem Munde müßten eigentlich jeden Zweifel an der Richtigkeit dieser Auffassung ausräumen. Trotzdem ist der Streit um das Eigenwesen der Tonarten bis heute nicht verstummt. Den Haupteinwand, der zur Widerlegung angeführt wird, mußte bereits Beethoven über sich ergehen lassen. Schindler erzählt uns von einer Auseinandersetzung mit dem Dichterkomponisten Friedrich August *Kanne*, einem Manne von universeller Bildung, der, bevor er Komponist und musikalischer Schriftsteller geworden war, zuerst Theologie, nachher Medizin in Leipzig studiert hatte, und der der Beethoven'schen Auffassung vom Eigenwesen der Tonarten mit ablehnender Skepsis gegenüberstand.

«Kanne stützte sein Läugnen in der Hauptsache auf den Unterschied der Orchester-Stimmung einer früheren Zeit mit der Gegenwart, und, als letztes Auskunftsmittel, auf die Transposition; er bekämpfte mithin seinen Gegner in letzter Instanz mit denselben Waffen, wie man Gleiches erst jüngst wieder in dem Werke eines namhaften Physikers gesehen hat. Der von Beethoven aufgestellte Gegenbeweis fußte auf dem sicheren Erkennen jeder Tonart, die Stimmung möge einen ganzen Ton tiefer oder höher ste-

hen, als das Ohr gewohnt ist zu hören, somit falle die Stütze auf die Transposition hinweg, die darum noch nicht in Betracht kommen dürfte, weil der Mittelpunct des Tonsystems seine, wenn auch nicht unverrückbare Stelle hat. Die Orchester-Stimmung sey in unwahrnembarer Fortschreitung höher geworden, in gleicher Weise unser Gefühl für die Psyche der Tonarten, die zuvörderst in der Scala jeder Tonart ihren Sitz habe, was schon die Alten richtig erkannt. Die Transposition sey aber ein plötzliches Abweichen um einen halben, wohl auch um mehrere Töne höher oder tiefer, wobei das Gefühl eben so plötzlich in eine andere Sphäre versetzt werde, weil die Psyche aus der ursprünglichen Tonverbindung gewaltsam in eine andere gedrängt worden. Beethoven behauptete, wenn es keiner Schwierigkeit unterliege CIS-dur von dem enharmonischen DES-dur mit Sicherheit zu unterscheiden, so sey das Ohr hiebei in zweiter Linie entscheidend, in erster aber das Gefühl für den subtilen Unterschied zwischen hart und weich, darin also zunächst das characteristische Merkmal jeder dieser beiden Dur-Tonarten liege; der gute, zweckmäßige Gebrauch wird das Weitere bis zur Evidenz herausstellen. ‹Du hast unter andern den Harlekin in Des-dur tanzen lassen, ich werde ihm in D-dur aufspielen. Du hast behauptet, es sey einerlei, ob ein Lied in f-moll, e-moll oder g-moll stehe, ich nenne es einen Unsinn, wie die Behauptung, daß 2 mal 2 fünf ist. Wenn ich den Pizarro dort, wo er seine verruchten Anschläge auf Florestan dem Kerkermeister offenbart, in grellen Tonarten (auch in Gis-dur) singen lasse, so liegt der psychische Grund in seiner individuellen Charakteristik, die sich in dem Duett mit Rocco in voller Blöße entfaltet, für welchen Ausdruck jene Tonarten mir die entsprechendsten Farben geben.› In solcher Art ging es mit ungewöhnlicher Dialectik fort.»[4]

In diesem zuletzt angeführten Zitat ist das Hauptargument wider eine Eigensprache der Tonarten sowohl genannt als auch von Beethoven selbst widerlegt. Es stützt sich einerseits auf die Frequenz des Kammertones, der sich im Laufe der Jahrhunderte stark verändert hat, andererseits auf die gleichschwebende Temperatur, durch welche die Enharmonik in ein unterschiedloses Nivellement geriet.

Die Variabilität der Normalstimmung

Selbst der bestmeinendste Befürworter einer Eigensprache der Tonarten wird an der Tatsache nicht achtlos vorübergehen können, daß sich die Einstimmung der Instrumente, will sagen: die Frequenz des Kammertones im Laufe der Zeit verändert hat. Dieses Schwanken der Normalstimmung müßte doch – so die berechtigte Frage – einen maßgebenden Einfluß auf die Empfindungsqualitäten der einzelnen Tonarten nach sich ziehen? Wies der Kammerton zu Zeiten Bachs eine Frequenz von 420 Hertz auf, so ist er heute auf 440 Hertz gestiegen, d.h. um mehr als einen chromatischen Halbton; so daß etwa ein Des-Dur zu Zeiten Bachs mehr einem heutigen C-Dur entspräche, wollte man dem damaligen Des-Dur-Erlebnis gegenwärtig gerecht werden. Ein Stück zu Bachs Zeiten in Des-Dur komponiert, müßte daher zwangsläufig seinen damaligen Charakter verlieren, würde man es heute ebenfalls in Des-Dur spielen. Damit scheint die Eigensprache der Tonarten tatsächlich in Frage gestellt.

So folgerichtig dieser Schluß erscheinen muß, entpuppt er sich doch als trügerisch. Wenn wir von dem zeitgenössischen Unfug, die Stimmung aus rein klanglicher Effekthascherei willkürlich höher zu schrauben, absehen, wenn wir nur das organisch-kontinuierliche Steigen des Normaltones durch die Jahrhunderte ins Auge fassen, so ist diese Höherstimmung ja keineswegs willkürlich erfolgt. Die menschliche Leibesstruktur ist in physiologischer Beziehung einem ständigen Wandel unterworfen, wodurch sich der innere Maßstab auch zu den Sinnesqualitäten ändert. So wäre etwa ein heutiger Mensch von normalen Körperkräften nicht mehr imstande, dauernd eine mittelalterliche Rüstung an seinem Leibe zu tragen, geschweige denn mit ihr einen Kampf auszufechten. Körperwuchs, Leibeskraft, Empfindungsintensitäten, Acceleration in bezug auf Geschlechtsreife usw. ... all dies ist einer dauernden Veränderung unterworfen und nur hinsichtlich des Tonerlebnisses sollte alles beim alten geblieben sein? Die Frequenz des Normaltones *mußte* steigen, weil wir mit der Stimmung aus Bachs Zeiten die Empfindungsqualitäten nicht mehr verbinden könnten, die man damals mit der niedrigeren Stimmung erlebt hatte. Gerade weil diese Stimmung anstieg, kann Bachs Des-Dur auch für uns Heutige Des-Dur bleiben. Auf diese rein physiologisch begründete Notwendigkeit hatte ja bereits Beethoven in dem zitierten Streitgespräch mit August Kanne verwiesen: *«Die Orchester-Stimmung sei in unwahrnehmbarer Fortschreitung höher geworden, in gleicher Weise unser Gefühl für die Psyche der Tonarten.»*

Damit ist dieses gewichtigste Gegenargument entkräftet. Daß die effektive Tonhöhe auf den Empfindungsgehalt der Tonarten tatsächlich nur sekundäre Bedeutung haben kann, so unglaubwürdig dies auf den ersten Blick auch erschei-

32

nen mag, findet einen eindringlichen Niederschlag in der Tatsache, daß es bereits zu Bachs Zeiten zwei verschiedene «Kammertöne» gegeben hat. Hermann *Pfrogner* berichtet darüber:

«Noch zu Bachs Zeiten war neben dem für das profane Musizieren verbindlichen ‹Kammerton› ein sogenannter ‹Chorton› (‹church pitch› – ‹ton de chapelle›) für Orgel und Kirchenmusik gebräuchlich. Er war örtlich und zeitlich starken Schwankungen unterworfen und wurde im allgemeinen erst gegen das 19. Jahrhundert hin dem ‹Kammerton› d' angeglichen. Der französische ‹ton de chapelle› des 18. Jahrhunderts war etwa einen Ganzton tiefer als der heutige ‹Kammerton›, um einen Halbton tiefer war der spanische, niederländische und römische ‹Chorton›. Andererseits war in Süd-, Mitteldeutschland und Venetien der ‹Chorton› im 18. Jahrhundert um einen Halbton höher, ebenso bei vielen englischen Orgeln. 1730 stand in Berlin der ‹Chorton› 1 bis 1½ Töne über dem ‹Kammerton›, und es wurden erregte Dispute abgehalten, ob eine neugebaute Orgel auf den ‹Chorton› oder den ‹Kammerton› zu stimmen sei, wobei die Orgelbauer wegen Platz- und Materialersparnis gern für einen hohen ‹Chorton› plädierten. Bach sah sich genötigt, manche Kantaten zweimal im Sekundabstand auszuschreiben, weil die Orgeln der Kirchen abwechselnd im ‹Chorton› und ‹Kammerton› standen.»[1]

Wir können aus diesen Tatsachen sogar den Schluß ziehen, daß der Erlebniseffekt auch von dem jeweiligen Volkscharakter, bzw. der Volksseele abhängig ist, und nicht die Akustik das Musikerlebnis diktiert, sondern umgekehrt, daß sich die akustischen Klangelemente nach der seelischen Empfänglichkeit zu richten haben. So sehr eine Tonartencharakteristik feststehende Tonhöhen voraussetzt, dürften die klanglichen Gegebenheiten doch nicht das Hauptkriterium dafür sein.

Wie unzuverlässig aber das Fundament der Tonhöhe ist, auf das sich das Gegenargument wider eine Eigensprache der Tonart stützt, zeigt auch die Tatsache auf, daß es im Grunde zweierlei Höhenempfindungen gibt, die beim musikalischen Hören eine Rolle spielen. Und dies schon beim isolierten, ganz für sich stehenden Einzelton. Eine Höhenempfindung, die durch die absolute Schwingungszahl gegeben ist, und eine, die mit dem Gefühl für die Anstrengung bei einer Tonerzeugung zusammenhängt. Ernst *Kurth* spricht daher in seiner Musikpsychologie von einem *«dynamischen Tonhöhesinn»*[2] Diese innere Dynamik umfaßt zweierlei: zweifellos besitzt jeder Ton seinen absoluten Effekt, der allein schon durch die Tonhöhe und Klangfarbe bestimmt wird. Aber dieser absolute Effekt tritt im musikalischen Harmonie- und Melodieerlebnis hinter einem relativen stark zurück. Denn in der Musik *«wirkt ein Ton gewöhnlich nicht wie er ist, sondern wie er durch seinen Zusammenhang erscheint».*[2] Ein Ton klingt verschieden, je nachdem in welchem melodischen Bewegungszusammenhang er gehört wird; er klingt verschieden, ob ihm eine hohe oder tiefere Sekund, Terz oder Quart vorangeht, er klingt anders, wenn er über einen Moll-, Dur- oder Septakkord erreicht wird. Experimente haben ergeben, daß jeder Sänger, jeder Geiger ein fis, cis oder gis zu hoch intoniert, gemessen an der Frequenzskala des Apparates; jedes ges, des oder as dagegen zu tief. Trotzdem werden diese scheinbaren «Unreinheiten» von den Ohren der hervorragendsten Musiker immer als *richtig* gehört. Über die Richtigkeit der Musik entscheidet eben nicht die Apparatur, sondern der Mensch. Es ist tatsächlich so, daß *«eine unbestimmte Fülle von Beziehungen aus dem Ton und zu ihm hin strahlt.»*[2] Und dies gilt natürlich nicht nur für den einzelnen Ton, es betrifft vielmehr auch den gesamten Harmonie- und Melodiekomplex, und vor allem den Haupt- und Grundton der Tonart. Die ganze Unterschiedlichkeit der Tonarten – allein von dem Klangaspekt her gesehen – gründet sich auf diese Strahlungsfülle der inneren Tondynamik.

Ein weiteres Argument wider die Selbständigkeit der Tonarten ist die Transposition, die vor allem auf dem Gebiet des Liedes von größter Bedeutung ist. Für die Auffassung, daß unser gesamter Quintenkreis lediglich aus Transpositionsstrukturen ein und derselben Grundskala besteht, muß es völlig belanglos sein, in welcher Tonart das Lied gesungen wird. Und die Tatsache, daß die Lieder der Meister für alle Stimmlagen zur Verfügung stehen und kaum daran Anstoß genommen wird, sieht man gerne als Beweis für die Irrelevanz der Tonart an. Für den Vertreter eines Tonarten-Individualismus freilich wird das Lied eine völlige Änderung des Stimmungsgehaltes durch die Transposition erfahren. Nun ist die Frage der Lied-Transposition nicht mit einem Satz zu beantworten. Verschiedene Elemente müssen berücksichtigt werden.

34

Die Frage der Transposition

Unsere bisherigen Untersuchungen über die Eigenständigkeiten der Tonarten brachten uns die Erkenntnis, daß eine Tonartencharakteristik zwar feststehende Tonhöhen voraussetzt, daß aber die klanglichen Faktoren – sprich Frequenzen – nicht das Hauptkriterium dafür sind. Andererseits aber – dies muß doch wiederum ausdrücklich festgehalten werden – können die klanglichen Elemente auch nicht völlig nebensächlich für das Tonartenerlebnis sein, sonst hätte sich die Erhöhung der Frequenz im Laufe der Jahrhunderte gar nicht vollziehen müssen. Daß dem Schwanken der Normalstimmung natürlich Grenzen gesetzt sind, bedarf kaum weiterer Ausführungen; es ist anzunehmen, daß die Veränderungen eine gewisse Bandbreite nicht übersteigen können und sich die Normalstimmung auf einen ideellen Mittelwert einpendelt, der unterhalb des großen Halbtones (448 Hertz) zu liegen kommt.

Wenn wir nun der Frage der Transposition näherkommen wollen, müssen wir vorerst eine andere beantworten: wodurch wird die Unterschiedlichkeit der Tonarten auf der empirischen Klangebene überhaupt verursacht? Denn wenn es eine solche Unterschiedlichkeit nicht gibt, ist jeder Streit um Transposition irrelevant. Der Kernpunkt des Phänomens liegt in der vorhin bereits erwähnten Strahlungsfülle der inneren Tondynamik. Alle die farbenreichen Ausweitungen, die uns die Tonartenpalette beschert, gehen von den Quintenentfaltungen aus, den beiden Richtungsdivergenten des Quintenzirkels: von jener der Oberquinte C–G–D–A ... oder der Unterquinte: C–F–B–Es ... unter stetigem Zutritt von neuen ♯ oder ♭ als Tonartenvorzeichen. Dazu Ernst Kurth:

«*Gerade das droht sich in einem äußerlich einfachen Mechanismus darzustellen, der vom Dynamismus der Entwicklung ablenkt. Denn vor allem ist der Tonartenkreis nicht nur ein Spiel mit Grundtönen, sondern mit Leittönen; bei jeder dominantischen Fortschreitung, z. B. von C-Dur nach G-Dur, erfordert die neue Grundskala Änderung der VII. Stufe (also in G-Dur des f zu fis, in D-Dur des c zu cis usf.). Eben das bewirkt für die inneren Tonartordnungen den dynamischen Ausgleich, aber für die Tonarten untereinander den dynamischen Unterschied: verglichen mit C-Dur treten bei dominantischem Fortschreiten immer höhere Intensivierungen ein, weil neue Leittonwirkungen durchdringen.*»[1]

Die Tonleiter, d. h. die Anordnung der Ganz- und Halbtonschritte bleibt im Durchschreiten des Quintenzirkels immer gleich, aber durch ihre jeweilige Relation zum Ausgangspunkt C-Dur wird die Leiter zur *Tonart*. Bei den sogenannten Kirchentonarten, den mittelalterlichen «modi», war dies anders. Da bedeutete jede Skala eine eigene Individualität, da die Anordnung der Ganz- und Halbtonschritte stets eine unterschiedliche war. Unsere Dur- und Molltonarten dagegen gleichen sich in bezug auf die Intervallschritte völlig, «*und doch hat jede ihre Individualität wieder in einem anderen Sinne: erst die Beziehung zu C-Dur bildet den Tonartencharakter heraus.*»[1] Diese Beziehung aber besteht immer, egal in welcher Frequenz der Kammerton, bzw. die Bezugstonart C-Dur schwingt.

Diese Relation zu C-Dur hatte offenbar Beethoven im Auge, als er über die Transposition sprach. Handelte es sich dabei ja nicht um eine Liedtransposition, sondern um die Willkür von Primadonnen, die ihre Arie aus gewissen, meist wohl stimmlichen Gründen innerhalb des Gesamtkomplexes der Oper transponiert wissen wollten. Und hier meinte Beethoven, daß diese Transposition ein «*plötzliches Abweichen*» von der Gesamtrelation bedeuten würde und «*die Psyche sich aus der ursprünglichen Tonverbindung ‹gewaltsam› in eine andere gedrängt sieht.*»

Die zur Klärung des Transpositionsproblems notwendige Frage ist somit beantwortet: eine Verschiedenheit der Tonarten ist durch den Bezug zu C-Dur auch praktisch gegeben. Wir dürfen auf der reinen Klangebene *nicht* von bloßen Transpositionsskalen sprechen, wenn wir dem C-Dur ein A-, E-, Des-, usw. -Dur entgegenstellen. Die Transposition eines Musikstückes bewirkt daher immer zweierlei: sowohl die Veränderung des Stimmungsgehaltes, als auch eine Unterbindung der vom Komponisten bewußt gesetzten Relation auf der Ebene des Klanges. Diese Relation aber, so sagten wir, besteht *immer*, egal in welcher Frequenz der Kammerton bzw. die Bezugstonart C-Dur schwingt. Und beide Veränderungen sind mit dem Klanggeschehen verbunden. Für die physikalisch-akustisch gegebene Verwandtschaft sind die Grundtöne der Angelpunkt; für den inneren Stimmungsgehalt, die «psychologisch-dynamischen» Vorgänge ist der Leitton der Ansatzpunkt. Denn die Leittöne, d.h. die VII. Stufe, verursachen die eigentliche Differenzierung und machen die Ton-*leiter* erst zur Ton-*art*. Durch diese Leitton-Funktion ist der Quintenkreis kein «*Absteckungsplan*», der ein gleichförmiges Überspringen der um eine Quinte höher oder tiefer ansetzenden *Leiter* ermöglicht, sondern «*die Grundlage lebendigsten Wechselspiels, das erst die Klänge erfüllt und ihre stoffliche Passivität zu einer potentiellen Aktivität verwandelt.*»[1]

Die Rückbeziehung des Quintenkreises auf C-Dur macht deutlich, daß diese Harmonie wirklich als ein «Archetypus» für unsere europäische Dur-Moll-Tonalität angesprochen werden kann, der tief in unserem musikalischen Unterbewußtsein verankert ist. Das kann uns aber auch kaum verwundern, da uns die Dur-Leiter auf c aufgebaut, von der Natur gleichsam eo ipso dargereicht wird; d.h., daß die sieben diatonischen Töne in Sekundschritten leitermäßig aneinandergereiht, von c ausgehend, von sich aus, die dem Dur entsprechenden Anordnung der Ganz- und Halbtonschritte ergeben. Ein Phänomen, das sich auch in unserer Notenschrift widerspiegelt, indem sie stillschweigend durch die Anzahl der Versetzungszeichen – ♯ oder ♭ – den Bezug zu C-Dur erkennen läßt. Heiner *Ruland* bemerkt daher zu recht: «*Würde die Notenschrift den Charakter der Tonart erst diktieren, so müßte ein Mensch, der keine Ahnung von Noten hat, auch den Charakter einer Tonart nicht wahrnehmen können; das ist aber keineswegs der Fall.*»[2]

Resumée: auch allein von der empirischen Klangebene betrachtet, tritt uns ein differenziertes Spannungselement entgegen, das der Tonleiter den Eigencharakter einer Tonart vermittelt. Weiters ist festzuhalten, daß bei diesem Spannungselement jeder einzelne Ton mitbeteiligt ist, dem wir sowohl einen individuellen Charakter im Gesamtkomplex zuerkennen müssen, als auch einen relativen Aussagewert, der sich durch sein Hineingestelltsein in diesen Gesamtzusammenhang ergibt. In diesem relativen Individualitätswert des Tones mußten wir auch den primären Faktor der Spannungsvielfalt innerhalb des Tonartenfeldes erblicken.

Die Transposition, namentlich die Liedtransposition als Gegenargument anzuführen ist daher völlig unzulässig. Denn zweifellos wird die Grundstimmung des Liedes, sein Empfindungsgehalt durch die Transposition getrübt und verändert. Ist es doch gerade diese Grundstimmung, die den Komponisten eine bestimmte Tonart wählen ließ, da er die Verwandtschaft zwischen beiden empfunden hat. Zweifaches ist daher zu bedenken: erstens der Umstand, daß der vom Komponisten gewählten Tonart eine starke Kraft innewohnt, die aus der tönend-makrokosmischen Sphäre das Klanggeschehen durchdringt, wie aus den vorangegangenen Kapiteln leicht ersichtlich ist. Wir erinnern uns an die Ausführungen über die Sphärenharmonie, an die Verbundenheit der Menschenseele mit der Weltenseele, an das Wort Hans Kaysers, *«daß Mensch und Weltall in tönender Beziehung stehen»*, oder an die Überzeugung Handschins, derzufolge unsere Musik *«nur eine Nachahmung jener himmlischen sei, an die sich der Mensch unbewußt erinnert fühlt.»* Ist es doch die Gestaltung des Themas, seine Rhythmik und melodische Gebärde, durch welche sich das Wesen der Harmonie in erster Linie zum Ausdruck bringt. Diese Ausdruckskraft des Themas bleibt bestehen, und damit natürlich auch die harmonische Sphäre, aus der heraus das Thema geschöpft ist. So daß zweifellos das geistig-ätherische Element der Tonart immer mitschwingt, auch wenn das Thema klanglich in eine andere Harmonie versetzt ist.

Ein zweiter Umstand ist die klangliche Eigenwirkung der neu gewählten Tonart, durch welche die Trübung, bzw. Verzeichnung des Stimmungsgehaltes verursacht wird. Wir stehen damit vor einem Phänomen, das die Gesetze der irdischen Raumdimension übersteigt: vor dem Phänomen, daß zwei Dinge gleichzeitig an ein und demselben Ort ihren Platz finden. Der irdische Raum kennt nur ein Nebeneinander in seiner Örtlichkeit. Am Ätherplan jedoch, auf dem sich das Tonwesen manifestiert, ist es anders. Da gilt das Ineinander, und damit Gleichörtlichkeit. Dieses Phänomen wird uns in seiner ganzen Bedeutung in der Enharmonik entgegentreten. Aber auch für die musikalische Dramatik bedeutet es einen wichtigen Faktor, wenn der Komponist ein aus einer bestimmten Tonart herausgestaltetes Thema in eine andere Tonart versetzt. Da die ursprüngliche Harmonie, gleichsam die «Heimat-Tonart» des Themas, immer mitschwingt, die neue aber mit ihrem eigenen Stimmungsgehalt hinzutritt und das Thema dadurch affiziert, erfährt es eine Veränderung, oder besser gesagt, eine Entwicklung, die man vergleichsweise als sein «Schicksal» bezeichnen könnte.

Liedtranspositionen dürften daher nur mit subtilstem Einfühlungsvermögen in das Wesen einer Tonart vorgenommen werden. Ein völliger Verzicht ist hier natürlich nicht möglich, da jeder Sänger nach dem Lied, in dem seiner Stimmlage entsprechenden Tonumfang begehrt. Aber ein Wissen um die eigenständige Sphäre der Tonart könnte gerade auf diesem Gebiet die ärgsten Verzeichnungen verhindern. So ist z. B. die Transposition des Liedes «Der Wegweiser», von Schubert in g-Moll komponiert, nach f-Moll einigermaßen akzeptabel, ebenso die Versetzung des ersten Liedes der «Winterreise» – «Gute Nacht» – vom originalen d-Moll nach c-Moll. Zwischen der Grundstimmung dieser Tonarten besteht doch eine gewisse Verwandtschaft, mögen in ihnen auch andere klangätherische Kräfte wirksam sein. Darüber wird uns der zweite, den einzelnen Tonarten gewidmete Teil unserer Betrachtung noch genauere Aufschlüsse gewinnen lassen.

Relatives und absolutes Gehör

Wir haben von der Variabilität gesprochen, der das Klangerlebnis eines Tones, Akkordes, ja eines ganzen Tongefüges (Motiv) unterworfen ist, je nachdem in welchem harmonisch-melodischen Zusammenhang sie gehört werden. Diese Variabilität kann so intensiv sein, daß man die Gleichheit der Töne überhaupt nicht bemerkt. Und zu warnen ist vor der Messung der gesungenen oder gespielten Töne durch die Apparatur. Man würde auf der Skala unentwegt falsche Intonationen sehen (nicht hören!) die einem u. U. graphisch in scheinbar ganz andere Tonarten führen. Aus dieser Variabilität erklären sich auch die anfänglichen Schwierigkeiten, die bei Gehörsübungen immer wieder auftreten, wenn es gilt, das gleiche Intervall aus verschiedenen Melodiezusammenhängen herauszuhören. In diesem Ableiten aus musikalischen Komplexen aber beruht das «relative» Gehör, das, zugespitzt auf die Fähigkeit den einzelnen Ton herauszuisolieren, zum «absoluten» wird.

Das relative Gehör klammert sich immer an Zusammenhänge, d. h. an das Zusammenwirken von Einzelheiten; es nimmt Bezug etwa auf den Abstand von Tönen, oder auf angeschlagene Tonartsbereichstücke. Das absolute Gehör dagegen bedarf dieser klanglichen Krücke nicht; es vermag das Tonbewußtsein zu isolieren, besitzt einen unmittelbaren Sinn für die Tonhöhe. Daß die Fähigkeit des absoluten Gehörs für jeden Musiker, sei er Sänger, Instrumentalist oder Dirigent, eine unschätzbare Hilfe ist, bedarf keiner weiteren Erläuterung. Man darf dies jedoch weder über- noch unterbewerten. Denn das absolute Gehör ist fürs erste ein physiologisches, kein musikalisches Kriterium. Allein die Tatsache, *«daß das absolute Gehör auch ohne musikalischen Zusammenhang anspricht, weist auf seine Verwurzelung in besonderen physiologischen Bedingungen.»*[1] Künstlerisch-musikalische Begabung aber ist eine tiefverborgene Fähigkeit der Seele, nicht des Gehörs.

Gerade wegen dieser physiologischen Verwurzelung kann das absolute Gehör im Zusammenhang mit den Tonhöhenschwankungen oft zur Crux für den Befähigten werden. So schmerzvoll jedoch die Diskrepanz zwischen der physiologischen Einstimmung und der tatsächlich wahrgenommenen Tonhöhe auf den mit einem absoluten Gehör Begabten auch wirken mag – für ihn sind es letzlich zu hoch oder zu tief intonierte Klänge –, so sehr ist es doch gleichzeitig auch ein Beweis für die im vorigen Kapitel ausgesprochene Behauptung, daß die Variabilität des Normaltones in Verbindung mit der physiologischen Struktur der menschlichen Leiblichkeit gesehen werden muß. Denn auch der mit einem absoluten Gehör begabte Musiker hört nicht wie die Apparatur. Er registriert nicht die nackte Frequenz, sondern folgt den «dynamischen Tonhöhen», wie Ernst

Kurth aufzeigte. Ein sehr aufschlußreiches Beispiel gibt uns Jacques Handschin aus seiner eigenen Erfahrung, das uns den Begriff «absolutes Gehör» noch in einer anderen, als rein physiologischen Perspektive zeigt.

«Angenommen, ich höre in mir einen musikalischen Komplex als h-moll und nun gehe ich an das Klavier und konstatiere, daß die innerlich gehörte Tonhöhe vom Standpunkt des Klaviers aus nicht h-moll, sondern a-moll ist. Aber der psychischen Wirklichkeit nach war es doch h-moll, obgleich es durch jene Probe nicht ‹bestätigt› wurde. Wenn ich will, kann ich mich durch die Probe ‹berichtigen› lassen, das heißt, mich ‹umstimmen›; aber dazu verpflichtet bin ich nicht, denn ich befand mich unabhängig davon im Bereich der ‹Wahrheit›. Ja, dies gilt auch dann, wenn man mir nachweisen kann, daß es lediglich eine Reminiszenz war, die mich veranlaßte, das, was ich in mir hörte, als h-moll vor mir zu sehen.» [2]

Und Handschin zieht den Schluß:

«Normalerweise kann ich also jede akustische Tonhöhe als h-moll auffassen, und das sogenannte ‹absolute Gehör› ist nichts anderes, als diese Bindung zur Permanenz erhoben.» [2]

Von welcher Bindung spricht Handschin? Offenbar von dem Bezug eines *«musikalischen Komplexes»* zu der in seinem Inneren erlebten Tonartensphäre. Diese Bildung eines innerlichen Sphärenraumes ist natürlich unabhängig von der physiologischen Beschaffenheit des Gehörorgans; jeder kann sie vollziehen. *«Zur Permanenz erhoben»* will nichts anderes sagen, als daß dieses innere Tonerlebnis mit der äußeren Klangwahrnehmung in völliger und ständiger Kongruenz steht.

Deshalb darf auch die besondere Schicksalsfügung nicht gering angesehen werden, wenn dem Musiker aus dem väterlich-mütterlichen Erbstrom eine Leiblichkeit dargereicht wird, deren physiologische Hörstruktur so völlig ungetrübt mit dem inneren Tonerlebnis kongruiert, daß Ton und Klang für ihn ident erscheinen. Denn eine Individualität mit den höchsten und vollendetsten musikalischen Fähigkeiten wäre zum Scheitern verurteilt, müßte sie sich in eine für diese Fähigkeit völlig untaugliche Leiblichkeit inkarnieren.

Sowohl die Korrektur, die das absolute Gehör sofort vollzieht, wenn sich eine Diskrepanz zwischen der physiologischen und akustischen Gestimmtheit auftut, als auch die Fähigkeit, sich innerlich einen tönenden, gleichsam sphären-musikalischen Raum zu schaffen, kann uns jedoch lehren, daß das innere Tonerlebnis, d.h. das Erleben der Tonart keinesfalls verlorengehen kann, und wir erneut die Schlußfolgerung zu ziehen haben, daß wir hinsichtlich der Sprache der Tonarten nicht beim reinen Klanggeschehen stehen bleiben dürfen.

Die Fähigkeit aber zur Schaffung dieses sphärisch-tönenden Seelenraumes kann nur in jener Wesensschicht des Menschen verwurzelt sein, die wir im einleitenden Kapitel als die «astrale», die «anima sensitiva» bezeichnet haben. Denn sie ist es, die aus der «Weltenseele» herausgesungen wurde, sie ist es, die mit den klangätherischen, sphärenharmonikalen Bildekräften in so inniger Verbindung steht, daß sie jenes geistige Tönen erleben kann, das hinter allem sinnlichen Klanggeschehen als Realität webt.

40

Klang und Ton

Wir haben demnach zwischen Klang und Ton bewußt zu unterscheiden. Der Ton ist etwas Geistig-Seelisches, jenes «Etwas», das in uns lebt als Musik und der übersinnlichen Welt angehört. In der klingenden Luftschwingung dagegen, dem Klang, gibt sich der Ton lediglich seinen «Körper», seine «Leibeshülle», durch die er sinnlich in Erscheinung treten kann. Bei Hermann Pfrogner gilt der jeweilige Wert des Tones als Repräsentant einer im Menschen disponierten Tonordnung. Handschin bezeichnet diese musikalische Disposition im Menschen als das «tonsystemliche Sein»[1], was nichts anderes besagen will, als daß der Mensch nach sphären-musikalischen Gesetzen disponiert und in ihnen integriert ist. Mit diesen Begriffen wird uns eine Brücke gebaut hinüber zu jener makrokosmischen Töne-Wirksamkeit, die wir als Sphärenmusik, als «musica mundana» bezeichnet haben. Ersichtlich aber wird daraus neuerlich, daß das Wesen des erklingenden Tones aus dem reinen Klanggeschehen heraus nie voll zu erfassen ist. Musik rein aus den akustischen Phänomenen verstehen zu wollen hieße – in Analogie gesprochen –, das Wesen des Menschen vom Seziertisch her zu erklären.

Diesem ätherisch-sphärischen Wesen des Tones – wir wollen es künftig den «Tonwert» nennen – muß demnach eine gewisse «Intonationslatitude» (Handschin) zugebilligt werden, es läßt sich nicht starr auf eine bestimmte Klangfrequenz fixieren; eine klangliche Bandbreite, die vom menschlichen Ohr «zurechtgehört» wird. Jene Bereiche dagegen, die nicht zurecht gehört werden können – wir denken an die zahllosen Frequenzen von Tönen, die in unser europäisches Tonsystem keinen Eingang gefunden haben – werden ausgeschieden. Es ist die Gehördisposition des menschlichen Ohres selbst, die innerhalb des «Chaos von Tönen», richtiger: innerhalb der zum Klang verleiblichten Töne, eine bestimmte Auswahl trifft. Und weil der Mensch, wie wir hörten, innerlich aus Musik aufgebaut ist, empfindet er die Musik künstlerisch, *«insofern etwas, was musikalisch auftritt, mit dem Geheimnis seines eigenen musikalischen Aufbaues zusammenstimmt.»*[2] Dieses Phänomen wird uns im nachfolgenden Kapitel über die Funktion des Ohres noch eingehender beschäftigen.

Ist uns der «Tonwert» als ätherisch-sphärenharmonikale Realität einmal bewußt geworden, dann werden wir auch keine Zweifel darüber aufkommen lassen, daß es erlebnismäßig eine «absolute Ton-Qualität» geben muß. Eine absolute C-Qualität etwa, wie sie uns aus Bachs erstem Präludium des «Wohltemperierten Klaviers» entgegentönt, aus Haydns «Schöpfung» an der Stelle: «Und es ward Licht!», aus Beethovens Finale der «Fünften Symphonie», aus Webers Coda der «Freischütz-Ouverture», oder aus Wagners «Meistersinger-Vorspiel». *«C-Dur»* – so Hermann Pfrogner – *«präsentiert sich hier auf denkbar verschiedene*

Weise, etwa bei Haydn und Wagner, und dennoch wäre unvorstellbar, daß beide nicht in C-Dur stünden.»[3] Was aber macht diese C-Dur-Qualität aus? Nicht die Frequenz der Klanghülle des Tonwertes kann es sein; vielmehr muß sich dieser Tonwert durch die thematische Gestaltung aussprechen können. Ob die wahre C-Qualität *«schöpferisch getroffen ist»* und beim Hörer *«ebenso Wirklichkeit»*[3] wird, darauf kommt es primär an. Die effektive Frequenz der Klanghülle ist, wie bereits festgestellt, sekundär. Deshalb kann auch Handschin so unbeirrt sagen, er höre ein «h-Moll», obwohl es vom Klang her ein a-Moll sein mochte. Daß es im ätherischen Bereich der Töne eine absolute Ton- und damit auch eine Tonartenqualität geben muß, scheint uns nach all dem bisher Gesagten einsehbar. *«Ausschlaggebend über die Zeiten hinweg»* – d. h. unabhängig von einer zeitlich gebundenen hohen oder tiefen Stimmung –, *«wäre demnach allein, daß jeweils der lebendige Kontakt zur C-Qualität zustandekommt.»*[3]

Wir haben somit festzuhalten: das Erlebnis der absoluten Tonartenqualität spricht sich am eindringlichsten dort aus, wo sich die thematische Gestaltung durch ihre melodisch-rhythmische Gebärde zum unmittelbarsten Mittler dieser Wesensqualität macht. Das bedeutet aber gleichzeitig, daß nicht jedes Melos, das klanglich in einer bestimmten Tonartenharmonie steht, schon den Wesenscharakter der jeweiligen Tonart offenbaren muß. Vieles mag sich im Klangbild dieser Tonart gefallen, ohne in deren Wesenstiefen wirklich einzudringen. Dennoch darf man die Eigenwirkung des klanglichen Erscheinungsbildes nicht als gänzlich wirkungslos erachten, wie uns das Kapitel über die Relationen der Tonarten zur Grundtonart C-Dur und über die Transposition gezeigt hat. Auch dort, wo die melodische Gebärde das Wesen der Tonart nicht zum Ausdruck bringt, bleiben die Spannungsverhältnisse zwischen den einzelnen Tonarten bestehen und verhindern es – vor allem durch die Leittondynamik –, daß der Tonartencharakter ganz zum Erlöschen käme, wenn er sich nur klanglich zum Ausdruck bringen kann. Wenn ein Thema in einer anderen Tonart erklingt als in der ursprünglichen «Heimat-Tonart», dann erhält es, wie wir bereits aufzeigten, den »sphärischen Abglanz» dieser neuen Tonart. Die *«Strahlungswirksamkeit»* (Kurth) verläuft dann in umgekehrter Richtung: nicht das Thema strahlt das Wesen der Tonart aus, sondern die Klanghülle der neuen Tonart bestrahlt das Thema. Und wir wissen bereits, daß dies für das innere dramatische Geschehen einer Symphonie oder eines Musikdramas von Bedeutung ist. Denn aus diesen Modulationen, wie sie Beethoven in seinen Symphonien vollzogen hat oder Wagner mit seinen Leitmotiven vollführte, sind die dramatischen Ereignisse abzulesen. Mit Beethoven gewinnt diese Versetzung der Themen in andere Tonartenbereiche besondere Bedeutung. Gilt er uns doch als der erste «Tondichter» in der Musikgeschichte, der mit derartigen Versetzungen und Modulationen immer auch eine «poetische Idee» verbindet. In noch gesteigertem Maße zeigt dies Richard Wagner in seiner Leitmotivik, deren Versetzung in verschiedene Tonarten stets ein klingender Spiegel des Schicksals des jeweiligen Helden oder der dramatischen Gesamtsituation ist.

Wir halten daher noch einmal fest: Wenn die Klanghülle auch nur ein stoffliches Abbild des Tones ist, ein «Schatten» auf empirischer Ebene, so steht doch eine Geistrealität dahinter; niemals ist diese Klanghülle leerer Schall, vielmehr stets erfüllt von den vielfältigsten kosmischen Strömungen aus Tierkreis- und Planetensphären. Und Ziel eines tiefgründigeren musikalischen Hörens kann es daher nur sein, die kosmische Transzendenz des «Tonwertes» durch das Medium des Klanges in der Seele zum Auftönen zu bringen.

Das Ohr als «Tor» zur Seele

Was uns im Anschluß an das eben Dargestellte brennend bewegen muß, ist die Frage nach der Möglichkeit eines derartigen kosmischen Tonarten-Erlebnisses. Wie kommen wir von unserem sinnlichen Klanghören zum eigentlichen Tongeschehen, d. h. zum Erleben des Ätherisch-Wesenhaften des Tones? Die naturwissenschaftliche Erforschung der Erregungsvorgänge im Nervensystem – hier vor allem im Bereich der Sinnesorgane – hat in den letzten 20 Jahren zwar eine Fülle von Einzelheiten entdeckt, die für sich genommen ein erstaunliches, ja faszinierendes Geschehen darstellen. Auf unsere Frage geben sie jedoch keine Antwort, da sie eben nur die physiologischen Vorgänge im Auge haben und daher immer nur die *Klang*-Affizierung des Ohres beobachten, d. h. den Weg des Schalles verfolgen, seine Umwandlung im Cortischen Organ, durch welche die physikalisch-akustische Energieform zur Nervenerregung transformiert wird, und schließlich deren Weitergabe registrieren entlang der zentralen Hörbahn bis zur primären und sekundären Hörrinde des Gehirns. All diese, bis ins Minutiöseste erforschten Details konnten bisher jedoch nicht einmal die Frage beantworten, durch welchen körperlichen «Vorgang» eine bewußte Sinneswahrnehmung entsteht. Wie sollte man damit die Problematik des inneren Ton-Erlebnisses lösen, dem gar keine Schallenergie eigen ist? *«Gewiß gibt es eine große Anzahl von Forschern»*, so schreibt Kurt *Eckel*, *«die den wissenschaftlichen ‹Glauben› besitzen, daß das Gehirn mit seinen rund 16 Milliarden Nervenzellen die Phänomene des Bewußtseins für das Erlebnis des Trägers dieses Gehirnes stofflich hervorbringt.»*[1] Aber alle sogenannten «positivistischen» Theorien stellen ihre Hypothesen auf, *«ohne im einzelnen Beweise zu haben, wie das Bewußtseinsphänomen durch die Tätigkeit einzelner oder aller Nervenzentren hervorgebracht wird.»*[1] Das oftmals erhobene Argument, das Erkennen eines musikalischen Zusammenhanges, etwa eines Akkordes, wäre auf Erinnerung an ein derartiges Gebilde zurückzuführen, hält der historischen Prüfung nicht stand. Denn die europäische Menschheit lernte nach Jahrtausende während Einstimmigkeit erst das Akkord-Hören. Das Ohr hatte also keine Vorbilder, an die es sich hätte erinnern können. Dasselbe gilt auch von melodischen Zusammenhängen, die ja ebenso zu einem gewissen Zeitpunkt *erstmalig* aufgetreten sind. Alle kulturelle Entwicklung nahm ihren Ausgang von einer traumhaft-imaginativen Bewußtseinshaltung der Menschheit. Aus dieser Urzeit sind uns zwar wenig greifbare Zeugnisse auf musikalischem Felde überliefert, doch müssen wir aus dem wenigen auf einen um so größeren geistigen Erlebnisreichtum schließen, der sich mit der so primitiv anmutenden Melodik dieser Ursprungszeiten verband. Woran also sollte sich die Menschheit erinnern, da nur einfachste bi- und tritonale Melodiegebilde anfänglich vorhanden waren, meist auch noch in völlig undifferenzierter Tonhöhe? Am Urbeginne alles Musizierens gab es keine Erinnerung an vorgebildete *Klang*-Ereignisse. Wohl aber muß es für dieses Bewußtsein *Ton*-Erlebnisse am ätherisch-astralen Plan gegeben haben, die Gegenstand der Erinnerung sein konnten. Wichtige Aufschlüsse zu dieser Frage erhalten wir durch die Geisteswissenschaft. Ihren Forschungsergebnissen zufolge reicht die Bildung des Ohres in eine urferne Vergangenheit unseres Planeten zurück, die Rudolf Steiner den alten Mondenzustand der Erde bezeichnet. Damals stand das Ohr in engster Beziehung zur Sphärenmusik. Es war, vermöge seiner damaligen Vollkommenheit, gleichsam ganz *«in Musik getaucht»*. Und diese Musik teilte sich noch der ganzen damaligen menschlichen Organisation mit:

«Die Musikwellen durchdrangen auf dem alten Monde noch die menschliche Organisation, und das innere Leben des Menschen war ... ein Miterleben mit der ganzen musikalischen Umgebung, ein Anpassen an die ganze musikalische Umgebung; das Ohr war ein Kommunikationsapparat, um jene Bewegungen innerlich nachzumachen, welche außen als Sphärenmusik erklangen. Der Mensch fühlte sich auf dem alten Monde noch wie eine Art Instrument, auf welchem der Kosmos mit seinen Kräften spielte, und die Ohren waren in ihrer damaligen Vollkommenheit die Vermittler zwischen den Spielern des Kosmos und dem Instrument des menschlichen Organismus auf dem alten Mond. So wird einem die heutige Einrichtung des Gehörorganes wie zum Wecker einer Erinnerung, und man verbindet einen Sinn damit, daß durch eine Art Korruption des Gehörorgans der Mensch unfähig geworden ist, die Sphärenmusik zu erleben, daß er sich emanzipiert hat und daß er diese Sphärenmusik nur hereinfangen konnte in das, was heutige Musik ist, die sich im Grunde genommen doch nur innerhalb der Luft, die die Erde umspielt, abspielen kann.»[2]

Angesichts dieser einstigen Vollkommenheit nimmt das Ohr unter den Sinnesorganen insoferne eine Sonderstellung ein, daß es nicht – wie jene – direkt durch die ätherischen Bildekräfte gestaltet wurde, sondern unmittelbar durch astrale Wirkenskräfte entstanden ist. Den Ätherkräften verdankt es nur zum allergeringsten Teil sein Dasein. Dieser Ursprung des Ohres aus der astralen Sphäre macht auch den Hinweis verständlich, den Rudolf Steiner den Ärzten und Medizinstudenten gab, wonach die Beobachtung des Hörvorganges ein geeignetes Erziehungsmittel für die Beobachtung des astralischen Leibes sei.

«Sie bekommen für die Beobachtung des Menschen in bezug auf Ihre Beurteilungsfähigkeit eine Art Stellvertreter für das Hellsehen des astralischen Leibes. Sehen beobachten lernen erzieht für die Beobachtung des ätherischen Leibes, Hören beobachten lernen erzieht für das Beobachten des astralischen Leibes.»[3]

Hier begegnen wir einem eklatanten Beispiel, daß sich nicht immer Höheres aus einem Niederen entwickeln muß, daß es vielmehr auch umgekehrt sein kann. In jener Zeit des alten Mondenzustandes war das Ohr noch ein viel vollkommeneres Organ, als es heute der Fall ist. Die Erdenentwicklung bedeutete für den Gehörsinn eine Vergröberung und Minderung seiner einstigen Vollkommenheit. Aber die Reminiszenzen dieser einstigen Vollkommenheit sind natürlich noch vorhanden, und auf sie kommt es in der uns beschäftigenden Problematik gerade an. Und auch die sphärenharmonikalen Wirkenskräfte eines kosmischen Tönens sind heute – wenn auch nicht mehr direkt wahrnehmbar – eine Realität und strahlen in die ätherisch-astrale Wesensschicht des Menschen:

«In unseren Ätherleib klingt hinein, was ausgeht von den sieben Planeten. Es ist ein siebenfacher Einfluß auf den Ätherleib ...: Prim, Sekund, Terz, Quarte, Quinte, Sexte, Septime. Saturn, Sonne, Mond, Mars, Merkur, Jupiter, Venus; diese sieben Planeten tönen hinein in unseren Ätherleib.»[4]

Aber auch der physische Leib wird durch diese kosmischen Qualitäten affiziert. Hier sind es, ebenfalls nach den Hinweisen Rudolf Steiners, vor allem die formenden Kräfte der Fixsternwelt, deren Repräsentant der zwölfgliedrige Tierkreis darstellt:

«Es tönen zwölf Einflüsse, von den Zeichen des Tierkreises ausgehend, hinein in den physischen Leib. Der Seher erfährt zwölf Grundtöne auf dem Devachanplan. Die beeinflussen unseren physischen Leib. Alles was im Ich, im Astralleib, im Ätherleib und im physischen Leib ist, klingt in Tönen.»[4]

In direkter Weise wahrnehmbar sind diese astralen Einwirkungen angesichts unserer heutigen Bewußtseinshaltung nicht mehr. Aber jene «Reminiszenzen» in unserem Gehörorgan bauen uns eine Brücke und ermöglichen es, daß wir uns jenes kosmisch-tönende Element zum inneren Erlebnis bringen können.

Wir haben bereits an früherer Stelle dargelegt, daß ein musikalisches Erlebnis keine bloße Wahrnehmungsbeziehung zum Sinnesorgan *Ohr* darstellt, daß Musik vielmehr der *ganze* Mensch hört, wobei dem Ohr allerdings eine besondere Funktion zufällt. Diese Funktion entzieht sich jedoch dem Zugriff der Sinnesphysiologie, da sie in jenen «Reminiszenzen» einstiger Vollkommenheit wurzelt. Gewiß nimmt das Ohr als Sinnesorgan die schwingende Luft wahr. Unsere Gehörsempfindung registriert dabei jedoch nicht die Luftschwingungen als solche – das wäre unerträglich –, sie erlebt sie vielmehr als Klang. Nun wissen wir aber, daß der Klang nur die materielle Hülle des Tones ist, der ein ätherisches Gebilde darstellt. Soll dieses innere ätherische Tonerlebnis bewußt werden, dann ist es unumgänglich, daß dieser «Tonwert» von seiner stofflichen Leiblichkeit – der Lufthülle – wieder entbunden wird, nachdem er sich vorher *durch* sie in der Sinneswelt wahrnehmbar gemacht hatte. Und dieses ist die besondere Funktion des Ohres im Falle des musikalischen Hörens.

«Das musikalische Erlebnis hat zunächst jene Beziehung zum Ohr, die man gewöhnlich annimmt. Nichts ist falscher als einfach zu sagen: ich höre den Ton, oder ich höre die Melodie mit dem Ohr. Das ist ganz falsch. Der Ton oder irgendeine Melodie oder Harmonie wird eigentlich mit dem ganzen Menschen erlebt. Und dieses Erlebnis, das kommt mit dem Ohr auf eine ganz eigentümliche Weise zum Bewußtsein ... Die Töne, mit denen wir rechnen, die haben ja zu ihrem Medium die Luft. Aber dasjenige, was wir im Ton erleben, hat gar nichts mehr zu tun mit der Luft. Und die Sache ist diese, daß das Ohr dasjenige Organ ist, welches erst vor einem Tonerlebnis das Luftartige vom Ton absondert, so daß wir den Ton, indem wir ihn erleben als solchen, eigentlich empfangen als Resonanz, als Reflexion. Das Ohr ist eigentlich dasjenige Organ, das uns den in der Luft lebenden Ton ins Innere unseres Menschen zurückwirft, aber so, daß das Luftelement abgesondert ist und dann der Ton, indem wir ihn hören, im Ätherelement lebt. Also, das Ohr ist eigentlich dazu da, um, wenn ich mich so ausdrücken darf, das Tönen des Tones in der Luft zu überwinden und uns das reine Ätthererlebnis des Tones ins Innere zurückzuwerfen. Es ist ein Reflexionsapparat für das Tonempfinden.»[5]

Man darf somit von einer zweifachen Funktion des Ohres sprechen: für das Tonempfinden ist es ein Reflexionsorgan, für das klangliche Geschehen gleichzeitig ein Absorbtionsorgan. In den Vorträgen über «Geisteswissenschaftliche Impulse zur Entwicklung der Physik», führt Rudolf Steiner diesen innerlichen Reflexions- und Absorbtionsvorgang noch konkreter aus, indem er auf den intensiven Zusammenhang zwischen Hören und Atmen verweist. Denn nicht die Luftschwingungen allein sind tragende Faktoren unserer Klangwahrnehmungen. Der Atemvorgang spielt dabei eine ebenso wesentliche Rolle. Das Aus- und Einatmen der Luft bewirkt nämlich ein ständiges Schwingen des Gehirnwassers. Indem wir ausatmen, treiben wir das Zwerchfell in die Höhe und das Gehirnwasser, in dem das Gehirn schwimmt, wird nach abwärts getrieben. Beim Einatmen vollzieht sich der umgekehrte Prozeß; das Zwerchfell weitet sich nach unten, das Gehirnwasser steigt empor. Nun ist das Gehirnwasser aber in Wahrheit nichts anderes, «*als eine etwas verdichtete Modifikation der Luft*»[6]. Mit dieser Oszillation des Atmungsprozesses, der eigentlich ein ständiges «*Luftwahrnehmen*» ist, steht der Mensch in einem Lebensrhythmus darinnen, «*der in seiner Entstehung und in seinem Verlauf in Differenzierung der Luft besteht*»[6]. Und beim Hören bringen wir nun diesen «*inneren Schwingungsorganismus*» unseres Atemrhythmus zum «*Zusammenstoßen mit demjenigen, was von außen ... an uns tönt*», [6] wenn z. B. eine Saite oder eine Klaviertaste angeschlagen wird. Und wie wir den Wärmezustand unserer eigenen Hand, wenn wir sie in lauwarmes Wasser tauchen, wahrnehmen durch die Temperaturdifferenz zwischen der Hand und dem Wasser, so gewahren wir den entsprechenden erklingenden Ton «*durch das Gegeneinanderwirken ... unseres inneren, so wunderbar gebauten Musikinstrumentes mit demjenigen, was äußerlich in der Luft als Töne, als Schall, zum Vorschein kommt. Das Ohr ist gewissermaßen nur die Brücke, durch die die innere Leier des Apollo sich ausgleicht in einem Verhältnis mit demjenigen, was von außen an differenzierter Luftbewegung ... herantritt.*»[6]

Als Klang affizieren die schwingenden Lufthüllen von außen das «Trommelfell», aber diese Erschütterungen der Luft sind nur ein Schatten jener innerlich wirksamen ätherischen Bildekräfte. Und dem Ohr obliegt es, im Zuge der Wahrnehmung dieses Klangerlebnisses, jenen «Schatten» gleichsam zurückzuwerfen und dessen wahren Urheber – die ätherische Kräftewirkung – der Seele zu übermitteln. Wir stehen mit dem Gehörsinn daher «*hart an der Grenze der übersinnlichen Welt*»[7], indem er uns «Unhörbares» hörbar macht.

In dieser Reflexionsfunktion des Ohres tritt als weiteres Kriterium hinzu, daß Musik ja gerade dort «ertönt», wo es *nicht* klingt, nämlich *zwischen* den Tönen; und schließlich auch der eben erwähnte Umstand, daß die Wahrnehmungsfähigkeit für Musik den *ganzen* Menschen umgreift und sich nicht bloß auf das Sinnesorgan Ohr beschränkt. Für diese Tatsache bilden die Ergebnisse eindringliche Zeugnisse, die man auf musiktherapeutischem Gebiet mit Taubstummen erzielt hat. Anny von *Lange* berichtet uns aus ihrer langjährigen Erfahrung bezüglich des Schulungsweges zum qualitativen, «ätherischen» Hören.

«Anläßlich einer musikalischen Tagung kam die Bitte, mit einem etwa sechzehnjährigen jungen Mädchen, das von Geburt an infolge Verkrüppelung der Gehörknöchelchen taubstumm war, den Versuch zum ätherischen Hören zu machen. Das Kind hatte

am Abend vorher in einem Konzert mit hingehaltenen offenen Innenflächen der Hände gesessen und in großer Aufregung dann bedeutet: ‹Ich bin gar nicht taub! Ich höre furchtbar viel!› und hatte danach große Zeichnungen mit interessantesten Bewegungen gemacht, ohne irgend etwas von diesen Dingen zu wissen. Es wurde dann beim Hörstudium aufgefordert, die Töne, die ihr vorgesungen wurden und die sie an ihrem Körper angab, auf die Tafel zu zeichnen.» [8]

Die aufgezeichneten Linien entsprachen nicht nur dem Wesen der Töne, es zeigte sich auch *«die beachtenswerte Tatsache, daß hier, trotz völlig stummen Ohres, bestimmte Bewegungserlebnisse aufgenommen wurden.»* [8] Es ist schon so: wir stehen mit der musikalischen Wahrnehmung an der Grenze des Übersinnlichen; das heißt aber gleichzeitig auch an der Grenze des Sinnlichen. Das ist das Wunderbare unseres Hörens, daß sich im Ohr Übersinnliches mit Sinnlichem vermählt. Mit Recht nennt daher J. E. Berendt diese Apperzeption das «Wunderbarste» des Gehörsinnes, nämlich die Begabung *«Bewußtes in Unbewußtes, Meßbares in Unmeßbares, Abstraktes in Seelisches – und natürlich auch umgekehrt – mit unfaßbarer Exaktheit überzuführen.»* [9]

Die Sonderstellung des Ohres wird auch durch die Embryologie unterstrichen, was uns als physiologischer Brückenschlag zu jenen fernen Zeiten dienen kann, in denen das Ohr noch die Wahrnehmungsfähigkeit für die Sphärenmusik besaß. Für die geisteswissenschaftliche Erkenntnis ist der Menschenkeim, der sich als Embryo im Mutterleibe bildet, ein Abbild vorgeburtlicher Vorgänge in der geistigen Welt. Und in den ersten Stadien dieser embryonalen Entwicklung wird, wie wir hörten, im wesentlichen der Kopf ausgebildet, während sich der Rumpf, vor allem die Gliedmaßen, zunächst nur als Ansatzorgane zeigen, doch stets in «musikalischen» Proportionen zum Kopf. Das Ohr bewahrt nun noch weiter fort, was es als Anlage im vorirdischen Dasein empfangen hat. Es unterliegt in der weiteren Ausbildung nicht so intensiv der «Erdenschwere», und dies ermöglicht dem Gehörsinn jenes Stehen an der Grenze, an welcher der akustische Sinnesreiz mit übersinnlichen Faktoren verschmelzen kann. Das Ohr bewahrt sich sozusagen ein reines Abbild der geistigen Welten, aus denen der Mensch herausgesungen wurde. Das hat wohl auch Berendt im Auge, wenn er schreibt:

«Ja, unsere Ohren sind geöffnet, noch bevor wir geboren werden. Bereits in dem der Geburt vorausgehenden Stadium ist das Ohr wichtiger als unsere anderen Sinne ... Bevor wir diese Erde betreten – und unser ganzes Leben hindurch, auch dann, wenn in der Stunde des Todes bereits a l l e anderen Sinne versagen –, hören wir. Wir k ö n n e n unsere Ohren nicht schließen ... Unsere Ohren sind es eigentlich, die uns einerseits aus dem vorgeburtlichen Zustand in den unserer irdischen Existenz und andererseits auch aus diesem letzteren in den nachgeburtlichen (nachtodlichen) überführen – mehr zumindest, als irgendein anderer Sinn dies tut ... Mit keinem unserer Sinne sind wir so sehr, wie wir hörend sind! Hören heißt sein!» [9]

Hören heißt sein! Was aber hören wir – vorgeburtlich – in diesem «Sein» einer geistigen Welt? Eben jene «musica mundana», jene Sphärenmusik, aus der die harmonikalen Bildekräfte strömen und uns «Erinnerung» geben im Erleben der Musik. Die Sphärenmusik *ist* eine Realität *«und sobald wir in die geistige Welt kommen, die hinter der Sinnenwelt liegt, sind wir in einer Welt, die überhaupt in Laut und Ton, in Melodie und Harmonie und Lautzusammenklängen lebt. Und aus*

48

diesen Laut- und Tonzusammenhängen formt sich das menschliche Ohr heraus. Daher können wir sagen, in unserem Ohre haben wir eine Erinnerung an unser geistiges, vorirdisches Dasein ...»[10] Wie das Auge am Licht, für das Licht gebildet worden ist, so das Ohr durch die Weltenmusik für die Musik. Und so ist es ein Aufnahmeorgan nicht bloß des akustischen Sinnesreizes, sondern auch ein Vermittler für die Manifestation des Tones am ätherischen Plan. Damit scheint uns auch von seiten des Sinnesorganes die Wahrnehmungsmöglichkeit des Eigenwesens der Tonarten als eine ätherische Wirklichkeit abgesichert. Und wir können uns nunmehr einer allgemeinen Charakteristik der Tonarten zuwenden.

Die Dominant-Verstrebungen in der Tonart

Als ein wesentliches Charakteristikum der Dur-Moll-Tonalität ergaben sich uns im Kapitel über die Zwölf- und Siebenordnung die Dominantverstrebungen, als Folge der harmonischen Durchdringung des Leiter-Melos. Nun könnte man als Ursache für diese, die Tonart beherrschenden Kräftezüge die Leiterstruktur als solche ansehen. Dem ist aber nicht so. Die eigentliche Wurzel liegt tiefer, liegt in jener Vertikalität, von der auch der einzelne Ton beherrscht wird. Seit Helmholtz wissen wir nämlich, daß jeder erklingende Ton in Wahrheit eine ganze «Klangsäule» darstellt, indem bei seinem Erklingen eine unendliche Reihe von sogenannten «Obertönen» mitschwingt. Und in dieser «Obertonreihe» ist auch die Dominantstruktur unserer Tonarten im Keim veranlagt.

Wie sieht diese Obertonreihe aus? Ihre ersten Töne ergeben die Oktav des erklingenden Tones, dann deren Quint, die nächst höhere Oktave, die große und kleine Terz, weiters eine dritte, noch kleinere Terz, die zum Ausgangston die Naturseptime darstellt, usw.: c–c'–g'–c' '–e''–g''–b''...

1	2	3		4	5	6	7	8	9	10	11
c	c'	g'		c''	e''	g''	*b''	c'''	d'''	e'''	°fis'''

Fassen wir diese Obertöne in einem Akkord zusammen, dann zeigt sich, daß uns durch die ersten fünf Töne dieser Reihe nicht nur der Dur-Dreiklang c–e–g dargereicht wird, sondern daß wir, wie Gustav Güldenstein eindringlich aufgezeigt hat, mit der Einbeziehung der Naturseptime b auch die Dominantspannung gleichsam von der Natur selbst geliefert bekommen. Denn der Septakkord c–e–g–b drängt nach Auflösung in den Dreiklang f–a–c:

Es ist somit offensichtlich, daß der einzelne Ton die Dominantfunktion latent in sich trägt. Dies gilt natürlich für jeden erklingenden Ton. Haben wir das f als Tonika des Septakkordes c–e–g–b erreicht, dann heißt dies, daß auch dieses f in seiner Obertonreihe Dominant-Funktion aufweist: es ist der Septakkord f–a–c–es, der in seine Tonika b–d–f drängt:

So daß wir sagen können, jeder für sich erklingende Ton drängt zu dem Ton, zu welchem er in einem Dominant-Tonika-Verhältnis steht.

Nun dürfen wir dabei aber nicht übersehen, daß unser Ausgangston c nicht nur in seiner nach f gravitierenden Dominant-Spannung gesehen werden kann, sondern daß er selbst auch Tonika einer *über* ihm liegenden Dominante ist, nämlich des Tones g: der Akkord g–h–d–f gravitiert nämlich nach c–e–g:

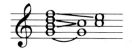

Wir haben daher nicht nur die *fallende* Richtung von der Dominante zur Tonika zu beachten, sondern auch die aufsteigende, von der Tonika zur Dominante. Und diese beiden Richtungszüge, die unser ganzes Tonalitätsfeld durchziehen, setzen sich ins Unendliche fort. Jeder Ton birgt in sich sowohl Tonika-, wie Dominant-Funktion; jeder Ton «trägt» und «wird getragen».[1] Ein Prinzip des Tragens und Getragen-Werdens, wie es auch im Makrokosmos mit seinen Spannungsbeziehungen zwischen den Planeten herrscht.

Durch dieses Phänomen ist es nicht schwer zu verstehen, daß die Tonart nichts anderes sein kann als die Offenbarung eines makrokosmischen Prinzips in der Materie des Klanges; eine Verwirklichung des Unendlichen im Endlichen der Stoffeswelt. Daß diese Verwirklichung allerdings nicht restlos durchführbar ist, daß Unendliches im Endlichen nicht zur Gänze «aufgehen kann», das wird uns eine genauere Untersuchung des Phänomens in einem der folgenden Kapitel noch zeigen. Vorerst möge es uns genügen, die Sternenverbundenheit unseres Ton- bzw. Klangmaterials von verschiedenen Perspektiven her unterbaut zu sehen.

Der Charakter der Töne innerhalb
der Tonleiter — der Tonwert

Ehe wir über die sphärenmusikalische Verwurzelung dieses harmonischen Elementes, namentlich über das Hineingestellt-Sein in die Zwölfordnung konkretere Aufschlüsse zu erlangen trachten, sei den Tonqualitäten der Leiterstruktur noch tiefere Beachtung geschenkt. Daß wir dabei immer wieder C-Dur als Grund- und Ausgangstonart wählen, ist weder Zufall noch Willkür. Denn in diesem vorzeichenlosen C-Dur ordnen sich die sieben diatonischen Töne «von selbst» in eine das Dur strukturierende Tonfolge; das Dur ist also nicht nur durch die Obertonreihe harmonisch verankert, es wird uns gleichsam auch melodisch von der Natur dargereicht. Erkannten wir doch im Übergang vom jonischen Kirchenton in das neuzeitliche Dur das Zu-Ende-Gehen eines alten und den Beginn eines neuen Tonalitätsempfindens. So ist es schließlich auch historisch begründet, daß C-Dur die Grundtonart dieser Musikepoche der Dur-Moll-Tonalität ist.

Diese von der Natur selbst gegebene Struktur der Dur-Skala kann uns nun aber gleichzeitig Aufschluß geben über den Charakter der einzelnen Töne; da sie sich als die Glieder erweisen, durch die jene Dur-Physiognomik geprägt wird, und – wie wir gesehen haben – die Reihenfolge dieser Glieder nicht vertauscht werden darf, soll das Tonleiter-Melos nicht zerstört werden, so muß jedem Glied dieser Kette ein ihm wesenseigener Charakter zukommen. Dieser Eigencharakter erschließt sich uns nun gerade auch wieder durch jenes harmonische Element, das sich im vertikalen Intervallerlebnis offenbart, und das aus dem rein melodischen Gebilde des jonischen Kirchentons das harmonisch durchströmte C-Dur werden ließ. Toncharakter und Intervallgebärde erscheinen dadurch in voller Kongruenz. Wenn Ernst Kurth die Unterschiedlichkeit des einzelnen Tonarten-Charakters auf die verschiedenen Spannungselemente zu C-Dur zurückführt, so kann dies ja nur dadurch zum Ausdruck kommen, daß die einzelnen Tonwerte innerhalb von C-Dur selbst einen bestimmten Eigencharakter aufweisen, der dann durch die Versetzung auf andere Tonstufen den entsprechenden Spannungsgrad bewirkt.

So ist dem Ton c als Ausgangs- und Grundton, zu dem alle anderen Töne in Relation stehen, eo ipso der *Prim*-Charakter aufgeprägt. Die Kraft, Statik und innere Festigkeit dieses Intervalls, seine starke Bezogenheit zum irdischen Dasein, haftet zweifelsfrei auch dem Tonwert c an. Wohlgemerkt: wir sprechen von *Tonwerten*, nicht von Klangfrequenzen.

Hier darf ein ganz wesentliches Ergebnis der Geistesforschung Rudolf Steiners Erwähnung finden, das uns erneut auf die Zweiheit von All-Musik und Ich-Musik verweist: auf die Tatsache, daß es in der klangätherischen Welt so etwas wie *absolute* Intervalle gibt. In diesem Zusammenhang spricht Hermann Pfrogner von einem «*All-Intervall*», bzw. einer «*All-Konsonanz*» als «*Glied der tönenden Wohlgefügtheit des Alls*»:

«*Denn in gleichbleibend ruhender, zahlen-ätherischer Vollkommenheit konsoniert das All in sich selbst, gleich der nach Maß und Zahl weislich geordneten Proportionswelt der Intervalle von* Unter- und Obertonreihe, *die in ihrer Unendlichkeit nach unten und oben nichts anderes sind als ihr irdisch-tönendes Abbild.*»[1]

Wogegen durch die Erstarkung des Ich-Bewußtseins das «*Ich-Intervall*» als Ergebnis dieses Entwicklungsprozesses ersteht:

«*Auf dem Weg der Musik-Evolution reift mit der Ich-Kraft auch das Ich-Intervallerlebnis. In diesem Sinne darf der Musik- und Ich-Evolution in sich einende Mensch, aus jeweils ich-gereiftem Konsonanz-Erleben, sagen:* ‹*Ich bin Oktave, ich bin Septime, ich bin Quinte. Ich bin erwacht zur Terz, die Terz ist erwacht in mir. Denn jedwedes Ich-Konsonanzerlebnis fühle ich als Ich-Aufwach-Erlebnis.*›»[1]

Dieses Erwachen zum Ich-Intervall bedeutet einen Prozeß, der sich über Zeiträume erstreckte, die man nur mit geologischen Zeit-Maßstäben messen kann. Wenn wir etwa zurückblicken auf jene Epoche, die vor der großen Flut anzusetzen wäre – wir nennen sie in der Geisteswissenschaft die *atlantische* Epoche –, da war das Tonerlebnis der damaligen Menschheit ein von heute völlig unterschiedliches. Die Atlantier hörten noch keine Terz, keine Quint in unserem Sinne; ihr musikalisches Erleben begann mit der Septime. Sie war das kleinste Intervall für die Tonwahrnehmung des Atlantiers; ein Intervall allerdings, das bereits innerhalb des Oktavraumes zu liegen kommt. Dies ist wesentlich, weil erst in der atlantischen Epoche der Mensch mit der Ich-Geistigkeit begabt worden ist. Die vor-atlantische Menschheit zeigt sich uns nur in der dreifachen Hüllennatur des Physischen, Ätherischen und Astralen. Dementsprechend war auch ihr musikalisches Erleben zu dem der atlantischen Zeit ein verschiedenes; dergestalt nämlich, daß das Intervall über die Oktave hinaus ging, «*bis zum ersten Ton der folgenden Oktave, und dann geht es bis zum folgenden Ton der zweitnächsten Oktave*», usw.[2] Konkret gesprochen erlebte der Mensch also die Sekund der nächsten Oktav, die Terz der zweitnächsten, die Quart der drittnächsten Oktave und so fort. Diese Intervalle wurden nicht innerhalb eines Oktavraumes erlebt, sondern außerhalb seiner Umgrenzung. Und was bedeutet das?

Die Oktave, jenes «Wunder» eines Gleichklanges, der dasselbe ist und doch nicht dasselbe darstellt, kann uns im Hinblick auf jenen Bewußtseinsprozeß das einzigartige Symbol für die Zwienatur des Menschen sein. Die Prim ist darin der klingende Ausdruck des irdischen Geschöpfseins, die Oktav der Klangspiegel der erhöhten Geistnatur. Es ist daher kein Zufall, daß die Überschreitung der Oktavschwelle sich in jener atlantischen Epoche vollzog, in der die Ichbegabung des Menschen ihre erste Keimlegung erfuhr. Was aber hörte der Mensch vorher, ehe sich seine Intervallwahrnehmung in den Oktavraum hinein verdichtete? Er erlebte diese Intervalle sozusagen in ihrer objektiven, kosmisch-geistigen Realität.

«*Indem der Mensch unmittelbar die Intervalle erleben konnte, die für uns heute so sind, daß wir sagen: Prim in einer Oktave, Sekund in der nächsten Oktave, Terz in der dritten Oktave –, nahm dieser ältere Mensch dasjenige wahr, was eine Art objektiven Durs und objektiven Molls ist, ein nicht mehr in sich erlebtes Dur und Moll, sondern ein Dur und Moll, das als der Ausdruck des seelischen Erlebens der Götter empfunden wurde. Die Menschen des lemurischen Zeitalters erlebten, man kann jetzt nicht sagen Freude und Leid, Erhebung und Deprimierung, sondern man muß sagen: Die Menschen erlebten durch dieses besondere musikalische Empfinden in der lemurischen Zeit, indem sie ganz außer sich entrückt waren in dem Wahrnehmen dieser Intervalle, die kosmischen Jubelklänge der Götter und die kosmischen Klagen der Götter.»*[2]

Damit wird uns auch der Begriff: «All-Musik» konkret greifbar. Mit der Verengung und Verdichtung der Intervallabstände innerhalb eines Oktavraumes beginnt der Weg zum Ich-Intervall. Die Oktave ist also die Schwelle, an der Ich- und All-Erlebnis ineinander übergehen. Jenseits dieser Oktav-Schwelle war das Musikerlebnis ein objektives. Die Hereinnahme in den Oktavraum macht es zu einem subjektiven. Aber auch dies ist ein über lange Zeiträume sich dehnender Prozeß. Zunächst kommt es zum Quint-Erlebnis in der Pentatonik der ersten Hochkulturen der nachatlantischen Zeit. Diese Quinten wurden damals allerdings nicht als «leere» Tonräume empfunden, man erlebte vielmehr noch göttliches Sein in ihnen. Der Hauch des All-Intervalls war noch nicht geschwunden. In der vierten nachatlantischen Kulturperiode verengt sich der Quintenraum zum Tetrachord; die Quart wird das strukturbildende Intervall. Und mit dem großen und kleinen Terz-Erlebnis – die Terz wurde im Laufe des Mittelalters im gleichen Ausmaß als Konsonanz erlebt, je näher der Beginn unserer eigenen Kulturepoche, der Epoche der «Bewußtseinsseele» heranrückte, in der das volle Individualitätsbewußtsein im Menschen erwachte – tauchte das Musikalische gleichsam voll unter in das menschliche Gemüt. Jetzt fühlt sich die Seele nicht mehr entrückt; was erklingt, kommt aus ihrem eigenen Innern, nicht mehr aus einer geistigen Umwelt. All-Musik wird zur Ich-Musik.

«Im Terzenzeitalter, das ... erst verhältnismäßig spät heraufgezogen ist, ist der Mensch mit dem musikalischen Erleben in sich selbst darinnen. Er nimmt das Musikalische an seine Leiblichkeit heran. Er verwebt das Musikalische mit seiner Leiblichkeit. Daher tritt mit dem Terzenerlebnis der Unterschied zwischen Dur und Moll auf, und man erlebt auf der einen Seite das, was man eben bei einem Dur erleben kann, auf der anderen Seite dasjenige, was mit Moll erlebt werden kann. An die menschlichen gehobenen, freudigen, an die deprimierten, schmerzvollen, leidvollen Stimmungen, die der Mensch als der Träger seines physischen und ätherischen Leibes erlebt, knüpft sich das musikalische Erleben mit der Entstehung der Terz, mit dem Hereinkommen von Dur und Moll in das Musikalische. Der Mensch nimmt gewissermaßen sein Welterleben aus dem Kosmos heraus, verbindet sich selber mit seinem Welterleben.»[2]

Wir sehen: die Möglichkeit, ein Ich-Erlebnis der Intervalle zu haben, wie es Hermann Pfrogner darstellt, erfließt aus der unmittelbaren Verbindung der Musik mit dem Ich des Menschen. Denn Musik ist die Kunst des Ich, das sich während des musikalischen Vorganges tief in die unterbewußten Seelengründe hinuntersenkt:

«Die Musik enthält ... die Gesetze unseres Ich, aber nicht so, wie wir sie im gewöhnlichen prosaischen Leben ausleben, sondern hinuntergedrückt ins Unterbewußte, in den Astralleib hinein, gleichsam das Ich unter die Oberfläche des Astralleibes untergetaucht und darinnen, in der Gesetzmäßigkeit des Astralleibes, schwimmend und wogend.»[3]

Die Beziehung der Intervalle zur menschlichen Seelensphäre

Nun sind aber die einzelnen Wesensglieder in sich selbst wieder siebenfach gegliedert, dergestalt, daß sie mit dem gesamten Wesensbereich des Menschen in Verbindung stehen und ihn durchdringen *«so wie der Mensch selber in sieben Glieder geteilt ist – physischer Leib, Ätherleib, Astralleib, Ich, Geistselbst, Lebensgeist, Geistesmensch –, so geht der Astralleib durch alle diese Glieder hindurch, und es gibt gleichsam einen dünnsten Teil des Astralleibes, den man bezeichnen könnte als vorzugsweise geschmiegt und gebildet für den physischen Leib.»*[3] Wie dieser Astralleib mit einem Teil seiner Wirkenskräfte den physischen Leib durchdringt, so strahlt er seine Kräfte und Gesetzmäßigkeiten natürlich auch in den Ätherleib, lebt sich auch in seiner eigenen Astralität aus, durchwirkt das Ich und die höheren geistigen Wesensglieder – Geistselbst, Lebensgeist und Geistesmensch – der menschlichen Entelechie. Und da es sich dabei immer um die astrale Wesensschicht als Ganzes handelt, stehen diese einzelnen astralen Ebenen untereinander natürlich in engster Beziehung. Unser Astralleib stellt demnach eine seelische umgreifende Ganzheit dar, die jedoch von den einzelnen Wesensschichten unterschiedlich affiziert wird. Eine ähnliche Differenzierung weist auch unsere Tonart auf; auch sie ist eine «Ganzheit» in der Vielheit, denn durch die «Strahlungsdynamik» jedes einzelnen Tones erfährt sie eine siebenfache Gliederung. Und der Gedanke an eine Parallelität der Wechselwirkung zwischen der Gliederung der Astralität und jener der Tonart mit ihren sieben Intervall-Proportionen: Prim, Sekund, Terz, Quart, Quint, Sext und Septim, ist naheliegend. Allerdings haben wir die astrale Seelenhülle dabei noch exakter zu unterteilen. Denn es gibt bekanntlich seelische Eigenschaften, die durchaus dem väterlich-mütterlichen Erbstrom unterliegen, und es gibt solche, die unabhängig von jeglichem Erbfaktor unmittelbar aus der Individualität erfließen. So gesehen haben wir von dem der Vererbung unterworfenen Seelen- oder Astral-*leib* und einer Empfindungs-*seele* zu sprechen, die eine erste seelische Entfaltung der Ich-Natur darstellt und an kein leibliches Erbe gebunden ist. Intensiviert sich diese Ich-Entfaltung als erwachender Bewußtseinsakt in der Seele, sprechen wir von der «Verstandes- und Gemütsseele» und schließlich von der «Bewußtseinsseele», in der der individuelle Wesenskern des Menschen, das *Ich,* voll erwacht und bewußt geworden ist. Indem wir in der vorhin erwähnten Siebenstufigkeit das Ich in diese dreifache Seelendifferenzierung aufteilen, kommen wir zu einer neunfachen Gliederung, die uns die gesamte, den Menschen durchtönende Skala offenbart. Das dem physischen Leib entsprechende Glied des Astralleibes würde sich demnach in der *Prim* manifestieren. *«Der dem Ätherleib entsprechende Teil des Astralleibes wird in der Sekund erlebt».*[3] Die *Terz* als inneres Tonerlebnis wäre dann mit jenem Teil unserer Astralität verbunden, der ihr selbst angehört; und zwar würde die *Moll*-Terz mit dem Seelenleib korrespondieren, die *Dur*-Terz dagegen mit der Empfindungs-*seele.* Auch die Musikpsychologie weiß um diese Differenzierung des inneren Tonerlebnisses, wenn sie von dem jeweiligen «Berührungseffekt» spricht, mit dem wir einen bestimmten Ton oder ein Intervall erleben. Man bezeichnet damit jene Reizwirkungen, die mit dem Eintritt oder im Zusammenstoß der Töne selbst hervorgerufen werden. Und man darf wohl behaupten, daß erst das Wissen um diese

Differenzierung der astralen Wesensschichte die Unterschiedlichkeit des «Berührungseffektes» wirklich verständlich macht.

Die weitere Parallelität zwischen Intervall und menschlicher Seelensphäre ergibt sich von selbst. Eine *Quart* wird in demjenigen Teil der Astralität empfunden, der der Verstandes- und Gemütsseele entspricht, eine *Quint* in dem der Bewußtseinsseele entsprechenden Teil. Die *Sext* läßt uns bereits eine weitgehende «Entrückung» aus unserer Hüllen-Natur erleben, indem sie von jener astralen Region getragen wird, die mit dem «Geistselbst» kommuniziert. Schließlich führt uns die *Septime* zum «Lebensgeist», während die *Oktave* den «Geistesmenschen» erfühlen läßt. Diese «Entrückung» aber ist von größter Bedeutung. Denn sie birgt die Möglichkeit, trotz der subjektiven Ich-Intervallik innerhalb des Oktavraumes, sich die einstige, verlorene Objektivität des All-Intervalls neu, und jetzt mit vollem Ichbewußtsein zu erringen. Und erst im Begreifen dieses Zusammenhanges zwischen unseren Wesensgliedern und dem Intervallgeheimnis wird uns die Oktav in ihrem Schwellencharakter zwischen Ich- und All-Musik erst wirklich zum Erlebnis werden können. Die mit der Sext einsetzende «Entrückung» in unsere höheren Wesensglieder könnte uns der Wahrnehmung der Sphärenharmonie wieder näherbringen, die für uns ja nur deshalb verstummt ist, weil wir als Erdenwesen das physisch-akustische Erklingen des Tones nötig haben, um wahrnehmen zu können. Würden wir uns wieder ein bewußtes Tonerlebnis erringen, ohne der Krücke des Klanges zu bedürfen, dann könnten wir auch miterleben, wie durch die Sphärenharmonie *«der Kosmos mit Hilfe unseres Astralleibes unsere eigene Wesenheit spielt.»*[3]

Als mit dem Beginn der Mehrstimmigkeit und der immer reicheren Entfaltung der Polyphonie jener bereits erwähnte Inkarnationsprozeß des harmonischen Elementes stattfand, als sich das musikalische Erleben durch das allmähliche In-Erscheinung-Treten des Terz-Intervalles versinnlichte und den Hauch der All-verbundenheit mehr und mehr verlor, sehen wir Guido *von Arezzo* (995–1050) seinen Chorknaben eine Unterweisung geben, die uns wie eine sorgenvolle Mahnung anmuten kann, sie mögen diesen Allbezug nicht ganz vergessen. Auf den ersten Blick scheint es sich dabei um einen bloßen praktischen Ratschlag für ein richtiges Solmisieren zu handeln. Darunter verstand man den Gebrauch der wohlklingenden Silben ut, re, mi, fa, sol, la beim Gesang, mit denen man anfänglich nur die sechs ersten Töne der Skala: c, d, e, f, g, a benannte. *«Die Übertragung jener Silben auf diese Töne rührte von der Einführung einer Melodie in die Gesangsübungen her, welcher man ihren Text in der Art unterlegte, daß der Anfangston einer jeden der sechs Phrasen, aus denen sie bestand, stets mit einer jener obigen Tonstufen und Silben zusammentraf. Diese Melodie, zu welcher Worte gesetzt waren, in denen die Chorknaben den heiligen Johannes in der rührend naiven Weise jener Zeit bitten, sie vor Heiserkeit zu beschützen, lautete wie folgt:»*[4]

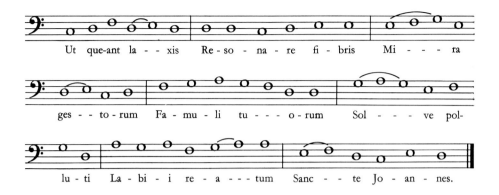

Ut que-ant la - - xis Re - so - na - re fi - bris Mi - - - ra
ges - - to-rum Fa - mu - li tu - - - o-rum Sol - - - ve pol-
lu - ti La - bi - i re - a - - - tum Sanc - - te Jo - an - nes.

Die Schüler wurden angehalten, sich bei Tönen, die mit den Silben ut, re, usw. verbunden waren, gleichviel, wo und in welchem anderweitigen melodischen Zusammenhang er ihnen sonst begegnen mochte, stets den betreffenden und ihnen so wohlbekannten Anfangston einer jener sechs Phrasen, aus denen die Melodie besteht, zu denken oder mit dem Gehör innerlich zu reproduzieren, so daß der in Frage kommende Ton und die zu ihm gehörende Silbe dem Schüler identisch erschien, und er von nun an jede fremde Melodie – da er sich ja nur die auswendig gelernte Melodie zu vergegenwärtigen brauchte –, die nicht über den Umfang jener sechs Anfangstöne hinausging, mit verhältnismäßiger Leichtigkeit vom Blatt zu singen vermochte.

Soweit der ganz gewiß damit verbundene praktische Sinn dieser Unterweisung. Aus den Worten der Melodik freilich spricht noch anderes:

> U t   queant laxis
> R e   – sonare fibris
> M i   – ra gestorum
> F a   – muli tuorum
> S o l – ve polluti
> L a   – bii reatum
> Sancte Joannes.

«Damit deine Diener mit leicht gewordenen Stimmbändern die Wunder deiner Werke besingen mögen, sühne die Schuld der irdisch gewordenen Lippen – (für die Sprache fähig gewordenen Lippen) – heiliger Johannes.»[3]

Nicht allein die Bitte vor Bewahrung von Heiserkeit spricht aus dem Ernst dieser Worte; es klingt vielmehr die Mahnung aus ihnen, das Musikalische zu einem Opferdienst, zu einem religiösen Dienst zu machen, sich bewußt zu werden, daß, wenn der Mensch Töne singt, *«er sich freimachen muß von dem Zusammenhang mit der bloß chaotischen – wie man es empfand – unreinen Außenwelt.»*[3] Als ein Hinaufrücken zu geistigen Höhen erlebte man es, wenn man sich über die Sprache des Alltags erhob *«zum Abbilde der himmlischen Musik in der Musik.»*[3] Das von Guido festgelegte Hexachord sollte als Himmelsleiter dienen, um sich mit ihrer Hilfe emportragen zu lassen zu geistigen Höhen. Das läßt sich auch an dem von Guido entworfenen Tonschema erkennen, das die Möglichkeit eröffnen sollte auch von anderen Grundtönen als dem c auszugehen. Man teilte zu diesem Zwecke die damalige, zwanzig Töne umfassende und vom großen G bis zum zweigestrichenen e reichende Tonfolge in sieben sechsstufige Reihen (Hexachorde) ein.

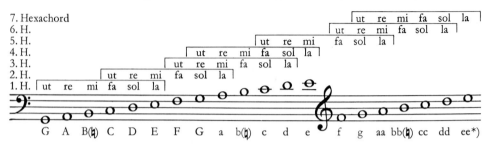

Wir bemerken, daß dabei ausschließlich die Tonstufen C, F und G als Grundtöne oder Ausgangspunkte eines jener sieben Hexachorde galten und verwendet wurden. Es sind dies jene Töne, die später, wenn das Dur voll in Erscheinung getreten sein wird, die Funktion von Tonika, Unter- und Oberdominante erhalten werden. Auch sehen wir, wie die drei Hexachorde stets eine große Terz gemeinsam haben. Das erste, auf c aufgebaute und von Guido das «Hexachordum naturale» benannte: c–d–e–f–g–a, hat mit dem von f ausgehenden «Hexachordum molle» (weich): f–g–a–b–c–d, die Terz f–a gemeinsam, mit dem auf g stehenden «Hexachordum durum» (hart): g–a–h–c–d–e, die Terz c–e. Alle drei großen Terz-Intervalle, die einmal das «Herz» der drei Hauptdreiklänge der Dur-Tonleiter bilden werden: c–e, f–a, g–h treten hier bereits in Erscheinung und werden durch die Ausgangstöne der Hexachorde merklich akzentuiert. Die Verinnerlichung und Ich-Werdung des musikalischen Erlebnisses kündigt sich darin deutlich an, was den spirituellen Sinn der Spruchworte nur um so bedeutender erscheinen lassen muß.

Später wurde dann die erste Silbe *ut* durch *do* ersetzt, während die beiden Schlußworte «sancte Joannes» mit ihren Anfangsbuchstaben das *si* in der Notenschrift ergaben: do, re, mi, fa, sol, la, si, do.

Angesichts dieser historischen Entwicklungstatsachen dürfte die Berechtigung von einem Ich-Intervall-Erlebnis zu sprechen hinreichend begründet sein. Doch offenbart uns die Geisteswissenschaft auch den realen Bezug zur *All*-Intervallik.

Das Erleben der absoluten Intervalle

Die Ich-Intervallik wird nämlich, nach den Darstellungen Rudolf Steiners, für die Seele einmal ein Fenster sein, durch das sie in die geistige Welt einzudringen vermag. «*Die Geheimnisse des einzelnen Tones werden sich in diesem Erleben des einzelnen Tones hinter dem Ton enthüllen.*»[5] Gewiß sind wir heute noch weit von diesem Gefühl entfernt, «*daß wir durch jeden Ton wie durch ein Fenster aus der*

sinnlichen Welt in die spirituelle Welt hineinsteigen können. Aber dies wird kommen.
Wir werden den Ton empfinden wie eine Öffnung, welche die Götter gemacht haben
aus der jenseits von uns liegenden spirituellen Welt in diese physisch-sinnliche Welt
hinein, und wir werden hineinsteigen durch den Ton aus der physisch-sinnlichen Welt
in die spirituelle.» [5] Es wird demnach also zu einem *bewußten* Erleben und Ergreifen dessen kommen, was Guido von Arezzo instinktiv seine Schüler lehrte. Und
nach dieser Richtung tendiert auch der Sinn unserer gesamten Tonartenbetrachtung. In deren Hintergrund steht immer jene All-Harmonie, von der Rudolf Steiner als Zukunftsphänomen gesprochen hat; der Versuch, sich vom reinen
Klangerlebnis bewußt zu lösen und die Aufmerksamkeit auf das innere Tongeschehen zu lenken. Mögen wir heute noch weit davon entfernt sein, den Ton als
ein Fenster zur spirituellen Welt real erleben zu können, so dürfte die Konzentration auf die Eigensprache der Tonarten gewiß ein wesentlicher und vorbereiten-
der Schritt zu diesem Erlebnis sein.

Sagten wir von der *Prim,* sie würde unserem Sinnessein Kraft, Statik und innere
Festigkeit verleihen, so war dies von der Perspektive des «Ich-Intervalls» gesprochen: *Ich bin* die Prim! Als «All-Intervall», d. h. als *absolute* Prim erlebt, offenbart
sie uns das geistige Gegenbild und deckt die Schwäche und Unvollkommenheit
unseres geschöpflichen Daseins auf.

«Wir werden ... durch die Prim, die wir absolut empfinden, ... erfühlen, wie wir
hineinsteigen aus der Sinnenwelt in die spirituelle Welt, und zwar auf eine gefahr-
volle Weise. Die Gefahr liegt darinnen, daß uns dieses Hineinsteigen droht ganz
gefangenzunehmen, daß uns die Prim wie mit furchtbarer Saugkraft durch das Fenster
des Tones holen will, uns ganz verschwinden lassen will in der spirituellen Welt. Wir
werden empfinden ..., daß wir spirituell noch zu schwach sind in der physisch-sinnli-
chen Welt und daß wir aufgesogen werden von der spirituellen Welt, wenn wir durch
dieses Fenster gestiegen sind. Das wird die moralische Empfindung sein, die wir haben
können beim Aufsteigen in die spirituelle Welt durch die Prim.» [5]

Ein Ahnen von dieser «Saugkraft» der Prim kann uns das Schubert-Lied «Der
Wegweiser» vermitteln, dessen Melodik, ganz durch das Prim-Intervall geprägt,
sowohl die «eigene Schwäche», als auch die Unerbittlichkeit erleben läßt, mit der
wir auf dieses «Fenster» zugehen müssen, durch das uns der Sog des Jenseits entgegenweht.

Was vermeid ich denn die We - ge, wo die andern Wandrer gehn,

Es ist merkwürdig, daß einem bei diesem ständig gleichmäßigen Pochen einer
Prim unwillkürlich das Gefühl beschleicht, das Tempo würde sich beschleunigen,

obgleich keinerlei Grund dafür vorliegt. Der Sänger, wie auch sein Begleiter haben bei der Wiedergabe darauf zu achten, nicht von diesem Sog eines unerklärbaren Accelerandos ergriffen und in eine unrichtige Beschleunigung «hineingeweht» zu werden.

Sekund

Die *Sekund* ist das Melodie-Intervall kat exochen, da sie die stärkste Bewegungsdynamik in sich birgt und jedem Melos sein fließendes Strömen verleiht. Entspricht sie ja auch jenem Teil des Astralleibes, der mit dem stets in Bewegung sich befindlichen Ätherleib korrespondiert. Jacques Handschin nennt den großen Sekundschritt das *«tägliche Brot der Melodie»*. Aus Sekundschritten, großen und kleinen, baut sich auch die Tonleiter auf. Sie führt uns dadurch den einzelnen Tonstufen, der «Tongesellschaft» zu. Die kleine Sekund rundet und vollendet den siebengliedrigen Leiterorganismus. Durch das Sekund-Intervall werden aus Melodie-Sprüngen, Melodie-Schritte.

Für das seelische Erleben bedeutet die Sekund ein Aufschließen und In-Bewegung-Kommen der eigenen Innerlichkeit. Die große Sekund namentlich zeigt sich wie ein inneres Sprechen, deshalb ihr immenses Vorkommen im Kultgesang vieler Völker. Sekunden sind angetan aus Verkrampfung und Starrheit zu lösen, auch dort, wo sie als kleine Sekundschritte zum Ausdruck des Schmerzes werden. Auch in der Träne liegt ja ein lösendes, «merkuriales» Element. So vermag die Sekund in die eigene Innerlichkeit hineinzuführen und ihr Regsamkeit, Bewegung zu verleihen, durch die Verkrampfung und Starre zum Auftauen gebracht werden. Dieses Wesen der Sekund ist in der diatonischen Tonfolge von C-Dur natürlich auch dem Tonwert aufgeprägt, der mit dem Ausgangston c dieses Intervall bildet: dem d. Von einer ähnlichen merkurialen Gelöstheit ist auch das kosmische Gegenbild der absoluten Sekund erfüllt:

« Wenn wir dann durch die Sekund wie durch ein Fenster hineinsteigen aus der phy-

60

sischen Welt in die spirituelle Welt, werden wir empfinden so, wie wenn es drüben in der geistig-spirituellen Welt Mächte gäbe, die sich gleichsam unserer Schwachheit erbarmen, die sagen: Nun ja, du warst schwach in dieser physisch-sinnlichen Welt! Wenn du nur durch die Prim hineinsteigst in die geistige Welt, so muß ich dich auflösen, muß dich aufsaugen, muß dich zersplittern oder zerschellen. Wenn du aber durch die Sekund hereinsteigst, will ich dir etwas entgegenbringen aus der geistigen Welt und dich erinnern an etwas, was auch drüben ist.»[5]

Für dieses «Entgegenbringen» bzw. «Entgegenkommen» aus dem geistigen Umkreis ist es wichtig auf die Rolle zu verweisen, die der kleinen Sekund im Dur-Moll-System auf der empirischen Klangebene als Schritt von der VII. zur VIII. Tonleiterstufe zufällt: auf den mit so viel harmonischer Spannung geladenen *Leit*-Tonschritt. Denn er ist es ja, der uns mit Ungeduld den Folgeton bereits innerlich erleben läßt, ehe er noch wirklich zum Erklingen gebracht wurde. Und als einfache «Halbtonrückung» in der sogenannten «chromatischen Modulation» verwendet, öffnet uns die kleine Sekund alle harmonischen Tore; auch jene zu den entferntesten Harmonien.

In der kirchentonalen Polyphonie war dies noch keineswegs der Fall. Wies unter den gebräuchlichen «Modi», außer dem jonischen Kirchenton auf c, doch allein die von f aufsteigende lydische Tonfolge den Halbtonschritt e–f von der VII. zur VIII. Stufe auf. Bei allen anderen Kirchentönen ergab sich zwangsläufig ein Ganztonschritt. Im allmählichen Erwachen des Harmonie-Verständnisses hatte man jedoch die Wichtigkeit der kleinen Sekund mit ihrer Leitton-Spannung bald erkannt und sich nicht gescheut, die siebente Stufe der Modi immer häufiger zu erhöhen und in einen künstlichen Leitton zu verwandeln. Ein Unterfangen der mittelalterlichen «Avantgarde», das ihr seitens der konservativen Musiker den Vorwurf einbrachte, sie würde einer «musica falsa» und «musica ficta», d. h. einer falschen, fiktiven Musik Vorschub leisten.

Diese zweifache Bedeutung der Sekund als Ich-Intervall, einerseits das «tägliche Brot» der *Melodie* zu sein, andererseits als Leitton in ähnlicher Weise auch der *Harmonie* zu dienen, offenbart sich in der All-Intervallik in dem Erlebnis, als würden unserem geistigen Ohr eine Anzahl von Tönen entgegenkommen. Führt uns die absolute Prim in die geistige Einsamkeit einer völlig stummen Welt, so offenbart sich uns durch die absolute Sekund ein Gewebe von Tönen, die uns *«trösten wollen»*[5] ob der eigenen Schwachheit.

Völlig in der durch die Sekund als Ich-Intervall erschlossenen Innerlichkeit stehen wir mit der *Terz*, die von dem der Astralität selbst entsprechenden Glied getragen wird. Sie ist jenes Intervall, das am intensivsten das harmonische Element in die Dur-Moll-Tonalität hineinträgt. Ist es doch auch die Terz, die sich als das *Herz* des Dreiklanges erweist, denn sie entscheidet, ob wir es mit einem Dur- (große Terz) oder Molldreiklang (kleine Terz) zu tun haben. Diese milde, besonnte Innerlichkeit der Intervall-Gebärde atmet auch der Ton e im Leitergefüge, der mit dem Grundton c die Terz bildet. Ein schönes Beispiel für diese besonnte Innerlichkeit hat uns Johannes *Brahms* im Finale seiner I. Symphonie gegeben, wenn im Augenblick der bedrohlichsten Krisis (c-Moll) und der finstersten Empörung im Orchester das Horn seine mild beschwörende Stimme erhebt und das e – als C-Dur-Terz – mit all seiner Herzenskraft erklingt:

61

Gleichermaßen führt uns die absolute Terz in die «Innerlichkeit» ihres spirituellen Seins. Indem man durch die meditative Versenkung in dieses Intervall gleichsam selbst zur Terz geworden ist, fühlt man, *«daß da drüben Freunde sind, die nicht selber Terzen sind, die aber herankommen, je nachdem man in der physisch-sinnlichen Welt beschaffen war. Während es bei dem Eindringen durch die Sekunde wie ein leises Erklingen vieler Töne ist, in denen man so im allgemeinen lebt, ... werden einem durch die Terz gleichsam befreundete Töne entgegenkommen.»*[5] Ein Zeugnis für diese Freundes-Verbundenheit gibt uns auf empirischer Klangebene die Unzahl von Volksliedern, mit ihrer so oft in Terzen geführten Zweistimmigkeit. Die spontan hinzugesungene zweite und dritte Stimme kann uns wie das Entgegenkommen gleichgestimmter Seelen anmuten. Und wie uns die «relative» Terz als «Herz» des Dreiklangs die verschiedenen Harmonien erleben läßt, so zeigt uns auch das urbildliche Intervall eine *«unendliche Mannigfaltigkeit»*[5] der sphärischen Tonwelt. Dies alles ist natürlich dem Terzton e hintergründig einverwoben.

Das f dagegen birgt trotz der Wärme und Wachheit, die ihm eigen sind – als Quarte ist es Repräsentant des Verstandes- und Gemütsseelentums –, auch die Tendenz des In-sich-festhalten-Wollens. Kommt doch der Melosfluß der Tonleiter, wie wir hörten, in dieser *Quart* bis zu einem gewissen Grad zur Ruhe. Das Tetrachord will sich in sich selbst abschließen und drängt nach der Subdominant-Harmonie. Einerseits bereits von dem kosmischen Atem der Quinte erfüllt, bis an deren «Schwelle» heranreichend, ruft die Quart nach Wachheit, nach Aufmerksamkeit und damit nach Bewußtseinserweiterung. Nicht zufällig basieren auf ihr die warnenden Signalrufe im täglichen Leben, nicht zufällig ist sie auf musikalischem Felde so häufig das Intervall der Frage.

Angesichts der Tatsache, daß Musik vom ganzen Menschen erlebt wird, ist, wie wir bereits wissen, der «Berührungseffekt», den ein Intervall in uns bewirkt, auch verschieden lokalisiert. Rudolf Steiner hat diesen Berührungseffekt der Quarte als *«unter der Haut»* liegend charakterisiert. Die Haut atmet, steht also mit der Umwelt in Kommunikation; gleichzeitig aber begrenzt sie die von ihr umschlossene Innenwelt und setzt so der inneren Seelendynamik einen gewissen Widerstand entgegen. Innerlich Quart sein heißt, mit sich selbst zu Rande zu kommen, bedeutet einen in richtiger Weise gelebten Selbstbezug. Es kann für uns kein Zweifel mehr bestehen, daß dieser Quart-Charakter auch von dem Ton reflektiert werden muß, der in der Skala diese Quart mit dem Grundton c bildet: dem f.

Auch das urbildliche Quarterlebnis offenbart etwas von dieser In-sich-Beschlossenheit, insoferne, daß alles dasjenige, *«was man durch die Erfahrungen mit der Terz durchgemacht hat, in leicht kommenden Erinnerungen in der Seele lebt.»*[5] Gleichermaßen spiegelt sich auch die Bewußtseinserweiterung in dieser geistigen Absolutheit. Indem man sich nämlich mit diesen Tonerinnerungen aus der Terzen- und Sekundsphäre weiter hineinlebt in die kosmische Quart, wird man gewahr, «daß diese Tonerinnerungen immer andere Färbungen annehmen, daß sie bald sich herabstimmen zur äußersten Traurigkeit, bald sonnig hell, bald traurig untertauchend bis zur Grabesruhe.»[5] Die Quart *umgreift* tatsächlich alles bisher Erlebte und offenbart es in seiner ganzen seelischen Farbpalette. Wollte man diese Farbenpalette von Stimmungen und Empfindungen, die das Leben mischt, personifizieren, könnte man an die Gestalt der «Venus» denken, die als «Venus Urania» – *«umleuchtet von der Feuerkrone» (Schiller)* – sonnenhell vom Licht der Wahrheit kündet, als heidnische Aphrodite – als Liebes- und Lebensgöttin – Glück und Leid, Freude und Trauer wie das Leben sie bringt, auszustreuen weiß, bis hin zu dem Bild jener Venus der «Chymischen Hochzeit», die im Grabe ruht und ihrer Erweckung harrt, um Mutter eines Königs werden zu können. Diese Gedankenbrücke zur «Frau Venus» wird im nächsten Kapitel eine ungeahnte Vertiefung und Konkretisierung erfahren, wenn wir den Zuordnungen der einzelnen Tonwerte zu den Planetensphären nachforschen werden.

Den Schritt vom f zum g haben wir als eine musikalische «Interaktion» bezeichnet. Von der willenshaften Innerlichkeit zum Ausüben im «Draußen», vom Wunsch, Vorsatz, Entschluß zur Tat, geht der Weg stets über eine innere Aktivität. Diese liegt auch dem Schritt von der Quart zur Quint innerhalb der Tonleiter zugrunde. Mit der *Quinte* stehen wir *«an der Haut»*, d. h. an der Oberfläche der Umgrenzung und damit an der «Schwelle» zwischen «innen» und «außen». Sie wird erlebt in dem der Bewußtseinsseele verbundenen Teil unserer Astralität, und wir begegnen mit ihr zum ersten Mal einem Ton, den wir nicht mehr mit uns allein identifizieren können. Mit der Quinte tritt uns die Umwelt entgegen. Carl Maria *v. Weber* hat dieses Herandringen der «Umwelt» im Rezitativ der Agathen-Arie seines «Freischütz» mit einem prachtvollen Quintschritt zum Ausdruck gebracht, wenn Agathe das Fenster öffnet und der Zauber der Sternennacht ihr entgegenweht: *«Welch schöne Nacht!»*

Historisch betrachtet war die Quint zu einer Zeit das strukturbildende Intervall der Musik (Pentatonik), da sich das menschliche Bewußtsein, wie wir hörten, noch nicht als irdische Persönlichkeit (wie später im griechischen Tetrachord) erfassen konnte, sondern in traumähnlichen Imaginationen noch unter Göttern fühlte. Daher können wir das Quint-Erlebnis auch als ein Stehen an der Schwelle zwischen «unten» (Prim) und «oben» (Oktav), zwischen Erde und Himmel bezeichnen. Dieses nach zwei Bereichen hin strömende Fluidum, das die Quint beseelt – vom Geist zur Materie, von der Materie zum Geist –, affiziert auch den Quint-Ton g in unserem C-Dur und prägt ihm diesen Eigencharakter auf.

Ähnlich charakterisiert Rudolf Steiner das absolute Quinterlebnis und vergleicht es mit einem *«Zauberstab, der die Geheimnisse der Tonwelt drüben aus unergründlichen Tiefen hervorzaubert.»*[5] Also auch hier ein In-Berührung-Kommen mit der «geistigen Umwelt». *«Solche Erlebnisse wird man haben, wenn man mit den Dingen, mit den Erscheinungen der Welt nicht bloß so verkehrt, daß man sie anschaut, anhört, sondern so, daß man sie innerlich erlebt.»*[5]

Das a ist zu allen Zeiten und bis heute – man denke etwa an Hindemiths «Marienleben» und die Charakteristik des Tones a, die er in seinem Vorwort dazu gibt – als der strahlendste, hellste aller sieben Töne empfunden worden. *«Überall dort wenn Engel aktiv auftreten»*, schreibt Hindemith, *«wird Tonalität A das Feld beherrschen.»*[6] Wobei der Repräsentant dieser Tonalität für den Zwölftonmusiker Hindemith nicht die A-Dur-Tonart, sondern der einzelne Ton A ist. *«Schließlich mag noch erwähnt werden, daß der Ton A allein, gleichgültig in welcher Tonalität er verwendet wird, in unserem tonalen Kosmos noch genug Engelhaftes an sich hat, um die Vision von Engeln heraufzubeschwören, wenn andere tonal-gedankliche Rücksichten uns das nicht erlauben.»*[6] Der Glanz dieses Tones verbindet sich harmonisch mit dem Wesen der *Sexte,* in der sich – als umgekehrte Terz – jenes, der Terz eigene Seelenelement nach außen ergießt, gewissermaßen den Charakter eine «anima mundi» gewinnend. In der Sext als «kosmische Terz» strahlen die Herzenskräfte als Seele der Welt. Die Oktav-Nähe der Sexte verleiht ihr jenes «hinanziehende» Element, das dem motivischen Sextensprung immer als Topos der «exclamatio» als Sehnsuchtsruf zur Höhe erleben ließ. Ist die Sexte ja auch dem Geistselbst, dem Manas-Funken unseres unsterblichen Seins verbunden. Einzigartigstes Beispiel dafür der Beginn der Bildnis-Arie in Mozarts «Zauberflöte»: *«Dies Bild-nis ist bezaubernd schön ...»*

Das Licht dieser «Höhe» entströmt auch dem sechsten Ton der C-Dur-Leiter; es ist sein Wesen. Absolut erlebt, sieht uns dieses Intervall bereits in der «Entrückung», d.h. im unmittelbaren Darinnenstehen in der spirituellen Welt.

64

In noch höhere Sphären entrückt die absolute *Septime,* und das Schmerzerlebnis, das mit der Sept als Ich-Intervall in ihrer schneidenden Dissonanz verbunden ist, mag aus der Empfindung resultieren, daß diese Entrückung durch die Bindung an die Prim, d. h. die Erdenwelt, nie in dieser Absolutheit möglich ist. In der Septime wirkt eine besonders intensive innere Dynamik. Ein Bewegungsdrang, der erfühlen läßt, daß nur die Erreichung des erstrebten Zieles – die Oktave – wirklich Erlösung brächte, dessen Wesenscharakter aber es gerade ist, dieses Ziel wegen der Fesselung an die Erde nicht erreichen zu können. In keinem anderen Intervall sind die *«beiden Seelen in unserer Brust»* mit solcher Intensität spürbar, wie in der Septime. Musikalisch formuliert ist es die Vehemenz der Leittonspannung, die der Ton h als Urqualität der Septim-Sehnsucht in sich trägt, von der er sich nie ganz befreien kann, auch wenn er in anderen Zusammenhängen erklingt.

Für dieses Außer-sich-Sein, wie es die Seele nicht selten durch übergroße Leiderfahrung erleben kann, hat Richard *Wagner* im ersten Akt von «Tristan und Isolde» ein klassisches Beispiel gegeben. Der Septimschritt ges–f bei dem Wort *«für höch-*stes Leid» bringt die Gebundenheit an die irdische Leiblichkeit und das Sehnen, diese abzuschütteln, ergreifend zum Ausdruck.

Isolde: Für tief - stes Weh, für höch - stes Leid

Man achte dabei auch auf die kleinen Sekundschritte bei den Worten: «Für tiefstes Weh». Die kleine Sekund ist ja das Ergänzungsintervall zur großen Septime. Wie die Sext das Umkehrungsintervall der Terz ist, so die Septime jenes der Sekunde. Und bei keinem anderen Intervallpaar tritt dieser Komplementärbezug mit so deutlicher Kontrastierung hervor, wie zwischen kleiner Sekund und großer Septime: c–des, c–h. Weist der kleine Sekundschritt ins Innere der Seele, gilt er doch bis heute als Topos des Schmerzes –, so bedeutet die große Septim ein totales Entrückt- und Außer-sich-Sein. Nirgends sonst wird das oktavmäßige Ergänzungsverhalten so stark und *«wohltätig empfunden, wie im Falle von großer Septime und kleiner Sekunde: nach stärkstbetontem ‹Aus-sich-Herausgehen› in der großen Sept C–H das nicht minder betonte ‹In-sich-Hineingehen› dank der kleinen Sekunde H–C, um im Oktavton sich ‹draußen› wiederzufinden.»*[7] Rainer Maria Rilke hat dieses Sehnen nach «draußen» und «sich dort wiederfinden» in seinem «Marienleben» beim «Tode Mariae» mit tiefempfundener Poesie ausgesprochen, und wir können seine Verse als eine Charakteristik für das Septimerlebnis verstehen:

> *«Sie aber legte sich in ihre Schwäche*
> *und zog die Himmel an Jerusalem*
> *so nah heran, daß ihre Seele nur,*
> *austretend, sich ein wenig strecken mußte:*
> *schon hob er sie, der alles von ihr wußte,*
> *hinein in ihre göttliche Natur.»*
> *(Vom Tode Mariae, I)*

In der schneidenden Dissonanz der großen Septime offenbart sich am intensivsten, was eigentlich im ganzen Duktus der Dur-Leiter verborgen wirkt: die Sehnsucht der Seele, des Innermenschlichen, sich mit dem Kosmos draußen vereinen zu können. Rudolf Steiner spricht geradezu von einem «Mysterium», das sich zwischen dem Terz- und Quintgebiet in Dur abspielt, in dem sich dieses Sehnen bereits erahnen läßt. In der großen Terz, ganz im Inneren beschlossen, keimt schon dieser Weitungsdrang zur Peripherie. In der Quint stehen wir an der Grenze des Menschlichen und Kosmischen, indem sie einerseits noch «umhüllt» und den Dreiklang abrundet, andererseits aber bereits das Kosmische hereintönen läßt.

«Und gelangt man dazu, zuerst auftönen zu lassen in den Septimendissonanzen das Leben im Kosmos, wo die Septimendissonanzen sprechen als dasjenige, was der Mensch im Kosmos empfindend erleben kann, wenn er sich auf dem Wege befindet in «die verschiedenen Geistregionen hinaus, und gelangt man dazu, die Septimendissonanzen verschweben zu lassen, so, daß sie gerade durch ihr Verschweben etwas Bestimmtes annehmen, dann bekommen die Septimendissonanzen zuletzt im Verschweben etwas, was sich wie ein musikalisches Firmament dem musikalischen Erleben darstellt.»[8]

Die Septim, so wissen wir bereits, wird mit jenem Teil des Astralleibes empfunden, der dem Lebensgeist – der «Buddhi» – verbunden ist. Wir stehen damit wirklich in einer weitesten Entrückung, und können vielleicht das gewaltige Mysterium ahnen, das Rudolf Steiner andeutet, wenn er diese Welt der Septime, die hier wohl in ihrer Absolutheit zu verstehen ist, mit der Christussphäre in Verbindung bringt. Wir werden diesem Geheimnis bei der Betrachtung des Moll noch einmal begegnen und tiefere Einblicke gewinnen können. All diese qualitativen Elemente des Tones, wie sie hier besprochen wurden, sind jedenfalls subtilste Kriterien, deren «Beweis» von keiner Harmonielehre geliefert werden kann, sondern in jedem einzelnen zum Erlebnis eines qualitativen – fast möchte man sagen: «meditativen» – Hörens werden müssen, sollen sie für ihn objektive Gewißheit erlangen. Aber gerade durch ein derartiges spirituelles Erleben der Töne, Intervalle und letztlich Tonarten, muß der Weg gefunden werden, den die Menschheit zu gehen hätte, will sie aus ihrem rein äußerlich-sinnlichen, sprich: materialistischen Bezug zu den Dingen herausfinden *«und in die innerlichen Tiefen der Dinge, in ihre Geheimnisse eindringen.»*[5] Denn neben dem Erforschen neuer musikalischer Formen, Skalen und Tonhöhen, dünkt uns das Beschreiten eines meditativen Weges ebenso wesentlich; eines Weges, der uns aus den reinen Klangwahrnehmungen schrittweise herauslöst und dem eigentlichen Tonerlebnis zuführt. Dies stünde auch im Einklang mit der gesamten Bewußtseinsentwicklung der Menschheit, die nach dem notwendigen Abstieg in die Materie wieder zum Geiste und damit zu den «innerlichen Tiefen der Dinge» finden soll.

Doch auch allein als Hypothese genommen, kann uns dieser enge Komplex zwischen der zweifach erlebten Intervall-Gebärde und dem Tonwert ein tieferes Verständnis für jene Spannungsdynamik vermitteln, die Ernst Kurth als das Grundelement einer Eigensprache der Tonarten anführte. Hieß es doch, daß *«erst die Beziehung zum C-Dur den Tonartencharakter herausbildet.»* Nun bekommen aber die sieben Tonwerte durch dieses C-Dur gleichzeitig einen Grundcharakter aufgeprägt. Dem c eignet nun einmal in unserem auf Dur und Moll sich gründenden Hören die Prim-Qualität. Wenn ich nun aber die Dur-Folge auf einem anderen Ton aufbaue, etwa auf g, dann nehme ich als Grundton der neuen Dur-Skala einen Tonwert, der seinem Eigenwesen nach Quintenqualität besitzt, während das der Prim verbundene c zusätzlich Quartcharakter annehmen muß: g–a–h–c–d–e–#f(fis)–g. Von der enormen Spannung, die durch die Hochalterierung der Septime von f zu fis entsteht, sehen wir vorerst ganz ab. Unschwer ist daraus auch zu ersehen, daß Quarte eben nie gleich Quarte, Quinte nie gleich Quinte usw. sein kann, da die Ursprungsqualität der Töne mitberücksichtigt werden muß. Wir werden auf diese Besonderheit im zweiten Teil, bei der Besprechung der einzelnen Tonarten ausführlich zurückkommen. Unsere Dur-Moll-Tonarten sind eben keine bloßen Transpositionsskalen. Man sollte die These endlich fallenlassen, die Dur-Moll-Tonalität hätte durch die von ihr bewirkte Ablöse der alten Kirchentöne eine Verarmung in das musikalische Leben gebracht. Nur eine rein materialistische Auffassung kann in der Tatsache, daß eine bzw. zwei Leiterstrukturen den ganzen Quintenkreis beherrschen, eine völlige Auslöschung des *individuellen* Tonartencharakters erblicken. Dem widersprechen allein schon die reinen Klangspannungen auf der empirischen Ebene, wie Ernst Kurth bewies; von der dramatischen Vielfalt innerhalb der Tonwertsphären ganz zu schweigen.

Der Planetenbezug der einzelnen Töne der Tonleiter

Wir haben im vorangegangenen Kapitel die Eigenqualität der Intervalle und der Töne in Verbindung mit dem menschlichen Erlebniseffekt untersucht und sind dabei auch auf das Vorhandensein von absoluten Intervallqualitäten gestoßen. Dies kann uns als Brückenschlag zur kosmischen Intervallqualität dienen, die es nunmehr zu erforschen gilt. Denn wie uns vorangegangene Kapitel zeigten, spiegelt die Siebenstufigkeit unserer Tonleiter die Siebenordnung der Planetenwelt wider. Jeder einzelne Ton wird daher eine Planetenzugehörigkeit aufzuweisen haben.

Soweit uns heute die antiken Kulturen überschaubar sind, wurde in China, Babylon und Ägypten ungefähr gleichzeitig eine Kosmologie ausgebildet, bei der die Musik eine hervorragende Rolle spielte. Die zentralste Stellung wurde der Musik offensichtlich dabei in China zugewiesen.

«In der Zeit der mythischen fünf Kaiser (3. Jahrtausend v. Chr.) erfolgte die sagenhaft überlieferte Festlegung eines Grundtones (Huang chung, gelbe Glocke) in der Länge eines Pfeifenrohrs von einem Fuß der damaligen Maßeinheit in dem Bestreben, das von der Natur bestimmte, schlechthin wahre Normmaß zu finden. Nach jedem Sturz einer Dynastie wurde der Grundton neu geordnet, da man glaubte, das Grundmaß erneut mit dem Weltmaß in die richtige Ordnung bringen zu müssen. Der alte Grundton entspricht vermutlich einem 23 cm langen gedackten Flötenrohr. Durch Überblasen ergeben sich vom Grundton aus die 5 (später 12) Lü (Gesetz). Sie wurden von der chinesischen Musiktheorie (3. Jahrhundert v. Chr.) als Fortschreitung im Quintenzirkel gedeutet. In die fünf Einheiten wurde das ganze Weltbild eingeordnet.»[1]

In der kosmologischen Einordnung war der Ton f dem Saturn, das g der Venus, a dem Jupiter, c dem Mars und d dem Merkur zugewiesen. Nach den Worten Li ki's um 100 v. Chr. sei die Musik die *«Norm für Himmel und Erde, das Prinzip des Gleichgewichts und der Harmonie».*[1] Aus dieser kosmischen Sinngebung der Musik erfloß der Glaube an ihre ethische Kraft.

Die stetige Wandlung der Weltzustände, hervorgerufen durch die Wechselwirkung des Lichtes und der Finsternis, zog auch eine Wandlung in der Planetenzuordnung der Töne nach sich. So stoßen wir in späterer Zeit auf eine etwas andere Anordnung, in der dem Tonwert d die Kraft des Mars, dem h die des Jupiters zugeteilt wird, während g mit dem Saturn, a mit der Venus und e mit Merkur in Kommunikation stehen. Zweifellos hat hier erst das Ereignis der Zeitenwende ordnende Klärung gebracht, denn erst durch dieses Ereignis wurde die Himmelskunde zu einer menschheitlich-universellen; vorher war sie völkisch orientiert, entsprechend den verschiedenen Kulturkreisen.

Ähnliche Planetentöne begegnen uns in Ägypten und Babylon. Und auch in Griechenland war die Beziehung zwischen Planetenwirksamkeiten, Tonwerten und Tonstufen eine unanfechtbare Wahrheit, obwohl es auch hier noch Divergenzen bezüglich der Zuordnung gab, wie etwa bei Ptolemäus und Nikomachos. Am zutreffendsten scheint uns jene zu sein, bei der einerseits die Planetenordnung von unten (untersonnige) nach oben (obersonnige) abgeschritten wird, und andererseits auch die Siebenheit der Quarten (Tetrachorde) von unten nach oben ansteigt. Ist diese Richtungsweise doch die nach der Zeitenwende allgemein gültige.

```
                    1.   2.   3.   4.
1.   2.   3.   4.
H –  E –  A –  D –  G –  C –  F
Mond      Merkur        Venus
```

Daß der Ausgangspunkt für diese Zuordnung eine lückenlose Folge reiner Quarten sein müsse, das stand für die antiken Theoretiker, wie etwa Dio Cassius fest; wobei moderne Musikhistoriker, namentlich J. Handschin, für Quarten «entweder von H aufwärts oder von F abwärts» eintreten.[2] Doch ist damit der fatale Umstand verbunden, daß die Eckpunkte dieser Quartenreihe einen Tritonus ergeben, der unter allen Umständen zu vermeiden war. Die planetarische Reihe mit dem Mond beginnen zu lassen geht auf Nikomachos zurück, während Dio Cassius sagt:

«Wenn man die sogenannte Harmonie Diatessaron (= Quarte), welche als Hauptteil der Musik angenommen wird, auf die Sterne, auf denen die ganze Ordnung der Himmelsbewegung beruht, und zwar so, wie jeder seine Bahn zieht, überträgt und nun von dem äußersten Kreise, dem des Saturn, beginnt, mit Übergehung der zwei folgenden, den Gott des vierten nimmt, von diesem dann wieder auf zwei Kreise überspringt, auf den siebenten fortrechnet, auf die gleiche Weise auch die übrigen durchgeht und die Tage nach den Göttern dieser Kreise der Reihe nach benennt, so findet man, daß diese alle zu der Himmelsordnung in musikalischen Verhältnissen stehen.»[2]

Nikomachos, wie gesagt, beginnt die Reihe von unten, vom Mond. Folgen wir aber Dio Cassius in der Zuteilung, indem immer zwei Planeten übersprungen werden, so fällt der Ton A – wie stets im griechischen sphärenmusikalischen Empfinden – auf die Sonne, E auf Jupiter, G auf Saturn, C auf Mars. Um den fatalen Tritonus der Eckpunkte zu eliminieren und außerdem die Quartenfolge als Stufenleiter zu ordnen, kann man eine Darstellung des Kelsos (um 150 n. Chr.) heranziehen, der uns einen interessanten Bericht über die Mithras-Mysterien überliefert. Wir folgen dabei den Ausführungen Hermann Pfrogners:

«Mithras – der Name bedeutete ursprünglich ‹Licht› –, eine persische Sonnengottheit von Ahura mazdao geschaffen, galt als Erneuerer des Lebens und Besieger des Todes. Es wird nun geschildert, daß der in die Mysterien einzuweihende Initiant sieben Tore zu durchschreiten hatte, die den Planeten geweiht und mit ihren Metallen geschmückt waren. In den Schöpfungstagen hatte einstmals der göttliche Urmensch ... den himmlischen Urstoff, der als Metall in den einzelnen Planetensphären liegt, vom Lichtschöpfer der Planeten empfangen und, durch die sieben Sphären herabkommend, in die sinnliche Materie gebracht.»[2]

Diese Darstellung entspricht der Evolutionslehre Rudolf Steiners, von der wir in vorangegangenen Kapiteln hörten, daß die «Stoffe» in der noch nicht bis zur festen Materie verdichteten Erdensubstanz «aufgelöst» waren und durch die klangätherischen Wirkenskräfte der Sphärenharmonie ihre «Ordnung» erfuhren. Wir sprachen vom «Tanz der Stoffe». Dieser Verdichtungsprozeß begann mit dem «Saturn-Zustand» unseres Erdenplaneten und es kann uns daher nicht wundern, wenn Kelsos – ähnlich wie Nikomachos – vom Saturn seinen Ausgangspunkt nimmt. Doch hören wir das überlieferte Mysteriengeschehen zu Ende:

«Diesen Weg in die göttliche Lichtheimat hatte der Initiant nunmehr z u r ü c k z u - s c h r e i t e n. Vor dem Durchgang durch jedes Tor hatte er dabei ein Gewandstück abzulegen, ... bis er schließlich vor dem siebenten Tor als ein neuer Mensch, ein ‹neuer Adam› stand. Ein achtes Tor durchschritt der Initiant zu Lebzeiten nicht. Doch wurde ihm bedeutet, daß er dereinst im Tode durch das achte Tor zu letztgöttlicher Verklärung gelangen werde.»[2]

Die Reihenfolge der Tore wird von Kelsos folgendermaßen angegeben: Saturn–Venus–Jupiter–Merkur–Mars–Mond–Sonne. Diese Reihung mag uns zunächst erstaunen und willkürlich anmuten. Sie ist es jedoch nicht. Zeigt sie doch deutlich die umgekehrte Reihenfolge unserer Wochentage auf, d. h. unseres Erdenlebens, das ja in umgekehrter Richtung in der Einweihung durchschritten werden soll. *«Man hatte gewissermaßen von Samstag (Saturntag) aus, die Wochentage über Freitag (Freia – Venustag), Donnerstag (Jupitertag), Mittwoch (Merkurtag), Dienstag (mardi, Marstag), Montag (Mondentag) bis Sonntag z u r ü c k z u g e h e n und damit den voranschreitenden Z e i t e n l a u f a u f z u h e b e n.»*[2] In dieser «Krebsgängigkeit» dokumentiert sich überhaupt eine Urtatsache der geistigen Welt: die Umkehrung des irdischen Zeitenverlaufes. Weshalb es auch zu den meditativen Standardübungen gehört, in der abendlichen Rückschau in umgekehrter Reihung die Tagesereignisse an sich vorbeiziehen zu lassen.

Nun waren aber diese Planetentore nicht nur mit ihren Metallen geziert, sie wurden auch musikalisch bestimmt. Kelsos selbst berichtet leider nichts Konkretes darüber, doch ist mit an Sicherheit grenzender Wahrscheinlichkeit anzunehmen, daß es sich dabei um die Zuordnung der sieben Tonwerte gehandelt haben muß. Wenn wir daher den Rückweg durch die Wochentage der Operation zugrunde legen, ergibt sich bei der entsprechenden Ansetzung der Tonordnung, wie sie durch Nikomachos und Dio Cassius festgelegt wurde, folgende Reihung:

$$G \quad - \quad F \quad - \quad E \quad - \quad D \quad - \quad C \quad - \quad H \quad - \quad A$$
Saturn – Venus – Jupiter – Merkur – Mars – Mond – Sonne

«Dem R ü c k w e g entspricht dann eine a b s t e i g e n d e Siebentonreihe, deren Richtung zudem dem Weg nach i n n e n, den der Initiant zurückzulegen hatte, Rechnung trägt.»[2]

Diese Zuordnung der Tonwerte zu den betreffenden Planeten ist von Rudolf Steiner in einer Fragebeantwortung nach dem Vortrag über «Die Entwicklung unseres Erdenplaneten im Zusammenhang mit dem Menschen» auch für unser Dur – in Verbindung mit den sieben klassischen Metallen – angegeben worden.

Nach seiner Darstellung ergibt sich folgender Konnex:

C . . . Eisen	Mars		G . . . Blei	Saturn
D . . . Quecksilber .	Merkur		A . . . Gold	Sonne
E . . . Zinn	Jupiter		H . . . Silber	Mond
F . . . Kupfer	Venus			

Blicken wir zurück auf die Intervallqualitäten, die den einzelnen Tönen ihren Charakter aufgeprägt haben, dann dürfte es kaum anzuzweifeln sein, daß die Lichtkraft des Tones a (Sext-Qualität) der Sonne zugeteilt werden muß. Sinnenfällig erscheint gewiß auch die marsische Energie des Tones c, wie die merkuriale Dynamik des Sekund-Repräsentanten d. Vielleicht mag uns auch die besonnte, leuchtende Innerlichkeit des Terztones e in ihrer Verbindung mit den Jupiterkräften zum unmittelbaren Erlebnis werden. Schwieriger einsehbar ist wahrscheinlich der Doppelaspekt des Quart-Tones f in seiner Venus-Bezogenheit. Doch muß er in dieser Art schon im Mittelalter erfühlt worden sein, da das f als «Ton von Golgatha» galt. Die Quart zeigte uns eine Mannigfaltigkeit an Stimmungen: sie war uns einerseits ein Rufer zur Aufmerksamkeit und Wachheit, andererseits haftete ihr etwas «Umgreifendes» an, das den ihr zufließenden Skalenverlauf zu einem gewissen Abschluß brachte und einen Neubeginn implizierte. Vollends aber enthüllte uns das «absolute» Quarterleben eine seelische Farbenpalette, durch die wir an die Gestalt der «Venus» erinnert wurden. Die Planetenzugehörigkeit des Quart-Tones f erweist die Richtigkeit dieses Gedankens. Als Ton von Golgatha konzentrieren sich in diesem f alle Charakteristika wie in einem klingenden Brennpunkt: Liebe, Schmerz, Erwachen zum Ich, das umgreifende Ziel aller vorchristlichen Bewußtseinsentwicklung und der darin implizierte Neubeginn.

Auch die Parallelität des g mit den Saturnkräften mag uns heute nicht mehr spontan «ins Gehör springen». Zwar kann uns der «Schwellencharakter» der Quinte, der im g lebt, Hilfe für ein besseres Verständnis sein, denn alles Lösen aus einem bisherigen Zusammenhang und Betreten eines neuen Bereiches – in diesem Fall ist es das Heraustreten aus der eigenen Innerlichkeit (Terz, Quart) und das Emporschreiten zur «Peripherie» (Oktav) – bedeutet, esoterisch verstanden, ein saturnisches Geschehen; allein die Unmittelbarkeit, mit der man früher diese Entsprechung erlebte, scheint uns Heutigen nicht mehr so zwingend zu sein. Unser Hören ist eben schon viel zu stark an den *Klang* gebunden, ist akustisch «vergröbert», als daß es diese subtilen Ton-Nuancen noch spontan erleben könnte.

Unmittelbar dagegen empfinden wir, daß der schmerzvolle Charakter der Septime, der dem Ton h sein Gepräge gibt, in der Mondensphäre seine Wurzel finden kann.

Die Hauptursache jener Unsicherheit in der Planeten-Zuteilung der Töne durch ein spontanes Hören liegt aber wohl darin, daß unser Dur und Moll eben nicht allein aus rein melodischen Zusammenhängen – also ausschließlich aus Planetenkräften – zu erleben ist. Die Entdeckung der Obertonreihe zeigte uns ja, wie wir heute das harmonische Element bereits im einzelnen Ton erleben. Und wenn wir z. B. geneigt wären, eher den Ton d mit der saturnischen Schwere und Düsternis zu verbinden, mit g dagegen das leichte, schwebende, aphroditenhafte Blühen, dann hören wir damit in Wahrheit die *harmonische* Sphäre der Tonarten heraus, etwa ein d-Moll (nicht D-Dur!) oder ein G-Dur, und nicht die Qualität des jeweiligen Tonwertes.

Dem Weg von der Tonleiter zur Tonart wird daher der letzte Abschnitt dieses allgemeinen Teiles unserer Betrachtung gewidmet sein.

Die gleichschwebende Temperierung

Die Entdeckung der gleichschwebenden Temperatur in ihrem geistigen Gehalt zu begreifen, ist eine Grundvoraussetzung für das Verständnis der sphärenharmonikalen Verankerung unseres Dur-Moll-Systems. Andreas *Werkmeister,* auf dessen Entdeckung im 17. Jahrhundert die Temperierung zurückgeht, war allerdings nicht deren Erfinder. Denn das erste temperierte System wurde bereits in der griechischen Antike erstellt. Die moderne Forschung ist der Auffassung, daß Aristoxenos als Ahnherr der Temperatur angesehen werden müsse, da sowohl die im Mittelalter in China bekannt gewordene Temperierung auf den griechischen Theoretiker verweist, wie auch Werkmeister selbst – über Mersenne – aus der griechischen Quelle schöpfte. Was das Abendland jedoch diesem Wissen als eine neue Tat hinzufügte, war die praktische Anwendung; denn sowohl in der Antike wie in China blieb die Temperierung nur Theorie; im ausübenden Musizieren fand sie keine Verwendung.

Worin besteht in concreto die gleichschwebende Temperatur? Kurz gesagt in der Teilung des Oktavraumes in zwölf gleiche Abschnitte, d.h. Halbtonschritte. Damit werden innerhalb dieses Oktavraumes zwölf ruhende Bezirke markiert, zwölf *Klangorte.* Daraus allein resultiert die bereits früher geäußerte Erkenntnis, daß das akustische Phänomen des Klanges niemals der primäre Faktor im Tonerlebnis sein kann. Denn durch die Temperierung hat ja jeder Tonwert und damit auch jedes Intervall – mit Ausnahme der Oktaven – die seiner Klanghülle gemäße Frequenz verloren. In Wahrheit haben wir es bei der gleichschwebenden Temperatur mit lauter «verstimmten» Intervallen zu tun, die Oktaven, wie gesagt, ausgenommen. Durch die Teilung des Oktavraumes in zwölf gleiche Abschnitte wird jedes «Komma», d.h. die Differenz, die auf die natürliche Stimmungsfrequenz fehlt, negiert. Allein diese «Verstimmung» wird von uns «zurechtgehört», wie jede Instrumentalkomposition mit Klavierbegleitung, jedes Lied beweist, da weder der Instrumentalist noch der Sänger bewußt in der temperierten Stimmung musizieren. Die Diskrepanz, die sich zwangsläufig zwischen der Stimmung des Klaviers und des Soloinstrumentes ergibt, wird jedoch durch das Ohr korrigiert.

Der gewaltige Gewinn, der durch die temperierte Stimmung erzielt wird, liegt in dem Umstand, daß die Unendlichkeit der Tonwert-Spirale durch die Temperierung ihre Verendlichung und ganzheitliche Zusammenfassung erfährt. Denn in diesen von der gleichschwebenden Temperatur geschaffenen zwölf fixen Klangorten begegnen sich gleichzeitig mehrere Tonwerte und finden dort ihre Klanghülle. So etwa im Klangort c die Tonwerte c, his und deses, im Klangort cis die Tonwerte cis, des und hisis, usw. Man könnte die gleichschwebende Temperatur mit dem Zifferblatt der Uhr vergleichen, an dem wir den Zeitenlauf wohl messen können, ohne ihn jedoch in seiner Unendlichkeit zu umfassen. Oder wie Pfrogner es ausdrückt:

«Und darin besteht eben das wahrhaft Sensationelle, auf seine Art im Klangbereich Unvergleichliche und Einmalige: der Tastenton vermag das für sich allein tonsystemlich zwar Existente, aber konkret Ungreifbare gleichwohl griffig zu verklanglichen, das Umgreifende also ohne das Umgriffene, und noch dazu auf eine so unbefangene Art, als ob dies das Einfachste von der Welt wäre.»[1]

Diese entwaffnende Simplizität einer zwölffachen Unterteilung des Oktavraumes stellt jedoch keinen notgedrungenen Kompromiß dar, für den man die Temperierung leicht halten könnte. Auch Schönberg neigte noch zu dieser Ansicht. Worin denn läge der Kompromiß? Jede andere Stimmung, sei es die reine Quinten- oder Terzenstimmung, würde die unendliche Quintenspirale nie zum Kreis schließen. Angenommen, man würde vom Ton c aus in reinen Quinten unseren gesamten Tonumfang, mit dem wir praktisch musizieren, durchschreiten, so würde sich ein Turmbau von zwölf Quinten ergeben: c–g–d–a–e–h–fis–cis–gis–dis–ais–eis–his. Der zwölfte Quintenschritt von eis würde dann ins his führen, das mit dem Ausgangston c jedoch nicht mehr ident ist. Die Intonationsunterschiedlichkeit (531.441:524.288) nennt man ein «pythagoreisches Komma». Ähnliches zeigt die Terzenstimmung: c–e–gis–his–disis–fisis–usw. Hier ist es das syntonische Komma (80:81), das den Zusammenschluß zu einer endlichen Ganzheit verhindert. Die gleichschwebende Temperierung zerschlägt nun diesen gordischen Knoten einfach dadurch, daß sie sowohl das pythagoreische wie das syntonische Komma mißachtet und die Oktav, wie erwähnt, in zwölf gleiche Abschnitte unterteilt. Mit Ausnahme der Oktaven sind am Klavier alle anderen Intervalle, vor allem Quinten und Terzen, in bezug zu ihren richtigen Schwingungszahlen «gepreßt». Der Vorgang in seiner fast brutalen Einfachheit scheint tatsächlich ein Kompromiß zu sein. Man drückt die Frequenzen, um einen geschlossenen Quintenkreis zu erhalten und verschafft sich damit die Möglichkeit, auf dem Instrument mit «starrer» Stimmung *alle* Tonarten zu erreichen. Die Ungenauigkeiten der Intonation hört man «zurecht».

Nun wäre jedoch dieser Kompromiß nie möglich, wenn auf der geistig-musikalischen Tonebene nicht die Voraussetzungen dafür gegeben wären. Denn unser Ohr, bzw. die Seele als die eigentlich Musikhörende, würde ohne sie niemals diese doch gewaltsamen Verbiegungen der reinen Intervallschritte korrigieren können. Die gleichschwebende Temperatur ist daher kein billiger Kompromiß, sondern die geniale «Entdeckung» des musikalischen *Zwölfprinzips*, das gleichermaßen wie jenes der Siebenordnung als Gesetzmäßigkeit hinter unserem Tonsystem steht.

Welche Konsequenzen zieht die Temperierung nun nach sich? Dadurch, daß ein und derselbe Klangort – etwa die erklingende Taste c – die Klanghülle für verschiedene Tonwerte abgeben kann – c, his, deses – ist der Tonwert nie von vorneherein eindeutig bestimmt, sondern wird dies erst im Augenblick seiner «Inkarnation». Damit aber offenbart sich uns ein Gesetz der Gleichzeitigkeit und Gleich-Örtlichkeit, wie es die irdische Zeit- und Raumdimension nicht kennt. Denn in ihnen – so mußten wir feststellen – gibt es nur ein Nach- und Nebeneinander. Wir haben es also hier mit einer Spiegelung einer Seins-Ebene zu tun, die nicht von *dieser* Welt ist. Freilich gilt dies nur solange, als man die Klangstofflichkeit dieses «Ortes» in dem hier geschilderten Sinne, nämlich als «leibliche Hülle» eines an sich geistig-ätherischen Tonwertes versteht. Nimmt man dagegen die «Materie» dieses Klanges als die einzige und ausschließliche Realität, geht der Tonwert, sein geistiges *Wesen* verloren; damit aber auch der eigentliche Träger alles Musikalischen schlechthin. Mit der Temperierung scheint somit ein Stück «Ätherplan», d.h. übersinnliche Sphäre, in unsere Klangwelt herein. Werkmeister war sich dieser kosmischen Verwurzelung seiner Temperierung auch bewußt. Die Musik müsse «*nach der Ordnung Gottes in einer guten Temperatur stehen*»,[2] meinte er. Es ist dies jene «*gute*» oder «*herrliche*» Ordnung, nach welcher der Demiurgos die Welt nach «*ordo*» und «*proportio*» geschaffen hat:

«*Und ob diese Musik schon die Kraft von Gott bekommen, so muß sie doch vorher nach der natürlichen Ordnung und Grundsätzen, so Gott in die Natur geleget, eingerichtet gewesen sein. Denn Gott ist ein Gott der Ordnung. Er wird seine Kraft in keine Unordnung und verwirrtes Wesen miteinengen.*»[2]

In diesen Worten lebt noch das Wissen um eine nach strengen Zahlenverhältnissen «geometrisierte» Welt, das Erbe einer quadrivialen Musiktradition, nach welcher die Musik neben der Arithmetik, Geometrie und Astronomie die Einheit des «Quadriviums» bildete. Wir dürfen daher sagen: diese Zwölfordnung der sphärenharmonikalen Kraftzentren, d.h. des *Tierkreises,* ist es, die der zwölfgliedrigen Temperierung der Oktave ihren eigentlichen Sinngehalt verleiht und sie zum gediegenen Abbild eines kosmischen Urbildes macht. Denn als rein akustisches Phänomen betrachtet, wäre die Unterteilung des Oktav-Intervalls in 14, 16 oder 24 Stufen gleichermaßen «sinnvoll» wie die zwölffache Gliederung. Daß der kosmische «Quintenkreis» am Himmel auf der Klangebene sein tönendes Abbild erfahre, dies macht das spirituelle Element der Temperierung aus.

Durch dieses Abbild ist der Inkarnationsprozeß der Harmonie, der mit beginnender Mehrstimmigkeit seinen Anfang nahm, zu einem vorläufigen Gipfelpunkt gekommen. Sichtbarer, oder besser: hörbarer Ausdruck dafür ist die Herausbildung der Dur-Moll-Tonalität, in der sich in einzigartigster, ausgewogenster Weise das Prinzip der Sieben- und Zwölfordnung durchdringt und die Waage hält. Ein Phänomen, das einen weltgeschichtlichen Augenblick in der Musikentwicklung bedeutet, und nur wenige Jahrhunderte währte. In der «Wiener Klassik», die das «Dur-Moll» am allerreinsten verwirklicht hatte, wurde die volle Kongruenz zwischen der Zwölf- und Siebenordnung erreicht. Von der mittelalterlichen Polyphonie über Renaissance und Barock gehen diese beiden Prinzipe immer vehementer aufeinander zu, kommen in der «Wiener Klassik» zur vollkommenen Deckung und beginnen sich mit der Romantik wieder langsam voneinander zu lösen. Darin liegt keine Willkür der Musikgeschichte; es wäre ein Irrtum zu glauben, die Entwicklung hätte auch anders verlaufen können. Die Kongruenz der Sieben- und Zwölfordnung in der Dur-Moll-Tonalität – Prinzipe der Zeit und des Raumes – mußte mit entwicklungsgeschichtlicher Notwendigkeit einmal eintreten wie jene urbildliche Kongruenz zwischen «Menschensohn» und «Gottessohn» in der Jordantaufe. Dieser Vergleich birgt kein falsches Pathos. Mit der Herausbildung der Dur-Moll-Tonalität ist die Musik immer deutlicher zur christlichen Kunst schlechthin geworden. Die Vertonung der Messe seit dem 17. Jahrhundert fällt nicht mehr in die Geschichte der Liturgie, sondern gehört der Musikgeschichte an. Das Allgemein-Geistige der Musik wurde mit der Herausbildung des «Dur-Moll» immer stärker mit der Geistigkeit des Christentums vereinigt. *«Nicht eine gewisse musikalische Gattung, die sogenannte Kirchenmusik, ist jetzt der verantwortliche Träger»*, schreibt Thr. Georgiades, *«sondern die Musik schlechthin hat in sich das Christliche aufgenommen ... Mit Bach ... bricht eine neue Zeit an, die das Merkmal des Geistigen immer mehr in seiner Einheit erblickt.»*[3] Wie mit Bach aus vokaler und instrumentaler Musik eine neue Einheit erwuchs, wie aus den früheren Gattungen der Kirchenmusik und weltlichen Musik seit Bach *«eine einzige im Geiste des Christlichen neu geborene Musik entstanden»*[3] ist, so wuchs auch die Sieben- und Zwölfordnung zu jener Einheit zusammen, die als Dur-Moll-Tonalität imstande war, ein würdiges Ausdrucksmittel dieses christlichen Geistes zu werden. Schließlich war es ja auch Bach, der ein «Wohltemperiertes Klavier» geschrieben hat und jenen Prozeß einleitete, der zwei Jahrhunderte später Richard Wagner das Bekenntnis ablegen ließ, daß *«strenggenommen die Musik die einzige dem christlichen Glauben ganz entsprechende Kunst»* sei, *«wie die einzige Musik, welche wir, zum mindesten jetzt, als jeder andern ebenbürtige Kunst kennen, lediglich ein Produkt des Christentums ist.»*[4]

Die Gliederung der Oktave in eine Zwölfheit ist demnach durch den gesamten Evolutionsprozeß sinnvoll begründet. Und auch der Begriff «Klangort» für den Tastenwert am Klavier scheint uns angebracht, da er auf das räumliche Element verweist, das der Zwölfordnung genau so unterliegt wie das zeitliche der Siebenordnung. Seit Urzeiten hat man in der Zwölfheit das «weltumgreifende Prinzip» gesehen. In den zwölf Lü der Chinesen findet es sich gleichermaßen wie im Dodekaeder aus Platos «Timaios». Von ihr spricht die *«zwölfhafte Tiersymbolik des ägyptisch-hellenistischen Stundenkreises (Dodekaoros)».*[5] Sie findet sich in den zwölf Strömen Niflheims, den *«zwölf den Weltenabgrund Ginnungagap erfüllenden Strömen oder den zwölf Sitzen der richtenden und ratenden Götter»* in der germanischen Mythologie. *«Bei den Hebräern in den zwölf weltumgrenzenden ‹einfachen› Buchstaben des ‹Grundes› aus dem Buch Jezirah; schließlich in der zwölfsternigen Krone des apokalyptischen Weibes oder den zwölf Perlentoren des ‹Himmlischen Jerusalem›»*[5] Auch die Leiblichkeit des Menschen wurde bereits bei den Babyloniern als «Makro-Anthropos», als «Adam Kadmon» ausgegossen über den Zodiakus, von der Zwölfheit umschlossen erlebt. Und in den «Hundertvierundvierzig-Tausend» (Zwölf mal Zwölftausend) am Berg Zion wird uns in der Apokalypse ein umfassendes Bild der Gesamtmenschheit gegeben, die das Ziel ihres Erdenweges erreicht hat. Was hier umgriffen wird ist immer eine im *Raum* stehende, Form gewordene Ganzheit, nicht ein prozessualer, in der *Zeit* sich vollziehender Entwicklungsvorgang.

Die Tatsache, daß die zwölf Klangorte unserer gleichschwebenden Temperatur nur relative Bedeutung haben, da am Klangort C ebenso ein c, his oder deses in Erscheinung treten kann, zeigt uns ebenfalls die Verbundenheit unseres Quintenkreises mit dem kosmischen Tierkreis an. Auch bei den zwölf Lü unterschieden die Chinesen streng zwischen einer absoluten und relativen Bedeutung. Die absoluten zwölf Lü, die kosmischen Urtöne, waren keine starr fixierten Orte mit einer bestimmten Tonhöhe, sondern Sphären, denen eine bestimmte «Bandbreite» eignete. Auch hinkt unsere gleichschwebende Temperierung als Abbild dieses absoluten Sphärenbereiches insoferne nach, als wir beim Durchschreiten der zwölf Klangorte unserer Tastatur stets bei der nächst höheren Oktave landen, während uns der Umlauf des Zodiakus immer zum Ausgangspunkt zurückführt. Die Verendlichung des Absoluten in ein Relatives kann nie zur Gänze aufgehen. So gesehen stellt sich die Temperierung tatsächlich als ein Kompromiß dar.

Das Auftönen der absoluten zwölf Lü bedeutete für den Chinesen, wie gesagt, das In-Erscheinung-Treten eines absoluten musikalischen Raumes. Aus diesen absoluten zwölf Tonsphären wurden nun die relativen Klangorte abgeleitet. Wie uns eine alte chinesische Legende erzählt, geschah dies nicht in willkürlicher Weise, sondern im vollen Einklang mit der Natur und der menschlichen Seele:

«Vor alters befahl der Kaiser Huang Ti, der Herr der Gelben Erde, seinem Musikmeister Ling Lun, die Tonleiterpfeifen zu verfertigen. Ling Lun ging vom Westen des Ta Hia-Gebirges und kam zum Norden des Yüan Yü-Berges. Da nahm er Bambus aus dem Tal Hiä Hi von gleichmäßig dickem Hohlraum und hieb ihn zwischen zwei Knoten durch. Er blies darauf und sprach: Das stimmt! Der Ton war nicht höher und nicht tiefer wie sein eigener Sprechton, wenn er von jeglicher Leidenschaft frei blieb, zugleich aber stimmte er mit dem Rauschen des unweit davon entspringenden Hoang-Ho überein. Während Ling Lun darüber in innere Betrachtung versank, erschien ihm der himmlische Phönixvogel mit seinem Weibchen. Das Männchen Fong und das Weibchen Huang sangen je sechs Töne, wobei der erste Ton des Phönixmännchens wieder mit dem Ton der Quelle des Gelben Flusses übereinstimmte. Der Musikmeister fertigte nun nach dem Vorbild des Vogelgesanges insgesamt zwölf Bambuspfeifen an und kehrte damit zu Huang Ti zurück. Darauf befahl der Kaiser Ling Lun, zusammen mit Yung Tsiang zwölf Glocken zu gießen, die ihrerseits die harmonischen fünf Töne der Tonleiter ergaben. Damit führte der Kaiser eine herrliche Musik aus, die im mittleren Frühlingsmond am Tage J Mao, als die Sonne im Zeichen Kui stand, zum erstenmal aufgeführt und Hiän Tsi genannt wurde.»[5]

Was uns die Legende bildhaft durch das Phönixpaar schildert, ist das Herunterholen eines Kosmisch-Sphärischen in die irdische Dimension von Raum und Zeit; wobei das Erlauschen der Himmelstöne durch Ling Lun in «innerer Betrachtung», d. h. in Meditation, also in einem leibfreien Bewußtsein erfolgte. Ohne diese Umsetzung eines Geistig-Tönenden in ein Irdisch-Klingendes im Detail zu verfolgen, ist aus den lebendigen Bildern dieser Legende doch sehr anschaulich herauszulesen, wie der Zusammenhang der zwölf Klangorte mit dem Kosmos lange vor Andreas Werkmeister von der Menschheit empfunden wurde.

Was uns demnach zusammenfassend als Resümee dieses Exkurses in musiktheoretische Fragen erfließen kann, ist die Einsicht, daß wir es in der Dur-Moll-Tonalität mit einem vollendet ausgewogenen System zwischen der Sieben- und Zwölfordnung, d. h. einer wunderbaren Harmonie von Planeten- und Tierkreiskräften, zu tun haben. Indem die siebenstufige Tonleiter, in der Planetenkräfte wirken, durch die zwölf Bereiche des Quintenzirkels als Abbild des kosmischen Sphärenkreises wandert, gibt sie sich jedesmal andere Inhalte, ohne dabei ihre Formstruktur zu ändern, und macht sich dadurch zur Ton-*art*. Wie jeder Planet zum Überträger anderer kosmischer Wirkenskräfte wird, je nachdem aus welchem Tierkreiszeichen er die Erde bestrahlt, variiert sich auch die Qualität des Tonwertes, wenn er aus seinem ihm gemäßen Gefüge von C-Dur herausgelöst wird und ihm andere Tonwert-Qualitäten beigefügt werden. In dieser Variierung aber kann sich das Eigenwesen der Tonart zum Ausdruck bringen. Und diese Verschiedenheiten der jeweiligen «Spannungsdynamiken» (Kurth) verhindern es, daß wir in den einzelnen Tonarten bloße Transpositionsskalen von C-Dur erblicken dürfen. A-Dur, Es-Dur, D-Dur usw. sind kein transponiertes C-Dur. Wenn sich die Dur-Tonleiter in die Sphäre von A stellt, dann spricht sie ganz Unterschiedliches aus als in C; denn in A-Dur ist sie Mittler von anderen sphärenharmonikalen Wirkenskräften.

Was allerdings noch einer sicheren Klärung bedarf, ist die Frage der Zuordnung der einzelnen Tonarten zu den jeweiligen Tierkreissphären. Hier verlassen uns die antiken Vorbilder, auf die wir uns, wie bei den Planetentönen, stützen könnten. Denn dieses Dur-Moll-Erlebnis gibt es ja erst seit dem Anbruch der Neuzeit. Um jedoch auch hier auf musikalischen Fundamenten aufbauen zu können, fassen wir jene Spannungsdynamik ins Auge, die für Ernst Kurth das Hauptkriterium einer Eigensprache der Tonarten darstellt: die Hoch- und Tiefalteration der Leittöne.

Die Polarität im Quintenkreis

Aus Ernst Kurths musikpsychologischen Untersuchungen ergab sich, daß der Tonartenkreis «*nicht nur ein Spiel mit Grundtönen, sondern auch mit Leittönen*» ist. Denn bei jeder dominantischen Fortschreitung, etwa von C-Dur nach G-Dur «*erfordert die neue Grundskala Änderung der VII. Stufe (also in G-Dur des f zu fis, in D-Dur des c zu cis usf.)*»[1] Bei genauerer Betrachtung dieses Faktums stoßen wir auf äußerst aufschlußreiche und interessante Phänomene. Zunächst stellt sich die Grundfrage nach dem Verursacher dieser dominantischen Fortschreitungen. Gewiß, wir haben von einer inneren Dynamik gesprochen, die jedem einzelnen Ton, jedem Intervall und damit jedem Melos innewohnt. Das Wesentliche des Intervall-Hörens ist ja nicht die Distanzabgrenzung, die durch die beiden Ecktöne markiert wird, sondern das Erlebnis der Spannung, die zwischen diesen Ecktönen herrscht. Nicht die Haltepunkte werden erlebt, sondern das «*lückenlose Fließen*»[2] innerhalb dieser Haltepunkte. Nicht auf die Statik kommt es an, sondern auf den tönenden Bewegungsverlauf zwischen den erklingenden Eckpunkten. Jedes Melos – auch das der Tonleiter – ist strömende Kraft, «*kinetische (= Bewegungs-) Energie*», wie Kurth es in Anlehnung an den physikalischen Begriff bezeichnet.[2]

«Das Primäre ist der Zusammenhang des Melodischen, erst das Sekundäre ist die Herauslösung der Einzeltöne, über welche der Bewegungszug hinüberträgt, der zur geschlossenen Empfindung eines Kontinuums, der ‹Linie› führt. In der Bewegung durch die Töne beruht das Melodische, nicht in den Einzeltönen, die von ihr durchströmt sind, und ihrer Aneinanderreihung. Das, was sinnfällig zutage liegt, darf auch hier nicht mit der Grundursache verwechselt werden. Die melodischen Züge können in die Vorstellung schon eintreten, ehe man sich über die Fixierung der Einzeltöne selbst im klaren zu sein braucht.»[2]

Diese Bewegungsdynamik ist somit eine Kraftempfindung, die sowohl den Einzelton mit Energie erfüllt – hier ist sie noch mehr «potentielle» Energie –, die weiters zwischen den Tönen Spannungsfelder erzeugt und auch als melodisches Fließen die Töne überströmt. Einzelton, Intervall und Melodie – alle werden sie von dieser Bewegungsdynamik durchdrungen. Und es stellt sich nun die Frage, ob diese Dynamik einer «kinetischen» Energie auch den Quintenzirkel durchströmt; ob auch hier ein Spannungselement zwischen den einzelnen Tonartbereichen wirksam ist, oder ob wir es mit in sich ruhenden Bezirken zu tun haben, die mehr oder minder beziehungslos nebeneinander bestehen? Schon das Auffinden der Obertonreihe ließ uns die zweifache Dominantspannung erleben, die dem einzelnen Ton innewohnt. Dort, wo ein Ton zum Leitton wird, setzt sich die Dominantspannung jedoch mit einer Intensität durch, die eine Modulation, d. h.

ein Hinüberwechseln in eine andere Tonart ermöglicht. Wenn wir die VII. Stufe etwa in C-Dur: das h mit den leitereigenen Tönen zum Akkord ergänzen, so erhalten wir jenes eigenartige Gebilde – bestehend aus kleiner Terz und verminderter Quint –, das man gewöhnlich einen verminderten Dreiklang nennt: h–d–f. Die Eckpunkte dieses Akkordes bilden eine verminderte Quint, das Umkehrungsintervall des Tritonus, der übermäßigen Quart, die uns die Leittonspannung am intensivsten deutlich macht. Denn das h strebt mächtig ins c – einen Halbtonschritt aufwärts –, das f mit gleicher unbeirrbarer Energie einen Halbtonschritt abwärts ins e:

Mit dieser zwangsläufig sich daraus ergebenden großen Terz des Tonika-Dreiklanges c–e ist die Tonalität von C-Dur eindeutig bestimmt.

Wenn wir nun Kurths Leittonspannungen folgen und erkannten, daß wir die VII. Stufe von G-Dur – das f zu fis – erhöhen müssen, um den gewünschten Leittonschritt (nämlich die kleine Sekunde, die die VII. mit der VIII. Stufe in Dur verbinden muß) zu erhalten, dann ergibt dieses neu gewonnene fis mit dem Grundton der Ausgangstonart C abermals ein Tritonus-Intervall, das mit gleicher Notwendigkeit die G-Dur-Harmonie festlegt:

Auf gleiche Weise werden wir durch den gesamten «Kreuzweg» des Quintenkreises geführt. Von G-Dur nach D-Dur führt die Hochalterierung der VII. Stufe von D, die Erhöhung des c nach cis:

Nach A-Dur die Erhöhung des g nach gis:

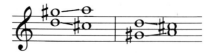

Ist es also der «Tritonus», jener «diabolus in musica», wie ihn die mittelalterlichen Theoretiker nannten, der *«reizt und wirkt, und muß als Teufel schaffen»*, und der uns dadurch aus der *«unbedingten Ruh'»* des Geborgenseins in einer bestimmten Harmonie herausführt, uns entferntere Sphären erstreben läßt? Es scheint so zu sein, denn auch die umgekehrte Wegrichtung zeigt das gleiche Phänomen.

Wenn ich wieder von C-Dur ausgehe und die um eine Quinte tiefer liegende Tonart erreichen will, muß ich bei jener Leittonspannung ansetzen, die zwischen der III. und IV. Dur-Stufe herrscht: e–f. In F-Dur bildet das a die III. Stufe: f–g–a. Von der III. zur IV. führt ein Halbtonschritt, durch den die Leittonspannung ja bewirkt wird. Das h von C-Dur ist dafür aber ungeeignet, denn der Schritt a–h stellt ein großes Sekundintervall dar, das keine zwingende Leittonspannung enthält. Ich muß daher das h zu b erniedrigen, um den richtigen Halbtonschritt zu erhalten. Dieses solcherart gewonnene b aber bildet mit dem als Ansatzpunkt gewählten e (III. Stufe von C-Dur, die nach f führt) wiederum ein Tritonus-Intervall bzw. eine verminderte Quinte. Und ebenso zwangsläufig, wie ich durch diese Tritonus-Auflösung die Tonika der neuen, eine Quinte höher gelegenen Tonart erhielt, werde ich jetzt zur Terz des unterquintigen Dreiklangs geführt:

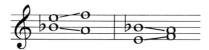

Und auch hier wiederholt sich das Tritonus-Spiel des «Reizens und Wirkens» durch den gesamten Be-Tonarten-Bereich:

Wir haben mit dieser Tritonus-Dynamik ein Wort des «Herrn» aus dem «Prolog im Himmel» verbunden; rufen wir uns doch das vollständige Zitat aus Goethes Faust-Drama ins Gedächtnis zurück:

> *«Des Menschen Tätigkeit kann allzuleicht erschlaffen,*
> *Er liebt sich bald die unbedingte Ruh;*
> *Drum geb' ich gern ihm den Gesellen zu,*
> *Der reizt und wirkt und muß als Teufel schaffen.»*

Aus diesen Worten geht hervor, daß jenes teuflische «Reizen und Wirken» nicht allein mit Willen des Herrn sich vollzieht, sondern von ihm geradezu veranlaßt wurde: «Drum geb' ich gern ihm den Gesellen zu ...» Übertragen auf unsere Thematik hieße dies, daß dieses Tritonus-Intervall dann vielleicht auch nicht aus eigener Machtvollkommenheit wirkt, sondern «zugelassen» ist, indem seine Bewegungs-Dynamik eingebettet erscheint in die umgreifende Ordnung sphärenharmonikaler Zusammenhänge. Dies ist tatsächlich der Fall. Die durch die Obertöne bewirkte Dominant-Gravitation des einzelnen Tones hat uns gezeigt, wie sich das Unendliche im Endlichen verwirklicht; doch haben wir in dem betreffenden Kapitel auch angedeutet, daß diese Verwirklichung nicht restlos aufgeht. Ursache ist der Tritonus. Wenn wir nämlich dieser Dominant-Gravitation folgen, die jeden Ton zu einem anderen gleichzeitig zur Dominante und Tonika macht, dann zeigt sich der Ton e von h dominiert, während der Ton f nicht das h, sondern die unter ihm liegende reine Quinte b dominiert. Die Nachbildung des in sich geschlossenen kosmischen Kreises durch den Quintenzirkel geht also nicht restlos auf. Das Ideal wäre ja ein geschlossener Zirkel von Tönen, die alle zugleich Dominanten und Toniken sind:

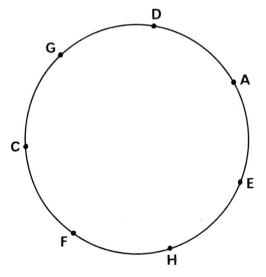

Es zeigt sich aber, daß der Ring bei den Tritonustönen f und h gesprengt wird:

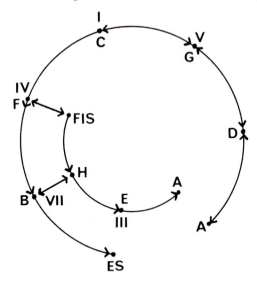

Hier werden nicht nur die beiden Richtungsgegensätze der Gravitation von Unter- und Oberdominante sichtbar, es ergibt sich auch, daß die Tritonus-Dynamik tatsächlich ein wesentlicher Faktor bei diesen gegensätzlichen Gravitationsströmen ist. Und auch innerhalb der leitereigenen Dreiklänge der Tonleiter spielt sie eine bedeutende Rolle. Bei jenen Dreiklängen nämlich, bei denen ein Tri-

82

tonuston die *Terz* einer Durstufe bildet, resultiert eine oberdominantische Wirkung. In C-Dur wäre dies die V. Stufe: g–h. Wogegen die Besetzung des *Grundtones* durch einen Tritonuston dem Durdreiklang eine subdominantische Wirkung verleiht: f–a–c, IV. Stufe.

Bei den nebenstuflichen Molldreiklängen zeigt sich folgendes Bild: wird der Tritonuston *Quinte,* ergibt auch dies oberdominantische Gravität: e–g–h, III. Stufe. Durch die große Terz g–h, die der Dreiklang der III. Stufe in sich birgt, wird er zum nebenstuflichen Vertreter der Oberdominante g–h–d.

Besetzt ein Tritonuston dagegen die *Terz* einer Mollstufe, so macht sie dies zum Vertreter der Unterdominante: d–f–a, II. Stufe. Der Dreiklang der II. Stufe trägt die große Terz der IV. in sich: f–a.

Schließlich können die Tritonustöne gleichzeitig Grund- und Quintton bilden, wie dies bei der VII. Stufe in Dur, bei der II. in Moll der Fall ist, dann ergibt sich jene oberdominantische Intensität des verminderten Dreiklangs: h–d–f.

Die VI. Tonleiterstufe, die keinen Tritonuston aufweist und die große Terz c–e in ihrem Dreiklang trägt: a–c–e, wird dadurch zur eindeutigen Vertreterin des Tonika-Dreiklanges: c–e–g.

Wir sehen, die beiden *entgegengesetzt gravitierenden Dominantströme* durchziehen die *gesamte Harmoniestruktur der Tonleiter,* und wir stellen weiter fest, daß der *Tritonus,* als *treibendes Agens,* tatsächlich in diese *Harmonieordnung eingebettet ist.*

Nun läßt dieser Richtungsgegensatz der beiden Dominantgravitationen aber noch ein anderes Phänomen erkennen, das von weittragendster Bedeutung ist. Wenn wir uns abermals die C-Dur-Tonleiter vergegenwärtigen: c–d–e–f–g–a–h–c und uns durch Hochalteration des Quarttones f zu fis in den Oberdominantbereich tragen lassen, dann erhalten wir die Tonfolge: c–d–e–fis–g. Der solcherart gewonnene Skalenteil bildet auf G-Dur bezogen deren *obere* Hälfte, denn fis stellt ja den Leitton der VII. Stufe von G-Dur dar. Um den Grundton zu bekommen, müssen wir von dem gewonnenen g eine Oktave nach abwärts springen, um das G-Dur vollständig zu erhalten:

g–a–h–c / C–D–E–FIS–G

Der Grundton der neuen Tonart liegt somit eine Quarte tiefer als das C, von dem wir ausgingen. Man denke sich diese Operation nun systematisch durch den gesamten Quintenkreis fortgesetzt. Wenn wir von G- nach D-Dur gelangen wollen, müssen wir erneut den Tritonus, die übermäßige Quart von g, zu Hilfe nehmen und das c zu cis erhöhen: g–a–h–cis–d; die Tonfolge ist ebenso die obere Hälfte von D-Dur, die uns abermals zu einem Oktavsprung nach abwärts zwingt, wenn wir den Grundton erreichen wollen. Es zeichnen sich somit zwei Tendenzen ab: in der Suche nach dem Grundton kommen wir in immer tiefere Klangbereiche. Die innere Dynamik dagegen weist uns zur Höhe, zur Oktav.

Nun erhalten die Begriffe «hoch» und «tief» in der Musik ja nur Sinn, wenn man sie qualitativ versteht; quantitative Maße anzulegen wäre sinnlos. Mit den Begriffen «Höhe» und «Tiefe» verbindet die Musik immer ideelle, ethische Werte. *Tief* im Tönebereich heißt: näher zur Erde, zur Schwere, zur Dunkelheit; *hoch* sagt: dem Licht, der Leichte, dem Himmel entgegen. Der Grundton all dieser auf oberdominantischem Weg der Kreuz-Vorzeichen gefundenen Tonarten ist somit die Erde, der Tiefe verbunden; die kinetische Energie dagegen ihres Melos-Flusses strebt zur Höhe, zur Oktav. Die innere Dynamik des «Kreuzweges» durch den Quintenzirkel zeigt also eine *zentrifugale* Wirksamkeit, sie bedeutet Weitung zur Peripherie, vermittelt uns ein *Exkarnations*-Geschehen.

Das gegenteilige Phänomen weist das Schreiten durch den Subdominantbereich auf, der Weg in die b-Tonarten. Wenn wir von C-Dur nach F-Dur gelangen wollen, müssen wir – wie sich eben vorhin zeigte – bei jenem Ton ansetzen, der zu dem *neuen* Grundton Leitton wird, also VII. Stufe ist, und dessen Tritonus suchen. Die nach F-Dur hinführende VII. Stufe ist das e; dessen Tritonus finden wir durch Erniedrigung des h zu b: e–b. Die sich daraus ergebende Tonfolge heißt: c–d–e–f / F–G–A–B–C. Auf F-Dur bezogen bildet sie durch die Tiefalteration des h zu b den *unteren* Abschnitt der auf f aufgebauten Dur-Skala. Hier also weist die «kinetische Energie» des zur Unterdominante gravitierenden Harmoniestromes nach abwärts, zur Erde; wogegen der zu suchende Grundton die Oktave ist, die uns über den ursprünglichen Ausgangspunkt c eine Quarte emporführt:

c – d – e – f / f – g – a – b – c – – C – D – E – F

Ausgangsposition,	unterer Skalenteil	oberer Skalenteil mit
C-Dur	von F-Dur	dem nach F-Dur
		führenden Leitton
		der VII. Stufe

Der zu suchende Ausgangston der Skala, die erst durch den Leittonschritt der VII. Stufe harmonisch realisiert wird, liegt hier somit in der Oktav. Das bedeutet in Wahrheit eine Umkehrung der Richtung des inneren Skalenverlaufes. Wir schreiten bei der subdominantischen Gravitation von der Peripherie zur Erde und erleben eine *zentripetale* Wirkenskraft. Das gibt uns auch die Berechtigung, die Unterdominantsphäre, die sich in den Be-Tonarten manifestiert, in ihrer Wesensqualität als dem *geistigen* Bereich verbunden, anzusprechen, wie wir andererseits die Tonarten der Oberdominantregion als von der Erde ausgehend erleben. Strebt dieser «Kreuzweg» empor zur Höhe, zur Peripherie, so drängt die geistige Qualität der Unterdominante zur «Inkarnation» in die Tiefe; zur Verinnerlichung im «Mittelpunkt». Die Skalen der Subdominantregion tragen als inneren qualitativen Erlebnisfaktor immer die Richtung nach abwärts in sich, auch wenn sie auf der Klangebene nach aufwärts schreiten. Und dieser Wesenszug bedeutet in Wahrheit bereits *Moll*-Stimmung. In der Mollskala prägt sich dieser Abwärtszug als Spiegelung zu Dur am deutlichsten aus:

c–des–es–f–g–as–b – C – d–e–f–g–a–h–c

Moll ◄—————— ——————► Dur

Im Be-Tonartenbereich der Unterdominantregion wie im Mollgeschlecht, handelt es sich daher um dieselbe geistige Tonqualität, die sich lediglich durch den Intensitätsgrad in ihrer Verwirklichung unterscheidet. Am intensivsten und eindringlichsten vollzieht sich das Inkarnationsgeschehen im Mollgeschlecht. Ein erster Schritt in diese Richtung ist jedoch schon mit dem Eintritt in die Subdominantregion, durch das erste tiefalterierte Vorzeichen getan. Kein Zufall daher, daß das Spiegelbild von C-Dur ein f-Moll ergibt, d. h. die auf der Subdominante von C-Dur stehende Mollskala; wir könnten sie daher die «Spiegelungsparallele» zu C-Dur bezeichnen. Das gleiche gilt – in umgekehrter Richtung – von dem oberdominantischen Gegenpol in bezug auf Dur. Was wir bei dieser Inkarnationsdramatik der Subdominantsphäre daher besonders beachten müssen, ist ihr *zweifaches* Qualitätselement: äußerlich zeigt sich ein *Abstieg in die Dunkelheit*, mit der sich jedoch ein *Geistiges umhüllt.* Eine Finsternis spricht zu uns, in der gleichzeitig ein innerliches, geistiges Licht aufzuleuchten vermag. Das Qualitätselement des Oberdominant-Zuges zeigt den umgekehrten Vorgang: es strebt vom Mittelpunkt zur Peripherie, von der Erde zum Licht, aus der Leiblichkeit zum Geist. Das bedeutet, daß die exkarnierende Dur-Dynamik der Kreuztonarten zu jener geistigen Peripherie drängt, aus der die inkarnierende der Be-Tonarten und des Moll herabsteigt zum Mittelpunkt. Es ist ein und derselbe Geist, der beide erfüllt, nur daß er das eine Mal nach Verleiblichung tendiert, während er sich das andere Mal daraus löst und zur geistigen Peripherie emporsteigt. Wieder berühren wir damit Goethes «Offenbares Geheimnis»:

> «*Nichts ist drinnen, nichts ist draußen:*
> *Denn was innen, das ist außen.*»

Oder um im Sinne alter Mysterienweisheit zu sprechen, könnten wir auch sagen: «Wie oben, so unten.» Dieses Phänomen wird bei der Charakterisierung der einzelnen Tonarten noch größte Bedeutung erlangen.

Die Inkarnationsdynamik unterdominantischer Wirkenskräfte, die im Mollbereich ihre stärkste Ausdruckskraft erhält, läßt uns auch die Ausführungen Rudolf Steiners noch tiefer verstehen, die er im Zusammenhang mit dem Septim-Intervall gegeben hat. Die Septimendissonanzen, so hörten wir, würden sich in ihrem «Verschweben» für das spirituelle Erleben als ein *musikalisches Firmament* darstellen. Von diesem «Firmament» geht Rudolf Steiner in seiner Betrachtung nunmehr wieder zurück in die Innerlichkeit des Terzen- und Quintenbereiches von Moll, und charakterisiert damit ebenfalls den von uns eben geschilderten Inkarnationsweg von der Peripherie zum Mittelpunkt.

«Und findet man dann in diesem Verschweben der Septimendissonanzen, in diesem Sich-Gestalten der Septimendissonanzen zu einer Totalität, die in ihrer Totalität fast harmonisch wird, fast konsonierend wird, weil sie verschwebt, findet man darinnen die Möglichkeit, in intensivem Moll herauszukommen aus der Septimendissonanz, aus dem fast Harmonischen des Verschwebens der Septimendissonanzen, findet man zurück den Weg ins Quintengebiet in Moll und von da das Durchsetzen des Quintengebietes mit dem Moll-Terzgebiet, dann hat man auf diesem Wege erzeugt das Erleben, das musikalische Erleben der Inkarnation, und zwar gerade der Inkarnation Christi.»[3]

Dieses musikalische Inkarnationserlebnis zeigt sich dann in seiner Urbildlichkeit und legt Zeugnis ab für jenen von uns aufgezeigten Wesensbezug zwischen

Musik und Christentum. Eine Prophetie ist hier auf die Zukunft der Musik gegeben; eine Musik, die sich von den spirituellen Kräften der Geisteswissenschaft befruchten läßt und in ihrer künstlerischen symphonischen Gestaltung einmal dasjenige zum Erlebnis bringen wird, *«was im Kosmisch-Tellurischen als der Christus-Impuls lebt.»* [3]

Schließlich offenbart uns diese Exkarnations- und Inkarnationsdynamik der beiden Dominantströme noch ein weiteres Faktum, das für die Eigenständigkeit der Tonarten von eminenter Bedeutung ist. Die Erkenntnis, daß es sich bei der Hoch- und Tiefalteration der einzelnen Töne einer Tonleiter nicht bloß um eine Veränderung der Frequenz, um einen bloß akustischen Vorgang handeln kann. Es muß vielmehr auch hier eine qualitative Unterschiedlichkeit walten, die sich dem einzelnen Ton mitteilt, je nachdem in welchem Bewegungsstrom er als Glied fungiert. Dieses qualitative Element wird uns greifbar, wenn wir uns einerseits darauf besinnen, daß wir es bei den einzelnen Tonwerten mit Klangbildern von Planetensphären zu tun haben, andererseits alle «musica instrumentalis» eine Schöpfung des Menschen, d.h. des zum Mikrokosmos verdichteten «Makroanthropos», ist und Zeugnis seines unsterblichen Wesenskernes, seines «Ich», ablegt. Der große Atemrhythmus des Ich, wie er sich etwa im Wechsel von Schlafen und Wachen, Tod und Geburt, Exkarnation und Inkarnation nach dem Gesetz der wiederholten Erdenleben offenbart, spiegelt sich auch auf der Ebene der Tonsphären.

Geburt und Tod bedeuten für die menschliche Entelechie ja ein zweimaliges Durchschreiten der Planetensphären: aufsteigend, als nachtodliches Exkarnationsgeschehen, bei dem die im Seelischen mitgetragenen Erdenreste gleichsam ihre Auflösung und Katharsis erfahren und der astralische Leib der Sternenwelt wieder zurückgegeben wird, und im Herabstieg zu einem neuen Erdendasein – dem Inkarnationsvollzug –, bei dem sich die Entelechie wieder mit einem neuen, aus dieser Sternenwelt herausgebildeten Seelenleib umhüllt. Durch dieses kosmische Durchschreiten der Planetensphären gewinnt auch jedes Organ schon vor seiner physischen Geburt eine besondere Beziehung zu einem bestimmten Planetenbereich. Diese okkulten Zusammenhänge bedeuteten noch für einen Agrippa von Nettesheim, einem Trithemius von Sponheim oder für Paracelsus lebendigste Realität. Erst mit dem Entstehen des naturwissenschaftlichen Denkens versiegte diese okkulte Tradition, die bestimmte Organe mit einer bestimmten Planetenkraft in Beziehung setzte, wie etwa die Leber mit Jupiter, die Galle mit Mars, die Milz dem Saturn zuwies, die Niere der Venus, die Lunge dem Merkur und das Herz der Sonne.

Von einer spirituellen Medizin lassen sich jedoch diese Planetenwirksamkeiten in ihrem exkarnierenden wie inkarnierenden Kräftespiel auch heute im Aufbau des menschlichen Leibesgefüges verfolgen. So spricht Dr. med. Lievegoed in seiner Abhandlung *«Über den doppelten Planetenprozeß»* z.B. von einem zweifachen Saturnprozeß, der einerseits in die härteste Verdichtung hineinführt – zur Skelettbildung –, andererseits in exkarnierender Wirkung bei der Bildung des roten Knochenmarkes beteiligt ist:

«In der Saturnsphäre erhält das zur Erde strebende Ich die Kraft, sein geistiges Bild in der Raumeswelt sichtbar auszudrücken. Saturn hat die Kraft, ein geistiges Urbild

bis in die tote Substanz, bis in das kristallisierende Mineralische hineinzuprägen.»[4]

Man denke an die vorhin erwähnte doppelte Wirkenskraft der Unterdominantsphäre. Wir sprachen von einem «Geistigen», das sich in die Dunkelheit des Stoffes «inkarniert». Lievegoed schreibt:

«Im Menschen erscheint das Skelett als ‹totes Bild› des Ich, als totes Bild, aus dem Flüssigen des werdenden Menschen herauskristallisiert: das Ich in der Raumeswelt offenbarend.»[4]

Im Skelett ist dieser inkarnierende Saturnprozeß zu einem Endpunkt gekommen. Würde er noch weiter wirken, müßte der ganze Mensch verkalken, den *«völligen Raumestod»*[4] erleiden.

«Hier greifen schon während des Lebens die auflösenden, nachtodlichen, vergeistigenden Saturnkräfte ein. Dieser zweite Saturnprozeß fängt da an, wo der erste aufhört. Im Knochenskelett bildet sich das rote Knochenmark, die Geburtsstätte des roten Blutes. Es ist das jüngste Gewebe, das fortwährend ins Blut hinein versprüht. Die roten Blutzellen leben einige Wochen in der Blutzirkulation und gehen schließlich in der Milz zugrunde. Die Milz ist der Endpunkt der Saturnprozesse und damit das Saturnorgan.»[4]

Ähnlich zeigen die Jupiterkräfte eine doppelte Wirksamkeit.

«Von der Stirne aus strahlt die Jupiterkraft herein, den Wunderbau des Gehirns plastizierend, ... später die Gedanken formend – besonders jene Gedanken, die ordnend die großen Weltzusammenhänge wiedergeben. Weiter strahlt Jupiter hinein in die Organe und Muskeln des übrigen Körpers. Wenn diese ersten Jupiterkräfte allein wirksam wären, würden wir alle bis zum 14. Jahr zu wunderschönen griechischen Plastiken werden, die in Haltung und erstarrter Gebärde Ausdruck eines rein Seelischen wären. Denn die plastische Kraft Jupiters trägt zugleich eine erhabene ordnende Weisheit in sich. Das Zeusbild von Phidias mit der wundervoll plastizierten Stirn bringt diese Kraft in imaginativer Form zum Ausdruck.»[4]

Dieser Ausdruck eines «rein Seelischen», den die inkarnierende Jupiterstrahlung bewirkt, fügt sich folgerecht an den Terzton e, dessen Tonwert wir mit der Jupiterkraft verbunden sahen. Und welch *«ordnende Weisheit»* dem Terz-Intervall eigen ist, das zeigten uns alle bisherigen Ausführungen des Harmoniegefüges der Dur-Moll-Tonalität.

Nun greifen in den menschlichen Organismus aber auch die exkarnierenden Jupiterkräfte ein.

«Das menschliche Ich entreißt sich der Erstarrung in der Bewegung, der Gebärde (denn im inkarnierten Menschen ist jede Bewegung zugleich Geste, das heißt Ausdruck eines Seelischen, Ausdrucksbewegung). Die Geste wird plastischer Ausdruck der Seele im Bewegungselement. Dieser Bewegung dienen die Muskeln, deren Formen gerade der Oberfläche des Menschen die Schönheit geben, die aber in ihrem inneren Wechsel von Festwerden und wieder Weichwerden, von Quellen und Entquellen ein chemisches Spiel vollführen, das in seiner inneren Chemie innigst mit der Leber zusammenhängt.»[4]

Jupiter plastiziert also zuerst die Oberfläche der Organe, um diese Organe aber beweglich zu machen, ist ein innerer Chemismus nötig, der an der Leber saugt und ihre Zuckersubstanzen herausholt. In der Leber kommen die zweiten Jupiterwirkungen zu einem Endpunkt. Daher ist die Leber das Jupiterorgan.

Im gleichen Sinne ist jede Planetensphäre in dieser zweifachen Weise am menschlichen Leibesaufbau und Organismus beteiligt.

So dürfen wir schließen, daß sich dieser zweifache Planetenprozeß auch für ein qualitatives Hören abzeichnet, wenn wir auf musikalischer Ebene ein und derselben Tonfolge begegnen, nur mit jeweils verschiedenen Alterationen wie etwa in A- und As-Dur oder E- und Es-Dur. Genauer formuliert: der diatonische Tonwert: c,d,e,f usw. nennt uns die Planetensphäre, in der wir stehen in einem gewissen Gleichgewichtszustand, in dem sich die beiden Richtungsströme die Waage halten; gleichsam in der Ruhe der «Tonika» stehen. Die Hoch- und Tief-alterierung des Tonwertes bringt dagegen die ex- oder inkarnierende Wirkens-kraft der Dominantströme mit der jeweiligen Planetenqualität zum Ausdruck.

Durch all diese Erkenntnisse aber sehen wir uns gleichzeitig an das Phänomen der *Enharmonik* herangeführt, durch die allein es möglich ist, die nach beiden Richtungen hin unendliche Quintenspirale zum «Kreis» zu schließen. Hier erweist nun erneut die gleichschwebende Temperatur ihre unschätzbaren Dien-ste.

Die enharmonische Verwandlung

Die Enharmonik, durch die gleichschwebende Temperatur zu einer banalen Alltäglichkeit geworden, ist in Wahrheit eines der großartigen Wunder, das sich auf der empirischen Klangebene vollzieht, indem durch sie die Gesetze der irdischen Raum- und Zeitdimensionen aufgehoben werden. Wo Enharmonik wirkt, herrscht Gleichzeitigkeit und Gleichörtlichkeit. Sie ermöglicht, daß sich an einem Klangort, etwa C, die Tonwerte c, his und deses gleichermaßen manifestieren, sich gegenseitig durchdringen und solcherart ein diatonisches Intervall jederzeit auch zu einem chromatischen wandelt. Dieses Wunder der Aufhebung örtlicher und zeitlicher Unverwechselbarkeit der *Tonwerte* erfließt, wie wir bereits wissen, aus der Zwölfordnung der Fixsternsphäre; die Siebenordnung ließe eine derartige Aufhebung des Neben- und Nacheinander nicht zu.

Nun vollzieht sich die enharmonische Verwandlung zwar auf tonsystemlicher Ebene und ist eine Verwandlung von Tonwerten, trotzdem bedarf sie einer tauglichen Klanghöhe, soll diese Durchdringung verschiedener Tonwerte auf empirischem Felde in Erscheinung treten. Mit anderen Worten: ein Klangort muß gefunden werden, der sowohl dem Tonwert c als auch einem his oder deses eine geeignete Klanghülle zu geben vermag. Dies vollbringt in idealer Weise die gleichschwebende Temperatur. Durch sie scheint sich der enharmonische Prozeß wie von selbst, automatisch zu vollziehen, was vielfach zu der rein materiellen Auffassung verleitet hat, daß Enharmonik überhaupt nur eine Sache der «Klaviatur» sei und sich lediglich auf der empirischen Klangebene abspielen würde. Nichts ist irrtümlicher als diese Meinung, die dann auch meistens von einer enharmonischen «Verwechslung» spricht, als würden einfach zwei Notenwerte, wie im Hexeneinmaleins die Zahlen, ausgetauscht werden.

Die Enharmonik müßte jegliche innere Überzeugungskraft verlieren, wenn dem so wäre, und «*Wagners ‹Tristan› und Debussys ‹Pelleas› wären die ungenießbarsten Werke der Musikliteratur, wenn Enharmonik nicht ebenso wie Diatonik und Chromatik auf tonsystemlicher Ebene zu Hause wäre, wenn nicht das Zwölfprinzip, nicht die ‹Tonorte› hinter den Tastentönen stünden, die diese auf klanglicher Ebene erst dafür brauchbar machen, was sie leisten.*»[1]

Nein, nicht um eine Verwechslung von Klängen handelt es sich, sondern um eine Verwandlung von Tonwerten. Ernst Kurth spricht in diesem Zusammenhang von einer Veränderung der ganzen «*dynamischen Tonartsentwicklung*»,[2] durch die auch die «*inneren Akkordverhältnisse*» sich völlig wandeln, ein – wie Pfrogner mit recht apostrophiert – im Grunde «*unfaßliches*» Geschehen. Eine graphische Darstellung, die Anny von Lange in ihrer Arbeit «*Mensch, Musik und Kosmos*» gegeben hat, kann uns dieses «Unfaßliche» einigermaßen anschaubar machen.

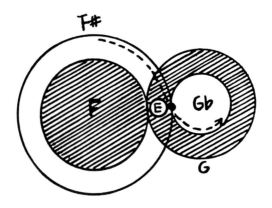

Dazu gibt die Verfasserin folgende Erläuterung:
«Ton F (Innenkreis schraffiert) erweitert sich nach außen bis zum Umkreis Fis, wogegen G sich konzentrierend einen Innenraum Ges erreicht. Soll nun eine enharmonische ‹Verwandlung› geschehen, so nimmt das zu Fis erweiterte Tonwesen F etwas vom G-Wesen als Ges auf, macht also damit eine qualitative Verwandlung durch. Diese geschieht auf Grund einer Änderung der Bewegungsrichtung. Die ganze Dynamik kehrt sich von außen nach innen um (Enharmonik). Diese Richtungswende ist das wesentlich bestimmende Geschehen der Enharmonik, ein Gebiet der Modulation, das in seinen letzten intimsten Konsequenzen noch gar nicht ganz erschlossen ist.»[3]

In unserer Sicht bedeutet diese «Richtungswende» ein Hinüberwechseln von dem «exkarnierenden», zentrifugalen Bewegungsstrom in den «inkarnierenden», zentripetalen und umgekehrt. Die enharmonische Verwandlung macht somit auf musikalischem Felde jederzeit jenen Atemrhythmus möglich, den das menschliche «Ich» vollzieht, wenn es seine Leibeshülle im Schlafe oder im Tode verläßt bzw. beim Erwachen oder in einer neuen Geburt sich in sie inkarniert. Und wie das «Ich» im Schlafe oder im Leben zwischen Tod und neuer Geburt in die geistige Welt eintaucht, so geschieht es auch hier. Während des geheimnisvollen Vorganges der enharmonischen Verwandlung zwischen den einzelnen Tonarten findet immer eine Befruchtung aus dem Geistigen statt, die das Ich bewirkt. Denn dieses Ich urständet *jenseits* des Tierkreises in einem göttlichen Bereich, aus dem die Fixsternwelt selbst als Schöpfung hervorgegangen ist. (Nicht zufällig heißt der Repräsentant dieser Fixsternwelt «*Tier*-kreis».) Jedesmal fungiert das Ich als Mittler zu diesem hohen Geistbereich, wenn eine derartige musikalische «Transsubstantiation» stattfindet.

Dank der Enharmonik ist es aber auch möglich, die unendliche Spirale zum «Kreis» zu schließen, ohne daß die «Unendlichkeit» deshalb verloren ginge. Denn der Wechsel in die gegenteilige Dynamik, der sich im Quintenkreis bei Fis-Dur/Ges-Dur gleichsam von selbst anbietet, da sich die Tonart mit sechs #-Vorzeichen mit jener sechs ♭-Vorzeichen aufweisenden unterdominantischen Harmonie an einem Klangort trifft, ist natürlich an *jedem* der zwölf Klangorte des Quintenkreises möglich. Überall öffnet uns die Enharmonik das Tor zur Gegensphäre, jederzeit vermögen wir in die «Unendlichkeit zu schweifen», oder von ihr in das festumrissene «Diesseits» einzutauchen. Wahrlich ein Geschehen, das uns den Zauber des «Wunderbaren» erleben läßt.

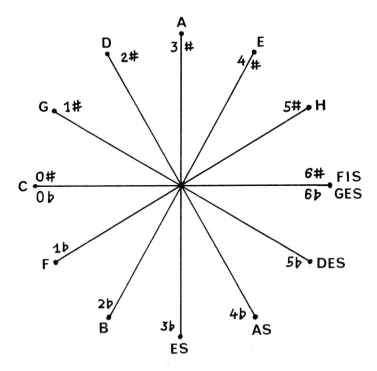

Doch auch für unsere im vorigen Kapitel angestellte Betrachtung schließt sich ein Kreis: jedes sich gegenüberliegende Tonartenpaar weist das Tritonus-Intervall auf. Die treibende Kraft am Weg durch den Quintenzirkel markiert damit gleichzeitig jene Harmoniesphären, die, in «Opposition» einander gegenüberstehend, innerlich am weitesten voneinander entfernt sind und dennoch ein «Paar» bilden. Über die verschiedenen «Konstellationen» im Tonartenbereich wird noch in einem späteren Kapitel gesondert zu sprechen sein.

Helligkeitsgrade im Quintenzirkel

Aus der bereits erwähnten Tatsache, daß «Höhe» und «Tiefe» in der Musik stets mit Licht und Dunkel verbunden sind, ergibt sich zwangsläufig der Schluß, daß jede Hochalteration eines Tones für die Tonart Aufhellung bedeuten muß, jede Erniedrigung deren Eindunkelung nach sich ziehen wird. Die Helligkeit einer Tonart müßte also in dem Maße zunehmen, je mehr Hochalterationen sie aufweist; und umgekehrt, je mehr Tiefalterierungen sie in sich birgt, desto dunkler wird ihr Klangbild erscheinen.

Für den Weg durch die Unterdominantregion ist dies augenfällig. Wenn wir von C-Dur über F-Dur, B-Dur usw. immer tiefer in diesen Be-Tonartenbereich «hinabsteigen», dämpft sich für unser Empfinden die Helligkeit mehr und mehr ab. Man vergleiche diesbezüglich etwa den Beginn von Beethovens Pastoral-Symphonie in F-Dur mit dem in As-Dur stehenden langsamen Satz seiner Pathetique-Sonate. Mit jedem Quintschritt nach abwärts tauchen wir tiefer in die Dunkelheit ein.

Das analoge Geschehen in umgekehrter Richtung müßte demnach der Weg durch die Oberdominant-Region aufzeigen. Mit jedem ♯, d.h. mit jeder Erhöhung eines Tones der Leiter, steigert sich die Helligkeit der Tonart. E-Dur, H- oder Fis-Dur müßten somit um ein Vielfaches heller anmuten als C- oder G-Dur. Merkwürdigerweise findet diese durchaus logische Schlußfolgerung in der Praxis keine nachhaltige Bestätigung. Wenn wir nämlich einen Blick in die Musikliteratur der Wiener Klassik werfen, dann gehören zu den bevorzugt verwendeten Tonarten jene, die auf der linken Hälfte unseres Quintenkreises ihren Platz finden: also etwa von Es-Dur, über F-, C-, G- nach A-Dur. Nun war das Lebensgefühl der klassischen Epoche ja durchaus ein der Erde, dem Tage und der Sinneswelt zugewandtes. «Helle» Tonarten wurden daher von ihr bevorzugt. Und es läßt sich auch nicht leugnen, daß die Helligkeit der Tonarten von C-Dur nach A-Dur deutlich zunimmt. So wie von Es-Dur ausgehend mit jedem Wegfall eines ♭-Vorzeichens die Dunkelheit sich lichtet, so steigert sich das Licht der Tonart mit jedem hinzutretenden Erhöhungszeichen.

Auffallen jedoch muß uns, daß die romantische Epoche, die ihren Blick so gerne auf die Nachtseite des Lebens wendete – das «Notturno» ist eine romantische Schöpfung –, ihre Tonarten überwiegend aus der rechten Hälfte des Quintenkreises, also von A-Dur über Fis/Ges-Dur nach Es-Dur wählte. Sie scheint daher die hohen Kreuztonarten nicht als helle, sondern vielmehr ihrem nächtlichen Weltgefühl entgegenkommend, empfunden zu haben.

Wie läßt sich dies erklären? Wie kann die Helligkeit nachlassen, wenn Lichter hinzukommen? Und was für G-, D- und A-Dur gilt, nämlich ihre sich steigernde Lichtintensität durch das Hinzufügen eines ♯-Vorzeichens, sollte für E-, H- und Fis-Dur keine Geltung haben? Gewiß, die Steigerung ist da, doch scheint sich im Tonerlebnis bei dieser Überhellung eine Wandlung zu vollziehen.

«Höhe» in der Musik, so sagten wir, heißt dem Licht, dem *Himmel* entgegen. Und mächtig empor führt uns der Weg über den Oberdominantbereich. Könnte bei dieser «Licht- und Himmelsnähe» in der Seele nicht die Empfindung aufleuchten, daß alles irdische Licht, so strahlend es sein mag, gemessen an dem «Himmelslicht», letztlich doch nur Dunkelheit bedeuten kann? So wie die Übermacht des Bewußtseins, das wir im Durchschreiten der Todespforte empfangen, zunächst unser Bewußtsein auszulöschen scheint und uns in «Todesnacht» versinken läßt, so muß uns auch alles Sinneslicht matt und fahl erscheinen in dem Augenblick, da *in uns* das geistige Licht aufzuleuchten beginnt. Und nun nähern wir uns mit den genannten Tonarten ja auch jenem Punkt, wo das «Wunder» der Enharmonik einsetzt, und wir, von der zentrifugalen Kraft der Kreuz-Tonarten zur «Peripherie» geführt, in den Richtungsstrom des geistigen Seins-Zustandes hineingehoben werden. Ein Ahnen dieses Hinüberschwebens mag sich bei diesen Tonarten kund tun, wie es so poesievoll im Dichterwort heißt:

> *«Und meine Seele spannte weit ihre Flügel aus,*
> *Flog durch die stillen Lande, als flöge sie nach Haus.»*
> *(Eichendorff, Mondnacht)*

So wird gerade bei diesen hohen Oberdominantsphären die Doppelschichtigkeit des klanglich-quantitativen und tonlich-qualitativen Hörens, das bei den Be-Tonarten im Unterdominantbereich kongruent erscheint, besonders deutlich. Vom Klang her erlebt, verleihen die vielen Hochalterationen diesen rechtsseitig stehenden Kreuztonarten ein Glitzern und Glänzen, das zwar höchste Lichtpotenz bedeutet, aber dem nächtlichen Schimmer der Sterne für ein qualitatives Tonerlebnis näher steht als dem taghellen Sonnenlicht. Man denke etwa an das H-Dur des Johannisnachts-Zaubers mit seinem gold- und silberschimmernden Liniengewirk im zweiten Akt von Wagners «Die Meistersinger von Nürnberg»:

Sommernachtszauber

Qualitativ erlebt bedeutet dies, daß die Helle jener Tonsphären, die sich immer mehr dem Schwellenpunkt Fis/Ges nähern, eine Wandlung zu einem «Licht aus innen» vollzieht. Und welch tiefe Innerlichkeit sich gerade mit diesen Tonarten: E-, H-, Fis-Dur verbindet, wird uns der zweite Teil mit seiner Besprechung der einzelnen Tonarten zeigen.

Wie aber nimmt sich diese «Verinnerlichung» vom Blickpunkt der unendlichen Quintenspirale aus; wie ist es, wenn wir sie nicht zum Quintenkreis schließen, sondern in der zentrifugalen Richtung weiterschreiten: Fis-Dur, Cis-, Gis-, Dis-Dur usw.? Im Prinzip kann sich dabei wohl nichts ändern. Was wir durch die Enharmonik auf der empirischen Klangebene vollziehen, ist ja bloß eine Sichtbarmachung dessen, was auf der geistigen Seinsebene der Töne immer geschieht: ein Weilen in der Weltenastralität. Unterschiedlich ist bloß die «Richtung». Wenn wir in Cis-Dur stehen, haben wir die «Schwelle» auf jeden Fall überschritten und einen neuen Ausgangspunkt für eine neue Werdensrunde gewonnen; gleichsam ein überhöhtes, jenseitiges C-Dur, dessen Strahlen ganz Innerlichkeit ist und das in seiner Dynamik weiter hinaus (zentrifugal) in die Sternenwelt drängt.

In gleicher Weise wäre ein über Ges-Dur hinausgehobenes Ces-Dur ein neues C-Dur, dessen tief-dunkles Leuchten nicht von der Erde her in die Geistsphäre hineingetragen wird, sondern in sich die Quelle selbst birgt, die sich im Irdischen als Licht offenbart. Poesievoll hat das hier Gemeinte Rainer Maria *Rilke* in seinem «Stundenbuch» ausgesprochen:

> «*Du Dunkelheit, aus der ich stamme,*
> *Ich liebe dich mehr als die Flamme,*
> *welche die Welt begrenzt,*
> *indem sie glänzt*
> *für irgend einen Kreis,*
> *aus dem heraus kein Wesen von ihr weiß.*
>
> *Aber die Dunkelheit hält alles an sich:*
> *Gestalten und Flammen, Tiere und mich,*
> *wie sie's errafft,*
> *Menschen und Mächte –*
>
> *Und es kann sein: eine große Kraft*
> *rührt sich in meiner Nachbarschaft.*
>
> *Ich glaube an Nächte.*»

Weniger poetisch könnten wir diese permanente Enharmonik von zentrifugaler und zentripetaler Richtungsweise auch durch die kurze mathematische Feststellung zum Ausdruck bringen, daß «plus» und «minus» unendlich gleich ist: $+\infty = -\infty$. Oder kosmisch begriffen: daß auf der absoluten Ebene des Zodiakus als geschlossener *Kreis* erscheint, was im relativen Geschehen nach zwei divergierenden Richtungen ins Unendliche weist.

Daß sich im musikalischen Erleben die beiden Sphären von Cis- und Ces-Dur tatsächlich schließen und uns zu gleicher Himmelshöhe emporheben, das hat uns

Anton *Bruckner* in den beiden Adagio-Sätzen seiner VII. und VIII. Symphonie offenbart. Das Adagio der «Siebenten» führt uns in seiner Schlußgestaltung aus der tragischen Schwere von cis-Moll in ein Cis-Dur, das in seinem visionären Glanz nur von Frieden und göttlicher Ruhe weiß. Das anfänglich tragische cis-Moll-Thema wird in der Endgestaltung durch immer dünnere und durchsichtigere motivische Höhensymbole aufgelöst, um schließlich – von Tuben und Hörnern getragen – in die Sphärenweiten des gleichnamigen Dur zu entschweben.

Im Adagio der «Achten Symphonie» bildet ein vom vollen Orchester getragener, von Harfen umglänzter Ces-Dur-Akkord den Höhepunkt, der von solch gewaltiger Wirkung ist, *«daß wir den Anblick des Höchsten zu erleben glauben.»*[2] Ein Höhepunktsausbruch, dem unsere Seele im Miterleben kaum standzuhalten vermag. Der Es-Dur-Klang droht in sich selbst unter seiner Spannung zusammenzubrechen, übersteigert sich in den choralartig ansteigenden eigenen Akkordbrechungen, um schließlich wirklich zu zerschellen, und den Blick in die dahinterliegenden Sphärenweiten von Ces-Dur freizugeben:

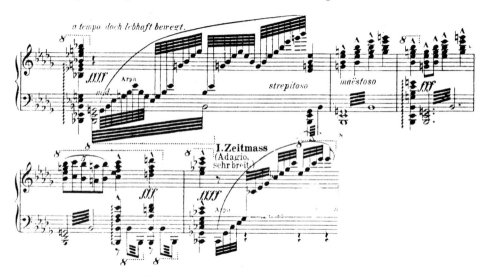

Beide Klänge aber, sowohl das Cis- wie das Ces-Dur, künden von demselben göttlichen Geist, zu dem uns Bruckner führt. Nur die Wege sind verschieden. In der «Siebenten» geleitet er uns den «chymischen» Weg in das Geistige der Natur und des Kosmos. Im Adagio der «Achten» führt er uns den «mystischen» Pfad in die Tiefen der Seele, er zerbricht den «inneren Spiegelbelag», um uns denselben Geist erleben zu lassen, wie er uns in Cis-Dur als der den Kosmos erfüllende begegnet. Bildhaft gesprochen könnten wir sagen: Cis-Dur läßt uns die «chymische», Ces-Dur die «mystische Hochzeit» mit dem Geiste erleben, der sich jedoch in beiden Mysterien als ein und derselbe erweist.

Der Quintenkreis als klingendes Abbild des Zodiakus

Nachdem sich gezeigt hat, daß Erhellung und Eindunkelung durch Alteration kein kontinuierlich mit gleicher Qualität fortschreitender Prozeß ist, der Tonarten-Zirkel vielmehr eine Tag- und Nachtseite aufweist, und der Weg durch die Tonarten analog dem Tageslauf der Sonne, oder noch eindringlicher, ihrem Lauf durch das Jahr entsprechend erlebt werden könnte, steht der Zuordnung der einzelnen Tonarten zu einer bestimmten Tierkreissphäre nichts mehr im Wege. Es gilt dafür allerdings den richtigen Ansatzpunkt zu finden. Daß wir auf musikalischer Ebene von C-Dur auszugehen haben, erscheint nach allen bisherigen Erörterungen zweifelsfrei und bedarf wohl keiner weiteren Begründung. Es kann sich daher lediglich um die Frage handeln, welchem Sternzeichen im Zodiakus die C-Dur-Harmonie zuzuordnen ist. Versuche, von unserem Tonsystem aus eine Brücke zu einem bestimmten Tierkreisort zu schlagen und sie musiktheoretisch zu begründen, sind sowohl von Hermann Pfrogner[1] als auch durch Anny von Lange[2] sowie Hermann Beckh[3] erfolgreich angestellt worden. Wir möchten sie hier nicht wiederholen, zumal unsere Einsicht zu denselben Resultaten kommen wird; eine Einsicht, die sich einerseits auf geisteswissenschaftliche Erkenntnisse, andererseits auf Gegebenheiten stützt, die aus der angewandten praktischen Verwendung der Tonarten durch die großen Meister erfließen.

Ansatzpunkt für die geisteswissenschaftliche Betrachtung ist der Mensch, der in seiner Hauptesbildung ein sehr eindringliches Abbild der Sphären erkennen läßt, aus denen er herab zur Erde gestiegen ist. Ist doch der Embryo zunächst ganz Kopf, während sich Rumpf und Gliedmaßen als bloße «Fortsätze» zeigen, die sich erst allmählich, nach bestimmten zahlenmusikalischen Relationen zum Haupte entwickeln, wie Husemann überzeugend aufgezeigt hat. Das Haupt dagegen trägt der Mensch gleichsam durch seine Geburt herein aus geistigen Welten, in denen er als «Adam Kadmon» eingegliedert war. Und mit seinem im Haupte gebundenen Denken vermag er – zum Mikrokosmos verdichtet und von seiner Haut umschlossen –, zurückzublicken auf sein eigentliches, sein inneres geistig-seelisches Wesen; kann zurückblicken auf eine Zeit, da seine unvergängliche Individualität noch nicht von einem irdischen Leibe umschlossen war. Wir dürfen daher sagen:

«Insofern der Mensch aus seinem Denken, das ans Haupt gebunden ist, sich der Welt gegenüberstellt, nimmt er gewissermaßen das, was im Universum ausgebreitet ist, in sich zurück ... Es ist ein Hereinfassen des Universums, eine Art Zurückblicken auf das Universum. Indem man auf sich selber zurückschaut, findet man das Universum. Da haben wir ... das alleräußerste Verhältnis des Menschen zu dem Universum, aus dem er herausgebaut ist.»[4]

Und wir dürfen diesen Worten Rudolf Steiners noch hinzufügen: es ist ein Zurückblicken auf ein *tönendes* Universum, von dem uns bereits die Formgestalt des Embryos spricht.

Nun gehört es zu uraltem Mysterienwissen, daß sich das Haupt des dem Weltall eingegliederten «Adam Kadmon» im Sternbild des «Widders» findet. Und der «Widder» ist es auch, der dem Erdenmenschen neben seiner Denk- auch seine Aufrichtekraft verleiht, so daß er in seiner Leiblichkeit ein wahrer «Anthropos» – ein zum «Himmel-Blickender» – sein kann. Durch seine Haupteskräfte ist er befähigt, beide Lebensregionen, denen er angehört – Himmel und Erde – zu erfassen und zu verbinden. Deshalb zeigte die alte symbolische Darstellung den springenden Widder auch mit zurückblickendem Haupte. Es sollte dieses Widderbild ja keine naturalistisch-materialistische Abbildung sein; vielmehr kam es auf die Gebärde an, sie war die Hauptsache. Diese zurückschauende Gebärde des Widders sollte das Zurückblicken des Menschen auf sich selbst, auf seine geistige Herkunft aus dem Weltall, versinnbilden. Im Sprung schwingt sich der Widder über die Schwelle, die das Diesseits vom Jenseits trennt; im Haupte aber wahrt er das Wissen um seine wahre Heimat. So kann uns das Widderbild auch Symbol für ein Geboren-Werden sein; für ein Heruntertragen des geistigen Seins zur Erde. Und die Kopfbildung des Embryos ist dafür das lebendigste Zeugnis.

Geboren aber wird im Jahreslauf auch das Licht, wenn die Sonne im Zeichen des Widders steht. Der Punkt des Frühlings-Äquinoktiums ist erreicht, die Herrschaft des «Tages» über die «Nacht» beginnt, der «Durchbruch» des Lichtes ist vollzogen.

Projiziert man nun alle diese esoterischen wie jahreszeitlichen Erkenntnisse auf die Ebene unseres Dur und Moll, dann bietet sich das C-Dur erneut als tonales Klangbild wie von selbst an. Auch mit ihm ist der letzte subdominantische «Schatten» der Be-Tonarten-Region geschwunden; mit C-Dur beginnt der «Kreuzweg» des oberdominantischen Bereiches, seine Lichtkraft zu entfalten. Und in der praktischen Anwendung zeigen uns mannigfaltigste Beispiele der Musikliteratur, daß diese Harmonie von den Meistern nicht allein als eine vom Glanz des irdischen Sonnenlichtes umstrahlte erlebt worden ist, sondern daß sie sehr häufig dort erklingt, wo es sich um den *Durchbruch* des Lichtes, um den Sieg über die Dunkelheit, um das endgültige «Heraustreten» aus dem nächtlichen Bereich handelt. Neben Haydns «Schöpfung» mit ihrem unvergleichlichen C-Dur zu Beginn: «Es werde Licht!», werden uns Beethoven, Weber, Wagner und Bruckner noch wertvollste Zeugnisse dafür liefern.

Und auch die Aufrichtekraft des Widders, das vertikale Hineingestellt-Sein des Menschen zwischen Himmel und Erde wird uns Haydns «Schöpfung» als Widderlicht von C-Dur erleben lassen.

So kann für uns eigentlich kein Zweifel über die Zuordnung bestehen, unabhängig von musiktheoretischen Begründungen: C-Dur, die Grund- und Ausgangstonart unserer Dur-Moll-Tonalität, zu der alle Tonarten des Quintenkreises in Relation stehen, offenbart sich in ihrer Empfindungsqualität des zum siegenden Durchbruch gekommenen Lichtes, mit ihrer Willensintensität, die sie durch den von Marskräften erfüllten Grundton erhält, als die von Widderkräften durchstrahlte Harmonie. Von dieser tönenden Widdersphäre aus beginnt der ober- und unterdominantische Weg durch den Tonartenzirkel; C-Dur steht wie der «Frühlingspunkt» der Sonne in unserem Quintenkreis.

An dieser Stelle muß jedoch noch ein Grundsätzliches festgehalten werden. Wir sprechen ganz bewußt bei unseren Tonartenbeziehungen vom Stern-«*Zeichen*», nicht vom Stern-«*Bild*». Unter den «Zeichen» versteht man zwölf gleiche Abschnitte von 30° der Sonnenbahn, die nur einmal, im Laufe von 25 920 (nach anderen Berechnungen 25 600) Jahren – einem sogenannten «Platonischen Jahr» – mit den Sternbildregionen zusammenfallen. Wie kam es zu jener Zeichen-Einteilung? Als unsere Erde noch nicht jene feste Stofflichkeit gewonnen hatte, sondern die Verdichtung erst bis zum Luft- und Gaselement gediehen war – die Geisteswissenschaft spricht vom alten Sonnenzustand unseres Planeten –, da waren auch die zwölf Sternbilder des Tierkreises noch nicht in sinnliche Sichtbarkeit getreten. Dafür aber gab es zwölf höchste hierarchische Wesen, die uns gewissermaßen als die Mittler des schöpferischen «Weltenwortes», des demiurgischen «Logos», erscheinen und die wir als die zwölf «*Welt-Initiatoren*»[5] des Zodiakus erkennen dürfen. Von diesen zwölf «Welt-Initiatoren» gingen jene Kraftströme aus, die wir heute mit den Tierkreis-*zeichen* verbinden; tönende Weltenkräfte, die einst von den «*zwölf Stimmen der Welt-Initiatoren*» getragen wurden und die «*ursprüngliche Art des unausgesprochenen Weltenwortes*»[5] bedeuteten.

Goethe spricht von einem ähnlichen schöpferischen Vorgang in der «Klassischen Walpurgisnacht» seines Faust-Dramas, wenn er die Sphinxe sagen läßt:

«*Wir hauchen unsre Geistertöne*
Und ihr verkörpert sie alsdann.»[6]

Als die Menschheit noch ihre traumhafte Hellsichtigkeit, ihr archaisches Bilderbewußtsein besaß, da hatte sie den Tierkreis in zwölf gleichen Abschnitten erlebt, und diese mit den Namen Widder, Stier, Krebs usw. bezeichnet. In dieser gleichmäßigen zwölffachen Gliederung haben wir gewissermaßen den Ur-Tierkreis vor uns, dessen Wirkenskräfte jenen der zwölf Welt-Initiatoren, in den jetzigen Erdenzustand transponiert, entsprechen. Von diesem Ur-Tierkreis, der im gewissen Sinne auch dem Jahreslauf der Sonne entspricht, ist der Tierkreis der Stern-*bilder* zu unterscheiden, die von ungleicher Ausdehnung sind, nicht immer 30° umfassen, sondern von 21° bis 43° reichen. Da aber der Jahreslauf im gewissen Sinne der gleichmäßigen Zwölfteilung der «Zeichen» entspricht, so setzt man den «Durchbruch» des Lichtes mit dem Frühlingsbeginn am 21. März als den «Widderpunkt» fest, obwohl heute die Sonne zu diesem Zeitpunkt nicht mehr im Sternbild des Widders, sondern in dem der Fische steht. Aber die geistige Wirkenskraft, die von diesem Jahrespunkt ausgeht, entspricht der kosmischen Widderkraft. Zwischen «Zeichen» und «Bild» könnten wir daher aus unserer Sicht gesehen einen ähnlichen Bezug herstellen wie zwischen Tonwert und Klangort. Und da wir in unserer Betrachtung unseren Blick stets auf den Tonwert richten, so haben wir bei der kosmischen Zuordnung dieser Tonwerte natürlich auch die Urbildlichkeit der «Zeichen» ins Auge zu fassen.

Daß sich die sphärenharmonikale Wirkenskraft des kosmischen Quintenkreises nicht auf einen starren Punkt konzentriert, sondern eine gewisse «Band-breite» aufweist, die jeder «Sphäre» eigen ist, erkannten wir bereits bei den 12 Lü der Chinesen. Nun zeigt uns die graphische Darstellung, daß sich auch jede Ton-art als ein harmonisches «Feld», als tönendes Abbild des Sphärischen offenbart.*

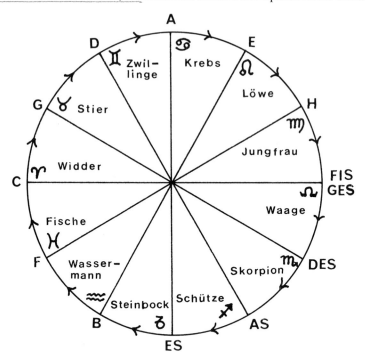

Ist die «Tonika» einer Tonart – harmonisch gedacht – doch stets das Resultat des Zusammen- oder richtiger gesagt: des Gegeneinanderwirkens der beiden Dominanten. Da jede Dominante, wie unsere Untersuchungen zeigten, das har-monische Feld für sich erobern möchte, so ist es augenfällig, daß wir es bei jeder Tonart gleichzeitig mit einem relativen Hereinstrahlen der beiden benachbarten Harmonie-Felder zu tun haben. In die Widdersphäre von C-Dur dringen sowohl Fische-Kräfte als unterdominantische Wirksamkeiten wie auch Stier-Kräfte durch das Sich-geltend-Machen der Oberdominante ein. Dies wird bei der Besprechung der einzelnen Harmonien zu berücksichtigen sein, da es der Aussa-gekraft der Tonart jeweils eine bestimmte Nuance aufprägt.

Zum Abschluß dieses Kapitels sei noch – die bisherigen Ergebnisse zusammen-fassend – eine Nutzanwendung der gewonnenen Erkenntnisse aufgezeigt. Wir wollen einige Themen einander gegenüberstellen, die in der gleichen Tonart ste-hen, und das in ihnen wirkende Wechselspiel zwischen Fixsternsphäre (Tierkreis, Harmonie) und Planetenwelt (Melos) untersuchen.

---

* Wobei wir bewußt – auch in allen folgenden Darstellungen – den Quintenzirkel als bestimmende Richtungsweise nehmen, die über «Stier», «Zwillinge», usw. den oberdominantischen Weg aufzeigt. In astrologischer Sicht würde sich die Anordnung der Zeichen umkehren.

Wir wählen drei Themen in G-Dur, der Tonart, die in unserem Quintenkreis als klingendes Abbild jener sphärenharmonikalen Wirkenskräfte aufscheint, die im Jahreslauf ertönen, wenn die Sonne in das Sternzeichen des «Stieres» tritt. Wir wollen uns an gegenwärtiger Stelle allein mit der Feststellung begnügen, daß zu diesem Zeitpunkt auf Erden «Maienzeit» herrscht, daß dieser Tonart daher etwas Lichtes, Blühendes, von Leben Erfülltes eigen sein wird. Das im «Widder» neu erstandene Sonnenlicht wächst im Zeichen des «Stieres» seiner frühlingshaften Blütenfülle entgegen; eine Wirkenskraft, die auch dieser Tonart den Zauber lenzhaften Sprießens und Blühens verleiht. Daß G-Dur niemals so festgegründet auf der Erde stehen kann wie C-Dur, daß ihr etwas Leichtes, Schwebendes anhaftet, dafür sorgt allein der Grundton dieser Harmonie, das G, dem der Charakter der Quinte wesenseigen ist, und den wir als den Saturnkräften verbunden erkannt haben. Hier ist es nicht die düstere Seite, die uns aus diesem Planetenbereich entgegenweht, sondern die «Oktav-Nähe», d. h. das Ahnen der Geist-Realität, die hinter allem Sinneszauber des neuerwachten Lebens steht. Daß der Quint-Charakter, zwischen Prim und Oktav selbst wie ein Hypomochlion stehend, nie diese Festigkeit und Erdgebundenheit aufweisen kann wie der «absolute» Grundton C, steht außer Zweifel; und allein dieser Umstand, daß der den Quint-Charakter tragende Tonwert g hier Grundton ist, muß dieser Tonart etwas Schwebendes verleihen.

Dazu tritt der «Mondenton» h als Terz. Der «Septimen-Schmerz», den das h als ureigene Wesensqualität in sich trägt, wird durch die Terz-Stellung noch stärker verinnerlicht und gibt dieser «Maientonart» jenen zarten Hauch der Wehmut, die sich in der Menschenseele zu dieser Jahreszeit immer als die unbestimmte Sehnsucht eines «Fernwehs» geltend macht.

Und schließlich ist es die Quinte d, der Merkurton mit seiner Sekund-Dynamik, die den Dreiklang abrundet und jenen Drang in die Ferne noch intensiviert. So läßt sich dieser drängend-schwebende, aber doch sehr gefühlsbetonte G-Dur-Klang als Repräsentant sphärenharmonikalen Geschehens sehr treffend mit Worten Rudolf Steiners aus dem «Seelenkalender» charakterisieren, die uns wie ein Meditationsinhalt über den Empfindungsgehalt dieser Tonart anmuten:

> «Im Lichte, das aus Geistestiefen
> Im Raume fruchtbar webend
> Der Götter Schaffen offenbart:
> In ihm erscheint der Seele Wesen
> Geweitet zu dem Weltensein
> Und auferstanden
> Aus enger Selbstheit Innenmacht.»[7]

Gleich der erste Vers spricht die Saturnkräfte des von der Quint-Schwelle erfüllten Grundtones g an: *«Im Lichte, das aus Geistestiefen ...»* Der zweite Vers: *«Im Raume fruchtbar webend»* zeigt die Funktion des Tonwertes d mit den strömenden Bewegungskräften Merkurs auf, während das *«Geweitet-Sein»* der Seele zum *«Weltensein»* von der Sehnsucht der «Monden-Terz» h spricht.

Von dieser kurzen allgemeinen Charakteristik der G-Dur-Harmonie blicken

101

wir nun auf einige melodische Gestaltungen, wie sie ihr durch die Meister gegeben wurden.

W. A. Mozart: Trio aus der Symphonie in g-moll, Köch.V. 550

In der ersten Themenhälfte, deren Viertakter durch eine melodische Fortspinnung eine Erweiterung zu sechs Takten erfährt, weht der «Atem»: Tonika-Dominante. Durch dieses Aufleuchten der V. Stufe öffnet sich die Harmonie für einen Augenblick dem Glanz von D-Dur, d.h. der benachbarten «Zwillingssphäre», und intensiviert die Lichtkraft der G-Dur-Harmonie. Verstärkt wird diese Überhellung dadurch, daß bei der erwähnten Erweiterung zu sechs Takten in Takt 5 der Sonnenton a melodisch umspielt wird und zusätzliche Leuchtkraft verleiht. Der Nachsatz der Periode zeigt sowohl melodisch wie harmonisch eine weitere Steigerung zum Licht. Melodisch, indem der Terzen-Anstieg, der im Vordersatz nur die Quinte d des Dreiklanges erreichte, nunmehr zur Terz als «Dezime» emporsteigt (bezogen auf den Ausgangston g); harmonisch, weil die Hinwendung zur Dominante jetzt eine viel ausgeprägtere ist als im Vordersatz. Der Dreiklang der V. Stufe begnügt sich hier nämlich nicht allein mit seinem eigenen Aufleuchten, er gewinnt gewisse Selbständigkeit, indem er sich mit seiner eigenen Dominante: a–cis–e umgibt. Diese «Dominante der Dominante» wird in der Harmonielehre als «Wechseldominante» bezeichnet und ist in Wahrheit die II. Stufe der Tonart, die durch eine Hochalteration ihrer Terz künstlich zu einer Dominante erhoben wird. Die leitereigene II. Stufe von G-Dur heißt a–c–e und stellt einen Moll-Dreiklang dar, der niemals die Funktion einer Dominante erfüllen könnte, weil seiner kleinen Terz die Leittonspannung fehlt. Wenn jedoch die Terz c zu cis erhöht wird, tritt diese Spannung dem Tonwert d gegenüber auf, und der Dreiklang a–cis–e wird zur Dominante des Dreiklangs d–fis–a. Denn in D-Dur heißt der Dreiklang der V. Stufe a–cis–e.

Nun bedenke man aber, was sich hier qualitativ vollzogen hat. A–c–e ist der Dreiklang der II. Stufe, und diese haben wir als Vertreterin der Subdominante (IV.) erkannt. Durch diese künstliche Erhöhung ihrer Terz wird sie zur Dominante der Oberdominante und steht mit ihrem Grundton a – harmonisch gesehen – um zwei Quintintervalle über dem Grundton unserer G-Dur-Harmonie. Welche Intensivierung für den Sonnenton a, der sich bereits im Ausklingen des Vordersatzes (Takt 5) mit seinem Licht bemerkbar machte. Und welche Überhellung der gesamten G-Dur-Harmonie, wenn die Periode am Ende zur Dominante d–fis–a emporgehoben wird und im hintergründigen Glanz der Zwillingssphäre (D-Dur) zum Abschluß kommt. Wie stark wird durch diese wechseldominantische Auskomponierung aber auch der Merkurton d betont, der im Ambitus des Melos den Gipfelpunkt darstellt, Ziel seiner ihm innewohnenden Dynamik; denn in der Zwillingssphäre von D-Dur wird dieser Merkurton ja zum Grundton. Der mächtige Zug empor zum Licht ist an diesem Thema nicht zu überhören.

Einen gänzlich anderen Stimmungsgehalt erhält unser G-Dur durch Franz Schubert.

FRANZ SCHUBERT: Phantasie-Sonate op. 78

Hier trägt nicht der Sonnenton a, sondern der Mondenton h den melodischen Akzent und prägt mit seiner Septim-Sehnsucht die Stimmung des Themas. Der Sonnenton a wird hier nur im Durchgang berührt, er kann sich nicht durchsetzen, geschweige denn zum Grundton der Wechseldominante werden. Nur mit Mühe atmet das Melos im zweiten Takt zur Dominante aus; im ersten Takt wird sie gleichsam als Nebennoten-Akkord wohl angedeutet, durch die im Baß orgelpunktartig ruhende Quinte auf g ihrer Aufhellung jedoch weitgehendst beraubt.

So ist auch der melodische Aufstieg zur Quinte d im zweiten Takt mehr aus dieser zur Terz verinnerlichten Septim-Sehnsucht zu verstehen denn aus einem wirklichen Sich-Emporheben in den Oberdominant-Bereich. Der dritte Takt, der das Thema auf dem Jupiterton e ansetzt, verstärkt wohl durch die ihm zuteil werdende Sexten-Qualität diese Sehnsucht zum Licht, jedoch wird er harmonisch vom Dreiklang der Unterdominante getragen, und diese plagale Wendung hüllt, trotz der Grundfeste von c, mehr ein, als daß sie ausstrahlen läßt. Die Rückkehr zum Dominantklang d–fis–a bedeutet nur ein neuerliches Eintreten in den Bereich der ersten Stufe, kein Sich-empor-Heben zur Harmonie der V. Stufe.

Wehmut der Resignation erfüllt diese Thematik, und dieser Stimmung entsprechend, führt uns der Nachsatz auch zur sechsten Stufe von G-Dur, zum Dreiklang e–g–h, den wir als Vertreter der ersten Stufe, der Tonika, ausgewiesen sahen: d. h., daß das Thema eigentlich die ganze Periode hindurch in seinem Tonika-Bereich verhaftet bleibt, ein wirklicher Aufschwung zur Dominante ist nicht gegeben.

Und wie leidvoll auch im weiteren Fortgang (Takt 7) die Abdunkelung des Venus-Tones fis zu f, die ja den Verlust der Leittonspannung zu g bedeutet. Die Lebensstimmung von Schuberts «Wanderer» erfüllt mit ihrer Septimen-Mondensehnsucht das ganze Thema: *«Dort, wo du nicht bist, dort ist das Glück!»*

LUDWIG V. BEETHOVEN: Klavierkonzert G-Dur, Op. 58

Es ist äußerst aufschlußreich, diesem Schubert-Thema das Kopfthema des ersten Satzes von Beethovens Klavierkonzert in G-Dur zur Seite zu stellen. Auch dieses Thema ist ganz harmonisch betont und zeigt ebenso eine starke Terz-Akzentuierung, d. h. ein Hervortreten des Mondentones h wie das Schubert-Beispiel. Aber wie ganz anders die Entwicklung. Der Sonnenton a wird nicht bloß als Nebennote kurz gestreift, sondern erfährt ein fast gleichwertiges Schwergewicht wie das h. Nach Rückkehr in die Terz erfolgt ein synkopierter, durch ein Sforzato zusätzlich betonter Schritt nach c – dem Mars-Ton. Zwar wird auch er, wie bei Schubert, subdominantisch getragen: a–c–e; es ist der Dreiklang der zweiten

Stufe von G-Dur, die vertretende Nebenstufe der IV., aber es ist merkwürdig: macht es die Synkope, die so willensbetont in den Mars-Ton c führt, daß diese Wendung zur Subdominante kein «Einhüllen» bedeutet wie bei Schubert, oder ist es die starke melodische Akzentuierung des Sonnentones a im zweiten Takt, die uns sein Lichtelement im Baßton a nachklingen läßt? Statt «Einhüllung» erlebt man hier die Subdominante als einen bewußten Schritt heraus aus dem Tonika-Bereich. Und der vierte Takt mit seiner klaren Hinwendung zum D-Dur-Klang der Oberdominante – verstärkt durch einen die ganze Skala durchlaufenden Zweiunddreißigstel-Aufschwung – bestätigt nur zu eindringlich dieses Bestreben, sich aus dem Tonikabereich zu lösen. Man werde sich dabei der Melodik der Planetentöne ganz bewußt. Ein gewisses Verweilen auf dem Mars-Ton c, dann ein Schreiten über den Sonnen-Ton a zur «Venus» fis, und von dort schließlich ein jauchzender Anlauf zur «Merkur-Quinte» d, sieghaft die «Zwillings-Übersteigerung» schon ahnen lassend.

Hier haben wir die Unterschiedlichkeit des Wesens von Beethoven und Schubert im Kern vor uns liegen. Und wir sehen, auch Stilfragen lassen sich aus dieser kosmischen Sicht beleuchten. Denn sie zeigt uns eigentlich erst den Geistgehalt auf, durch den sich eine Kadenz Schuberts von einer Mozarts oder Beethovens unterscheidet, obwohl es immer die gleichen Töne sind, die gleichen Intervalle. Es genügt nicht, nur äußerlich mit den Begriffen «klassisch» und «romantisch» zu operieren. Denn diese sind schon ein Sekundäres, eine Folge. Warum empfinden wir ein Stück klassisch, das andere romantisch in seinem Stimmungsgehalt? Es ist ja die Art, wie ein Geistgehalt zum Ausdruck gebracht wird, die uns veranlaßt, in diesem oder jenem Sinn zu charakterisieren. Die Wurzel dieses Ausdrucks aber liegt im tönend-geistigen Geschehen, nicht im Klangereignis.

Probleme und Aspekte der Moll-Tonarten

Die Molltonart ist im Vergleich zu Dur ein viel komplexeres, zugleich auch problematischeres Gebilde. Ein wesentlicher Faktor für diese Problematik liegt darin, daß sich die Moll-Skala nicht mit gleicher Selbstverständlichkeit auf der empirischen Klangebene greifen läßt wie das Dur. Der Dur-Dreiklang findet sich, wie bereits ausgeführt wurde, in der sogenannten Oberton- oder Naturtonreihe, weshalb man ihn auch als Naturklang bezeichnet. Leider ist dies mit der Mollkonsonanz nicht in gleicher Weise der Fall. Die Vertreter einer dualistischen Betrachtungsweise, wie etwa Riemann oder Oettingen, die das Moll als polaren Gegensatz zu Dur erkennen wollten, bezogen die Mollkonsonanz daher auf eine «Untertonreihe», die sich als Spiegelbild zur Obertonreihe ergeben würde.

Das Dilemma, in das die Vertreter der Untertonreihe jedoch zu ihrer Zeit gerieten, war, daß sie die Effektivität einer solchen Reihe nicht nachweisen konnten und ihre Erklärung des Moll daher die längste Zeit Hypothese bleiben mußte, bis es der modernen Akustik mit ihren verfeinerten elektronischen Geräten gelang, die Existenz einer solchen Untertonreihe tatsächlich aufzuzeigen und damit die Dualität von Dur und Moll auch auf empirischem Felde zu sichern. Für unsere Sicht freilich ist dieser an sich sehr erfreuliche Nachweis jedoch ein Sekundäres, da in unserer Perspektive das Dur weder durch die Obertonreihe noch das Moll aus derem Spiegelbild, der Untertonreihe, gerechtfertigt wird. Vielmehr kehrt sich die Sache um: Ober- und Untertöne sind für uns von Interesse, weil sie eine im ätherisch-tönenden Bereich sich abspielende Realität materiell-klanglich zu bedeutsamer Erscheinung bringen. Unsere Auffassung korrespondiert daher mit all jenen Theoretikern, die der Meinung sind, daß es sich in erster Linie um ein rein metaphysisches Problem handle, «welchen Zusammenhang bestimmte musikalische Formen mit bestimmten akustischen Formen haben.»[1] Man kann nicht oft genug auf die irrige Meinung verweisen, die glaubt, aus akustischen Erscheinungen Konsequenzen für die Musik ziehen zu können. Musikalische Phänomene können mit akustischen Gesetzmäßigkeiten übereinstimmen, müssen es aber nicht. Natürlich ist es erfreulich, wenn die Sinnes-Wissenschaft einen Gleichklang mit den Erkenntnissen der Geisteswissenschaft aufzeigt. So erscheint es auch äußerst wertvoll, daß Willfried Krüger im Sphären-Mantel des

Sauerstoff-Atoms die melodische Molltonleiter feststellen konnte. Denn für den nur auf die Sinneswelt blickenden Forscher muß dies ein Beweis sein für die objektive Geltung der Polarität von Dur und Moll. Eine Gesetzmäßigkeit, von der Rudolf Steiner jedoch lange vor dieser Entdeckung gesprochen hat:

«Und wir können zurückschauen auf ein irdisches, von den Menschen wirklich erlebtes Zeitalter, in dem sozusagen hinausprojiziert war in das Weltenall dasjenige, was der Mensch heute erlebt bei Dur und Moll. Was er heute innerlich erlebt, es war hinausprojiziert in das Weltenall. Was ihn heute durchwellt in seinem Gemüte, in seiner Empfindung, das vernahm er in Entrückung von seinem physischen Leibe als Erlebnis der Götter draußen. Was wir heute als innerliches Durerlebnis charakterisieren müßten, nahm er in der Entrückung von seinem Leibe draußen als den kosmischen Jubelgesang, als die kosmische Jubelmusik der Götter wie den Ausdruck der Freude über ihr Weltschaffen wahr. Und was wir heute als innerliche Mollerlebnisse haben, nahm einstmals der Mensch in der lemurischen Zeit als die ungeheure Klage der Götter wahr über die Möglichkeit, daß die Menschen verfallen können in das, was dann in der biblischen Geschichte als der Sündenfall, als der Abfall von den göttlich-geistigen Mächten, von den guten Mächten, geschildert worden ist.» [2]

Freude ist ein Weitungsprozeß der Seele, Schmerz eine Kontraktion in sich selbst. Ihr erklingendes Abbild finden beide in der inneren Dynamik des großen bzw. kleinen Terzintervalls. In der Leittonspannung der großen Terz trat uns das Drängen zur Peripherie – die Weitungstendenz – bereits mehrfach entgegen. Die kleine Terz dagegen birgt den gegensätzlichen Zug: den Drang zum «Mittelpunkt», d.h. zur Sekund, zum letztlichen Aufgehen in der Prim, ihrem eigenen Grundton:

Auf welche Ebene des musikalischen Geschehens wir auch blicken, überall zeigt sich dieser Wechselbezug von «Diastole» (Erweiterung) und «Systole» (Zusammenziehung) als rhythmischer Bewegungszug: im Intervall-Bereich als große und kleine Terz, auf akkordlicher Ebene als Dur und Moll und im Quintenkreis in der zentrifugalen bzw. zentripetalen Dynamik der Kreuz- und Be-Tonarten. Es ist der Atemrhythmus des Lebens schlechthin und der Atemrhythmus des menschlichen Ich, der sich hier offenbart. Goethe hat dies im «West-östlichen Divan» beschrieben:

> *«Im Atemholen sind zweierlei Gnaden:*
> *Die Luft einziehen, sich ihrer entladen;*
> *Jenes bedrängt, dieses erfrischt;*
> *So wunderbar ist das Leben gemischt.*
> *Du danke Gott, wenn er dich preßt,*
> *Und dank' ihm, wenn er dich wieder entläßt.»*

Werfen wir den Blick auf diese Atmungstätigkeit des Organismus, dann zeigt uns eine okkulte Physiologie, daß bei diesem Vorgang Äther- und Astralleib wesentlich beteiligt sind:

«Mit dem astralischen Leib atmen wir ein, mit dem Ätherleib schaffen wir die Atmungsluft wieder heraus, so daß also in Wahrheit eine rhythmische Wechselwirkung stattfindet zwischen astralischem Leib und Ätherleib. Und nun leben also die einzelnen Menschentypen gewissermaßen so, daß bei dem einen Menschentypus beim Aufschlagen des astralischen Leibes auf den Ätherleib eine Art von Wollust, bei dem anderen Menschen, beim Zurückschlagen des Ätherleibes auf den astralischen Leib, eine Art Erleichterung, ein ins Sanguinische Übergehendes, das Sanguinische Erleben des stattfindet.»[3]

Hier zeigt sich wieder die Polarität. Der Einatmungsvorgang, bei dem der Astralleib auf den Ätherleib aufschlägt und somit einen Verdichtungsprozeß auslöst, drückt sich als musikalische Stimmung in Moll aus, *«während umgekehrt die Dur-Tonleitern darauf beruhen, daß ein Wohlgefühl da ist beim Zurückschlagen des Ätherleibes nach dem astralischen Leib, oder eben ein gewisses Erhebungsgefühl ein Erleichterungsgefühl, ein Schwunggefühl vorhanden ist beim Zurückschlagen des Ätherleibes nach dem astralischen Leib.»[3]*

Armin Husemann hat dies ins Physiologisch-Organische hinein verfolgt, und den Ein- und Ausstrom des Blutes im Herzen untersucht:

«Der Einstrom erfolgt durch 5 Klappensegel – das ist die Summe der Segel von Tricuspidal- und Mitralklappe. – Das ausströmende Blut verläßt das Herz, indem es in 6 Segeln vorbeistreicht (Summe der Segel von Aorten- und Pulmonalklappe). Zwischen dem Einstrom, welcher 5, und dem Ausstrom, der 6 Segel bewegt, erfolgt die Richtungsumkehr, liegt der Umschlag von Diastole und Systole, erfährt das Blut den Widerstand in der Herzspitze. Auf das Monochord übertragen, erklingt der Wechsel von 5:6 als Moll-Terz.»[4]

Blicken wir dagegen auf das Verhältnis von Blut- und Luftbewegung in der Lunge, d. h. auf den *«Ventilations-Perfusions-Quotienten»*, der uns die Atemluftmenge angibt, die pro Minute mit dem Blut in Wechselwirkung tritt (Ventilationsvolumen), zeigt sich, daß diese mit der Blutmenge, die pro Minute mit der Luft sich austauscht (Perfusionsvolumen), *«beim Gesunden im Verhältnis 4:5»* steht. *«Es werden also im Verhältnis immer 4 Liter Luft von 5 Liter Blut in einer bestimmten Zeiteinheit umströmt.»[4]* Der Astralleib reguliert die Atmung somit im Intervallverhältnis einer Dur-Terz. Der Umschlag zur Moll-Terz-Proportion erfolgt zwischen dem Ein- und Ausströmen des Blutes durch den Widerstand in der Herzspitze.

«Es findet im mittleren Menschen ein dauernder Kampf zwischen den Dur- und Moll-Kräften statt. In der Lunge, dem Luftorgan, hat der Astralleib die Oberhand. Im Herzen, dem Muskel, überwiegt der Ätherleib.»[4]

Doch auch im Wachen und Schlafen, im Bei-sich-Sein und Außer-sich-Sein atmet das Geistig-Seelische des Menschen sich aus und ein. Und hier stoßen wir auf die beiden Urrhythmen alles Werdens auf der Erdenwelt: auf den uns bereits bekannten Wechselbezug von Exkarnation und Inkarnation. Kein Zweifel also, daß der Moll-Skala gleiche Objektivität zukommen muß wie dem Dur. Kein Zweifel auch, daß Ernst Kurth recht hat, wenn er behauptet, der Dualismus von

Dur und Moll sei in Wahrheit kein klanglicher, sondern ein «energetischer»; ja mehr noch: er ist ein kosmisch-geistiger.

Mit dieser Erkenntnis müßten wir eigentlich aller Schwierigkeiten enthoben scheinen, wenn – ja wenn in der Praxis unseres Musizierens dieses Moll als energetischer Gegenpol zu Dur, also als dessen dynamisches Spiegelbild tatsächlich Verwendung fände. Dies ist aber nicht der Fall. Und warum nicht?

Wir haben in einem der vorangegangenen Kapitel bereits erkannt, daß die reine Spiegelung von C-Dur nach abwärts eine Tonfolge ergibt, die sich zwar als reines Spiegelbild von Dur ausweist, als selbständige Skala jedoch nach aufwärts durchschritten, uns mit ihrem Halbtonschritt von der I. zur II. Stufe gewiß nicht glücklich machen kann. Da ihm nämlich jegliche Leitton-Legitimation fehlt, muß er der Dynamik einer ansteigenden Stufenfolge nur hemmend entgegenwirken:

$$c-des-es-f-g-as-b—C-d-e-f-g-a-h-c$$

Sehen wir davon ab, daß diese Tonfolge, würden wir f als Ausgangston nehmen, das aeolische f-Moll ergäbe. Wir nehmen vielmehr das c zum Ausgangston, wie es das Schema zeigt und akzeptieren auch, daß dieses solcherart gespiegelte Moll die Halbtonschritte von der I. zur II. und von der V. zur VI. Stufe aufweist. Wir kommen damit aber in ein zweifaches Dilemma. Das erste zeigt sich gleich bei dem Versuch, die sieben *diatonischen* Töne nach dieser Stufenfolge zu ordnen, wie dies unser C-Dur von selbst angeboten hatte. Um den Halbtonschritt von der I. zur II. Stufe zu wahren, müßten wir die Leiter auf h oder e aufbauen. Der Versuch, von h auszugehen, schlägt jedoch gänzlich fehl, denn dies zöge den zweiten Halbtonschritt von der IV. zur V. Stufe nach sich, was der reinen Dur-Spiegelung nicht gerecht würde. h–c–d–e–f–g–a–h. Um dem zu entgehen, müßten wir das f zu fis erhöhen, was uns zwar den richtigen Halbtonschritt einbrächte, uns jedoch aus der reinen Diatonik in die Chromatik führen würde. Erfolgversprechender scheint es, den alten phrygischen Kirchenton als Vorbild zu nehmen und von e auszugehen: e–f–g–a–h–c–d–e. Hier erhalten wir ein getreues, diatonisches Ebenbild unserer Spiegelungs-Skala. Doch sehen wir uns dafür mit dem zweiten «Notstand» konfrontiert, der selbstverständlich auch dem gespiegelten Original anhaftet: mit dem Tritonus!

Wir haben ja erkannt, daß der Tritonus es ist, der die Tonart fixiert. In unserem Falle ergäbe die V. Stufe den verminderten Dreiklang h–d–f; dieser Akkord, der beide Tritonustöne in sich birgt, führt jedoch eindeutig nach C-Dur, wie bereits gezeigt wurde:

Derselbe Versuch bei der Grundgestalt der Spiegelungs-Skala angestellt, führt demnach ebenfalls in eine Dur-Terz, die sich auf der kleinen Sexte zum Ausgangston c aufbaut: as–c: As-Dur!

Dieser Weg ist also nicht zielführend, da er uns den Tritonus nicht liefert, der für die Leiterfolge ein geeigneter «Steckbrief» wäre, wie es Pfrogner einmal formuliert hat. Mit dem reinen Spiegelbild von Dur kommen wir auf der empirischen Klangebene offenbar nicht zurecht. Versuchen wir daher einen anderen Weg einzuschlagen.

Die Akkordierung der Nebenstufen in Dur hat uns gezeigt, daß der Dreiklang der VI. Stufe: a–c–e in C-Dur der einzige ist, den wir als nebenstuflichen Vertreter der Tonika ansprechen können, da er keinen Tritonuston enthält, der uns in eine der beiden Dominanten führen würde; wohl aber trägt er die große Terz des Tonikadreiklanges in sich: c–e. Wir werden also durch diesen Dreiklang der VI. Stufe in C-Dur nach a-Moll gewiesen. Und hier macht sich noch ein zweiter Umstand geltend, der wesentlich erscheinen muß. Der a-Moll-Dreiklang ist zwar nicht das «Spiegelbild» des C-Dur-Klanges, dies wäre der f-Moll-Klang: f–as–c:

$$f \quad - \quad as \quad - \quad C \quad - \quad e \quad - \quad g$$

$$\underset{\longleftarrow}{kl.\,3 \qquad gr.\,3} \;\Big|\; \underset{\longrightarrow}{gr.\,3 \qquad kl.\,3}$$

Der a-Moll-Klang präsentiert sich uns aber als «Umkehrung» des Tonika-Dreiklangs. Was bei letzterem ein großes Terz-Intervall ist, wird ein kleines und umgekehrt:

$$c \quad - \quad e \quad - \quad g \quad / \quad a \quad - \quad c \quad - \quad e$$

$$gr.\,3 \quad kl.\,3 \qquad\qquad kl.\,3 \quad gr.\,3$$

Wir können diese Umkehrung als einen Annäherungswert zur Spiegelung verstehen; und wie groß dieser Annäherungswert tatsächlich ist, zeigt ein weiteres Phänomen. Gehe ich nämlich von der Umkehrung aus und verfolge dieses a-Moll von e aus nach abwärts, erhalte ich die reine C-Dur-Folge mit den Halbtönen zwischen der III. und IV. sowie der VII. und VIII. Stufe: e–d–c–h–a–g–f–e. Das heißt, ich stoße wieder auf die vorhin ins Auge gefaßte phrygische Leiterfolge, allerdings mit der Erkenntnis, daß sich durch die Umkehrung die Tonika in der Dominante, die Dominante in der Tonika spiegelt: a––e. Damit aber ist ein wesentlicher *harmonischer* Spiegelungseffekt sichtbar geworden.

All diese Eigenschaften aber machen deutlich, daß ein intensiver Konnex zwischen der Durtonart und der leitereigenen, auf ihrer VI. Stufe aufgebauten Skala, die durchaus Moll-Charakter aufweist, bestehen muß. Die Harmonielehre unterstreicht diesen Zusammenhang, indem sie von der «Moll-Parallele» spricht, und diese rein aus den sieben diatonischen Tönen aufgebaute Folge als «aeolisches Moll» – ein Rückbezug zum alten Kirchenton – bezeichnet.

Die Vorzeichen-Gleichheit mit Dur ist gegeben, der intime Stufenzusammenhang (I–VI) ist ausgewiesen, der «Tritonus-Steckbrief» weist nach C-Dur – alles

Kriterien, die uns erkennen lassen, daß tatsächlich ein optimaler Annäherungswert an das «Spiegelbild» gefunden ist, und wir in dieser «Vorzeichen-Parallele» ein brauchbares Moll gefunden haben.

Nur eines fehlt!: die diesem Moll *wesenseigene* Leitton-Verklammerung, die uns durch einen Tritonus-Reiz zwingend zur Moll-Tonika a–c–e hinführt. Denn der ihr leitereigene Tritonus h–f beschwört einzig die große Terz c–e herauf und fixiert die Tonika der Dur-Parallele: C.

Es hilft nichts! Wenn wir diese Leitton-Umklammerung erzielen wollen, müssen wir den «diabolus in musica» herbeirufen, daß er künstlich schafft, was dem ruhigen, natürlichen Lauf dieser Moll-Skala fehlt: den Leittonschritt von der VII. zur VIII. Stufe: a–h–c–d–e–f–GIS–a. Damit ist jener Tritonus gewonnen, der uns die Tonika eindeutig herbeiführt: d–gis.

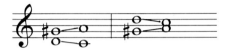

Doch welchen Kaufpreis mußten wir dafür bezahlen. Die Ausgewogenheit unserer Leiterstruktur ist restlos korrumpiert. Nicht nur, daß sie plötzlich *drei* Halbtonschritte aufweist: II.–III., V.–VI. und VII.–VIII., ergibt der Schritt von der VI. zur VII. Stufe (f–gis) eine übermäßige Sekunde. Welch ein Störfaktor innerhalb des von der Natur so ausgeglichen dargereichten Leiterkomplexes, der nur Ganz- und Halbtonschritte kennt. Wohl kann uns dadurch aber die harmonische Durchdringung des Leiter-Melos bewußt werden, denn der Dreiklang der V. Mollstufe heißt jetzt: e–gis–h und erweist sich als echte Dominante. Ein Umstand, warum man diesem Skalenablauf den Namen «harmonisches Moll» gegeben hat.

Wie sagt Faust, als er um eine ihm richtig erscheinende Übersetzung des Johannes-Prologs ringt?:

> *«Mir hilft der Geist! auf einmal seh' ich Rat*
> *Und schreibe getrost: im Anfang war die Tat!»*

Auch wir sehen Rat, zu dem uns – ähnlich wie bei Faust – der nun einmal herbeigerufene «diabolus» zwingt: nämlich auch den VI. Ton künstlich zu erhöhen und damit den Fluß von Ganz- und Halbtonschritten im Leitermelos wieder herzustellen: a–h–c–d–e–fis–gis–a. Allerdings haben wir uns durch diese «Tat» nicht nur der reinen Diatonik begeben, es ist dadurch auch der dem Moll eigene Halbtonschritt von der V. zur VI. Stufe verlorengegangen, und dieses solcherart gewonnene «melodische Moll» erweist sich als ein merkwürdiges Zwittergebilde: als eine Skala, die, würden wir uns entschließen, auch noch die III. Stufe künstlich zu erhöhen und das c in cis zu verwandeln, eine klare Dur-Folge, nämlich A-Dur, die *gleichnamige* Dur-Tonart zu a-Moll ergäbe. Auf dieses Ineinanderwirken von zwei Dur-Sphären in unserem Moll hat bereits H. Helmholtz aufmerksam gemacht. Über die gleichnamigen Leitern von C-Dur und c-Moll sagt er:

«Im Mollakkord c–es–g ist g ein Bestandteil des C-Klanges (= c–e–g) und des Es-Klanges (= es–g–b). Weder Es noch C kommt in einem der beiden anderen Klänge vor. Es ist also g jedenfalls ein abhängiger Ton. Dagegen kann man den genannten Mollakkord einmal als einen C-Klang betrachten, dem der fremde Ton Es hinzugefügt ist, oder als einen Es-Klang, dem der Ton C hinzugefügt ist. Beide Fälle kommen vor. Es ist aber die erstere Deutung die gewöhnliche und vorwiegende.»[5]

Dieses Gemisch von Dur- und Mollstruktur hat manche Theoretiker den Dualismus überhaupt verneinen lassen, und Moll im monistischen Sinne lediglich als ein «verwässertes», richtiger wäre: ein «ver-molltes» Dur bezeichnen lassen. Eine Auffassung, der wir nicht beipflichten können, weil sie ihre Sicht allein von der Klangebene bezieht. Die Dualität von Dur und Moll ist aber auf tonsystemlicher Ebene eine Realität, die sich im *«energetischen»* Sinne auf dem Ätherplan manifestiert. Monistisch mag das zwitterhafte Erscheinungsbild in der klanglichen Realisierung anmuten, wenn man bloß diese empirische Ebene im Auge hat. Daß dies jedoch zu eng gedacht ist, haben die Annäherungswerte an das Spiegelbild aufgezeigt, welche das aeolische Moll in sich birgt. Deshalb werden wir in unserer gesonderten Betrachtung im zweiten Teil die Molltonarten jeweils mit jener Tierkreissphäre verbinden, der ihre Vorzeichen-gleiche Dur-Tonart angehört. Allerdings wird der Umstand stets zu berücksichtigen sein, daß in dieser Mollparalle gleichzeitig die kosmische Sphäre ihrer gleich-*namigen* Dur-Tonart hereinwirkt. Gerade dadurch wird aber das Moll ein noch umfänglicherer Komplex und mag mitunter «interessanter» und «spannungsgeladener» erscheinen als die «Natur-Tonart», das Dur. Die Reizwirkungen der «Tritoni» sind in Moll durch ihr doppeltes Auftreten intensiviert und verleihen ihm nicht selten aufregende dramatische Züge, die das Dur in seiner Art nicht zu geben hat.

Akróasis – das Universum tönt! Alle harmonischen und melodischen Deduktionen haben im *«Ton»*, im sphärenharmonikalen Sein des Ätherisch-Astralen ihren Anfang und Ursprung. Im Zauber des erklingenden Tones, in der Musik, als der die menschliche Seele zutiefst ergreifenden Kunst, finden Denken und Fühlen, die heute oft so leidvoll auseinanderklaffen, wieder zusammen und lassen uns die Einheit von Welt, Erde und Mensch neu erleben. Dieser Einheit soll die nun folgende Betrachtung der einzelnen Tonarten dienen.

ZWEITER TEIL

Die Tonarten
in ihrem kosmischen Gehalt
und klanglichen
Erscheinungsbild

Einleitung

Die Ausführungen des allgemeinen Teiles haben uns erkennen lassen, daß wir in den sieben Planeten unseres Sonnensystems eine Art siebenstufige Vermittlungsskala erblicken dürfen für die Totalität der Tierkreiskräfte. Um dieses kosmische Geschehen in einer geistgemäßen Bewegungskunst im Raume sichtbar zu machen, hat Rudolf *Steiner* der von ihm inaugurierten *Eurythmie* die «Zwölf Stimmungen» gegeben. Darin wird diese Vermittlerfunktion solcherart zum Ausdruck gebracht, daß alle sieben Planeten jeweils in eine Tierkreissphäre gestellt werden und sie aus diesem kosmischen Bereich zu uns sprechen. Aus ihren Worten tönt uns der Geistgehalt der entsprechenden Sphäre des Zodiakus entgegen. Es handelt sich also um zwölf Strophen zu je sieben Zeilen, in denen mit allen Einzelheiten festgehalten ist, was sich aus der betreffenden Tierkreisstrahlung heraus offenbaren will. In gleichem Sinne, wie sich unsere siebenstufige Tonleiter auf einen der zwölf Grundtöne stellt und die einzelnen Tonwerte dadurch neue Spannungsqualitäten erhalten, so stellt Rudolf Steiner alle sieben Planeten in einen Abschnitt des Tierkreises und offenbart uns durch das Wort das Zusammenwirken von Planetenkräften und Tierkreiswirksamkeiten. Was er damit aufzeigen möchte sind *«die gesetzmäßigen Zusammenhänge einer geistigen Welt, die ihre Offenbarung im Menschen ebenso hat wie im Kosmos.»*[1] Dabei geht es nicht darum, Menschengesetze aus Sternen-Konstellationen abzuleiten, sondern daß aus dem Geiste heraus sowohl Menschengesetze wie Naturgesetze gesucht wie gefunden werden. Der Kosmos, wie er uns als unser Sonnensystem vorliegt, ist angesichts der unübersehbaren Sternenweiten *«nur ein Spezialfall»*[1] innerhalb der Gesamtschöpfung:

«Im Urbeginne war das Wort, und das Wort war bei Gott, und ein Göttliches war das Wort.» (Joh. I,1)

Im Kosmos erblicken wir dieses Schöpferwort als ein «Gewordenes», wir erblicken es in seiner «Ruhe» im Tierkreis, und in seiner Bewegung in den Wandelsternen.

Wenn wir in unserer Tonartenbetrachtung nunmehr den Versuch anstellen, den Gleichklang zwischen Ton und Wort zu erlauschen und zu ergründen, so darf man dies natürlich nicht in der Starrheit einer wörtlichen Dogmatik verstehen. Es handelt sich immer um «Stimmungen», die vom Verstande nicht gepreßt werden dürfen. Aber ein Gleichklang zwischen Empfindung und Gedanke ist durchaus gegeben und er soll uns zeigen, daß auch die hier aufgezeigte Eigensprache der Tonarten durch geistige Gesetzmäßigkeiten hintergründet ist. Manche Parallelität zwischen Wort und Ton wird spontan erlebbar sein, bei anderen dagegen wird eine wiederholte, der meditativen Seelenhaltung sich nähernde

«Einhörung» notwendig erscheinen, um sich diesen Gleichklang zum Erlebnis zu bringen. Fordern uns ja auch die «Zwölf Stimmungen» zur Meditation auf und sind nicht als intellektuelles Gedankengut zu verstehen. In noch erhöhterem Maße gilt dies für die Spiegelung des Planetenwortes im Tonwert, da diese allein durch Gefühlskräfte, ohne das erhellende Wort zur Wahrnehmung gebracht werden muß. Unsere Betrachtung der Tonarten-Individualitäten hat demnach ein Zweifaches im Auge: erstens die Parallelität der sieben Tonwerte zu den Planetenworten aufzuzeigen und dadurch – zweitens – die «Geistsubstanz» der Tonart im Einklang mit der jeweiligen Tierkreis-Stimmung zu ergründen. Die angeführten Beispiele aus der Musikliteratur sollen die gesetzmäßigen Zusammenhänge zwischen Welt, Erde und Mensch erkennen lassen. Wobei die Auswahl der aufgezeigten Themen nur normativ zu verstehen ist; vieles an wertvollster Thematik muß angesichts des vorhandenen Reichtums unberücksichtigt bleiben und wird dem Forschereifer des Lesers überlassen.

Die Struktur der einzelnen «Stimmungen» ist durchgehend die gleiche, da die Reihenfolge der Planeten in keiner Strophe eine Änderung erfährt. Der Sonne – als Planet – ist stets das erste Wort zugeteilt; sie spricht den Grundtenor der Stimmung aus. Der Mond, an dem sich das Sonnenlicht reflektiert, beschließt die Siebenheit und zeigt sich auch in den Stimmungen als Spiegel des Sonnenwortes. Die zweite und dritte Zeile gehört den «Schicksal bestimmenden», untersonnigen Planeten: Venus und Merkur, während der vierte, fünfte und sechste Vers den «Schicksal befreienden», obersonnigen Planeten: Mars, Jupiter und Saturn zugeteilt ist.

Wir werden in den einzelnen Tonarten-Betrachtungen nicht ausschließlich an dieser Reihenfolge festhalten, sondern aus Gründen der besseren Übersicht oft auch der Reihung der Tonwerte in der Leiter folgen. Nicht ein starrer Schematismus soll das bestimmende Element sein, sondern der jeweilige Charakter der Stimmung der betreffenden Tonsphäre soll den äußeren Duktus unserer Betrachtung bestimmen.

Zum Abschluß noch ein Wort über die als Motto den einzelnen Kapiteln vorangestellten Wochensprüche aus dem «Seelenkalender». Rudolf Steiner hat für jede Woche einen Spruch *als Teil des gesamten Jahreslebens* gegeben. Der Spruch soll zum Ausdruck bringen *was dieses Leben in der Seele erklingen läßt.*[2] Dem Verweilen der Sonne in einem der zwölf Tierkreissphären sind demnach vier bis fünf Sprüche zugeordnet. Wir haben daraus jeweils jenen als Motto ausgewählt, der den Charakter der Tonart unseres Erachtens am eindringlichsten zum Ausdruck bringt. Doch werden fallweise auch weitere Wochensprüche einbezogen, wenn es die betreffende Stimmung erfordern sollte. Wobei dieser Blick auf Rudolf Steiners «Seelenkalender» nur als «Leitgedanke» zu verstehen ist, um den Leser in die «Stimmung» einzuführen, in keiner Weise jedoch als eine Betrachtung der Wochensprüche an sich.

C-DUR — WIDDER

Wenn aus den Weltenweiten
Die Sonne spricht zum Menschensinn
Und Freude aus den Seelentiefen
Dem Licht sich eint im Schauen,
Dann ziehen aus der Selbstheit Hülle
Gedanken in die Raumesfernen
Und binden dumpf
Des Menschen Wesen an des Geistes Sein.
(Rudolf Steiner, Seelenkalender)

Aus dem Zeichen des Widders strahlen uns die Kräfte, die den Durchbruch des Lichtes im Jahreslauf endgültig erwirken. Die Winternacht ist überwunden, das Gleichgewicht zwischen Licht- und Finsternis ist errungen: Frühlings-Tag- und Nachtgleiche! Die Natur erwacht wieder zu neuem Leben. Das Eis schmilzt, Lawinen donnern zu Tal; die Wässer ergießen sich – *«ein Freudentränenstrom dem Lenz entgegen»*, wie Nikolaus Lenau so poesievoll zu sagen wußte. Neu erwachter Lebenshauch erfüllt Natur und Kreatur, die Knospen geben die Blätter frei, die Täler ergrünen: Sieg der Sonne im «Widder-Licht»!

Wir schenken zu Beginn gleich den Planetenworten Gehör und vergegenwärtigen uns die dazugehörigen Tonwerte.

Die Stimmung des Widders

Erstehe, o Lichtesschein,	Sonne	A als Sexte
Erfasse das Werdewesen,	Venus	F als Quarte
Ergreife das Kräfteweben,	Merkur	D als Sekund
Erstrahle dich Sein-erweckend.	Mars	C als Grundton
Am Widerstand gewinne,	Jupiter	E als Terz
Im Zeitenstrom zerrinne.	Saturn	G als Quinte
O Lichtesschein, verbleibe!	Mond	H als Septime

Alle sieben Verse sprechen in verschiedener Wirkensweise die Lichteskräfte an, die den Raum durchdringen. Insbesondere künden die ersten vier Zeilen von diesen den Durchbruch erzwingenden Taten des Sonnenlichtes. Der Sonnenruf, der «Lichtesschein möge erstehen», bedeutet den Appell an die formenden und gestaltenden Wirksamkeiten des Lichtes, sie mögen zur äußeren Offenbarung bringen, was an ätherischer Lebenskraft – dem Sinnesauge bislang verborgen –, in den Dingen west. Dieser Weckruf zu einem neuen Lebenswillen, von dem die ganze Widderstrahlung erfüllt ist, kommt in einem Meditationswort zu Beginn des ersten Mysteriendramas Rudolf Steiners sehr deutlich zum Ausdruck:

«Des Lichtes webend Wesen,
Es erstrahlet durch Raumesweiten,
Zu füllen die Welt mit Sein ...»[1]

Dieses Sonnenwort findet musikalisch seinen Ausdruck im Sonnenton a, der in C-Dur seine Wesensqualität – den Sext-Charakter – in voller Reinheit ertönen läßt. Die Sext nannten wir, gemäß ihrer Terz-Umkehrung, die «kosmische Terz», d. h. die Innerlichkeit, die der Terz eignet, strahlt in der Sext nach außen: *«Erstehe, o Lichtesschein!»* Oder mit dem Motto aus dem «Seelenkalender» gesprochen: wenn die Sonne zum Menschensinn spricht, zieht Freude aus den Seelentiefen und eint sich dem Licht.

Damit ist die Grundstimmung der Widdersphäre angesprochen. Wir wollen im folgenden nun im Sinne der Tonleiter fortschreiten, wodurch sich nachstehende Reihung ergibt:

C	D	E	F	G	A	H	C
Prim	Sekund	Terz	Quart	Quint	Sext	Septim	Oktav
Grundton							
Mars	Merkur	Jupiter	Venus	Saturn	Sonne	Mond	Mars

Das neu sich manifestierende Sonnenlicht wird von marsischen Willenskräften ergriffen und zum Grundton der Tonleiter gemacht, die nun als Tonart in diesem Licht das «Sein» findet: *«Erstrahle dich Sein-erweckend.»* Das Marswort drängt den Sonnenruf zur Tat; der Lichtesschein soll nicht bloß «erstehen», er soll «erwecken». Dieser Wille zur Tat ist auch dem Prim-Charakter des Tonwertes c einverwoben; denn Taten werden auf Erden gesetzt und die Prim erkannten wir als das dem Irdischen verbundene Intervall. Als Grund- und Führungston wird dieses marsische c daher auch der ganzen Tonart sein Willenselement aufprägen.

Von der Sekund-Dynamik des Tones d – sie ist ja das eigentliche Agens jeglichen Melosflusses, das «merkuriale» Element –, wird das neu erweckte «Sein» im Sinne des Merkurwortes weitergetragen und dem Bewegungsstrom des Melos einverwoben: *«Ergreife das Kräfteweben».*

Schwieriger ist die Einsicht in die Parallelität zwischen dem Jupiterwort und dem Terzcharakter des Tonwertes e. Schon das Wort selbst gibt Rätsel auf: *«Am Widerstand gewinne.»* In den erklärenden Ausführungen, die Rudolf Steiner über die «Zwölf Stimmungen» gegeben hat, heißt es, daß man aus dem gesprochenen Wort sofort den «Sprecher», d. h. den Planetengeist, und seine jeweilige Tierkreisposition erkennen müßte, denn es sei in diesen Stimmungen *«wirklich das Einssein mit den Gesetzen des Universums ernst genommen.»*[2] Es muß demnach dieses Jupiterwort mit der Widderstrahlung im engsten Zusammenhang stehen, und zweifellos wird darin die Willenskraft des Widders apostrophiert.

Jeder Wille zur Tat muß, wo immer er sich manifestieren mag, mit den Widerständen rechnen, die ihm aus der irdischen Welt entgegentreten. Am Widerstand aber härtet sich die Kraft und wenn man sie in genügendem Maße besitzt, kann Widerstand nur Gewinn bedeuten. Nun ist die Willenskraft des Widders ja eine ganz dem Geiste verbundene. Wir haben schon im Kapitel «Der Quintenkreis als klingendes Abbild des Zodiakus» auf die eigenartige Sprunggebärde in der symbolischen Widderdarstellung verwiesen. Das zurückblickende Haupt des Widders symbolisiert das Zurückblicken des Menschen auf sich selbst, auf seine geistige Herkunft aus dem Weltall. Im Sprung schwingt sich der Widder über die Schwelle, die das Diesseits vom Jenseits trennt, so sagten wir, im Haupte aber wahrt er das Wissen von seiner wahren Heimat. Und dieses Wissen gibt dem Sonnenruf, der Marskraft die entsprechende Richtung. Was «Sein-erweckend» als «Lichtesschein» erstehen will, muß dem geistigen Urbild ein getreues Abbild sein. Dem aber stehen die Erdenmächte hemmend gegenüber. Und an diesen Widerständen nicht zu erlahmen, die eigene Innerlichkeit vielmehr daran zu stärken und Gewinn daraus zu schöpfen, dies ist die weisheitsvolle Mahnung Jupiters. Erinnern wir uns auch, was über den doppelten Planetenprozeß in bezug auf den menschlichen Organismus gesagt wurde. Jupiter, der große «Plastiker» und Gestalter der Muskulatur, er weiß um das Wechselspiel von Festwerden und Sich-Lösen, von Erstarrung und Bewegung, und weiß daher auch, welcher Gewinn aus dem Widerstand zu erzielen ist. In diesem Sinne läßt sich sein, der Willenskraft des Widders dienendes Wort sehr wohl verstehen.

Wie aber fügt sich dieses Wort in die Terzqualität des Tonwertes e? Der Terzklang, das wissen wir, kündet von Innerlichkeit. Aber die große Terz birgt eine intensive Weitungsdynamik in sich; ihre Innerlichkeit drängt nach Offenbarung. Und das e ist uns als Terz von C-Dur ja gewissermaßen der Archetypus aller großen Terz-Intervalle. Sie läßt uns dieses Drängen zur Peripherie besonders deutlich fühlen. Wir denken an das Beispiel aus der I. Symphonie von Johannes Brahms im Kapitel über den «Planetenbezug der einzelnen Töne der Tonleiter». Das strahlende «Erstehen des Lichtes» im Horn nach der bedrohlichsten Krisis eines finsteren c-Moll, kann auch von dem «Gewinn» Kunde geben, der diesem Aufleuchten der Dur-Terz vor düsterstem Hintergrund zuteil wird. Wo immer die Dur-Terz aus Finsternissen den Lichtesschein erstehen läßt, spricht sie im Grunde das Jupiterwort aus: «Am Widerstand gewinne». Ja allein in ihrem eigenen Bezug zur Moll-Terz, liegt schon der Sinn dieses Wortes. Beethoven wird uns dies in seiner V. Symphonie im Übergang zum Finale ganz eindringlich erleben lassen.

Der Quart-Charakter, der durch seinen Ruf nach Aufmerksamkeit ein starkes Bewußtseinselement in sich birgt, und – wie ausgeführt – eine gewisse abschließende, umgreifende Tendenz verfolgt, spiegelt sich in dem Venus-Wort anschaulich wider: *Erfasse das Werdewesen*. Denn alles «Erfassen», ob ideell-gedanklich oder materiell-physisch, trägt ein umgreifendes Element an sich. Die Parallelität zwischen der kosmischen «Logoskraft» und dem f, dem «Ton von Golgatha» ist daher nicht schwer zu ersehen. Aber nicht nur das Venus-Wort allein, die vier ersten Zeilen als Ganzes unterstreichen diesen Quart-Charakter in seinem Willen, das Werdende als eine Ganzheit zu umschließen. Nach dem Erklingen des Sonnen-Wortes: «Erstehe – o Lichtesschein», folgen die Planeten diesem Sonnenwort; Mars «erstrahlt», Merkur «ergreift», Venus «erfaßt» diesen Lichtesschein. Und im «Erfassen» schwingt immer auch ein «abschließendes» Element mit, wie es dem Quart-Charakter eigen ist. Was zunächst in aller Fülle «erstrahlt», verengt sich etwas im Zuge des Offenbar-Werdens, nachdem es zuerst «ergriffen» und dann – noch intensiver – «erfaßt» wird; während Jupiter diesen Lichtesschein, d. h. die Licht-durchdrungene Innerlichkeit zu höherem Aufstieg ruft: «gewinne»

Wir stehen mit dem Widder im Frühlingspunkt des Jahreslaufes. Das Leben erwacht erneut, und die Natur weiß nichts von Welken und Vergehen. Und doch beschwört jeder Eintritt in ein physisches Werden zugleich das Gegenbild; denn dieses physische Werden steht unter dem Gesetz der Zweiheit. Jedes Werden und Wachsen ist nur der eine Teil des großen Atems des Lebens; notwendig verlangt er nach seiner rhythmischen Ergänzung. Das Leben müßte sich selbst ersticken, würde dem Ausatmen nicht ein Einatmen folgen können und letzteres nicht durch ein neues Ausatmen erlöst werden. Das Entstandene muß vergehen, um neues Leben erstehen zu lassen. Dies ist die Anmahnung des Saturn: *Im Zeitenstrom zerrinne».* Er transformiert das in den Raum tretende Erscheinungsbild in den Zeitenstrom und damit in die Vergänglichkeit. Dieses Mahnwort eines «Stirb und Werde» kommt der Quintqualität des Tonwertes g durchaus entgegen, die als Brücke zwischen Grundton und Oktav diesen Atemrhythmus zwischen Geist und Materie impliziert hat.

Im Monden-Wort schließlich: *«O Lichtesschein, verbleibe!»* hören wir zunächst den reflektierten Sonnenruf. Aber nicht allein nur ihn; es spricht auch ein Sehnsuchts-Element aus ihm, welches um das «Verbleiben» bittet, als müsse es um das Vergehen dieses Lichtes fürchten, das die Saturn-Zeile ja bang erahnen ließ. Diese Angst, wieder verlieren zu können, was eben so hoffnungsfroh erstanden ist, lebt empfindungsmäßig aber auch in der Septim-Sehnsucht des Tonwertes h, der sich als Leitton mit dem «Lichtesschein» der Oktav, die nunmehr «Sein-erweckend» erstrahlt, vereinen möchte.

Soweit die kosmische Grundstimmung der Widderstrahlung, die wir nunmehr am Klangbild von C-Dur weiter verfolgen wollen. Ganz aus dem Zauber dieses neuerstandenen Lichtesscheines und damit aus dem Wesenselement der Widdersphäre gemalt ist *Bachs* erstes Präludium des «Wohltemperierten Klaviers». In diesem zwei Bände umfassenden Fugenwerk ist ja zum erstenmal in der Musikgeschichte der Charakter des jeweiligen Musikstückes – Präludium und Fuge – aus dem Geistgehalt der Tonart heraus gestaltet worden. In den Präludien, deren Aufgabe es ist, den harmonikalen Sphärenraum zu schaffen, in den hinein sich das Fugenthema als «tönende Entelechie» inkarnieren kann, haben wir Zeugnisse in Händen, die uns mit absoluter Objektivität den Grundcharakter der bestimmten Tonart erleben lassen. Albert *Schweitzer* hat diese Objektivität, deren strenge Ruhe und darüberstehende Gelassenheit sich jeglicher subjektiver Färbung enthält, sehr einfühlsam in seinem Bach-Werk charakterisiert:

«Nirgends versteht man so gut wie im Wohltemperierten Klavier, daß Bach seine Kunst als Religion empfand. Er schildert nicht natürliche Seelenzustände, wie Beethoven in seinen Sonaten, auch kein Ringen und Kämpfen nach einem Ziel hin, sondern das Reale des Lebens, wie es der Geist empfindet, der in jedem Augenblick sich bewußt ist, über dem Leben zu stehen und die widersprechendsten Gefühle, den wildesten Schmerz wie die ausgelassenste Heiterkeit, immer in derselben überlegenen Grundstimmung erlebt.»[3]

Ein C-Dur *«von olympischer Ruhe und Heiterkeit»*[4] beschert uns dieses erste

Präludium, ein strahlendes Tor zu einem der großartigsten Werke der polyphonen Kunst. Mit strengster Konsequenz ist das Motiv der Akkordbrechung durchgeführt:

Mit der Auskomponierung der V. Stufe durch die Wechseldominante zeigt die harmonische Wendung im sechsten Takt ein deutliches Ausatmen hin zum Licht der Oberdominante. Greifen wir die Spitzentöne der Akkordzerlegung heraus, zeigt sich in den Tonwerten dieses Melos das Zur-Offenbarung-Drängen des neu-erstandenen Lichtes in ganz einzigartiger Weise:

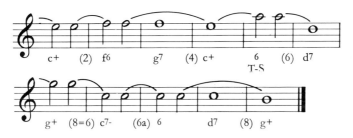

Von der «Jupiter-Terz» ausgehend, leitet der Meloszug zunächst in den Venus-Ton f, das Werden gleichsam im Sinne der Quart umfassend, um nach einer nochmaligen Besinnung auf die eigene Innerlichkeit (e) den Quartsprung zum Sonnenton a zu vollziehen, den «Lichtesschein» damit voll erstrahlen lassend. Dieses Durchwehen von Quint- und Quart-Elementen setzt sich fort, wobei der Merkurton d nunmehr die Wechseldominante aufleuchten läßt und damit dieses «Kräfteweben» intensivst ergreift, um schließlich über den mit einem neuerlichen Quartschritt erreichten Saturnton g zum Ausgangston c zurückzukehren und den Melosstrom ausklingen zu lassen, oder im Sinne der «Stimmung» gesagt: zum «Zerrinnen» zu bringen.

Körperlos, durchsichtig schwebt dieses lichterfüllte Melos dahin, die Seele, die sich ihm verbindet, scheint aller Schwere, aller Trübsal entrückt, wie es Christian Morgenstern in *seinem* «Präludium» so innig zu sagen wußte:

«*Singe, o singe dich, Seele,*
über den Eintag empor in die
himmlischen Reiche der Schönheit!
Bade in goldenen Strömen der Töne dich rein
vom Staube der Sorgen!»
 (Aus: «Meine Liebe ist groß
 wie die weite Welt»)

Setzt man nun unter diesen solcherart geschaffenen harmonikalen Raum das Fugenthema, dann gewahrt man, daß es sich tatsächlich darin zu inkarnieren vermag. Und nicht nur das: auch die in den Akkordzerlegungen wie zufällig erscheinenden Melodieschritte – das Wechselspiel von Quart und Quint – prägen die Physiognomik des Fugenthemas:

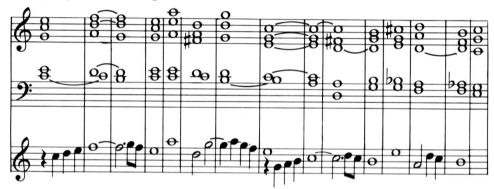

Zahllose Beispiele wären anzuführen, die alle dieses Lichterlebnis zu schildern wissen. Heiterkeit, Anmut und Freude, umschlungen von einem Kranz duftiger, harmonischer Arabesken, atmet das Rondothema in *Beethovens* Klaviersonate

Opus 53 (Waldstein-Sonate). Ein Melos von reinstem Wohllaut, dessen schwebende Leichtigkeit sowohl den Quint- und Quartsprüngen zuzuschreiben ist – das saturnische g und der Merkurton d sind deren hauptsächlichste Träger –, als auch dem Umstand, daß der Grundton c, der dem C-Dur seine innere Festigkeit und Erdverbundenheit gibt, in der thematischen Gebärde kaum eine Rolle spielt. Im abschließenden Prestissimo steigert sich dann die Thematik zu hymnischem Schwung und klingt in unermeßlichem Jubel – C-Dur ist stets Beethovens Jubeltonart – aus, *«wie ein in die Unendlichkeit hallendes Freudenlied»* [5]

Von Glanz und Heiterkeit, zugleich aber auch von majestätischer Kraft kündet das C-Dur von *Mozarts* letzter Symphonie, der man nicht zufällig den Namen «Jupiter-Symphonie» gegeben hat. Gleich die zu Beginn des ersten Satzes erklingenden unisonen Streichertriolen, die den Grundton c mit marsischer Kraft hervorstoßen, lassen keinen Zweifel darüber, daß dieser lichterfüllte Klangtempel Jupiters fest auf Erden steht. Die das C-Dur machtvoll bestimmenden Tonika-Dominantakkorde muten wie ein klingender Säulenkranz an, der uns, gleich wie ein Tempel Griechenlands, in den melodischen Reichtum der «Cella», dem Wohnsitz des Gottes, geleitet.

Dies ist zwar nur bild-symbolisch gesprochen, trifft aber den Geistgehalt dieser Symphonie durchaus. Denn er ist der gleiche, der in Bachs Präludium webt. Die vier Sätze der Jupiter-Symphonie weisen thematisch nämlich eine gemeinsame musikalische Substanz auf, einen «cantus firmus» von zehn Tönen, der hinter sämtlichen Themen der Symphonie steht, ohne sich in den ersten drei Sätzen wörtlich im Klang zu offenbaren. Erst im letzten Satz, dieser genialen Synthesis von Fugenstruktur und Sonatenform, tritt er klanglich in Erscheinung:

Johann Nepomuk David hat in seiner wertvollen Analyse von Mozarts letzter Symphonie diese Entsprechung ihrer Themen mit dem unhörbaren, dahinter webenden «cantus firmus» nachgewiesen und gleichzeitig die enge Verwandtschaft mit Bachs Fugenthema aufgezeigt.[6]

Ein C-Dur also, das inhaltlich gleiche Lichtfülle aufweist wie Bachs Werk, das seinen schwebenden Charakter jedoch zugunsten einer festeren Gegründetheit eingetauscht hat. Und dieses Stehen auf festem Boden ist ja ein hauptsächlichstes Wesensmerkmal von C-Dur. Ein Stehen, das sich vereint weiß mit dem aus geistigen Höhen erfließenden Licht, wie es Christian Morgenstern in die Verse kleiden konnte:

> *«Von den Armen der Natur*
> *ward ich hin zu Gott getragen,*
> *von den Lippen der Natur*
> *ging mir zu Sein erstes Sagen.»*
> *(Aus: «Wer vom Ziel nicht weiß,*
> *kann den Weg nicht haben.»)*

Mit überwältigender Majestät hat *Beethoven* in seinem Gellert-Lied «Die Ehre Gottes in der Natur» dieses Stehen auf Erden mit dem Blick empor zum Göttlichen in Töne zu setzen gewußt.

Ein hymnischer Gesang, der in der knappen zweitaktigen Einleitung den C-Dur-Klang machtvoll erklingen läßt, und bei den Worten: «des Ewigen» die Jupiter-Terz herrlich zum Erstrahlen bringt. Ein Gesang, der die Worte des «Seelenkalenders» einmal mehr in der Musik verobjektiviert: *Und Freude aus den Seelentiefen / dem Licht sich eint im Schauen.»*

In edelster Weise sehen wir die Worte aus dem Seelenkalender *«Dann ziehen aus der Selbstheit Hülle Gedanken in die Raumesfernen»* in Walthers Preislied aus «Die Meistersinger von Nürnberg» von Richard *Wagner* musikalisch verwirklicht. Ein lichterfülltes C-Dur, in dem Eva – «der Erde lieblichstes Bild» – für den Dichter zur «Muse» wird und er sich den «Parnaß» und das «Paradies» in der Kunst als ein untrennbares Ganzes gewinnt. C-Dur, die Grundharmonie des gesamten Werkes, erfährt im Preislied seine innigste Verklärung. Wie in Bachs Präludium ist es auch hier die Jupiter-Terz, aus der das Melos strömt.

Aus der Klarheit des Lichtes, gleich dem Bach'schen Präludium, aber erfüllt von romantischem Überschwang ist *Chopins* C-Dur-Prélude gewoben. Auch Chopin hat seine «Préludes» aus dem Wesen der Tonart heraus geschrieben. Sprach Bachs Präludium von olympischer Ruhe und Heiterkeit, so betont Chopin die marsische Willenskraft, ohne jedoch den Glanz des Lichtes zu verlieren.

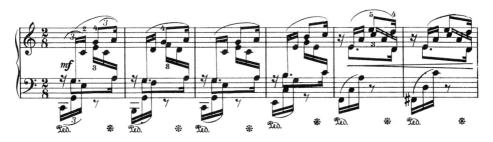

Man beachte die Dynamik des Hauptmotives, wie sie in den ersten drei Takten mit feurigen Triolenrhythmen dem Sonnenton a entgegenstürmt. In der weiteren Folge führt sie uns dann, ähnlich wie bei Bach, ebenfalls über die Wechseldominante im 6. Takt zum Licht der Dominante empor. Auch der melodische, vorwiegend auf dem Sekund-Intervall ruhende Akzent ist bemerkenswert, der während der ganzen 34 Takte, die das Prélude umfaßt, durchgehalten wird. Das merkuriale Element des Tonwertes d beherrscht innerlich das Stück, der, zunächst kaum bemerkbar, im 21. Takt den melodischen Gipfelpunkt bildet.

Ein wohl «klassisches» Beispiel für die lichte Gegründetheit auf Erden ist zweifellos Richard Wagners Meistersinger-Thema. Der einstmals berühmte Dirigent Hans Richter hat das Meistersinger-Vorspiel als ein «Stahlbad in C-Dur» bezeichnet und damit treffend das kernige Wesenselement dieser Harmonie charakterisiert.

An das kräftige, mit voller Akkordik selbstbewußt einsetzende Anfangsmotiv – ein Quartschritt abwärts, dessen Saturn-Quinte rhythmisch betont wird –, schließt sich im zweiten, dritten und vierten Takt die in bedächtigen Sekundschritten, aber mit großer Energie und Zähigkeit emporsteigende Tonleiter. Melos und Harmonie sprechen die ihnen innewohnende Willenskraft vollbewußt aus.

Daß die Klarheit und Gesundheit der C-Dur-Harmonie jedoch nicht immer Tiefen ausloten muß und mitunter ein Pathos vortäuscht, das ihrer inneren Substanz gar nicht gemäß ist, das läßt uns das zweite C-Dur-Hauptthema des Werkes ahnen: das «Zunftmotiv», eine biedere Variante des majestätischen Meistersinger-Themas, das den Eigendünkel der Meisterzunft sehr sprechend zum Ausdruck bringt, in Melos und Rhythmus allerdings nicht sehr «phantasievoll» erscheinen mag. Das «Spießertum» blinzelt ein wenig durch seine Gewichtigkeit.

Die Literatur liefert zahlreiche Beispiele, aus denen ersichtlich wird, daß dieser Harmonie die Gefahr der Leerheit und Schalheit droht. Das liegt an ihrer Klarheit, Gesundheit und Einfachheit. Gerade dieses Urgesunde läßt manche Werke von Komponisten, die sich in C-Dur versuchen, langweilig erscheinen, weil sie selbst nicht diese urgesunde Kraft besitzen, die notwendig ist, um aus dieser Widdersphäre herauszuholen, was in ihr verborgen liegt. Das in ihr Verborgene ist das *Feuer*-Element, denn der Widder ist ein Feuerzeichen. Der Tierkreis läßt sich nämlich in vier Gruppen zu je drei dem gleichen Element verbundene Sphären gliedern: Feuer, Luft, Wasser, Erde. Die Feuerregion ist unter den vier elementarischen Regionen die positivste und stellt innerhalb der menschlichen Wesenheit das absolut männliche, d.h. dem Ich-Kern verbundene Prinzip dar. Daher ist auch der den Widderkräften gemäßeste planetarische Vermittler der «willensträchtige» Mars; auf seinem Tonwert baut sich ja unser C-Dur auf.

Eine solche echte Willenskraft und Dynamik, die Funken sprühen läßt, eignet den Themen von *Schuberts großer C-Dur-Symphonie*. Ihr Feuer überfiel auch den Schöpfer. *«Die Feder flog übers Papier»*, schreibt Walter Dahms, *«und vermochte kaum die Fülle überraschender Einfälle festzuhalten, die die Phantasie unaufhörlich hervorzauberte.»*[7] Nach einer träumerisch-schwärmerischen Andante-Einleitung setzt kraftvoll das sechzehntaktige Allegro-Thema des ersten Satzes ein. Es wird von zwei Motiven gebildet: einem metallisch-glänzenden Streicher-Motiv mit markant punktierten Rhythmen, und einem gestoßenen Triolenrhythmus, der vorwiegend von den Bläsern getragen wird. Der nach abwärts gerichtete Quartsprung – Tonika-Dominante (Mars-Saturn), der im Meistersinger-Vorspiel majestätische Sicherheit ausstrahlte, ist hier in seiner Beschleunigung zwar weniger hoheitsvoll, aber nicht minder selbstbewußt.

Vollends von sprühenden Feuergeistern beseelt ist das Finale der Symphonie. Der zur Erde gerichtete Quartsprung des Kopfthemas weist jetzt – als Terz – nach aufwärts und gibt gleich einem Pistolenschuß das Startzeichen zu einem bacchantischen Jubel, der alle Instrumente durchglüht. *«Feurige Rhythmen reißen hinein in einen feurigen Strudel dionysischer Verzückung.»*[7], schreibt Walter Dahms, und bestätigt damit die Willenskraft der Widdersphäre.

Die ganze Wucht der Diatonik wirft Richard *Strauß* ins Treffen, um die luziferischen Leidenschaftsfeuer seines «Don Juan» aufsprühen zu lassen. Das Aufjauchzen der zu ihrer Oktav sich emporreckenden Saturn-Quinte g, welche mit

überschäumender Lebensfreude die aus ihr quellende Melodik umgreift, der seh-
rende Ausklang auf dem Mondenton h –, sie lassen uns den dahinstürmenden,
seinem eigenen Genuß frönenden Hidalgo erleben, der sich seines Sieges stets gewiß ist und den kein Schmerz der Gekränkten rührt.

Von einer mit hohem Ethos erfüllten Freiheit kündet das C-Dur der großen
Leonoren-Ouverture *Beethovens.* Zunächst leise, fast zaghaft einsetzend, wird es
von seinem synkopierten Drängen über die auf 24 Takte ausgeweitete Dominant-
harmonie zu seinem eigenen, alles überstrahlenden Sonnenglanz emporgetragen.
Das synkopierte aufsteigende Sexten-Motiv zum Sonnenton a in den ersten zwei
Takten ist der Kraftquell zu diesem Höhenflug.

Funkensprühend auch das C-Dur Manricos in *Verdis* «Troubadour», wenn der
Held von der Gefangennahme seiner Mutter und dem ihr drohenden Feuertod

128

erfährt. Der Wille, sie zu befreien, flammt übermächtig auf, kennt keine Überlegung, kein Abwägen der Chancen mehr. Die Schwungkraft der «Stretta» verbindet Melos und Rhythmus aufs engste mit dem Sinngehalt des Wortes.

Doch nicht allein das «Leben» und «Weben» im Lichte kennzeichnet das Wesen des «Widders». Markiert er doch den Frühlingspunkt im Jahreslauf, durch den sich der endgültige Sieg des Lichtes über die Finsternis manifestiert. Seiner Willenskraft danken wir diesen «Durchbruch» des Lichtes. Daher sehen wir C-Dur auch dort auftönen, wo es sich um diesen Sieg über die Macht der Finsternis handelt. Ein eklatantes Beispiel dafür fand bereits im ersten Teil Erwähnung: _Haydns_ «Schöpfung». Nach einer eindrucksvollen Schilderung des «Chaos» im Vorspiel, in dem sich die kühnsten Figurationen und Rhythmen miteinander vermischen, Triolen, Triller und Vorschläge dem Klangbild geheimnisvolle Züge geben und in ein düsteres c-Moll hinabführen, ersteht bei den Worten

des Chores: «Und Gott sprach: ‹Es werde Licht›» die Unterdominante von c-Moll, der f-Moll-Klang, die schwärzeste Moll-Harmonie des Quintenkreises. Und wie ungeheuer dann die Überfülle des Lichtes, die mit dem im Chor und vollem Orchester aufjauchzenden C-Dur-Akkord hereinbricht: «Und es ward Licht!»

Ein ähnliches Hereinbrechen der Lichtfülle von C-Dur beschert uns Carl Maria v. *Weber* mit der Coda seiner Freischütz-Ouverture. Auch hier versinkt alles musikalische Geschehen in die Düsternis von c-Moll, das hier gleichzeitig als Klangsymbol der Welt des Bösen – des Widerdämons «Samiel» – fungiert. Nach einer zum Zerreißen angespannten Generalpause, in der das «Nichts» seine endgültige Herrschaft aufzurichten scheint, bricht der Widderglanz des C-Dur im vollen Orchester hervor und läßt uns dieses «Nichts» als ein «All» erleben.

Und die Lichtfülle von C-Dur beschließt auch das Werk, wenn alle höllischen Finstermächte überwunden sind und der Blick zum Himmel den Geprüften neue innere Festigkeit verleiht.

Mit einem C-Dur der Hoffnung und Zuversicht erfüllt Weber auch seine «Rezia» im «Oberon», als die nach Sturm und Schiffbruch auf ein Eiland Verschlagene neu die Sonne aus dem beruhigten Meer emporsteigen sieht: «Und nun, die Sonn' erstrahlt!»

131

Mit gleicher Empfindung für das Wesen dieser Harmonie malt Richard *Wagner* im «Rheingold» das Aufleuchten des Goldes – Ursymbol sonnenhafter Weisheit –, wenn die Strahlen der Sonne hinunterdringen in die Wassertiefen und das Rheingold-Motiv im ehernen Klang der Trompeten auftönt.

Auch das Ende von Sachsens «Wahnmonolog» in den «Meistersingern von Nürnberg» zeigt diesen Durchbruch des Lichts. Nach dem Verhauchen des Prügel-Motivs in den Holzbläsern, dem letzten Nachklang des Sommernachtstraumes der Johannisnacht, eingehüllt in ein sternfunkelndes E-Dur, bricht mit überirdischer Schönheit das Sonnenlicht des Johannistages hervor: «Nun aber kam Johannistag!» Lichttrunken steigt die Sonnen-Jupiter-Quinte des Johannistag-Motivs empor, erfährt im folgenden Takt die Umkehrung zur Quart, um den Sonnenton a zum Gipfelpunkt des Melos zu erheben.

Ein Erstehen des Lichtes auf der Bewußtseinsebene, ein Erwachen zum Gedankenlicht, stellt das «Weltbegrüßungsthema» in Wagners «Siegfried» dar: die Erweckung Brünnhildes. Das aus zwei Akkorden bestehende Motiv ist ein letztmögliches Konzentrat jener beiden dynamischen Kräftezüge, die unser gesamtes tonales Harmoniefeld in die Zweiheit von Dur und Moll aufspalten. *«Wie könnte unmittelbarer die zum Mittelpunkt drängende Wirkenskraft des Moll und der umgekehrte, vom Mittelpunkt zur Peripherie hinstrebende Wille des Dur zur Darstellung kommen als in dieser tönenden Mantrik des nebeneinanderstehenden e-Moll- und C-Dur-Dreiklanges.»*[8] Und auch das Erwachen Brünnhildes aus der Bewußtseins-Enge ihres «Schlafes» könnte nicht fühlbarer zum Ausdruck gebracht werden, als durch dieses Hinüberfließen der sich zusammenziehenden Moll-Dynamik in das sich weitende Dur.

Diese Weitung wird im Orchester dann bei den Worten: «Heil dir, leuchtender Tag» als eine überwältigende Lichtfülle der Geigen hinausgetragen in die sonnendurchflutete Aura einer «prangenden Erde».

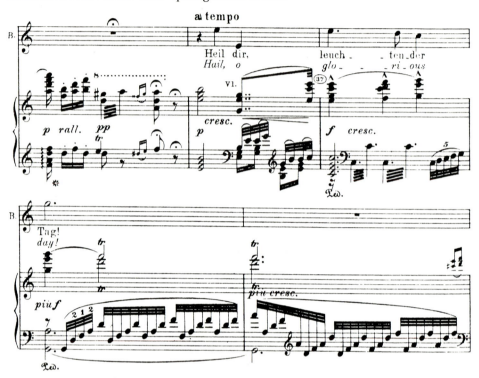

Stets aufs neue ergriffen fühlt man sich beim Ertönen des «Alphorns» im Finale von Johannes *Brahms'* erster Symphonie. Wir haben dieses Aufleuchten der Dur-Terz, des Jupiter-Tones, bereits zweimal erwähnt. Hier sei das Thema mit den vorangehenden gespenstischen c-Moll-Schauern ausführlich gegeben.

Ein Melos quillt aus dieser Terz, wie eine Verkündigung aus der Höhe: «Fürchtet euch nicht!» Und wenn dann bald nach dieser mild-tröstenden Stimme die herrliche, weitgeschwungene C-Dur-Melodie der Streicher einsetzt und sich zu dithyrambischem Siegesjubel steigert, dann scheint mit diesem «Widderlicht» Beethovens Hymnus an die Freude heruntergetragen zu sein zur Erde, eint sich die «Freude aus den Seelentiefen» mit dem Licht von oben.

Am urgewaltigsten ist zweifellos der «Widder-Durchbruch» in *Beethovens* V. Symphonie in der Überleitung zum Finale gestaltet. Noch scheint mit dämonischer Gebärde über einem düsteren Orgelpunkt das Thema des dritten Satzes zu herrschen, ein finsteres c-Moll. Allein sein Drohen ist vergebens. In seinem schwärzesten Schatten vollzieht sich das Wunder: die kleine Terz wird aufgebrochen, weitet sich zu Dur, und wie von der fernsten Peripherie heranbrandend – ein faustischer «Sturm der Horen» –, wogt das tönende Licht im mächtigen Crescendo auf und läßt auf den strahlenden Säulen seines Dreiklanges mit heldischem Glanz das C-Dur-Drama des Finales erstehen, in dessen ersten Takten sich bereits unbeschreiblicher Jubel zu entfalten beginnt. Das Jupiterwort der Dur-Terz e hat seine machtvolle Verwirklichung gefunden: «Am Widerstand gewinne!»

«Wer zählt die Themen, nennt die Namen», die hier «stattlich» zu erwähnen wären, so könnte man frei nach Schiller zitieren. Es bleibt dem interessierten Leser überlassen, durch eigenes Forschen die Richtigkeit dieser Sicht noch zu intensivieren und zu erhärten.

Wir haben jedoch unseren Blick nunmehr auf ein Kriterium zu werfen, das für ein Verständnis des Eigencharakters der Tonarten ein wesentliches Moment darstellt: auf die wiederholt zitierte Tatsache, daß Musik, Kosmos und Mensch eine untrennbare Einheit bilden, und wir die Wirkenskräfte der Tierkreissphären natürlich auch in der Menschenseele suchen müssen. Sieht sich doch der Mensch in den Jubel der Natur mithineingezogen, fühlt sich dieser wärme- und lichtdurchfluteten, sinnenfreudigen Welt selbst hingegeben. Es sind ja seine Erlebnisse, seine Empfindungen, die er in Tönen und Melodien zum Ausdruck bringt. Und wenn das Ich des Menschen, sein göttlicher Wesenskern, auch in noch höheren Sphären wurzelt, sein «Eidos», seine ideelle Gestalt liegt im Tierkreis: Adam Kadmon, die über den Sternenhimmel ausgebreitete Leiblichkeit des Menschen. Daher müssen wir die Wirksamkeit der einzelnen Sphären des Zodiakus auch im Menschen und seiner irdischen Persönlichkeit suchen. Rudolf Steiner sieht in dieser bewußtseinsmäßigen Erfassung unserer All-Verbundenheit eine ganz wichtige Aufgabe für unsere Zeit.

«Wir sind ... heute in einer Zeitperiode, wo dies im Konkreten, im Wirklichen, angestrebt werden muß, wo wirklich etwas getan werden muß zur Bekräftigung der großen Wahrheit, daß der Mensch in seinem Tun und in seinem Sein zusammenklingen kann mit dem Tun und mit dem Sein der Welt.» [2]

Dieses Aufsuchen der zodiakalen Wirkenskräfte im Menschen soll nun in keiner Weise den Eindruck erwecken, als würden damit Horoskope erstellt werden. Nochmals sei ganz eindringlich auf die Worte Rudolf Steiners verwiesen, daß es sich nicht darum handeln kann, *«aus Sternengesetzen und Konstellationen Menschengesetze zu suchen»*, sondern einzig darum, aus dem Geiste heraus *«sowohl Menschengesetze wie Naturgesetze»* [2] zu erforschen. Daß ein unter einem bestimmten Sternzeichen geborener Mensch gewisse seelische Eigenschaften aufweisen wird, die dem Charakter dieses Sternzeichens entsprechen, ist selbstverständlich; doch kann es sich dabei immer nur um das Aufzeigen gemeinsamer geistiger Wirkenskräfte handeln, nie um eine Persönlichkeits- oder Schicksalsbestimmung im astrologischen Sinne.

Was wir als ein Hauptkriterium der Widderstrahlung aus den aufgezeigten Musikbeispielen heraushören konnten, war die starke Willenskraft, die diesem Feuerzeichen eignet. Der Widder-Mensch, dem diese Willenskraft niemals ein «Müssen», sondern immer ein «Sollen» bedeutet, sieht sich sein ganzes Leben unter die innere Stimme von Imperativen gestellt. Er wird sich stets als Beauftragter eines höheren Gesetzes fühlen, das zu verwirklichen ihm nicht Zwang, sondern innerste Neigung ist. Nicht zufällig heißt die der Widderstrahlung zugeordnete Weltanschauung *Idealismus,* deren Grundüberzeugung es ist, daß alles Sinnessein von weisheitsvollen Ideenmächten, gesetzmäßig schaffenden, wesenhaften Urbildern durchwaltet wird. Dieser urbildlichen Gesetzmäßigkeit zu dienen, ist Anliegen des Widder-Geborenen. Das kann mitunter freilich auch dazu führen, daß er es als Pflicht ansieht, das Gesetz seines Wollens anderen aufzuzwingen, zum *Streiter* für seine eigenen Willensintentionen zu werden. Und der reine Widder-Mensch unterliegt nicht selten der Gefahr, dem Expansionsdrang seines inneren Imperativs ungebührlich nachzugeben.

Eine derartige Gefahr, die jeweilige Sternenkraft, von der eine Menschenseele besonders stark affiziert wird, auch in einer ethisch negativen Weise darzuleben, bedroht natürlich jeden Menschen, unter welchem Tierkreiszeichen auch immer er geboren sein mag. Wir werden daher bei allen menschlichen Repräsentanten der einzelnen Sphären des Tierkreises einen hohen und niederen Typus zu unterscheiden haben. Dies ist einfach die Folge der einstigen Korrumpierung und Egoisierung der menschlichen Astralität durch Luzifer. Dieser luziferische Einfluß auf die menschliche Seele erfolgte ja zu einer Zeit, da der Mensch noch nicht mit einem *Ich* begabt war. Nicht der Ich-Mensch beging den «Sündenfall», sondern der Astralleib ist Sünder geworden, denn die luziferische Verführung korrumpierte die Seelenhülle des Menschen; sie ist der Verführung Luzifers unterlegen. Der Sündenfall stellt somit eine Tat dar, die ganz anders geartet ist als jene Taten, die der spätere, mit einem Ich begabte Mensch gesetzt hat. *«So fällt also eine Tat des Menschen vor dem Einzug des Ich in die menschliche Natur. Aber diese Tat wirft ihre Schatten in alle spätere Zeiten hinein. Vollbringen konnte der Mensch diese Tat, der Versuchung des Luzifer zu folgen, bevor er sein Ich aufnahm, aber sozusagen unter den Einfluß dieser Tat gebracht worden ist er für alle folgenden Zeiten.»*[9]

Dieser Einfluß äußerte sich darin, daß der Mensch immer tiefer in die physische Welt hinuntersinken mußte. Was der Astralleib durch das Erliegen der luziferischen Versuchung geworden ist, verursachte eine fortwährende *«Degeneration»*, ein *«Herunterkommen»* des ganzen Menschengeschlechtes. Diese *«Sünde»*, die der Mensch vor seiner Ich-Begabung begangen hat, die vererbte sich weiter in der gesamten Menschheitsevolution, und wir nennen sie daher zu Recht die *«Erbsünde»*. Sie bedeutet nicht Ich-Schuld, sondern ist als das *Schicksal* des Menschen zu verstehen. Ein Schicksal, *«das notwendigerweise über uns von der Weltenordnung verhängt werden mußte, weil wir von dieser heruntergeführt werden mußten, nicht nur etwa, um uns schlechter zu machen, als wir waren, sondern um in uns selber die Kräfte zu finden, uns hinaufzuarbeiten. Darum müssen wir diesen Fall der Menschheit als etwas auffassen, was zur Befreiung der Menschheit in das menschliche Schicksal einverwoben ist. Nie hätten wir freie Wesen werden können, wenn wir nicht heruntergestoßen worden wären. Wir hätten am Gängelbande einer Weltordnung geführt werden müssen, der wir hätten blindlings folgen müssen. Wir müssen uns aber wieder hinaufarbeiten.»*[9] Und gerade darin liegt eine wichtige Mitursache der Verschiedenartigkeit der Individualitäten innerhalb des gesamten Menschengeschlechtes. Unser Schicksal ist es, daß wir heute als Menschen *«Luzifer-erfüllt»*[9] sind. Wir sind in einer gewissen Beziehung dafür nicht verantwortlich, sind vielmehr schuldlos-schuldig geworden und haften nicht mit unserem Ich für diese Erbschuld. Wohl aber gibt uns das Ich die Möglichkeit, die Wirkenskräfte jenes Ereignisses der Zeitenwende aufzugreifen, das ebenfalls ohne unser Zutun sich vollzogen hat, und von dem die Kräfte ausströmen, die Korrumpierung unserer Astralität zu korrigieren und uns wieder – ich-bewußt – zu jenen Welten zu erheben, die wir durch den Sündenfall verloren haben. Die in der menschlichen Freiheit liegende Möglichkeit, die Korrektur *nicht* zu vollziehen, hebt die Schuldlosigkeit dieses Schuldig-Werdens dann allerdings auf und macht aus der ererbten astralen Verstrickung eine Ich-Schuld. Innerhalb dieses Weges, vom Sturz zur Wiedergewinnung, liegt die Spannweite zwischen hohem und niederem Menschentyp. Es bleibt dem Menschen überlassen, wie weit er seine ihm wesenseigenen seelischen Fähigkeiten, Begabungen und Stimmungen im egoistischen Sinne auslebt oder sie durch das Ethos seines höheren, jenseits der Tierkreissphäre urständenen Ichs beherrscht und lenkt.

Diese Erringung der Freiheit ist ein höchstes Ideal aller Feuerzeichen; eine Freiheit, die keinen Gesetzgeber über sich anerkennt als das eigene Gewissensgebot. Und hier wird die Gefahr ganz deutlich erkennbar: wird es doch auf die Qualität dieser Gewissensstimme ankommen, ob sie von einem sittlichen Imperativ spricht, die den Träger dieser Strahlung zum Führer für seine Mitmenschen macht oder zu einem *Ver*-Führer, dessen Freiheitsdrang ohne Rücksicht und Bedachtnahme mit dem Kopf durch die Wand geht, sich skrupellos über alle menschlichen Anliegen hinwegsetzt, um sich selbst zu bestätigen.

Ein machtvolles Zeugnis für die hohe Widderkraft auf musikalischem Felde, wo uns der «Streiter», der Heros im Sinne des «Befreiers» bewußt werden kann, finden wir im langsamen Satz von *Beethovens* V. Symphonie. Nach der entfesselten c-Moll-Motorik des ersten Satzes, die mit ihrem gnadenlosen Hämmern alles Sehnen nach Licht und Wärme unter sich begräbt, fühlt man sich an Beethovens eigenes Schicksal erinnert, von dem er in seinem «Heiligenstädter Testament» ein erschütterndes Zeugnis abgelegt hat: *«Solche Ereignisse brachten mich nahe an Verzweiflung, es fehlte wenig, und ich endigte selbst mein Leben.»* Beethoven spricht von dem gnadenlosen «Schweigen», das über ihn kam, von dem Sturz in den Tartarus völliger Taubheit. Nach diesem Am-Rande-der-Verzweiflung-Stehen erklingt jedoch das verinnerlichte Leuchten von As-Dur im zweiten Satz. Der punktierte Rhythmus einer mit einem Quartsprung anhebenden Melodik kündet von innerer Zuversicht und Festigkeit.

Das anfängliche Auf-und-abwärts-Wellen des Melos gestaltet sich immer mehr zu einem zielbewußten Schreiten in gleichmäßiger Achtelbewegung. Doch da stockt mit einem Mal der melodische Fluß; bang legt sich der Schatten einer Septime über das reine As-Dur – und schon schreit es auf im vollen Orchester: das innere Licht droht in der eisernen Klammer dieses Septakkordes zu verlöschen. Doch da stellt sich dem würgenden Griff die ganze Kraft eines vom Willensfeuer durchdrungenen menschlichen Ich entgegen. Die Sept wird zu einem aufsteigenden Terzintervall, der Dominantseptakkord zu einem übermäßigen Quintsextakkord «transsubstantiiert», und jubelnde Fanfarenklänge in Hörnern und Trompeten schmettern die Schrittmotivik in ein strahlendes C-Dur hinein: *«Ich will dem Schicksal in den Rachen greifen, ganz niederbeugen soll es mich gewiß nicht!»* (Beethoven)

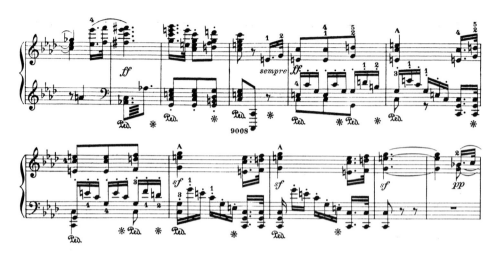

Eine erste Verwandlung des ursprünglichen c-Moll in das gleichnamige Dur innerhalb der Symphonie! Kosmisch gesprochen heißt dies die Überwindung einer «Quadratur», einer ausgeprägten Gegensätzlichkeit innerhalb der Sternen-Wirksamkeit. Von ferne leuchtet das ersehnte Ziel dieser symphonischen Dramatik bereits herein; das Ziel, das im Finale zum unbeschreiblichen Ereignis werden wird. (Siehe dazu das früher angeführte Beispiel) Eine Tat innerer Freiheit! Ein Wille, sein Schicksal nicht nur zu tragen, sondern es mit der eigenen Ich-Kraft zu durchlichten.

«Aries» – Widder – nannten die Römer ihr Kriegsgerät, jenen Sturmbock, mit dem sie die Festungsmauern berannten. Die Hindernisse zu überwinden ohne nach links und rechts zu blicken, nur der Gewalt seines inneren Imperativs zu gehorchen, dies verlangt die kardinale Feuerkraft des Widders. Es ist daher nur zu folgerecht, daß der Planet *Mars* der Kraftüberträger der Widderstrahlung ist und er in diesem Zeichen sein «Haus», d. h. die ihm wesensverwandte Fixsternsphäre, findet. Wenn in *Wagners* «Lohengrin» die Königsfanfaren im ehernen Trompetenklang auftönen, spricht sich der Wagemut, der Freiheitsdrang und die Willenskraft durch den leuchtenden C-Dur-Klang majestätisch aus:

Aber nicht nur die Seele als astrales Wesensglied des Menschen wird von der Sternenkraft bestrahlt; auch die Leiblichkeit untersteht dieser Strahlung. Es ist das Haupt, in dem sich die Widderkraft leiblich erformt; jener Teil des Menschen, *«der unmittelbar himmelwärts, dem ‹Oben› zugewendet ist.»*[10]

140

«*Der ‹Schädel›, das zur Kapsel (caput) geformte obere Ende der Wirbelsäule (Goethe), beherbergt das Gehirn; von hier aus erfolgt die Weiterleitung aller vom ‹Ich›
erteilten Befehle zu den übrigen Organen des Leibes auf den geheimen Leitungen des
Nervensystems.*»[10]

Ein großartiges Beispiel für ein C-Dur, das uns den zum Himmel blickenden
Widder-Menschen musikalisch erleben läßt, hat uns Josef *Haydn* in seiner
«Schöpfung» gegeben.

> «Mit Würd’ und Hoheit angetan,
> Mit Schönheit, Stärk’ und Mut begabt,
> Gen Himmel aufgerichtet, steht der Mensch,
> Ein Mann, und König der Natur.»

Zunächst ist es der zerlegte C-Dur-Akkord selbst, der sich bei dem ersten Vers: «Mit Würd' und Hoheit» aufrichtet. Im weiteren Verlauf schwingt sich das Melos, nachdem es noch einmal zu seinem Ausgangston, der Quinte g zurückgekehrt ist, über die beiden Dominanten immer höher empor, um bei dem Wort: «König» mit der Oktav des auftaktigen Saturn-Tones g zu Beginn den Gipfelpunkt seines Ambitus zu erreichen. Man übersehe dabei nicht, daß hier der C-Dur-Dreiklang über den gleichen, chromatisch eingeführten Septakkord erreicht wird wie bei Beethoven und daß er auf seiner Quinte als Quartsextakkord zu stehen kommt. Über die Bedeutung dieser Dreiklangsumkehrung werden wir gleich im nächsten Beispiel Genaueres zu sagen haben.

Oskar Adler stellt angesichts dieses zum Himmel blickenden Hauptes die Frage, ob es denn nicht denkbar wäre, *«daß der Schädel, dieses obere Ende der ‹Wirbelsäule›, an seinem obersten Punkte – dem sogenannten Wirbel – Vertex – ein den äußeren Sinnen unsichtbares Fenster enthielte, durch welches die Strahlung des ‹Oben›, des gesamten oberen Sternenhimmels, der Region der Freiheit in ihn einstrahlte, ihm Kunde brächte in der seinem Ich verwandten und ihm verständlichen Sprache vom großen universellen Willen – vom Willen Gottes?»*[10] – es ist denkbar. Galt doch die Schädelöffnung, die sogenannte große Fontanelle, seit altersher als die Stelle eines Geist-Organs (die Inder nennen es das Scheitelshakra), *«das auf dem Haupte des Buddha gleich einer Krone dargestellt wird.»*[10]

Die Kommunikation zwischen dem Haupt als Sitz des menschlichen Gedankenlebens und dem Weltall, ist von Rudolf Steiner wiederholt dargestellt worden.

«Würde ich aus mir herauskommen, wie es ja fortwährend der Fall ist, wenn ich einschlafe, und zurückschauen auf mein Haupt, also auf mich als Gedankenmenschen, so sähe ich mich leuchtend.»[11]

Denn das Gedankenelement ist Licht in uns. Wenn man mit leibfreiem Bewußtsein, mit der Kraft der Imagination, Inspiration gleichsam von außen sein Haupt betrachtet, dann sieht man das Gedankenleben als Licht. Andererseits:

«Würde ich aus der Welt, aus der durchleuchteten Welt herauskommen, die Welt von außen sehen, so würde ich sie als ein Gedankengebilde sehen.»[11]

So wird das Wahrwort verständlich, daß in unseren Gedanken «Weltgedanken» weben, daß diese Weltgedanken zu uns sprechen können, wenn wir uns das «Fenster» offen halten, und daß sie als Gewissensstimme in uns widerklingen, unseren Willen bestimmend. Denn es ist ja das Ich, das dieses Weltgedanken-Licht in sich aufnimmt. So wird denn auch das «Cranium», wie die Alten das Haupt nannten, mit Recht zum Platz der Königskrone als dem edelsten Symbol für die Demut vor dem Willen des Höchsten, dem sich der eigene Wille beugt.

Damit aber zeigen sich Freiheit und Willensstat, wie sie dem Widdermenschen so große Anliegen sind, als ein Opfergeschehen, das von ihm *bewußt* dargebracht wird. Und auch für diesen von Demut erfüllten Willen, der sich von der Tiefe und Dunkelheit zum Licht der Höhe emporringt, finden wir in der Literatur ein überwältigendes Beispiel: das Adagio in Anton *Bruckners* VII. Symphonie. Zu diesem unerhörten Aufstieg, in dem alle Wunder der Musik voll entfesselt ineinanderwirken, schreibt Ernst Kurth:

«Wie sich nun dies heilige Aufschweben vollendet, in grenzenlose Bewegungsfülle

steigert, alle Gewalt und Ekstase immer wieder übersteigert, in letzte Allumfassung ausbricht und auflösend in neue Verzückung umbricht, das alles ist ein einziges großes Empor, unübersehbar in der hinreißenden Geschehensfülle, in der Übermacht des Erlösungs- und Läuterungsgedankens.» [12]

In diesem Bruckner'schen «Empor» mischt sich Willenskraft und Glaubenszuversicht, wie es ergreifender kaum in Tönen ausgesprochen werden kann. Das Terzen-Motiv, das sich aus tiefsten Finsternissen über d-Moll, f-Moll, As-Dur usw. emporringt, bis ihm – gleich wie bei Beethoven – der Septakkord as–c–es–ges als umgedeuteter übermäßiger Quintsextakkord as–c–es–fis das Tor zur Sonnensphäre von C-Dur öffnet, dieses Terzenmotiv ist thematisch innig mit dem «Non confundar in aeternum» aus Bruckners «Te Deum» verbunden. Der Glaube, in Ewigkeit nicht zuschanden werden zu können, ist es, der dieses Terzen-Motiv schließlich zum prangenden, im vollen Orchesterglanz erstrahlenden Erlösungsthema macht.

Doch wie hat Bruckner sein Haupt zu Gott erhoben? Der C-Dur-Akkord, der am Höhepunkt der ganzen Entwicklung – umrauscht von einem Beckenschlag – aufklingt, steht *und verweilt* auf seinem schwächsten Fundament: auf der Quinte, als Quartsextakkord. Das will sagen, daß im Erstrahlen dieser Höhepunkt bereits überwunden ist. Im Augenblick, da der Erlösungswille des Themas in dieser *«Endausflutung» (Kurth)* sein Ziel erreicht hat, entäußert er sich auch schon dieses Erringens, entsagt seinem Sieg, bringt die Tat einem Höheren als Opfer dar: «Omnia ad majorem Dei gloriam» – «Alles zur größeren Ehre Gottes», wie es Bruckner wiederholt auf das Titelblatt seiner Werke schrieb.

Gerade diese Demut, dieser Entsagungswille macht uns bewußt, daß hinter dem «Widder» trotz seines Mutes und seiner streitbaren Willenskraft, letztlich doch die Natur des «Lammes» steht, das uns mit gutem Grund als das christliche Symbol der Güte, des Verzichtes und des Opfers gilt. Unter allen Haustieren ist das Lamm das ruhigste, geduldigste Tier, dessen Furchtsamkeit, Genügsamkeit und Hilflosigkeit mitunter auch als willenlos und einfältig disqualifiziert wird; es ist das einzige, das nie verwildert. Auch muß man seine angeborenen Eigenschaften von jenen scharf trennen, die ihm der Mensch angezüchtet hat. An Lebhaftigkeit, Wachsamkeit, Mut und Gewandtheit stehen die in freier Wildbahn lebenden Schafe kaum irgendeinem anderen Tier nach. In ihren Wesen spricht sich Bedachtsamkeit, Selbstbewußtsein aus, doch überraschen sie trotz aller Vorsicht immer wieder durch ihre Vertrauensseligkeit. Als eine symbolische Gebärde für die Friedfertigkeit mag auch das Gehörn des Widders gelten. Sind seine Spitzen doch nicht als abschreckende Drohung nach außen gekehrt, sondern spiralig, schneckenförmig nach hinten gedreht. G. E. *Lessing* hat in einer kleinen Fabel (nach Äsop) das Wesen dieser «weiblichen» Seite des Widderzeichens trefflich charakterisiert:

«Das Schaf mußte von allen Tieren vieles leiden. Da trat es vor den Zeus und bat, sein Elend zu mildern.

Zeus schien willig und sprach zu dem Schafe: Ich sehe wohl, mein frommes Geschöpf, ich habe dich allzu wehrlos erschaffen. Nun wähle, wie ich diesem Fehler am besten abhelfen soll. Soll ich deinen Mund mit schrecklichen Zähnen und deine Füße mit Krallen rüsten? –

O nein, sagte das Schaf; ich will nichts mit den reißenden Tieren gemein haben.

Oder, fuhr Zeus fort, soll ich Gift in deinen Speichel legen?

Ach! versetzte das Schaf; die giftigen Schlangen werden ja so sehr gehasset. –

Nun was soll ich denn? Ich will Hörner auf deine Stirne pflanzen und Stärke deinem Nacken geben.

Ach nicht, gütiger Vater; ich könnte leicht so stößig werden als der Bock.

Und gleichwohl, sprach Zeus, mußt du selbst schaden können, wenn sich andere dir zu schaden hüten sollen.

Müßt' ich das! seufzte das Schaf. O so laß mich, gütiger Vater, wie ich bin. Denn das Vermögen, schaden zu können, erweckt, fürchte ich, die Lust, schaden zu wollen; und es ist besser, Unrecht leiden, als Unrecht tun.

Zeus segnete das fromme Schaf, und es vergaß von Stund an zu klagen.» (Zeus und das Schaf, Fab. Aesop 119)

Einen flüchtigen Blick müssen wir auch auf den niederen Vertreter der Widderstrahlung werfen, auf den Ver-führer, von dessen Egoismus es hieß, daß er skrupellos über alle Rücksichtnahme hinweggehen würde, wenn es gilt, das von ihm gesteckte Ziel zu erreichen. Wir beziehen dieses Negativbild deshalb in die Betrachtung ein, weil sich in der Literatur auch C-Dur-Stellen finden, in denen so geartete Charaktere auftönen, und der Leser sich fragen könnte, was ein derartiges C-Dur wohl mit dem ihm gemäßen Sternzeichen zu tun habe. Nun ist grundsätzlich festzuhalten, daß jede Tonart die Höhen und Tiefen der menschlichen Seelensphäre – aus ihrer Sicht gesehen – umfaßt und daß daher alle Gegensätze, das «Gute» wie das «Böse» darin ausdrückbar sein müssen. Wie es die

Dichtung vermag, mit gleicher Sprachgewalt den Helden, den Leidenden oder den Bösewicht darzustellen, so auch die Musik mit ihren Mitteln. Wobei das Klangphänomen als solches natürlich von dieser ethischen Bewertung unberührt und stets objektiv bleibt. Worum es geht ist die Gebärde, die sich in der Melodik ausdrückt, und die hinter ihr stehende Seelenhaltung.

Wir wählen ein Beispiel, in dem der Egoismus alle Schranken der Ethik mißachtet, der erfüllt ist von Lüge, Verrat und Gewissenlosigkeit, und mit Grausamkeit seinen Begierden Erfüllung zu verschaffen trachtet. Es ist die Gestalt des Monostatos in *Mozarts* «Zauberflöte» und sein arienhafter «Monolog». In diesem Mohren verkörpert sich die triebhaft-gemeine Lüsternheit in ihrer niedrigsten Art. Die Melodik ist spitz, zeigt in ihrer Entfaltung wenig Varianten. Vielmehr gefällt sie sich darin, ihre simple Linie immer aufs neue zu wiederholen und sich mit ihrem Hauptmotiv schlangenartig um den Ton c zu winden, wobei die beiden Nebennoten d und h – also das merkuriale und mondenhafte Element – besondere Bedeutung erhalten.

Die Struktur der ganzen Ariette ist von durchgehender Asymmetrie; gleich die einleitende Periode des Vorspiels ist zu neun Takten erweitert. Auch der Gesangspart scheint ungeordnet und chaotisch und spricht von Monostatos' Primitivität und ungebändigtem Wesen. In meiner Zauberflöten-Besprechung habe ich

145

die Harmonie als ein «*oberflächliches C-Dur*» charakterisiert, «*das mit seinen monoton dahinjagenden Sechzehntel-Rhythmen nichts von jenem kosmischen Widder-Gehalt durchtönen läßt, der dieser Harmonie eigen ist.*»[13] Und Christoph Peter schreibt: «*Das Besondere dieser Arie*» sei, daß sie «*ein sinnliches Flimmern und Prickeln*» entfalten würde, das auch dem Hörer das Blut heiß durch die Adern jagt und die Nerven zittern läßt. «*Durch die Überbetonung des Grundtons wird das C-Dur verspannt. Der Orchestersatz betont den Oktavton in vielfacher Weise. Durch die Hektik der Phrasen, die Enge der Melodik wirkt er aber kopfig und unnatürlich. Auch Klarinetten und Flöten können ihren befreienden Klang nicht voll entfalten, scheinen wie gefesselt.*»[14]

Mit einem C-Dur dagegen, das einen Weltschöpfungshymnus im höchsten Sinn des Wortes darstellt, eine Musik der Sphärenharmonien, wollen wir die Lichtseite der Widdersphäre abschließen: mit dem Eingangsthema von *Bruckners* «*Te Deum*». Gleich einem Festgeläute mutet der Streichersatz an, der über zehn Takte den C-Klang mit den Ur-Intervallen: Oktav-Quinte-Prim festlegt und durch das Fehlen der Terz die kosmische Weitenspannung erleben läßt, die sich in diesen Klängen auftut. Ernst Kurth:

«*Weitenumfassung in Zeit und Raum, Ausgießung von Kraft, Licht, Klang, ungreifbar großes, übergedankliches Weltgeschehen flutet durch seine Strahlenwellen ... Die Lobpreisung schallt in das weitgeöffnete kosmische Licht, sie könnte im ‹Faust› Voranfang und ferner Hintergrund des Prologs im Himmel sein.*»[12]

Ein Lobgesang, für den nicht mehr die Kirche, sondern das Weltall der Tempel für sein Zelebrieren ist.

Die Lebensfreude und Lichtestrunkenheit, die von uns Besitz ergreifen, wenn

146

die Sonne im Zeichen des Widders steht, offenbart aber auch noch eine andere Seite; sie gilt es ebenfalls zu erkennen. Ist dieses Erwachen zu neuem Leben im tiefsten Seelengrunde doch auch mit einer stillen, wenn oft auch überlärmten Wehmut verbunden; einer Wehmut darüber, daß uns ein anderes, inneres Leben schwindet, je intensiver wir uns dem äußeren Leben der erwachenden Natur hingeben. Gerade die All-Weitung, wie sie uns die Klänge des «Te Deum» erleben lassen, kann uns sagen, daß unser Ich, dem dieses All-Umfassen ureigenstes Wesen ist, durch die Hingabe an die Sinneswelt wie in einen einengenden Schlaf versetzt wird. Das «Aufgetan-Werden» des Sinnes-Auges hatte nun einmal das «Schließen» des geistigen Auges zur Folge. Und da wird uns mit einmal bewußt: jede Geburt ist auch gleichzeitig ein Sterben, jeder Tod stets auch eine Neugeburt. Zur Erde geboren werden heißt für unser Ich, herabsterben aus den geistigen Welten. Und nur *dumpf* vermag unserer *Selbstheit Hülle* des Menschen Wesen *an des Geistes Sein* zu binden, wenn wir uns überhaupt bewußt bleiben, daß jenseits dieser «Maja» der Sinne ein geistiges Sein west.

In diesem der Seele einverwobenen Todeserlebnis liegt das eigentliche Mysterium jener Widder-Zeit; seine esoterische Bedeutung. Ein Ahnen davon mag Ch. W. *Gluck* empfunden haben, als er für Orpheus' Trauer um Eurydike die C-Dur-Harmonie wählte. Und tatsächlich ist es ihm gelungen, den Schmerz um das Verlorene trotz des Widder-Glanzes voll und ganz auszusprechen.

Man versenke sich in das Melos dieses viertaktigen Hauptmotives. Von der Jupiter-Terz nimmt es seinen Ausgang, in ihre Innerlichkeit kehrt es zurück. Der melodische Weg zur Dominante führt über die rhythmisch stark akzentuierte Saturn-Quinte mit einem Quartsprung in den Grundton c, der durch sein marsisches Element zum Ausdruck einer unwiderruflichen Schicksalsnotwendigkeit wird, durch seine Vorhaltsstellung zum Mondenton h aber gleichzeitig die ganze Wehmut erstehen läßt, die mit dem Tode des höheren Seelenteils – Eurydike – verbunden ist. Der Sonnenton a schließlich ist ganz in die Mittellage gestellt und kommt auch in der weiteren Entwicklung nicht mehr zum Klingen, so daß sein Leuchten erloschen scheint.

Die Trauer, die über diesem C-Dur liegt, baut uns die Brücke zum anderen Tongeschlecht, in dem sich die Wehmut der Widderkraft voll auszusprechen vermag: zur parallelen Molltonart a-Moll.

Die parallele Moll-Tonart der Widder-Sphäre: a - M o l l

Im allgemeinen Teil unserer Betrachtungen wurden die harmonischen Zusammenhänge dargestellt, die uns berechtigen, von einer parallelen Molltonart zu sprechen, und diese der jeweiligen Dur-Sphäre, mit der sie dieselben Vorzeichen aufweist, beizuordnen. a-Moll entspricht somit ebenfalls der Widder-Sphäre wie C-Dur. Trotz dieses Gleichklanges liegen aber erhebliche Unterschiede zwischen den beiden Tonarten. Und dies nicht nur wegen der Erhöhung der VII. Stufe zum Leitton, die a-Moll dadurch in harmonische Zusammenhänge mit A-Dur bringt. Die Unterschiede gründen sich auch auf die Spannungsqualitäten der einzelnen Tonwerte. Zwar sprechen sie dieselbe kosmische Sprache wie in C-Dur; doch in der Tonleiterstruktur nehmen sie eine ganz andere Stellung ein, wodurch sie ebenfalls den Tonwerten von A-Dur näher rücken.

A	H	C	D	E	F	GIS	A
Sext-	Sept-	Prim-	Sekund-	Terz-	Quart-	Quint-	
qualität	qualität	qualität	qualität	qualität	qualität	qualität	
Sonne	Mond	Mars	Merkur	Jupiter	Venus	Saturn	

So ist der Sonnenton a in a-Moll Grundton, was die Eindunkelung, die dem Moll prinzipiell eigen ist, etwas mildert. Der Mondenton h erhält als Sekunde merkuriale Qualität; das bedeutet, daß die Septim-Sehnsucht, die dem Tonwert h ur-wesenseigen ist, hier zum bewegenden Element wird und die ganze a-Moll-Sphäre durchzieht. Eine gewisse Melancholie wird dem a-Moll daher anhaften, und nicht ohne Grund erleben wir es als die Tonart schwermütiger Volksweisen. Dagegen wird der kämpferische, erdverbundene Marston c zur Terz, ist in seiner Willensbetonung somit sehr verinnerlicht. Dies umso mehr, als der Schritt von h nach c ein Halbtonschritt ist, die Mollterz c also jene Sehnsucht des Mondentones förmlich an sich zieht. Der Sekund-Ton d steht in a-Moll als Quarte und strahlt durch sein merkuriales Element bei weitem nicht jene retardierend-umfassende Wirkung wie der Tonwert f aus; zumal er auch nicht durch einen Leittonschritt erreicht wird. Infolgedessen erfordert der Schritt IV–V, von d zur Quinte e, nicht jene Aktivität, wie dies bei der Dur-Struktur der Fall ist. Und auch dieser Quinte e, als Jupiterton, haftet im Gegensatz zum Saturnwert g (in C-Dur) durch seinen ihm wesenseigenen Terz-Charakter eine viel intensivere Innerlichkeit an; ein weiteres Zeugnis für die einhüllende, in sich hineinnehmende Tendenz des Moll-Geschlechtes. Die Venussphäre des Tonwertes f wird ebenfalls durch einen Leittonschritt erreicht, wodurch er sich, trotz der Sextenstellung, seine umgreifende Quart-Qualität weitgehendst erhalten kann. Mit dem Mondenton h zusammen bildet er einen Tritonus und umklammert damit intensivst die Dur-Terz c–e:

Es ist also eindeutig «Widder-Sprache», die hier auftönt: *«O Lichtesschein, verbleibe»* – das Wort des Mondentones; *«Erfasse das Werdewesen»* – spricht auch der Venus Tonwert in der parallelen Moll-Tonart.

Nun aber kommt die große «Interaktion»: die Erhöhung des g zum künstlichen Leitton gis. Der Saturn-Tonwert wird hier also aus seiner neutralen Mitte herausgehoben und mit einem exkarnierenden Akzent versehen. Der Oberdominant-Dreiklang von a-Moll heißt demnach: e–gis–h und öffnet damit ein Fenster zu A-Dur, durch das die sphärenharmonikalen Wirkenskräfte aus dem Sternenbereich des «Krebses» hereinstrahlen.

Allein diese Struktur kann uns erahnen lassen, daß wir in a-Moll einer äußerst interessanten und nuancenreichen Harmonie begegnen. Vor allem ist es die Polarität von Licht und Schatten, die eine starke Ausprägung erfährt. Als Moll-Harmonie ist sie eo ipso dem dunklen Element verbunden. Ihre Stellung im Quintenkreis intensiviert dies insoferne, als a-Moll gleichsam zwischen F- und C-Dur zu liegen kommt. Wenn wir von dem Unterdominantbereich (F-Dur) nach C-Dur aufsteigen, liegt a-Moll noch im «Morgengrauen»; erst in C erstrahlt die Sonne. Andererseits sorgen der Grundton a – der Sonnenton –, ferner die Aufhellung des Saturnwertes g zu gis und die A-Dur-Nähe der gesamten Leiterstruktur dafür, daß dieses Halbdunkel von Lichtstrahlen durchzogen wird, die die Erwartung des unmittelbar bevorstehenden Sonnenaufgangs aufs höchste steigern. Für all diese Stimmungsnuancen finden sich in der Literatur anschauliche Beispiele.

Ohne jegliche subjektiven Gefühlsemotionen, ganz aus dem Dämmergrau heraus gestaltet, zeigt sich uns *Bachs* Präludium aus dem Wohltemperierten Klavier. Hugo Riemann spricht von der *«Farblosigkeit»*, die den generellen Charakter dieser Harmonie ausmachen würde. Es fehlten ihm *«ebenso die rhythmische Energie»* wie die *«harmonische Tiefe»* und der *«melodische Schmelz»*[4]; doch sei es darum nicht *«minderwertiger»* als alle anderen Nummern dieses Werkes. *«Es ist mehr ein leichtes Spiel, ein anmutiges Auf- und Abschweben als etwa ein leidenschaftliches Ringen oder schauerndes Erleben.»*[4]

Wir können dem nicht hundertprozentig beipflichten. Denn gerade das rhythmische Element scheint uns doch sehr profiliert zu sein, schon allein durch die zu Anfang der Takte stehende Sechzehntel-Bewegung. Auch die melodische Erhebung in den ersten vier Takten bis zum Spitzenton a – dem Sonnenton – spricht von Energie, von der diese Thematik erfüllt wird. Gewiß, der so viel versprechende Sechzehntel-Aufschwung führt zu keiner festgefügten, eigenwillig geprägten Melodik; die Anfangskraft zerfließt vielmehr in spielerische Dreiklangsbrechungen, was Riemann das Bild von «auf- und abtanzenden Akkorden» gebrauchen läßt, die «kein Gesicht» hätten und «dem leichtesten Windhauch dienstbar» wären.[4] Aber vielleicht liegt gerade darin der sprechendste Ausdruck jenes Dämmerungszustandes von a-Moll: ein Wille, der noch alle Möglichkeiten offen läßt, weil er sich seiner Kraft noch nicht voll bewußt geworden, noch nicht ganz zu sich erwacht ist.

Ganz aus dem Wesen der noch in Dämmerschein gehüllten Widder-Harmonie, aber mit deutlicher Akzentuierung des ihr innewohnenden Willenselementes, ist das «Allegretto» in *Beethovens* VII. Symphonie gestaltet. Aus dem Quartsextakkord von a-Moll heraus wird die Thematik geboren; ein Schreiten in Bratschen, Celli und Kontrabässen, das jedoch aller Erdenschwere enthoben scheint,

so daß der Gedanke an Schritte entgleitet, noch ehe er gedacht ist. Paul Bekker vergleicht das Thema mit einem *«von melancholischen Schatten umwölkten Traumbild»* [5], das an uns vorüberziehen würde.

Aus dieser feierlichen Bewegung erwächst eine schwermütig-poetische Kantilene, die sich innigst mit der Schreitmotivik verflicht:

Ein Melos, in dessen Fortspinnung zarte harmonische Anklänge an die parallele Durtonart auftönen und die uns die Richtigkeit der vorhin erwähnten «Mondensehnsucht» erleben lassen, von der diese a-Moll-Harmonie durchzogen wird: die Sehnsucht nach dem «Erstehen des Lichtesglanzes». Schließlich ist es das Drängen dieses Sehnens, das zum kurzen Aufklingen der gleichnamigen Durtonart A-Dur hinführt; ein idyllischer Abgesang der thematischen Entwicklung, bei dem der unerbittlich schreitende Rhythmus aufgesogen wird von dem Gesang der Holzbläser und den mildernden Geigen. Nur sein schattenhaftes Pochen im Pizzikato der Celli und Bässe erinnert uns, daß die Wehmut für einen Augenblick vergessen, doch nicht endgültig überwunden ist.

Zweifellos ist dieser Satz eine der schönsten Schöpfungen aus dem Wesen von a-Moll. *«Die ganze Seele»* dieser Harmonie lebt für Hermann Beckh [15] in diesem *«wunderbaren Trauersatz»* der VII. Symphonie Beethovens. Wenn dann in die

Idylle dieses A-Dur plötzlich das kahle Unisono der absteigenden «aeolischen» Mollskala hereinfährt und der Schritt-Rhythmus des Anfangsthemas neu einsetzt, sich zu einem Doppelfugato verdichtet, um nach diesem Dickicht der Stimmen erneut den A-Dur-Gesang zu finden, läßt einem die Poesie dieses a-Moll an ein Wort Christian Morgensterns denken: *Je tiefer einer wird, desto einsamer wird er ...» (Aus: «Wer vom Ziel nicht weiß, kann den Weg nicht haben.»)*

Schwermut liegt auch über dem a-Moll Edvard *Griegs.* In dem Lied der Solvejg hat er für dieses wehmütige Erharren des «Lichtesscheines» – für Solvejg ist dies die ersehnte Rückkehr des Geliebten – ein aus der nordischen Seele geschöpftes a-Moll gefunden. In den Einleitungstakten ist es vor allem der dreimalige Quartschritt h–e, der ihnen das Gepräge gibt und wie eine von Trauer und Hoffnung gleichermaßen erfüllte Frage anmutet.

H, die Mondensehnsucht in sich tragend, e, die Jupiterterz, die hier als Quinte steht, und innen und außen, innerstes Hoffen und äußeres Harren verbindet. Ein Hoffnungsschimmer liegt auch in dem verklingenden Dominant-Akkord e-gis-h, der zwar zunächst dem traurigen a-Moll-Melos das Tor öffnet, in der Ferne jedoch das erhellende A-Dur ahnen läßt, dem er eigentlich angehört. Und Wehmut erfüllt ebenso die zum Venuston f aufsteigende Sextenmelodik des Liedes.

Ungebrochene Hoffnung dagegen atmet der A-Dur-Teil, dessen Melodie so innig den Jupiterton umspielt, als würde aus ihm die ganze Kraft des «Wartens» und «Harrens» zu schöpfen sein.

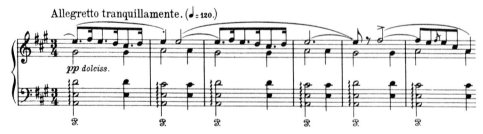

Willenskräftig, von festgefügter Akkordik getragen und rhythmisch profiliert, ersteht das a-Moll-Thema im Vordersatz von Griegs Klavierkonzert.

152

Erst der Nachsatz, als zweiter Hauptgedanke, bringt das elegische Element, das sich mit dem Tritonus-Schritt f–h zur parallelen Dur-Tonart hinzuwenden scheint – wie dies auch der Vordersatz im dritten und vierten Takt erkennen ließ –, im nächsten Takt jedoch, ebenfalls durch einen Tritonus, die Wendung zur dunklen Subdominante d-Moll vollzieht.

In ähnlicher Weise spricht Robert *Schumanns* Klavierkonzert von Kraft und Energie einerseits, von Schwermut und Elegie andererseits. Mit einem Allegro Affettuoso entlädt sich gleich zu Beginn der erste feurige Ausbruch im Solo-instrument.

Der geballten, rhythmisierten Akkordik, die über dominantisch auskomponierte Nebenstufen von der Höhe hinabsteigend, das a-Moll festlegt, antwortet eine schwärmerisch-sehnsüchtige Holzbläserkantilene.

Der erste Takt des Themas gibt melodisch dem Drang der kleinen Terz, sich ganz in sich selbst zu verschließen, nach und mildert weitgehendst die dem Marston eigene Selbstbehauptung. Der Aufstieg zur Quinte e im zweiten Takt jedoch ist wie ein sehnsüchtiges Ausatmen und Sich-Weiten. Nach einem kurzen Verweilen auf dieser Quintschwelle, der durch den Jupiterton e selbst der Weitungsdrang der großen Terz anhaftet, sinkt das Melos in leichter Chromatik wieder in sich selbst zurück. Noch einmal ein jähes Aufleuchten des Grund- und Sonnentones a im fünften Takt des Bläsersatzes, ehe sich das Melos endgültig zur Tiefe neigt.

Dieses romantische Schwärmen beherrscht zeitweilig den ganzen Satz, letztlich aber reißt der kraftvoll ritterliche Impuls der Eröffnungstakte das musikalische Geschehen an sich und zieht auch durch eine kühne rhythmische Umdeutung die Elegie des Hauptthemas in seinen Bannkreis.

Ruheloses Wandern und klagende Resignation erfüllt das «Andante con moto» in *Schuberts* IX. Symphonie. Ein a-Moll, das seine Schleier wie einen Traum über die Wirklichkeit legt. Stimmen, die nicht von dieser Welt zu sein scheinen, Stimmen voll Wehmut und Melancholie, die nach Erlösung dürsten, klingen in diesem weitgesponnenen Satzgebilde auf. Zunächst nur leise, tappende Rhythmen, ähnlich wie bei Beethovens «Siebenter», nur bewegter, drängender in ihrem Schreiten. Doch in der Tiefe regen sich schon erste melodische Keime. «*Da erhebt die Oboe ihren wehvollen, tränenerstickten Gesang. Die Klarinette gesellt sich dazu; es ist eine Melodie, die sich gar nicht fassen kann.*»[7]

Gleich einer Engelsbotschaft aus den Höhen leuchtet der zweite Gedanke in A-Dur auf, Trost verkündend, wie es auch Beethoven erleben durfte.

Doch schneidend fährt das Motiv tappenden Schreitens dazwischen, mahnend, daß der «Weiser» dieses Weges durch die Dämmerung kein Entweichen zuläßt. So ziehen in schier endloser Folge *«die Bilder der Resignation und Hoffnung»*[7] an unserem Ohr vorüber, *«bis der Traum endlich in sich selbst versinkt»* [7] und in der reinen a-Moll-Harmonie verhaucht.

Aber nicht immer spricht diese zu Moll abgeschattete Widder-Harmonie von Wehmut und Melancholie. Der «Sturmbock» – aries –, eingehüllt in den Schatten der Dämmerung, kann seine Willenskraft mitunter zum ausgesprochenen Trotz steigern, um sich das Licht zu erkämpfen, dem er ja wesensgemäß verbunden ist. So kündet schon *Mozarts* a-Moll-Sonate von finsterer Entschlossenheit, wie die markante Rhythmik, der eigenwillige Vorschlag zu Beginn und das selbstsichere Verweilen auf dem Leitton gis erleben läßt, bei dessen Dominant-Harmonie die Tonika a unbeirrt weiterklingt und eine scharfe Dissonanz zwischen Baß und Sopran in Kauf nimmt.

155

Oder das Rondo «alla turca» der berühmten «Sonate con Variazioni» in A-Dur, dessen a-Moll-Thema östliche, an Janitscharenklänge gemahnende Rhythmen in sich aufnimmt.

Die Blässe und Fahlheit, die der noch im Dämmerschein stehenden a-Moll-Harmonie eigen ist, wird besonders erlebbar, wenn sich ein aus dem Wesen von C-Dur herausgestaltetes Thema in die Moll-Parallele stellt. Wir können dies sehr anschaulich in *Wagners* «Meistersinger» empfinden, wenn Kothner die Regeln der Tabulatur verliest, und das Meistersinger-Thema dabei in einem trockenen a-Moll erklingt, das sich anhört wie ein C-Dur, dem alles Mark aus den Knochen gesogen wurde.

156

Hier bietet sich überdies ein sprechendes Beispiel, wie eine Tonsphäre wirkt, auch wenn das Thema selbst nicht aus ihrem Wesen heraus gestaltet ist. Um wieviel kräftiger erleben wir den Quartschritt abwärts c–g in der Grundgestalt des Themas in C-Dur, als es hier die Beziehung zwischen den Sonnen- und Jupiterton a–e vermitteln kann, denen in a-Moll die Funktion des Grund-und Quinttones zufällt.

Noch intensiver tritt der Gegensatz von Licht und Dunkel dort auf, wo sich a-Moll in Polarität zu A-Dur stellt. In besonders ergreifender Weise erleben wir dies am Ende von Wagners «Lohengrin», bei Elsas Tod. A-moll ist in diesem Werk immer in der Perspektive zu A-Dur zu sehen, die hier die Grals-Tonart darstellt. Wenn das Licht des Grales mit dem Scheiden des Schwanenritters der Welt schwindet, verblaßt sein A-Dur zur gleichnamigen Molltonart; seiner Lichtfülle beraubt, verbleicht das Lohengrin-Motiv in ein fahles a-Moll.

Von Willensstrotz und Festigkeit des Entschlusses kündet der Beginn des zweiten Aktes der «Walküre», wenn Wotan sich noch unbeirrt durch Frickas Gegenargumente als Lenker der Schlachten fühlt und Siegmund den Sieg über Hunding zuzusprechen gedenkt; und doch breiten sich diese «Gegenargumente» bereits wie ein drohendes Unheil als Mollschleier über das «Widderlicht» dieser Harmonie aus. Trotzig auch der anstürmende a-Moll-Akkord, verbissen der Oktavsprung zum Walkürenruf im dritten Takt.

157

Von einem Aufbäumen gegen alles zur Erde Herabziehende spricht auch das a-Moll zu Beginn von Gustav *Mahlers* «Lied von der Erde». a-Moll ist Mahlers tragische Tonart, die ihm hier, wie auch im zweiten Satz seiner «Fünften Symphonie», sowie in den Ecksätzen der «Sechsten» immer Ausdruck für alles Schwere, irdisch Niederdrückende ist. Im «Trinklied vom Jammer der Erde» stemmt sich das emporstrebende Anfangsthema, von vier Hörnern intoniert, mit aller Macht gegen diese drückende Last. Mit einem dreimaligen Quartsprung e–a wird mit prometheischer Verbissenheit der Sonnenton a erstürmt. Doch das im achten Takt in den Streichern aufklingende, nach abwärts drückende Dreiton-Motiv a–g–e leistet der Erhebung der Bläser-Thematik Widerstand. *«Holzbläser-triller und Flatterzunge, hart gerissene Pizzikati der Geigen, hohes Tremolo der Violoncelli, fortissimo schmetternde gedämpfte Trompeten geben ein, trotz äußerer Kraft, fahles Kolorit.»* [16]

Es ist nicht zu überhören, daß sich die Polarität von Licht und Dunkelheit in der a-Moll-Harmonie viel markanter abzeichnet, als in der ganz im Hellen stehenden C-Dur-Tonalität. Die starke Ich-Betonung des Feuerzeichens «Widder» läßt dieses Stehen in beiden Bereichen besonders intensiv als ein Schwellen- bzw. Grenzpunkterlebnis empfinden. Nikolaus Lenau spricht in einem Sonett von unserem *«unerforschten Ich»*, in dem sich *«wunderbar zwei Welten schneiden»*. Dieser Schnittpunkt liegt in den beiden Widder-Harmonien, wo wir, aus der Dunkelheit der Be-Tonarten kommend, in das volle Licht des Tages, der irdischen Sonne treten.

Allein trotz dieses Schnittpunktes, trotz des sich mitunter aufbäumenden, rebellierenden Willenselementes, das in manchen a-Moll-Themen anklingt, ist auch für die Moll-Parallele von C-Dur der *Opferwille* das tiefste und ureigenste Anliegen. In *Beethovens* «Fidelio» findet sich dafür ein ergreifendes Zeugnis: das Duett Rocco – Leonore im zweiten Akt. Leonore ist mit Rocco in den Kerker hinabgestiegen, um Florestans Grab zu graben. Noch weiß sie nicht, ob der dem

158

Tode geweihte Gefangene wirklich ihr Gatte ist. Und Rocco, der nicht ahnt, was in ihr vorgeht, deutet ihr Zittern als Furcht und Folge der Kälte. Sie aber, kaum ihrer mächtig, bekennt sich – und uns – ihre Seelenqual: «Gott steh' mir bei, wenn *er* es ist.» Rocco treibt sie zur Arbeit an. Schauerlich tönt das a-Moll-Motiv in den Bässen und im Kontrafagott.

Ein rollender Triolenrhythmus, der gleichermaßen das Graben tonmalend ausdrückt wie die innere Erregung, die Leonore erfüllt. Da erhebt sich das Melos über die dumpf drängenden Triolen, formt sich zu klaren Viertelrhythmen: «Wer du auch seist, ich will dich retten, bei Gott, du sollst kein Opfer sein»; ein Entschluß ringt sich frei, der von edelster, reinster Menschenliebe erfüllt ist: «Gewiß, ich löse deine Ketten, ich will, du Armer, dich befrein». Auch wenn es nicht der Gatte ist, sie wird dennoch ihr Leben daransetzen, dem Unglücklichen die Freiheit zurückzugewinnen. Der Lichtstrahl eines von innerer Festigkeit kündenden C-Dur fällt bei diesen Worten in Florestans Kerkernacht.

Nicht in äußerer Heldenhaftigkeit, sondern in höchster innerer Begeisterung, von Opferkraft erfüllt, weiht sie sich diesem Entschluß.

So spiegelt uns dieses a-Moll ein Zweifaches: für Leonore bedeutet es ein Hinabsteigen in todesträchtige Finsternis; nur die innere Sonne ihrer Menschenliebe leuchtet diesem Willensentschluß. Für Florestan dagegen naht mit dieser Widdersphäre von a-Moll seine, noch in die Dunkelheit des Kerkers gehüllte Retterin. Ein für den Zuschauer zu erahnendes C-Dur, das den triumphierenden Abschluß des Werkes beherrschen wird, kündigt sich damit an. «Wer du auch seist ...» –,

bei diesen Worten blickt Leonore – gleich dem Bildsymbol des Widders – auf den «Ursprung des Seins» zurück: auf den Menschen, dem das Siegel der göttlichen Ebenbildschaft aufgeprägt ist.

Der Wille des hohen Widder-Ethos hat immer den Ursprung im Auge. Ihn in möglichster Reinheit zu verwirklichen, ist das dringendste Anliegen seiner Intentionen. Dies aber ist auf Erden nur durch das Opfer möglich: durch das Ersterben eines Niederen um der Geburt eines Höheren willen. Aus diesem wissenden Erfühlen, daß die Hingabe an das irdische Leben, zu der uns die Frühlingszeit so sehr drängt, eine mystische Verschuldung gegenüber dem Geistigen bedeutet, sind die schauerlichen Kulthandlungen einer uralten Menschheit zu erklären: die Darbringung des Menschenopfers in der Nacht des Frühlingsäquinoktiums. Das Leben der Natur – das fühlte man – bedeutet die zyklische Wiederkehr des Gleichen. «Erst wer darangehen darf, die Fessel zu lösen, die ihn zum willenlosen Diener des immer wiederkehrenden Naturrhythmus macht, hat das Recht erworben, sich aus der Tierheit zum Menschen, zum freien Menschen zu erheben.»[10] Dies aber ist nur möglich, wenn man den Kreis dieser ewigen Wiederkehr des Gleichen sprengt, ihn durchbricht. «Und diese Tat, diese befreiende Tat, die nur aus der reinen Spon-

160

taneität eines Willens erwachsen kann, der sich der Mechanik des Naturlaufes bewußt entgegenstellt und aussieht wie eine Verneinung des einen Lebens, um das andere, das höhere zu gewinnen, diese Tat ist es, die wir das Opfer nennen.»[10]

Was hier als Verneinung des Lebens erscheint, ist in Wahrheit seine höchste Bejahung. Ohne das Todes-Opfer würde der Mensch in das Leben der Erde so vollständig eingebunden werden, daß er seines geistigen Ursprungs vergessen müßte.

«Dadurch allein konnte der göttliche Vater-Geist die Erinnerung an den göttlichen Ursprung retten, daß er allem, was in die Materie strebt, die Wohltat des Todes mitgab. So war es möglich, daß die Pflanze, wenn sie wächst, in die Höhe schießt bis zu dem Moment, wo die Befruchtung eintritt – und in demselben Moment welkt die Pflanzengestalt, eine neue Pflanzengestalt tritt aus dem Samen hervor. Dadurch aber, wenn die Pflanze in den Samen tritt, ist sie für einen Moment in der göttlich-geistigen Welt und wird erfrischt durch die göttlich-geistige Welt. Und so ist es insbesondere für den Menschen. Der Mensch würde hineingebannt in die Erde und vergessen seinen geistig-göttlichen Ursprung, wenn nicht der Tod ausgebreitet wäre über die Erde, wenn der Mensch nicht immer neue Kraftquellen zwischen dem Tode und der neuen Geburt zugeführt erhielte, um nicht zu vergessen seinen göttlich-geistigen Ursprung... So ist der Tod der wohltätige Entreißer aus einem Dasein, das den Menschen ganz herausführen würde aus der göttlich-geistigen Welt»[17] und damit der Bewahrer unseres ewigen, unvergänglichen Lebens.

Und das Ethos des hohen Widder-Typus liegt im bewußten Vollzug dieses Opfers, ganz im Sinne des Wortes von Angelus Silesius:

> *«Indem der weise Mann zu tausendmalen stirbt,*
> *Er durch die Wahrheit selbst um tausend Leben wirbt.»*
> *(Der Cherubinische Wandersmann, Nr. 27)*

Nun wird verständlich, warum gerade die erste Frühlingsnacht der Moment der Opferung sein mußte, da ja gerade sie den Anfang einer neuen Wiederkehr des irdischen Lebens bedeutet. Und wir verstehen auch, warum der «Widder» im Tierkreis der Anfangspunkt sein muß, und wir das klingende Abbild dieser Sphäre – C-Dur/a-Moll – auch von dieser esoterischen Sicht her als Ursprung und Ausgang zu erkennen haben. Zeigt uns doch die Quintenspirale eine ebensolche Höherentwicklung.

Menschenopfer in dieser rohen, gnadenlosen Form gibt es nicht mehr. Aber das Sterben eines jeweils Niedrigen in uns, um ein Höheres zur Geburt zu bringen, dieses Opfer wird gebracht werden müssen durch aller Zeiten Lauf, wenn der Mensch sein Ziel erreichen will; nämlich zur Entfaltung zu bringen, was ihm als göttliche Substanz eingehaucht worden ist.

Und gewiß verstehen wir nun auch, warum dieser erste Abschnitt des Zodiakus den Namen des Widders oder des *Lammes* bekam; des Lammes, das in der christlichen Esoterik als «Agnus Dei» erscheint, von dessen geheiligtem Blut immer wieder die Erneuerung der Menschheit ausgeht. Der *Ostertag* muß daher der erste *Sonnentag* nach dem Frühlings-Vollmond sein. Denn als die Sonne im Zeichen des Widders stand, hat sich das Mysterium von Golgatha vollzogen.

Dieses göttliche Liebesopfer hat Johann Sebastian *Bach* in einem a-Moll seiner Matthäus-Passion verklärt: «Aus Liebe will mein Heiland sterben». Eine Soloflöte hebt dieses a-Moll hoch empor in die reinen Strahlen des Lichts. Und so unfaßbar erscheint diese Opfertat, daß Bach dem Melos keine Bässe, keine «Tiefen» hinzufügt. Auch die Begleitung der Arie webt in hohen Lagen.

Die schier ins Grenzenlose dahinfließenden Sechzehntel sagen uns von der Unendlichkeit und dem All-Umfassen dieser Liebe.

Wenige Partiturseiten vorher jedoch findet dieses a-Moll sein dämonisches Responsorium, wenn der Chor der Juden Pilatus' Frage mit den wütenden Worten beantwortet. «Laß ihn kreuzigen ...!»

Ein verzerrtes, mit diabolischen Tritonus-Schritten angereichertes a-Moll, das sich zu dämonischer Wildheit steigert, je gewisser sich die Juden ihres Opfers fühlen. Dabei soll ein tonmalender Hinweis, den Philipp Spitta in seinem Bach-Werk gibt, nicht unerwähnt bleiben: der Umstand, daß der Hauptteil des Kreuzigungsthemas,

wenn man die äußersten und mittleren Noten durch Linien verbindet, das Zeichen des Kreuzes ergibt. [18] In der Perspektive der kosmischen Tonwerte gesehen, wird das Kreuzigungs-Thema in seiner Urgestalt von jenen Planetentönen getragen, die in der Erdenevolution und für das Mysterium von Golgatha eine wesentliche Rolle spielen: Sonne-Saturn-Mars-Mond.

Golgatha ist das reinste und erschütterndste Urbild des Widder-Opfers. Und deshalb tönt es mit «großer Stimme» durch alle Räume und aller Zeiten Lauf:

«*Das Lamm, das erwürget ist, ist würdig, zu nehmen Kraft und Reichtum und Weisheit und Stärke und Ehre und Preis und Lob.*» (*Offenb. Johannis V, 12*)

G-DUR — STIER

Mein Selbst, es drohet zu
entfliehen,
Vom Weltenlichte mächtig
angezogen.
Nun trete du mein Ahnen
In deine Rechte kräftig ein,
Ersetze mir des Denkens Macht,
Das in der Sinne Schein
Sich selbst verlieren will.
(Rudolf Steiner: Seelenkalender)

«Frühling läßt sein blaues Band
wieder flattern durch die Lüfte ...»

Der Frühling ist etwas Herrliches; sich ihm nicht hinzugeben, sich ihm nicht mit Herz und Seele verbunden fühlen, hieße sein Erdendasein schmälern, sein Geschöpfsein verleugnen. Alles Schuldgefühl ob des inneren Selbstverlustes, wie es die Widder-Anmahnung in uns noch erwecken mochte, scheint im maienhaften Blütenzauber unterzugehen: *«Mein Selbst, es drohet zu entfliehen.»* Das G-Dur, das Hugo *Wolf* zu Mörikes Lied «Er ist's» erklingen läßt, spricht von der Blütenpracht, vom Zephirhauch der Lüfte, vom Jauchzen einer jugendlich dahinströmenden Lebenskraft.

G-Dur steht im aufsteigenden, dem hellsten Licht zustrebenden Teil des Quintenkreises. Von Leben, Licht und Liebe, vom Sinneszauber Aphroditens spricht diese Tonalität und macht sich damit zum Klangbild einer Sternensphäre, in der die Venus ihr «Haus» findet. Wir hören zunächst wieder auf das Weltenwort der Planeten.

Erhelle dich, Wesensglanz, ... Sonne . . A (Sextqualität)   als Sekund
Erfühle die Werdekraft, ... Venus . . Fis (Quartqualität)   als Septime
Verwebe den Lebensfaden . . . . . Merkur . D (Sekundqualität)   als Quint
In wesendes Weltensein, ... Mars . . . C (Primqualität)   als Quart
In sinniges Offenbaren, ... Jupiter . . E (Terzqualität)   als Sext
In leuchtendes Seins-Gewahren . . Saturn . . G (Quintqualität)   als Grundton
O Wesensglanz, erscheine! . . . . . Mond . . H (Septimqualität)   als Terz

G	A	H	C	D	E	FIS	G
Quint-qualität	Sext-qualität	Sept-qualität	Prim-qualität	Sekund-qualität	Terz-qualität	Quart-qualität	
Saturn	Sonne	Mond	Mars	Merkur	Jupiter	Venus	Saturn (Vulkan)

(Es wird dem aufmerksamen Blick des Lesers gewiß nicht entgangen sein, daß die Stufenfolge der Planetentöne in G-Dur jener der Entwicklung unseres Erdenplaneten entspricht, wie sie Rudolf Steiner in seiner Evolutionsdarstellung aufgezeigt hat. Wobei der jetzige vierte Zustand – die eigentliche Erdenstufe – in eine Mars-Epoche *vor* dem Ereignis der Zeitenwende und eine Merkur-Epoche *nach* Golgatha aufzugliedern ist.)

Mit dem Sternzeichen des Stieres stehen wir im Sektor oberhalb der Tag- und Nachtgleiche. Die Sonne spendet in diesem Zeichen am machtvollsten ihre Lebenskräfte, in unerschöpflicher Fülle zaubert sie sprießendes, sprossendes Wachstum hervor. Das Sonnenwort: *«Erhelle dich, Wesensglanz»* spricht dies aus; denn es meint nicht allein die äußere Erhellung, den «optisch» wahrnehmbaren Glanz der Sonne, sondern auch den inneren, den Glanz des Wesens. Erhellt wird die Welt durch die steigende Sonnenbahn, erhellt wird sie aber auch durch die schöpferische Kraft des Geistig-Wesenhaften, des «Weltenlichtes». Für diese webende, alles bewegende Sonnenkraft ist die Stellung des Sonnentones a in G-Dur bedeutsam. Tritt uns ihr Tonwert doch mit der merkurialen Sekundqualität entgegen, d.h. seine ihm ureigenste kosmische Sextenwirksamkeit nimmt die bewegenden Merkurkräfte in sich auf und verleiht dadurch dieser Tonart etwas Strahlend-Fließendes.

Der Saturnton g – als Grundton – folgt dem Sonnenruf und will den «erhellten Wesensglanz» zu *leuchtendem Seins-Gewahren* bringen. Alles «Gewahren», d. h. Wahrnehmen auf Erden, erfolgt durch die Sinne. Als unsere Erde ihren ersten Verkörperungszustand durchmachte – die Geisteswissenschaft Rudolf Steiners spricht von dem alten Saturnzustand unseres Planeten –, wurden die Keime für die menschlichen Sinnesorgane gelegt. Saturn bleibt der Aufforderung, zu «gewahren» seine Wirkenskräfte, somit treu, stellt sie jedoch ganz in den Dienst des Sonnenwortes. Ähnlich verhält sich aber auch der Tonwert. Dem g eignet Quintqualität, d. h. es steht an der Schwelle zwischen Prim und Oktav. In der Prim (Grundton) spricht die Erdennatur zu uns, die durch die Sinne «gewahrt». Die Oktav spiegelt das geistige Wesen, und die Quint verbindet beide Bereiche. Indem der Tonwert g seine Quintqualität zum Grundton macht, prägt er der auf ihm ruhenden Tonart den Stempel dieses Brückenschlages zwischen Prim und Oktav auf: *In leuchtendes Seins-Gewahren*. Und es ist nur zu selbstverständlich, daß diese Quintqualität mit ihrem nach zwei Richtungen hin blickenden Janushaupt niemals dieses In-sich-gegründet-Sein, diese Erdenfestigkeit ausstrahlen kann, wie dies der Primcharakter des Marstones c vermag. Spricht das Saturnwort doch einerseits vom «Sein», also von der geistigen Realität, andererseits von dem «Gewahren», d. h. von der Wahrnehmung im irdischen Dasein durch die Sinne. Und jedes Erleben des «Vergänglichen» als ein «Gleichnis» für das «Unvergängliche» verhindert ein zu festes Gegründetsein im Irdisch-Materiellen. Die Natur als «farbigen Abglanz» des göttlichen Seins zu verstehen, bedeutet ein «Ruhen» in diesem Sein, das erfüllt ist von freudiger Regsamkeit des Lebens. Eine Ruhe, die Faust beim Anblick des Regenbogen-sprühenden Wasserfalls mit treffenden Worten charakterisiert, wenn er von *des bunten Bogens Wechsel-Dauer* spricht. Gerade von dieser leuchtenden, aus dem Sein quellenden, das Leben in sich bergenden Ruhe kündet Saturn. Und dies verleiht der G-Dur-Harmonie ein gewisses schwebendes Element, eine ätherische Leichtigkeit.

Der Mondenton h ist hier Terz. Das spricht für sich selbst. Die Innerlichkeit, das «Herz» dieser Tonart ist von der Septim-Mondensehnsucht zutiefst erfüllt: «*O Wesensglanz, erscheine!*» Es ist ein Wesenscharakteristikum der Mondenworte, daß sie stets etwas Flehendes in sich bergen, die Bitte zu «verbleiben», zu «erstehen», «verharren», zu «erstarken» oder zu «erscheinen». Was die Sonne als *Tat* «setzt», wird vom Mond mit Sehnsucht «erwünscht». Der Mondenton als Terz läßt uns daher vermuten, daß dem G-Dur neben seiner lichterfüllten Leichtigkeit auch ein inniges Gefühlsmoment zu eigen sein wird.

Mars spricht in G-Dur durch die Quart zu uns. Zweifellos wird dies der Tonart eine gewisse innere Festigkeit verleihen, die sie vor einem gänzlichen Zersprühen in Licht und Luft bewahrt. Denn die Standfestigkeit des Marstones kommt der umgreifenden, retardierenden Tendenz der Quartqualität kongenial entgegen. Dementsprechend auch das Mars-Wort in dieser Sphäre: den erhellten Wesensglanz zu *wesendem Weltensein* zu verdichten.

In gleicher Weise unterstützt die Sekundqualität des Tonwertes d die «Januseigenschaft» der Quinte. Seine Merkurkraft kann den, nach zwei Seiten hin offenen Quintcharakter nur stärken: *Verwebe den Lebensfaden*. Merkur (Hermes) –

der Götterbote – «verwebt» das «Oben» mit dem «Unten», das Geistig-Unoffenbare mit dem Irdisch-Offenbaren. Gerade aus diesem «Verweben» wird der Quell des Lebens am reichsten fließen.

Die Jupiter-Terz e findet in G-Dur ihre eigene Wesensqualität als Sexte wieder. Sie strahlt nach außen, was sie selbst innerlich ist, und führt damit den «Wesensglanz» *in sinniges Offenbaren*. Dadurch wird uns eine neue Dimension der Tonart erschlossen. Denn «sinniges Offenbaren» des «Wesensglanzes» heißt, das Gewahrwerden des Ideell-Wesenhaften in der Sinneswirklichkeit. Rudolf Steiner hat dies einmal als die *wahre Kommunion der Menschheit* bezeichnet. G-Dur wird daher in ihrer tiefsten Aussage nicht allein von Sinneszauber, von Blütenpracht und Lebensfreude zu künden haben.

Als Leitton die Septim-Sehnsucht in sich aufnehmend, steht hier der zu seiner exkarnierenden Wirkenskraft erhobene Venus-Tonwert fis. Den Leitton drängt es zur Oktav seines Grundtones. Venus – so sagten wir bereits – findet in dieser Sphäre ihr «Haus». *Erfühle die Werdekraft* ist ihr Wort, das uns abermals auf die Gefühlsbetontheit dieser Fixsternstrahlung aufmerksam macht. Nicht im dunklen Drang soll sich die Werdekraft ausleben, nicht in sinnlicher Willkür, vielmehr soll sie mit ganzer Gefühlsintensität umfaßt werden; und dieses Umfassen entspricht auch dem Quartelement, das dem Venuston wesenseigen ist.

Schon jetzt läßt sich sagen, daß die G-Dur-Tonalität Nuancenreichtum besitzen wird; allerdings wird es nicht ganz leicht sein, ihre Tiefen unter der Oberfläche des sprühenden, quellenden Lebens aufzuspüren; eines Lebens, das zweifellos als ihr Hauptcharakteristikum zu gelten hat. Mannigfaltig sind daher auch die Attribute, die man dieser Tonart zugeschrieben hat, keines jedoch lotet wirklich in ihre Tiefe. Als *«keck und übermütig»* hat sie *Haas* bezeichnet, als ein *«lyrisiertes C-Dur»* spricht sie *Böttcher* an. *Mattheson* meint: *«G hat viel Insinuantes (Einschmeichelndes) und Redendes in sich; es brilliert dabei auch ein wenig, und ist sowohl zu seriösen als munteren Dingen gar geschickt.»* Für *Henning* wiederum hat G einen *«ziemlich freundlichen Charakter»*, aber diese Freundlichkeit, meint der Musikwissenschafter, sei viel zu *«gutmütig, zu ausdrücklich»*, so daß G-Dur einen *«kraftlosen, unselbständigen, fast möchte man sagen stupiden Charakter»* aufweise. Für *Stephani* schließlich erscheint G-Dur *«seelisch noch unkompliziert und leicht beschwingt»* zu sein, *«kindlich froh, von den Gluten der Leidenschaft noch unberührt.»*[1]

Auch die kosmische Sicht wird uns die Erforschung dieser Tonalität nicht leichter machen. Denn auch hier stoßen wir offenbar auf Widersprüche. So muß uns gleich die scheinbare Diskrepanz auffallen, die sich zwischen dem Bildsymbol dieser Tierkreissphäre und ihrem tönenden Erscheinungsbild auftut. Wie das Bildsymbol – der Stier – eigentlich nicht recht zu der so oft betonten «Leichte», dem ätherischen Hauch dieser Tonart passen will, so auch das Wesen dieses Sternenbereiches selbst. Denn das Stier-Zeichen gilt als ein Erdzeichen, dem naturgemäß ein unmittelbarer Bezug zur materiellen Wirklichkeitswelt eigen ist und damit eine gewisse Schwere erwarten läßt, wofür das Bild des «Stieres» ein sprechendes Zeugnis abgibt. Wie aber verträgt sich dies mit dem aphroditenhaften Charakter dieser Tonart?

Doch baut uns das ursprüngliche Bildsymbol eine wertvolle Brücke. Es zeigt

168

uns nämlich den Stier immer nach der Seite blickend und springend. Wiederum ist die Gebärde das, worauf es ankommt. Indem sie einerseits mit dem Um-sich-Herumblicken auf das lebendige Erfassen alles dessen verweist, was Umwelt, allgemeines universelles Prinzip ist, andererseits durch die Sprunggeste das Innerlich-Regemachen dieses universellen Prinzips anspricht, deutet sie auf das nie ruhende Lebenselement des Weltenäthers, das aus dieser Sternensphäre so mächtig erstrahlt.

Dazu noch folgende Überlegung: die das Leben tragenden Ätherkräfte wirken durch die vier Elemente in die Erdenstofflichkeit hinein. So wird es verständlich, wenn uralte Sternenweisheit auch die zwölf Sphären des Zodiakus in vier Gruppen mit je drei Bereichen gliederte, die jeweils einem bestimmten Element verbunden sind. Dem Feuerelement werden Widder, Löwe und Schütze zugeordnet. Als Luftzeichen gelten: Zwillinge, Waage, Wassermann. Dagegen wirken Krebs, Skorpion und Fische durch das wässrige Element in die Erdenstofflichkeit. Dem Irdischen unmittelbar verbunden sind schließlich: Stier, Jungfrau und Steinbock.

Nun ist innerhalb dieser vier Gruppen natürlich auch die Intensität ihrer Wirkenskraft zu differenzieren. Und wir nehmen für ein besseres Verständnis dafür am besten die Polarität des Männlichen und Weiblichen zu Hilfe. Wobei uns als männlich alles gilt, was nach Objektivierung verlangt, was einen «actus», einen Willensimpuls darstellt, der nach «Verwirklichung» strebt, der ein Innerliches zur Offenbarung nach außen bringen möchte. Als weiblich dagegen verstehen wir alles «Empfangende», die «potentia», d. h. das Verlangen, diesen Objektivierungsdrang aufzunehmen, ihm die Möglichkeit (potentia) seiner Verwirklichung, seiner *Geburt* zu geben. Weiblich ist also der empfangende Weltenschoß, der dem männlichen Schöpferwillen den Stoff bietet, damit er sich in der «Materie» manifestieren kann. Dem absolut Weiblichen gehört somit alles «Gewordene» an, alles in der Materie Ausgeprägte, in ihr Erstarrte. Daraus ergibt sich folgerichtig, daß alle Erdzeichen weiblicher Qualität sein müssen, während die Feuerzeichen mit ihrer ausgeprägten Willensbetonung – C-Dur hat uns anschauliche Beispiele geliefert – männlichen Charakter aufweisen.

Mit der Erkenntnis, daß wir es bei der Stiersphäre mit einem weiblichen Zeichen zu tun haben, wird die vorhin erwähnte Diskrepanz bereits merklich gemildert. Sowohl die Leichtigkeit und Anmut als auch die Gefühlsbetonung erfahren dadurch eine Rechtfertigung. Sind dies doch alles Eigenschaften, die wir vor allem dem Weiblichen zuschreiben. Offenbar scheint hinter dem Bild des Stieres auch noch etwas anderes zu stehen, ähnlich wie wir hinter dem Widder das Lamm gewahrten, das sich in seiner Urbildlichkeit sogar als das Agnus Dei geoffenbart hat.

Auch das Stiersymbol reicht in göttliche Bereiche. In der ägyptischen Kulturepoche, wo die Sonne zu Frühlingsbeginn tatsächlich im Sternbild des Stieres stand – man denke an den ägyptischen Apis-Kult – hatte man die wirkliche Qualität dieser Wirkenskräfte noch unmittelbarer im Auge und sie als Göttin Isis verehrt. Kosmisches Symbol war daher auch nicht so sehr der «Stier» als vielmehr die «Isiskuh» – die Göttin mit den Kuhhörnern. Und dies macht es uns auch verständlicher, warum für diese Fixsternsphäre der Planet Venus der geeignetste Kraftüberträger und Vermittler ist.

Trotzdem! Ein Zwiespalt bleibt bestehen, denn zwischen Stier und Kuh klafft ein weit größerer Gegensatz als etwa zwischen Widder und Lamm. Man rücke sich nur das irdische Erscheinungsbild vor die Seele. Es gibt in der Tierwelt kaum eine Familie, wo der Gegensatz zwischen Männlichem und Weiblichem so ausgeprägt ist wie gerade hier. Auf der einen Seite die Kuh, die in ihrer Geduld oft an das Lamm erinnern läßt, für die es nichts gibt, als Nahrung aufzunehmen und sie wiederzukäuen. Sie, die all diese aufgenommenen Erdenstoffe in sich verwandelt, zu «Milch» werden läßt, und dem Menschen wiedergibt, was sie von der Natur empfing, sie kann uns wahrlich als ein lebendiges Symbol der Hingabe an alles Irdische gelten. Dagegen der Stier, mit gesenktem Haupte, ungeheure Kraft und Gewalt im Nacken bergend; ungebändigte, wilde, entfesselte, *blinde* Gewalt. Die Kräfte, welche die Kuh zu ihrer Verwandlungstat aufwendet, schießen beim Stier zur Gänze in die Ungebändigtheit seiner Zeugungskraft. Ungehemmt leben sie sich aus.

Da nun beide Bildsymbole für die Strahlungskraft dieser Fixsternsphäre zutreffen, ist zu erwarten, daß ihr tönendes Abbild G-Dur ebenfalls Gegensätzlichkeiten aufweisen wird und diese Tonalität daher doch nicht so «kraftlos», «unselbständig» und «ausdruckslos» ist, wie sie manchem Beurteiler auf den ersten Blick erscheinen mag.

Wenden wir uns nunmehr der praktischen Verwirklichung dieser Tonalität zu. Schon eine erste, oberflächliche Umschau in der Literatur läßt erkennen, daß die weibliche, aphroditenhafte Seite – die «Isiskuh» – im Vordergrund steht: das Aufjauchzen über das neu ersprießende Leben, die Freude am Blühen und Duften, wie dies bereits das erste, an die Spitze dieses Kapitels gestellte Beispiel Hugo Wolfs gezeigt hat. Unserer Betrachtungsmethode treu bleibend, wollen wir jedoch den Ausgangspunkt wieder von der objektiven Darstellung J. S. Bachs nehmen.

Heiterkeit, Lebensfreude zeichnen sowohl das Präludium wie die Fuge aus. In *Bachs* eigener Handschrift ist das Präludium im Vierundzwanzig-Sechzehntel-Takt notiert, wobei die Sechzehntelbewegung das ganze Stück hindurch kontinuierlich aufrechterhalten wird. Spätere Notationen weisen einen Viervierteltakt auf und geben der Sechzehntelbewegung einen Triolenrhythmus. Ungetrübte

Freude atmet die schlanke Arpeggio-Motivik des dahineilenden Melos, ein «*frischer Frühling*», wie Hugo Riemann schreibt, «*treibend und sprießend, flatternd und springend.*» [2]

Auch Bach bestätigt uns den lenzhaften Grundcharakter dieser Tonalität. Und zahllose Beispiele wären anzuführen, die uns eine ähnliche Frühlingsbotschaft verkünden.

So Joseph *Haydn* in seinem Oratorium «Die Jahreszeiten», gleich im ersten Chor der Landleute. Bemerkenswert ist, daß sich die Melodik des Hauptmotivs, mit Ausnahme des Spitzentones im dritten Takt, durchwegs im unteren Quintenbereich bewegt. Ein Umstand, dem wir anschließend bei einem Mozart-Beispiel wieder begegnen werden und der uns die Richtigkeit des vorhin über den Quintraum Gesagten rechtfertigt: daß nämlich aus ihm der Quell des Lebens am reichsten fließen würde.

In *Mozarts* «Zauberflöte» ist G-Dur die Tonart Papagenos. In dieser Gestalt repräsentiert sich die unerschöpfliche Lebenskraft der Natur in heiter-liebevoller Weise. In Papageno ist das «Gignesthai» – das Werden und Entstehen –, das maienhaft Sprießende und Grünende dramatisch personifiziert. Der G-Laut ist der Laut des naturhaft Generativen: genus = das Geschlecht, generare = hervorbringen, genitor = der Erzeuger. «*In der nordischen Mythologie ist ‹Ginnungagap› der ‹gähnende Schlund›, das germanische ‹Chaos› und ‹Tohuwabohu›. Es ist der von Schöpferkräften durchwogte ‹leere› (gähnende) Weltenraum, dessen Inhalt noch nicht sinnlich-sichtbare Form angenommen hat ...*»[3] Auch die Silbe «geno» im Namen unseres Vogelfängers weist auf diese Lebenspotenz hin.

Papagenos Melodik bewegt sich durchwegs im «Diesseits» der ersten Skalen-
hälfte, d.h. im Quintraum, wie der Chor der Landleute bei Haydn. Und auch
sein Vogelfängertum weist auf eine ganz der Natur verbundene Empfindungssphäre. Sind es doch bloß jene kleinen, etwas vorwitzigen Sänger, die er in seinem Käfig trägt, die eben «singen, wie der Vogel singt», d.h. wie ihrem
kreatürlichen Dasein der Schnabel gewachsen ist. Und für diese Vögel erhält er
im «Astral»-Bereich (astra = Stern) der «sternflammenden Königin» Speise und
Trank; Gaben, mit denen er sich – wie alle Kreatur – restlos zufrieden gibt.

Am deutlichsten tritt die unaufhaltsam pulsierende Lebenskraft dort hervor,
wo Papageno seine Papagena findet. Der Baum, an dem sich unser Held aus
Schmerz über den Verlust seines «süßen Weibchens» erhängen wollte, wird zum
«Baum des Lebens», der die Heißersehnte birgt. Zum Bild eines *pflanzenhaft
sprießenden, unvergänglichen, ewig zirkulierenden Lebens der Natur: Papagena*[3]
«Wenn viele, viele Papapapapapapage ...»

Dem zarten, ätherischen Blühen im Trio von Mozarts g-Moll Symphonie wurde bereits im allgemeinen Teil Erwähnung getan. Das innige Verhältnis, das Franz *Schubert* zur G-Dur-Tonalität hatte, zeigt so manches Lied, in dem er Zwiesprache hält mit der Natur. So etwa im Liederzyklus «Die schöne Müllerin», wo man in dem Lied «Wohin» aus der durchsichtigen Klarheit des Wellenspieles den Gesang der Nixen zu vernehmen meint.

Oder in der G-Dur-Melodik von «Danksagung an den Bach», mit der das Bächlein den Dank des Burschen durch zartes Wogenkräuseln entgegenzunehmen scheint.

Eine Offenbarung zartesten ätherischen Blühens und Duftes ist auch sein «Heidenröslein»; mit der viermal erklingenden Monden-Terz beginnend, durchwebt ihr Sehnen das ganze folgende Melos. Wie sanfter Frühlingswind weht es dahin und erhält seine schwebende Leichte nicht zuletzt dadurch, daß der Grundton erst im vierten Takt erstmals erklingt, und zwar in seiner Oktave, hingehaucht wie ein Aufjauchzen freudiger Überraschung.

Halb elegisch, halb schalkhaft, aber von duftender Leichtigkeit, klingt es im
«Allegretto grazioso quasi Andantino» von Johannes *Brahms* II. Symphonie.
Auch hier liegt der melodische Akzent auf der Mondenterz h, der dem Thema ein
Lächeln verleiht, in dem sich Wehmut und Übermut ineinandermischen.

Auch in *Smetanas* «Die verkaufte Braut» begegnen wir dem Lenz in G-Dur.
Die von den synkopierten Bässen zu heiterer Ausgelassenheit angefeuerte Melodik erhebt sich bei den Worten: «Glanz und Jubel» zur Oktav des Grundtones;
ein Gipfelpunkt, dessen saturnischer Tonwert mit seiner wesenseigenen Quintqualität ein Ahnen erstehen läßt, daß dieser «Glanz» vielleicht aus höheren Sphären erstrahlt, als die Sinne sie erschauen können.

In kindlicher Unschuld webt der Zauber Aphroditens auch in dem Lied des Hirten aus Richard *Wagners* «Tannhäuser». Seine Worte sprechen aus, was Botschaft unserer G-Dur-Harmonie ist und aus diesen höheren Bereichen erstrahlt: «Frau Holda kam aus dem Berg hervor ...»

Interessant, daß die Struktur der «Urlinie» beider Themen, bei Smetana wie bei Wagner, denselben Aufschwung von der Terz über die Quint zur Oktav des Grundtones aufweist. Ein Phänomen, das die eben ausgesprochene Behauptung, die Worte des Hirten würden aussprechen, was hinter der G-Dur-Botschaft Smetanas west, unterstreicht.

Lebensfreude durchweht das G-Dur-Prélude Frederic *Chopins;* ein zu Klang geronnener, dahinbrausender Frühlingswind. Bemerkenswert, wie sich Chopin, der ganz der Nachtseite des Lebens verbundene Romantiker, in das heitere, lichterfüllte Wesenselement dieser Tonalität einzufühlen vermochte.

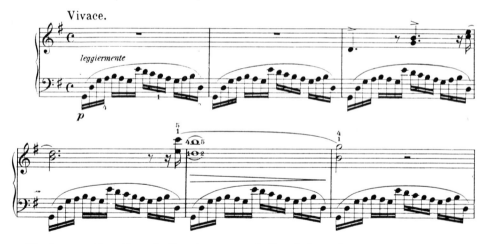

Ein kurzes, freudiges Aufleuchten von G-Dur bringt der erste Satz von Antonin *Dvořáks* V. Symphonie «Aus der neuen Welt». Das tänzelnd heitere Seitenmotiv mag indianischen Ursprungs sein; so jedenfalls läßt es die wehmütige Monotonie des Themas vermuten. Aber der Frühlingszauber von G-Dur breitet sein Licht über diese stille Wehmut und führt im 13. Takt zu einer Flöten-Kantilene, in der sich Heiterkeit und Ernst, Heimweh und Fernweh, Lächeln und Tränen vermischen, wie es die Seele mitunter empfindet, wenn sie der Frühling berührt.

Damit sind wir der Stimmung ganz nahe gekommen, die Hans Sachs im zweiten Akt von *Wagners* «Meistersinger» erfüllt. In Sachsens «Fliedermonolog» sind es zarte, duftend-tönende Hörnerklänge, die uns das Tor zu einer Frühlingsnacht öffnen, bei denen man den Fliederduft aus den auf der Dominante von G-Dur aufklingenden Terzen förmlich atmen kann:

> «Was duftet doch der Flieder
> So mild, so stark und voll!
> Mir löst es weich die Glieder,
> Will, daß ich was sagen soll.»

Was Sachsens besonnte Weisheit hier nacherlebt, ist das «Lenzesgebot», das in der Jugend eine so wehmütig «süße Not» sein kann.

Unbemerkt haben wir bereits einen Schritt in das tiefere Wesen dieser Harmonie getan, indem wir das Sprießen und Aufjauchzen nicht allein in der Natur, sondern auch in der menschlichen Seele belauschten. Wir blicken noch einmal in

löst er weich die Glie - der,   will, daß ich was sa - gen soll.

Wagners «Tannhäuser». Das lenzhafte G-Dur, mit dem der Hirte den Frühling im Wartburgtal begrüßte, kehrt wieder, wenn Elisabeth die Halle betritt, der sie sich seit Tannhäusers Scheiden entzogen hatte: «Dich, teure Halle, grüß' ich wieder ...» «Einem zwei Takte lang ungeduldig drängendem Triolen-Staccato der Holzbläser und Hörner, vom leisesten Piano zum Fortissimo anschwellend, folgt der Einsatz der Streicher: eine aufjauchzende Terz, aus der sich ein Freuden- und Jubelthema entfaltet, das ganz aus dem frühlingshaften Charakter dieser Tonart heraus gestaltet ist.»[4]

178

Voll Überschwang ist dieser Terzenjubel, der von dem alles bewegenden Merkurton d und der Mondensehnsucht des Tonwertes h getragen wird; die Zeit der «Öde» ist vorbei, die Rückkehr Tannhäusers ist für Elisabeth gleiche Wiedererweckung zum Leben, wie es die Natur in der Wiederkehr des Lenzes erfährt.

Ein nicht minder ergreifendes Aufjauchzen aus reinem Herzen, ein ebensolches Neuerstehen des Lebens nach kalter «Winter-Kerkersnacht» erfüllt den G-Dur-Jubel Leonores und Florestans in *Beethovens* «Fidelio» nach dem Sieg der «treuesten Gattenliebe»: «O namen-, namenlose Freude!»

Dieses Duett ist hinreißend, überströmend, wie man es nennen will, aber nicht leidenschaftlich. Ein Entzücken, sich nach «namenlosem Leiden» wieder in den Armen zu halten, sich wieder beim Namen nennen zu dürfen. Man kann das Fehlen jeglicher Sinnesleidenschaft in diesem G-Dur nicht eindringlich genug betonen, da sich in ihm eine Zuversicht und Hingabe an das Höchste ausspricht, ein Glaube, der in seiner Gewißheit wahrlich imstande ist «Berge zu versetzen».

Im ersten Akt, da Leonore den Frevel Pizarros ahnt, findet sich im Mittelteil ihrer großen Arie ebenfalls ein G-Dur, zu dem wir zurückblicken müssen, wollen wir das wahre Wesen dieses jetzigen Jubels wirklich verstehen. Dort hieß es: «O du, für den ich alles trug, könnt ich zur Stelle dringen, wo Bosheit dich in Fesseln schlug ...» In seiner Innigkeit und Innerlichkeit kündet dieses episodenhaft in ein E-Dur eingebettete Melos ebenfalls von der inneren Gewißheit, daß das Gute letztlich siegen, daß die «Liebe es erreichen» wird.

gen! O du, für den ich al - - les trug, könnt

Damit aber haben wir das hohe Ethos der Taurusstrahlung angesprochen. Es ist ja der Planet Venus in seiner edelsten Wirkenskraft, der als das «Ewig Weibli-che» die Menschenseele zum «venerare», zum anbetenden Aufschauen zum Hohen, Göttlichen befähigt. Darin liegt die höchste Auswirkung der Taurus-strahlung auf den Menschen – *«die Kraft der hoffenden, duldenden Hingabe an das Höhere und Höchste: die moralische Seite dieser Strahlung.»*[5]

Jedoch wo Licht ist, gibt es immer auch Schatten; denn alles Leben auf Erden verläuft in Polaritäten. Der Mensch kann die Ideale, zu denen ihn die Taurus-kräfte befähigen auch ins Gegenteil kehren. Und gerade in diesem Stier-Venus-bereich ist die Verführung dazu groß. Schon allein die Leichtigkeit, mit der sich Lebensfreude zu ungehemmtem Lebensrausch steigern, zu wilder Ausgelassen-heit eskalieren kann, öffnet der Verführung ein Tor. Solch ein zu ausgelassen-stem Freudentaumel potenziertes G-Dur erleben wir z. B. im Vorspiel zum dritten Akt von *Wagners* «Lohengrin». Was hier musikdramatisch erklingt ist das Freudenfest für die Edlen, für den Heerbann und das Volk; das Hochzeitspaar selbst – Lohengrin und Elsa – ist in diesem Freuden-Furor unserem Ohr entrückt.

Hochzeitsfesttema (a)

«Der aufjubelnde Tonika-Dreiklang des ersten Taktes, die trunkene Umkehr dieser aufsteigenden Bewegung auf der Moll-Parallele mit ihren jagenden Achtel-Rhythmen, all das zeugt für höchsten Überschwang der Gefühle.»[6]

Dieser Überschwang des Lebens kann sich aber auch bis zur ekstatischen Hingabe an die Sinneslust steigern. Tannhäuser liefert uns dafür im «Sängerkrieg» ein Beispiel: wenn sein Trotz sich durch Wolframs Lied herausgefordert fühlt, entgegnet er, seiner Sinne kaum mehr mächtig, dem Wolframschen Gesang auf die reine, von jeder Sinnlichkeit unberührte Liebe:

«Doch was sich der Berührung beuget,
Mir Herz und Sinnen nahe liegt,
Was sich, aus gleichem Stoff erzeuget,
In weicher Formung an mich schmiegt ...»

Ein rasender Geigenlauf über zwei Oktaven stürmt dem Quell triebhaften Genießens entgegen. Verkehrt ist der maienhafte Glanz jenes G-Dur der «Frau Holda», verdorben auch der erwartungsfrohe Jubel Elisabeths. Was dieses G-Dur erfüllt ist der erotische Sinneszauber des Venusberges.

Welch schmerzliche seelische Dissonanz, das Wort «Verlangen» am Sonnenton a aufschreien zu hören. Hier erleben wir die Stierstrahlung ganz im Sinne ihrer Erdqualität: die Miteinbezogenheit des Körpers in das seelische Verlangen. Ein Kriterium, das der «Sinnlichkeit» einen hervorragenden Anteil im Gefühls- und Empfindungsleben des Stiermenschen sichert.

Wir wollen auch nicht übersehen, daß dieses G-Dur im Gesang Tannhäusers eine trotzige Entgegnung bedeutet, zu der er sich durch Wolframs platonischen Idealismus gefordert fühlte. Auch dies gehört nämlich zur Eigenschaft des Taurus-Menschen und stellt eine Komponente jenes G-Dur dar. Erst der Widerstand macht für die Stierstrahlung, bzw. für den unter ihrem Einfluß Stehenden, die Energien rege. Die seelische Grundhaltung des reinen Stiertypus, gleichsam die

durch kein Ich ergriffene Astralität, tendiert zur Beharrung, trägt den unbewußten Vorsatz zur passiven Resistenz in sich. Diese Astralität würde uns den Typ
eines Menschen zeigen, der *«all das, was er als Erbgut mitbringt, seien es seine Ver-
anlagungen oder das materielle Besitztum, das ihm durch die Zugehörigkeit zu einer
bestimmten Familie zugefallen ist, seien es die Kenntnisse oder Vorurteile, die er von
den Eltern und Lehrern in früher Jugend übernommen hat, um jeden Preis als seinen
ihm zugehörigen Besitz»*[5] bewahren und verteidigen wird. Man könnte diese
Eigenschaft «Treue» nennen, doch wäre dies freilich die niedere Form dieser
edlen Seeleneigenschaft. Denn sie resultiert eigentlich nicht aus einem bewußt
vom Ich ergriffenen Ideal, sondern aus dem Zwang, dem anzugehören, was Tradition, was das Herkömmliche, Vererbte ist. Die «Beschränktheit» in jedem
Sinne des Wortes, Hörigkeit, blinder Autoritätsglaube gehören zum charakteristischen Kennzeichen aller Abwandlungen dieses niederen Stierkomplexes. *«Das
Wort herrscht über den Sinn, der Buchstabe über den Geist».*[5] Neben der rohen Sinn
lichkeit ein zweites negatives Merkmal des niederen Typus.

Ein erschütterndes Beispiel eines G-Dur, das aus diesem völlig erstarrten, niederen Stierkomplex heraus geschrieben zu sein scheint, hat uns Richard *Wagner*
in der Gestalt des Beckmesser und seines «Ständchens» im zweiten Akt der «Meistersinger von Nürnberg» gegeben. *«Der Text des Liedes ist platteste Prosa, in
manirierte holprige Verse gepreßt ... Die Melodie wäre für sich genommen gar nicht so
uneben, wenn sie dem Wort gerecht würde.»*[7] Hier zeigt sich die Erstarrung in Tradition und Formalismus deutlich. Denn die hauptsächlichste Fehlerquelle liegt in
der Vergewaltigung des Wortes durch ein melodisches Regel-Schema. Die Melodik bewegt sich in der Hauptsache im unteren Quintbereich und der etwas hart
und spitz anmutende Sprung zum Jupiterton der Sexte e hinterläßt mehr den Eindruck einer verzweifelten Anstrengung, denn eines wirklichen Erreichens.

Wir kehren zur hohen ethischen Taurusstrahlung zurück. Von ihren moralischen Kräften kündet das G-Dur des berühmten Quartett-Kanons im ersten Akt
von *Beethovens* «Fidelio». Auch hier muß man sich die Situation Leonores vergegenwärtigen, um die Tiefe zu erfassen, aus der heraus diese Harmonie ertönt.
Leonore hat sich unter dem Namen «Fidelio» bei Rocco als Gehilfe verdungen, in
der Hoffnung dadurch Zutritt zu dem Kerker zu erhalten, in dem sie ihren gefangenen Gatten vermutet. Das Risiko, auf das schwankend ihr Vorhaben aufbaut,
wird ihr in dem Augenblick nur zu deutlich bewußt, da Rocco die Liebe seiner
Tochter zu Fidelio zu erfüllen verspricht. Nach bangem Schweigen hebt mit
unbeschreiblicher Zartheit und Ausdruckskraft das G-Dur als geheimnisvoller
Streicher-Choral zu singen an.

182

Und Leonores Worte künden von dieser Bangigkeit: «Wie groß ist die Gefahr, wie schwach der Hoffnung Schein.» Aber nicht nur für sie bedeutet dieser Augenblick eine Konfrontation mit dem Schicksal; auch die anderen drei Gestalten müssen sie erleben. Das Pochen des Herzens, sei es vor Glück oder Kummer, ist aus der stockenden Melodik deutlich vernehmbar.

So verleiht die streng durchgeführte, vierfache kanonische G-Dur-Melodik dieses Quartetts dem Augenblick die Weihe tiefster, intimster Innerlichkeit.

Und auch dies gehört zum Ethos des höher entwickelten Taurus-Menschen, daß er sein Schicksal als eine heilige Lebensaufgabe erkennt und sich als deren Wächter und Wärter empfindet. Der Stierstrahlung wohnt eine Beharrungskraft inne, die esoterisch erfaßt, zur Kraft des Gedächtnisses als der treuen Bewahrerin alles Vergangenen wird. *«Das Gedächtnis des Menschen ist die Schatzkammer der Vergangenheit, und der Taurusmensch ist dieser Schatzkammer Hüter.»*[5] Ein G-Dur dieses edlen Hütertums läßt uns Richard *Wagner* bei Lohengrins Abschied erle-

183

ben, wenn der Held Horn, Schwert und Ring Elsa zum Angedenken für ihren totgeglaubten Bruder übergibt: «Kommt er dann heim, wenn ich ihm fern im Leben, dies Horn, dies Schwert, den Ring sollst du ihm geben ...»

Hier schwingt das ganze Gefühlsmoment mit, das der Tiefe der Tonart eigen ist, Ergriffenheit und Schmerz, die so oft durch das überströmende Lebenselement dieser Harmonie übertönt werden. Aber ohne diese Schatzkammer des Gedächtnisses – «Doch bei dem Ringe soll er mein gedenken ...» – müßte alles, was jemals Gegenstand der Erfahrung, des Erlebens war, verloren gehen. «Warten» ist die große Tugend der Taurusstrahlung, und zwar in des Wortes zweifacher Bedeutung: warten bedeutet «ausharren», gleichzeitig aber auch «pflegen». Man könnte das Ethos der Taurusstrahlung daher auch als ein Ethos des «Duldens» nennen. «Pfleger», «Wächter», «Dulder» zu sein, dies deutet auf den esoterischen Sinn dieses Zeichens.

Auch dafür gibt uns Richard *Wagner* ein wertvolles Beispiel. Es ist das edle G-Dur von Wolframs Lied an den Abendstern im «Tannhäuser». Das Flehen Elisabeths, der Himmel möge sie von dieser Erde nehmen, die «Todesahnung», die die Lande bedeckt, hat Wolfram eine tiefe Erkenntnis gebracht; er weiß jetzt, *«daß jeder Menschenseele ein Stern leuchtet, und daß sich diese, wenn sie die Schwelle überschritten hat, wenn sie alles ‹weltliche Sehnen› abgelegt haben wird, vereinen kann mit diesem Stern ihres höheren, himmlischen Ich.»*[4] Im Leuchten des Venus-Sternes, der ihm jetzt nicht als Aphrodite, sondern als die hohe Urania erstrahlt, grüßt er Elisabeths unsterbliches Wesen, da sie am Wege ist, dieses Erdental zu verlassen, um sich mit ihrem «Stern» zu vereinen. Dieses innerliche Erlebnis ihres Emporsteigens zur himmlischen Liebessphäre ist der spirituelle Hintergrund seines Liedes an den Abendstern:

> «O du, mein holder Abendstern,
> Wohl grüßt' ich immer dich so gern:
> Vom Herzen, das sie nie verriet,
> Grüße sie, wenn sie vorbei dir zieht.»

Mit einem ansteigenden Quintschritt zwischen dem Saturn- und Merkurton hebt sich die Kantilene empor, eine absteigende zarte Chromatik hüllt die Deutlichkeit von Mars- und Mondenwirksamkeit – c – h – in ein mildtrauriges Verdämmern.

Von einem G-Dur, das ebenfalls zwischen Diesseits und Jenseits steht, weiß auch Giuseppe *Verdi* in seinem «Troubadour» zu singen. Das Lied Azucenas im Kerker, knapp vor ihrem Feuertod, zwischen Wachen und Schlafen gesungen, spricht nicht nur von der irdischen Heimat, nach der sie sich sehnt. Die Worte mögen dies wohl im Sinn haben; die Wehmut der Melodik dagegen macht die höhere Heimat transparent, der alles Sehnen zustrebt.

Azucenas Kantilene bewegt sich vorwiegend noch im unteren, dem Diesseits verbundenen Quintraum. Manricos Gesang dagegen schwingt sich zur Oktav

empor, wie auch seine Worte von den höheren Welten künden: «Auf zu dem Himmel, soll mein Lied dringen ...»

Wir haben das Anliegen der Taurusstrahlung im «Pflegen», «Warten» und «Dulden» erkannt. Mit dem *Wort* gewinnen wir eine neue Komponente hinzu. Wie dem Widder das Haupt, so entspricht dem Taurus im Organismus des Menschen die Halsregion. In ihr finden wir als treuen «Wächter» für alles, was dem Körper an Nahrung einverleibt wird, zunächst den Schlund. In diesem Schlund aber liegt auch der Kehlkopf, das Stimmorgan, sorgender Hüter der Lunge und Bewahrer des tönenden Wortes. *«Wie das Gedächtnis die Schatzkammer der Vergangenheit ist, so ist das Wort die Schatzkammer der geistigen Erkenntnis.»*[5] Es ist des Geistes «Wartburg», das den Sinn gleichermaßen verbürgt und bewahrt.

Von dieser «Wartburg des Geistes» spricht ein G-Dur in *Wagners* «Meistersinger von Nürnberg». Es spricht von Evas Dank an Sachs, der in ihr das höhere Menschsein erweckt hat.

> «Durch dich gewann ich,
> Was man preist,
> Durch dich ersann ich,
> Was ein Geist;
> Durch dich erwacht,
> Durch dich nur dacht'
> Ich edel, frei und kühn;
> Du ließest mich erblühn!»

Dieses G-Dur zeigt nicht nur leise Tendenzen zu Moll-Parallelen der Dominanten, es ist auch – verhüllt und doch wahrnehmbar – von einer schmerzlichen Tristan-Chromatik durchzogen und dennoch blüht es im schönsten Seelenlicht empor, wie es gerade die letzten Verse erleben lassen. Es ist Evchens eigene Herzens- und Schicksalsnot, die aus dieser Harmonie spricht: ihre Liebe zu Sachs, der ihr als geistiger Vater erst das wahre Menschsein und die hohen Werte des Lebens gezeigt hat, und das schicksalhafte «Müssen», das sie mit einer Macht zu Walther zieht, über die sie nicht Herr sein kann:

> «Doch nun hat's mich gewählt
> Zu nie gekannter Qual;
> Und werd' ich heut vermählt
> So war's ohn' alle Wahl!»

Wir haben das Harren, Pflegen und Warten der Taurusstrahlung mit dem Begriff «Treue» zusammengefaßt. Hier zeigt sich Treue in ihrem hohen ethischen Wesen, als jene höchste und freiwillige Demut, die sich voll bewußt und mit vorbehaltloser Ergebenheit unter das Gebot des selbstgewählten Höheren stellt. Daß Eva durch das Schicksal nunmehr dieser selbstgesetzten Wahl entrissen wurde, daß sie ihr gegenüber treulos erscheinen muß, um ihrem Schicksal treu bleiben zu können, das ist die Herzensnot, die in diesem G-Dur so ergreifend zum Ausdruck kommt.

Gerade die letzten Beispiele haben uns erkennen lassen, daß das Sich-Verlieren des menschlichen Ich im Lebens- und Sinnesrausch nicht der eigentliche und tiefste Sinn dieser Sternenstrahlung bedeutet. Das Selbst, es *drohet* zwar *«zu entfliehn, vom Weltenlichte mächtig angezogen»*, aber es muß sich dieser Drohung entgegenstellen. Und dies vermag es, wenn es in diesem Weltenlicht göttliches Wirken, göttliche Schöpferkraft erkennt. Oder mit «Faust» gesprochen: wenn das «Vergängliche», die Sinneswelt, nur als «Gleichnis» erlebt wird des dahinter wesenden Geistigen. Deshalb bedarf die Taurusstrahlung der Ergänzung durch einen zweiten Wochenspruch, der ebenfalls diesem Tierkreiszeichen zugeordnet ist:

> *Im Lichte, das aus Geistestiefen*
> *Im Raume fruchtbar webend*
> *Der Götter Schaffen offenbart:*
> *In ihm erscheint der Seele Wesen*
> *Geweitet zu dem Weltensein*
> *Und auferstanden*
> *Aus enger Selbstheit Innenmacht.*

Dieses Auferstehen aus enger Selbstheit Innenmacht ist Evchen Pogner durch Hans Sachs zuteil geworden. In diesem Auferstehen, durch das sich Mensch und Welt in Einheit fest verbinden kann, offenbart sich das *Wort* in seiner Urbildlichkeit. Hier stoßen wir auf den tiefsten Kern der Taurusstrahlung: auf den Logosgehalt der Welt. Der «Stier» ist das Zeichen des Wortes, das im Anfang war und aus dem alles geworden ist. Das Sanskritwort: «go» bedeutet Rind, Stier, Kuh, Erde; im Plural gelesen bedeutet es jedoch auch «Lichtstrahlen». Und Worte, die das Kuhhorn, das Widderhorn ausdrücken, meinen zugleich auch den Lichtstrahl. Das lateinische «cornu» (Horn), das indische «kirana» heißt Lichtstrahl. Isis, die Kuhhörner tragende Göttin ist die Lichtbringerin. Daher ist der Stier als Wort-Zeichen zugleich ein Licht-Zeichen. Und das griechische Wort «logos» hat den gleichen Zusammenhang. Denn *logisch* ist etwas, was dem Bewußtsein klar und hell erscheint, was *einleuchtet*. Logos ist das Licht des nie verlöschenden Bewußtseins, das ewige Licht im Ich, das «lux perpetua».

Eine bunte Palette von Stimmungen mannigfaltigster Seelenerlebnisse und einen gewaltigen Weg zu höchsten Lebenswerten offenbarte uns das Tauruszeichen, dessen innere Gegensätzlichkeit uns gleich zu Anbeginn in den Bildsymbolen von Stier und Isiskuh entgegentrat. Die Mannigfaltigkeit der Stimmungselemente war zu erwarten. Trotzdem haben wir noch nicht alle Seiten dieses Sternzeichens ausgeschöpft. Vor allem gilt es jenes G-Dur auszuhorchen, das Klangbild des «lux perpetua» ist, zu dem uns unsere Betrachtungen letztlich geführt haben. Zuvor allerdings haben wir noch eine Komponente aufzuzeigen, die sich in erster Linie in der parallelen Molltonart ausspricht. Wir wenden uns daher dem e-Moll zu, um dann noch einmal zur G-Dur-Tonalität zurückzukehren.

Die parallele Moll-Tonart der Stier-Sphäre: e - M o l l

Der Gegensatz beherrscht auch die parallele Moll-Tonalität von G-Dur. Mattheson charakterisiert:

«Dem e-Moll kann wohl schwerlich was lustiges beygelegt werden, man mache es auch wie man wolle, weil es sehr sensif, tiefdenkend, betrübt und traurig zu machen pflegt, doch so, daß man sich noch dabey zu trösten hoffet. Etwas Hurtiges mag wohl daraus gesetzt werden, aber das ist darum nicht gleich lustig.»[1]

Hennig bezeichnet e-Moll als eine Tonart von *«ausgeprägtem Charakter»*, fühlt sich jedoch nicht imstande eine Definition dieses Charakters zu geben. Er verleiht ihr die Attribute: *«romantisch, etwas träumerisch-schwärmerisch, eher herb als weichlich, hochideal aber weltschmerzlich».*[1] Ob diese Eigenschaften jedoch *«einigermaßen zutreffend seien»*, dies vermag er *«absolut nicht zu sagen».*[1] Für Stephani haftet dieser Tonalität etwas *«eigentümlich Kühles»* an, sie hinterließe einen *«matten»*, *«fahlen»*, *«unpersönlichen»* Eindruck. Für Schilling wiederum töne aus ihr *«ein Jammern über den Mangel an Kraft, ohne helfen zu können.»*[1] Doch könnte man auch kein Verlangen nach einer Hilfe erlauschen. Die Klage verkünde *«Hoffnungslosigkeit»*, sie sei ein *«Klagen ohne Murren».*[1]

Der Schatten des Moll ist bei all diesen Charakteristika natürlich nicht zu überhören, so verschieden sie im einzelnen sein mögen. Betrachten wir zunächst wieder die Stellung der einzelnen Tonwerte, d.h. die Spannungsstrukturen der Tonalität. Wie a-Moll in seinen einzelnen Tonwerten die Sprache des Widders redete, so spricht e-Moll natürlich auch die Sprache ihrer parallelen Dur-Sphäre. Die Aussage der Tonwerte ist somit dieselbe wie in G-Dur. Wobei jedoch – verursacht durch ihre andere Stellung – das Hereinleuchten der Sphäre des «Löwen» – E-Dur –, genau so zu berücksichtigen sein wird, wie dies bei a-Moll bezüglich der Krebsstrahlung von A-Dur der Fall war.

E	FIS	G	A	H	C	DIS	E
Terz-qualität	Quart-qualität	Quint-qualität	Sext-qualität	Sept-qualität	Prim-qualität	Sekund-qualität	
Jupiter	Venus	Saturn	Sonne	Mond	Mars	Merkur	

Der Jupiterton e ist hier Grundton. Er spricht uns vom *«sinnigen Offenbaren»*. Die faustische Mahnung alles Vergängliche als ein Gleichnis zu erkennen, wie wir ihr vorhin bei G-Dur bereits begegnet sind, bildet hier offenbar das ethische Fundament.

Der erhöhte, exkarnierende Venus-Tonwert fis steht als Sekunde, also an der alles bewegenden Merkurstelle. Die Bedeutung dieser Erhöhung bzw. Erhellung wird uns funktionell vielleicht am besten faßbar, wenn wir die exkarnierende Venustätigkeit im menschlichen Leibesorganismus kurz betrachten. Dort werden, dank ihres Wirkens, die durch den Lebensprozeß hindurchgegangenen Substanzen abgesogen, soweit es sich um unbrauchbare, tote Substanzen handelt. B. C. J. Lievegoed schildert diesen Abbauprozeß in folgender Weise:

«Es waltet hier ein Prinzip der äußersten Sparsamkeit, eine abgebaute Substanz wird teilweise wieder aufgebaut und dem Leben dienstbar gemacht, der Rest wird noch einmal gespalten und teilweise aufgebaut, bis schließlich wirklich nichts Brauchbares für das Leben mehr da ist, dann erst wird die Restsubstanz ausgeschieden. Ja, die Venus ist schon eine sparsame Haushälterin!» [8]

Ein derartiges offenbares Abschweifen vom Thema mag dem Leser unnötig und unangebracht erscheinen. Und gewiß kann man die Dinge nicht wörtlich von einer Ebene auf die andere übertragen. Aber übersehen darf auch nicht werden, daß wir es hier wie dort mit ein und derselben kosmischen Wirkenskraft zu tun haben. Ein Zusammenhang muß also, trotz aller Unterschiedlichkeit der Ebenen gegeben sein. Und schließlich kommt es uns ja auf den Gesamtcharakter der Tonart an, der sich jedoch aus den einzelnen Tonwerten und ihrer Stellung in der Leiter zusammensetzt. Wir hörten das Jupiter-Terzen-Wort, das hier als Grund- und Ausgangston steht; es sprach vom «Sinnigen Offenbaren», d.h. von dem Erkennen der hinter dem Sinnesbereich wesenden Geistwelt. Die exkarnierende Venusfunktion scheidet alles absolut Unbrauchbare, alles was dem Leben wirklich nicht mehr zuführbar ist, aus. Das heißt, sie läßt alles gelten, was nur einen Hoffnungsschimmer in sich trägt, daß es dem Leben wieder dienstbar gemacht werden kann. Auf unsere Tonart übertragen bedeutet dies, den mannigfaltigsten Stimmungen Raum zu geben, soweit sie nur irgendwie geeignet sind, das Ziel ihres Grundtones: «Sinniges Offenbaren» zu erreichen. Dieser exkarnierende Venuswille steht als Sekund und prägt damit der merkurialen Bewegungstendenz dieses Intervalls seinen Venus-Stempel auf: *«Erfühle die Werdekraft»*. Das will sagen: baue nicht auf den Sinnesschein, sondern erfühle mit der ganzen Innerlichkeit die aus dem Geiste strömende Werdekraft; dann wird dir die Welt zu einer sinnigen Offenbarung des Göttlichen. Und «Wärter» des Geistes zu sein, erkannten wir ja schon in G-Dur als das hohe Ethos der Stierstrahlung.

Der Saturnton g als Terz hier stehend, bestärkt mit seiner Quintqualität, mit seinem Brückenschlag zu beiden Bereichen (Prim-Oktav) diese Innerlichkeit, wenn er vom *«leuchtenden Seinsgewahren»* spricht.

A als Sonnenton steht als Quarte, deren Umfassungstendenz jedoch durch das Fehlen eines zu ihr strebenden Leittones abgeschwächt wird. Ein *«tröstendes Hoffen»*, wie Mattheson schrieb, mag jedoch von ihr ausstrahlen.

Der Mondenton h als Quinte ist wohl einer der Hauptgründe, warum e-Moll fast in allen Beschreibungen als traurig, melancholisch, hoffnungslos empfunden wird. Trotzdem dient die Septime-Sehnsucht des Mondentones, als Quinte stehend, dem Willen ihres Grundcharakters: *«O Wesensglanz, erscheine.»*

Der Marston c als Sexte macht das herbe Element verständlich, von dem Hennig spricht, oder die *«wahrhaft erhabene Melancholie»*, die Stephani aus dem e-Moll von Brahms IV. Symphonie heraushören will. Vom *«wesenden Weltensein»* spricht das Mars-Wort, und tönt es als Sexte hinaus in die Räume.

Schließlich ist es wieder der übermäßige Sekundschritt c-dis, der die Molltonart in die Nähe des gleichnamigen Dur bringt. Und wie weit in den Tierkreisraum e-Moll dadurch greift, können wir an dem Dominant-Dreiklang erkennen, der wie in E-Dur: h–dis–fis heißt. Gewiß ist das Spatium als solches nicht weiter wie von a-Moll zu A-Dur. Qualitativ jedoch ist insofern eine Weitung gegeben, indem a-Moll und A-Dur noch beide den hellen Sektoren des Quinten- bzw. Tierkreises angehören, während die Löwensphäre von E-Dur bereits zur absteigenden und damit abendlichen Sphäre tendiert. Wenn Hennig e-Moll daher als *«romantisch, träumerisch-schwärmerisch»* empfindet, so ist dies durch das weite Ausgreifen hin zur Nachtseite des Quintenkreises durchaus gerechtfertigt. Es ist der Merkurton d, der hier mit seinem exkarnierenden Akzent (dis) als Septime steht. Und Merkur strömt, wie wir wissen, und im Strömen dient er dem Ganzen. Auch hier ist der medizinische Aspekt aufschlußreich: *«Merkur holt in seiner Drüsentätigkeit aus vielem die Essenz heraus und gibt sie dem Ganzen zurück.»*[8] *«Verwebe den Lebensfaden»* ist sein Wort in der Taurusstrahlung. Daß diesem Wort der Septimen-Schmerz anhaftet, der zwar das Ziel unmittelbar vor Augen hat, ohne sich ihm jedoch überantworten zu können, mag dem e-Moll jenes *«Klagen ohne Murren»* einprägen, das Schilling aus dieser Tonart herauszuhören glaubt.

Überschauen wir die verschiedenen Charakteristika, mit denen diese Tonalität beschrieben wird, und die durch die Spannungsstrukturen der Leiter durchaus eine Rechtfertigung erfahren, könnte man die Mannigfaltigkeit der Stimmungen mit Hermann Beckh[9] in zwei Gruppen ordnen: in das e-Moll der *«Klage»* und in das e-Moll des *«Erhabenen»*. Die Literatur bietet für beide Stimmungen ergreifende Beispiele.

Wir beginnen unsere musikliterarische Umschau wieder mit Johann Sebastian *Bach*. Das Moment der Klage beherrscht sowohl das Präludium wie die Fuge seines «Wohltemperierten Klaviers». Die Polarität innerhalb dieses aus beiden Stücken tönenden e-Moll wurde bereits von Hugo Riemann festgestellt. *«Leidenschaftlich erregt, schmerzlich zuckend, heftig»*,[2] erscheint ihm das Präludium.

Die Melodik der ersten beiden Takte, die dem Präludium-Thema seine Physiognomik geben, wird hauptsächlich vom Grund- und Sekundton – Jupiter und Venus – getragen; von jenen beiden Tonwerten, denen wir in unserer einleitenden Betrachtung breiteren Raum gewidmet haben. Wenn das Melos im dritten Takt aus dem Venuston emporsteigt zum Sonnenton a, könnte man nach dem ganz-taktigen Verharren des fis im zweiten Takt wirklich die Empfindung bekommen, die aufsteigende Melodik im dritten Takt würde förmlich durch die Kräfte dieses fis herausgesogen.

Anders die Fuge, die einzige zweistimmige übrigens im «Wohltemperierten Klavier». Hier ist nichts mehr von Leidenschaft zu spüren, die *«schmerzlichen Zuckungen»*[2] sind einer mehr kontemplativen, elegischen Stimmung gewichen. Eine *«Klage ohne Murren»*, wie Schilling von dem e-Moll sagte. Und Riemann vergleicht die Stimmung mit dem *«genießenden Anschauen der herbstlichen Natur, das selbst dem fahlen Laub und dem kahl gewordenen Geäst einen ästhetischen Genuß abzugewinnen vermag.»*[2]

Man überhöre nicht den ungeheuren Gegensatz, der sich bei dieser Schilderung zu der Stiersphäre auftut, der letztlich auch dieses e-Moll angehört und die eine Frühlingsstimmung bedeutet. Der weitausgestreckte Arm der e-Moll-Tonalität hinüber zum herbstlichen Bereich des Quintenkreises wird hier spürbar. Rückt doch auch die Chromatik, die das ganze Fugenthema durchwebt, dieses e-Moll in die Nähe ihrer gleichnamigen Dur-Tonart.

Wir sehen uns in dieser Auffassung auch durch Riemann bestätigt, der meint, daß die Verwandtschaft dieses Fugen-Themas *«mit dem E-Dur-Präludium vielleicht nicht zufällig»* sei, jedenfalls sei sie *«lehrreich und für die Auffassung bedeutsam.»* [2]

Da wir immer wieder auf die enge Beziehung dieser Harmonie zum dunklen Bereich des Tonartenkreises stoßen, wollen wir dem Bachschen Präludium gleich das Prélude *Chopins* folgen lassen. Es ist ein einziges schwermütiges Klagelied. Für Hermann Beckh gibt es in der ganzen Literatur kein ausgezeichneteres Beispiel für das e-Moll der Klage wie dieses Prélude. Und man kann ihm darin gewiß nicht widersprechen.

Gleich der tiefe Oktav-Seufzer der Monden-Quinte zu Beginn, der den ganzen Septimen-Schmerz des Mondentones h weit hineinträgt in die Melodik, das müde Hinabsinken zum Sonnenton a, sie geben Hermann Beckh nur zu recht, wenn er meint, daß jeder Takt dieser Komposition, *«jede Harmonie, jede Fortschreitung ganz aus dem Wesen der Tonart heraus gefunden ist.»* [9]

Klagend, aber nicht weichlich, betrübt, aber Tröstung erhoffend, so wurde uns das e-Moll beschrieben. Das Thema von *Mendelssohn-Bartholdys* Violinkonzert bestätigt diese Auffassung. Der weite Bogen, den das Melos mit einem zweimaligen Sexten-Aufschwung über den Mondenton h spannt, die selbstsichere Rhythmik, zeigen uns ein e-Moll, das sich seiner inneren Stärke bewußt ist und jene Seite der Taurusstrahlung auftönen läßt, die — auf den Menschen übertragen — ein zähes Festhalten an allen in der Jugend angenommenen Denkgewohnheiten bedeutet.

«In der Gedankentreue der Trägheit», so schreibt Oskar Adler, *«liegt ein großer Teil der Tragik des Taurusschicksals.»* [5] Und diese Tragik kann einem dieses Thema empfinden lassen. Wie der breitnackige Stier, so stellt es sich dar, gleich einem erratischen Block aus e-Moll herausgehauen; der erwähnte zweimalige Sextenaufschwung hebt sich nicht über sich selbst hinaus, bedeutet vielmehr, trotz aller Bewegtheit und Energie, ein Aufrichten der Kraft in den Grenzen der eigenen Selbstheit.

Hier lauert für den niederen Taurustyp die größte Gefahr: durch das zähe Festhalten an allem Gewordenen in sich selbst zu erstarren. In der Beckmesser-Gestalt der «Meistersinger» hat Richard *Wagner* dies aufgezeigt und uns gleichzeitig verständlich gemacht, wieviel Tragik sich in Wahrheit mit diesem stumpfsinnigen Stadtschreiber verbindet. Kommt er doch von seinen einfältigen Koloraturen und seinem Lautengeklimper nicht los, mit denen er bei seinem nächtlichen Ständchen tüchtig Schiffbruch erlitten hat. Auf der Festwiese, zum Wettgesang, läßt er beide in neuer Variante aufleben.

In seiner positiven Auswirkung aber bedeutet dieses «Beharren» jene weitere Komponente der Stierkräfte, von der uns G-Dur kaum etwas verraten konnte: nämlich die Bereitschaft, Lasten auf sich zu nehmen. Denn nicht nur der Kehlkopf und die Stimmorgane gehören zur Halsregion, auch Nacken und Schultern müssen ihr zugeordnet werden. Auf seinen Schultern trägt der Mensch die Last, die ihm sein Leben, sein Schicksal auflädt. Ein e-Moll, in dem dieser Lastenträger zu Klang geworden ist, zeigt uns *Tschaikowsky* in seiner V. Symphonie. Schon das Thema des einleitenden Andantes spricht von der schweren Bürde, die auf seinen Schultern ruht. Es ist das Leitmotiv der Symphonie, das gleich einem Schicksalswort in allen Sätzen wiederkehrt.

Das kurze Motiv des Vordersatzes, von den tiefen Klarinetten intoniert, läßt die
Schwere der Last ahnen, unter der sich ihr Träger beugt; und die drückende
Akkordik des Nachsatzes der Periode mit ihren absteigenden Viertel-Rhythmen
spricht von dem Gewicht, unter dem der Beladene stöhnt.

Aus geheimnisvollem Pianissimo steigt dann das Hauptthema im Allegro auf,
von leiser Erregung durchzittert. Wieder sind es die Klarinetten, die zuerst die
Thematik anklingen lassen, dann bemächtigen sich die Streicher ihrer und führen
sie mit marschartigen Rhythmen zu machtvoller Steigerung.

Auch hier können wir von einer Selbstverwirklichung im eigenen Leid sprechen;
ein e-Moll, das dieses Leid verklärt und damit als ein ergreifendes Klage- und
Klangsymbol der russischen Volksseele empfunden werden darf.

Von auftrotzendem Geist, dessen Wille, die eigene e-Moll-Fessel zu sprengen,
nicht zu überhören ist, um sich in ein benachbartes Dur-Licht hinüberzuschwin-
gen, spricht das Thema von Antonin *Dvořáks* V. Symphonie.

194

Auch dieses Thema zieht sich wie ein Leitmotiv durch die Sätze der Symphonie, und auch ihm kommt schicksalshafte Bedeutung zu. Denn dieser auftrotzende Geist, der den e-Moll-Dreiklang rhythmisch-synkopiert bis zur Dezime auftürmt, ist Ausdruck der Sehnsucht nach der Heimat, die den Komponisten drüben in der «Neuen Welt» mit so übermächtigem Schmerz erfüllte. Doch ist dabei der freudig-hoffende Unterton in den Terzen des Nachsatzes nicht zu überhören. Und in der Wiederholung der Periode blitzt in diesen heimatlich anmutenden Terzen-Rhythmen sogar im Vorbeihuschen das parallele Dur-Licht auf.

Von unstillbarer Sehnsucht weiß auch das Hauptthema von Johannes *Brahms'* IV. Symphonie zu künden. Mit seinen herben, herbstlich-fahlen Farben, seinem balladesken Grundton, drückt das Thema aber noch mehr aus als die irdische Sehnsucht eines Norddeutschen nach seiner verlorenen Heimat.

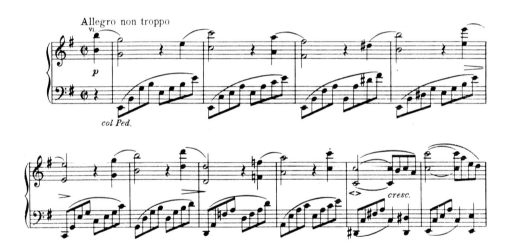

In dem Weitendrang der Melodik trauert die Resignation des einsamen Alters um das verlorene Kindheitsparadies. Wie ergreifend die fragend-suchenden Intervallschritte über den darunter webenden Mollklängen, ein Wechselspiel zwischen Terz und Sext, ein Sich-Verschließen und Sich-Offenbaren, ein Zur-Erde-Neigen und Zum-Himmel-Blicken. Hier zeigt sich e-Moll als die Tonart für ernste und in ihren Leidenschaftsstürmen längst verwehte und vergangene Dinge, als die Tonart des tiefsten, die ganze Tragik der Vergänglichkeit erlebenden Weltenschmerzes.

Von der Trauer um das verlorene Paradies als der wahren Heimat, spricht auch das e-Moll des «Holländers» in Richard *Wagners* Drama, wenn der Rastlose, in ein todloses Sein Gebannte, dem die «Wohltat des Todes» und damit die immer neuen Kraftquellen zwischen dem Tode und einer neuen Geburt nicht zuteil werden, seiner ersehnten Erlöserin gegenübersteht:

> «Wie aus der Ferne längst vergangner Zeiten
> Spricht dieses Mädchens Bild zu mir;
> Wie ich's geträumt seit bangen Ewigkeiten,
> Vor meinen Augen seh' ich's hier. —»

Und Weltenschmerz in einer alles menschliche Maß übersteigenden Dimension muß auch Wotan erleben, wenn es gilt, einer Welt zuliebe auf den eigenen, innersten Wesensteil zu verzichten. Der verzweifelte e-Moll-Aufschrei des Gottes geht zu Herzen:

> «Leb' wohl, du kühnes,
> Herrliches Kind!
> Du meines Herzens
> Heiliger Stolz» ...

Eine Weltenwende bedeutet dieser Abschied. Durch dieses Opfer, sein eigenes Wesensteil hinzugeben an die Menschen, schafft Wotan die Voraussetzung für den kommenden Weltentag.

> «Denn so – kehrt
> Der Gott sich dir ab,
> So küßt er die Gottheit von dir!»

Im traurig aufklingenden e-Moll findet sich im Orchester die Entsagungs-Melodie:

In dieses e-Moll der Klage, wie wir es bei Brahms und jetzt eben bei Wagner vernommen haben, mischt sich bereits das e-Moll der Erhabenheit. Der breite Stierrücken, der die Last zu tragen hat, gleicht dem *Atlas* der antiken Sage, als einem der «Wächter der Welt», dem die Himmelskugel zu tragen aufgelastet war. Auch Wotan trägt in diesem Augenblick einen Teil dieser Last, um in der Erden-

bzw. Menschheitsevolution *dem* zur Geburt zu verhelfen, was Oskar Adler so schön *«das Saatgut des Gottembryo Mensch»*[5] genannt hat. Wenn Siegfried Brünnhilde – sein höheres Seelenteil – erweckt, und sie ihm von ihrer ewigen Gottnatur spricht, dann gestaltet sich mit diesem Ewigkeitshauch auch die ernste Majestät des e-Moll:

«Ewig war ich,
Ewig bin ich
Ewig in süß
Sehnender Wonne,
Doch ewig zu deinem Heil!»

Weltenliebe und Weltenschmerz klingt in dieser Friedensmelodie auf, getragen von der Ruhe ewiger Dauer, umgriffen von der Mond-Jupiterquinte dieses e-Moll.

Edelste Größe atmet das e-Moll, das *Bach* im «Crucifixus» seiner h-Moll-Messe aufklingen läßt. Klage, Feierlichkeit und kosmische Erhabenheit verschmelzen in einer Tonalität, aus deren überweltlichen Ernst uns der Geist des Mysteriums von Golgatha entgegenweht. Albert Schweitzer meint, daß dieses Crucifixus eine Verklärtheit ausstrahle, als *«hätte dem Meister, als er dieses Stück schuf, das ‹Es ist vollbracht› des sterbenden Herrn vor der Seele gestanden.»*[10]

198

In einem chromatischen Basso ostinato wird das schwer lastende Schmerzens-
motiv abgesungen, während die unendliche Traurigkeit der Chorstimmen mit
ätherischer Durchsichtigkeit und Zartheit in immer neuen Gestaltungen das
Wort «crucifixus» erklingen läßt. Wobei der Venuston f/fis durch die verschiedenen Einsätze in eine merkwürdige Querständigkeit zwischen Alt und Baß zu stehen kommt. Das f im Alt-Einsatz wird zwar von dem verminderten Septakkord
gis–h–d–f «neutralisiert» und in die Stimmung der Trauer eingebunden und stellt
auch in seiner Funktion nur eine harmonische Variante der I. Stufe von e-Moll
dar, so daß das fis im Tenor und Baß als Quint des Dominant-Dreiklanges h–
dis–fis durchaus folgerichtig eintritt. Trotzdem sollte man den Einsatz von Sopran, Alt und Tenor nicht überhören; losgelöst von der ostinaten harmonischen
Umklammerung ergibt sich durch ihn nämlich ein F-Dur-Klang, der einen Lichtstrahl in das Todesgeschehen der Kreuzigung sendet. Erst der Einsatz des Basses
auf fis überschattet diese verborgene Erhellung. Will dieses kaum wahrnehm-

bare, von der Harmonie völlig überdeckte Dur-Licht in gleicher Weise Hintergründiges erahnen lassen, wie die Erlösertat des Gottessohnes im Karfreitagsgeschehen noch unbemerkt und verborgen im Hintergrund stand?

Noch einmal: G-Dur

Unsere Betrachtungen von G-Dur und e-Moll haben uns sowohl auf musikalischer wie auf menschlich-seelischer Ebene eine Vielfalt von Stimmungen aufgezeigt, die sich mitunter diametral entgegenstanden. Fassen wir sie – rückblickend – zusammen. Da war es zunächst das Blühen und Sprießen der Maienzeit – «Frau Holda kam aus dem Berg hervor» – das man als die Kardinalstimmung dieser Tierkreiswirksamkeit bezeichnen könnte. Das Jauchzen, die überschwengliche Freude über das neu-erwachte Leben zeigte uns aber auch die Gefahr des Abgleitens in den Sinnestaumel auf, bis hin zum Untergehen im Materiell-Banalen. Andererseits begegneten wir tiefster Innerlichkeit, dem wehmütigen Sehnsuchtsruf nach der verlorenen Heimat und die e-Moll-Aussagen zeigten uns auch den Urgrund dieses Sehnens auf: das Wissen, die ganze Last der Erde auf den Schultern tragen zu müssen – das Atlas-Schicksal. Aber nicht zuletzt erlebten wir auch den Trost, daß aus diesem Erdenleid heilende Kräfte ersprießen, ja mehr noch: das Bachsche «Crucifixus» hat unseren Blick auf ein Leben gerichtet, das nicht mehr an das Rad der ewigen Wiederkehr des Gleichen gebunden ist, nicht mehr dem Blühen und Welken, dem Werden und Vergehen unterliegt, sondern ein Leben bedeutet, das die Ewigkeit in sich trägt. Und deshalb ist es notwendig, nachdem uns der Wesensgehalt von e-Moll zu dieser Warte emporgeführt hat, wo uns die Sicht auf dieses ewige Leben zuteil wurde, noch einmal den Blick zurückzuwenden nach G-Dur. Denn die Botschaft von diesem Leben muß der allertiefste und edelste Kern dieser Harmonie sein. Und eine erste Morgenröte davon erleben wir in dem G-Dur, das Richard Wagner mit dem Reformationshymnus des historischen Hans Sachs in seinen «Meistersingern» aufklingen läßt: die «Wittenberg'sche Nachtigall»:

> «Wach' auf, es nahet gen den Tag,
> Ich hör' singen im grünen Hag
> Ein' wonnigliche Nachtigall,
> Ihr Stimm' durchklinget Berg und Tal:
> Die Nacht neigt sich zum Okzident,
> Der Tag geht auf vom Orient,
> Die rotbrünstige Morgenröt'
> Her durch die trüben Wolken geht.»

Menschheit und Welt wird umgriffen: die Nacht wird wesensgleich mit dem Okzident, der Tag zum Repräsentanten des Orients, aus dem der Welt das *Licht* ersteht. Der Hymnus ist die Vorverkündigung jenes Lichtes, das die Menschheit herausführen will aus dem «finsteren Zeitalter», einem helleren Weltenäon entgegen. Und das G-Dur, anhebend mit einem – man darf sagen – urbildlichen Quartsprung der Erweckung: «Wach auf!» –, wird hier zur Harmonie der Johanneischen Botschaft: »Ändert euren Sinn, die Reiche des Himmels sind herbeigekommen!»

Ist es möglich, daß ein einziger Harmonie-Bereich so viele unterschiedliche Stimmungen aufweisen kann? Es ist dies gewiß nur möglich, wenn die geistigen, d.h. die sphärenharmonikalen Voraussetzungen dafür gegeben sind; wenn also diese Mannigfaltigkeit innerhalb der Tierkreisstrahlung selbst zu einer sinnvollen Ganzheit zu verbinden ist. Hier gibt uns die Mythologie, dieser grandiose Nachklang eines uralten Bilderbewußtseins der Menschheit, durch das sich höchste Weisheiten offenbaren, ein wertvolles Mittel zur Hand, um diese Vielfalt als eine organische Ganzheit erkennen zu können.

Der erste Gegensatz, auf den wir stießen, war der Umstand, daß wir es bei der Taurusstrahlung mit einem weiblichen Zeichen zu tun haben. Wir fanden dann diesen Widerspruch durch das Bild der Kuh gemildert. Um die Wurzel des Wortes Kuh zu finden, müssen wir bis in die indische Kulturepoche zurückgehen, wo es uns als «Go» entgegentritt. Wir haben dies bereits erwähnt. Go ist identisch mit dem Sanskritwort: Ga. Und dies baut uns die Brücke zur griechischen Mythologie, wo uns Ga als «Gaea» entgegentritt. Go bedeutet im indischen neben Kuh und Rind auch Erde. Und wer war Gaea? Nach griechisch-mythologischer Überlieferung traten aus dem ursprünglichen Chaos drei Wesenheiten hervor:

Tartaros, der dunkle Abgrund, Eros, die Liebe, und Gaea, die Erde. Gaea erzeugte aus sich selbst heraus die Gebirge, das Meer und den Himmel (Uranos) und mit letzterem zusammen die Titanen.

Der Zusammenhang zwischen Kuh und Gaea, der Erde, ist mythologisch gegeben, und wir haben damit einen festen Punkt gewonnen. Dieser «Gaea» begegnen wir übrigens auch in der Edda als Kuh «Audhumla». Auch sie ist die Mutter eines Göttergeschlechtes, auch sie bewirkt das Entstehen der Gebirge u. s. w. Das Erdzeichen, symbolisiert durch die Kuh, ist also etwas, was weit in das mythologische Bewußtsein der Menschheit zurückreicht.

Von der indischen Kulturepoche (in Indien gilt heute noch die Kuh als heiliges Tier) im Zeitenlauf weiterschreitend, führt uns der Weg über die persische zur ägyptisch-chaldäischen Epoche. In dieser Zeit stand die Sonne bei Frühlingsbeginn im Sternbild des Stieres, also der Kuh. Im Sinne unserer Betrachtungsweise müßten wir sagen: das *Zeichen* des Widders fiel damals in das himmlische Stern-*Bild* des Stieres, so wie es heute in den «himmlischen Fischen» liegt. In der griechisch-römischen Kulturepoche dagegen waren Zeichen und Bild kongruent. Tatsächlich wußte die ägyptische Zeit auch von einer «Erdenoffenbarung» der Isis, die man im Bilde der Kuh verehrte.

Und auch hier zeigen sich Parallelen in der griechischen Mythologie. Nach einer Überlieferung ließ Gaea, die Mutter Erde, anläßlich der Hochzeit des Zeus und der Hera, jenen Wunderbaum entsprießen, der goldene Äpfel trug und von den Töchtern der Nacht, den Hesperiden, behütet wurde. Die Äpfel waren Eigentum der Göttin des Lebens, der Schönheit und der Liebe: Aphrodite. Im nordischen Mythos ist Freia die Besitzerin und Wärterin dieser ewig jung erhaltenden Äpfel. Hier also liegt die geistige Wurzel zur «Frau Holda», zu unserem blühenden, sprießenden, maienhaften G-Dur.

Der Zusammenhang ist jedoch noch stärker zu konkretisieren. Es gibt nämlich eine Überlieferung – Homer hat sich ihr angeschlossen – wonach Aphrodite als Tochter des Zeus und der Dione galt. Dione war die Göttin des Äthers und eine Schwester der Pleiaden. Diese wiederum waren die Töchter der Pleione und des *Atlas,* der im Westen das Himmelsgewölbe trug. In den Pleiaden verehrte man göttliche Mädchen, die eine jungfräuliche Schar der Artemis bildeten. Sie wurden von dem wilden Jäger Orion verfolgt, bis sie Zeus in Tauben (peleiades) und schließlich sowohl die Verfolgten als auch den Verfolger in Gestirne verwandelte. Seitdem erstrahlen die Mädchen am nächtlichen Himmel als das «Siebengestirn» im Sternbild des Stieres. Der rötlich leuchtende, hellste Stern dieses Sternbildes – der Aldeberan – galt als das Auge des Stieres, das sich vor Wut über den Angriff des Himmelsjägers Orion rötete.

Somit gibt uns der Mythos auch ein Zeugnis für die Stiernatur. Das rote, blutunterlaufene Auge, das von geballter Wut und Kraft kündet. Und diese geballte Kraft tritt uns ja auch in dem Titanen Atlas entgegen, der zur Strafe, weil er sich – gleich seinem Bruder Prometheus – gegen die Götter auflehnte, das Himmelsgewölbe tragen muß. Der Stimmungsgehalt von e-Moll wird hier mythologisch aufgeschlüsselt. Das Gespinst der mythologischen Verflechtungen ist faszinierend.

Der Garten der Hesperiden liegt nämlich im Reiche des Atlas, dessen Töchter sie ja sind. Und eine der größten, weil bereits jenseits der Erdenschwelle vollbrachte Tat des Herakles war die Erringung der Hesperiden-Äpfel. Um dies zu vermögen, mußte er jedoch vorerst den von Hera eingesetzten Hüter des Gartens überwinden, den Drachen Ladon; ein Wesen, das nie die Augen schloß, stets wach war und in einem geschwisterlichen Verhältnis zu Echidna, der Mutter der tödlichen Hunde Kerberos und Orthos, sowie der Schlange von Lerna stand. Gleich der lernäischen Hydra hatte auch Ladon zahllose Köpfe und viele abschreckende Stimmen. Herakles, so wird erzählt, stärkte sich vor dem Kampf mit Ladon, indem er einen «Stier» verzehrte.

Welch tiefe Weisheit liegt in dieser Überlieferung. Herakles verzehrt den Stier, d. h. er durchdringt sich mit den Stiergewalten. Diese Durchdringung bedeutet aber gleichzeitig Überwindung, denn diese Mahlzeit gibt ihm die Kraft, den Drachen zu besiegen und die Äpfel der Liebesgöttin zu erringen, die er dann Athene, der Göttin der Weisheit, an ihrem Altar als Opfergabe darbringt. Mit anderen Worten: durch Herakles wurden die ungebändigten Stierkräfte gewandelt. Nicht in Milch, wie die Kuh es vollbringt, sondern in Weisheit. Damit stehen wir wieder vor dem von der Stierstrahlung ergriffenen Leibesorganismus, dem Kehlkopf; dem Organ für die «zur Magie des Wortes» verwandelten Stierkräfte. Und in ihrem reinsten und edelsten Wesen tritt uns diese Magie dort entgegen, wo sie sich zum Verkünder des *Logos* macht.

Georg Friedrich *Händel* hat in seinem «Messias» dies auf musikalischer Ebene getan, als er die «Geburt» dieses Logos in die Aura eines kindhaft-blühenden G-Dur hüllte.

Dieser Abschnitt stellt das eigentliche Ereignis im ersten Teil des Oratoriums dar. Majestätisch groß baut sich der Chor auf, dessen Motivkeim im ersten Takt vorwiegend vom Marston c gebildet wird, dessen Kraft prophetisch die Wiege des Kindes zum Königsthron festigt, wie es die folgenden Worte auch verkünden: «Und die Herrschaft ist gelegt auf seine Schultern, und sein Name soll heißen:

> Wunderbar, Herrlicher, der starke Gott,
> der Ewigkeiten Vater und Friede-fürst.»

Bei diesen letzten Versen erhebt sich das Melos zur Dominant-Harmonie und überhellt das Licht von G-Dur durch das Hereinstrahlen der Zwillingssphäre.

Mit einem der Logoskraft des Sohnes dienenden G-Dur leitet auch Richard *Wagner* Parsifals Königtum ein. Das Thema von Gurnemanz «Segensspruch» ist eine Synthesis des Grals-Motives mit dem Liebesmahl-Thema.

Königlich ist der melodische Aufstieg der «Merkur»-Oktave bei den Worten: «Gesegnet sei», von warmer Innerlichkeit erfüllt die Erhellung des leitereigenen e-Moll zum gleichnamigen Dur-Akkord bei: «du Reiner, durch das Reine!»

Von der Warte dieser Logoskraft gesehen wird auch verständlich, warum dem Stierzeichen der *Rationalismus* zugeordnet ist. Ist er doch die Weltanschauung vom Wahren-Guten. Wenn Vernunft gepaart mit dem Wahrheits-Gewissen geht, spricht keine subjektive, persönliche Meinung mehr aus dem Menschen, sondern die Objektivität der Weltvernunft, das Göttlich-Rationale – der *Logos*. Doch kann dieses Wahre-Gute des schaffenden Logos nur dann aus der Menschenseele sprechen, wenn das Erkennen ganz selbstlos geworden ist und sich moralisch orientiert, wie es Parsifal bei der Kundry-Begegnung vollzogen hat.

Überreiche Erfüllung alles Sehnens nach der Frohbotschaft des Erlöserwortes hat uns Ludwig van *Beethoven* mit dem G-Dur seines «Benedictus» in der «Missa solemnis» beschert. Ein Melos von unendlich begütigender Anmut, von schmerz-los-heiterem Frieden, getragen von der Solovioline, in immer neuen Wendungen sich wiederholend, schwebt es herab und läßt uns ahnend empfinden, wie Musik zur irdisch-klingenden Hülle des Göttlichen werden kann. Geheimnisvoll, von demütiger Erwartung erfüllt, bereits der Zauber des kurzen Präludiums, das aus verborgensten Tiefen steigt.

Durch diese mystische Dämmerung dringt mit einemmal die Stimme der Verhei-ßung. Paul Bekker schildert die Dramatik dieses einzigartigen Augenblickes:

«Die Betenden schweigen, nur die Klänge einer Solovioline und der beiden beglei-tenden Flöten schweben langsam aus lichter Höhe herab. Dumpf murmeln die Andäch-tigen die begrüßenden Worte des Benedictus, um dann still der offenbarenden Botschaft zu lauschen.»[11]

Die Solovioline behält die Führung und immer hoffnungsvoller schwingt sich ihr Gesang empor. Wir denken dabei an einen Ausspruch Beethovens: «*Wem sich meine Musik auftut, der muß frei werden von all dem Elend, womit sich die anderen Menschen schleppen.*»

Die Andächtigen nehmen die Heilsbotschaft auf; in staunender Andacht fügen sich die Worte dem Melos der Geige: «Benedictus qui venit …»

«*Das mystische Offenbarungswunder ist vollbracht*», schreibt Bekker: «*Gott hat sich denen gezeigt, die ihn im Gebet suchten.*»[11] Dies gilt jedoch nicht allein für den im Messetext dargestellten Inhalt. Die Darstellung selbst, die Beethoven gegeben hat, ist ein Offenbarungswunder, ist – um wieder mit des Meisters Worten zu sprechen – «*höhere Offenbarung*», als sie alle «*Verstandesweisheit*» und «*Philosophie*» je zu geben vermag. Sie bedeutet das tiefste und erhabenste Ertönen eines G-Dur, in dem der Logosgehalt der Welt selbst Gestalt angenommen hat.

D-DUR — ZWILLINGE

Vergessend meine Willenseigenheit,
Erfüllet Weltenwärme sommerkündend
Mir Geist und Seelenwesen;
Im Licht mich zu verlieren
Gebietet mir das Geistesschauen,
Und kraftvoll kündet Ahnung mir:
Verliere dich, um dich zu finden.

(Rudolf Steiner: Seelenkalender)

«Im Licht sich zu verlieren, um sich zu finden» – aus den Worten spricht ein Gegensätzliches, das uns die «Zweiheit» ahnen läßt, von der dieser Sektor des Zodiakus beherrscht wird und der auch unsere D-Dur-Tonalität unterstehen wird. Und noch in einer anderen Weise tritt uns die Zweiheit in diesem Wochenspruch entgegen: in Form von Wille und Bewußtsein. Vergessen soll werden die Willenseigenheit, finden dagegen soll sich das Ich. Dieses Sich-selbst-Ergreifen aber ist ein Bewußtseinsakt. Ihn zu vollziehen, dazu fordert «das Geistesschauen», d.h. die himmlische Welt, auf, während die irdische Tatsetzung des Willens ins Vergessen schwindet. Auch die Zweiheit «Himmel» und «Erde» ist damit deutlich akzentuiert. Anton Wildgans hat diese Zweiheit in poesievolle Verse gefaßt, die uns ein sehr schönes Stimmungsbild geben:

«Gefällte Stämme, blankgeschält,
Sind aufgehäuft am Straßenrande,
Ein Duft von Harz und Hitze schwelt
Von ihnen auf im Sonnenbrande.

Da bett' ich mich und liege hart
Und liege doch so weich in Träumen,
Hoch oben stille Wolkenfahrt,
Tief unten Sturzbachs dumpfes Schäumen.

So ist mir zwiefach auch zumut:
Im Haupt Gedanken, klarbeschwingte,
Doch tiefer unten rauscht das Blut,
Das finsternis- und erdbedingte.

Es rauscht das alte Schicksalslied
Vom Abgrund, der die Welten scheidet,
Vom Leben, das den Geist verriet,
Vom Geiste, der das Leben meidet.

Und ist doch, der es tiefer kennt,
Dem Lauscher in der Stürze Toben
Ein und dasselbe Element:
Der Urlaut unten und die Stille oben.»

(Anton Wildgans: Rast im Mittag)

210

Die bewegenden Kräfte innerhalb dieses polaren Spannungsfeldes sind Licht und Weltenwärme, die in ihrer Intensität den Sommer vorausverkünden. Der Sonnenlauf strebt seinem Zenit zu «*Dies ist mein Morgen, mein Tag hebt an: Herauf nun, herauf du großer Mittag*» – mit diesen Worten schließt Nietzsche sein Werk «Also sprach Zarathustra». Diese himmelstürmende Kraft des «großen Mittags», das Emporsteigen der Sonne zu ihrer höchsten Höhe, hat Josef Haydn in dem Sonnenhymnus seines Jahreszeiten-Oratoriums erklingen lassen und uns damit gleichzeitig ein wichtiges Wesenselement von D-Dur erschlossen. Aus dämmriger Tiefe steigt es in stetiger Chromatik empor, um am Dominant-Akkord – dem A-Dur-Klang – seine «flammende Majestät» zu entfalten.

Mit diesem Dominant-Akkord ist wirklich der Zenit des Quintenkreises erreicht; der Punkt, wo D-Dur hinüberwechselt zu A-Dur, der Tag der Sommer-Sonnenwende, an dem das Himmelsgestirn in das Zeichen des Krebses tritt und der Abstieg beginnt. Die Zwillingssphäre selbst ist jedoch noch ganz vom aufsteigenden Licht erfüllt, ihre Gegenwart endet mit der Erreichung des Scheitelpunktes. So dient das Aufklingen des Dominant-Dreiklanges auch nur der Entfaltung dieser höchsten Lichtfülle der Zwillings-Tonart, in der nunmehr der große Sonnengesang anhebt:

Der Grundtenor auch der Zwillings-Harmonie, dies können wir jetzt schon sagen, wird daher ebenfalls der Frühling sein; der Frühling, mitten in seinem maienhaften Erblühen bis zur vollen Reife; jahreszeitlich entsprechend dem Sonnenstand von Ende Mai bis Ende Juni. Es kann daher nicht überraschen, daß in der

Charakterisierung dieser Tonart Vergleiche zu C- und G-Dur auftauchen, Parallelen gezogen, aber auch Unterschiede festgestellt werden. Findet das Sonnenlicht, das im Widder seinen endgültigen Sieg über die Finsternis erfocht, im Stierzeichen seine Lebenskräfte in Überfülle ausstreute, in den Zwillingen doch seine höchste Entfaltung. All das spiegelt sich natürlich auch im tonalen Klangbild dieser Himmelssphäre. So meint *Mies*, daß viele seiner Eigenschaften mit C-Dur übereinstimmen würden, daß D-Dur jedoch vielfach eine «*deutlichere Freudentonart*» sei. *Böttcher* stellt einen Vergleich mit G-Dur an und stellt für D eine «*stärkere innere Erregung*» fest, wobei jedoch der «*objektive Charakter*» das Übergewicht über das lyrisch-empfindsame Element der Stier-Tonart hätte. Eine Synthese zwischen der mars-betonten C-Dur und dem Aphroditen-Zauber von G hört auch *Mattheson* heraus:

«*D ist von Natur aus etwas scharf und eigensinnig, zum Lärmen, lustigen, kriegerischen und aufmunternden Sachen wohl am aller bequemsten. Doch wird zugleich niemand in Abrede seyn, daß nicht auch dieser harte Ton, wenn zumal anstatt der Clarine eine Flöte, und anstatt der Pauke eine Violine dominiert, gar artige und freundliche Anleitung zu delicaten Sachen geben könne.*»[1]

Dieser harte, sieghafte Ton steht ebenso bei *Stephani* im Vordergrund, für den D-Dur «*laut und stahlschimmernd einherschreitet*»[1]

Um wieder einen Blick in die kosmische Grundstimmung werfen zu können, hören wir auf die Planetenworte, die aus diesem sphärenharmonikalen Bereich ertönen.

Erschließe dich, Sonnesein, ... Sonne . . A (Sextqualität)   als Quinte
Bewege den Ruhetrieb, ... Venus . . Fis (Quartqualität)   als Terz
Umschließe die Strebelust . . . . . . Merkur . D (Sekundqualität) als Grundton
Zu mächtigem Lebewalten, ... Mars . . . Cis (Primqualität)   als Septime
Zu seligem Weltbegreifen, ... Jupiter . . E (Terzqualität)   als Sekund
Zu fruchtendem Werdereifen. . . Saturn . . G (Quintqualität)   als Quart
O Sonnesein, verharre! . . . . Mond . . H (Septimqualität) als Sext

Skalenartig aufgeschlüsselt ergibt sich folgendes Bild:

D	E	FIS	G	A	H	CIS	D
Sekund-	Terz-	Quart-	Quint-	Sext-	Sept-	Prim-	
qualität	qualität	qualität	qualität	qualität	qualität	qualität	
Merkur	Jupiter	Venus	Saturn	Sonne	Mond	Mars	

«*Erschließe dich, Sonnesein*» — so lautet das Sonnenwort, und dies ist ein Appell an die Tatkraft des Lichtes. Was im Widder «erstand», im Stier sich «erhellte», soll sich jetzt «erschließen», d.h. der unendliche Reichtum an aufblühenden Lebenskeimen, die das Licht erweckte, mögen nunmehr zu sichtbarer Entfaltung kommen. Das Sonnenwort verbindet demnach den Gegensatz von Himmel und Erde; denn auf Erden entfaltet sich zu sichtbarer Erscheinung, was die Schöpferkraft des Lichtes zum Leben erweckte. Diesem Brückenschlag zwischen Himmel und Erde entspricht die Stellung des Sonnentones a, der mit seinem wesenseigenen, ausstrahlenden Sextcharakter hier Quinte ist und die Schwelle bildet zwischen Prim und Oktav.

Grundton ist der Tonwert Merkurs – d –, der durch seine ihm «angeborene» Sekundqualität dem Dur eo ipso ein bewegteres Element, oder wie Böttcher sagte, eine *starke innere Erregung* verliehen wird, als dies z. B. der so fest in sich gegründete marsische Tonwert c der Widdertonart vermag. Und doch darf man dabei nicht übersehen, daß der Grundton der Führungston einer Tonart ist, auf dem sie sich aufbaut, der ihr Fundament darstellt und ihr seine Wesensqualität aufprägt. Das will sagen, daß sich die bewegende Merkureigenschaft dieses Tonwertes mit der marsischen Primqualität verbindet. Das Merkurwort lautet auch: *«Umschließe die Strebelust».* Eine Mahnung an das quecksilbrige Temperament Merkurs, *Grundton* sein zu müssen und den Boden unter den Füßen nicht verlieren zu dürfen. Der Planet Merkur ist auch der unmittelbare Kraftüberträger der Zwillingsstrahlung und findet in dieser Sphäre sein «Haus». Was hier als merkuriales Element den Tonalitätsbereich durchziehen muß, ist nicht das selige Verströmen in einer Lichteuphorie, sondern das Begreifen der Taten des Lichtes, deren Entfaltung in der irdischen Erscheinungswelt.

Der Jupiterton mit seiner Terzen-Innerlichkeit und seinem Weisheitswort steht in D-Dur am Platze Merkurs: er ist Sekund und spricht von dem *«Begreifen»* der *«Strebelust»,* die zu *«umschließen»* merkuriale Funktion ist: *«Zu seligem Weltbegreifen».*

Dagegen übernimmt der mit seinem exkarnierenden Akzent erhellte Venuston fis die Terzfunktion Jupiters. Der umschließende Quartcharakter dieses Tonwertes wird dadurch so gut wie aufgehoben. Venus ist ganz Innerlichkeit geworden und rechtfertigt damit die Freudestimmung, von der Mies sprach, mildert den *«harten Ton»,* wie es Mattheson dieser Tonalität zubilligte. Diese Milderung des Umgreifens und Festhaltens, das dem Venuston an sich wesenseigen ist, spricht sich auch in dem kosmischen Wort aus: *«Bewege den Ruhetrieb»;* eine Aufforderung, die durch den Leittoncharakter der großen Terz unterstrichen wird. Fast könnte man meinen, Merkur und Venus hätten hier ihre Rollen getauscht; denn Merkur spricht von *«umschließen»,* Venus von «bewegen». Diese scheinbare Widersprüchlichkeit im Wesenselement der beiden Planetenkräfte läßt sich wohl auch nur aus dem Gegensatz von Himmel und Erde erklären, die in dieser Sternensphäre besonders intensiv aufeinanderstoßen. Die Kräfte, die den einzelnen Planeten wesenseigen sind, sollen durch ein gegenteiliges Wirkenselement gemildert werden, um zu verhindern, daß die «Brücke» bricht und die Zwei-Einheit von Himmel und Erde in eine unüberbrückbare Zweiheit auseinanderklafft. Ist dies vielleicht die Gefahr, die dem Zwillings-Menschen im besonderen droht?

G – der Saturn-Tonwert ist Quarte. Sein zu ihm gehöriger quinthafter Schwellencharakter nimmt also die umgreifende Funktion der Quart an. Dies kommt in dem Sphärenwort analog zum Ausdruck. Will es doch das vom Sonnenlicht «Erschlossene» zu *«fruchtendem Werdereifen»* führen. Saturn umgreift damit die «Strebelust» Merkurs, das «Weltbegreifen» Jupiters und wird damit gleichzeitig seinem eigenen Quintcharakter gerecht. Denn ein «fruchtendes Werdereifen», ein Fortschreiten in seiner Entwicklung, ist für den Menschen nur auf Erden möglich. Um zu *«werden»,* was er in Wahrheit *«ist»,* dazu wurde der Mensch auf

214

den Erdenschauplatz versetzt, weil nur hier die Selbständigkeit und Freiheit heranreifen kann, die er zu seiner Ich-Findung braucht. Das Wort des Wochenspruches ersteht mit aller Eindringlichkeit vor uns: *«Verliere dich, um dich zu finden»*. Darin liegt wohl das Geheimnis des saturnischen «Werdereifens». Ist der sieghafte Glanz von D-Dur vielleicht mit dieser Ich-Findung verbunden?

Auf den bereits besprochenen Tonwert der Sonne folgt unmittelbar der Mondenton h, der hier die Strahlungseigenschaft der Sexte annimmt und dadurch die Lichtkraft der Sonne verstärkt: *«O Sonnesein, verharre!»* Diese Stufenfolge V–VI, gebildet aus Sonnen- und Mondenton, trägt zweifellos zu der Lichtfülle bei, die dem D-Dur eigen ist. Denn als Sexte kann das h die ganze Mondensehnsucht der Septime hineinstrahlen lassen in den sphärenharmonikalen Raum. Und da diese Sehnsucht ja ausschließlich dem Sonnenton gilt, potenziert sich durch die Sextenstrahlung die Sonnenkraft. Der Umstand, daß h aber auch die Terz des Subdominant-Dreiklanges ist: g–h–d, der sich seiner Funktion nach zurück zu G-Dur wendet, trägt zur «Lieblichkeit» zweifellos bei, die das D-Dur ausströmt. Auch schwingt bei diesem Mondenwort abermals die Bangnis mit, die Sonne zu verlieren. «Verharre» lautet seine ängstliche Bitte; im Widder hieß sie: «verbleibe». Gewiß ein erwähnenswerter Faktor für die Verinnerlichung dieser Harmonie.

Der Tonwert des Mars ist es, der hier die eigentliche Septimfunktion übernimmt, aufgehellt zu seiner exkarnierenden Wirksamkeit. Mars ist die Kraft, *«durch die eine innere Aktivität in die Welt hineingetragen wird, zielbewußt die Welt erobernd und das innere Wesen offenbarend.»*[2] Die Marskräfte – bezogen auf den menschlichen Organismus – wirken in ihm als Eisenprozeß des Blutes. *«Einerseits strahlen sie hinunter in das Blut, andererseits hinauf in den Sprachorganismus. Die Kraft, mit der in der hinausströmenden Luft das Wort geformt wird, ist wiederum diejenige des Mars.»*[2]

Der Mensch, in dem die Marskräfte einseitig wirksam sind, fühlt sich von einer fortschreitenden äußeren Aktivität getrieben, bis er sich schließlich im Schaffen erschöpft, weil er das Geschaffene nicht bewahren kann, nicht zu pflegen versteht. Er erträgt nicht, daß etwas fertig ist, und ehe er sich zum Hüter und Heger des Geschaffenen macht, vernichtet er es lieber und baut etwas Neues. So würde er von dem unermüdlichen Schattendrang dieser inkarnierenden Marskräfte fortgerissen werden, wenn sich in den exkarnierenden nicht ein Gegenzug bilden würde, mit dem sich das Ich zu verbinden weiß. Dieses bewußte Verbinden des Ich mit den exkarnierenden Mars-Wirksamkeiten führt zu einer Stauung der Kräfte. Und wenn Marskraft gestaut wird, beginnt die Welt zu tönen. Lievegoed bringt das Bild der gespannten Saite. *«Die Kraft, mit der der Bogen geführt wird, wird durch den Widerstand der gespannten Saite gestaut. Indem Kraft und Widerstand miteinander ringen, tönt die Saite.»*[2]

Erst durch dieses Zusammenwirken von Kraft und Widerstand wird die marsische Aktivität ihrer treibenden Hektik entbunden und durch das Ich einer Tätigkeit zugeführt, in der sich der Sinn des Lebens entfalten kann. *«Zu mächtigem Lebewalten»* heißt das Marswort der Zwillingsstrahlung. Eine Mahnung, die Aktivität der durch Mars verliehenen Fähigkeiten nicht in luftige Höhen versprühen zu lassen, sondern sie zu «stauen» und in den Dienst des Lebens zu stellen. Auch dafür ist die Septimstellung des cis sprechend. Denn das Streben der Septime gilt ja den Höhen der Oktav, und als Septim ist das cis Leitton, bildet die Terz des Oberdominant-Dreiklanges: a–cis–e. Ihr Streben droht die Grenzen zu sprengen und sich in die benachbarte Krebs-Sphäre ergießen zu wollen. Gerade dafür aber ist die wesenseigene In-sich-Gegründetheit, der Prim-Charakter des Tonwertes c, von Bedeutung; trägt er doch etwas von diesem «Stau» in sich, auf den es hier ankommt. *«Laut und stahlschimmernd schreitet D einher»*, schrieb Stephani. Es «schreitet», es «jagt» nicht. An diesem ehernen Schimmern eines lautstarken Schreitens wird die Spannungsstruktur, in die der Marston verflochten ist, nicht unwesentlich beteiligt sein.

Bachs Präludium und Fuge aus dem ersten Teil des «Wohltemperierten Klaviers» zeigt in klarer Objektivität diese zwei Seiten der Tonart auf; den ätherisch-blühenden, sich dem G-Dur noch verbunden fühlenden Charakter im Präludium, und die kraftvoll-marsische, vom «mächtigen Lebewalten» kündende Seite in der Fuge. Für beide Blickrichtungen hat bereits Hugo Riemann vor einem knappen Jahrhundert (1890) eine eindeutige Charakteristik gegeben. Über das Präludium lesen wir bei ihm:

«Das Präludium treibt ein sinniges Spiel mit leichten, mehr graziösen und lieblichen als kräftigen und ausdrucksvollen Melodien; es ist etwas von Frühlingsstimmung in dem Stück, luftige Wesen scheinen einander in fröhlichem Auf- und Abschweben Blumen zuzuwerfen.»[3]

Wie in der «Zwillings-Stimmung» Rudolf Steiners die ersten Worte der Sonne, der Venus und Merkur zugeteilt sind, so bewegt sich im ersten Takt auch die Urlinie des Themas zwischen den entsprechenden Tonwerten d, fis, a, die als Einheit genommen den D-Dur-Klang bilden.

Von der Fuge, die das zweite Charakterbild aufzeigt, schreibt Hugo Riemann:

«Die Fuge (vierstimmig) ist ein kräftiges, stolzes Stück, das durch die energischen Zweiunddreißigstel-Anläufe des Themas und die konsequent fortgesetzte Punktierung der Achtel eine ganz eigenartige Grandezza annimmt, die aber, verklärt durch das helle offene D-dur, nur als entschlossenes straffes Wesen erscheint.»[3]

Für den Vortrag der Fuge fordert Riemann *«schneidige Ausführung der Zweiunddreißigstel-Figuren»* und eine *«scharfe Markierung der Punktierung mit Akzentuierung des Sechzehntels»*[3], womit er gleichzeitig den kämpferisch-sieghaften Charakter der Tonalität unterstreicht.

Hermann Beckh spricht von einem *«Auferstehungs-D-Dur»* und von einer *«Oster-Fuge»*, die uns die *«Stimmung des Grünewaldschen Bildes der Auferstehung Christi»* widerspiegeln würde. [4]

Dieses Auferstehungs-Element, die «Sprengung der Grabesfessel», ist einer der tiefsten Geistgehalte dieser Tonalität, die nur von wenigen Komponisten in der ganzen Größe zur Darstellung gebracht werden konnte. Bach ist hier nicht nur der erste, sondern auch einer der vollendetsten Gestalter.

In den Symphonien *Haydns* gibt es kaum ein D-Dur, in dem diese Auferstehungskraft wahrnehmbar wäre. Dafür zeigen sie in zahlreichen Themen ein aus der Stiersphäre von G herauswachsendes D-Dur. So etwa in der letzten «Londoner-Symphonie», in der die einzelnen Sätze den Frohsinn und die Frische von D-Dur in den verschiedensten Ausdrucksformen erleben lassen. Noch etwas verhalten, mehr als ein innerlich empfundenes Blühen, das Thema des ersten Satzes:

Ein frohlockendes Jauchzen dagegen die Melodik des Menuetts:

Und schließlich verlockt ein volksliedhaftes Melos, über liegenden Bässen von d erklingend, zu lustigem Treiben, die Munterkeit des Menuetts übermütig übersteigernd.

217

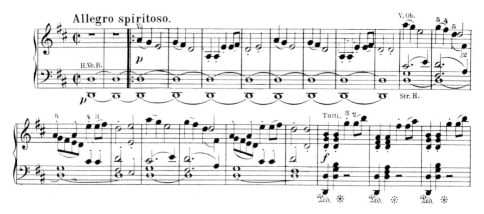

Auch in der «Schöpfung» findet sich ein liebliches Naturbild in D-Dur: der in sanften Mäandern sich dahinschlängelnde Bach, dessen Schleifen durch ein zweitaktiges Zwischenmotiv in den Violinen – mit der Saturnquart g ansetzend – plastisch nachvollzogen werden.

Mozarts D-Dur bewahrt sich in seinem Blühen vielleicht noch mehr Innerlichkeit, als es die Haydn'sche Lebensfreude zeigt. Als Beispiel könnte man die dreisätzige Klaviersonate erwähnen, mit dem Mittelsatz in G, bei der Hermann Beckh gewiß zu Recht von einem *«frühlingsinnerlichen»*[4] D-Dur spricht.

Der zu seinem Sonnenton emporquellende Tonika-Dreiklang im ersten Zweitakter, das Entzücken darüber in den aufsteigenden Stakkato-Achteln, die jauchzenden Triller und schließlich die beschwingt dahineilenden Sechzehntel-Passagen, das alles sind Figurationen, in deren Gebärden sich das innere Jubeln über die «sommerkündende Weltenwärme» ausspricht.

Kerniger, willensbetonter dagegen das Thema des Violinkonzertes (KV218), das mit seinem marschartigen Vordersatz die kämpferischen Kräfte ahnen läßt, die dieser tonalen Sphäre innewohnen. Der Nachsatz der Periode freilich breitet über diese streitbare Entschlossenheit ein Lächeln, das allen anfänglichen Kampfesmut in Singen und Klingen auflöst.

Der Frühlingsstimmung jener Mozart'schen D-Dur-Zeugnisse folgt auch noch *Beethoven* in seiner II. Symphonie. Unter dem in gleichen Achtelrhythmen pochenden Grundton d setzt, von leichtem Flügelschlag emporgehoben, in den Bässen das Thema ein und schwingt sich eigenwillig in Sechzehntel-Figurationen zu seinem Sonnenton empor.

Das munter, im marschartigen Rhythmus dahinschreitende Seitenthema, in der Exposition auf der Dominant-Harmonie stehend und in den A-Dur-Bereich hinübergreifend, gleicht einem Wanderlied, erfüllt von Frohsinn und unbekümmerter Selbstbewußtheit.

Von Stunden glücklichster Eingebung kündet Beethovens einziges Violinkonzert. Mit einem von spannender Erwartung erfüllten «Klopf-Motiv» in der Pauke hebt es an; ein Pochen, das den ganzen Satz, bald energisch drohend, bald zart beschwichtigend, durchzieht. Ihm antwortet in wahrhaft klassisch-königlicher Würde und Anmut das Hauptthema, das uns mit seiner Sonnen-Monden-Sekund gleich im ersten Takt das «Sonnensein» in majestätischem Glanz «erschließt».

Ein Hohelied inneren Friedens, ein sehnsüchtig-schwärmerischer Hymnus, der auch das Ende des Satzes verklärt, ist das Seitenthema mit seiner schlicht ansteigenden Kantilene.

Von Lebensfreude, Kraft und Ausgelassenheit erfüllt, gibt das Rondo dem Werk einen brillanten Abschluß. Sein Singen und Klingen scheint dem Jubilieren der dem Frühling huldigenden Vogelwelt abgelauscht zu sein.

Apollinische Helligkeit, Glanz und Jubel atmet das Rondo der Sonate Op. 53 von Franz *Schubert*. Auch hier prägt die Sonnen-Monden-Sekund den Keim des Themen-Melos, ähnlich wie im ersten Satz von Beethovens Violinkonzert, nur daß an Stelle der klassischen Würde hier ein echt Schubert'scher humorvoller Unterton mitschwingt.

Von Beethoven'schem Ernst und Würde, gepaart mit heiterer Festlichkeit, spricht das Hauptthema von Johannes *Brahms'* Violinkonzert und folgt darin durchaus dem Geist von Beethovens gleichnamigem Instrumentalwerk. Auf den Tönen des Tonika-Dreiklanges baut sich das Thema auf, sein zunächst zur Tiefe sich neigendes, die Dunkelheit suchendes Melos, ehe es zum Sonnenton a emporsteigt, läßt jedoch unüberhörbar die Handschrift des Romantikers erkennen.

Wie Beethovens Violinkonzert beschließt auch das Brahms'sche Opus ein von starker und gesunder Lebensfreude erfülltes Rondo. Dafür sorgt allein der zarte ungarische Akzent, der auf dem Melos ruht. Von springlebendigen Triolenrhythmen im Orchester begleitet, liegt der Glanz des Themas vorwiegend auf dem Venus-Ton fis, der mit seiner Terzenmelodik im ersten Zweitakter und dem eigenwillig einherstolzierenden Achtelrhythmus im dritten Takt dem «Zwillings-Wort» der Venus voll und ganz gerecht wird: *«Bewege den Ruhetrieb».* Doch bei aller Lebenslust läßt sich auch hier der Romantiker nicht verleugnen, wie der nach h-Moll weisende Schluß der acht-taktigen Periode zeigt.

Eine freundliche, liebenswürdige, den Geist Anakreons atmende Idylle eröffnet uns das Thema seiner um die gleiche Zeit wie das Violinkonzert entstandenen
II. Symphonie. Brahms weilte damals (1877) während des Sommers zum erstenmal in Pörtschach am Wörthersee, das zu jener Zeit selbst noch eine Idylle war
und seine Schöpferkraft befeuerte.

Trotzdem bleibt auch hier der pastorale Grundton der Symphonie nicht ganz
frei von niederdeutscher Schwermut, oder wie Walter Niemann schreibt, ihre
«unter Blumen wandelnde sanfte und abendlich gedämpfte Landschaftsidylle» ent-
behre nicht einer *«verborgenen stillen Tragik»*[5]. Wie im Violinkonzert baut sich
auch hier das Thema – nach einem einleitenden Takt – im Horn einsetzend und
von den Holzbläsern zu sonnigen Höhen emporgetragen, im wesentlichen auf
die Dreiklangstöne d–fis–a (Merkur–Venus–Sonne) auf.

Die einleitende Baßfigur ist eigentlich nur ein Weben im Grundton d, wird
jedoch für die thematische Entwicklung von Wichtigkeit. Das zeigt sich gleich im
dritten Takt, wo sie in ihrer Umkehrung melodische Funktion erhält und vor
dem Holzbläser-Aufstieg zurückführt in den Grundton-Bereich; vor allem aber
im 44. Takt, wenn sie als melodische Keimzelle für einen lieblich bewegten
Nebengedanken dient, von den ersten Geigen gesungen, und den Satz aus der
beschaulichen Ruhe erst richtig herauslöst und ihm Allegro-Charakter verleiht.

Die Figuration ist – abermals in der Umkehrung – ganz dem Sonnenton a verbunden, dessen Glanz die melodische Linie durchwegs erhellt.

Wie vielschichtig das musikalische Erleben ist, wie viele Nuancen an Stimmungen in einer Tonart aufklingen können, je nach der Volksseele, aus der heraus ein Meister schöpft, zeigt uns *Tschaikowsky* in seiner VI. Symphonie. Nach einem zuerst düster-klagend im Fagott auftönenden Hauptgedanken, der sich jedoch immer leidenschaftlicher zu einem Allegro steigert – ein Sich-Aufbäumen im Ringen mit den Lebensgewalten –, setzt in den Geigen jenes innige Melos ein, das der eher düsteren Glut des Satzes lichtvolle Verklärung verleiht, wenn es im vollen Orchester seine ganze Schönheit entfaltet.

Es ist das slawische Element, das auch dort, wo es sich kraftvoll ausspricht, seine Wehmut nicht verbergen kann und in jede Aussage seine ganzen Gefühlsemotionen hineinlegt.

All diesem hesperisch-blühenden, frühlings-frohlockenden, sehrenden und drängenden, und mitunter auch von romantischer Sehnsucht erfüllten D-Dur, hat Richard *Wagner* in seinem «Rheingold» Worte verliehen, die uns das dahinter webende Mysterium des Lebens, die Welt der Göttin Freia offenbaren:

«In Wasser, Erd' und Luft,
Lassen will nichts von Lieb' und Weib.»

Liebe, Schönheit, Leben – diese drei herrlichen Gaben der Göttin sind es, die wesentlich Anteil haben am Stimmungsgehalt unserer Tonalität. Die bei Loges Worten in den D-Dur-Klang hineinverwobene Wendung nach G und ihre aufjauchzende Melisma-Gebärde macht den Sehnsuchts-Zauber dieser sich ganz im Lichte ausatmenden und verlierenden Freia-Welt deutlich.

Doch ist dieses ätherische Duften und Blühen, das wehmütige Liebessehnen nur die der Stier-Sphäre von G zugewandte Seite von D-Dur. Viel häufiger ist es die himmelstürmende Siegesfreude, von der die Thematik unserer Tonalität beherrscht wird. Schon *Mozarts* «Krönungskonzert» läßt in den brillanten, mit reichem Passagenwerk versehenen Ecksätzen, namentlich im abschließenden Allegretto mit seinen aufjauchzenden Terzenklängen im Orchester, diese Siegeszuversicht ahnen.

Wie ein Frühlingssturm einherbrausend, unaufhaltsam den Sonnenton a erstürmend, zeigt sich das Thema von *Beethovens* Klaviersonate Op. 10 Nr. 3:

Auch Franz *Schubert* weiß um den Doppel-Charakter von D-Dur. Hat er uns im Rondo seiner Klaviersonate blühende Heiterkeit erleben lassen, so stellt er sich im ersten Satz beherzt neben Beethoven und entfaltet ein D-Dur von unbändigem Kraftgefühl, dessen Formen sich im Satzverlauf ins Riesenhafte weiten. *«Die Hände können gar nicht genug Töne greifen»*, schreibt Walter Dahms, *«um die gewaltigen Klangmassen ans Licht zu fördern ... Wie aus Erz gegossen steht das Hauptthema da ... immer wieder richtet es sich auf, wenn das Spiel flinker Figuren in andere Tonarten entschlüpfen will.»*[6]

Ein Thema, bei dem sich die Ansicht von *Mies* voll bestätigt, daß D-Dur in vielen Eigenschaften mit C übereinstimmen würde, aber eine «deutlichere Freudentonart» darstelle. Man versetze die ersten vier Takte im Geiste nach C-Dur und erlebe, um wieviel schwerer, gefestigter sich die pochende Prim ausnehmen würde, wenn sie von Marskräften getragen wäre. So ist es die bewegende Merkurkraft, die sich im Prim-Intervall zwar verfestigt, die «Strebelust umschließt», ihren Vorwärtsdrang jedoch keineswegs leugnet. Dies zeigt besonders eindringlich das «Un poco più mosso» des Satzendes, wo sich das Thema zu einem jauchzend überschwenglichen Hymnus an das Leben steigert.

Dieses stürmisch-drängende Element von D-Dur führt uns noch einmal zu *Brahms'* II. Symphonie. Kraftvoll und glänzend, aus geheimnisvollem Piano auftauchend, braust das Finale dahin.

In der weiteren Entwicklung oft von gespenstisch-düster anmutenden Harmonie-Wendungen gehemmt, von harter Akkordik zerschlagen, findet dieses D-Dur jedoch seine strahlende Auferstehungskraft und Lebensbejahung mit dem in Terzen und Sexten schwelgenden Seitenthema wieder,

das zu sieghaftem Trompetenjubel gesteigert, den krönenden Abschluß des Werkes bildet, und das sonnenhafte Heldentum erfühlen läßt, das dieser Tonalität innewohnt.

Liebliches Kosen, wehmütiges Schwärmen, feuriges Stürmen –, von all diesen Seelenstimmungen weiß unsere Harmonie Zeugnis zu geben. Es ist daher an der Zeit, daß wir uns über die kosmische Qualität der Zwillingssphäre Klarheit verschaffen.

Das Zwillings-Zeichen ist ein Luftzeichen und damit dem seelisch-astralen Element im besonderen verbunden. Wie das Erdhafte dem physisch-mineralischen, das Wasser dem ätherisch-pflanzenhaften Element entspricht, so die Luft dem astral-animalischen und das Feuer dem ichhaft-geistigen, d. h. aber zugleich dem eigentlichen Menschenreich.

Im Feuerelement sahen wir den Repräsentanten des Männlichen, nach Objektivierung Verlangenden; den «actus», der nach Verwirklichung eines noch Sinnlich-Unoffenbaren drängt. Dagegen galt uns als weiblich das Stofflich-Empfangende, das diesen Objektivierungsdrang aufnimmt, die «potentia» – Möglichkeit – bietet, um den in ihm wirkenden Zeugungswillen in der Materie zur Geburt, d. h. zur sichtbaren Erscheinung zu bringen. Das Feuerelement offenbart somit das Ur-Männliche, die Erde (Gäa) das Ur-Weibliche. Luft und Wasser liegen dazwischen und werden daher von beiden Polen, von denen sie umgriffen werden, etwas in sich tragen. In diesem Sinne steht das Wasser der Erde näher, wie allein seine Dichtigkeit erkennen läßt. Im Verhältnis zu Feuer und Luft wird sich das Wasserzeichen daher als ein weibliches Zeichen darstellen, in Beziehung zum eigentlich Erdhaften dagegen trägt es männlichen Charakter.

Ebenso verhält es sich mit dem Luftelement. Gegenüber dem absolut männlich betonten Feuer muß sich seine «Stofflichkeit» als weiblich ausnehmen, gegenüber Erde und Wasser jedoch ist es von männlicher Qualität. Dadurch ergibt sich eine gewisse Stufenfolge betreffs der Wirksamkeit der beiden Geschlechtsprinzipe. Feuer ist das absolut Männliche; symbolisch dargestellt durch ein dreifaches Kathoden-Zeichen: + + +. Die Erde als absolut weiblich trägt das dreifache Anoden-Symbol: – – –. Das Luftelement als dem Feuer gegenüber weiblich, im Verhältnis zu den anderen Elementen jedoch männlich bewertet, wäre symbolisch somit darzustellen: + + –. Umgekehrt birgt das Wasserelement zwei weibliche Qualitäten und ein männliches Element: – – +.

Damit ist bereits einiger Aufschluß über das Wesen unserer Zwillingstonart gewonnen. Ihr weibliches Element ist es, das sich dem Erdzeichen des «Stieres» – G-Dur – zuneigt und ihr die Lieblichkeit und Innigkeit verleiht, deren sie fähig ist. Die doppelte männliche Bestrahlung jedoch bewirkt das Überwiegen des Kämpferisch-Mutvollen, des die Höhen Erstürmenden.

Das Luftelement ist dem Seelisch-Astralen verbunden, sagten wir. Die astrale Wesensschicht ist aber gleichzeitig der Bewußtseinsträger. Erst ein mit einer «anima», einer «Seele» begabtes Wesen – ein «Animal» – hat Bewußtsein. Daraus ergibt sich, daß wir mit der Luftregion gleichzeitig die Welt unserer Erkenntniskräfte betreten. Dadurch wird der Luftmensch der Materie anders gegenüberstehen als etwa der ganz der Erde verbundene Stiermensch. Diese Andersartigkeit kann nur in dem anderen Bewußtsein wurzeln, mit dem der Luftmensch die irdische Stofflichkeit betrachtet. Nicht ihre Härte, ihr «Widerstand» wird für ihn das Wesentliche sein, nicht irgendeine Eigengesetzlichkeit des Stoffes, sondern die Gestaltungskräfte, die Materie nach Gesetzen formen, die keineswegs Gesetze des Stoffes sind, sondern im ätherischen Bereich ihren Ursprung haben. Urbilder, Ideen nannte Plato jene präexistenten Gestaltungskräfte, die in die Materie formend aus dem Geistigen im Sinne dieser Gesetzmäßigkeiten hereinstrahlen. Es ist das Reich der «Mütter», in dem sich Faust das Wissen um die Fähigkeit der «ätherischen Bildekräfte» erringt, es sind die «Regionen, wo die reinen Formen wohnen», wie Schiller es in seinem Gedicht «Das Ideal und das Leben» anspricht. Von der Sphäre der «Mütter» sagt Faust:

> «Euer Haupt umschweben
> Des Lebens Bilder, regsam, ohne Leben.
> Was einmal war in allem Glanz und Schein,
> Es regt sich dort; denn es will ewig sein.»

228

Im gleichen Sinne sagt Schiller in dem erwähnten Gedicht:

«Aber frei von jeder Zeitgewalt,
Die Gespielin seliger Naturen,
Wandelt oben in des Lichtes Fluren
Göttlich unter Göttern – die Gestalt.»

Was im Stoffe Gestalt annimmt, ist vorher *gedacht* worden; d. h. der Ursprung jeglicher Gestaltung liegt in der «Ideenwelt», die keine abstrakten «Nomina» birgt, sondern schöpferisch-wesenthafte Gedanken Gottes. Dem Künstler mögen sie in seiner eigenen schöpferischen Tätigkeit oft gar nicht bewußt werden, doch leiten sie ihn instinktiv in seinem künstlerischen Schaffen.

Solch ein unbewußtes Schaffen zeigt *Wagner* an seinem Walther von Stolzing in den «Meistersingern» auf, wenn sich dieser, unwissend aller Meisterregeln der Meistersingerzunft vorstellt und diese Vorstellung in einen regelgerechten «Bar» kleidet. Daß Wagner diesem Lied «Am stillen Herd in Winterszeit» die D-Dur-Harmonie zuordnet, zeugt einmal mehr von dem feinen Empfinden des Meisters für das Wesen einer Tonart.

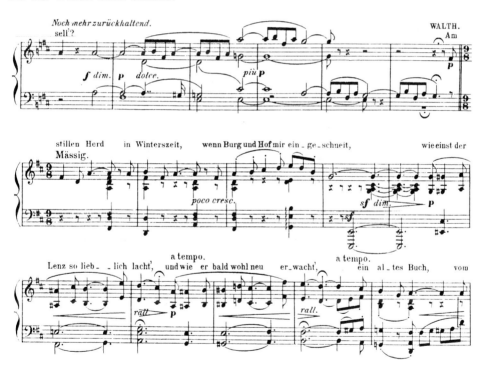

Was im Stoff Gestalt annimmt, sagten wir, ist vorher *gedacht* worden. Form und Gestaltwerdung im Physischen zeigt sich im Geistigen als die lebendige Funktion der Erkenntnis. Wie der «Erdmensch» – so er die Spiritualität nicht verleugnet – hinter dem Widerstand der Materie einen höchsten göttlichen *Wil-*

len vermutet, so muß der «Luftmensch» hinter der Konstanz der Formen eine höchste *Intelligenz* vermuten, auf die er vertraut und die ihm den Impuls verleiht, diese materielle Welt geistig zu ergründen. Im Geiste noch einmal zu erschaffen, was ihm als Realität in der Welt entgegentritt, das wird stets sein Bestreben sein. Dieses Nachschaffen kann nun freilich auf verschiedene Weise geschehen. Es kann der Urgrund für künstlerische Fähigkeiten sein, es kann die Tendenz erwecken, dieses selbstherrliche Gebäude nach allen Richtungen hin auszugestalten, oder es kann den Willen erwecken, dieses Gebäude zu erproben, *«seine Grundfesten immer wieder zu untersuchen und zu prüfen.»*[7] Mit dieser Nuancierung steht der Luftmensch im Bereich der «Zwillinge.»

Um jedoch die Wesensart dieses «Versuchens» und «Untersuchens» in aller Tiefe zu verstehen, befragen wir wieder die Mythologie. Werden wir doch auch durch die beiden hellsten Sterne dieses Sternbildes auf sie verwiesen: auf das klassische Zwillingspaar Kastor und Pollux. Was weiß der Mythos von diesem Brüderpaar zu erzählen? Kastor und Polydeukes sind die Brüder der Helena, Leda war ihre Mutter; doch stammen sie von zwei verschiedenen Vätern. Kastors Vater war Tyndareos, der König von Sparta, Polydeukes jedoch war der Sohn des Zeus. Dessen ungeachtet aber waren sie Zwillinge. Da sie sich an Gestalt und Gemüt völlig glichen, tatsächlich eine Zwei-Einheit bildeten, gab man ihnen auch den Zwillingsnamen «Tyndariden» – Söhne des Tyndareos –, oder «Dioskuren», d. h. Söhne des Zeus. Schon daraus geht hervor, daß dieses Zwillingspaar nicht als zwei verschiedene Individualitäten vorzustellen sind, sondern als *der* Mensch, in dem sich irdische und himmlische Abkunft vereinen. Als Kind des Menschen: Geschöpf, als Gottessohn: Ebenbild des Göttlichen.

Der Mythos erzählt, daß die beiden ihr Leben lang unzertrennlich waren und viele kühne Heldentaten vollbrachten. Wir begegnen somit auch in der mythologischen Darstellung dem heldischen Moment, das uns aus der Tonalität dieser Sphäre bereits entgegenklang.

Tyndareos, so wird überliefert, hatte einen Schwager – Aphareus – der in Messenien herrschte und ebenfalls zwei Heldensöhne besaß: «Lynkeus», der Luchsäugige, und «Idas», der über ungeheure Körperkräfte verfügte und von verwegenem Mute war, dessen Geschossen man nicht entrinnen konnte. Es heißt, daß der wahre Vater des Idas Poseidon gewesen sein soll. Die Dioskuren waren mit ihren messenischen Vettern zunächst eng befreundet, später jedoch verfielen sie in Feindschaft. Die beiden Brüderpaare bekämpften sich und der Wurfspeer des Idas traf Kastor tödlich. Kastors Brust ward durchbohrt. Zwar rächte Polydeukes die Tat und traf auch Lynkeus mit dem Speer zu Tode, als sich aber nun Idas auf Polydeukes stürzte, da fuhr Zeus mit einem feurigen Blitz dazwischen, und das Himmelsfeuer verzehrte den letzten Aphariden.

Kastor war noch bei Bewußtsein, obwohl jede Hilfe hoffnungslos erscheinen mußte. An der Seite des heißgeliebten Bruders fleht Pollux zu seinem himmlischen Vater und bittet mit Kastor gemeinsam sterben zu dürfen. Zeus, zu ihm niedersteigend, verweist ihn auf seine Unsterblichkeit, gewährt ihm jedoch die freie Wahl: *«Willst du, dem Tode und dem verhaßten Alter entflohen, im Olymp bei den seligen Göttern – selbst ein Gott –, wohnen, doch ohne Kastor, es sei dir gewährt; oder willst du alles mit dem geliebten Bruder teilen, so magst du mit ihm zugleich die*

Hälfte der Zeit in der finsteren Unterwelt, die andere im goldenen Himmelssaal wei-
len.»[8] Polydeukes verließ den Bruder nicht. Und so bringen die Zwillinge, unzertrennlich wie im irdischen Leben, einen Tag beim Vater Zeus und den übrigen
Göttern, den andern im dunklen Hades gemeinsam zu. Denn Zeus *erschloß* des
Kastors Aug und Zunge, d. h. sein «Sehen» (Geist) und «Sprechen» (Wort).

Die Menschen aber beten zu ihnen in allen Nöten des Lebens. Im Getümmel
der Schlacht erscheinen die Brüder als leuchtende Sterne dem bedrängten Helden
und führen ihn zum Sieg. Dies mag auch verständlich machen, warum Richard
Wagner den «Walkürenritt» streckenweise nach h-Moll und D-Dur stellt. Auch
dem Helden am Schlachtfeld wurde das Auge erschlossen, er erlebte seinen
unsterblichen Wesensteil in der Gestalt der Walküre.

Der tiefe esoterische Kern dieses Mythos ist das Gewahren der Zwei-Einheit
von Himmel und Erde, wie sie das Menschenwesen verkörpert. «Zwei Seelen
wohnen ach! in seiner Brust», könnte man frei mit Faust sprechen. Doch nicht
weiter! Denn von den beiden faustischen Seelen heißt es, daß sie sich voneinander trennen wollen, gemäß ihres «Doppelheimwehs», das sie zu der ihnen gemäßen Sphäre zieht. Die irdische Seele hält sich *«an die Welt mit klammernden
Organen»* – Kastor –, *«die andere hebt gewaltsam sich vom Dust zu den Gefilden
hoher Ahnen»* – Polydeukes. Aber das antike Zwillingspaar will sich gerade nicht
voneinander trennen. Hier muß demnach etwas wirksam sein, das über das bloß
seelische Moment des «Heimwehs» hinausreicht. Da die astrale Wesensschicht,
wie wir wissen, nicht nur das Empfindungshafte darstellt, genährt sowohl von
der Leibes- wie von der Geistseite her, sondern gleichzeitig Bewußtseinsträger
ist, dürfte es nicht schwer sein, diese, Kastor und Pollux zur Zwei-Einheit verbin-
dende Wirksamkeit auf geistiger Ebene zu suchen: als Wirksamkeit des *Ich*. Allerdings spricht der Mythos hier von einer Zeit, in der das Individualitätsbewußtsein
als Offenbarung des Ich noch nicht voll zur Ausbildung gekommen war, vielmehr
noch in der Zweiheit verharrte.

Im Bild der Zwillinge ist der Mensch noch in diese Zweiheit aufgeteilt, noch
fehlt die Kraft, die aus sich heraus diese Zweiheit zur Individualität vereinigt.
Eine Erinnerung an vergangene Zeiten liegt dem Urbild der Zwillinge zugrunde,
verbunden mit den ersten Keimen eines beginnenden Individuationsprozesses.
Denn als der Frühlingspunkt – d. h. das Widder-*Zeichen* – einst in das Stern-*Bild*
der Zwillinge fiel, da begann sich die Seele allmählich aus ihrer bisherigen dumpfen Gruppenhaftigkeit des Sippe-Kollektivs herauszulösen und bereitete sich vor,
den ihr von der Gottheit eingehauchten, nach Verselbstung verlangenden Geist
zur Entfaltung zu bringen.

Wieder liegt in der Ur-Gebärde des Zwilling-Symbols das Wesentliche. Sie
zeigt uns das Paar in einer sich umgreifenden Gestik; die rechte Hand des rechten Menschen und die linke Hand der linken Gestalt umspannen sich; ein sich
gegenseitiges Betasten und Sich-Erfühlen spricht sich darin aus. Diese Zwillings-
gebärde macht gleichzeitig deutlich, daß der Mensch in mehrfacher Hinsicht als
«Zwilling» angesprochen werden kann. Denn es ist auch die rechte und die linke
Leibeshälfte, auf die dieses Umgreifen weist. Diese für uns selbstverständliche
Einheit wird in dem Urbild der Zwillinge als Zweiheit dargestellt, *«weil der
Mensch gewissermaßen noch außer sich ist, seinen vorgeburtlichen Menschen noch in*

sich hereinnimmt durch das Sich-selbst-Betasten.»[9] Mit anderen Worten: der künftige Ich-Mensch, steht hier noch in seiner Zweiheit vor uns; noch ist nicht zur Einheit verbunden, was dazu veranlagt ist.

Wir haben demnach festzuhalten: wie sich im Menschen die rechte und linke Seite zur Einheit verbindet, so ist auch die himmlische und irdische Natur in ihm vereint. Die linke Seite, die, wie der Volksmund sagt, «vom Herzen kommt», ist die den oberen Welten zugewandte, die rechte dagegen weist zur Erde.

Und noch in einer dritten Perspektive offenbart sich uns der Mensch als Zwilling: in der Polarität des Männlichen und Weiblichen. Denn die effektive Trennung der Geschlechter gilt ja nur für die physische und ätherische Leiblichkeit. Seele und Ich dagegen bergen die Einheit beider Prinzipe. Diese letztere Zwillings-Perspektive hat Richard *Wagner* in seinem «Wälsungenpaar» im «Ring des Nibelungen» kongenial gestaltet. In Wotan finden Siegmund und Sieglinde ihren gemeinsamen – himmlischen – Vater, die Menschenmutter gibt ihnen ihr irdisches Sein. Auch das germanische Zwillingspaar verbindet somit Himmel und Erde in sich.

Gleich bei ihrer ersten Begegnung klingt im D-Dur der Bässe das Wälsungenleid-Motiv auf, sprechendes Zeugnis für den Schmerz des Getrenntseins, in das sich die seelenwarme Terzen-Motivik des Sieglinden-Themas hineinverflicht,

um im 12. Takt der thematischen Entwicklung in das Liebes-Motiv zu führen, diesen innigen Topos ihrer Wesensverbundenheit.

Und der ganze zweite Teil dieses Aktes, die große Liebes- und Erkennungsszene, ist eine musikdramatische Gestaltung jener Ur-Gebärde des Sich-Umgreifens, des Empfindens in Wahrheit *ein* Wesen zu sein:

> «Im Bach erblickt' ich
> Mein eigen Bild –
> Und jetzt gewahr' ich es wieder ...»

Oder:

> «O still! laß mich
> Der Stimme lauschen:
> Mich dünkt, ihren Klang
> Hört' ich als Kind; –
> Doch nein! ich hörte sie neulich,
> Als meiner Stimme Schall
> Mir widerhallte der Wald.»

Diese Bewußtwerdung *eines* Wesens zu sein, gipfelt schließlich in einem strahlenden D-Dur-Akkord, mit dem Sieglinde den Namen ihres brüderlichen Wesensteiles jubelnd verkündet:

> «War Wälse dein Vater,
> Und bist du ein Wälsung,
> Stieß er für dich
> Sein Schwert in den Stamm –
> So laß mich dich heißen,
> Wie ich dich liebe:
> Siegmund –
> So nenn' ich dich!»

Und wenn die Harmonie nach dieser Schwester-Taufe auch gleich nach h-Moll wechselt, so bleibt doch die Zwillingssphäre erhalten, da h-Moll die Parallele zu D-Dur ist.

Was sich in Siegmund und Sieglinde noch in der Zweiheit der Zwillinge darstellt, ist in Siegfried – der Frucht dieser Zwillings-Liebe – zur Einheit geworden.
«Nothung» in Siegfrieds Händen, ist kein Geschenk des Gottes mehr, sondern
das aus eigener Kraft neu geschmiedete Ich-Schwert. Siegesjubel in D-Dur krönt
diese erste Tat des Helden, wenn die Schärfe dieses Schwertes mit einem Streich
den Amboß spaltet: «Schau, Mime, du Schmied: So schneidet Siegfrieds
Schwert!»

In die Ur-Zweiheit von Himmel und Erde – «Uranos» und «Gäa» – eingebunden, erweist sich das menschliche Ich. Dies machte uns sowohl das klassische
Zwillingspaar Kastor und Pollux deutlich, als auch Siegmund und Sieglinde
durch ihren Göttervater und ihre Menschenmutter. Und verfolgt man das
Schicksal Siegfrieds, in dem sich die Zwillingsnatur bereits zur ichhaften Einheit
verbunden hat, tritt uns auch in ihm dieselbe Polarität entgegen. Mit der Erwek-
kung Brünnhildes erwacht sein unvergänglicher, himmlischer Wesensteil, sein
Abstieg vom Walkürenfelsen dagegen, sein Weg zur Gibichungshalle und die
aufflammende Leidenschaft zu Gutrune geben Zeugnis für den «Erdensohn».
Daß der Mensch, eingespannt in diese Zweiheit von Himmel und Erde, irren
muß, solange er strebt und sucht, kann uns nirgends mit solcher Eindringlichkeit
bewußt werden, wie am Zwillingszeichen. Denn es bedeutet die unmittelbarste
Konfrontation dieser beiden Seinsbereiche. Und diese zutiefst empfundene Doppelnatur macht den Zwillingsmenschen zum unermüdlichen Wahrheitssucher. Ist
diesem Zeichen doch auch der «Mathematismus» als Weltanschauung zugeordnet; wobei dieser Begriff in des Wortes ursprünglichster Bedeutung zu verstehen
ist. Das griechische Wort «Mathesis», von dem später Mathematik abgeleitet
wurde, meint nichts anderes als «Wissenschaft» oder «Erkenntnis». Im Evangelium werden die Schüler Christi als «Mathetai» bezeichnet. In seiner originalen
Bedeutung heißt somit Mathematismus einfach die «Wissenschaft vom Denken»,
oder «Wissenschaftslehre». Sich «lichtvolle», «sonnenklare», «einleuchtende»
Gedanken zu erringen, ist das Bestreben des Zwillings-Menschen; sie allein geben Gewißheit, und nur wo Gewißheit im Erkennen waltet, steht man im Licht.
    Diese Gewißheit freilich wird nicht durch die Übernahme tradierter Wahrhei-
ten errungen. Sie ist vielmehr das schwer zu erkämpfende Ziel eines Weges, der
durch Irrtum und Zweifel führt. Lessing hat dies mit aller Deutlichkeit ausgesprochen:
    *«Nicht die Wahrheit, in deren Besitz irgendein Mensch ist oder zu sein vermeint,
sondern die aufrichtige Mühe, die er angewandt hat, hinter die Wahrheit zu kommen,
macht den Wert des Menschen.*

Denn nicht durch den Besitz, sondern durch die Nachforschung erweitern sich seine Kräfte, worin allein seine immer wachsende Vollkommenheit besteht. Der Besitz macht ruhig, träge, stolz.

Wenn Gott in seiner Rechten alle Wahrheit und in seiner Linken den einzigen immer regen Trieb nach Wahrheit, obschon mit dem Zusatze, mich immer und ewig zu irren, verschlossen hielte und spräche zu mir: ‹Wähle!›, ich fiele ihm mit Demut in seine Linke und sagte: Vater, gib, die reine Wahrheit ist ja doch nur für Dich allein!» [10]

Der Mensch kann seine Wahrheitsfindung immer nur in der Relativität zu jener Zweiheit vollziehen, unter deren Gesetzmäßigkeit die ganze Erdenschöpfung steht. Der Rhythmus der «Sinuslinie», der mit seiner Folge von Wellenberg und Wellental, im Schwingen der Elektronen gleichermaßen zu finden ist wie im Kreisen und Drehen der Planeten, im Herzschlag von Systole und Diastole, im Wechsel von Tag und Nacht, Wachen und Schlafen, Inkarnation und Exkarnation ebenso, wie – bezogen auf den menschlichen Leibesorganismus – im Wechselspiel der Atmung, in Inspiration und Exspiration, ist nun einmal das Grundgesetz, dem unsere Erdenwelt mit allen ihren Ebenen unterworfen ist. Auch auf musikalischer Ebene tritt uns dieser Rhythmus in Dur und Moll, Ober- und Unterdominante, Kreuz- und Be-Tonartenbereich entgegen.

Besonders wesentlich muß es daher scheinen, daß die Zwillingsstrahlung innerhalb der menschlichen Leiblichkeit durch die *Lunge* repräsentiert wird. Wenn man diesen Gasaustausch der Atmung, durch den in der Inspiration der Luft, jene Menge an Sauerstoff entnommen wird, die zur Erneuerung des Blutes notwendig ist, und andererseits durch die Exspiration die Kohlensäure aus dem Blut entfernt wird, wenn man dieses Geschehen ins Geistige (pneuma = Luft) überträgt, dann heißt dies, daß sich der Zwillingsmensch selbst im Zustande dieses Atmungsvorganges erleben muß; daß er sich immer in zwei Phasen gespalten erfühlen wird, die aber gleichzeitig Inspiration und Exspiration sind, je nachdem von welcher Seite der Atmungsvorgang betrachtet wird. Denn sobald ich in den Kosmos ausatme, atmet er mich ein, und umgekehrt.

«Zugleich in sich und außer sich sein, zugleich hüben und drüben, zugleich der Erdensohn und der Gottessohn, zugleich im Tag und in der Nacht – zugleich erkennend und erkannt – zugleich männlich und weiblich –! Wer vermöchte diesen vollkommenen Widerspruch, der gleich geheimnisvoll ist für Weise wie für Toren – zu denken! Und doch ist es das eigentliche Lebensprinzip des Zwillingsmenschen.» [7]

Der Zwillingsmensch lebt diesen Widerspruch dar. Sein geistiges Bild gleicht einer Schwingung, in der der Gegensatz der Welle gleichzeitig durchlebt wird. Symbol für diesen «vollkommenen Widerspruch» ist seit altersher der «Vaduceus», der Merkurstab; jener Stab, um den sich gleich «Sinuslinien» zwei Schlangen winden, die in der Art, wie sie sich gegeneinanderkehren, mit ihren Windungen eine vollkommene Symmetrie bilden. Auch der Mythos weist übrigens auf diesen gegensätzlichen «Atmungsprozeß», wenn er berichtet, daß die beiden Zwillinge einen Tag im Göttersaal, den anderen im Hades weilen.

In dieser übergeordneten Perspektive zeigt sich der Hang zum Zweifel als eine notwendige Seeleneigenschaft des Zwillingstypus. Denn sein Denken wurzelt in der von ihm so eindringlich erlebten Zwienatur des Menschen. Er kann gar nicht anders, als jeden Gedanken in zweifachem Licht zu sehen und der himmlischen Seite die irdische, der irdischen die himmlische entgegenzuhalten. Muß ihm doch jede Eindeutigkeit gleichzeitig als Einseitigkeit erscheinen; dieser innere Zwang aber, jedem Gedanken gleich sein Widerspiel entgegenzustellen, muß die Seele zum Zweifler und Skeptiker stimmen. Im Zweifel erblickt der «Zwilling» daher einen zuverlässigen Führer zur Wahrheit. Nicht der Glaube, der jeden Zweifel ausschließt, sondern erst jener Glaube, der aus dem Kampf widerstreitender Erkenntnisse ersteht, wird für den Zwillingsmenschen das Ideal darstellen. Wieder sei auf ein Wort Lessings verwiesen, das uns diese Stimmung anschaulich machen kann:

«Die Zeit soll lehren ob der ein besserer Christ ist, der die Grundsätze der christlichen Lehre im Gedächtnisse, und oft ohne sie zu verstehen, im Munde hat, in die Kirche geht, und alle Gebräuche mitmacht, weil sie gewöhnlich sind; oder der, der einmal klüglich gezweifelt hat, und durch den Weg der Untersuchung zur Überzeugung gelangt ist, oder sich wenigstens noch dazu zu gelangen bestrebt.» [11]

Durch Irrtum zur Wahrheit zu gelangen, dieses faustische Schicksal stellt das hohe Ethos des Zwillingsmenschen dar. Und daraus ergibt sich auch seine Einstellung zum Bösen. Für den Luftmenschen im allgemeinen liegt die Problematik des Bösen in der Gesinnung: was als das Gute erkannt wurde, darf nicht verraten werden. Nicht als «Übel» oder als «Schuld» sieht er das Böse in der Welt an, sondern als *Sünde*, als frevelhaften Versuch, das Gebäude der Wahrheit zu unterwühlen. Die Lüge ist für ihn die schwerste Verfehlung. Und vor allem gilt dies für den «Zwillings-Menschen»; suchen und irren, ruhelos die Höhen und Tiefen des Lebens ergründen zu wollen und letztlich durch Zweifel gläubig zu werden, das sind einige Charakteristika für die den Menschen durchdringende Zwillingsstrahlung, die sich einzigartig an der Tannhäuser-Gestalt Richard *Wagners* und den ihr zugeteilten markanten D-Dur-Stellen ablesen lassen.

Gleich zu Beginn, bei Tannhäusers schmerzlicher Selbstbesinnung, wenn er die Grenzen seines gegenwärtigen Verweilens im Reich der Venus bereits bewußtseinsmäßig zu durchbrechen beginnt: «... die Nachtigall hör' ich nicht mehr, die mir den Lenz verkünde ...», erstrahlt zum erstenmal der D-Dur-Klang auf.

Der sieghafte Glanz dieser Harmonie auf dem Worte «Lenz» läßt uns vermuten, daß Tannhäuser sein Weilen im Zauberreich der Sinne innerlich bereits hinter sich ließ, daß in seinem Denken die gegensätzliche Welt erstanden ist. Eine Vermutung, die am Ende der Venusberg-Szene ihre Bestätigung findet, wenn Tannhäuser diese Fesseln bewußt mit dem Rufe sprengt: «Mein Heil liegt in Maria!»

Denn wieder tönt bei diesem Namen ein strahlender D-Dur-Akkord der Holzbläser und Hörner auf, die ihn mit ihrem instrumentalen Glanz verklären.

Und wenn am Ende des Aktes kein Bitten und Fordern der wiedergefundenen
Freunde Tannhäuser zum Verweilen stimmen kann: «Laßt mich! Mir frommet
kein Verweilen, und nimmer kann ich rastend stehn», da ist es der Name «Elisabeth», der, von Wolframs Lippen kommend, den Rastlosen neuerlich in den Bann

von D-Dur schlägt. Und er weiß, daß es eine Botschaft von «oben» ist, die diese Harmonie umhellt: «Elisabeth! O Macht des Himmels, rufst du den süßen Namen mir?»

In meiner Tannhäuser-Besprechung habe ich darauf verwiesen, daß dieses dreimalige Erklingen jenes Dreiklanges kein Zufall sein kann, zumal Wagner überdies die gleiche Instrumentation vorschreibt. *«Der musikalische Gleichklang der Namen ‹Maria›, und ‹Elisabeth› läßt uns vorausahnen, daß Elisabeth die irdische Repräsentantin jener Sphäre sein wird, in der Tannhäuser sein ‹Heil› zu finden hofft: in Maria.»*[12]

Die «Zwienatur» der «Zwillinge» wird in Wolframs Begrüßungs-Gesang in vollem Umfang an der Stelle erkennbar, an der sich die Kantilene in D-Dur bewegt: «War's Zauber, war es reine Macht, durch die solch Wunder du vollbracht …» Wolfram spricht von der Liebe Elisabeths, die zu erringen allein Tannhäuser beschieden war.

w. bannt die tu - gend-reich-ste Maid, an dei-nen Sang voll Wonn und Leid gebannt die

Ein tief erfühltes Wissen um die Zwiespältigkeit unseres Erdenlebens, ein Wissen um Freude und Tränen, Glück und Schmerz vermochte Tannhäusers Gesang auszuschöpfen, alle Höhen und Tiefen des Lebens in sein Lied zu bannen. Das ganze irdische Menschsein, das alle Gegensätze, alle Polaritäten umfaßt, klang darin auf und rührte das Herz der «Jungfrau». «War's Zauber, war es reine Macht» –, die Sinneswelt mit ihren luziferischen Triebgewalten, oder die reine Macht des Himmels? Die Frage ist gestellt und wie tief Wagner ihren tonalen Wesensgehalt erfüllte, zeigt das D-Dur, in das er sie kleidete.

Wir blicken noch einmal zurück auf Nietzsches Zarathustra-Wort: «Herauf nun, du großer Mittag». Man darf dieses Wort auch als allerallerletzten Nachklang dessen erkennen, was der wirkliche Zarathustra einst der Menschheit gesprochen und gelehrt hatte. Jener Zarathustra, von dem Plutarch berichtet und für den er etwa die Zahl 6000 v. Chr. angibt.

> «Die mächtige, die königliche Verheißung
> tragende Sonnen-Äther-Aura,
> die gottgeschaffene, verehren wir im Gebet,
> die übergehen wird auf den siegreichsten der Heilande.»[13]

So heißt ein Zarathustra-Wort im Avesta. Sein Siegesglanz läßt uns wieder an Bachs D-Dur-Fuge denken, aber auch an den Freuden-Hymnus im Finale von

sempre pp — cresc. — ff Freu - de, schö - ner Göt - ter - fun - ken; Toch - ter aus E - ly - si - um, wir be - tre - ten feu - er - trun - ken, Himm - li - sche, dein Hei - lig - thum, Dei - ne

Beethovens IX. Symphonie, mit dem alle, dem anfänglichen d-Moll innewohnende Tragik überwunden ist und die Seele emporgeleitet wird zum Cherub, der vor Gott steht.

Auf dem Wege von den tiefsten Tiefen der Erde empor zum «Sternenzelt» und über dieses hinaus zum Ahnen des «lieben Vaters», ist dieses D-Dur des Götterfunken-Themas mit seinem Jubel, seiner mutvollen Aufforderung die eigenen Kräfte zu erproben: «O Freunde, nicht diese Töne, sondern laßt uns angenehmere anstimmen und freudenvollere», ein wertvollstes Klangsymbol für die hohe ethische Mission des Zwillingsmenschen, die Welt geistig in Atem zu halten; im Bild des Zwilling-Organs gesprochen: *der ganzen Menschheit Lunge zu sein.*»[7]

Aber nicht nur von Prophetie auf den «siegreichsten der Heilande» spricht der Zarathustra-Hymnus im Avesta, er kündet den Menschen auch von der großen Zweiheit, von Geist und Materie, die durch das In-die-Offenbarung-Treten der Schöpfung entstanden ist. Er kündet von Ahura mazdao, dem Sonnengott, von Mithras, seinem Sohn und von Ahriman, dem Widersacher und Geist der Finsternis:

> «*Kommt dann der Böse hervorgestürzt,*
> *der Übeltäter raschen Laufs,*
> *dann schirrt er eilig seinen Wagen,*
> *Mithra, des reichen Weidelandes Herr,*
> *Und Sraosha, der heilige Held,*
> *... und schlägt ihn in der Schlacht oder im Einzelkampf.*»[13]

So trug die von Zarathustra inaugurierte persische Kultur das Signum der Zweiheit, der Polarität, d. h. das Zwillingshafte tief verwurzelt in ihrer religiös-weltanschaulichen Struktur. Tatsächlich lag auch der Frühlingspunkt der Sonne während dieses Zeitraumes in den himmlischen Zwillingen.

In diesem Zusammenhang ist es aufschlußreich dem Streit der Dioskuren mit ihren Vettern genauer nachzugehen. Dieser Streit erhob sich nämlich wegen einer Rinderherde, die die vier in Arkadien erbeutet hatten. Die Herde sollte geteilt werden und Idas wurde mit der Teilung beauftragt. Er zerlegte einen Stier der Herde in vier Teile und bestimmte, derjenige, der zuerst sein Viertel verzehrt hätte, sollte die Hälfte des Raubes, der zweite das Übrige erhalten. Man war damit einverstanden. Aber kaum machten sich die anderen an das Mahl, war Idas mit seinem Teil bereits fertig und half auch noch seinem Bruder Lynkeus, so daß für die Dioskuren nichts übrig blieb und sie leer ausgingen. Kulturgeschichtlich gesprochen: die Kultur der «Zwillinge», die persische Epoche, ging in das Stierzeitalter über, dessen Repräsentant die ägyptisch-chaldäische Kultur war. In ihr stieg die Menschheit bewußtseinsmäßig noch tiefer zur Erde herab und wurde dadurch noch intensiver den Gefahren ausgesetzt, mit denen der Widersacher als «Fürst dieser Welt» den Menschen bedroht. Die aus ihrer «Brückenfunktion» zwischen Geist und Leib resultierende Zweiheit der Menschenseele gibt den geeigneten Angriffspunkt für die Attacken des Widersachers ab. Denn der Mensch kann sich nach zwei Richtungen hin in sich selbst verhärten bzw. verlieren. Es kann sich die himmlische Seite, das Polydeukes-Element in uns selbständig machen wollen, d. h. sich egoisieren und alles zu eliminieren trachten, was an

240

die Erde bindet; luziferische *Erdenflucht* wäre die Folge. Oder der andere «Bruder» behauptet seine Erdennatur mit Ausschließlichkeit und heftet sich «an die Welt mit klammernden Organen»: ahrimanische *Erdensucht* müßte das unvermeidliche Resultat dieser extremen Einseitigkeit sein. Die zwei «faustischen» Seelen in unserer Brust sehen sich daher ständig umdroht, Zerrbild der himmlischen Zwillinge zu werden. Aus dem zur Harmonie veranlagten Doppelantlitz des Menschen als Erden- und Himmelswesen, kann das entzweiende Doppelantlitz des Bösen auf Erden erstehen.

Diese Elemente stehen letztlich auch im Hintergrund des niederen Zwillingstypus. Die luziferische Wirksamkeit findet ein natürliches Einfallstor in der angeborenen Seelenstimmung des Zwillingsmenschen, alles anzuzweifeln, ehe es nicht an der entgegengesetzten Möglichkeit gemessen wurde. Diese kritische Veranlagung – so positiv sie an sich ist – kann natürlich leicht dazu führen, den Boden unter den Füßen zu verlieren. Sei es, daß diese Wendigkeit und Vielseitigkeit im Geistigen dazu auffordert, auch die widersprechendsten Geistesrichtungen in sich aufzunehmen und letztlich in eine völlige Richtungslosigkeit auszuarten, so daß der «Zweifel», der eigentlich als Vorstufe für den zu erringenden *Glauben* gedacht ist, zur Zerstörung aller Glaubenswerte führt; sei es, daß diese Geschicklichkeit im Geistigen überhaupt nur *ver*-sucht ohne zu *suchen,* und den niederen Zwillingstypus zu einem Apostel des Unglaubens macht, den Oskar Adler in mannigfachsten Erscheinungsbildern treffend charakterisiert; etwa als *«Globetrotter des Gedankens», «Dilettant von Beruf»,* als *«Debatter ohne Ernst»* oder als *«Eklektiker nach Bedarf»*[7]. Es ist der Typ eines Vielbeschäftigten ohne zielbewußte Beschäftigung, der stets bereit ist, andere zu belehren, die seiner Belehrung nicht bedürfen.

Dieser Typus liebt den Zweifel um des Zweifels willen, Skepsis ist ihm wichtiger als der Glaube. Ihn lockt das geistige Abenteuer nur der inneren Spannung wegen, um seine Überlegenheit zu erproben, die kein anderes Ziel hat, als sich immer aufs neue zu erleben. In dieser Sicht wird z. B. das Wesen eines Don Juan verständlich, bei dem hinter aller Erotik in Wahrheit der Kampf zwischen dem männlichen und weiblichen Prinzip steht und die Lust, letzteres zu demütigen und der Verachtung preiszugeben. Er ist gerade der Typ, der das entzweiende Element aufzeigt, das der Zwillingsstrahlung als Möglichkeit innewohnt. Daher ist es durchaus begründet, wenn Mozart die berühmte «Register-Arie» Leporellos in die D-Dur-Harmonie setzt. Wie sein Herr, will auch Leporello glänzen und genießen, findet sich in gleicher Leichtigkeit mit der Moral ab; wie Don Giovanni fehlt es auch ihm nicht an Gewandtheit, ohne jedoch die Kraft und den Mut seines Herrn zu besitzen. Aber die Freude an der Demütigung des anderen leitet auch ihn. In der Arie, in welcher er das Register der Liebschaften seines Herrn vor der Verlassenen aufrollt, als wollte er sie trösten, verhehlt er jedoch nicht, welches Vergnügen ihm diese Erinnerung und der Spott bereitet, den er mit Donna Elvira treibt.

Ein anderes Beispiel eines von köstlichem Humor übertönten D-Dur, hinter dem jedoch die ganze Bösartigkeit eines alle menschlichen Werte zerstörenden Skeptizismus und Mißtrauens fühlbar wird, hat uns Mozart in der bekannten Arie des Osmin aus «Die Entführung aus dem Serail» hinterlassen.

Auch *Rossinis* berühmte «Verleumdungs-Arie» aus dem «Barbier von Sevilla» wäre in diesem Zusammenhang zu erwähnen. Das köstlichste Zeugnis jedoch eines *«Dilettanten von Beruf»* hat uns Adalbert *Lortzing* in jenem D-Dur beschert, in dem er seinen Bürgermeister van Bett im «Zar und Zimmermann» auftreten läßt:

> «O sancta justitia! Ich möchte rasen,
> von früh bis spät lauf ich herum;
> Ich bin von Amtspflicht ganz aufgeblasen ...»

Ein Charakteristikum von D-Dur ist auch die besondere Eignung für den Parlandostil, durch den es uns das Richtungslose-Illusionäre des niederen Zwillingstypus eindringlich vermitteln kann. Der Schlußteil der van Bett-Arie macht dies deutlich und zeigt auch die chaotische Zerfahrenheit und Ziellosigkeit dieses vielseitigen «Dilettanten-Genies» mit prachtvollem Humor auf.

rie - ren,   zu bla - mie - ren, in-spi-zie-ren, e-chauf - fie - ren, rä - so - nie - ren, mal - trä -

Am Ende unserer Betrachtung der D-Dur-Tonalität wenden wir den Blick noch einmal zum hohen Ethos dieser Himmelssphäre. Seine Mission ist es, sich den Glauben zu erringen, der aus dem Kampf einander widersprechender Erkenntnisse geboren wurde. Wieder können wir an Faust denken:

«Nur der verdient sich Freiheit wie das Leben,
der täglich sie erobern muß.»

Täglich, ja stündlich die Wahrheit zu finden, die so leicht im Irrtum der beiden Extreme verloren zu gehen droht, täglich, stündlich die Bewährungs-Situationen zu bestehen, die so sehr getränkt sind mit Verlockung, mit Irrtum und Verwirrung. Als Parsifal sich durch seine Unreife die Gralswelt verscherzt hatte, verfiel auch er diesen Irren und Wirren. Er mußte tief hinuntertauchen in das h-Moll der Klingsorwelt. Und als er die Prüfungen bestanden, den Speer – Symbol des eigenen Ich – aus Klingsors Hand zurückgewonnen hatte, da sah er sich den Pfaden der «Irrnis und des Leidens» ausgeliefert, so daß ihn Ver-*zweiflung* überkommen mußte, Hoffnungslosigkeit, jemals die Burg und ihren leidenden König wiederfinden zu können.

Die sieghafte, in D-Dur erstrahlende Karfreitagsbotschaft aus Gurnemanz' Munde jedoch sagt ihm, daß er sein Ziel endlich erreicht hat. Und wenn Parsifal dann der siechen, führerlosen Ritterschaft verkünden darf: «Den heiligen Speer, ich bring ihn euch zurück», wenn die hohe Ichkraft des Menschen Sieger ist über alle luziferisch-ahrimanischen Anfechtungen, da ersteht das Parsifal-Thema im ungetrübten «Sonnesein» von D-Dur.

Wahrhaftes «Erkennen» ist ein Wissen, dessen Wahrheit immer wieder im Geiste neu geschaffen wird und sich solcherart immer wieder an sich selbst verjüngt.

Dies ist der Weg, der zu jenem Glauben führt, der unerschütterliche innere Gewißheit bedeutet und uns das verlorene Paradies – nach einem Wort Richard Wagners – durch Erkenntnis wiedergewinnen läßt.

In Händels herrlichem «Hallelujah» aus dem «Messias», spricht sich diese unbeirrbare, fest auf dem «siegreichsten der Heilande» gegründete Gewißheit als ein triumphales D-Dur aus.

Die parallele Moll-Tonart der Zwillings-Sphäre: h-Moll

Als parallele Molltonart zu D-Dur steht auch h-Moll im Sonnenlicht der «Zwillinge», d.h. wir haben es mit einer an sich sehr hellen Molltonart zu tun. Nun ist aber dort, wo starkes Licht herrscht auch der Schatten ein viel intensiverer. Der Moll-Schatten, der sich über diese harmonikale Sphäre breitet, wird daher – trotz der wesenseigenen Helligkeit – sehr schlagkräftig sein und heftiger wirken, als er von sich aus sein mag. Hinzu kommt das Hinübergreifen nach H-Dur durch den oberdominantischen Bereich, also in eine bereits stark der nächtlichen Seite des Quintenkreises verbundene Sphäre. Der «Zwiespalt» der Zwillings-Strahlung wird demnach in h-Moll besonders markant erlebbar sein. Sprechendes Zeugnis dafür ist die Tatsache, daß Richard Wagner h-Moll im «Parsifal» zur Tonart Klingsors macht, während Bach in seiner h-Moll-Messe dieser Harmonie die tiefsten Christusgeheimnisse abzulauschen weiß.

Dementsprechend variabel sind auch die äußeren Charakteristika, die uns von h-Moll gegeben werden. So will Mattheson aus h-Moll etwas *«Bizarres, Unlustiges und Melancholisches»* heraushören, während Hennig den h-Moll-Dreiklang *«am liebsten als schüchtern und jungfräulich»* definieren möchte; Attribute, die –

245

wie sich uns noch zeigen wird, sehr stark von der Beziehung zur «Jungfrau-Sphäre» der gleichnamigen Dur-Tonart bestimmt sind. Stephani dagegen spricht von *«Energie»* und einer *«durchdringenden Schärfe»*, die vor allem durch die Quinte fis verursacht würde und durch *«die Eindringlichkeit ihrer Willensspannung für die gesamte Oberquint-Tonartenwelt kennzeichnend bleibt.»*[1] Hugo Riemann spricht im Zusammenhang mit der Bachschen h-Moll-Fuge von einem *«faustischen Suchen nach Wahrheit»*, einem *«wahrhaftigen Ringen des Geistes»*[3] und trifft damit voll und ganz den Geistgehalt der Zwillingssphäre. Schließlich kehrt Mies die helle Stellung von h-Moll im Quintenkreis hervor, wenn er meint, daß er bei den meisten Stücken *«kaum eine größere Eintrübung finden könne»*, wohl aber *«den Ernst, Nachdruck und Energie».*[1]

Unserer bisherigen Gepflogenheit folgend, sei zunächst die tonale Planetenstellung innerhalb der Leiter untersucht, ehe wir auf die Gegensätzlichkeiten näher eingehen. Daß die einzelnen Tonwerte wieder dieselbe kosmische Sprache sprechen wie in D-Dur, bedarf nach dem bisher Gesagten keiner weiteren Ausführung mehr. Was sich gegenüber D-Dur ändert, ist die Lage der Tonwerte innerhalb der Skala und damit deren Spannungsverhältnisse.

H	CIS	D	E	FIS	G	AIS	H
Sept-qualität	Prim-qualität	Sekund-qualität	Terz-qualität	Quart-qualität	Quint-qualität	Sext-qualität	
Mond	Mars	Merkur	Jupiter	Venus	Saturn	Sonne	

Der Tonwert h ist hier Grundton und wird mit seiner Mondensehnsucht: *«O Sonnesein, verharre»* das fundamentale Stimmungselement abgeben. Der erhöhte Marswert: *«Zu mächtigem Lebewalten»* durchpulst als Sekund die Leiterstruktur und ist sicher an der «Energie» und der «durchdringenden Schärfe» mitbeteiligt, die dieser Tonalität abgelauscht wurden. Dagegen ist der Merkur-Ton d – *umschließe die Strebelust* – Terz. Es mag gerade diese Terz-Verinnerlichung der Merkurkraft sein, die Riemann von einem *«suchenden»* Element nach Wahrheit, von einem *«Ringen des Geistes»* sprechen läßt. Dieses Ringen und Suchen wird gewiß durch die umgreifende Quarttendenz intensiviert, die der Jupiter-Ton e hier einnimmt: *«Zu seligem Weltbegreifen».* Von der Eindringlichkeit des Quinttons hat Stephani bereits gesprochen. Es ist der zu seiner exkarnierenden Wirkung erhöhte Venus-Wert fis: *«Bewege den Ruhetrieb».* Auch die Quintstellung bewirkt Austausch, Oszillation und verstärkt dadurch den energetischen, nachdrücklichen Charakter dieser Tonart. Der Tonwert des Saturn – g – steht als Sexte: *«Zu fruchtendem Werdereifen»;* dies mag eine gewisse Erhellung bewirken, die jedoch angesichts der starken Tonika-Quintspannung h–fis nur mildernd, nicht wirklich durchlichtend wirkt und dadurch vielleicht jenes Moment der Melancholie auslöst, von dem Mattheson spricht. Ein markant-einschneidendes Charakteristikum jedoch stellt der erhöhte Sonnenton ais als Leitton dar, mit dem sich die Tonart zur Jungfrau-Sphäre von H-Dur hin aufschließt. Das Urbild der Sonnenwirkung ist nach Lievegoed *«die Diastole und Systole, das Sichausbreiten im Raume und Sichzusammenziehen im Punkte. Dieser Sonnenrhythmus beherrscht die In- und Exkarnationsströmung, das aus der Weltenmitternachtssphäre*

Sichzusammenziehen zur Inkarnation und das nach der Weltenmitternachtsweite Hinstreben in der Exkarnation».[2]

Dieser Rhythmus von Ausdehnung und Zusammenziehung ist aber keine geradlinige Bewegung, sie verläuft vielmehr spiralig. In dem Sinne gemeint, daß die exkarnierende Wirkenskraft vom Mittelpunkt zur Peripherie in immer größer werdenden Bögen sich vollzieht, dagegen wird bei der Zusammenziehung vom Umkreis in immer kleiner werdenden Bögen zum Zentrum hingestrebt. Auf den Menschen bezogen wäre zu sagen, daß die Sonne in ihrer inkarnierenden Wirksamkeit die *«vorgeburtliche, erdengerichtete Menschenwesenheit überwacht»*, mit ihren exkarnierenden Kräften die *«geistgerichtete Menschenwesenheit regiert»*[2] Der weit ausholende Griff des Sonnentones ais hinüber zur Jungfrau-Sphäre mit seiner eminent starken Exkarnationstendenz macht es verständlich, daß Riemann von einem *«Ringen des Geistes»* sprechen kann. Wenden wir uns daher gleich dem Bachschen Präludium und der Fuge zu, die Riemann zu dieser Charakteristik anregte.

Schon im Präludium wird das *«Ringen des Geistes»* spürbar; der aus Venus- und Mondenton (V–I) gebildete anhebende Quartschritt, weiter emporgetragen durch die Sopranstimme cis–fis (Mars–Venus), erscheint Riemann wie eine Gebärde *«flehend erhobener Hände»*[3], die nach weit über sie hinausreichende Höhen streben, während der ruhig, in gleicher Achtelbewegung dahinwandernde Baß *«das unabwendbare Schicksal, den gleichmäßigen Gang der Zeit zu versinnbilden scheint»*[3]

Das Fugenthema – tönendes Abbild der Entelechie – spricht von dem Herabstieg aus jenen Höhen, zu denen das Präludium «flehend die Hände erhebt». So ist es auch verständlich, wenn *Spitta* meint, daß es *«langsam seufzend, mit herben,*

ja schmerzverzerrten Zügen auf endlos scheinendem Pfade vorüberziehe»[14], und er in der ganzen Fuge *«den Ausdruck des Schmerzes fast zum Unerträglichen gesteigert»*[14], findet. Die h-Moll-Fuge, von Bach mit «Largo» überschrieben, schließt den ersten Teil des «Wohltemperierten Klaviers» ab und Spitta glaubt, daß der Meister bewußt ein solches Bild des Jammers entwerfen wollte, *«wollte es gerade in seiner Lieblingstonart – in der er seine tiefsten allgemeinen menschlichen Empfindungen Gestalt gewinnen ließ. Denn Leben ist Leiden --.»*[14]

Wenn Riemann diese Meinung auch nicht vollends teilen kann, so ist jedoch auch er der Auffassung, daß die Tonart h-Moll Bach *«zu besonderer Vertiefung inspirierte»*, in der er uns *«sein Innerstes erschloß und uns von seinen Schmerzen mitteilte».*[3] Aber, so meint er, es sei eben kein bloßes *«ohnmächtiges Stöhnen und Seufzen»*, sondern ein *«faustisches Ringen nach Wahrheit, ein wahrhaftiges Ringen des Geistes»*[3], was sich in den kühnen Harmonieverschränkungen der Fuge offenbaren würde.

Ein feierliches Flehen zu Gott, ein Seufzen der harrenden und leidenden Kreatur – ja mehr noch: *«ein umfassendes Gebet einer sündenbewußten Menschheit»*[14], ist nach Spitta das *Kyrie* der h-Moll-Messe, eine 12 bis 13 Minuten dauernde fünfstimmige Fuge, die sich durch 126 Takte im Adagio-Zeitmaß aus einem in Schmerzen wühlenden, unerhört kühnen Thema langsam entwickelt.

Dazu Spitta: *«In der Unterwerfung des fast ans Pathologische streifenden Schmerzausdruckes unter den großartigen ordnenden Willen des Künstlers liegt eine unvergleichliche Erhabenheit.»*[14] Wahrhaft ein «Kreuzweg», auf dem das ganze Weltall schwer dahinschreitet, von der rhythmisierten «Monden-Prime» h mühsam aufsteigend zur Jupiter-Quart, um schließlich in der Saturn-Sexte einen vorläufigen melodischen Höhepunkt zu erringen.

Vielleicht wird in keinem anderen h-Moll jenes tiefste Anliegen der Zwillings-strahlung – die Umwandlung der Erkenntniskraft in die Kraft des Glaubens als innerste Gewißheit in solcher Erhabenheit und Frömmigkeit zum Ausdruck gebracht, wie in diesem dreiteiligen Kyrie zu Beginn der h-Moll Messe.

Über dem Mittelsatz – das «Christe eleison», getragen von zwei Sopranstim-men –, liegt sonnige Heiterkeit; ein zuversichtliches Bitten der Seele, umstrahlt von dem Licht der parallelen Dur-Tonart (D).

Wenn dann das Kyrie, als dritter Teil, erneut einsetzt, hat es die anfängliche Dunkelheit überwunden; «*es ist kein Flehen und Rufen mehr, sondern ein stilles, gefaßtes Klagen*».[15] Friedvoll, von Glaube und Hoffnung erfüllt, schreitet das Fugenthema in ruhiger Bewegung dahin; von herber Harmonik getragen, führt es uns dem D-Dur-Jubel des anschließenden «Gloria» entgegen und läßt uns mit diesem suchenden Schreiten zwischen Himmel und Erde an das Weisheitswort Heraklits, des «dunklen» Meisters von Ephesus denken: «*Ein Weg hinauf, hinab ist einer und derselbe*» –; Tod und Geburt, es ist stets der ewige Geist, der sie erlebt; die beiden Schlangen des Merkurstabes, die zusammen ein Weg sind; denn Merkur ist der Mittler zwischen «oben» und «unten», und er bildet in unse-rer Harmonie ja die Terz: «*Umschließe die Strebelust*»

Elegisch, doch nicht von der Bachschen menschheitlich-weltumfassenden Erhabenheit getragen, sondern von der Melancholie einer einzelnen Menschen-seele kündend, ist das h-Moll des Prélude von *Chopin*. Ein Thema, das in den ersten vier Takten fast ausschließlich in seinem Tonika-Dreiklang webt, in zwei Ansätzen zur Terz und Quint sich emporringt, um erst im fünften Takt den Ambitus durch die aufhellende VI. Stufe seine Saturn-Sexte zu erreichen.

Das «Ringen um Geist», oder im Sinne des Saturnwortes gesprochen: um «fruch-tendes Werdereifen» klingt auch in diesem h-Moll hindurch.

Schmerzlich sinnend, von leidender Tragik geprägt, löst sich aus den tiefen Regionen der Celli und Bässe das h-Moll in *Schuberts* VIII. Symphonie los, eine erschütternde stille Klage um die Unerbitterlichkeit des Fatums.

Das Entstehungsjahr der Symphonie – 1822 –, sah Schubert von einer schweren Krankheit heimgesucht, auf deren Heilung er kaum zu hoffen wagte.

Über ängstlich schwirrende Geigen und stockende Pizzikati-Rhythmen der Bässe, erheben Klarinette und Oboe ihre Stimmen zum Hauptthema, das mit der abwärts sich neigenden Quinte: Venus-Mond, die Melancholie dieser Klage mit Hoffnungslosigkeit erfüllt.

Vielleicht können wir in diesem Schubertschen h-Moll die Klage des Polydeukes um den zu Tode verwundeten Erdenbruder am aller ergreifendsten miterleben.

Auch *Tschaikowskys* VI. Symphonie weiß von Klage und Melancholie der menschlichen Seele zu künden. Sie mag unter der Vorahnung des nahen Todes geschrieben worden sein, obwohl uns eine diesbezügliche Äußerung Tschaikowskys fehlt. Trotzdem ist das «autobiographische» Element dieser Symphonie nie angezweifelt worden, die im Todesjahr des Meisters 1893 entstanden ist. Jedenfalls gibt der zaghafte Terzenauflaut des Themas zu Beginn, der erst im 3. Takt in eine fließende Sechzehntelrhythmik führt und auch dann noch durch das ständige Pochen des Primintervalls den Fluß zu retardieren sucht, ein sehr anschauliches Klangsymbol für Tschaikowskys ständiges Schwanken zwischen Schwermut und Zuversicht, wie es sein letztes Lebensjahr immer wieder offenbarte.

Ähnliche Schwermut erfüllt auch das Thema von *Dvořáks* Cello-Konzert. In Amerika komponiert, spricht es gleich seiner V. Symphonie von dem nicht zu stillenden Heimweh des Meisters, der sich mit diesem Werk 1895 endgültig von der «Neuen Welt» verabschiedet hatte.

Völliges Todesdunkel tönt aus dem h-Moll von «Aases Tod» in Edvard *Griegs* Musik zu «Peer Gynt». Schwere Akkordik trägt das dem «Soria-Moria-Schloß» zustrebende Melos, d. h. der «Sonnen- und Mondensphäre», zu der Peer Gynts imaginäre Schlittenfahrt die sterbende Mutter voll Märchenpoesie geleitete. In Quart- und Quintschritten steigt es Stufe um Stufe empor bis zum Jupiterton e, der den Gipfel des melodischen Höhenzuges im Vordersatz der Periode bildet.

Der Gleichklang des melodischen Linienzuges mit Bachs h-Moll-Fuge und dem
Kyrie der Messe ist ziemlich deutlich spürbar.

Es mag uns überraschen, aber die Weiser von h-Moll zeigen zur Erde, zu
Schmerz und Leid, zum Tode. Ein Umstand, der deshalb bemerkenswert ist, da
die Tonart an sich im hellsten Teil des Quintenkreises steht. Ist es wirklich nur
die Intensität des «Schattens», der bei hellem Sonnenlicht außerordentlich
schlagkräftig ist und das Gefühl der Hoffnungslosigkeit auslöst, wie sie von den
Meistern offenbar in dieser Harmonie empfunden worden ist? Oder macht dieser
Schattenwurf die Absturzgefahr besonders deutlich, die mit jedem Aufstieg zum
Gipfel verbunden ist? So klingt auch h-Moll sehr oft dort auf, wo dieser Weg
empor zum Licht erstrebt wurde, jedoch mit seinem Gegenteil endete. In dieser
Sicht vielleicht am ergreifendsten das h-Moll Elisabeths in Wagners «Tannhäuser», wenn nach dem maienhaften Blühen von G-Dur, das Elisabeths unschulds-
volle Liebe in sich schloß, Tannhäusers ganze Sündenlast offenbar wird, die er
auf sich lud.

Der Zweifel, so sagten wir, ist der Wegweiser des Zwillingstypus. Und seine Richtungsweise ist voll Tücke; denn was garantiert dem Zweifler die Richtigkeit seines Weges? Muß er, der an allem zweifelt, nicht auch der eigenen Wegspur mißtrauen und sich gedrängt fühlen sie zu verlassen, noch ehe er zu ihrem Ende kam? Muß er nicht stets um den Verlust anderer Möglichkeiten fürchten, sobald er sich auf eine festgelegt hat? Die Gefahr, das Leben in Fragmenten zu leben, sich möglichst viele Wege offen zu halten und damit keinen wirklich ganz zu gehen, tut sich als Gefahr für den Zwillingsmenschen auf und treibt ihn in den Widerspruch, heute mit stärksten Mitteln zu bekämpfen, was er gestern ebenso heftig verteidigt hat; eine bewußtseinsmäßige Finsternis, die geistige Charakterlosigkeit bedeutet, und zur Zerstörung aller Glaubenswerte führen kann. Dies ist der Scheideweg, den diese Sphäre in sich birgt: durch Irrtum gläubig werden, durch Zweifel innere Gewißheit erlangen, oder in völlige Richtungslosigkeit zu geraten, in den Nihilismus einer geistigen Verzweiflung.

Von dieser Finsternis spricht ein h-Moll in Händels «Messias». Die strengen, fast dämonisch anmutenden unisonen Oktavgänge, die den erhöhten Sonnenton, das ais, nur als Nebennote streifen und ihn mit der düsteren Schwere ihres «Moll» erdrücken, zeigen auf die finstere Seite dieses Kreuzweges:

Das Ende dieses Weges hat sowohl Carl Maria v. Weber als auch Richard Wagner aufgezeigt. *Weber* in der h-Moll-Charakteristik seiner Kaspar-Gestalt im «Freischütz», *Wagner* in der gleichnamigen Harmonie als Klingsor-Tonart. In dem h-Moll Kaspars tritt uns ganz augenfällig der «Verführer» entgegen, der das «Trifolium» Wein, Würfelspiel und Weiber als jene Werte preist, die unser Leben «hier im ird'schen Jammertal» allein erträglich und lebenswert machen.

Die schwarze Kälte, der Sarkasmus und das satanische Hohnlachen, das aus diesem h-Moll tönt, sprechen für sich. In den abgerissenen Akkorden der einleitenden Takte sowie in dem Pikkolo-Triller-Motiv im 13. und 14. Takt wird diese höllische Lustigkeit besonders deutlich spürbar, wenn die Harmonie scheinbar in das parallele D-Dur wechselt. Wir sagten: scheinbar! und werden damit den Widerspruch manches Theoretikers heraufbeschwören. Denn rein von dem Klanggeschehen her gesehen stehen wir in der parallelen Dur-Tonart; dafür ist die Kadenz bei den Worten: «trüg' der Stock nicht Trauben», eindeutiges Zeugnis. Trotzdem! Das qualitative Tonerlebnis hört hier nicht das Sonnenlicht von D-Dur. Auch die Finsternis kann sich in sich selbst übersteigern, so daß sie leuchtend wird. Die Menschheit kennt heute Vernichtungswaffen, die «heller als tausend Sonnen» zu leuchten vermögen, und doch nur ihr schauriges Gegenbild darstellen. Auf der Klangebene bleibt dem Komponisten keine andere Möglichkeit als diese Hypertrophie der Mollfinsternis durch den Dur-Dreiklang zum Leuchten zu bringen; deshalb liegt darin keine wirkliche Wende zum Licht. Was wie Gewinn erscheint, ist in Wahrheit Verlust, was wie Wandlung aussieht, ist Selbstpotenzierung. Wir werden diesem Pseudo-Dur-Licht noch wiederholt auf der Moll-Ebene begegnen.

Richard *Wagner* hat die, dem h-Moll permanent drohende Absturzgefahr zur letzten Konsequenz gebracht, indem er diese Harmonie in seinem «Parsifal» zur Tonart Klingsors machte. Für dieses h-Moll, wie es uns zu Beginn des zweiten Aktes entgegentönt, heraustretend aus der Keimzelle des Klingsor-Motives, hat Alfred Lorenz eine unübertreffliche Charakteristik gegeben:

> «Die diesem Motiv zugrunde liegenden Harmonien haben etwas Teuflisches; denn jedesmal vor dem Harmoniewechsel ist der Grundton der zu verlassenden Harmonie in eine gänzlich irrationale verminderte (tiefalterierte) Sept umzudeuten, damit die folgende Mollterz entstehen kann»[16]

So etwa der Harmoniewechsel vom ersten zum zweiten Takt. Die Grundharmonie des Themas ist h-Moll; der zweite Takt bringt jedoch den g-Moll-Klang. Um diesen Übergang tonal verständlich zu machen, müßte man z. B. das h des im ersten Takt stehenden Septakkordes h–d–fis–a in ein ces verwandelt denken. Ces wäre dann zu dem nachfolgenden b des Dreiklanges g–b–d die «tiefalterierte» Septim. Dies wäre eine der von Lorenz aufgezeigten Erklärungen, die jedoch alle gekünstelt und unbefriedigend anmuten. Nach seinen eigenen Worten ist das ganze Thema von derartigen «höchst problematischen enharmonischen Umdeutungen»[16] durchsetzt. Es handelt sich daher gar nicht um eine echte Verwandlung, sondern um verwirrende, trügerische «Verwechslungen», durch die harmonische Sphären beziehungslos nebeneinandergestellt werden.

Anders dagegen das h-Moll zu Ende des Aktes, nachdem der Speer Klingsors Händen durch Parsifal entrissen wurde. Der falsche Schein des Klingsorschen Sinneszaubers ist zusammengebrochen. Es ist ein leeres, fahles h-Moll, das uns hier in den letzten Takten entgegentönt, aber ein h-Moll, das sich selbst wiedergefunden hat; dessen Fahlheit und Leere aus der Eliminierung der Klingsor-Schattenwelt resultiert. Als solches ein h-Moll der tiefsten Zerknirschung, das unausgesprochen die kommende Wendung zum Licht erahnen läßt.

Und diese «Wendung» führt uns noch einmal zu dem h-Moll-Beispiel aus Händels «Messias» zurück. Steht diese Arie doch unmittelbar vor jenem Freudenchor, den wir bei der Besprechung von G-Dur erwähnten: «Denn es ist uns ein Kind geboren ...» Die Menschwerdung des Gottessohnes, sein Herabsteigen in irdisch-menschliche Niedrigkeit ist der Quell der Kraft, die diese Wende herbeiführen kann, die das Klingsor-h-Moll zunichte macht. Händel deutet dies an, indem er das h-Moll im weiteren Verlauf der Arie in ein D-Dur hinüberführt: das im «Dunkel» wandelnde Volk «es sieht ein großes Licht».

Im Gegensatz zum Lied Kaspars im «Freischütz» ist dieser Dur-Klang ein effektives, «polideukisches» D-Dur.

Johann Sebastian *Bach* aber hat uns in der h-Moll-Messe die tiefsten Tiefen dieser Harmonie erschlossen: das Auf-sich-Nehmen der menschlichen Sündenschuld und Sündenkrankheit durch den Christus; das Opfer, «Lunge» zu sein für die Menschheit in umfassendster, urbildlicher Form: «Et incarnatus est».

Über dem gleichmäßigen Pochen der Bässe webt tastend, ungewiß ein Achtel-Motiv, aus dem Albert Schweitzer «*den himmlischen Geist*» herauszuhören meint, «*der suchend über der Welt schwebt*» und sich nach einem Wesen sehnt, «*in das er eingehen könne*».[15] Mit dem Choreinsatz «Et incarnatus est» im vierten Takt wird «das Unbeschreibliche Ereignis»: der reine h-Moll-Klang, von der «Peripherie»

zum «Mittelpunkt» herabsteigend; eine Inkarnationsgebärde, die innerlich dem ganzen Mollgeschlecht wesenseigen ist.

Bei den Worten: «et homo factus est», am Ende des Stückes, erscheint dann das Schwebe-Motiv im Baß als Ausdruck der *Erniedrigung im Fleische*[15], und kommt schließlich in dem gleichnamigen Dur-Akkord, als dem großen Glanz aus Innen, zur Ruhe: H-Dur.

Wir müssen Hermann Beckh durchaus beipflichten, wenn er in dem h-Moll der Bachschen Messe ebenso stark den Ausdruck des «*Christusgemäßen*» erlebt, wie er in Wagners Klingsor-h-Moll ein wesensgemäßes Klangbild des «*Widersacherhaften*» erblickt. Uns aber kann daran zum Bewußtsein kommen, welche Sphärenweiten die Zwillingstonart D-Dur/h-Moll umspannt.

A-DUR — KREBS

Der Welten Schönheitsglanz,
Er zwinget mich aus Seelentiefen
Des Eigenlebens Götterkräfte
Zum Weltenfluge zu entbinden;
Mich selber zu verlassen,
Vertrauend nur mich suchend
In Weltenlicht und Weltenwärme.
(Rudolf Steiner, Seelenkalender)

In «Weltenlicht» und «Weltenwärme» das eigene Wesen zu finden, dazu ruft die Johanni-Stimmung auf; die Sonne tritt in das Zeichen des «Krebses» und erreicht damit den Höhepunkt ihrer sommerlichen Lichtesbahn.

«O wie lieblich ist der Anblick
Der Gefilde jetzt! Kommt, ihr Mädchen,
Laßt uns wallen auf der bunten Flur!»

In schlichte, volksliedhafte A-Dur-Klänge hat Joseph *Haydn* in seinen «Jahreszeiten» die Stimmung eingefangen, die uns beseelen kann, wenn die Sonne den Zenit ihres Laufes erklommen hat. «Laßt uns wallen auf der bunten Flur» – oder tiefer gefaßt: laßt uns das eigene Wesen erleben in «Weltenlicht» und «Weltenwärme».

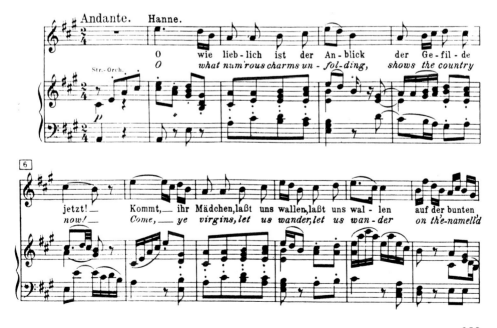

In A-Dur haben wir eine Anordnung von Tonwerten vor uns, der wir schon in der gleichnamigen Moll-Tonart begegneten. Die Planetenkräfte, welche durch diese Tonwerte uns entgegentönen, führen freilich eine ganz andere Sprache als in a-Moll. Denn jetzt strahlen sie aus dem Zeichen des Krebses, und dieses steht zum Widder in Quadratur, d. h. in einem sehr gegensätzlichen Verhältnis. Nun bedeutet ja die Wandlung von Moll in das gleichnamige Dur den höchsten Grad von Durchlichtung, die dem Moll zuteil werden kann. Denn in kosmischer Sicht liegt eben viel mehr darin, als eine bloße Erhöhung der Moll- zur Dur-Terz. Ein Viertel des Tierkreises – drei Sternensphären (= drei Quintenbereiche) – müssen durchschritten werden, um diese Wandlung zu vollenden; im gegenwärtigen Falle wären es die Räume des Widders, des Stieres und der Zwillinge. Und dies führt natürlich zu einem ganz anderen qualitativen Element der Tonart.

Hier erleben wir auch eindringlich die Richtigkeit der Darstellung im ersten Teil, in der wir auf die Bedeutung des melodischen Zusammenhanges verwiesen, in dem ein Tonwert eingebettet ist. Wir sagten, daß die Spannungsverhältnisse völlig unterschiedlich seien, wenn etwa der Tonwert h die Mitte bildet zwischen der Terz a–c, wie in a-Moll, oder zwischen a–cis, in A-Dur. Der exkarnierende Marswert cis, ebenso der erhöhte Venus- und Saturnton fis und gis in A-Dur, durchstrahlen die gesamte Tonleiterstruktur und geben allen Tönen eine bestimmte, nur für A-Dur geltende Tonsprache und Klangfarbe. So also ist es zu verstehen, daß die in a-Moll und A-Dur gleichgeordneten Töne dennoch eine andere Aussage aufweisen.

Die Tierkreisstimmung, die durch die Planetenwerte zu uns spricht, lautet:

Du ruhender Leuchteglanz, ... Sonne . . A (Sextqualität)   als Grundton
Erzeuge Lebenswärme, ... Venus . . Fis (Quartqualität)   als Sext
Erwärme Seelenleben .... Merkur . D (Sekundqualität) als Quart
Zu kräftigem Sich-Bewähren, ... Mars . . . Cis (Primqualität)   als Terz
Zu geistigem Sich-Durchdrin-
gen, ... Jupiter . . E (Terzqualität)   als Quint
In ruhigem Lichterbringen...... Saturn . . Gis (Quintqualität)   als Septim
Du Leuchteglanz, erstarke! .... Mond . . H (Septimqualität)   als Sekund

Skalenartig aufgeschlüsselt ergibt sich folgendes Bild:

A	H	CIS	D	E	FIS	GIS	A
Sext-	Sept-	Prim-	Sekund-	Terz-	Quart-	Quint-	
qualität	qualität	qualität	qualität	qualität	qualität	qualität	
Sonne	Mond	Mars	Merkur	Jupiter	Venus	Saturn	

Das Sonnenwort spricht die strahlende Sommer-Lichtesfülle mächtig an: «*Du ruhender Leuchteglanz*». Dem Begriff «Glanz» begegneten wir bereits in der Stier-Stimmung. Dort war allerdings vom «Wesens-Glanz» die Rede, der sich erhellen sollte. Das «Wesen» weist auf Innerlichkeit; diese sollte nach außen glänzen, sie sollte sich zum äußeren Sonnensein aufschließen. Der jetzige «Leuchteglanz» setzt dieses «äußere Sonnensein» voraus; er meint ein Aufleuchten an einer Oberfläche. Und Oberfläche fordert Verdichtung, da es einer Grundlage bedarf, an der etwas aufglänzen kann. Daß dieser Leuchte-Glanz zusätzlich als «ruhender» angesprochen wird, verrät auch ein Abklingen der stürmischen Aufstiegsdynamik, die wir vom Durchbruch des Lichtes im Widder, über die Stier- und Zwillingssphäre erleben konnten. Der «Leuchteglanz» des Sonnenlichtes ist nunmehr «allgegenwärtig» geworden, er soll verweilen, ruhen und präsent bleiben.

All das zeigt uns auch der Sonnenton a, der jetzt Grundton ist und die Prim-Mars-Qualität mit seiner Lichtkraft verbindet. So spiegelt er in der Tat einen «ruhenden Leuchteglanz». Der Mondenton h als «Sonnen-Reflektor», gibt mit seiner sehnsuchtsvollen Septim-Qualität durch seine Sekund-Funktion dieser Tonalität, trotz ihrer Strahlungskraft, ein gewisses Moment der Bangigkeit, auf das wir noch eingehender werden zu sprechen kommen.

Der in exkarnierender Wirkenskraft stehende Mars-Ton bildet die Terz. Sein Wort: *«Zu kräftigem Sich-Bewähren»*, läßt nicht nur seine Grundton-Qualität durchklingen, es zeigt auch die Terzen-Stellung an. Denn dieses Sich-Bewähren ist ebenfalls ein «ruhender Leuchteglanz», aber ein innerer; ein innerer Haltepunkt, welcher in der sich bewährenden Tat als «Sonne» nach außen strahlt. Wir können in dieser Bewährung das seelische Gegenbild zur äußeren «Verdichtung» erblicken, die dem Leuchteglanz seine Grundlage gibt. Auch das Sich-Bewähren und An-sich-Halten bedeutet Konzentration, Sammlung und somit Verdichtung. Sie verleiht Erdentüchtigkeit; und dem «Tüchtigen», der mit seiner Ichkraft fest am Boden steht, ist, wie Faust sagt, «diese Welt nicht stumm». Wir haben die exkarnierende Mars-Kraft bereits in D-Dur kennengelernt, durch die eine innere Aktivität in die Welt hineingetragen wird.

Der mit Sekund-Qualität erfüllte Merkurton d ist hier Quart. In seiner eigentlichen Funktion zwischen Prim und Terz (c–e) stehend, führt er jetzt von der Terz zur Quint; cis–e. In seiner merkurialen Bewegungstendenz umkreist er einerseits die Terz, als Quarte aber nimmt er andererseits bereits etwas von dem Atem der Quint in sich auf: *«Erwärme Seelenleben»*.

Dieser Quint-Atem selbst spricht von *«geistigem Sich-Durchdringen»*. Der Terzton e – Jupiter – ist hier quintaler Schwellenpunkt, an dem sich der Austausch zwischen innen und außen, zwischen Sinneswelt und Geistsphäre vollzieht. Sonne-Mars-Jupiter, sie bilden das kosmische Wesen des A-Dur-Dreiklanges; ein «ruhender Leuchteglanz» nach außen, eine ebenso leuchtende Festigkeit nach innen, und das Durchdrungensein von der Geisteskraft Jupiters.

In schönster Weise kann man dies an *Mozarts* berühmter A-Dur-Sonate erleben, deren Thema in seiner Melodik eine einzigartige Lichtfülle und Ruhe ausstrahlt. Ist es doch ganz aus dem A-Dur-Klang heraus geschaffen. Hinzu kommt,

daß die Bewegung seiner melodischen «Urlinie» in sanft abwärtsschreitenden Terzen sich vollzieht: cis–e, h–d, und ein zum cis zurückkehrender, aufwärtssteigender Terzenzug: a–h–cis. Dieses Erfülltsein von Terz-Intervallen verleiht dem Thema seine herzenswarme Innerlichkeit.

Die erste Terz wird von Mars und Jupiter impulsiert, der sich dann die Terzen-Konjunktion Mond-Merkur im zweiten Takt zur Seite stellt. Im dritten Takt wird der Sonnenton a erreicht, von dem das Melos über den Mondenton wieder zum erhellten Mars-Wert zurückkehrt. Wenn wir die Töne entsprechend der Zeichen ordnen und sie mit ihren Worten sprechen lassen: «Du ruhender Leuchteglanz (Sonne), erwärme Seelenleben (Merkur), zu kräftigem Sich-Bewähren (Mars), zu geistigem Sich-Durchdringen (Jupiter), du Leuchteglanz, erstarke (Mond)»–, dann erhalten wir die schönste und einzigartigste Charakteristik des Sinn- und Empfindungsgehaltes dieses Themas.

Der erhöhte, lichterfüllte Venuston fis, bildet die Sext in A-Dur. Die umgreifende Quarttendenz des Venuswertes verbindet sich mit der kosmischen Terzenstrahlung – die Sext als umgekehrte Terz kündete uns von der «Weltenseele» – und wird ihrem Planetenwort durchaus gerecht: *«Erzeuge Lebenswärme»*.

Schließlich ist der exkarnierende Saturnton gis die Septim, Mondenfunktion damit übernehmend und sich ganz in den Dienst des «Leuchteglanzes» stellend: *«In ruhigem Lichterbringen»*. So weit die qualitative Grundstruktur dieser Tonart.

Entgegen unserer bisherigen Gepflogenheit, uns durch Bachs «Wohltemperiertes Klavier» gleichsam ein «objektives» Tor zu der gegenständlichen Tonalität öffnen zu lassen, wollen wir ausnahmsweise dem vorhin angeführten Mozart-Beispiel gleich ein Schubert-Thema zur Seite stellen. Dies deshalb, weil damit ein Empfindungselement von A-Dur spürbar wird, das man angesichts des Glanzes und der Lichtfülle dieser Tonart, leicht überhören kann.

Das Melos von Mozarts Thema wurde hinsichtlich seiner kosmischen Qualität bereits eingehend analysiert. Werfen wir auch noch einen kurzen Blick auf seine harmonische Struktur, so zeigt sich, daß sie allein von dem Atemzug Tonika-Dominante-Tonika: I–V–I getragen wird. Das harmonische Feld von A-Dur wird also in keiner Weise getrübt, geschweige denn gar verlassen. Denn dieses Ausatmen nach der Dominante ist ja eben nur der eine Teil des ganzen Atemzuges. Er geschieht nur – wie das Ausatmen – um wieder zur Tonika zurückkehren, d. h. wieder einatmen zu können. Er unterstreicht damit nur die Tonika und dient so der «Tonikalisierung», der «Auskomponierung», Festigung der ersten Stufe auf a. Auch harmonisch gesehen ist es also ein «ruhender Leuchteglanz», der uns aus diesem Thema entgegentönt.

Anders bei dem Thema Franz *Schuberts*. Auch dieses zeigt im Auftakt den Terzenzug Mars-Jupiter. Und der erste Takt spiegelt in seiner zweiten Hälfte den zweiten Takt Mozarts wider: Merkur-Mond, mit Durchgang des Mars-Tones cis. Harmonisch somit ebenfalls der Atmungsprozeß einer Tonikalisierung: I–V–I. Im wesentlichen daher die Stimmung wie in Mozarts Thema. Daß es durch seine Achtel-Rhythmik fließender anmutet, spricht nicht dagegen, denn dem reinen A-Klang ist die ganze erste Takthälfte vorbehalten, so daß der «ruhende Leuchteglanz» des Sonnen-Mars-Jupiter-Akkordes ungetrübt zum Ausdruck kommt.

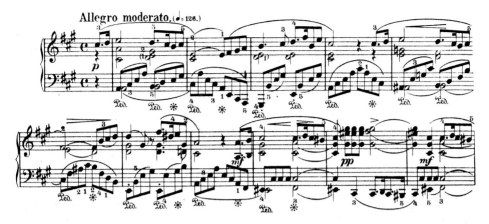

Doch schon der zweite Takt bringt Unterschiedlichkeiten. Da ist zunächst die Verlegung des Jupiter-Tones e um eine Oktave abwärts, wodurch der aufwärts gehende Terzenzug cis–e zu einem Sextsprung in die Tiefe wird. Dieses Hinabsteigen bleibt folgerichtig nicht ohne Nachwirkungen. Wer zur Tiefe steigt, hat zur ursprünglichen Höhe einen längeren und steileren Weg zurückzulegen, als der, der sich von der Höhe nie weit entfernt. Das Mozartsche Werk als Ganzes genommen, sieht man von den letzten Schöpfungen des Meisters ab, bleibt stets «oben» schweben. Der Sextzug abwärts zur Erde dagegen, von leid- und liebevollem Seelentum erfüllt, singt ergreifend das Lebenslied Franz Schuberts.

Um die Höhe wieder zu erreichen ist nach dem Abstieg «Streckung» des Weges nötig. So wird denn auch der Terzenzug zu einem Quintzug erweitert, der – mit Durchgängen erfüllt – vorerst im Mondenton h sein Ziel findet. Im Zuge dieses Durchganges erklingt nun ein Ton, der im Mozart-Thema überhaupt nicht aufscheint: der Venuston fis. Er wäre als vorüberhuschender Durchgang kaum von großer Bedeutung, wenn er nicht bei dem von h nunmehr neuerlich ansetzenden Quintenzug den Eckpunkt und gleichzeitig den Gipfel des ganzen Themenzuges bilden würde. Durch dieses fis erhält der harmonische Atem, der sich nach wie vor in der Stufenfolge I–V–I vollzieht, eine Klang-Beimischung, die den reinen A-Klang naturgemäß ein wenig verändert. Zwar ist auch dieses zweite Aufklingen des fis nur ein kurzer, rhythmisierter Wert. Aber erstens bildet er, wie bereits erwähnt, den Ambitus des Melos, zweitens muß man die Stellung des Venustones fis gebührend bewerten. Die an sich von innerer Festigkeit erfüllte Quartqualität dieses Tonwertes ist hier Sexte. Ihre Ausstrahlungskraft ist also besonders stark. Wenn auch nicht wörtlich als Melodie-Schritt aufscheinend, so bildet dieses Hinaufsteigen zum fis doch indirekt, hintergründig, die Gegensext zu jenem ersten, wörtlich erklingenden Sextenschritt nach abwärts, vom zweiten zum dritten Takt. Und das mag diesem fis eine Bedeutung geben, die es melodisch-rhythmisch gar nicht zu haben scheint.

Der Venus-Ton, aufgehellt zu fis, steht in der Konstellation einer «kosmischen Innerlichkeit», als Sext. Nach innen, in die Lebensprozesse soll die Wärme gelenkt werden: «*Erzeuge Lebenswärme*». Ganz das aber stellt hier die SextQuart-Funktion des Tonwertes dar. Weltenseelentum als Sext verkündend, das «unter die Haut» strahlt durch die Quart-Qualität. Darin liegt aber auch die Veränderung des reinen A-Klanges. Der «ruhende Leuchteglanz» ist vermenschlicht worden, ein Schleier menschlicher Empfindungen hat sich über seine Sonnen-Urbildlichkeit gebreitet. Trübung wäre gewiß zuviel gesagt, aber ein Zug der Wehmut ist dem Melos beigemischt, der es «schwerer» erscheinen läßt als das ganz im Licht schwebende Thema Mozarts.

Nun könnte man vielleicht einwenden, daß wir diesem nur als Durchgang im kurzen Sechzehntel-Notenwert erklingenden Venus-Ton zuviel Bedeutung beimessen, um eine gewisse Unterschiedlichkeit der Empfindungen zwischen Mozart und Schubert heraus-zu-«manipulieren». Daß dies nicht der Fall ist, erweist der Nachsatz der Periode. Zunächst betrachte man die melodische Hauptfigur im dritten Takt, die jenen Höhepunkt auf *fis* bringt. Harmonisch zwar auf der Dominante von A stehend – wie bei Mozart auch – ergibt die melodische Figuration dieses Aufstiegs die Brechung des h-Moll-Dreiklanges. H-Moll ist die Parallele von D-Dur. Diese aber stellt die Subdominante von A-Dur dar. Die Subdominante ist die IV. Stufe einer Tonart, und steht im Quart-Abstand zum Grundton; Quart-Qualität aber ist dem Venuston eigen. Hier tritt demnach auch ein harmonisches Kriterium an die Oberfläche, das dem kurzen Aufklingen von fis eine nachhaltigere Wirkung verleiht, als man auf dem ersten Blick vermuten könnte.

Über das reine Atmen von I–V–I des A-Dur-Klanges, legt sich also wie eine leichte Melancholie ein h-Moll. Nun betrachte man aber den Nachsatz; hier sehen wir, wie Schubert diesem Drang zur moll-verdunkelten Subdominante bis an die Grenze des Möglichen nachgibt. Der ganze wörtlich wiederkehrende Themenzug des ersten Taktes steht im 5. Takt in der h-Moll-Sphäre, wobei die erste Hälfte die Auskomponierung des h-Moll-Klanges zeigt: d.h. die Beigabe ihrer Dominante, zunächst als Septakkord: ais–cis–e–g, im sechsten Takt mit dem Grundton versehen: fis–ais–cis–e. Erst der siebente Takt führt zur Dominante von A: e–gis–h–d, und der achte Takt schließlich kehrt zur Tonika A zurück. Was aber bedeutet diese Auskomponierung der Subdominante durch den dominantischen Dreiklang der VI. Stufe: fis–ais–cis? Eine überstarke Betonung des Venus-Tones; denn für einen Augenblick wird er – zusätzlich zu seiner Quart-Sext-Qualität *Grundton*; nämlich Grundton der Nebendominante von h-Moll, der zweiten Stufe von A-Dur. Dadurch wird natürlich auch der Mondenton h fundamentiert. Diese Betonung des Venustones würden wir aber keineswegs so folgerichtig und organisch empfinden, wenn uns nicht schon sein erstes melodisches Aufklingen bewußt-unbewußt auf seine Ausstrahlungskraft vorbereitet hätte.

Für eine eurythmische Gestaltung der beiden Themen könnten wir zusammenfassend sagen: während das Mozart-Thema ein reines Sonnenthema ist, alle Intervallbewegungen aus der Sonnensphäre heraus gestaltet werden müßten, ist das Thema Schuberts, obwohl es in der gleichen Tonsphäre steht und weitgehend die gleichen Noten aufweist, aus dem Sonne-Venus-Bezug heraus zu formen. Daraus könnten sich wichtige Elemente für Stilfragen in der Darstellung ergeben.

Diese ausführliche Analyse sollte nicht bloß Beispiel einer Möglichkeit abgeben, sich ein tieferes Verständnis für den «kosmischen Geistgehalt» eines Themas zu erwerben, gleichzeitig wurde damit auf einen Wesenszug aufmerksam gemacht, der dem A-Dur permanent innewohnt, auch wenn er durch die starke Lichtkraft dieser Harmonie meistens überstrahlt und kaum empfunden wird. Wir dürfen nämlich nicht übersehen, daß der Erde zwar die strahlendste Lichtfülle zuteil wird, wenn die Sonne in das Zeichen des Krebses tritt, daß aber gleichzeitig mit dieser mächtigsten Entfaltung und ihrem sieghaften Aufstieg zum Gipfel auch der «Wendepunkt» erreicht ist, von dem an die Sonne sich wieder den Erdentiefen zuwendet. Die Tage werden – wenn vorerst auch unbemerkt – kürzer, und unaufhaltsam schreiten wir der Nachtseite des Jahreslaufes zu. Jeder «Evolution» folgt eine «Devolution», ein rückläufiges Werden. Das liegt als Grundgesetz unserer gesamten Erdenentwicklung zugrunde. In dem Augenblick, da «eine aufsteigende Entwickelung anfängt, rückläufig zu werden, geht das Physische in die geistige Entwickelung hinein».[1] Dies spiegelt sich auch in unserer Tonart und verleiht ihr den Hauch von Wehmut, die jedem «Abschied» innewohnt. Von etwas Abschied nehmen, was einem wert und teuer war, heißt aber, das Erlebte verinnerlichen, es als Erinnerung bewahren zu müssen, soll es nicht verloren sein. Diese «Verinnerlichung», die mit dem «ruhenden Leuchteglanz» – wie erwähnt – bereits zart verwoben ist, schwingt in A-Dur mit, und die Septim-Sehnsucht des Mondentones h, der hier Sekund-Funktion besitzt, sorgt dafür, daß Wehmut als ein unterschwelliges Strömen diese Tonalität durchzieht. Wir berühren damit jenes bereits im allgemeinen Teil aufgeworfene Problem, daß eine zusätzliche Hochalteration zwar stets Erhellung bedeutet, daß diese Steigerung aber qualitativ verstanden werden muß; die «Devolution» führt in ein «Licht aus Innen».

Kosmisch wird dies dadurch intensiviert, daß der «Krebs» ein Wasserzeichen ist und der Mond in ihm sein «Haus» hat. All diese Momente, die uns noch eingehender beschäftigen werden, trägt das Schubert-Thema als Empfindung unausgesprochen in sich, und wir dürfen in dieser Tonalität wohl ein Feld subtilster Nuancierungen erwarten, die sich einerseits aus der beginnenden Verinnerlichung ergeben, andererseits aus der Tatsache, daß dort, wo man auf einem Gipfel steht auch die Tiefe spürbar wird, in die zu stürzen man jeden Augenblick gewärtig sein muß.

Was hat nun «Bach» über diese Tonart auszusagen? Hugo Riemann spricht von einem «frischen, gesunden Leben», das sowohl im Präludium wie in der Fuge pulsiert. Das streng dreistimmig durchgeführte Präludium würde den doppelten Kontrapunkt mit einer Leichtigkeit und Grazie handhaben, wie sie «außer Bach kaum einem Zweiten zu Gebote gestanden haben»[2], und wer in dieser strengen Kontrapunktik nur «Schulstaub» fände, so meint Riemann, der sähe «den Wald vor Bäumen nicht»[2]

Ähnliches zeigt auch die Fuge. Wer in ihrem ruhig dahinfließenden Achtelrhythmus nur aufsteigende Quarten und fallende Terzen erblicken kann, der wird nur ein monoton anmutendes «*Auf- und Ab-Stakkern*»[2] erleben. In Wahrheit aber ist dieses Werk «*voll der innigsten Empfindung und von einer fast rührenden Naivität*».[2]

«*Wie einfach, wie reizend ist diese zweimalige Hinstellung der Tonika, die erste ganz schlicht, die zweite vom Leitton über die Terz ... gewendet; und wie weich, wie lieblich langt das Thema weiter zur Quinte und bis zur Oktave empor, um schließlich doch nachgiebig in die Terz zurückzusinken*».[2]

Auch jetzt liegt in diesem Aufstieg der A-Dur-Klang zugrunde, wie es bei Mozart und Schubert gleichermaßen der Fall ist. Bemerkenswert aber Riemanns exakte Charakterisierung des Weges zum Gipfelton a im zweiten Takt. Dieses «*Hinaufschlagen*» in die Oktave, so meint er, sei nicht mit einem «*Empordringen*» zur Oktav zu verwechseln. Die melodischen Anschlüsse des Themas reichten in Wahrheit nur bis zur Sexte (fis), d. h. sie würden «*den von uns für ein ruhiges Verharren in ein und derselben Tonregion als normal erkannten Umfang ausfüllen*».[2] Diese Charakteristik erscheint uns deshalb so außerordentlich wesentlich, weil das «Ruhende» im Erreichten dezidiert ausgesprochen wird. Denn mit A-Dur sind keine Höhen mehr zu erklimmen; der Gipfel *ist* erreicht und das Erklommene soll in sich selbst ruhen und glänzen. Und wie die kosmische Tierkreisstrahlung, so ist auch Bachs A-Dur frei von jeglicher Bangnis, was uns erneut die Objektivität und Geistnähe der Bachschen Musik bezeugt. Wird dieses A-Dur jedoch zum Erlebnis der Seele, dann nimmt es den Hauch der Vergänglichkeit in sich auf. Das «Ruhende», «Bewährende», «Durchdringende» als reine Harmonie des «Seins», ist nach diesem Verseelichungsprozeß offenbar nicht mehr in dieser Reinheit zu erleben. Mozart allerdings vermochte es noch, sich diesen seraphischen Glanz in seiner Seele zu erhalten, und den «ruhenden Leuchteglanz» noch voll zum Erstrahlen zu bringen. Angesichts der Tatsache, daß Mozart auch sehr streitbare, kämpferische musikalische Gedanken auszusprechen wußte, ist dieses A-Dur seiner Klaviersonate mit jener kosmischen Verbundenheit daher besonders zu schätzen. Dagegen ist das Schubert-Thema schon ganz aus der menschlichen Seele und ihrem Wissen um Vergänglichkeit heraus gesungen.

Ähnlich wie für Mozart ist auch für Joseph *Haydn* das A-Dur noch ein «heiliger Lichtstrahl», vor dem alle dunklen Schatten weichen müssen. Haydn steht der Welt Bachs und dem Barock von allen drei Meistern der Wiener Klassik ja noch am nächsten, und hat sich daher auch einen gewissen Grad von Objektivität, trotz jenes «Verseelichungsprozesses» bewahrt, der für den Schritt vom Barock zur Klassik so charakteristisch ist.

Und ein Strahl des göttlichen «Es werde Licht» läßt eine neue, im paradiesischen Licht in sich ruhende Welt erstehen.

Man achte, wie sich das Melos dieser «neuen Welt» auf den Sonnen- und Merkurton in rhythmischer Primfolge stützt, und auch sein Ambitus bis zum Venuston fis emporreicht. Für dieses im Lichte schwebend-verweilende A-Dur fänden sich bei Haydn und Mozart eine Fülle von Beispielen. Allen voran natürlich Mozarts Violinkonzert, aber auch manche Sätze Haydnscher Symphonien wären hier anzuführen.

Im Larghetto von *Beethovens* II. Symphonie dagegen erhält der süße Wohllaut von A-Dur schon einen leisen Wermutstropfen, mag sein kindlich tändelndes Glücksgefühl dies auch noch nicht wahrhaben wollen.

Die Schöpferkraft Beethovens zeigt sich in diesem Satz jedoch schon in voller Blüte. Paul Bekker lobt die *«überwältigende Fülle des Erfindungsreichtums»*, *«die berauschende Klangschönheit der Instrumentation»*, die freie, souveräne Behandlung der Form, *«die sich unter der Last der Ideen biegt und weitet»*. Der Typus der «Wiener Symphonie» sei hier *«zur Vollkommenheit, fast zur Überreife gediehen»*. [3]

Das A-Dur der VII. Symphonie dagegen ist in weit größerem Maße bereits subjektives Seelenerlebnis des Meisters, «*eine einzige, riesenhafte Temperamentswallung*»[3], wie Paul Bekker schreibt. Dafür zeugt allein schon das formbestimmende rhythmische Element, das Richard Wagner zu der tiefsinnigen Auffassung veranlaßte, die VII. Symphonie sei intuitiv als Apotheose des Tanzes zu erklären. In diesem Bild wird das «Schweben», die Überwindung der Schwerkraft gleichermaßen angesprochen wie das daran Gebundensein. Bereits das Thema des ersten Satzes läßt dies erfühlen. Zwar gibt sich sein melodischer Linienzug noch ganz dem Lichte hin, von dem es umhüllt wird, aber die eigenartige Rhythmik scheint den melischen Fluß hemmen zu wollen, trotz des enthusiastischen Aufschwunges, zu dem sich das Thema im weiteren Verlauf steigert. Es *schwebt* nicht wirklich in dieser Himmelsbläue von A-Dur, es breitet nicht stolz die Flügel, um in diesem «*ruhenden Leuchteglanz*» zu gleiten; ein leises Beben ist vielmehr in seinem Flug, wie es das spielerische Gaukeln des Schmetterlings empfinden läßt, in dessen Flattern für uns Zusehende immer ein wenig Bangigkeit mitschwingt, wenn wir seinen Flug verfolgen.

Der Vergleich ist nicht unangebracht. Der Schmetterling ist ein Wesen, das eigentlich ganz aus Sonnenlicht gestaltet ist. Die Raupe spinnt ihren Faden immer der Sonne entgegen, Schmetterlingseier werden stets dort abgelegt, wo das Sonnenlicht hinzu kann. Seide, so darf man sagen, ist ein zu einem materiellen Faden verwandelter Sonnenstrahl. Und der Staub seiner Flügel, er ist ja so fein, daß der leiseste Anstoß unserer Hände ihn schon zerstört. Jede Berührung des Materiellen ist dem Schmetterling bereits zuviel, und sein Rasten auf den Blütenkelchen scheint mehr ein Schweben von Duft zu Duft, von einer Blüten-Aura zur andern zu sein, denn ein wirkliches Betasten physischer Stofflichkeit. Und wenn man den Schmetterlingsflug erfühlend beobachtet, wie er stets von einem leisen Zittern begleitet ist, dann kann einem gerade darin das «Schweben über dem Abgrund» deutlich werden. Wie ganz anders erlebt man den Vogelflug, der so sicher und bestimmt den Abgrund überwindet, als sei er – für den Herrn der Lüfte – gar nicht vorhanden. Als eine von der Erde losgelöste Pflanzenblüte hat Rudolf Steiner einmal den Schmetterling bezeichnet, und in diesem Bild zeigt er sich wirklich als ein «Wanderer zwischen zwei Welten».

Die Seelentiefen öffnen sich im letzten Satz von Beethovens Symphonie, in dem der Rhythmus mit dionysischer Enthemmtheit die Form beherrscht und zwingt. Beethoven hat der A-Dur-Harmonie ihre verborgensten Geheimnisse abgelauscht. In reinster Lichteshöhe beginnend, in seinem Glanze verweilend, zeigt er uns im Finale die Tiefen, zu denen das A-Dur zwar selbst nicht hinabsteigt, zu denen es uns aber den Blick freigibt. Und wir müssen uns fragen: das A-Dur des Finales –, ist es seinem Wesen nach noch ein reines A-Dur, oder wird es in seinem «Tönen» – nicht im «Klang» – vielleicht schon von den Düsternissen eines fis-Moll umschattet? Jedenfalls ist die Unterschiedlichkeit der tönenden Physiognomik des A-Dur im ersten und letzten Satz nicht zu überhören.

Richard *Wagner* hat A-Dur zur Grundtonart seines «Lohengrin» gemacht und damit zweifellos alle Tiefen und Höhen dieser Harmonie ausgeschöpft.

Zunächst ist es das Vorspiel, das uns an seinen Beginn zu Lichteshöhen emporhebt, die weit jenseits der Erdenschwelle liegen, «unnahbar unseren Schritten». Hier wird der makrokosmische Einweihungsweg, zu dem uns die Kreuz-Tonarten führen, wirklich mit Sinnesohren faßbar. Denn wovon dieses A-Dur kündet, ist nach Wagners eigenen Worten *«die wunderwirkende Daniederkunft des Grales im Geleite der Engelschar»* und *«seine Übergabe an hochbeglückte Menschen.»*[4] In dem von vierfach geteilten Violinen getragenen, wie aus sphärischen Ätherwelten heraustönenden Tonika-Dreiklang, erscheint *«dem verzückten Blicke ... der klarste, blaue Himmelsäther sich zu einer wundervollen, kaum wahrnehmbaren und doch das Gesicht zauberhaft einnehmenden Erscheinung zu verdichten; in unendlich zarten Linien zeichnet sich mit allmählich wachsender Bestimmtheit die wunderspendende Engelschar ab, die in ihrer Mitte das heilige Gefäß geleitend, aus lichten Höhen unmerklich sich herabsenkt.»*[4] Wagner charakterisiert damit das im 5. Takt aus dem A-Dur-Klang sich lösende Grals-Motiv, eine «musica mundana», die in ihrem Auf- und Abschweben langsam zur Erde herabsinkt.

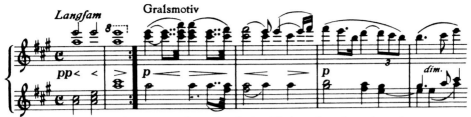

In diesem A-Dur kann uns der ätherische Höhencharakter in seiner ganzen
Transzendenz bewußt werden, wie er in der Gralserzählung Lohengrins dann
auch durch das Wort zu uns spricht:

> «In fernem Land, unnahbar euren Schritten,
> Liegt eine Burg, die Montsalvat genannt;
> Ein lichter Tempel stehet dort inmitten,
> So kostbar, als auf Erden nichts bekannt.
> Drin ein Gefäß von wundertät'gem Segen
> Wird dort als höchstes Heiligtum bewacht,
> Es ward, daß sein der Menschen Reinste pflegen,
> Herab von einer Engelschar gebracht ...»

Dieses A-Dur-Erlebnis erweist wahrlich die Richtigkeit von Rudolf Steiners
Wort, daß Musik eine *unbewußte Initiation*[5] sei.

Aber nicht nur die Himmelshöhen, auch die Tiefe, mit ihren Schatten wird
spürbar, wenn nach dem strahlenden Aufrauschen des Gralsmotives auf der
Unterdominantharmonie D, ein wehmütiger Trugschluß die Wendung nach dem
fis-Moll-Klang vollzieht und die strahlende Helle mit einem Schattenwurf
dämpft, aus dem wehmütig-sorgender Ernst zu tönen scheint.

Ein erster Hinweis, daß es die parallele Molltonart sein wird, in der die Gegen-
welt dieser Lichteshöhen ihre tonale Ausprägung findet. Eine Bekräftigung aber
auch für unsere zu dem Finale der VII. Symphonie Beethovens aufgeworfene
Frage. Was bei Beethoven im Klang noch nicht hörbar wird, zeigt Wagner durch
diese trugschlüssige Wendung zur VI. Stufe von A-Dur – fis-a-cis – direkter auf:

daß es die Schatten von fis-Moll sind, durch die sich die umdrohenden Erden-kräfte erkennbar machen. Bemerkenswert daher auch die ersten Takte des Akt-beginnes, die noch das A-Dur aufweisen, jedoch bereits im achten Takt nach C-Dur wechseln, das uns dem irdischen Geschehen am Scheldeufer entgegen-führt. Auch hier eine Bestätigung des vorhin Gesagten: A-Dur öffnet zwar den Blick in die Tiefe, steigt aber selbst nicht in sie hinab.

Nun ist A-Dur aber die Tonart Lohengrins, jenes Helden, der aus diesem Reich des Lichtes zur Erde steigt, um der Menschenseele in höchster Not beizu-stehen. Dies könnte als Widerspruch zu dem eben Gesagten erscheinen. Da Wag-ner dem Helden die Klangaura von A-Dur verleiht, verläßt diese Harmonie demnach doch ihre lichten Höhen und verbindet sich mit der Erde. Gewiß –, wenn der Gralsritter das Scheldeufer betritt, dann «scheint das Licht in die Fin-sternis», die Elsa bedroht, aber Lohengrin wahrt sein Wesen:

«Des Ritters drum sollt Zweifel ihr nicht hegen,
Erkennt ihr ihn, dann muß er von euch ziehn. –»

Und dies gilt auch für seine Harmonie. Sie bleibt sie selbst, wird nie von den Erdenkräften erfaßt oder getrübt. Sie bleibt in ihrer Lichteshöhe, auch wenn sie auf Erden wandelt.

Das Lohengrin-Thema, von der Jupiter-Quinte ausgehend, den A-Dur-Akkord als Kern seiner Melodik aufweisend, vermittelt nicht nur ritterlichen Glanz, die stark rhythmisierte Mars-Terz spricht auch von «kräftigem Sich-Bewähren».

Daß Wagner seinem Gralsritter A-Dur zuweist, zeigt wieder seine einfühlende Kenntnis vom spirituellen Wesen der Tonarten auf. Hätte er doch den heldischen Charakter seines Ritters ebenso in der üblichen Heldentonart Es-Dur zum Aus-druck bringen können, wie er dies später bei Siegfried tat. Warum gerade A-Dur?

Es gibt mehrere Gründe, die für diese Tonart sprechen und die das Weisheits-volle dieser Wahl erkennen lassen. Ein erstes Argument liegt sicher in der Licht-fülle dieser Harmonie und ihrer gleichzeitigen Mahnung, daß der sonnenum-strahlte Höhepunkt auch ein Wendepunkt ist. Aus diesem Licht, aus «Glanz und Wonne» kommt Lohengrin zu den Menschen. Die Eroica-Tonart Es-Dur gehört dagegen der Subdominantsphäre an, sie spricht von einem Heldentum der Erden-tiefen. Und D-Dur, die ebenfalls als heldisches Charakteristikum in Frage käme, hätte zwar die nötige Lichtfülle, doch haben wir es als die Harmonie des mächti-gen Aufstieges kennengelernt, in dem noch kein Wissen um eine Wende ins Gegenteil aufleuchtet. Nur A-Dur vermittelt in reinster Weise dieses Herein-scheinen des Lichtes in die Erdentiefen, in die Lohengrin jedoch nie eintaucht; mit gleichem ungetrübten Glanz von A-Dur, der ihn bei seiner Ankunft umgibt, kehrt er zu jenen Höhen zurück aus denen er herabgestiegen ist. Die Tiefen die-ser Erdenwelt sind für ihn nur Bedrohung und werden in dem der Ortrud-Gestalt zugewiesenen fis-Moll ihren Ausdruck finden.

Des weiteren spricht auch das Erscheinungsbild Lohengrins von der kosmi-schen, dem Krebszeichen zugeordneten Qualität der A-Dur-Harmonie. In «sil-berner» Waffenrüstung, ein kleines «goldenes» Horn zur Seite, so steht der Held auf sein Schwert gestützt im Nachen. Das Silber ist als Metall dem Mond zuge-teilt, wie das Gold der Sonne. Und der Mond, so wissen wir, findet im «Krebs» sein «Haus». Wir wissen aber auch, daß wir in A-Dur eine Harmonie besitzen, deren Empfindungsgehalt intensiv von den Mondenkräften durchzogen ist; die Sekundfunktion des Mondentones h hat uns dies erkennen lassen. Daß dem Melos dieser Harmonie andererseits aber durch den Sonnenton a, der hier Grund- und Führungston ist, sonnenhafter Charakter aufgeprägt wird, haben wir ebenfalls bereits festgestellt. Dieses Zusammenspiel von Melos und Harmo-nie, durch welches die mondenhaft durchwirkte harmonische Sphäre von A-Dur in ihrem Melos Sonnenkraft erhält, entspricht exakt der irdischen Erscheinung Lohengrins. In seiner Silberrüstung drückt sich der mondenhafte Wesensgehalt von A-Dur aus, während das «goldene Horn» Symbol des sonnenhaften Melos ist, das aus seinem «Wort» tönt, und in gleicher Weise innerer Führer ist, wie der Sonnenton a in der A-Dur-Harmonie.

Und letztlich wird dieses Klangbild den kosmischen Gegebenheiten auch noch in einer anderen Beziehung gerecht. Denn A-Dur in seiner Sonnen-Mondenver-bundenheit ist ein einzigartiges Klangsymbol für jene *«hinwandelnde Wegzeh-rung»*[6], die Rudolf Steiner als den kosmischen Aspekt des «Heiligen Gral» aufgezeigt hat: die silberglänzende Mondenschale und darin, sonnenhaft, wie eine Hostie, die unbeleuchtete Scheibe des Mondes.[6]

Doch ist damit der Geistgehalt dieser Tierkreissphäre immer noch nicht ausge-schöpft. Der «Krebs» ist ein Wasserzeichen, und zwar das aktivste unter den dreien, die dem Wasserelement verbunden sind. *«Die seelischen Energien, die von der Strahlung dieses Zeichens ausgehen»*, so schreibt Oskar Adler, *«müssen von dem Menschen, der sie empfängt, der aktiven Natur des Zeichens entsprechend, allsogleich wieder abgestrahlt werden»*[7] sie können nicht, wie es etwa bei den unter der kosmi-schen Wirksamkeit eines Erdzeichens Stehenden der Fall ist, vom physischen Leib aufgenommen werden. Der ausschließlich der Krebsstrahlung unterliegende

Mensch entbehrt dieses Schutzes. Er fühlt sich seelisch ohne Hülle und dies kann zu einer gewissen Furchtsamkeit, ja zu ausgesprochener Lebensangst führen. Wieder ist dafür die ursprüngliche Gebärde aufschlußreich, mit der in früheren Zeiten der Krebs symbolisiert wurde. Worauf es ankam war das «Umschließende», die Möglichkeit, «daß der Krebs mit den Scheren sein Opfer umschließen kann, daß er die Scheren herumlegt».[8] In dem lateinischen «cancer», das sowohl «Krebs» als auch «Panzer» bedeutet, ist dieses umschließende Element noch enthalten. Der Krebs ist das Symbol «des ins Innere sich einschließenden Menschen, der sich nicht bloß betastet und befühlt, sondern der sich von außen nach innen einschließt.»[8]

Die seelische Hüllenlosigkeit des Krebsmenschen kann aber auch den Boden für ein gewisses selbstloses Dienen bereiten, d.h. die Feinfühligkeit und Verletzlichkeit der eigenen Seele zum Heil der anderen zu verwerten.

«Darum stehen als hochentwickelte Menschen im Zeichen des Krebses alle, die wir als die Schutzpatrone der Schwachen und Hilfsbedürftigen ansehen dürfen, alle, die ihre ganze Kraft daransetzen, sie aufwärtszuführen, alle diejenigen, die ihren Hauptberuf darin sehen, Seelenleid zu mildern, zu trösten und Mut einzuflößen den Entmutigten, Hoffnung den Verzweifelnden und Nahrung den seelisch Verhungernden.»[7]

Zur Abrundung dieses menschlichen Charakterbildes wäre auch der *Magen* als das leibliche, der Krebsstrahlung unterworfene Organ zu erwähnen. Er darf ja im gewissen Sinne als Vorhof des Darmes angesehen werden, dessen Aufgabe es ist, die Speisen so lange zurückzuhalten, bis sie ganz von dem Magensaft durchgearbeitet sind, so daß sie *«zur Auswertung für den Gesamtleib dem Darm übergeben werden können.»[7]* Wie hier im leiblichen Organismus der Magen, so fühlt sich der Krebsmensch als «seelischer Vorhof» für alle die Kräfte, *«die verantwortungsbewußt in der äußeren Welt durch des Menschen Tat wirksam werden sollen.»[7]* Er sieht es als seine vorzügliche Aufgabe an, diesen Taten alle Momente zu nehmen, die das seelische Gut schädigen könnten. Daher die eben erwähnte Neigung, den Schwachen, Hilfsbedürftigen beizustehen, den Entmutigten Mut einzuflößen, wie dies im höchsten und edelsten Maße auch die Mission des Gralsritters ist. Auch von dieser Sicht entspricht die Klangaura von A-Dur exakt dem Wesenselement der Krebssphäre.

Aber noch weitere Zusammenhänge lassen sich davon ableiten. Das Kommen und Scheiden Lohengrins zeigt – abgesehen von dem spezifischen Geistgehalt des Mythos – in dramatischer Form jenes Inkarnations- und Exkarnationsgeschehen auf, das wir auf musikalischer Ebene als das Geheimnis der enharmonischen Verwandlung erlebt haben. Jene tönende «Alchimie», die eine Richtungswende nach den beiden Seinssphären – Himmel und Erde – ermöglicht. Im Quintenzirkel tritt dieses Geheimnis, wie im ersten Teil aufgezeigt wurde, in der Begegnung von Fis- und Ges-Dur an die Oberfläche. Im «Himmlischen Quintenkreis» des Zodiakus deutet uns die symbolische Darstellung des «Krebses» jene kosmische Alchimie der Wende an. Die beiden Linienzüge der sich einrollenden und sich auswickelnden Spirale ♋ sprechen von der Möglichkeit dieser Rhythmus-Umkehr. Wobei diese symbolische Gebärde nicht so sehr eine Anmahnung an ein «Stirb und Werde» ausdrücken will, als vielmehr die Wichtigkeit zu unterstreichen sucht, zur rechten Zeit diese Umkehr zu vollziehen. Es liegt ihr ein

Bewußtseinsimpuls zugrunde, der – in entsprechender Nuancierung – auch das Kernmotiv des Lohengrin-Mythos ausmacht. Der Hiatus aber zwischen den beiden Spiralenden versinnbildet den «Abgrund», den es mit Mut zu überspringen gilt, wenn diese Wende vom äußeren Glanz in die Verinnerlichung erfolgreich bewältigt werden soll. Wird sie nicht vollzogen, dann tritt unweigerlich eine Verhärtung ein, die den kosmischen Atemrhythmus völlig unterbindet und das Ich zum Gefangenen einer der beiden Sphären macht. Auch diese Perspektive mag letztlich ersichtlich machen, daß in dem A-Dur von Wagners «Lohengrin» tatsächlich alle Höhen und Tiefen dieser Harmonie umgriffen werden.

Ein A-Dur, das sich ebenfalls in den Dienst der Leidbeladenen und Schwachen stellt, hier freilich ganz auf menschlich-irdischer Ebene, klingt in den Dankesworten Florestans in *Beethovens* «Fidelio» an, wenn Leonore den im Kerker Schmachtenden die Sonnengaben – Brot und Wein – reicht. Die Todesfinsternis des Kerkers muß in diesem Augenblick für ihn wirklich von himmlischem Glanz erfüllt sein.

Allerhöchste Spiritualität zeigt uns Anton *Bruckner* in dem A-Dur seiner VI. Symphonie. *«Nie war Bruckner lichtseliger»* als in diesem symphonischen Werk, schreibt Ernst Kurth:

«Schon der allererste Themenansatz gibt ein Bild davon, wie dem Höhengeflacker der hereintanzenden Anfangsrhythmen eine dämmrige Tiefenlinie entgegentritt, Klarheit und Eindüsterung einander in den ganzen Themenausführungen bis in ihre Höhepunkte hinein durchdringen.»[9]

Wie majestätisch neigt sich die Jupiter-Sonnen-Quinte zur Tiefe und gibt dem Thema sein königliches Gepräge. In diesem A-Dur spricht das Wort aus dem Johannes-Prolog unmittelbar, ohne dramatische Einkleidung, aus den Tönen: *«Und das Licht schien in die Finsternis!»*

Für die negative Seite des Krebszeichens, den niederen Typus, finden sich kaum Beispiele in A-Dur, die dem Wesen der Tonart gerecht würden, d. h. Themen und Melodiefolgen, die sich nicht bloß der akustischen Klangfarbe dieser Harmonie bedienen, sondern Elemente der kosmischen Sphäre fühlbar machen. Sie werden uns erst in fis-Moll entgegentreten. Bemerkenswert jedoch ist das A-Dur, das *Mozart* seinem Don Giovanni in dem berühmten Duettino mit Zerlina zuteilt: «Reich mir die Hand mein Leben». Auch dieses A-Dur ist voll des Mozartschen Lichtzaubers, der Anmut und Grazie, wie es alle A-Dur-Themen dieses «Raffaels der Musik» aufweisen. Man muß sich allerdings nach dem Sinn dieser Harmonie im Zusammenhang mit Don Giovannis Verführungskünsten fragen.

Die Musik bewegt sich keineswegs an der bloßen Klangoberfläche von A-Dur und stellt sich rein instrumental durchaus anderen Themen Mozarts in gleicher Harmonie ebenbürtig zur Seite. Nun sagt uns aber der Text, daß bei diesem Melos «Amor und Psyche» mit im Spiele sind, und der verführerische Zauber ist ja auch nicht zu überhören. Mozart hat dieses A-Dur also eindeutig in die Sphäre des Eros gestellt. Verträgt sich dies überhaupt mit dem geistigen Wesen dieser Tonart? Kaum ein Zweifel besteht, daß sie zur Charakterisierung Don Giovannis eine absolut ungeeignete Harmonie wäre. Diesem unwiderstehlichen Verführer, den im Vollgefühl seiner Kraft und Überlegenheit nur leidenschaftliche Sinnlichkeit und kalte Menschenverachtung, namentlich dem weiblichen Geschlecht gegenüber, treibt, müßten sattere, erdennähere Farben zugeteilt werden, als es die lichten Fernen von A-Dur zu geben vermögen. Wir werden daher nicht falsch vermuten, wenn dieses A-Dur die Gefühlswelt Zerlinas widerspiegelt. Zerlina ist ein einfaches Bauernmädchen, voll Heiterkeit, Lebensfreude und kindlicher Naivität. Erst durch Don Giovanni werden in ihr Gefühle geweckt, die unbewußt und unentwickelt in ihrer Seele schlummern. Der schöne, vornehme Edelmann, der sein sinnliches Begehren hinter zärtlichsten Empfindungen und Schmeicheleien zu tarnen weiß, läßt in ihr ein Gefühl der Liebe erstehen, das ganz Sehnsucht ist nach etwas, von dem sie nur träumen kann, das ihr unerreichbar erscheinen muß. Der innige Terzengesang, über dem Sonnenton a als Orgelpunkt dahinschwebend, bringt uns jenes innige Liebessehnen nahe, in das sich Zerlina hineinträumt und in dem Wirklichkeit und Traum ineinanderfließen:

> «So dein zu sein auf ewig, wie glücklich,
> o wie selig, wie selig werd' ich sein!»

Damit aber stehen wir ganz in der Welt des Eros, wie sie der «Wassermensch» erlebt. Erotik ist bei ihm stets mit dem Gefühl ewiger Sehnsucht nach dem Unerreichbaren verbunden.

«Wie jegliche physische Realität für ihn Symbol einer jenseits dieser Wirklichkeit liegenden Wahrheit ist, die zugleich ebensosehr Dichtung wird, so wird auch jeder Mensch nicht in seiner physischen Gestalt, also nicht in seiner sinnlichen Erscheinung, sondern gleichfalls als Symbol genommen für ein übersinnliches Phantom, um dessentwillen in das Liebesspiel eingegangen wurde. So wird der Wassermensch von Haus aus zu einem ‹sinnlich-übersinnlichen Freier› um die niemals realisierbare Phantomgestalt einer in mystischer Hinneigung um der Sehnsucht und des Leidens willen allein geliebten seelischen Schöpfung, jedes Weib, jeder Mann nur zum Platzhalter des Unerreichbaren!»[7]

Etwas von diesem Ideal des Unerreichbaren klingt auch in Zerlinas Herzen auf. Und dies macht den Sinn des A-Dur deutlich, das selbst im Kleid des Eros ganz in der geistigen Strahlung seiner Tierkreissphäre steht. Dieser Blick auf das Ideal ist überhaupt ein Wesenszug der Menschen, die uns Mozart schildert. Die Reinheit seiner Musik vermittelt uns immer etwas von ihrem besseren Sein, zeigt uns, wie sie sein sollten, bzw. gerne sein möchten.

Das spiegelt sich auch in dem blühenden A-Dur von Ferrandos Arie aus «Cosi fan tutte». Die Sehnsucht nach etwas jenseits aller Wirklichkeit Liegendem klingt hier ebenso an, der «Odem der Liebe» wird in reinstem, apollinischem Schönheitsglanz beschworen; allerdings kommt diese Beschwörung nicht aus gleich lauterem und aufrichtigem Herzen. Soll durch sie doch die Treue der Angebeteten ins Wanken gebracht werden. Deshalb wäre E-Dur als tragende Harmonie hier unangebracht, wie uns das folgende Kapitel gleich erkennen lassen wird.

Doch trotz des sehr irdischen Zweckes – die Reinheit des Melos bleibt davon unberührt. Wenn Mozart vom «Odem der Liebe» singt, kann dies nur mit Andacht geschehen.

Rätselvoller ist das A-Dur, das uns Giuseppe *Verdi* in seinem «Othello» beschert hat. Was soll der Racheschwur Othellos ob der angeblichen Untreue seiner Gemahlin Desdemona in der Tonart der Licht- und Liebesbotschaft? Gewiß, Othello schwört «bei des Himmels eh'rnem Dache», und die «hohe Sonne» wird als Zeuge angerufen.

Die Melodie liegt zu Beginn des Zwiegesanges mit Jago noch im Baß, und kreist ständig um den Sonnenton a, wobei der zweimalige Sextensprung zum Marston cis von Festigkeit und Tatkraft spricht. Auch hier scheint ein Licht in die Finsternis, aber ein düsteres Gegenbild zu Bruckners A-Dur-Licht in der Tiefe. Erschreckend auch im Fortgang der melodischen Linie der Sonnenton a bei dem Wort «Nacht». «Bei der Nacht des Meeres», bei dem Haß, der ihn verzehrt, schwört Othello Rache. Der Quartschritt Jupiter-Sonne ist der gleiche, wie in der Gralserzählung Lohengrins an der Stelle: «Es heißt der Gral …»

Eine erschütternde Verkehrung, die imstande ist, trotz ihrer lichten Harmonie Schwärze und Finsternis zu verbreiten. Kann man dies mit dem Wesen von A-Dur überhaupt in Einklang bringen. Hat Verdi da nicht einfach ein Zugeständnis an die Stimmlagen – Bariton und Tenor – gemacht und sich offenbar um die Eigensprache der Tonart wenig gekümmert? Man wird dieses A-Dur verstehen, wenn man bedenkt, daß Othellos rasende, nach Rache schreiende Eifersucht die tragische Umkehrung seines tiefen und aufrichtigen Liebesempfindens ist. Hinter diesem A-Dur steht die Lichtgestalt Desdemonas, die Othello mit gleicher Innigkeit liebt, wie er sie liebte, ehe ihm die verräterische Botschaft ihrer angeblichen Untreue hinterbracht wurde. In dieser Liebe hatte Othello seine Welt erlebt, sie war ihm die Hülle für seine innersten, heiligsten Gefühle. Nun sieht er sich dieser Hülle beraubt, verraten von der Seele, die ihm die teuerste war. Für ihn hat sich das Tagesgestirn – die Sonne – zur Nacht verfinstert, und doch durchstrahlt diese, schuldlos über ihn hereingebrochene Gefühlsverwirrung, Desdemonas engelhafte Reinheit. Hier liegt die Rechtfertigung für dieses A-Dur, das uns damit gleichzeitig die Gefahr des Sturzes eindringlich erleben läßt, die jedem im Zenit seiner Schicksalssonne, seines Glückes, seines Ruhmes, seiner Macht und seines Reichtums Stehenden droht. Dieser alles verzehrende und zerstörende Wahn der Eifersucht als Kehrseite einer aufrichtigen Liebe, ist wahrlich ein Mysterium. Shakespeare hat es in seinem «Wintermärchen» ein wenig gelüftet. Durch die Musik können wir jedoch die Erfahrung gewinnen, wie Hitze und Kälte die gleichen Symptome bewirken.

Mattheson hat A-Dur eine Tonart genannt, die «*sehr angreift*», und die daher, obgleich sie «*brilliert*», doch eher «*zu klagenden und traurigen Passionen, als zu Divertissements geeignet*»[10] sei. Verdis A-Dur ist ein solch «angreifendes», d.h. ergreifendes Beispiel dafür.

Aber auch das A-Dur von Siegfrieds Todesgesang in der «Götterdämmerung» bezeugt Matthesons Charakteristik: «Ach, dieses Auge, ewig nun offen! ... Brünnhild' bietet mir – Gruß!»

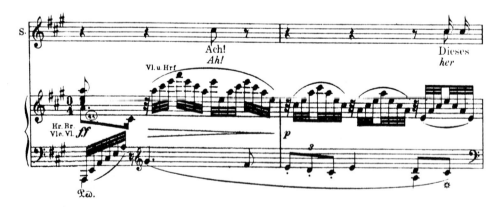

Der heidnische «Sonnenheld», der – schuldlos schuldig geworden –, dem Speer Hagens erlag, findet zurück in den «ruhenden Leuchteglanz» von A-Dur.

Wie folgerichtig daher auch das Aufklingen dieser Harmonie bei der Heilung des Amfortas:

> «Nur eine Waffe taugt:
> Die Wunde schließt
> Der Speer nur, der sie schlug.
> Sei heil, entsündigt und entsühnt!»

Die parallele Moll-Tonart der Krebs-Sphäre: fis-Moll

Für die parallele Molltonart des in höchster Helligkeit stehenden A-Dur gilt natürlich in gesteigertem Maße, was bereits für h-Moll aufgezeigt worden ist; die Tatsache, daß dort, wo viel Licht ist, auch der Schatten besonders intensiv zur Geltung kommt. So ist es verständlich, daß die dem A-Dur permanent involvierte Absturzgefahr sich in fis-Moll deutlich zum Ausdruck bringen wird. *Hennig* hört in fis-Moll einen *«spitzen, fast unangenehm gellenden Ton»* und spricht von einem *«eigentümlich flimmernden, fahlen Lichtschimmer»*. Für *Mattheson* führt diese A-Dur-Parallele *«zu einer großen Betrübnis»*, obgleich sie auch *«languisante (schmachtende) Züge»* aufweise, und ihm mehr *«verliebt»* als *«letal»* (zum Tode führend) erscheine. Für Mattheson hat dieser Ton außerdem etwas *«Abandonniertes»* (Preisgebendes), *«Singuliertes und Misanthropisches»*. Dagegen erlebte Hector *Berlioz* das fis-Moll als *«tragisch schneidenden Klang»*[10] Von kleinen unterschiedlichen Nuancierungen abgesehen, zielt die Charakterisierung dieser Harmonie doch sehr einheitlich ins Düstere, Negierende.

Blicken wir vorerst wieder auf die Tonleiterstruktur und ihren kosmischen Hintergrund:

FIS	GIS	A	H	CIS	D	EIS	FIS
Quart-qualität	Quint-qualität	Sext-qualität	Sept-qualität	Prim-qualität	Sekund-qualität	Terz-qualität	
Venus	Saturn	Sonne	Mond	Mars	Merkur	Jupiter	

Fis, der Venuswert ist Grundton. Sein Wort: *«Erzeuge die Lebenswärme»* mag jene Nuance abgeben, die Mattheson als «verliebt» und «languisant» bezeichnet hat.

Der Saturnwert gis ist Sekunde, und die merkurial-quecksilbrige Eigenschaft dieses Intervalls könnte einerseits den Willen des Saturn-Wortes: *«In ruhigem Lichterbringen»* wohl in diese Tonart hineintragen, andererseits muß sich gerade die bewegende Sekund-Funktion in einen gewissen Gegensatz zu dieser erstrebenden Ruhe gestellt sehen. Und dies könnte vielleicht dem «Lichterbringen» etwas Abbruch tun.

Der Sonnenton a als Terz allerdings weist auf Verinnerlichung des sonnenhaften *«Leuchteglanzes»*. Und der Mondenton h ersehnt das Erstarken des Glanzes und umgreift in seiner Quartfunktion bestärkend dieses Aufleuchten. Eingebettet zwischen dem in seiner Strahlungskraft etwas gemilderten Saturnwert und dem von Septimsehnsucht erfüllten Mondenton, mag dieses a als Terz wirklich einen *«eigentümlich flimmernd-fahlen Lichtschimmer»* bewirken, wie Hennig dies glaubt konstatieren zu müssen.

Der in exkarnierender Wirkenskraft stehende Marston cis ist Quinte. Ob sie es ist, die den *«gellenden Ton»* – nach Hennig – oder den Eindruck eines *«tragisch schneidenden Klanges»* – nach Berlioz – verursacht? Diesen Charakterisierungen haftet ja zweifellos viel subjektive Empfindung an, und es wäre sicher nicht exakt gedacht, würden wir versuchen wollen, die kosmisch-objektiven Gegebenheiten in diese subjektiven Urteile hineinzuzwängen. Doch eines dürfte sicher sein: in fis-Moll wird der Quintenkreis aufgebrochen und ein sphärisches Element hereingetragen, das einer neuen Ebene in der unendlichen Quintenspirale angehört: der Oberdominant-Dreiklang cis-eis-gis. Ob man dies als *«gellenden Ton»* bezeichnen kann, bleibe dem subjektiven Geschmack überlassen. Festgehalten sei jedoch, daß die der Krebs-Sphäre folgenden Molltonarten immer weiter in diese Unendlichkeit hinausweisen werden. Und dies verleiht jenen Mollskalen zweifellos eine sehr rätselvolle, nicht voll erfaßbare Physiognomik.

Der Merkurton d ist Sexte. Um seine Wirkenskraft richtig einschätzen zu können, müssen wir auf den ihm folgenden Tonwert blicken. Septime ist der zu eis erhöhte – also exkarnierende – Jupiterwert, durch einen übermäßigen Sekundschritt von d getrennt. *«Zu geistigem Sich-Durchdringen»* lautet sein Wort, und dem wird er mit seiner exkarnierenden Funktion auch mit aller Macht gerecht. Denn eis bildet mit dem Marston cis zusammen ja die große Terz, und diese ist es gerade, die den Quintenkreis sprengt und ein Cis-Dur, gewissermaßen eine potenzierte Widderstrahlung hereinleuchten läßt.

Zwischen diesen beiden erhöhten, d. h. in exkarnierender Wirkung stehenden Tonwerten Mars-Jupiter steht Merkur in seiner «neutralen» Position als d. *«Erwärme Seelenleben»* heißt sein kosmisches Wort und als Sexte könnte er dem auch durchaus gerecht werden. Aber muß diese neutrale Stellung, eingebettet in die zwei obersonnigen erhöhten Planetenwerte nicht geschwächt anmuten? Merkur strömt, und in diesem Strömen dient er dem Ganzen. Darauf verweist auch sein Wille, das Seelenleben zu erwärmen. Merkur (Hermes) der Götterbote und Todesverkünder, wurde darüber hinaus als Gott der Händler wie der Diebe verehrt. Beide sorgen in ihrer Art dafür, daß die Waren sich nicht ansammeln und im Flusse bleiben. Im Flusse bleibt aber auch das Seelenleben, wenn es mit der Umwelt, mit den Mitmenschen richtigen Kontakt findet. Durch die Kommunikation mit der Umwelt «erwärmt» es sich. Ist dieser Merkurprozeß aber zu schwach – und in seiner neutralen Position scheint uns dies hier der Fall zu sein –, dann fehlt die Möglichkeit zur richtigen Begegnung mit der Umwelt. Das Seelenleben erwärmt sich nicht, es fühlt sich vielmehr kalt und leer.

«Das Nicht-begegnen-Können ruft in der Seele ein Vakuum hervor, worin dämonische Kräfte sich inkarnieren können. Gewalttätigkeit ist meistens ein Begegnen-Wollen, aber Nicht-Können. Aus Wut darüber entsteht ein Vernichtungsdrang, entsteht der Nihilismus der Seele, entstehen Überempfindlichkeits-Krankheiten, wo jede Begegnung zu einer heftigen, krankhaften Abwehr führt.»[11]

Fast scheint es, als ob die «Schwachstelle» in unserem fis-Moll der Punkt sein könnte, weswegen diese Harmonie so stark den Abgrund spürbar macht und die Meister sie wiederholt als Ausdruck des Dämonischen, Widergöttlichen verwendet haben.

Bachs Präludium und Fuge hat diese innerliche Spaltung im ersten Teil des «Wohltemperierten Klavier» im status nascendi festgehalten, insoferne das Präludium noch stark den Bezug zum hellen, heiteren A-Dur aufrechthält, während die vierstimmige Fuge mit ihren langgedehnten Noten und schleppenden Synkopen die parallele Dur-Harmonie so gut wie völlig vermeidet und zur düsteren Schwere von cis-Moll gravitiert. Hugo Riemann will im Präludium ein *«Landschaftsbild»* erkennen, während ihm die Fuge ein *«Seelengemälde»*[2] bedeutet. *«In beiden ist es Herbst; aber während in dem Präludium die Herbststimmung sich nur wie ein leichter Schatten über das Gelände legt, … geht durch die Fuge ein ernster Schauer – die Frage von Sein und Nichtsein.»²*

Ein gewellter Sechzehntelgang, der sich von der Sexte zum Grundton hinabsenkt, bildet den Hauptgedanken des Präludiums. Über einem liegenden Baß erklingen in der Mittelstimme parallel zur Sechzehntelfiguration kurze, ebenfalls abwärtsgerichtete Töne, deren sanftes Pochen Riemann die Frage aufwerfen läßt, ob es *«Regentropfen oder Tränen seien».²*

Dagegen tritt das Thema der Fuge langsam aus dem Grundton heraus, steigt zur Terz empor und *«ringt sich weiter wie unter Schmerz und Qual mit chromatischen Harmonien zur Quinte auf, um von ihr ebenso in Absätzen zum Grundton zurückzusinken.»²*

Die Überfülle von unerwarteten, chromatischen Harmonien erzwingt ein langsames Tempo, da das Ohr Zeit braucht, um die überraschenden Tonfolgen aufzufassen; dies gibt der Fuge Schwere und Gewicht. Dazu kommt, daß die Melodik nur im Mittelteil von höheren Tonlagen Gebrauch macht, sich im übrigen in tiefer Lage bewegt.

Was bei Bach bereits spürbar wird, die Spaltung innerhalb der Krebs-Harmonie in Höhen und Tiefen, hat *Chopin* in seinen beiden Préludes in ganzer Gegensätzlichkeit aufgezeigt. Das kleine Präludium in A-Dur ist ein selig verklärter, inniger Gesang, der einer gewissen Wehmut nicht entbehrt und mit seinen 16 Takten ein konzentriertes Stimmungsbild der Seelenwärme von A-Dur gibt.

Die leuchtende Mars-Terz, zum Mondenton h sinkend, spricht von Beseligung, während die motivische Beantwortung, vom Venuston fis zum Sonnenton a emporsteigend, voll Strahlungskraft nach außen ist. Wobei nicht übersehen werden darf, daß bei diesem melodischen Aufschwung der Merkurton d aus seiner «neutralen» Position herausgehoben ist und als dis mit exkarnierender Kraft wirkt.

Ganz anders dagegen das fis-Moll Prélude. Ein Seelensturm beginnt hier zu toben, der ungeahnte Abgründe aufzureißen vermag.

Mit seinen 34 Takten gehört es zu den umfangreicheren Stücken dieser Sammlung, und der harmonische Verlauf zeigt uns ein Ausschwärmen in weit entlegene Tonalitäten, bei dem alle Register der Chromatik und Enharmonik gezogen scheinen. Streckenweise offenbar ganz verlorengegangen, stellt sich das fis-Moll jedoch überraschend schnell wieder ein, um triumphierend sein Feld zu behaupten. Fast könnte man meinen, daß diese bald tief in die Unterdominantregion eintauchenden, bald weit in das oberdominantische Gegenbereich hinausgreifenden Harmonien nur die abgründige Umrahmung abgeben sollen, in der sich das fis-Moll um so intensiver behaupten kann. So daß trotz aller schillernden harmonikalen Hektik, die Grundtonalität in Wahrheit nie verlorengeht.

Vielleicht ist hier der passende Ort, um einen kurzen Blick auf den unter der Krebsstrahlung stehenden Menschentyp zu werfen. Wir haben von der seelischen Hüllenlosigkeit des Krebsmenschen gesprochen. Diese schutzlose Blöße ist es, die ihn drängt, sich künstlich eine Hülle dadurch zu schaffen, daß er sich mit Menschen umgibt, die ihm freundlich gesinnt sind. Der Krebsmensch entwickelt ein unerhörtes Feingefühl dafür, von wem ihm freundliche oder feindliche Seelenströmungen zufließen. Die ersteren sucht er, letztere flieht er. Für ihn ist es unerträglich, sich in eine Umgebung gestellt zu wissen, aus der ihm keinerlei Sympathien zuströmen. Und wo es nicht anders geht, *«sucht er sie zu gewinnen, indem er diesen Menschen zu schmeicheln beginnt oder versucht, sich ihnen derart anzupassen, daß sie an ihm keinen Anstoß nehmen.»*[7]

Fühlt er sich dagegen stark in der künstlich geschaffenen «Leibgarde», die in den entscheidenden Belangen unter ihm steht, kann er sich sehr oft als Gefühlstyrann entpuppen, der seine Umwelt zwingt, *ihm seine Leiden und auch die Freuden tragen zu helfen.»*[7] Für diesen Typ der niederen Krebsstrahlung ist das angeführte fis-Moll ein treffliches klangliches Spiegelbild.

Schwer wird es dem Krebsmenschen, wenn er zusehen muß, wie ihn ein Getreuer verläßt. Er *«weint um jede Seele, die seinem Bereich entschwindet.»*[7] Dies alles führt beim «niederen» Typus zu einem ausgesprochenen Gefühlsegoismus, verbunden mit der eben erwähnten Gefühlstyrannei.

Die Hüllen- und Schutzlosigkeit des unter der Krebsstrahlung stehenden Menschen macht es auch aus, daß von allen Stimmungen, die möglich sind, für ihn stets der Schmerz die Freude überwiegen wird; zumindest so lange, als er nicht durch seine Ichkraft die Möglichkeiten seiner Höherentwicklung ergriffen hat und nicht mehr passiv sich den kosmischen Tierkreiskräften überläßt.

Von diesem Leid-Erleben kündet *Beethoven* im Adagio-Satz der Hammerklavier-Sonate Opus 106. Ein «*tiefer Abgrund des Leidens*» würde sich uns darin auftun, meint Hermann Beckh[12], und spricht damit ähnliche Empfindungen an, wie sie der von Riemann zitierte W. Lenz geäußert hat: «*Ein Mausoleum des Kollektivleids der Welt, das größte Klavier-Adagio der Gesamtliteratur*»[13]. Auch Riemann steht in «*staunender Bewunderung*» vor diesem Satz, teilt jedoch nicht ganz die Auffassung, daß sich in ihm nur «*der Menschheit ganzer Jammer*» aussprechen würde, vielmehr eröffne er auch «*trostspendende Blicke in ein besseres Jenseits*».[13] Auch für Paul Bekker entbehrt der Satz nicht tröstender Momente. Er denkt dabei sogar an die religiöse Weihe von Beethovens zweiter Messe. «*Die aus überirdischen Verheißungen trostschöpfende Benedictus-Stimmung kommt nicht nur im Charakter, auch in der Tonart und Melodieführung des Antwortthemas zum Ausdruck.*»[3]

Diese weihevollen, trostspendenden Momente mögen sich widersprüchlich zu den Abgrundtiefen ausnehmen, die das fis-Moll nach dem eben vorhin Gesagten aufzureißen vermag. Man könnte diese Widersprüchlichkeit auflösen, indem man in diesem Beethovenschen Satz ein fis-Moll erblickt, das in Wahrheit ein A-Dur ist, über das sich ein Moll-Schleier gebreitet hat. Befriedigend ist dies freilich nicht, da der «Abgrund des Leidens» darin doch zu schmerzlich fühlbar wird. Näher an das Geheimnis dieses Satzes führt uns jedoch die Frage, was ein fis-Moll in einer Sonate für einen Sinn hat, deren Grundtonart B-Dur ist? Die Antwort darauf muß wohl allen denen rechtgeben, die in diesem fis-Moll eine «*enharmonische Verkleidung von ges-Moll*»[13] erblicken. Und daraus läßt sich erkennen, wie weit in die nächtliche Seite des Quintenkreises diese Mollparallele zu greifen vermag. Das Zuschreiten auf den «Schwellenpunkt» kündigt sich bereits hier an; ermöglicht durch die Tatsache, daß in dem exkarnierenden Jupiterton eis ja tatsächlich der Fis-Dur-Bereich, d. h. die Waage-Sphäre, hereinleuchtet. Auch dies ist ein nicht zu übersehendes Element des Nuancenreichtums von fis-Moll.

Als effektive Tonart des Abgrunds zeigt sich unsere Harmonie im zweiten Akt von *Webers* «Freischütz». Da wird fis-Moll zur tragenden Harmonie der Wolfs-schlucht-Szene. Sie beherrscht deren Anfang und Schluß, während der Mittelteil einem im Tritonus-Abstand zu fis stehenden c-Moll zugewiesen ist. Fis-Moll ist die eigentliche Wolfsschlucht-Harmonie, gleichsam das Klangkolorit ihrer gespenstischen *Natur*-Dämonie, während das zu fis-Moll in Opposition stehende c-Moll die Tonart des höllischen Samiel ist.

Wenn Max dann hoch oben auf der Felsenspitze erscheint und in die Schlucht hinunterblickt, spricht er aus, was dieses fis-Moll als Klangbild in sich birgt: «Ha! Furchtbar gähnt der düstre Abgrund!».

Auch Edward *Grieg* hat ähnlich empfunden, wenn er fis-Moll zur Tonart von Peer Gynts stürmischer, todesträchtiger Überfahrt wählt, bei der das Schiff sinkt und Peer Gynt zum erstenmal von Todesängsten in der Gestalt des dämonischen «fremden Passagiers» heimgesucht wird.

Grieg wählt als Hauptthema dafür ein aufsteigendes Quint-Quart-Motiv, das uns an das Holländer-Thema Richard Wagners erinnern kann, dessen Intervall-folge einen Quart-Quint-Schritt aufweist.

Am eindringlichsten wird der Absturz-Charakter von fis-Moll wohl in Richard *Wagners* «Lohengrin» deutlich, wo es als Tonart Ortruds die Harmonie der Anti-Gralkräfte ist.

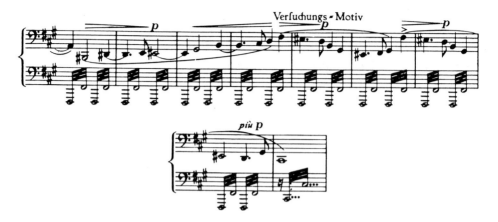

Über drohenden Paukenwirbeln ertönt in den tiefen Celli ein gespenstisch lastendes Motiv, ein Topos der Drangsal, des unheilvoll Bedrückenden. Es ist eine Motivik, die ganz mit den Racheplänen Ortruds, des Widerdämons zu Lohengrins Grals-Sendung verknüpft ist. Wie sehr auf sich selbst bezogen und in die eigene Melodik versponnen diese Ortrud-Motivik ist, macht am anschaulichsten Robert Schumanns Charakteristik deutlich, die er I. V. Wasielewski gegenüber geäußert hat: *«Sehen Sie sich einmal diese Solostimme an, dazu läßt sich keine zweite Stimme machen ...»*[14] Ortrud ist *«ein Weib, das die Liebe nicht kennt»*[14] schreibt Wagner an Franz Liszt. Das Festhalten an der eigenen Entwicklungsstufe und dadurch der Befangenheit im Egoismus zu verfallen, ist ein markantes Kennzeichen des niederen Krebstypus. Und Ortrud ist ein Wesen, das an ihrer anti-christlichen, heidnisch-dämonischen Götterwelt haßerfüllt festhält; eine *«Reaktionärin»*, die nur auf das Alte bedacht ist und allem Neuen feindlich gegenübersteht. Und dies *«im wütendsten Sinn des Wortes: sie möchte die Welt und die Natur ausrotten, um ihren vermoderten Göttern wieder Leben zu verschaffen.»*[14] Diese abgründige, haßerfüllte Seelenhaltung enthüllt sich uns mit höchster Intensität in dem fis-Moll ihres Racheschwurs:

> «Entweihte Götter! Helft jetzt meiner Rache!...
> Segnet mir Trug und Heuchelei,
> Daß glücklich meine Rache sei!»

Sechsmal dröhnt der fis-Moll-Klang im vollen Orchester auf bei der Anrufung des heidnischen Götterpaares; die Schlußkadenz aber übersteigt sich in eine Hypertrophie der Finsternis, die uns in ähnlicher Weise ein Dur-Licht vortäuscht, wie wir es bereits im «Freischütz», in dem Lied Kaspars erlebt haben. Eine *furchtbare Großartigkeit*[14] des Bösen, mit der Ortrud ihr rasendes Beschwörungsgebet an eine alte, längst nicht mehr gültige Götterwelt, endet.

Ein fis-Moll dagegen, das aus den Tiefen emporblickt zu den Höhen des Lichts, hat uns *Bach* im «Confiteor» seiner h-Moll-Messe gegeben.

Daß dieses fis-Moll wirklich in der Zuversicht auf die heilenden Kräfte des Lichtes geschrieben ist, kann uns aus zwei Faktoren heraus einsichtig werden. Erstens, weil diesem Chor eine in hellstes A-Dur getauchte Baßarie vorausgeht, die ein Glaubensbekenntnis an den Heiligen Geist ablegt. Diesem Bekenntnis schließt sich der Chor an, indem er mit Zuversicht jene parakletischen Kräfte für sich erfleht.

Zweitens aus dem Umstand, daß Bach im 73. Takt durch Baß und Alt dieses Bekenntnis in einer gregorianischen Choral-Melodik mit sieghafter Breite erklingen läßt.

In der Gregorianik aber haben wir noch einen echten Nachklang einstiger tönender Urbildlichkeit, die mit einem erhöhten, inspirativen Bewußtsein empfangen worden ist. In Engführung verzahnt, werden wir «*durch eine langsame Folge wunderbarster Harmonien, in welche die alte Welt versinkt, hinübergeleitet in den Zustand ‹eines neuen Himmels und einer neuen Erde›. Die Hoffnung auf denselben strömt in einem, trotz aller Lebendigkeit und Zuversicht grundfeierlichen, breitatmigen Chore aus*»[15], der der Glaubenskraft dieses fis-Moll ein frohlockendes D-Dur folgen läßt, in dem die Oberdominante A eine tragende Rolle spielt.

Damit ist unser Blick wieder zum Anliegen des hohen Krebs-Typus zurückgewendet, Seelenleid zu mildern, zu trösten und Mut den Entmutigten zu spenden. Was in diesem fis-Moll aufglänzt, ist nicht das Gegenbild der Lichteshöhen, sondern das Licht der Krebssphäre, verhüllt von seinem ihm wesenseigenen Moll-Schleier.

E-DUR — LÖWE

Es spricht das Weltenwort,
Das ich durch Sinnestore
In Seelengründe durfte führen:
Erfülle deine Geistestiefen
Mit meinen Weltenweiten,
Zu finden einstens mich in dir.
(Rudolf Steiner, Seelenkalender)

Weltenweiten in sich zu finden, gewahr zu werden, daß im Innern der Seele derselbe Geist west wie draußen im Universum, bedeutet eine Anmahnung zur Verinnerlichung. Mit dem Betreten der E-Dur-Sphäre sind wir dem «Äquilibrium»,
dem «Gleichgewichtspunkt» des Quintenkreises einen Schritt näher gekommen.
Der Wochenspruch bereitet uns bereits zart auf jenen geheimnisvollen Akt vor,
den es in der Waage-Sphäre zu vollziehen gilt, und den wir auf musikalischer
Ebene als «enharmonische Verwandlung» bezeichnen. Goethe hat dieses
Gewahrwerden derselben Geistigkeit im Mikro- und Makrokosmos als ein
«offenbares Geheimnis» bezeichnet:

«Müsset im Naturbetrachten
Immer eins wie alles achten;
Nichts ist drinnen, nichts ist draußen:
Denn was innen, das ist außen.
So ergreifet ohne Säumnis
Heilig öffentlich Geheimnis.»
(Epirrhema)

So bestätigt es sich erneut, daß der makrokosmische Initiationsweg, den uns
unbewußt die Kreuztonarten weisen, ein Weg in die Geistigkeit der Welt ist, der
uns letztlich aber unserem eigenen Selbst entgegenführt. Mit dem Betreten der
E-Dur-Sphäre befinden wir uns freilich noch auf der Suche nach dieser Erkenntnis.

Wenn die Sonne in das Himmelszeichen des «Löwen» tritt, intensiviert sich die
Ahnung des kommenden Herbstes, obwohl Wärme, Helligkeit und Leuchtkraft
des Sonnenlichtes noch im vollen Maße über die Natur ausgegossen liegen.

«So tu dich auf, mein sommerlich Gelände,
So rausche, Mittags feierlich Geläut!
Hell wogen rings der Saaten goldne Brände,
Und sind auch rote Mohne eingestreut,
An Schlaf gemahnend und an Wirkens Ende,
Noch bin, noch wachse ich durch Leid und Freud',

Noch sing ich gern dem heiteren Gedränge,
Doch auch im Abgrund finde ich Gesänge.»
(Anton Wildgans, Sommermittag)

Die Poesie dieser Verse, mit denen Anton Wildgans sein Gedicht «Sommermittag» schließt, kommt empfindungsmäßig jenem Standort nahe, den E-Dur und cis-Moll im Tonartenkreis einnehmen.

Betrachten wir zunächst wieder die kosmische Leiterstruktur im Sinne der «Zwölf Stimmungen» Rudolf Steiners:

Durchströme mit Sinngewalt . . . Sonne . . A (Sextqualität)   als Quart
Gewordenes Weltensein . . . . Venus . . Fis (Quartqualität)   als Sekund
Erfühlende Wesenschaft . . . . . . Merkur . Dis (Sekundqualität) als Septim
Zu wollendem Seinentschluß . . . Mars . . . Cis (Primqualität)   als Sexte
In strömendem Lebensschein . . . Jupiter . . E (Terzqualität)   als Grundton
In waltender Werdepein . . . . Saturn . . Gis (Quintqualität)   als Terz
Mit Sinngewalt erstehe! . . . . Mond . . H (Septimqualität) als Quinte

E	FIS	GIS	A	H	CIS	DIS	E
Terz-	Quart-	Quint-	Sext-	Sept-	Prim-	Sekund-	
qualität	qualität	qualität	qualität	qualität	qualität	qualität	
Jupiter	Venus	Saturn	Sonne	Mond	Mars	Merkur	

Nach der Beruhigung, die im Zeichen des Krebses eingetreten ist, kehrt uns die Sonne im «Löwen» ein anderes Antlitz zu. Ihre Lichtkraft hat nicht mehr die frühere Intensität, doch ihre feurige Natur läßt sie uns jetzt erst mit ungeahnter Stärke fühlen. Unter ihren sengenden Gluten reifen Früchte und Samen.

«Dem Druck erlieget die Natur. Welke Blumen, dürre Wiesen,
Trockne Quellen, alles zeigt der Hitze Wut ...»

Josef *Haydn* hat diese reifende, sengende Glut in seinen «Jahreszeiten» zu einem Klangbild in E-Dur gestaltet (s. S. 293).

Der Übergang von höchster Lichtintensität (Krebs) zu glutenden Wärmewirksamkeiten (Löwe), macht uns den fortschreitenden Verinnerlichungsprozeß deutlich: *«Durchströme mit Sinngewalt ...»* lautet das Sonnenwort in der Löwe-Strahlung, wobei dem Wort «Sinn» zweifache Bedeutung zukommt: physisch – als «sinnhaft» und geistig – als «sinnvoll». Die von Rudolf Steiner gewählte, sicher nicht alltägliche Wortprägung «Sinngewalt» umfaßt beide Bedeutungen, doch dürfte der Akzent vor allem auf der geistigen liegen. In der Sinngewalt wirkt das «Weltenwort», das aller Schöpfung «Sinn» gibt.

Der Sonnenton a steht in E-Dur als Quarte und deren umfassende Tendenz entspricht durchaus dieser Strahlung, die mit ihrer Mahnung die ersten vier Zeilen der «Stimmung» beherrscht. Vor allem sehen wir das Sonnenwort mit der nächstfolgenden Venus-Zeile engstens verbunden, denn sie gibt an, *was* mit

«Sinngewalt» durchströmt werden soll: «gewordenes Weltensein». In dieser engen Verbindung stehen aber auch unsere beiden Tonwerte. Denn die umgreifende Tendenz der Quart, die dem Sonnenton a in E-Dur zusätzlich zu seiner Sext-Qualität beigegeben wird, ist ja die Grundeigenschaft des Venus-Tones. Und diese dem Venuston ur-eigene Quartqualität weist auf das «Gewordene»; dieses wird von ihm «umgriffen». Hier in E-Dur fällt dem Venuston jedoch Sekund-Funktion zu, wodurch er der Sonnen-Mahnung «das gewordene Weltensein» zu «durchströmen» zweifellos gerecht wird.

Um die erwähnte beherrschende Kraft des Sonnentones ersichtlich zu machen, sei es gestattet, ausnahmsweise der kosmischen «Stimmung» und nicht der Reihung der Töne zu folgen. Auch Merkur steht ganz im Dienste des Sonnen-Wortes. Nicht nur das «gewordene Weltensein», also das Leiblich-Physische soll mit Sinngewalt durchströmt werden, auch das *Fühlen* muß sich davon durchdrungen sehen und soll den Sinngehalt als etwas Wesenhaftes erkennen: «*Erfühlende Wesenschaft*». Der Tonwert des Merkur steht hier mit exkarnierender Wirkenskraft als Septime. Seine ihm urtümliche Sekund-Dynamik verbindet sich der Mondensehnsucht, wie sie im Sept-Intervall schwingt. Hier scheint ein gewisser Widerspruch zu liegen. Denn Sehnsucht ist stets auf etwas gerichtet; dieses Etwas muß nicht immer konkret bewußt sein, aber sein Fehlen wird als Mangel empfunden, und Ziel der Sehnsucht ist die Beseitigung dieses Mangels, also «Erfüllung». Das Ewig-Fließende dagegen hat nichts Spezielles im Auge. Es strömt, weil es strömt. Die Sekund-Eigenschaft des Merkurtones muß eigentlich die ihm hier zugewiesene Septim-Sehnsucht ständig relativieren. Und dies ist gerade ein merkuriales Phänomen. Merkur, der im Strömen stets dem Ganzen dient, wirkt im Seelenbereich insoferne befreiend, daß er uns in allem Vergänglichen das Vorübergehende bewußt macht und selbst das Erhabenste relativiert, da auch dieses letztlich nur ein bestimmter Zustand in einem ewigen Entwicklungsgang ist. In seiner exkarnierenden Wirksamkeit allerdings sieht sich die Merkurkraft von der «inneren Sonne» – dem *Ich* – begleitet, und holt sich, zielgerichtet, aus dem ewigen Wechsel die «Essenz» heraus; oder im Sinne der «Stimmung» gesprochen: sein Durchströmen ist von «Sinngewalt» erfüllt.

Es mag die Merkur-Mondenfunktion (Sekund-Septim-Spannung) des Tonwertes dis sein, die Entscheidendes zu der nicht ganz einheitlichen Charakteristik von E-Dur beiträgt. So lesen wir z. B. bei Mattheson, daß für ihn E-Dur etwas *«Verzweiflungsvolles»* ausdrücke, ja sogar *«tödliche Traurigkeit»*, und daß es für *«extrem-verliebte, hülf- und hoffnungslose Sachen am bequemsten sei»*, andererseits jedoch auch *«bei gewissen Umständen etwas Schneidendes, Scheidendes, Leidendes und Durchdringendes»* hätte, *«daß es mit nichts als einer fatalen Trennung des Leibes und der Seele verglichen werden mag».*[1] Hennig dagegen empfindet E-Dur als *«heiter und ungemein hell».* Merkur, von dem wir bereits hörten, daß er nicht allein nur der Götterbote und Todesverkünder war, sondern auch als Gott der «Diebe und Händler» galt, mag auch in dieser Doppelfunktion einer nie ruhenden Sekund-Dynamik und schmachtender Septimen-Sehnsucht als liebenswerter Schelm am Werk sein, und die ganze Lebensfülle – nicht ohne Humor – als wesenhaft in der Seele erfühlen lassen. Jedenfalls ist es eigenartig, zu welch ganz verschiedenen Urteilen die Betrachter kommen. Doch fanden in den angeführten Beispielen diese Unterschiedlichkeiten durchaus ihren Niederschlag. Jeder einzelne Betrachter empfindet eben jenes Merkmal als das hervorstechendste, wozu er selbst die größte Affinität besitzt. Daher kann nur eine umfassende Sicht dieses Rätsel erhellen. Die Tierkreissphäre stellt dieses Umgreifende dar, in der sich alle Eigenschaften und Stimmungsnuancen wie in einem Brennpunkt sammeln und konzentrieren.

Der exkarnierende Marston cis spricht vom *«wollenden Seinentschluß».* Der in sich gegründete Marswert steht hier als Sexte und erfüllt die «Weltenseele», die kosmische Innerlichkeit mit seinem Willen zum Sonnenwort. Die «Sinngewalt», die alles durchströmt, ist aufgenommen in den Willen des gesamten Universums.

Jupiter spricht vom *«strömenden Lebensschein»;* auch er stellt sich somit ganz in den Dienst des Sonnenwortes. Der Sinngehalt, der alles Gewordene durchströmt, im Fühlen wesenhaft erlebt wird und als Wille das Universum durchstrahlt, soll an diesem dreifach-gegliederten Leben aufscheinen und sich als alles durchdringende göttliche Innerlichkeit manifestieren. Der Tonwert Jupiters ist hier Grundton. Auf seinem Wort baut sich die Tonleiter auf. Sein ihm ureigenes Wesenelement aber ist die Terz, ist Innerlichkeit. So erfüllt er, der Weisheitsträger, in schönster Weise das lebendige Aufscheinen der «Sinngewalt», die das gewordene Weltensein durchströmt.

Was uns die Planetenworte bisher verkündet haben, das völlige Durchdrungen-Werden mit den Sonnenkräften, stellt in seiner Verwirklichung einen Reifungsprozeß dar, der sich sowohl in der Natur, wie in der Menschenseele vollzieht. In der Natur als Voraussetzung eines nahenden Erntesegens; in der Menschenseele als ein Finden und Erkennen des Weltenwortes im eigenen Ich. Kein Reifungsprozeß auf Erden aber vollzieht sich ohne Schmerzerlebnis. Von diesem Durch-das-Leid-hindurchgehen-Müssen spricht Saturn: *In waltender Erdenpein.»* Der

Saturnton ist hier Terz, und sie verleiht dem E-Dur leidvoll-verinnerlichten Charakter, wie er uns aus manchem Schubert-Melos entgegentönen wird, und wie ihn Mattheson als *«Verzweiflungsvolles»* dieser Harmonie abgelauscht hat.

Schließlich ist es der Mond, der dem Sonnenwort noch einmal mächtigen Impuls verleiht: *«Mit Sinngewalt erstehe».* Der Mondenton h ist in E-Dur Quinte, steht also in unmittelbarster Nachbarschaft zum Tonwert der Sonne (Quart); beide bilden sie die «Mitte» innerhalb der Tonleiter, die Schwelle zwischen Prim und Oktav. Eine Stellung, die dem Sonnenwort und seinem gleichgesinnten Mondgefährten kein Hindernis im Austausch zwischen Geistigem und Sinnlichem entgegensetzt.

Kaum in einer der bisher betrachteten Tonarten konnten wir die Macht der Sonne so ausgeprägt und alle anderen Sphären durchdringend erleben, wie hier im «Löwen». In ihm findet die Sonne ja auch ihr «Haus». Was die urbildliche Symbol-Gebärde des Löwen betrifft, so stellt er sich selber dadurch dar, *«daß bei ihm das Herz besonders ausgebildet ist.»*[2] Die Stärke des Löwen als *Tier* beruht auf der Vollkommenheit seines rhythmischen Systems, in der völligen Ausgewogenheit von Atmung und Blutzirkulation. In der menschlichen Organisation ist es eben das Herz, das seine Bildung den kosmischen Löwenkräften verdankt. Und die Sonne, deren Wesen am reinsten zur Wirkung kommt, wenn sie im Zeichen des Löwen steht, darf das Herz der Welt genannt werden, weil sie die Kräfte der oberen und unteren Planeten zu einem ähnlichen harmonischen Ausgleich bringt, wie das menschliche Herz es in bezug auf die oberen und unteren Regionen des Organismus vollzieht. *Aur* heißt das Licht und *Ao(u)rta* ist das große Herzgefäß, welches das Blut in weiten Verzweigungen dem Körper zuströmen läßt.

In dem Urwort «Aur» liegt aber viel Umfassenderes, als die bloße Tatsache des «Im-Lichte-Sein». «Au» ist der Sonnen-Vokal, der die Mitte hält zwischen A und U, wie das Herz sie hält zwischen dem oberen und unteren Organismus. Der Konsonant «R» aber weist auf das Strahlende; radiare (lat.) = strahlen. «Aurum, Aura, Aurora» – «Gold, Morgenluft, Morgenröte» – eine ganze Welt von Sonnengold eröffnet sich unseren Blicken. In dem «Aur» liegt *das Mysterium der Weltoffenbarung»*[3], d. h. die Möglichkeit aller Sinnes-*wahr*-nehmung; gemeint als das Innewerden von etwas, das außer uns ist und doch zugleich in uns gefunden werden kann: das *«Weltenwort, das ich durch Sinnestore in Seelengründe durfte führen»*, wie es im Wochenspruch heißt.

«Ahura Mazda, Ormuzd, das große Sonnenwesen, deutet auf jene Kraft, die durch die Sonne der Erde zuströmt, aber nicht Licht im physikalischen Sinne ist, sondern des Ur-Lichtes Offenbarung, im Bewußtsein erlebte Helligkeit ist, in der erst die Welt und nicht zuletzt die Sonne selbst als Himmelskörper sichtbar wird.»[3]

Dies alles liegt in der zweifachen Bedeutung des Sonnenwortes «Sinngewalt» verborgen, und auch unser E-Dur ist in diese geistigen Zusammenhänge mit eingebunden. Wenn wir diese Harmonie daher als das «Herz» des Quintenkreises bezeichnen, als dessen «tönende Sonne», dürfte sich nach all dem Gesagten darüber kaum Widerspruch erheben. Wie die Sonne die äußere Natur erhellt und erwärmt, und gleichermaßen als «innere Sonne», als Ich unsere Seele erfüllt und durchlichtet, so wird uns auch E-Dur das Innen und Außen mit Lebendigkeit, Innigkeit und Lebenswärme in seinen Klangbildern erstehen lassen.

Wenn wir bei unserer Betrachtung den Ausgangspunkt bei Bach nehmen, so bedeutet dies ja auch in gewisser Weise ein Zurückgreifen auf ein «Urlicht». In der Fuge Bachs haben wir in erster Linie eine musikalische Architektur zu sehen. Das Fugenthema ist ein Baustein, dem es nicht um Wohlklang oder Empfindungsreichtum geht, sondern um den reinen Geistgehalt, der hinter allem Menschenleben steht, der alle Möglichkeiten einer spezifischen Entwicklung zwar in sich birgt, ohne sich jedoch für eine spezielle festzulegen. So klingt in den Präludien und Fugen des «Wohltemperierten Klaviers» zwar das Tonartliche stets an, aber immer als ein Erahnen aller immanenten Möglichkeiten, nie als spezifisch-ausgeprägte Gestaltung.

Hugo Riemanns einleitende Betrachtung zur Analyse des E-Dur-Präludiums mag subjektiv gesehen sein, über den tonartlichen Gehalt läßt sie jedoch keinen Zweifel.

«Ich weiß nicht, ob die Ästhetiker sich darüber wirklich einig sind, daß E-Dur speziell die Tonart des satten Grüns, des voll entwickelten Frühlings ist .... Wie Zweige in jungem Laubschmuck schwanken die leichten Arpeggien-Triolen mit ihrer zierlichen Spitzenbewegung (wie von weichem Lufthauch gekräuselt) und den wohligen Trillerchen der sich in ihnen bergenden gefiederten Sänger, darunter aber wohnt die Ruhe (liegender Baß und langsam dahingleitende Mittelstimme).»[4]

Riemanns *«vollentwickelter Frühling»* entspricht als Charakter-Symbol wohl nicht ganz dem hochsommerlichen Sinngehalt von E-Dur, allein die Tatsache, daß sich das Präludium in der zweiten Hälfte größtenteils in einem *«taufrischen A-Dur»*[4] – der Unterdominante – bewegt, mag den Brückenschlag vom vollentwickelten Frühling zum reifen Sommer nicht widerspruchsvoll erscheinen lassen.

Auch die Fuge ordnet Riemann in bezug auf ihren Stimmungsgehalt dem Frühling zu. Etwas von *«Wanderlust, wie sie zur Lenzesstimmung der Tonart paßt»*[4] will er in ihr entdeckt haben.

In dem energischen Ansatz des kurzen Themas sieht er «*nicht stillzufriedenen Genuß*», sondern «*Entschluß*»[4], d. h. eine aus sich selbst heraustretende Tatkraft. Dieser «*wollende Seinentschluß*» wird besonders deutlich, wenn der «comes» (die Gegenstimme) das Thema übernimmt und den Marston cis zum Kern der Melodik macht. Wenn dann im 5. Takt über fließend dahineilenden Sechzehntel die Oberdominant-Harmonie in leichten, unbeschwerten Sext- und Quintfolgen den Wiedereintritt des Themas in hoher Lage vorbereitet, meint Riemann, daß dieses «*jubelnde Anstimmen*» des Themas im Sopran «*die Herzen weit*»[4] machen würde.

Ohne Zweifel läßt uns bereits Bach die Schönheit, «*das Warm-Leuchtende*»[5] in der strengen Fugenform erleben. Diese leuchtende Innerlichkeit, von der E-Dur kündet, erfüllt die Natur gleichermaßen wie die Menschenseele, wenn die Sonne im Zeichen des Löwen steht. Nehmen wir in unserer Betrachtung den Ausgangspunkt von der Naturstimmung, wie sie E-Dur so einzigartig empfinden läßt.

In Edvard *Griegs* «Morgenstimmung» aus der Peer Gynt-Musik spricht diese warme Innerlichkeit mit dem Eos-haften Glanz des Erwachens. Doch stelle man diesem E-Dur ein pastorales F-Dur an die Seite, wie es uns z. B. im letzten Satz von Beethovens VI. Symphonie entgegentönt, das als «Hirtengesang» von ähnlichen Empfindungsgehalten wie das Grieg-Thema spricht. Auch diese Töne künden von dem neu erstandenen Sonnenlicht nach Gewitter und Sturm; auch ihre Melodik beschränkt sich auf sanfte Dreiklangs-Zerlegungen. Doch unschwer wird man die Verinnerlichung empfinden können, die der Naturstimmung in E-Dur beigegeben ist.

Stets wird hier ein Seelisches mitschwingen, ein Naturempfinden, das gleichsam von innen nach außen geht. In E-Dur spricht immer die Seele von dem Gleichklang der Stimmung, die sie mit der Natur draußen erlebt. In F-Dur dagegen ist es die Natur selbst, die uns ihre erste Frühlingsbotschaft zuraunt (s. S. 298).

In Rudolf Steiners «Seelenkalender» wird diese Unterschiedlichkeit deutlich angesprochen. Im «Löwen» spricht das «*Weltenwort*», das der Mensch in «*seine Seelengründe*» führen und aufnehmen durfte. In den «Fischen» ist es «*des Weltendaseins Werdelust*», die, «*machtvoll sich offenbarend*», zum Ich des Menschen

Allegretto. (♩.=60.) Frohe und dankbare Gefühle nach dem Sturm.

spricht. Das Naturerlebnis in E-Dur ist von der Seeleninnerlichkeit nicht zu trennen, denn das schöpferische Weltenwort hat Einzug gehalten in diese Innerlichkeit, das Ahnen des Gleichklanges von «drinnen» und «draußen» ist schon zu stark erfüllt, als daß sich die Seele noch als reiner Betrachter der Natur gegenüberstellen könnte.

Darin liegt auch der Grund, warum E-Dur so gerne mit seinem Naturerlebnis die Märchenpoesie einer Nixen- und Elfenwelt verbindet. Der Gleichklang von «innen» und «außen» hebt ein wenig den Sinnenschleier, der über das «gewordene Weltensein» gebreitet ist, und läßt uns die *lebendige* Natur, die «natura naturans» mit all ihrem geheimnisvollen Zauber ätherischer Wesenheiten erfühlen. *Mendelssohn* bringt uns dies in seiner zart gewobenen «Sommernachtstraum-Musik» nahe. Ein leicht bewegtes, in Sechzehntelrhythmen dahinschwebendes Tetrachord (anfänglich in Moll, später in Dur), das den Elfentanz symbolisiert, ist das Grundmotiv der Ouverture, und durchzieht auch als «idee fixe», als eine Art Leitmotivik die viel später geschriebene Bühnenmusik. Zelter hat das Thema mit Mückenschwärmen verglichen.

Auch im letzten Satz seines e-Moll-Violinkonzertes scheinen sich die Wichtelmänner zu tummeln und die «Pucks» ihre Kapriolen zu schlagen.

Nixenzauber ebenso in Robert *Schumanns* «Waldesgespräch», nach einem Gedicht von Eichendorff, dessen Originaltonart E-Dur ist. Geheimnisvolles und Unheimliches birgt die Natur für den Romantiker und verfließt seltsam mit dem Menschenleben und Menschenschicksal. Und das Unfaßbare dieser Bindungen gerinnt zu Musik

> «Es ist schon spät, es ist schon kalt,
> Was reit'st du einsam durch den Wald?
> Der Wald ist lang, du bist allein,
> Du schöne Braut! ich führ' dich heim.»

Die «schöne Braut» aber ist die «Hexe Loreley», die den einsamen Wanderer in ihren Bann zieht und ihn nicht mehr aus «diesem Wald» läßt.

Auch Richard *Wagner* hebt den Schleier von dem Geheimnis der Natur und läßt uns mit «Siegfried» hineinlauschen in ihr Ätherweben, wenn den Helden das Rauschen des Waldes umweht, und sich aus dem rätselvollen Raunen der Gesang des Waldvogels immer deutlicher und eindringlicher heraushebt:

Dem Sinnenden wird hier Botschaft aus der Welt der Sylphen zuteil, jener Elementargeister, die in einer bestimmten Beziehung zu den Wesenheiten der höchsten Hierarchien stehen, die in dem der Astralsphäre verbundenen *Luft*-Element ihre Verkörperung finden, und von denen Rudolf Steiner einmal gesagt hat, daß sie die *«Trägerinnen der kosmischen Liebe durch den Luftraum»*[5] sind. Indem Sieg-

fried von dieser Liebessphäre in ihr kosmisches Weben immer mehr und mehr
aufgenommen wird, öffnen sich ihm die Geheimnisse der eigenen Seele.

Ist es hier noch mehr die dem Tage verbundene, dem A-Dur nahestehende
Seite von E, so erleben wir in den «Meistersingern» den Zauber der Sommernacht, in dem sich E-Dur innig mit seiner Oberdominant-Harmonie – H-Dur –
verbindet und jenes wunderbare gold- und silberschimmernde tönende Liniengewebe
webe wirkt, das die Johannisnacht zu flechten weiß:

> «Ein Kobold half wohl da!
> Ein Glühwurm fand sein Weibchen nicht ...»

Von leisen Harfenakkorden umglitzert, klingt im «Dolcissimo» der Geigen in
H-Dur der Zauber dieses Sommernachtstraumes auf, um nach einem prachtvollen Farbenwechsel von H nach As (in welchem wir eigentlich ein ganz ätherisches
Gis-Dur heraushören dürfen), in das innige Leuchten von E-Dur hinüberzuflie-
ßen:

> «Der Flieder war's – Johannisnacht».

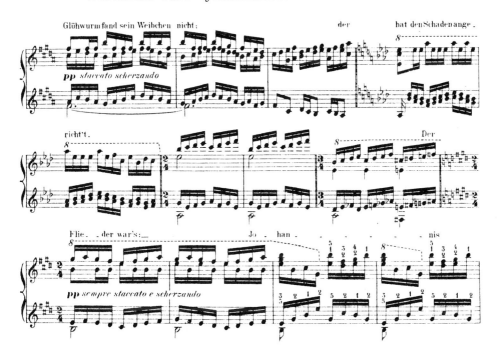

Das «Prügelmotiv» des zweiten Aktes entschwebt in immer hauchzarteren Tönen
der Holzbläser wie ein Elfentraum.

Ist es bei Wagner die Elfen- und Sylphenwelt, die uns aus dem E-Dur heraustönt, so hat Carl Maria *v. Weber* in seinem «Oberon» den Nixengesang in die
Klangaura der Löwe-Harmonie gehüllt und uns damit abermals ein Zeugnis geliefert, wie eng diese Tonart mit der Märchenpoesie verbunden ist.

«Leise verschwand nun der Sonnenschein,
Und sich die Sterne dort oben reih'n …»

Wir nennen es das «romantische Weltgefühl», das uns diesen geheimnisvollen
Zauber der Elementarwelt und ihrer nächtlichen Tiefen zu erschließen weiß, und
das die Menschenseele mit der Weltenseele in so inniger Weise miteinander verschmelzen läßt.

Robert *Schumanns* «Mondnacht», gleich dem «Waldesgespräch» aus dem
Eichendorff-Zyklus, gehört wohl zu den herrlichsten Zeugnissen des Verwebens
von Natur, Poesie und Musik, das uns ganz tief hineinhorchen läßt in das kosmische Wesen von E-Dur.

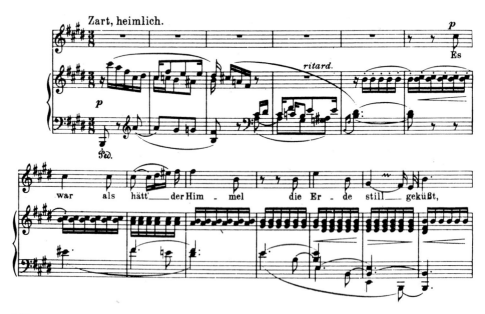

Man hat die Anfangsstimmung des Liedes, die sich gleich mit dem ersten Takt ausbreitet, wiederholt als impressionistisch charakterisiert. Wohl zu Recht, wenn man dieses nächtlich-silbrige Schimmern und Glitzern der kleinen Sekund mit ihrer raunenden Heimlichkeit erlebt, zu der sich Mars- und Mondenton im sechsten und siebenten Takt vereinen. Wie seelenwarm auch das Melisma, das sich um die Worte: «still geküßt» schmiegt, und damit die «Werdepein» des Saturnwertes (gis) mildernd mit einbezieht in diese geheimnisvolle Berührung von Himmel und Erde.

Der Mondenton h ist es auch, der durch seine Überbetonung als liegende Stimme in der Begleitung, die in ihm webende Sehnsucht gleichsam zu einem Sprungbrett verdichtet, von dem sich die Seele abhebt, um in ihr wahres «Zu-Hause» emporzuschweben. Wunderschön, wie der Jupiterton e das Ausbreiten der Flügel malt, und der Venusklang fis mit voller Harmonie den Höhenflug umstrahlt.

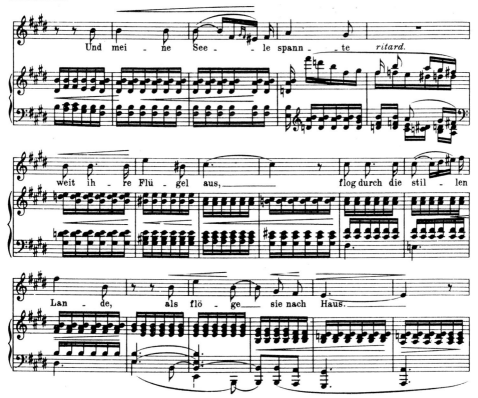

Am Ende des Liedes spricht nur noch die Seele; da ist stillste Einkehr in sich selbst, Lebensruhe und Erfüllung im Wissen um das untrennbare Band zwischen Mensch und Gott:

> «Und meine Seele spannte weit ihre Flügel aus,
> Flog durch die stillen Lande, als flöge sie nach Haus.»

Auch Carl Maria *v. Weber* weiß um diesen Zauber der «Mondnacht», in der sich die Seele dem Höheren öffnet und zu Andacht und Frömmigkeit erweckt wird. Agathe legt dafür im «Freischütz» in ihrer großen Szene ein poesievolles Zeugnis ab:

Die Melodik des Gebetes kreist zu Beginn um die Saturn-Mondenterz (gis–h), frommer Ausdruck des Glaubens an den *«Sinn»* aller Ängste, Ahnungen und Bangigkeiten, kurz: aller *«waltenden Werdepein»*. Im Aufblicken zu den «Sternenkreisen» schwingt sich der Ambitus des Melos bis zum Venuston fis empor, um ihn bei den Worten «erschalle» und «walle» zum Ziel- und Ruhepunkt der anschließenden kurzen Motivphrase zu machen; so, als würde seine Sternenkraft hineingenommen in die Seele des Liedes.

Über *Chopins* Prélude scheint ein Schleier gebreitet, der mit seiner suchenden, weitschweifenden Harmonik von Wehmut, aber nicht von jener Ruhe und Erfüllung spricht, die uns in den bisherigen Beispielen begegnete. Vielleicht ist es das Sonnenlicht, das den Sommernachtstraum seines E-Dur zu stark durchglüht? Oder spricht daraus das «scheidende», «leidende» E-Dur Matthesons, das mit nichts «als einer fatalen Trennung des Leibes und der Seele verglichen werden mag»?

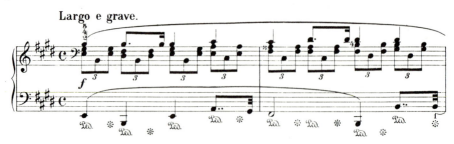

In seiner berühmten E-Dur-Etüde jedoch ist auch Chopin der Friede eines Sommernachtstraumes beschieden worden, und ließ ihn ein Stück schreiben, das zu einem der schönsten und tonartlich echtesten Klangzeugnissen von E-Dur zählt.

«Die warmleuchtende Schönheit von E-Dur durchdringt und überwindet da ganz die sonst übliche Trockenheit der Etüdenform»[6], schreibt Hermann Beckh. Es ist die Offenbarung eines Melos, das nicht nur die Menschenbrust beseelt, sondern als verzaubertes Lied auch in allen Dingen, einer aus göttlicher Liebe geschaffenen Welt ruht. Wir dürfen dabei an Eichendorffs wundervolle Verse denken:

> *«Schläft ein Lied in allen Dingen,*
> *Die da träumen fort und fort,*
> *Und die Welt hebt an zu singen,*
> *Triffst du nur das Zauberwort.»*
> *(Aus dem «Sängerleben»)*

Auch dem Genius Chopins hat sich dieses Lied als reinstes E-Dur erschlossen.

Die Herzenswärme, die uns aus all diesen E-Dur-Gesängen entgegentönt, erfließt aus der Strahlung des göttlichen Urlichtes, dem die Löwe-Sphäre so innig verbunden ist. Darin liegt ein gravierender Unterschied zur Lichtfülle von A-Dur. Mit der «Sinngewalt» des aus dem «Löwen» strahlenden Sonnenlichtes, betreten wir eine Ebene, wo wir Licht und Wärme von ihrem esoterischen Wesensgehalt her verstehen müssen. Einer exoterischen Naturbetrachtung bedeutet Wärme eine bestimmte Eigenschaft der Dinge. Sie erfließt, ganz allgemein gesprochen, aus dem Kontingent der in der Welt tätigen Energien. Energien strömen zu allen Teilen des Kosmos, umspülen sie, erwärmen, verbinden und halten sie zusammen, gleichwie die Liebe Menschenseelen erwärmt, verbindet und zusammenhält. Es ist die große Erkenntnis, die Faust auf seine brennende Frage, was die Welt «*im Innersten zusammenhält*», gewinnt. Der «erhab'ne Geist», waltender Hüter der Elementenwelt, läßt sie ihm als Selbsterlebnis in der herrlichen Szene «Wald und Höhle» zuteil werden: *Liebe* ist die Kraft, die diese Welt im Innersten zusammenhält.

Physik und Chemie sprechen von der «Lebenswärme» als von einem energetischen Verbrennungsprozeß der organischen Substanzen. Würden wir diesen langsam vor sich gehenden Prozeß gleichsam mit einem Zeitraffer beobachten, «*dann würden wir an Stelle jedes Lebewesens ein Flämmchen sehen — ein loderndes Flämmchen, an dem sich im kleinen das biblische Wunder des brennenden Dornbusches wiederholt, das Wunder, daß sich in diesem Feuer die lebende Form nicht verzehrt, sondern im Gegenteil sich in ihrer wahren Natur erst durch diese Flamme offenbart.*»[3] Daher Goethes wunderbare Wortprägung bei der Schilderung von Ledas Schwanenhochzeit im zweiten Teil des «Faust»:

> «*Sie setzt den Fuß in das durchsichtige Helle;*
> *Des edlen Körpers holde Lebensflamme*
> *Kühlt sich im schmiegsamen Kristall der Welle. —*»
> *(II., Laboratorium)*

Und könnten wir diesen Feuer-Prozeß durch eine Zeitlupe anschauen, einem «Zeit-Dehner», der freilich über alle uns zugänglichen optischen Geräte hinausgeht, dann würden sich diese äußerst verlangsamten Wärme-Schwingungen «*als Töne und schließlich als Zahlen*»[3] offenbaren. Wir hätten damit die Bildekräfte des Klang-, Zahlen- oder Chemischen Äthers erschaut. Und all diese Flammen und Flämmchen, Töne und Schwingungsintensitäten sind Ausdruck «*der unfaßbar gewaltigen Lebenssymphonie des Alls*»[3], als deren Repräsentantin wir die Sonne sehen dürfen, die uns diese Stufenfolge von Licht, Wärme und sphärenharmonikalen Tönen beschert, auch im Sinne des Wortes Goethes:

> «*Die Sonne tönt nach alter Weise*
> *In Brudersphären Wettgesang.*»
> *(Faust, Prolog im Himmel)*

Ein E-Dur, das uns dieses tönende Licht in seiner ganzen Majestät erleben läßt, hören wir zu Beginn von Anton *Bruckners* VII. Symphonie. «*Voll überirdischen, urweltlichen Prangens*»[7] steigt das Thema aus den Naturtönen der Löwe-Harmonie im durchglühten, satten Glanz der Celli und Hörner empor, mit einer Einzigartigkeit, als würde dieses E-Dur zum ersten Male in der Musik aufleuchten.

Bruckners Handschrift ist nicht zu verkennen:

«Schon im Erstehen aus der Urerregung eines Tremolos, in der schöpferischen Ausbreitung der Klangatmosphäre, die das erste Werdewunder der tiefen Streichermelodie zitternd, stimmungsheiß umhüllt; dann in deren Aufsteigen aus den breitentfalteten Urtönen des Dreiklangs und im hochragenden Anschwung; ganz unverkennbar aber gleich von diesem aus im ersten Abbiegen zu neuem Ansatz: mitten aus dem ersten Erglänzen eine Wendung des Erschauerns, das Verblassen ins C-Dur (7. Takt), und im Auswellen dieser ersten Liniensenkung gleich wieder das Einfließen des ursprünglichen Tonartslichtes. Und noch mehr: kaum daß sich der erste geschlossene Teilbogen von neun Melodietakten (im 11. Takt vom Anfang) schließt und zu kurz ausatmenden Stillstand senkt, so glühen die Klänge noch heißer auf, in satter Mediantenwendung zu einem Gis-Dur-Akkord, der neue Triebe der Melodie wachruft, neue hochaufschlagende Wellen.»[7]

Von kosmischer Sicht her ist der ungeheure Aufstieg zum Mondenton h im dritten Takt festzuhalten, der diese «schöpferische Ausbreitung der Klangatmosphäre» mit der Macht seines Wortes durchdringt: *«Mit Sinngewalt erstehe!»*. Gleichermaßen ist auf den Saturnwert gis zu verweisen, der nicht nur Gipfelpunkt des Melos ist, sondern auch mit kraftvoller Harmonie in die Raumesweiten greift.

Da nun diese «Lebenssymphonie des Alls», wie sie Bruckner so überwältigend in ein Klangbild zu prägen wußte, nicht als tote Substantialität zu denken ist, sondern getragen wird von einer unübersehbaren Zahl elementarischer und hierarchischer Wesenheiten, kann es auch nicht verwundern, daß die Sonnen-Harmonie von E-Dur von den Meistern als der ihr gemäße sphärenharmonikale Ausdruck empfunden wurde.

Nun sind wir ja alle als kleine Sonnenflämmchen von diesen Brudersphären umgriffen, sind mit dem Eigenlicht, der Eigenwärme und dem Eigenton unseres Ich in diese Lebenssymphonie eingebettet, sind des Urlichtes – *Aur* – teilhaftig. Und indem wir dieses Wissen zu unserer Lebensgesinnung machen, verstehen wir die Wesenstiefen der Löwe-Strahlung.

Wie die Sonne der König ist im Planetensystem, das Herz als Sonne des organischen Lebens in unserer Leiblichkeit angesehen werden darf, so gebührt auch dem Löwe-Zeichen dieser Titel innerhalb des Zodiakus. Der König im Märchen symbolisiert den Menschen in seiner höchsten Würde. Hüter dieser Würde zu sein ist das dringlichste Anliegen des hochentwickelten Löwe-Menschen. Schillers Wort an die Künstler: *«Der Menschheit Würde ist in eure Hand gegeben»*, kann als Leitwort der hohen Löwe-Strahlung angesehen werden. Von dieser Warte her müssen die Eigenschaften des Löwe-Geborenen verstanden werden. Aus der Sonnennatur erfließt seine Freude am Dasein, seine optimistische, fast elementar zu nennende Lebenskraft. Auch der Löwe-Mensch sieht sich gern in Gesellschaft; doch sucht er seine Mitmenschen nicht, um sich – wie der Krebs-Mensch – mit einer schützenden Seelenhülle zu umgeben; dazu ist das Gefühl seines Eigenwertes, sein Selbstbewußtsein in einem viel zu hohem Maße ausgeprägt. Er sucht vielmehr seine Mitmenschen, weil er sie gerne beglücken, teilnehmen lassen will an seiner Lebensfreude, ihnen etwas von seiner Sonnennatur mitteilen möchte. Es sind reine Herzenskräfte, verbunden mit einem unbewußten Gottvertrauen, daß sich alles zum Guten wenden müsse, die den Löwe-Menschen leiten, und auf seine Umgebung echte Liebeskräfte ausstrahlen lassen. Die Schöpfung hat den Menschen zum Menschen «bestimmt», und diese Bestimmung legt ihm einen Adel auf, der verpflichtet: die Pflicht, unser besseres Selbst, dem dieser Adel einverwoben ist, von der «Gewalt, die alle Wesen bindet», zu befreien. Die Botschaft von dieser Befreiung unseres kreatürlichen Selbst durch unser göttliches, das aber in Wahrheit unser eigentlich menschliches Selbst ist, hat *Goethe* am Ende seiner «Novelle» in die herrlichen Verse gekleidet:

> *«Denn der Ew'ge herrscht auf Erden,*
> *Über Meere herrscht sein Blick;*
> *Löwen sollen Lämmer werden,*
> *Und die Welle schwankt zurück;*
> *Blankes Schwert erstarrt im Hiebe;*
> *Glaub' und Hoffnung sind erfüllt;*
> *Wundertätig ist die Liebe,*
> *Die sich im Gebet enthüllt.»*

Der entlaufene Löwe, wird durch das Flötenspiel des Knaben zurückgebracht: *«Ist es möglich zu denken, daß man in den Zügen eines so grimmigen Geschöpfes, des Tyrannen der Wälder, des Despoten des Tierreiches, einen Ausdruck von Freundlichkeit, von dankbarer Zufriedenheit habe spüren können, so geschah es hier, und wirklich sah das Kind in seiner Verklärung aus wie ein mächtiger, siegreicher Überwinder, jener zwar nicht wie der Überwundene, denn seine Kraft blieb in ihm verborgen, aber doch wie der Gezähmte, wie der dem eigenen friedlichen Willen Anheimgegebene. Das Kind flötete und sang so weiter, nach seiner Art die Zeilen verschränkend und neue hinzufügend:*

> ‹*Und so geht mit guten Kindern*
> *Sel'ger Engel gern zu Rat,*
> *Böses Wollen zu verhindern,*
> *Zu befördern schöne Tat.*
> *So beschwören, fest zu bannen*
> *Liebem Sohn ans zarte Knie*
> *Ihm, des Waldes Hochtyrannen*
> *Frommer Sinn und Melodie.*›»

Diese aus dem göttlichen Urlicht erfließende Liebe, von der wir in der Johannes-Apokalypse lesen: «*Siehe, es hat überwunden der Löwe ...*», ist es auch, die unser E-Dur zur großen Liebestonart in der abendländischen Musik gemacht hat; zu einer geist- und seelengetragenen Liebe, jenseits aller Sinnesleidenschaften und Triebgewalten. Wo Johannes den «Löwen» schaute, steht das «Lamm», dem alle Kreatur, dem Himmel und Erde huldigt. Zahllose Zeugnisse finden sich in der Musikliteratur für dieses herzenskräftige, den Adel der Selbstlosigkeit in sich tragende E-Dur.

«In diesen heil'gen Hallen kennt man die Rache nicht», läßt *Mozart* seinen Sarastro, den großen Sonnen-Eingeweihten, verkünden: «Und ist ein Mensch gefallen, führt Liebe ihn zur Pflicht.»

«Die ganze Arie ist der künstlerische Widerhall, den das Evangelium der allgemeinen Menschlichkeit in Mozarts Herzen fand»[8], schreibt H. Abert in seiner Mozart-Biographie.

In ein E-Dur der Hoffnung und Zuversicht, daß das Gute über das Böse siegen wird, hüllt *Beethoven* seine Leonore, da sie entschlossen ist, Pizarros finsterem Frevel zu begegnen. Das Horn, Beethovens Seeleninstrument, begleitet diesen Entschluß und in einer herrlichen, unsagbar ergreifenden Melodie, die kaum ihresgleichen hat, singt Leonore ihre Bitte an die Hoffnung, den letzten Stern der Müden nicht erbleichen zu lassen.

Leonores Seelengröße, ihre Selbstbehauptung und Selbstverleugnung schwingt in diesem Melos –, ein klingendes Zeugnis von Liebe, Glaube und Hoffnung.

Und dann folgt das Allegro con brio, das den Sieg der Liebe und Treue voraus verkündet, und uns die Löwen-Harmonie auch als Helden-Tonalität erleben läßt. Wieder sind es die Hörner, die den E-Dur-Dreiklang in mutvollen Fanfarenstößen entfalten. Eine «edle Frau» ersingt sich neuen Mut zur letzten, entscheidenden Liebestat: «Ich folg' dem inner'n Triebe …, mich stärkt die Pflicht der treuen Gattenliebe!»

In kühnen Fanfarenklängen drängt das Allegro-Thema empor zur Oktav des Saturntones: *In waltender Werdepein»* – um sich mit gleicher Muteskraft eine Tredezim in die Tiefe zu stürzen und den mühevollen Aufstieg noch einmal zu ertrotzen; Ausdruck eines verinnerlichten Heroismus, wie ihn außer dem Dichter der «Eroica» kaum ein zweiter so ergreifend zu erzielen vermochte.

Hoffnung auf Erlösung durch das freie Liebesopfer erfüllt das E-Dur des großen Zwiegesangs zwischen Senta und dem «Holländer»:

Senta: «Was ist's, das mächtig in mir lebet?»

Holländer: «Du, Stern des Unheils, sollst erblassen, ...»

Die sich bald umschlingenden, bald voneinander lösenden Stimmen entzünden durch ihren mitreißenden Jubel auch das Orchester zum rauschenden Begleiter ihrer Freudenmelodie. Man höre auf das ausgeprägte Melisma bei Sentas Wort: «mächtig», ein prächtiges Klangbild für den «wollenden Seinentschluß» des Mars, der sie beseelt. Und gleichermaßen auch der kraftvoll-punktierte Aufschwung zum Venuston fis im nachfolgenden Takt. Ihr nunmehr bewußt ergriffenes Schicksal durchströmt mit «Sinngewalt gewordenes Weltensein.»

Ein «unvergängliches Denkmal der dramatischen Musik» nannte Franz Liszt die ergreifende Schönheit des Liebesgesanges Lohengrins und Elsas.

Der «Welt entronnen», wo kein «Lauscher» des «Herzens Grüßen» nahen darf, vollzieht sich in einem seligen E-Dur die Vermählung des Geistes mit der Seele. Und unerschöpflich scheint der Reichtum des Melos, mit dem *Wagner* diesem Augenblick Ewigkeit zu verleihen weiß.

Ein ebenso reines, fast möchte man sagen «keusches» E-Dur, das aber doch Ausdruck menschlichen Liebessehnens ist, wußte uns Giuseppe *Verdi* in dem großen Duett von Othello und Desdemona zu bescheren.

Es ist in dem breit-gedehnten Duett die einzige Stelle, an der E-Dur aufklingt. Und wie einzigartig Verdi das reine, vom Herzen getragene Liebeselement der Tonart empfunden hat, zeigt uns nicht nur dieses Erklingen, es erhellt sich auch aus der Tatsache, daß er dieses E-Dur am Schluß des Aktes, an der Stelle: «Venus

soll uns führen» hinübergeführt nach Des-Dur, in die Skorpion-Tonart, die das nunmehr aufflammende Verlangen wesensgemäßer zum Ausdruck bringt.

Von höchstem Liebesempfinden, von der Liebe des Göttlichen zum Menschen, kündet auch der Schluß der «Walküre». Wenn Brünnhilde bekennt, wie sie «scheu und staunend – in Scham» vor der Schicksalsnot des Wälsungenpaares stand, und nur *eines* empfinden konnte: «Sieg oder Tod mit Siegmund zu teilen», da tönt uns ein E-Dur entgegen, das mit seinen zweimaligen Septim-Schwüngen, zuerst zum Sonnenton a, dann zum Marston cis, eine unendliche Weite des Umfassens und des In-sich-Hineinnehmens empfinden läßt: das Wälsungenliebe-Thema, das hier Ausdruck höchster Entsagung höchsten göttlichen Liebesopfers ist.

> «Der diese Liebe mir ins Herz gehaucht,
> Dem Willen, der dem Wälsung mich gesellt,
> Ihm innig vertraut, trotzt' ich deinem Gebot.»

314

Dieses Gottesopfer sagt uns auch, daß wir in dem E-Dur des Schlusses der «Walküre» mit seiner «Feuerzauber-Motivik», nicht allein die luziferische «Waberlohe» zu sehen haben.

Diese bildet ja nur die Barriere, die unangefochten durchschritten werden muß, soll Brünnhilde – die «göttliche Ebenbildschaft» der eigenen Seele –, erweckt werden. Und dies ist auch das Anliegen des höheren Löwe-Menschen: Erlösung zu bringen jenen, die ihren Leidenschaften und Trieben ausgeliefert sind. Denn diese Unfreiheit des Wollens, die Trieb und Leidenschaft zwangsläufig bewirken, ist mit der «Würde» wahren Menschentums unvereinbar. Von der Wahrung der Menschenwürde aber hängt die Möglichkeit einer Höherentwicklung der Menschheit ab; und der Löwe-Mensch, so sagten wir, will der Hüter dieser Würde sein.

Die hier angeführten Beispiele aus der dramatischen Musikliteratur dürften unsere Einsicht in den Seelengehalt dieser Tonart so weit bestärkt haben, daß wir diese Liebesbotschaft ohne das bestätigende Wort nunmehr auch aus der reinen Instrumentalthematik werden heraushören können. In Chopins Etüden-Thema klang diese Seite von E-Dur ja bereits an.

«Gesangvoll, mit innigster Empfindung» lautet *Beethovens* Angabe zum letzten Satz seiner Sonate Opus 109. Die Grundgestalt des Themas – es handelt sich um einen Variationssatz – atmet tiefen, beglückenden Frieden. Zart schwellende Sehnsucht spricht aus dem wunderbaren Anstieg der Baßlinie, in den träumerisch seufzenden Achteln des Nachsatzes und dem verhauchenden Terzschluß der Melodie, klingt das Seelisch-Gefühlsmäßige von E-Dur in all seiner Schönheit und Herzenswärme an.

Auch den E-Dur-Satz von Franz *Schuberts* «Unvollendeter» erfüllt lichtvolle Stimmung; auch er führt uns, wie Walter Dahms schreibt *«in ätherische Höhen, wo nur noch Schönheit ist und Liebe.»*[9] Die mild-besonnte Stimmung des Satzes befreit von aller drückenden, leidvollen Tragik des Fatums, die dem Meister auferlegt war und die im ersten Satz der Symphonie ihren erschütternden Ausdruck erhielt. Ein klingendes Zeugnis für Schuberts trostspendendes Verstehen und Mitempfinden menschlichen Seelenleides. Schreibt er doch am 27. März 1824 in sein Tagebuch:

«Keiner, der den Schmerz des Andern, und Keiner, der die Freude des Andern versteht! Man glaubt immer zu einander zu gehen und man geht immer nur neben-einander. O Qual für den, der dies erkennt!»[9]

Muß uns angesichts dieses Selbstzeugnisses der zweifache Sekundschritt des Themenbeginnes nicht an die Worte Rudolf Steiners über das «absolute» Sekunderlebnis gemahnen?:

«Wenn wir dann durch die Sekund wie durch ein Fenster hineinsteigen aus der physischen Welt in die spirituelle Welt, werden wir empfinden so, wie wenn es drüben in der geistig-spirituellen Welt Mächte gäbe, die sich gleichsam unserer Schwachheit erbarmen ...»

Johannes *Brahms* hat den langsamen Satz seiner I. Symphonie in ein E-Dur gestellt, das nur im Rückblick auf den herben Trotz, die an Hebbel gemahnende dämonische Leidenschaft des ersten c-Moll-Satzes zu verstehen ist. Wie es das Anliegen der Löwe-Natur ist, teilnehmen zu lassen an der eigenen Sonnennatur, die Freudlosen, von Leid und Trauer Heimgesuchten durch Lebensmut wieder aufzurichten, wie es die Kraft der wärmenden leuchtenden Strahlen der Sonne vermögen, so wärmt und besonnt auch dieses E-Dur, trotz einer gewissen Resignation, die darin mitschwingen mag und die ein Widerhall des Rückblicks auf den Schicksalskampf des ersten Satzes ist. Brahms hat dies deutlich aufgezeigt, indem er in die melodische Linie des Hauptthemas im 4. und 5. Takt das chromatische «Schicksals-Motiv» des ersten Satzes miteinverwoben hat.

316

Das weitere Erblühen aber des Melos läßt die nachwirkenden Schauer des c-Moll-Satzes hinter sich, und schwingt sich voll Liebessehnen zu lichtesten Höhen empor. Wir könnten dabei an eine Gedicht-Strophe Theodor Storms denken, der, neben Hebbel, so oft an Brahms' Seite stand.

«Noch einmal schauert leise
Und schweiget dann der Wind,
Vernehmlich werden die Stimmen,
Die über der Tiefe sind.»
(Meeresstrand)

Gleichermaßen weiß Franz *Liszt* in seiner symphonischen Dichtung «Les Préludes» von einem E-Dur voll Liebe und Sehnsucht zu singen.

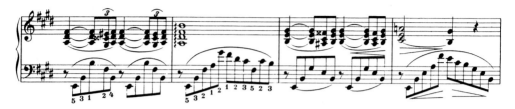

Ein Thema, in dem die «Stimme des Lebens», die «Tröstungen der Natur», «Frühling und Liebe» aufklingen, um allen Bedrängten wieder Freude zum Dasein zu verleihen. Gedanken, zu denen Liszt durch den Dichter Lamartine angeregt worden ist, und die von ihm tief empfunden, mit dem Sehnsuchtsgehalt von E-Dur verbunden wurden.

Wie bei allen Tierkreisstrahlungen, droht natürlich auch dem Löwe-Menschen ein Abrutschen ins Niedere, Egoistische. Rudolf Steiner hat in dem bereits erwähnten Vortragszyklus die Kraft des Löwen mit den Worten charakterisiert:

> *«Lerne mein Wesen erkennen!*
> *Ich gebe dir die Kraft,*
> *Im Schein des Luftkreises*
> *Das Weltenall zu verkörpern.»*[5]

Dieses «Schaffen» im Luftkreis, d. h. in der astralen Sphäre des Fühlens, kann auch zum «Lockruf» werden; nämlich zu dem verführerischen Bestreben, jene Wechselbeziehung von Atmungs- und Zirkulationsrhythmus, jenes innere «Äquilibrium» allein zu seinem eigenen Wohlergehen herzustellen. Dadurch aber *«würde beim Menschen ein solcher Egoismus über die Erdenzivilisation kommen, daß eigentlich jeder nur sich selbst leben wollte, daß kein Mensch sich auch kümmerte um etwas anderes als um das Wohlsein der Gegenwart.»*[5] Und dieser Gefahr unterliegt der niedere Löwe-Typus. Allein auf seine eigene Behaglichkeit und Daseinsfreudigkeit bedacht, meidet er die Gesellschaft Trauriger oder seelisch Gedrückter.

«Übersprudelnde Lebensfreude, Selbstbejahung, die Neigung, Düsterem und Häßlichem aus dem Wege zu gehen, verwandeln sich in Genußsucht, Jagd nach Vergnügen, verbunden mit der Neigung, sich allen beschwersamen Folgen der eigenen Handlungen zu entziehen, also vor allem Leichtsinn in allen Angelegenheiten des Lebens.»[3] Hier wird die Gefahr der dem «Löwen» entsprechenden Weltanschauung deutlich erkennbar. Der Löwe-Mensch ist von Natur aus «Sensualist», d. h. er ist begabt mit einem ursprünglichen kräftigen Empfindungs- und Gefühlsleben, mit einer gesunden Sinnlichkeit und mit sicheren Seeleninstinkten. Gerade dies aber kann dazu verleiten, ganz und gar im Empfindungsleben der sinnlichen Sensationen aufzugehen und sich darin zu begnügen. Man stellt keine Fragen mehr, die auf Höheres, Hintergründiges abzielen, das zu erforschen wäre; man ist *«von der Gewalt des Sinneseins der Empfindungselemente restlos durchdrungen»*[10], fasziniert und gebannt von allem, was die Sinne zu geben haben.

Dies fordert von uns die Frage heraus, ob die Eigenschaften dieses niederen Löwe-Typs auch auf tonalem Felde ihren Niederschlag finden? Direkter gefragt: gibt es in der Literatur auch ein E-Dur, das diese Neigung zu egoistischem Genie-

318

ßen, zur Sinnenlust erkennen läßt? Gewiß, solche Beispiele gibt es; die Meister haben sich nicht gescheut, die Löwe-Harmonie dort zu verwenden, wo das hohe Liebes-Ethos zu irdischer Genußsucht profaniert erscheint. Wobei ausdrücklich festzuhalten ist, daß es sich bei den von uns angeführten Beispielen nicht um ein oberflächliches Klanggekräusel handelt, um seichte Thematik, die sich mit dem klingenden Mantel eines E-Dur umhüllt, sondern um eine Thematik, die in bezug auf ihre rein musikalisch-künstlerische Substanz durchaus gegenüber den anderen E-Dur-Themen bestehen kann. Nicht um die musikalische Gestaltung als solche geht es uns, sondern um die Aussage, die durch sie getätigt wird.

So schildert uns Richard *Strauß* in der Einleitungsmusik zu seinem «Rosenkavalier» eine Liebesnacht, von der ganzen Leidenschaft erfüllt, die ein zum Manne erwachter Jüngling auszuleben vermag, und versagt sich nicht, die unseren Augen verborgene Szene mit hemmungslosen, plastisch-musikalischen Gebärden zu versinnlichen. Strauß hat ähnliche Musik bereits in «Feuersnot» und später auch im Vorspiel zum dritten Akt von «Arabella» komponiert. *«Aber das Vorspiel zum ‹Rosenkavalier› ist musikalisch die eindringlichste all dieser erotischen Schilderungen.»*[11] Die Bedeutung des, das Werk eröffnenden aufsteigenden Hornrufes, als Ausdruck männlichen Begehrens, wird für keinen mißverständlich sein, der die Sprache der Musik versteht, wie auch die antwortende Geste des Streichermelos eindeutig auf das nachgiebige, biegsame und leidenschaftliche weibliche Element verweist.

Es bedarf kaum einer ausführlicheren Darstellung, daß dieser Liebesrausch eines unerfahrenen Jünglings mit der wissenden Frau dem innersten Wesen unserer Tonalität widerspricht. Wenn Strauß sie dennoch für seine Darstellung verwendet hat, und wir ihn nicht der Absicht bezichtigen wollen, sie um des klanglichen Effektes willen gewählt zu haben – was uns völlig fern liegt – dann bleibt nur die Vermutung, daß hinter all dieser erotischen Brunst, irgendwo doch eine echte, wahre und deshalb auch reine Liebe verborgen steht. Strauß macht dies im Ausklang des Vorspiels hörbar, wenn in den Geigen ein Terzenmotiv auftönt, in dem sich Innigkeit, Wehmut und letztlich auch liebende Erfüllung der Sehnsucht miteinander vermischen.

Die Zärtlichkeit dieses Themas spricht von der Liebe der Marschallin; und daß diese Liebe letztlich auch selbstlos sein kann, das beweist ihr Verzicht und die entsagende Hilfe, mit der sie das Glück ihres jungen treulosen Geliebten am Ende des Dramas zu begründen weiß. Und dies – so will es scheinen – rechtfertigt das E-Dur, das damit zum Gleichnis einer «gestürzten» Löwen-Natur wird.

Von einem ähnlichen, nur viel folgenschwereren Sturz spricht das E-Dur der Bacchanal-Szene in *Wagners* «Tannhäuser». Hier ist die Thematik so sehr von Sinnesleidenschaft geschwängert, daß uns die Wahl der Tonart, trotz eines zugebilligten Genuß-Egoismus, dem der niedere Löwentypus ausgeliefert ist, nicht restlos zufriedenstellen kann. Ist es doch eine Lust, die voll dämonischen Zaubers ist, der zu dem Wesen von E-Dur nun wirklich im krassesten Widerspruch steht. Die in diese Zaubersphäre der Sinne dringen, nennt Wagner im «Parsifal» *Eigenholde;* ein Begriff, durch den sich der Löwe-Mensch in seiner Liebe spendenden Löwen-Natur eigentlich selbst auslöscht. Es herrscht wohl kaum Zweifel darüber, daß alle Bacchanal-Themen das wahre Wesen dieser Harmonie nicht auszudrücken vermögen.

Unaufhörlich lockt und drängt es, eine Motivik des Sehnens und Begehrens, die uns ein brünstiges Sich-Umarmen, ein Sich-Lösen und wieder Neu-Umfangen vor die aufgepeitschten Sinne zu zaubern scheint, während in den Bässen wilde Sextolengänge die Leidenschaft ihrem Höhepunkt entgegentreiben.

In meiner Tannhäuser-Besprechung[12] habe ich dahin argumentiert, daß es Wagner um den romantischen Zauber dieser Tonart zu tun war, der sich über das ganze Venusberg-Geschehen ausbreitet, und die musikalische Aussage verhindert, in jenen «Verismus» zu verfallen, zu dem diese Szene leicht verführen könnte.

«Das E-Dur gießt gleichsam seine Märchenpoesie über diese ekstatischen Leidenschaftsausbrüche und hebt sie zu jener seelisch-astralen Ebene empor, auf der sich diese Erlebnisse in Wahrheit abspielen.»[12]

Diese Perspektive dürfte wohl das primäre Anliegen Wagners gewesen sein, wie ja auch die mythologischen Bilder dieser Szene den Blick auf ein höheres geistiges Geschehen richten, wie den Raub der Europa oder die Schwanenhochzeit

Ledas. Das wahre Wesen der Löwe-Strahlung liegt nun einmal im Sieg des Höhe-ren über das Sinnlich-Kreatürliche. Der Löwe ist das Zeichen des «Siegers», wie wir den Widder als das Zeichen des «Streiters» kennenlernten.

Doch dieser «Sieger» kann auch zum «Despot» seines eigenen Egoismus wer-den, der den letzten Liebesfunken austritt, da er sich in seiner «Majestät» ver-höhnt und verschmäht fühlt. Carl Maria v. Weber hat uns in der «Euryanthe» mit der Arie der Eglatine ein E-Dur der finsteren Eifersucht gemalt, bei dem es uns schwer fällt, das Wesen dieser Harmonie überhaupt noch zu spüren. Es ist die restlose Pervertierung der Löwestrahlung. Kann uns Eglatine doch als die früh-romantische Vorläuferin der dämonischen Ortrud-Gestalt gelten. Daß Weber das warme Leuchten von E-Dur durch die ständige Verwendung der Moll-Unter-dominante a–c–e abzudunkeln sucht, ist zweifellos die Konsequenz dieser Per-vertierung.

Oder haben wir den Sinn dieses E-Dur noch anders zu verstehen? Ist es die Verzweiflung einer Liebenden, die sich zurückgestoßen und verschmäht fühlt, und einen Haß erzeugt, der so verfinsternd auf diese Harmonie wirkt? Matthe-son glaubte ja auch, mitunter von einem E-Dur der Verzweiflung sprechen zu müssen.

Wie immer wir diese zuletzt angeführten «negativen» Beispiele werten und empfinden mögen, daß sie kraftvoll in ihrer Aussage sind, daran läßt sich nicht zweifeln. Und dies ist ein wesentliches Spezifikum der Löwestrahlung.

«Der Löwemensch, ob hoch oder niedrig, sonnt sich in dem Kraftbewußtsein, das der Sieger aus seinem Siege schöpft. Damit mag zusammenhängen, daß er im Leben die Kraft so hoch schätzt; ihm imponiert die Kraft, er mag die Weichheit nicht. Darum wird man bei ihm wenig ausrichten, wenn man an seine Sentimentalität appelliert, dagegen sehr viel, wenn man es versteht, ihn bei seinem Kraftbewußtsein zu fassen und ihm zu schmeicheln.»[3]

Ein E-Dur aus dem vorwiegend dieses Kraftbewußtsein heraustönt, hat *Weber* dem Ritter Hüon im «Oberon» verliehen.

Der tiefste Kern des Löwe-Menschen aber wird dort offenbar, wo sich die königliche Würde mit dem Göttlichen verbunden fühlt, wo er sich der ihm verliehenen *«magischen Kraft seines Adelsbewußtseins als eines ‹Ich von Gottes Gnaden›»*[3] mit aller Demut bewußt ist. Und auch für diese dem Göttlichen entgegengehende Löwen-Gesinnung gibt E-Dur herrliche Zeugnisse.

Ein unvergängliches hat uns *Händel* in seinem «Messias» mit der Arie «Ich weiß, daß mein Erlöser lebet» hinterlassen. Zu welchen Höhen ihn seine Inspiration beim Schreiben emportrug, zeigt einerseits die Tatsache, daß er dieses Oratorium, an Erfindung das reichste und an Gewalt der Chöre das mächtigste seiner Werke, in wenigen Wochen niederschrieb; andererseits sein Wort, das er im Gedenken an den Apostel Paulus sprach: *«Ob ich im Leibe gewesen bin oder außer dem Leibe, ich weiß es nicht, Gott weiß es.»*

«Ich weiß, daß mein Erlöser lebet!» – mit welcher Sicherheit spricht bereits die auftaktige Quart (Mond-Jupiter) dieses Wissen aus. Ins Kosmische übersetzt:

Ich weiß, daß_ mein Er - lö - ser le - bet,
I know that_ my Re - deem - er liv-eth,

«*Mit Sinngewalt erstehe in strömendem Lebensschein!*» Es ist derselbe Quartschritt, mit dem sich Hüon ins irdische Kampfgefild stürzt. *Hier* kündet er von der Überwindung alles Irdisch-Weltlichen.

Auch Richard *Wagner* kennt diese Quart des Glaubens und der Zuversicht. Der Pilgerchor im «Tannhäuser» gibt ihr die Worte: «Der *Gnade* Heil ist dem Büßer beschieden.»

Über diesem E-Dur liegt allerdings vom Klangerlebnis aus gesprochen nicht jene klare Strahlungskraft, wie beim Händel-Melos. Ein Moll-Schleier – Ausdruck der «Sündenlast» – scheint sich darüber gebreitet zu haben und zeigt uns, wie man die Licht- und Weitungstendenz von Dur abdämpfen kann, ohne sie wirklich preiszugeben.

Als letztes Beispiel dieser verklärenden Gottesnähe sei die herrliche Imagination Tristans vom Nahen Isoldes angeführt. Alfred Lorenz faßt das Einzigartige dieser Stelle in die Worte: «*Musikalisch ist sie wohl das höchste, was Wagner an apollinisch schönen Klängen hervorgezaubert hat. Kein Mensch kann ungerührt diesen überirdischen Tönen lauschen.*»[13]

> «Wie sie selig,
> Hehr und milde
> Wandelt durch
> Des Meer's Gefilde?
> Auf wonniger Blumen
> Lichten Wogen
> Kommt sie sanft
> Ans Land gezogen.»

In seligem Hörnerklang ertönt eine innige Terz-Septimen-Weise, das Liebesruhe-Motiv, das hier zu voller Schönheit erblüht.

Wie aber schaut nun Tristan die ewige Geliebte seiner Seele? Ich gebe dazu eine Stelle aus meinem Buch «Vom Ring zum Gral»:

«Über die Wogen sieht er sie ziehen wie über eine blühende Wiese, und letzte Labung (einen Trank also, der für immer währt) führt sie ihm zu. Der tiefe Gehalt dieser Vision offenbart sich, wenn man ihr das Bild des Christus auf dem Meer zur Seite stellt. Im Johannes-Evangelium (4, 19) heißt es: ‹Da sie nun gerudert hatten bei 25 oder 30 Feld Wegs, sahen sie Jesum auf dem Meere daher gehen und nahe zum Schiff kommen; und sie fürchteten sich sehr!› Tristans Vision zeigt das gleiche Bild: ‹Wie sie selig, hehr und milde wandelt durch des Meers Gefilde.›

Isolde, die als Heilerin naht, wird zum Tor für die Christuskraft. Wie Faust bei seinem Himmelsanstieg durch das ‹Ewig-Weibliche› der Christussphäre entgegengeht, so naht sich dem heidnischen Helden durch die ewig-weibliche Seelennatur der wahre Heiler der Wunde.»[14]

E-Dur steht hier wahrlich am rechten Platz; ist es doch die eigentliche Tonika des von so viel Chromatik durchzogenen, todes-sehnsüchtigen Werkes.

Die parallele Moll-Tonart der Löwe-Sphäre: cis-Moll

Da E-Dur bereits in der Dämmerung steht und sein Licht schon ein starkes Moment der Verinnerlichung aufweist, kann die parallele Mollharmonie natürlich nicht in dieser Intensität dazu kontrastieren, wie dies bei den voll im Sonnenglanz stehenden Tonalitäten D- und A-Dur der Fall war. Daß der Übergang von Dur nach Moll hier vielmehr ein fließender, nicht scharf konturierter ist, zeigte uns bereits Wagners Pilgerchor aus «Tannhäuser». Harmonisch ein klares E-Dur darstellend, vermeinte man doch ständig ein cis-Moll im Hintergrund zu hören.

Von einem ähnlichen Verschwimmen der Grenzen kündet Franz *Schuberts* berühmtes Lied: «Der Wanderer». Allein der Beginn auf dem Cis-Dur-Klang: «Ich komme vom Gebirge her», läßt vorerst alle Fragen nach der Tonart offen.

Erst mit der klaren cis-Moll-Kadenz bei den Worten: «es braust das Meer», glauben wir das harmonische Fundament gefunden zu haben und erkennen, daß das anfängliche Cis-Dur bloß die auskomponierte (d. h. mit ihrer Dominante versehene) IV. Stufe von cis-Moll war. (Die Unterdominante von cis-Moll lautet: fis–a–cis; deren Dominante wäre demnach: cis–eis–gis.)

326

Aber kaum wurde dieses cis-Moll klar abkadenziert, führt uns Schubert in das parallele Dur hinüber: «Ich wandle still ...», um sich jedoch gleich wieder stärker dem cis-Moll zuzuneigen: «und immer fragt der Seufzer wo?» Die Phrase steht auf der Oberdominante von cis-Moll (gis–his–dis) und bereitet den nächsten Abschnitt vor, der reines cis-Moll aufweist: «Die Sonne dünkt mich hier so kalt ...»

Der Mittelteil, mit der bangen Terzenfrage Saturn-Mond: «Wo bist du mein geliebtes Land?» läßt zwar ein eindeutiges E-Dur aufklingen, aber die Wehmuts-Schatten von cis-Moll scheinen doch – unhörbar – im harmonischen Raum weiter mitzuschwingen.

So ist auch die Charakterisierung von cis-Moll eine in Schwebe gehaltene. Stephani spricht ihr *«trotz aller Mollempfindung die reiche Leuchtkraft der Farben des Kreuztonartengebietes»*[1] zu. Hugo Riemann spricht von einem ernsten, schwermütigen Element, von einem *«Metaphysischen»*, *«Transzendenten»*, das weit weggerückt sei *«von der nüchternen Anschauungsweise des Alltagsmenschen»*[1]; cis-Moll

würde uns in Gebiete *«übersinnlicher Vorstellungen und idealer Empfindungen führen»*[1].

Es scheint ziemlich eindeutig: Dur und Moll bilden, was den Stimmungsgehalt
betrifft, hier keine ausgeprägte Gegensätzlichkeit. Der Mollschatten bedeutet
nur Abdämpfung, Milderung und Verinnerlichung all jener Gefühlsmomente,
die uns E-Dur erleben ließ. Einen Gegensatz, wie er etwa in der Krebs-Harmonie
zwischem dem fis-Moll Ortruds und dem A-Dur Lohengrins aufbrach, gibt es in
der Löwe-Sphäre von E-Dur und cis-Moll nicht. Vielleicht lassen sich diese fließenden Grenzen am besten im Sinne der kosmischen Stimmung dahin charakterisieren, daß in cis-Moll der Akzent auf dem Mondenwort, bei E-Dur in
übergroßem Maße auf dem Sonnenwort liegt. Beide erstreben ja dasselbe; doch
der Mond ist nächtliche Spiegelung dessen, was die Sonne als Tat ins Tageslicht
stellt. So liegt auch bei cis-Moll der Schwerpunkt auf der nächtlichen Seite. Eine
Wehmut und Schwermut klingt in ihm auf, wie sie Nikolaus Lenau in einem seiner «Schilflieder» in zarteste Poesie zu kleiden wußte:

> *«Auf dem Teich, dem regungslosen,*
> *Weilt des Mondes holder Glanz,*
> *Flechtend seine bleichen Rosen*
> *In des Schilfes grünen Kranz.*
>
> *Hirsche wandeln dort am Hügel,*
> *Blicken in die Nacht empor;*
> *Manchmal regt sich das Geflügel*
> *Träumerisch im tiefen Rohr.*
>
> *Weinend muß mein Blick sich senken;*
> *Durch die tiefste Seele geht*
> *Mir ein süßes Deingedenken*
> *Wie ein stilles Nachtgebet!»*

Musikalisch spricht dieses träumende Sehnen einer Sommernacht kaum unmittelbarer zu uns als in Beethovens cis-Moll-Sonate, die nicht zu Unrecht den
Namen «Mondscheinsonate» – wenn auch nicht von ihrem Schöpfer – erhielt. Ob
die Überlieferung, derzufolge die Sonate in enger Beziehung zu dem berühmten
Brief Beethovens an die «Unsterbliche Geliebte» steht, nur eine schöne Legende
ist, ob es stimmt, daß sie im Gedenken an eine in *«seinen Herzensgründen tief ver-
ankerte Jugendliebe»*[6] geschrieben wurde, oder ob sie als *«Gebet einer Tochter um
Genesung ihres todkranken Vaters»*[15] zu verstehen ist, muß für den objektiven
Empfindungsgehalt unerheblich erscheinen. Denn es ist ein Melos, das ganz aus
dem Geist der Tonart heraus geschrieben ist, und dieser Geist umfaßt alle die
angeführten Gefühlsmomente mit seinen in zerfließende Harfenakkorde aufge-
lösten, schwermütigen Adagio-Harmonien und dem darüberschwebenden, von
hoffnungsloser Melancholie erfüllten Gesang, dem durch das Saturn-Sonnen-
wort die *«waltende Werdepein»* aufgeprägt ist. Dem widerspricht auch nicht das
spätere, jäh aufflammende, von fiebernder Erregung erfüllte Presto.

328

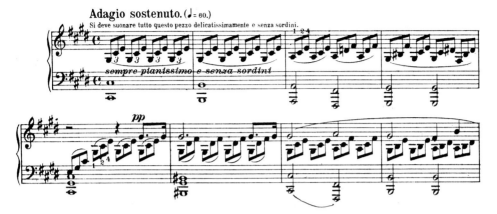

Adagio sostenuto. (♩ = 60.)

Si deve suonare tutto questo pezzo delicatissimamente e senza sordini.

sempre pianissimo e senza sordini

Ehe wir uns weiter in der Musikliteratur umsehen, wollen wir uns über die kosmischen Zusammenhänge Klarheit verschaffen. Wie ist es mit den «Spannungsverhältnissen» in cis-Moll bestellt? Cis, der exkarnierende Marswert ist Grundton. Und dies entspricht seiner ureigenen Tonqualität; wie ja überhaupt die planetarische Tonfolge in cis-Moll die gleiche ist wie in C-Dur. Nur daß ihre exkarnierende, von der Löwensphäre bestrahlte Wirksamkeit ganz anderes zeitigt als bei ihrer Widder-Stellung.

CIS	DIS	E	FIS	GIS	A	HIS	CIS
Prim-qualität	Sekund-qualität	Terz-qualität	Quart-qualität	Quint-qualität	Sext-qualität	Sept-qualität	
Mars	Merkur	Jupiter	Venus	Saturn	Sonne	Mond	

Der «wollende Seinentschluß» des Mars-Wortes bildet also das Fundament, auf das die Tonleiter sich aufbaut. Eine gewisse Festigkeit und Gegründetheit wird das cis-Moll demnach aufweisen. Der zu «erfühlender Wesenschaft» führende Merkurwert, durch seine ureigene Sekundstellung ebenfalls intensiv wirksam, mag mit Anteil haben an dem von Riemann konstatierten metaphysischen und transzendenten Charakter dieser Harmonie.

Auch Jupiter kann als Terz den «strömenden Lebensschein» ganz zur Innerlichkeit leiten und Venus «umgreift» mit ihrer Quart-Eigenschaft das «gewordene Weltensein».

Da der Saturnwert hier mit exkarnierender Kraft seine ihm wesenseigene Quint-Position einnimmt, kann auch er mit aller Intensität seinem Planetenwort gerecht werden: «In waltender Werdepein». Der Ernst, die Schwermut, ja das «Krankhaft-Gereizte», das Riemann bei cis-Moll erlebt haben will, könnte vorwiegend auf diese Schwellenfunktion des Saturn-Tones zurückzuführen sein. Man blicke noch einmal auf Schuberts «Wanderer»; die Verse: «Die Sonne dünkt mich hier so kalt ...» sind melodisch fast ausschließlich von der Saturn-Quinte getragen.

Dagegen sorgt die Sextstellung des Sonnentones für die «reiche Leuchtkraft», die Stephani trotz aller «Mollempfindung» in cis-Moll feststellen konnte.

329

Der Mondenwert his jedoch ist wohl der entscheidende Faktor für die Transzendenz dieser Harmonie, für ihre Sehnsucht und Schwermut. Die exkarnierenden Mondenkräfte sind – auf den Menschen bezogen – wesentlich an der Bildung des zentralen Nervensystems, des Gehirns beteiligt. Dadurch kann die Welt zum inneren Bilde werden, d. h. Bewußtsein kann aufleuchten. Der exkarnierende Mondenwert his in seiner ihm ureigenen Septimposition weist weit hinaus in die unendliche Quintenspirale. Denn zusammen mit der Saturn-Quinte gis greift er hinüber nach Gis-Dur, also tatsächlich in eine Jenseitigkeit unseres Quintenzirkels. Es ist daher einsehbar, daß die Sehnsucht nach dem Urbild, nach einem Welterleben, das «weit weggerückt ist von der Anschauungsweise des Alltagsmenschen» in cis-Moll besonders intensiv erfühlbar ist. Denn «das Monden-Urbild des Menschen», so schreibt Lievegoed, «weist in eine Vergangenheit, wo die Elohim den ‹Adam›, die erste Gestalt schufen, von der wir alle abstammen.»[16] Kein Wunder daher, daß bei dem Sehnsuchtsruf nach dem «geahnten, doch nie gekannten Land» – dem Gott-gedachten Menschen-Dasein –, wie er bei Schubert ertönt, immer der erdenferne, mondenträchtige Schatten von cis-Moll mitempfunden wird, trotz der reinen Dur-Harmonie seiner Melodik. Dieser exkarnierende Mondenwert ist es, der den Akzent auf das Wort des Mondes legt und cis-Moll gleichsam zum nächtlichen Spiegel von E-Dur werden läßt.

Diese Stimmungsgehalte von cis-Moll finden bereits bei *Bach* ihren zwar objektiven, emotionsfreien, aber doch eindeutigen Ausdruck. Hugo Riemann führt in das cis-Moll-Präludium des «Wohltemperierten Klaviers» mit den Worten ein:

«Wir treten nun in das Allerheiligste; diese beiden Stücke (Präludium und Fuge) gehören zu dem Weihevollsten und Erhabensten, das die Musikliteratur aufzuweisen hat. Das ernste, schwermütige Cis-moll nimmt im Präludium den Ausdruck großen, edlen Empfindens voll Energie und Tiefe an.»[4]

Die beiden zweitaktigen Gruppen – Vordersatz (1. und 2. Takt) und Nachsatz (5. und 6. Takt) – *«gleichen mächtigen Atemzügen, oder besser: sie sprechen das Sehnen eines großen Herzens aus.»[4]*

Die fünfstimmige Fuge türmt sich mit ihren vielen Engführungen und Gegensätzen zu einem gewaltigen Klangtempel empor, der vom ersten Themeneinsatz bis zur letzten Note kaum seinesgleichen findet. Wobei gleich das erste, den ganzen Takt ausfüllende Cis das Gegründete und Gewichtige zum Ausdruck bringt, das dem Marswert eigen ist. Wogegen der folgende exkarnierende Mondenton his mit seinem verminderten Quartsprung in den Jupiter-Tonwert die Überwindung dieses Lastenden aufzeigt, so daß in bezug auf «Leichte» und «Schwere» ein Gleichgewicht hergestellt wird; und dies ist ja auch ein Anliegen des Löwe-Zeichens.

Der weitere Verlauf der Fuge läßt diesen Ausgleich von Schwere und Leichte immer wieder erleben. Zuerst durch die Einführung einer orgelmäßig klingenden Achtelbewegung, die sich in ihrem figurativen Schweben der Schwere des Hauptthemas entgegenstellt,

später durch das Auftreten eines Motives, das mit seiner rhythmischen Auflockerung und Konturiertheit als ein zweites Thema angesprochen werden kann und dem von der Löwe-Strahlung erstrebten «Äquilibrium» in jeder Weise gerecht wird.

Frederic *Chopin* findet in cis-Moll sein intimes zu Hause. Der nächtliche Glanz dieser Harmonie lag seiner romantischen Seele näher als das Leuchten der parallelen Dur-Tonart. Sein Notturno op. 27 Nr. 1 ist ein Liebeslied voll Blütenduft und mondbeglänzter Zaubernacht, und nur eines der Beispiele, wie tief er in den Empfindungsgehalt dieser Mollsphäre einzutauchen wußte.

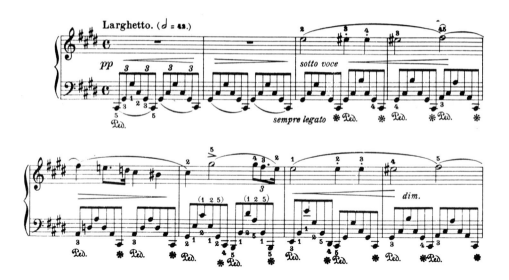

Ein cis-Moll der Sehnsucht tönt in seiner Etüde op. 25 an, deren Schwermut den Charakter einer Etüde – ähnlich wie bei jener in E-Dur – völlig vergessen läßt. Hermann Beckh nennt sie das vielleicht *«schwermütigste aller cis-Moll-Stücke, Chopins sehnsuchtsvollstes Stück überhaupt.»*[6]

Anders die Stimmung in seinem Prélude. Sie läßt uns wieder an Märchenpoesie denken, an leichtfüßigen Elfentanz, auf vom Mondlicht verzauberten Waldwiesen (s. S. 333).

Chopin war eine äußerst sensible Natur, sein Humor, den er durchaus besaß, war jedoch immer von einem Hauch der Melancholie umweht. *«Ein geknicktes Rosenblatt, der Schatten eines vorüberfliegenden Käfers, machten auf ihn zuweilen dieselbe Wirkung, als wenn man ihm glühendes Eisen aufgelegt oder Blut abgezapft*

hätte», berichtet uns George Sand in ihren Memoiren; Chopin hatte zu der Dichterin eine tiefe Liebesbeziehung. Angesichts dieser Sensibilität, kann es fast symptomatisch anmuten, daß Chopin sich gerade von der moll-beschatteten Löwentonart nicht lösen konnte, daß sie ihn sogar bis in seine Mazurkas verfolgte, und er seinem cis-Moll-Prélude noch ein zweites (Op. 45) als Anhang zu dem Zyklus folgen ließ, in dem die ganze Sehnsucht des Romantikers zum Erklingen kommt. Sehnsucht nach den fernen, unerreichbaren Höhen, nach dem «geahnten», «nie gekannten Land», Sehnsucht nach der «blauen Blume». Ein Thema, in dem uns auch der «Chromatiker» Chopin seine Handschrift hinterlassen hat.

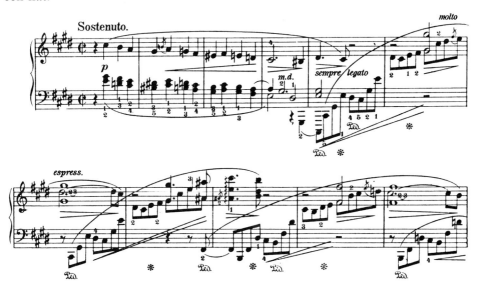

Im Gesamtwerk Richard *Wagners* tritt cis-Moll kaum als markante Harmonie in Erscheinung, mit einer einzigen Ausnahme: im «Rheingold», wo das Urmutter-Wesen unseres Planeten, *Erda,* Wotan als Warnerin entgegentritt, er möge von dem «Ringe» lassen:

> «Weiche, Wotan, weiche!
> Flieh' des Ringes Fluch!»

Was Erda «in höchster Gefahr» herbeiführt, ist die göttliche Liebe zu dieser Schöpfung, da die Macht des Egoismus die Entwicklung der Welt aus ihrer Bahn zu schleudern droht. Versteht man den Sinn dieser Szene, wird man auch erkennen, daß die zu Moll abgeschattete Löwentonart die hier einzig richtige, weil geistgemäße Harmonie ist.

Wir wollen unsere Betrachtung der Löwe-Sphäre mit dem herrlichen Adagio-Thema aus *Bruckners* VII. Symphonie schließen. Schon die Instrumentation des Themas – der Tubenchor – weist auf die dem Löwezeichen so angelegene Verinnerlichung. Denn die Tuben bewirken dem Brucknerschen Posaunenchor gegenüber Milderung und Dunkelung des Klanges. Für Ernst Kurth ist es daher ein *«großes inneres Ereignis»*[7], daß hier zu Beginn ein Tubenchoral einsetzt. In Schwere und Düsternis den Posaunenklang übersteigernd, mildert er ihn zugleich, da die Tuben der Weichheit des Hornklanges instrumental nahe verwandt sind. Nicht Farbe kündet der Tubenchoral, sondern Seele.

Welch einzigartige Wandlung des Melos schon in den ersten vier Takten. Der sturzhafte Tonfall des Mars-Saturntones, durchbebt von punktierten Rhythmen, löst sich bereits im 3. Takt zum Gleichmaß einer Achtelbewegung, wobei diesem tragischen Sturz des Anfangs eine zweimalige Sexten-Erhebung – Jupiter/Mars – entgegengesetzt wird. In leichten Verschlingungen austönend, greift dieser Aufschwung mit der Oberdominante gis–his–dis weit in jenseitige Sphären unseres Quintenkreises hinaus.

Im vierten Takt tragen die Geigen in einer aufsteigenden schlichten Terzenmotivik dieses Ringen nach der Höhe weiter und führen es in das Licht des parallelen E-Dur. Handelt es sich hier im Keim doch bereits um jene Thematik, der wir in der Besprechung der Widder-Sphäre begegneten, als sie, von einer unermüdlichen Willensdynamik erfüllt, den Durchbruch nach C-Dur erzwang. (Musikbeispiel Seite 143.)

Herzenskräfte reinster, königlichster Art beseelen diese überirdisch-schönen Klänge. Wahrhaft ein Ich-Adel, der sich in Demut seines Gottes-Gnadentums bewußt ist. Ernst Kurth hat in seiner Besprechung nicht nur den innersten Geistgehalt dieses Themas aufgezeigt, er hat damit auch für das Wesen der Löwe-Harmonie ein einmaliges Zeugnis abgelegt:

«Je tiefer man hineinhört, desto grenzenloser tönt Bruckners Urgröße herauf, und in höchster Reinheit enthüllen diese Themenklänge sein Ethos und sein Pathos, die erhabenste Vereinung mythischer Tragik und religiöser Läuterung; es ist eine Empfindungsmacht, die nur dem antiken Drama, eine Reinheit, die nur dem höchsten Heilsmysterium vergleichbar ist.»[7]

H-DUR — JUNGFRAU

Das Licht aus Weltenweiten,
Im Innern lebt es kräftig fort;
Es wird zum Seelenlichte
Und leuchtet in die Geistestiefen,
Um Früchte zu entbinden,
Die Menschenselbst aus Weltenselbst
Im Zeitenlaufe reifen lassen.
(Rudolf Steiner, Seelenkalender)

Mit H-Dur haben wir eine Tonfolge vor uns, in der bereits fünf der ursprünglichen Planetentöne erhöht, d. h. in ihre exkarnierende Wirkenskraft versetzt sind. Hier wird der Wandlungsprozeß voll erkennbar, der sich bei A-Dur ankündigte, doch vielleicht noch nicht so deutlich sichtbar war, so daß wir eine gewisse Widersprüchlichkeit mögen empfunden haben. Gemeint ist die Diskrepanz zwischen der steigenden Zahl der Hochalterierungen, die auf ein Heller-Werden der Tonart schließen lassen und dem daraus resultierenden Empfindungsgehalt, der ein schrittweises Abnehmen des äußeren Helligkeitsgrades konstatieren muß. Diese Tatsache der Verwandlung des äußeren Scheinens in ein inneres Leuchten läßt uns H-Dur schon sehr spürbar erleben; sie wird überhaupt zu einem wesentlichen Faktor der kommenden Tonarten-Betrachtung werden. Denn *«das Licht aus Weltenweiten»* wird in dem Maße *«im Innern»* kräftig fortleben und zu einer Sonne in der Seele erwachsen, als es draußen in der Natur abnehmen und schwinden wird. Dieser Umstülpungsprozeß, der ein Außen zu einem Innen werden läßt, ist von den Beurteilern der Tonart nicht immer verstanden worden, und dementsprechend verworren zeigen sich auch die Charakteristika, die man an H-Dur glaubt entdecken zu können.

So will Mattheson in ihr *«widerwärtige, harte, gar unangenehme, ja desparate Eigenschaften»*[1] gefunden haben. Man wird im Themenbereich von H-Dur angestrengt suchen müssen, um stichhaltige Zeugnisse für ein derartiges Urteil zu finden. Der Eindruck, den man im allgemeinen von dieser Tonalität gewinnt, ist nämlich ein ganz anderer, geradezu gegenteiliger. Doch werden wir dem Urteil Matthesons nachzugehen haben, denn merkwürdigerweise stößt auch Schubarth in das gleiche Horn, wenn er H-Dur für *«wilde Leidenschaften geeignet und aus den grellsten Farben zusammengesetzt»*[1] empfindet, es geeignet hält, *«Zorn, Wut, Eifersucht, Raserei, Verzweiflung und jede Last des Herzens»* auszudrücken. Stephani allerdings kommt der Empfindung nahe, die man spontan vom Wesen dieser Tonart zweifellos als die unmittelbare erhält; er spricht von einem *«fast blendenden Flimmern, einem geheimnisvollen Schimmern und Sprühen.»*[1] Damit ist jedenfalls das klangliche Erscheinungsbild von H-Dur treffend angesprochen.

Auf den Jahreslauf bezogen, kündet uns H-Dur von dem Eintritt der Sonne in das Zeichen der «Jungfrau». Es ist die Zeit der Ernte, des milden Sommer-Ausklanges. Friedrich Hebbel hat diese Stimmung in der Natur in zwei Gedichten mit tief empfundener Poesie gemalt:

«Ich sah des Sommers letzte Rose stehn,
sie war, als ob sie bluten könnte, rot;
da sprach ich schaudernd im Vorübergehn:
So weit im Leben, ist zu nah am Tod!

Es regte sich kein Hauch am heißen Tag,
nur leise strich ein weißer Schmetterling;
doch, ob auch kaum die Luft sein Flügelschlag
bewegte, sie empfand es und verging.»

(Sommerbild)

Für Wildheit, Zorn und Wut, wie Schubarth meint, ist hier kein Raum. Man fühlt die Abschiedsstimmung, den Ausklang; der Tag, der Sommer geht zur Neige. Es ist die Zeit, da die Ähren reifen. Gewiß, man ist gewöhnt dieses Reifen der sich neigenden Sommerwende mit intensiven Farben zu malen. Allein gerade das würde die Stimmung verzeichnen, die uns H-Dur vermitteln will.

Johannes *Brahms* hat diese herbstliche Gefühlswelt im Adagio non troppo seiner II. Symphonie zu Klang werden lassen. Auch hier waltet ein leidender, schwermütiger, tief-ernster Zug. Traurig und zagend ertönt das edle Hauptthema in den Celli: «So weit im Leben, ist zu nah am Tod!»

Das zweite Gedicht Hebbels, ein Gegenstück zum ersten, verklärt die Todesahnung noch mit Sonnenlicht, als wollte es sagen, daß «Ernte» ist, nicht «Ende». Ernte, die von der Natur selbst eingebracht wird, und die uns erkennen lassen soll, daß ein «Gleiches», Unvergängliches, von allen Formveränderungen des äußeren Geschehens Unberührtes waltet, das Bestand hat im ewigen Wechsel des Werdens und Vergehens.

«Dies ist ein Herbsttag, wie ich keinen sah!
Die Luft ist still, als atmete man kaum,
und dennoch fallen raschelnd, fern und nah,
die schönsten Früchte ab von jedem Baum.

O stört sie nicht, die Feier der Natur!
Dies ist die Lese, die sie selber hält,
denn heute löst sich von den Zweigen nur,
was vor dem milden Strahl der Sonne fällt.»

(Herbstbild)

Franz *Schubert* läßt diese ewige Melodie der Natur, die den Tod braucht, um viel Leben haben zu können, im Trio seiner Sonate Op. 78 aus einem starren, harten h-Moll heraus erblühen. In seinem mild-verklärten Glanz raunt es uns vielleicht etwas von jener Innerlichkeit zu, in der «das Licht aus Weltenweiten» zum «Seelenlichte» wird.

Damit sind wir an den kosmischen Gehalt unserer Harmonie herangeführt.

Die Welten erschaue, Seele! . . . . Sonne . . Ais (Sextqualität)   als Septim
Die Seele ergreife Welten, ... Venus . . Fis (Quartqualität)   als Quinte
Der Geist erfasse Wesen, ... Merkur . Dis (Sekundqualität) als Terz
Aus Lebensgewalten wirke, ... Mars . . . Cis (Primqualität)   als Sekund
Im Willenserleben baue, ... Jupiter . . E   (Terzqualität)   als Quarte
Dem Weltenerblüh'n vertraue. . . Saturn . . Gis (Quintqualität)   als Sexte
O Seele, erkenne die Wesen! . . . Mond . . H (Septimqualität)   als Grundton

H	CIS	DIS	E	FIS	GIS	AIS	H
Septim-qualität	Prim-qualität	Sekund-qualität	Terz-qualität	Quart-qualität	Quint-qualität	Sext-qualität	
Mond	Mars	Merkur	Jupiter	Venus	Saturn	Sonne	

Wenn die Sonne vom Sternbild des Löwen in jenes der Jungfrau vorrückt, verstärkt sich die Wendung nach Innen noch entschiedener. Das Sonnenwort und mit ihm alle Mahnungen der Planeten wenden sich im Zeichen der Jungfrau – als erstes und einziges Mal in den 12 Stimmungen – an die menschliche Seele. In allen anderen Tierkreiszeichen werden die Sternensphären angesprochen.

Das Sonnenwort wird hier von der Septim getragen und strahlt exkarnierende Wirkenskraft aus. *«Das Urbild der Sonnenwirkung ist die Diastole und Systole, das Sich-ausbreiten im Raume und Sich-zusammenziehen im Punkt.»*[2] Dieser Rhythmus beherrscht die In- und Exkarnationsströmung, d.h. das Herabsteigen aus der Weltenmitternachtssphäre und Sich-Zusammenziehen zur menschlichen Erdenpersönlichkeit und das nach der Weltenmitternachtsweite Hinstreben in der

Exkarnation. Erstere Wirksamkeit überwacht die vorgeburtliche, erdengerichtete Menschenwesenheit, letztere die dem Geiste zugewendete. In H-Dur begegnen wir dem Sonnenton zum erstenmal in dieser akzentuierten, exkarnierenden Funktion. Daß H-Dur daher eine von den Romantikern bevorzugte Tonalität ist, deren Blick sich ja ebenfalls nach der geistigen Heimat wendet, scheint nur zu natürlich. Und die exkarnierende Sonnenwirkung ist ja die tragende, von der Erde lösende Kraft. *«Die Welten»*, die von der Seele *«erschaut»* werden sollen, sind die spirituellen Bereiche des geistigen Seins.

Dazu kommt der Mondenwert als Grundton. Die Septimsehnsucht des exkarnierenden Sonnenwertes – selbst mondenhafte Funktion ausübend –, drängt in diesen Mondenbereich, der das Sonnenanliegen spiegelt und bestärkt: *«O Seele, erkenne die Wesen»*. Daß H-Dur eine bereits stark in die Transzendenz weisende, zumindest aber eine tief im Seelischen verwurzelte Harmonie sein muß, erhellt sich schon allein aus diesen zwei Planetenworten. Ein schönes Zeugnis dafür gibt uns *Schuberts* «Nacht und Träume»:

Vom Merkurton als Terz, senkt sich das Melos über den Sonnenwert zum Mondenton: «Heil'ge Nacht». Das Merkurwort, das in Terzposition ganz der Verinnerlichung dient, heißt: *«Der Geist erfasse Wesen».* Wie der Mond, so spricht auch Merkur zur Seele, sie möge das Wesenhafte erfassen bzw. erkennen. Und übersehen wir nicht, daß der Menschenseele, solange sie auf Erden weilt, die exkarnierende Sonnenkraft stets im Schlafe zuteil wird. Im Schlaf und in unseren Träumen weilen wir in der Transzendenz unseres nachtodlichen Seins. Wie genial daher die Wahl der Tonart für dieses Lied.

Mars ist in H-Dur Sekund. Die Marskraft durchströmt als Sekund die Tonsphäre und gibt ihr Gewicht, um nicht im luziferischen Sinne erdenflüchtig zu werden. Denn ihr Wort mahnt, *«aus Lebensgewalten zu wirken»,* und damit der Ernte zu gedenken, zu der uns die Jungfrau-Sphäre aufruft.

Der Jupiterton steht als Quarte: *«Im Willenserleben baue».* Auch dieses Wort deutet auf das Lesen der Früchte; denn alles Fruchten und Reifen erfordert Entfaltung der Willenskräfte, verbunden mit der Erkenntnis der für das geistige Sein tauglichen Früchte. So ist es hier vor allem das Element des Erwachens, des «Weckrufes», das mit dem Wesen der Quart so stark verbunden ist, auf dem der Akzent liegt; das Erwachen zum Geiste und die damit bewirkte Bewußtseinserweiterung.

Als Quinte steht der Venuston fis; auch ihn sehen wir voll und ganz dem Sonnen-Mondenwort verpflichtet und gleichzeitig wesenseins mit der Jupiter-Quart: *«Die Seele ergreife Welten.»* Die von der Seele erschauten Welten (Sonne) sollen ergriffen, und als das Werk geistiger Wesen erkannt (Mond) werden.

Dieses Welten-Ergreifen und Geist-Erfassen spricht sich in der Fürbitte Elisabeths in *Wagners* «Tannhäuser» aus. Wir sind dieser Szene bereits bei der Betrachtung von h-Moll begegnet, als sich die Sänger und Edlen auf Tannhäuser, den «Verworfenen», stürzen wollten und Elisabeth ihrem Wüten Einhalt gebot:

> «Der Unglücksel'ge, den gefangen
> Ein furchtbar mächt'ger Zauber hält,
> Wie, sollt' er nie zum Heil gelangen
> Durch Sühn und Buß in dieser Welt?»

An diese Mahnung, der Seele nicht die Möglichkeit zu nehmen, die «Welten zu ergreifen», denen sie in Wahrheit angehört, schließt sich im zweiten Abschnitt ihre von der Innigkeit und Reinheit der «Jungfrau-Tonart» durchlichtete Fürbitte in H-Dur:

> «Ich fleh für ihn, ich flehe für sein Leben,
> Reuvoll zur Buße lenke er den Schritt!
> Der Mut des Glaubens sei ihm neu gegeben,
> Daß auch für ihn einst der Erlöser litt!»

Wort und Ton verschmelzen in Elisabeths Gesang zur Einheit. Mit zwei Quartsprüngen – Venus–Mond–Jupiter – umgreift die melodische Linie eine Septime und gewinnt damit die Unterdominante von H-Dur, den E-Dur-Klang, des-

sen Symbolik eines reinen Liebeselementes wir bereits kennen. Ein Flehen, in dem sich Entsagen, Liebe und das Wissen um das Erlösungsopfer auf Golgatha zu einem Gesang tiefster Innerlichkeit und tragischer Schönheit vereint. Ein Gesang, der voll Zuversicht hofft, daß der Gestürzte die verlorenen Welten wieder neu wird «ergreifen», den Geist seines wahren Menschseins wieder wird erfassen können.

Als Intervall der «Weltenseele» steht Saturn in Sext-Position: *Dem Weltener-blüh'n vertraue!* Eine Seele, die dieses Vertrauen zum Weltenschicksal hegt, die ihr eigenes Schicksal mit dem Erblühen des Weltenschicksals verbunden weiß, und dieses Wissen durch die Tat bezeugt, stellt damit eine der schönsten Tugenden der Seele unter Beweis: die Treue.

So wandelt Senta das hoffnungslose h-Moll des «Holländers» in ein «Weltenerblüh'n» des gleichnamigen Dur.

342

«Wohl kenn' ich Weibes heil'ge Pflichten,
Sei drum getrost, unsel'ger Mann!....
In meines Herzens höchster Reine
Kenn ich der Treue Hochgebot. –
Wem ich sie weih', schenk' ich die *Eine*,
Die *Treue* bis zum *Tod!*»

Es ist die erste große H-Dur-Stelle in Wagners Gesamtwerk, die uns sein tiefes Wissen um das Wesen dieser Tonart bekundet und in der uns bereits der noch nicht Dreißigjährige ein tönendes Bild jener Sphärenharmonie hinterlassen hat, die wir mit dem Zeichen der «Jungfrau» verbinden.

Der fortschreitende Verinnerlichungs- und Vergeistigungsprozeß, den wir bei unseren bisherigen Betrachtungen der Tonarten feststellen mußten, wird auch von Hugo Riemann in seiner Analyse des H-Dur-Präludiums aus *Bachs* «Wohltemperierten Klavier» konstatiert. *«Alle von den Grundskalen (C-Dur, a-Moll) weiter abstehenden Tonarten werden je mehr und mehr transzendent, entfernen sich von der schlichten Alltagswelt und werden zu Gebieten erdenentrückten idealen Seins und Empfindens.»*[3] Diese Transzendenz offenbaren die hohen Kreuztonarten auch dort, wo sie bloß Naturstimmungen widerspiegeln. Gerade im Anschaun der Natur, meint Riemann, *«begibt sich der sinnig geartete Mensch am vollständigsten seines Egoismus und geht auf im Gefühl des All-Daseins.»*[3] So läßt H-Dur in seinem Naturerlebnis stets etwas Überirdisch-Feierliches, Verklärtes empfinden.

Jede Verklärung birgt bereits Transzendenz in sich; denn wo sich Irdisches verklärt, beginnt seine Vergeistigung.

Es darf daher schon an dieser Stelle auf die der Jungfrau-Strahlung zugeordnete Weltanschauung verwiesen werden, den «Phänomenalismus», eine Erkenntnishaltung, die ihrem Kern nach «Transzendentalismus» ist. Damit ist das Vermögen der Seele gemeint, *«beim Empfangen der Erscheinung in dieser selbst das zu erleben, was in ihr zur Erscheinung oder zur Offenbarung kommt. Die Seele wird dann von der unteren Welt zu der oberen, von den Tiefen zu den offenbarenden Höhen hinübergeleitet. Dies geschieht durch eine allvermittelnde, seelengeleitende, eine merkuriale Kraft der Seele.»*[4] Welch ein Gleichklang zum Sonnen- und Merkurwort der «Jungfrau-Stimmung»: *«Die Welten erschaue, Seele!»* – *«Der Geist erfasse Wesen!»* Daß dieses Merkurwort in H-Dur als *Terz* erklingt, gibt seiner «seelengeleitenden Kraft» noch besondere Intensität.

Ein solch transzendentes Erscheinungsbild der Natur will Hugo Riemann auch in dem H-Dur-Präludium *Bachs* erblicken. *«Es gibt kaum etwas Innigeres, bis ins unscheinbarste Sechzehntel mehr Durchgefühltes und mit Wohllaut Getränktes, als dieses kurze Präludium in H-Dur.»*[3]

Welche Ruhe in dem zarten Tongewebe gleich im ersten Takt, trotz des fließenden Melos, und wie herrlich steigert sich der Ausdruck gegen das Ende, wo die Dreistimmigkeit in eine Vier- ja Fünfstimmigkeit emporwächst.

Auch die Fuge, zwar ein wenig konventioneller gehalten, fügt sich eng an den Stimmungsgehalt des Präludiums an. Das spricht sich schon im Thema aus, das nicht zufällig dem des Präludiums äußerst ähnlich ist.

Und noch eine Seite lauscht Riemann den hohen Kreuztonarten, und vor allem dem H-Dur ab: «*Durtonarten mit vielen Kreuzen ... fließen über von allumfassender Liebe; sie offenbaren das Glück einer die Harmonie der Welt entzückt schauenden Seele*»[3] Muß man beim Lesen solcher Worte nicht an das Finale von *Beethovens* IX. Symphonie denken, wo das Solo-Quartett die Verse: «Alle Menschen werden Brüder» in ein ätherisches H-Dur hinüberführt, von den Schwingen der Cherubim emporgetragen zur erschauten Seligkeit des Elysiums.

Mit einer ätherischen Aura schwebender Anmut erscheint auch das H-Dur Prélude Frédéric *Chopins.* Alle irdische Schwere ist überwunden, und der immer wiederkehrende Sextenschwung zwischen Venus und Merkur (fis–dis) spricht ganz eindringlich von dem Hinüberschweben in andere Seinsbereiche: «*Die Seele ergreife Welten – der Geist erfasse Wesen.*»

Franz *Schuberts* tiefe Beziehung zu H-Dur hat sich uns bereits an zwei Beispielen gezeigt. Sehr aufschlußreich aber auch für die *objektive* Klangwirkung einer Tonart ist das Seitenthema im ersten Satz seiner «Unvollendeten». In der Exposition in G-Dur stehend, muß dieses unter Tränen lächelnde, wiegende Ländler-Melos wohl auch aus dem maienhaften Blühen der Stiersphäre entsprungen sein.

Aber welch überirdischen Zauber strahlt es aus, wenn Schubert in der Reprise das Thema nach H-Dur führt. Kein empfindsames Ohr kann die Entrückung überhören, die dem Thema in dieser Sphäre widerfährt.

Sehr aufschlußreich ist die Gegenüberstellung von H-Dur sowohl zu G- als auch zu E-Dur. Der Bezug zwischen H- und G-Dur ist allein schon deshalb interessant, da beide Tonqualitäten unter der Strahlung von Erdzeichen stehen. Die Beziehung zwischen H- und E-Dur ruht vor allem auf dem Liebeselement, das sich durch beide Tonqualitäten ausspricht. Wo liegt ihre Andersartigkeit?

Das Anliegen des Taurus-Zeichens (G-Dur) haben wir im «Pflegen», «Warten» und «Dulden» erkannt. Im menschlichen Organismus ist es die Halsregion, der Kehlkopf, mit dem die Stierkräfte kommunizieren. Das Wort, so sagten wir, ist des «Geistes Wartburg»; und das Pflegen und Warten dieser Schatzkammer geistiger Erkenntnis haben wir mit dem Begriff der *Treue* in Verbindung gebracht. Nun zeigt sich aber auch H-Dur – siehe Sentas Gelöbnis – mit diesem Begriff eng verschmolzen. Allein die hier zugrunde liegende Kraft ist doch eine sehr unterschiedliche. Treue im Sinne der Taurusstrahlung bedeutet jene höchste und freiwillige Demut, die sich vollbewußt und mit vorbehaltloser Ergebenheit unter das Gebot des selbstgewählten Höheren stellt. Dies kann für den niederen Stiertypus bis in die völlige Hörigkeit führen, denn dem «Stier» haftet eine gewisse Schwerfälligkeit und Trägheit an.

Ganz anders dagegen der Treue-Aspekt der Virgo-Strahlung, die ja nicht der Aussaat, nicht der Wartung und Pflege des Saatgutes, sondern der Einbringung und Verwendung der Ackerfrucht dient. Das den Virgo-Kräften verbundene Organ in der menschlichen Leiblichkeit ist der Darm- und Verdauungsbereich. In ihm findet jene wunderbare Alchimie der Substanzverwandlung statt, durch welche die Nahrung zu einer dem Menschen adäquaten Stofflichkeit umgearbeitet, das Wertvolle vom Abträglichen geschieden und Vorsorge getroffen wird, daß dieses Abträgliche so rasch als möglich den Körper wieder verläßt.

346

In gleicher Weise wie der Darmtrakt zur Nahrung, verhält sich der Virgo-Mensch zu seiner Umwelt. Die esoterische Funktion des Darmes, Niedriges in Höheres zu verwandeln, ist auf geistig-seelischer Ebene auch das Anliegen des unter der Jungfrau-Strahlung Stehenden. Wobei diese Vervollkommnung stets verbunden bleibt mit dem Ackerland Erde, mit dem «agere», dem Wirken, Tun und Handeln.

Die reifste Frucht aber in diesem Ackerland «Erde» ist das *Ich*, das durch den Sündenfall in eine egoistische Selbstheit gestoßen wurde, und nun durch lange und mühevolle Arbeit zu seiner ursprünglichen Reinheit und göttlichen Ebenbildlichkeit emporwachsen soll.

«Es ist der Sinn unserer Arbeit im Erdreich, daß wir durch sie unser wahres Ich wiedererwecken, das wir nur finden können, wenn wir unser selbstisches, auf den zeitlichen Vorteil gerichtetes Streben aufgeben – unser beschränktes Ich so verwandeln, daß es den Anderen, denen wir damit dienen, gleichsam zur Speise werde, sie ernährend und veredelnd.»[5]

Daran wird aber auch die unterschiedliche Wurzel des Liebeselementes zur Löwe-Strahlung erkennbar. Das Sonnen-Venus-Wort der Löwestimmung lautete: *«Durchströme mit Sinngewalt gewordenes Weltensein»*. Die Herzenskräfte des Löwe-Menschen fließen aus dem «Ur-Licht» der Sonne, sie spenden dem «Unteren», was sie von «oben» empfangen haben. Die Liebeskraft der «Jungfrau» ist eine verwandelnde, sie will von «unten» nach «oben» führen. *Die Welten erschaue, Seele!*», und: *«Die Seele ergreife Welten»*, heißt ihr Sonnen- und Venuswort; und gemeint sind jene Welten, aus denen der «Löwe» seine Liebeskraft empfängt. Die Liebe des Löwe-Menschen ist «schenkende Tugend»; die Liebe des «Jungfrau-Geborenen» birgt immer eine «Opfertat» in sich, durch die sich der Opfernde selbst erhöht, indem er den anderen zu seinem höheren Sein emporführt. Gerade dies erstrebt Elisabeth, gerade dies vollzieht Senta für den «Holländer». Darin liegt ihre Liebe und Treue, die liebende Treue, oder treue Liebe des Virgo-Menschen. Nicht die Hut und die Pflege des teuren Gutes (Stier) ist ihr eigentliches Anliegen, auch nicht allein die Neigung damit zu beglücken (Löwe); was der Jungfrau-Mensch vor allem im Auge hat ist *Verwandlung;* jene Verwandlung, durch die der Mensch in seinem höheren Ich zum zweiten Mal geboren wird, nachdem er den Begehrungen seines niederen Egos entsagt hat. Hier liegt die «Transzendenz» der Jungfrau-Strahlung, die sich auch im klanglichen Abbild der H-Dur-Harmonie empfinden läßt. In E-Dur tönt uns Herzenswärme, liebende Innerlichkeit entgegen. In dem «Glitzern» und «geheimnisvollen Schimmern» (Stephani) von H-Dur gilt es jenes alchimistische Wandlungsgeheimnis zu erlauschen, das uns als das «Ewig-Weibliche» unserer Seele «hinanziehen» will zu «reineren» und «höheren Sphären».

Im Zeichen der Jungfrau findet *Merkur* sein «Haus», dessen wesentliche Funktion die Vermittlung zwischen oben und unten ist. Und wie nahe das «Unten» in H-Dur an das «Oben» bereits herangeführt wird, wie sehr entrückt die Kreuz-Tonalität hier bereits dem Irdischen ist und in den Geist des Makrokosmos überfließt, das läßt uns *Beethoven* im zweiten Satz seines Klavierkonzertes in Es-Dur erleben, in dem sich schon die Transzendenz eines Ces-Dur zu offenbaren beginnt, das in Wahrheit hinter unserer Kreuztonart steht.

Hier sind die Grenzen zwischen dem Kreuz- und Be-Tonartenbereich schon so fließend, wie sie Goethe in der Schilderung seines «Arkadien» verschmelzen läßt, wo sich *alle Welten* ergreifen und Himmlisches in Irdisches, Menschliches in Göttliches sich verwebt:

> *«Wir staunen drob; noch immer bleibt die Frage:*
> *Ob's Götter, ob es Menschen sind?»*
>
> *(Faust II, 3. Akt)*

Auch das Es-Dur-Konzert von Franz *Liszt* weiß um dieses Ineinander-Übergehen der beiden großen Vorzeichen-Sphären unseres tonalen Systems. Denn auch in dieses, von der Ahnung nächtlichen Elfenzaubers erfüllte H-Dur des Seitenthemas, strahlt die Jenseitigkeit von Ces hinein, sehnsuchtsvoll zu Höhen emporsteigend, die weit jenseits der Erdenschwelle liegen.

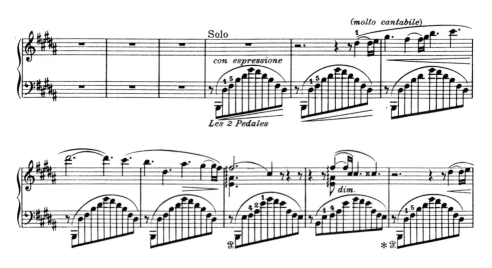

Alle diese H-Dur-Themen bestätigen uns in ihrem Empfindungsgehalt die Worte Riemanns: sie *«fließen über von allumfassender Liebe»*[3], verstanden in dem eben vorhin aufgezeigten Sinne. Und dieses Liebeselement ist wohl auch der tiefere Grund für die oft enge Verbundenheit unserer Tonart mit ihrer Unterdominant-Harmonie E-Dur, wie es Richard *Wagner* in den «Meistersingern» mit nächtlichem Sternenglanz zu zeigen vermochte.

Liebe und Treue in Verbindung mit Vervollkommnung, Reifung und Höherentwicklung, so sagten wir, sei das Anliegen des Virgo-Menschen. Er wird im Leben stets die Vorsicht walten lassen, ob etwas, das ihm begegnet, assimilierbar ist oder nicht. Stets fühlt er sich gedrängt abzuwägen, ob dieses Etwas der eigenen Natur gemäß und geeignet ist, es in möglichst harmonischer Entwicklung mit der «Natur» überhaupt zu bringen. Auf allen Ebenen des Lebens wird der Virgo-Geborene eine gewisse Hygiene walten lassen. Im Physischen mag sich dies auf den eigenen Körper konzentrieren. Im Seelischen zeigt sie sich als feiner Sinn für Sympathie und Antipathie; ein Sinn, der spätere Enttäuschungen und Gefühlskatastrophen von vorneherein verhindern will. Im geistigen Bereich kommt es darauf an, *«die Gesamtheit aller Erkenntnisse, die die Vorratskammer des geistigen Vermögens ausmachen, stets in einer solchen Weise bei der Hand zu haben, daß sie jederzeit zum Maßstab dafür anwendbar bleiben, was an neuen Erkenntnissen mit ihrer Hilfe verdaut oder assimiliert werden kann.»*[5] Und schließlich herrscht auf moralischer Ebene die Grundeinstellung, derzufolge nichts als «gut» anerkannt werden kann, das irgendwie schädigend auftritt. Die Moral des Virgo-Menschen ist *«eine Art ausgleichendes Kompromiß zwischen den Ansprüchen aller auf einen möglichst hohen Grad des ‹Wohlergehens›, unter möglichster Wahrung des persönlichen Interesses des Einzelnen, seiner Natur gemäß zu leben».*[5]

All dies zusammen rechtfertigt z. B. das H-Dur im Finale von *Webers* «Freischütz». Die Handlung selbst spricht es aus durch das Wort des Fürsten:

> «Bewährst du dich, wie dich der Greis erfand,
> dann knüpf' ich selber euer Band!»

Läuterung, Besserung wird in Verbindung gebracht mit den «Sympathien» der Mitwelt unter gleichzeitiger Berücksichtigung des zwischen Max und Agathe geflochtenen Liebesbandes. Es soll das «Gute» gewahrt bleiben, aber auch die Herzen sollen zu ihrem Recht kommen.

Auch die Wahl dieser Tonart für den Einzug der Gäste in *Wagners* «Tannhäuser» muß von diesem Assimilierungsprozeß her verstanden werden, denn allein vom Geschehen auf der Bühne betrachtet, wäre für diesen Festakt ein Es- oder C-Dur viel tonartengemäßer gewesen. Aber es wird diesmal ja nicht zu einem der üblichen Feste auf der Wartburg aufgerufen, und auch nicht nur die Rückkehr Tannhäusers in den Sängerkreis gibt das Gepräge. Vielmehr ist es die Teilnahme Elisabeths, die seit dem Weggang Tannhäusers die Halle mied, die dem Sängerfest seine Besonderheit verleiht und die Herzen der Gäste berührt. Elisabeths Anwesenheit durchstrahlt den Raum und die Freude, der Glanz ihrer Jungfräulichkeit breitet sich über den Lob- und Dankgesang der einziehenden Gäste.

Und das Ende des Aktes bringt ein ähnliches H-Dur wie das Finale im «Freischütz»: die Mahnung zur Läuterung und Wandlung, deren eigentlicher Wesensgrund ebenfalls Elisabeth ist. Tannhäuser wird voll Hoffnung nach Rom pilgern, um dort Vergebung und Entsühnung von seiner Schuld zu erflehen.

Das Sternenzeichen der «Jungfrau» verehrten schon die alten Babylonier als das Zeichen der himmlischen Wegzehrung. Als himmlisches Lebensbrot empfand man diese Kräfte, die vom Tierkreis zur Erde herunterstrahlten. Die Jungfrau mit der Ähre – *Spica* – war die Trägerin des Sternenbrotes. Die Ähre ist im Jungfrauzeichen das Symbol, worauf es ankommt; sie versinnbildet den *«Zustand des gerade ins Dürre Hineingehens des Fruchtenden».* [6] Was aber ist dieses Fruchtende? Was heißt: Sternenbrot, Lebensbrot, himmlische Wegzehrung? Es sind die nährenden und aufbauenden Kräfte des kosmischen Lebensäthers, die in der christlichen Esoterik als die Kräfte des Lebensbaumes, des zweiten Paradiesesbaumes bezeichnet werden. Im Laufe der Zeiten jedoch schwand die alte Empfänglichkeit für diese Sternenkräfte und Sternenweisheit dahin, immer knapper wurde der Menschenseele das Himmelsbrot, bis die «Wegzehrung» schließlich gänzlich aufgebraucht war. Angesichts dieses Verlustes und der damit verbundenen Folgen erscheint das Ereignis der Zeitenwende eine Notwendigkeit zu sein, soll die Menschheit jemals das Ziel ihres Erdenweges erreichen können. Goethe sieht daher das Ereignis von Golgatha als eine im Schöpfungsplan seit Urbeginn vorgesehene Gottestat an:

«Man sieht leicht, wie hier die Erlösung nicht allein von Ewigkeit her beschlossen, sondern als ewig notwendig gedacht wird, ja daß sie durch die ganze Zeit des Werdens und Seins sich immer wieder erneuern muß. Nichts ist in diesem Sinne natürlicher, als daß die Gottheit selbst die Gestalt des Menschen annimmt, die sie sich zu einer Hülle schon vorbereitet hatte, und daß sie die Schicksale desselben auf kurze Zeit teilt, um durch diese Verähnlichung das Erfreuliche zu erhöhen und das Schmerzliche zu mildern.» [7]

Die heidnische Welt wußte noch nichts davon, daß durch diese Gottestat dereinst dem Menschen die Frucht des entzogenen Paradiesesbaumes gebracht würde, aber sie wußte um die Notwendigkeit eines Gottesopfers und sprach von der «Sternenjungfrau», die sich aus Sonnenhöhen als lebende Kraft an das ersterbende Erdendasein hingibt. In der Gestalt der Demeter, oder als deren Tochter Persephone wurde sie als die segensreiche Erdgöttin verehrt, die die Erde fruchten und reifen läßt. Besonders eindrucksvoll bringt diese Tat opfernder Hingabe

der griechische Mythos von Persephone zum Ausdruck. Als die Tochter Demeters einst mit ihren Gespielinnen auf grüner Flur sich der Blumen erfreute, stieg plötzlich Hades mit seinem Rossegespann aus der Erde hervor und entführte die nach Hilfe rufende in sein finsteres Totenreich, wo er sie zu seiner Gemahlin machte.

Lange irrte die trostlose Mutter auf Erden umher, ihre geliebte Tochter suchend. Zürnend sendet sie Mißernten über alle Länder, bis endlich Persephones Vater – *Zeus* – sich genötigt sieht, dem Bruder die Rückgabe des Raubes zu gebieten. Ehe aber Hades (Pluto) dem Befehl Folge leistete und Persephone frei gab, reichte er ihr einen Granatapfelkern, dem ein geheimer Liebeszauber zugeschrieben wurde, zur Speise. Persephone vermochte es dadurch nicht, sich für immer von ihrem Gemahl zu trennen. Und so lebt sie nun zwei Drittel des Jahres (vom Frühling bis in den Spätsommer) bei der Mutter auf Erden, dann aber siegt die eheliche Liebe und sie steigt freiwillig wieder in das Schattenreich hinab, um das restliche Dritteil des Jahres (den Winter) bei ihrem Gatten zu weilen. Hier wird in schönen Imaginationen dargestellt, wie diese himmlische Lebenskraft bis in die Erdentiefen hinuntersteigt, dort ihre segensreichen Gaben spendet und innig verbunden ist mit allem Pflanzenhaft-Ätherischen. Wollen wir das Jungfrau-Zeichen daher in seiner letzten Tiefe verstehen, müssen wir von der Ähre – spica – ausgehen. Was sie uns vermittelt ist das Sternenwirken in Erdenstoffen; und dieses Wirken bedeutet einen *chymischen* Prozeß. Mit Golgatha schließlich ist dem Menschen die Möglichkeit geschenkt worden, diesen chymischen Prozeß durch sein eigenes Ich zu ergreifen und zu vollziehen. Daher dürfen wir auch in dem H-Dur, das nach Elisabeths Fürbitte die aufgebrachten Edlen zähmt, einen Schimmer von jener Opfertat erblicken: «Ein Engel stieg aus lichtem Äther, zu künden Gottes heil'gen Rat!»

Wenn man in Griechenland Persephone verehrte, in der nicht nur die Kraft äußeren Blühens und Fruchtens – wie in Demeter – geschaut wurde, sondern auch seelische Innerlichkeit, so blickten die ägyptischen Mysterien zu *Isis* empor und sahen in dem strahlenden Sirius ihren heiligen Stern. Diese Sternenverwandtschaft enthüllt am deutlichsten der assyrische Jungfrau-Name: *Istar*. Er birgt das avestische Urwort: «star» – Stern. Das lateinische Wort «spica» bedeutet Ähre, weist aber gleichzeitig auf den hellsten Stern im Sternbild der «Jungfrau». Und für die *nordische* Menschheit war diese Sternenbeziehung das maßgebende Element ihrer Jungfrau-Verehrung. Sie blickte nicht auf die «Ähre», sondern auf das physische Abbild dieser Sternenwelt, auf das Eiskristall der Schneeflocke. Kristalle spiegeln ja am reinsten die ätherischen Bilde- und Formkräfte, und in der Schneeflocke erlebte man im Norden stets aufs neue das Ätherisch-Jungfräuliche des Kosmos. Unser Wort «Eis» leitet sich vom altgermanischen «is» ab und klingt zweifellos auch im Namen Isis an. Ist doch das Eis nichts anderes als das stoffliche Zeugnis für die aus dem Kosmos heraus quellende ätherische Bildekraft. In diesem Sinne hat dann auch die nordische Märchen- und Sagenwelt diese Kraft in der Gestalt der «Eisjungfrau» aufgenommen. Die germanisch-keltische Mythologie kennt dieses Geheimnis von Istar-Isis-Eis als Ishild, Eishilde oder Eis-Holde, woraus schließlich der Name *Isolde* wurde.

Und damit kommen wir zu einer der erhabensten H-Dur-Stellen der Musikliteratur, zum «Liebestod» in Richard *Wagners* «Tristan und Isolde». Aus der Dunkelheit von As-Dur über den Quintsextakkord von Ces, vollzieht sich die enharmonische Verwandlung der Harmonie zu H-Dur, d. h., es vollzieht sich der kosmisch-chymische Prozeß der Jungfrau-Strahlung.

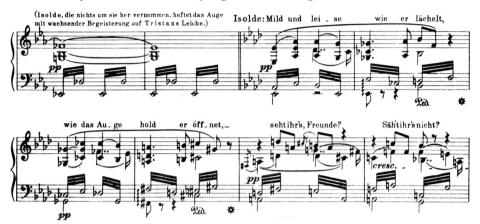

Denn was Isolde in dieser Tonart erlebt, ist der zu kosmischer Umkreisfülle sich weitende, jungfräulich gewordene Sternenleib Tristans, sein in die Sphärenharmonie sich ergießendes unsterbliches Wesen:

> «Immer lichter wie er leuchtet,
> Stern-umstrahlet hoch sich hebt?
> Seht ihr's nicht?»

Dieses H-Dur kündet nicht einfach von einem «Durch-den-Tod-Gehen», sondern begleitet das Entschweben der reinen Äthersubstanz des Menschen, das Ausatmen in des «Weltatems wehendem All». Von dieser Welthaltigkeit berührt und durchdrungen wird Isoldes Wesen sanft herausgehoben aus seinem irdischen Verhaftetsein.

Doch ehe wir versuchen, die letzten Tiefen des Jungfrau-Mysteriums aufzuspüren, wollen wir den negativen Elementen nachgehen, die natürlich auch den Jungfrau-Geborenen umdrohen. Wie überall, wird es auch hier der Egoismus sein, der pervertierend wirkt. Wir haben den alchimistischen Prozeß der Verwandlung des Niedrigeren in das Höhere als Wesenselement der Jungfrau-Strahlung erkannt. Dieser Prozeß steht für den Virgo-Geborenen in Wechselbeziehung zu seiner Mitwelt. Indem er für seine Höherentwicklung sorgt, sorgt er damit zugleich auch für den Vorteil aller derer, mit denen er verbunden ist. *«Nach eigener Vervollkommnung zu streben zum Heile der anderen»*[5] ist die erkannte Lebensmission des hohen Virgo-Typus. Die negative Seite dieser «Alchimie» ist unschwer zu erkennen: Höherentwicklung, Vervollkommnung, um seiner selbst willen, nicht zum Wohle, sondern auf Kosten der anderen. Restlose Selbstbezogenheit hinsichtlich der dem Virgomenschen wesenseigenen «Ökonomie» und «Hygiene». Und daraus erhellt sich uns dann wohl auch jenes H-Dur, das Mattheson und Schubarth zu jenen eingangs zitierten Urteilen veranlaßte, die uns jetzt, am Ende unserer Betrachtung noch abwegiger dünken müssen als zuvor. Doch gibt es Fälle, wo sich die Tonart – ähnlich wie wir es bei E-Dur bereits erlebten – in ihrem Wesenselement gleichsam selbst auszulöschen scheint.

Richard *Strauß* läßt in seiner «Salome» solch ein H-Dur als eine orgiastische Romanze verschmähter Sinnlichkeit aufklingen. Salome – die nach den Intentionen von Strauß jungfräulich zu denken ist, schwärmt so leidenschaftlich und mit solcher Unbekümmertheit von Jochanaans Reizen, daß man fast geneigt ist, an ihre kindliche Naivität zu glauben. Doch bei den Worten: «Laß mich ihn berühren, deinen Leib!» *«bricht ihr Inneres auf, wie das verfaulte Innere eines heil aussehenden Apfels»*[8].

Diese Widersprüchlichkeit zu ihrem eigenen Geistgehalt, könnte für H-Dur durchaus jenen Eindruck des «Widerwärtigen», «Unangenehmen» und «Desparaten» erwecken, wie ihn Mattheson zu seiner Zeit offenbar an uns heute unbekannten, doch im Kern ihrer Aussage ähnlichen Beispielen gewonnen hatte.

Und auch Schubarths Meinung, H-Dur sei für *wilde Leidenschaft geeignet und aus den grellsten Farben zusammengesetzt*, soll durch ein Beispiel bestätigt werden. Das Duett Eglatine–Lysiart in *Webers* «Euryanthe» zeigt ein H-Dur, das nur von Haß und Rache spricht, und damit die völlige Pervertierung dessen aufweist, was Wesenselement und Sphärengehalt der Tonart ist.

Eglatine, so sagten wir, sei die frühromantische Vorläuferin von Wagners Ortrud. Gleiches gilt für Lysiart in bezug auf Telramund. Der Racheschwur, den das düstere Paar hier ablegt: «Dunkle Nacht, du hörst den Schwur! Sei mit uns'rer Tat im Bunde!», nimmt die finstere Dämonie Ortruds und Telramunds Rachedrohung ahnungsvoll voraus.

Wagner allerdings hüllt diesen Schwur in ein gespenstisches fis-Moll, das sich im Unisono der beiden Stimmen in seiner ganzen schauerlichen Größe vor uns aufrichtet. Man achte auf den Dreiklang der VI. Stufe: d–fis–a bei dem Worte: «beschwören»; eine Finsternis tut sich hier auf, die sich in sich selbst übersteigert, so daß sie zu glühen beginnt.

Weber will offenbar dieses Glühen durch die Wahl von H-Dur zum grellen Aufleuchten von Wut, Eifersucht und Raserei umwerten, und er trifft die richtige Wahl. Denn die beiden Schwüre zeigen verschiedene Wurzeln. Bei Ortrud und Telramund ist es kaltes, hemmungsloses Streben nach Macht, und die Wiederge-winnung der verlorenen Ehre um jeden Preis, was die beiden beseelt; bei Eglatine und Lysiart heißt die Wurzel dagegen verschmähte *Liebe.* H-Dur als Tonart eines ihrem Wesen völlig fremden Racheschwurs stellt dieses pervertierte Liebeselement ins grellste Licht. Greller und aufschreiender als es z. B. E-Dur vermöchte, eine Harmonie, die ihre Innerlichkeit selbst bei einer solch widersprüchlichen Verwendung nie ganz verbergen könnte. Die im vorigen Kapitel erwähnte E-Dur-Arie der Eglatine kann dies bezeugen.

Für Robert Schumann bedeutete dieses Duett jedenfalls *«das genialste Stück der Oper»*, deren Musik nach seinem Dafürhalten *«noch viel zu wenig erkannt und anerkannt»* wird. *«Es ist Herzblut, sein edelstes, was er hatte; ein Stück Leben hat ihm die Oper gekostet – gewiß. Aber auch unsterblich ist er durch sie.»*[9]

Und noch ein Beispiel sei angeführt, das seinem Inhalt nach in eklatantem Widerspruch zum Wesensgehalt von H-Dur steht: die weltbekannte Arie des Herzogs in *Verdis* «Rigoletto»: «La donna è mobile» – «O wie so trügerisch sind Weiberherzen». Die Arie, gleich nach ihrer Uraufführung zu einem Schlagerlied der Opernliteratur geworden, dient mit ihrer entsprechend handfesten Melodik und Rhythmik dem Ausdruck des Derb-Sinnlichen, wie es sich in der Gestalt des Herzogs manifestiert. Was aber hat dies mit H-Dur, der Tonart der «Jungfrau», zu tun? Die Antwort liegt in der dramatischen Situation, aus der man diesen frivolen «Monolog» eines «Wüstlings» nicht herauslösen darf. Zeuge des Gesanges ist ja *Gilda*, die wahrhaft Liebende, die die Aufrichtigkeit ihrer Liebe mit der Hingabe ihres Lebens zu bezeugen bereit ist. Von ihr spricht wohl dieses H-Dur. Wie schneidend daher die Dissonanz, wenn der Herzog das Spottlied über die «Weibertreue» auf dem harmonischen Fundament jener Tonart aufbaut, die Ausdruck der nie wankenden Treue ist. Das Wesen einer Senta, einer Elisabeth schwingt mit in diesem H-Dur und läßt uns die leichtfertig hingeworfene Lüge dieser Philosophie der Sinnenlust erleben.

360

Nach diesem Blick in die Verkehrung, lassen wir noch einmal den wahren Geistgehalt dieser Harmonie vor uns erstehen. Wir sagten vorhin, daß hinter dem Sternenwirken in Erdenstoffen die Kraft des «Lebensbaumes» stünde. Das Bild des Lebensbaumes weist uns gleich jenem der Demeter in das Pflanzenreich. Und wenn etwas dargestellt oder symbolisiert werden soll, das die Reinheit in vollendeter Form zum Ausdruck bringt, wird immer zum Bild der Pflanze gegriffen; Eden, das sündelose Paradies, war ein *Garten*. Unberührt von Begehrungen und egoistischen Leidenschaften erscheint uns das Ätherisch-Pflanzenhafte. Korrumpiert von luziferischer Triebgewalt wurde die Seele, der astrale Bereich. So ist es folgerecht, daß die «Jungfrau mit der Ähre» rein und sündelos in die Erdentiefen steigt, immer das eine im Auge haltend: Unreines auszuscheiden. Das Unreine, Unklare, Unwesentliche vom Reinen, Klaren, Wesenhaften zu scheiden, das ist bis in die Leibesorganisation hinein das Anliegen dieser Fixsternstrahlung. Und durch das Mysterium von Golgatha ist die «Jungfrau» zum Symbol für den höheren Menschen geworden, der seinen niederen, egoistischen «alten Adam» ausgeschieden hat. Der Mensch, *«der durch diese zweite Geburt gegangen ist, durch die er die Erde überwunden hat, heißt darum der ‹Jungfraugeborene›, von der Jungfrau geboren im Hause des Brotes: Beth-Lechem.»*[5] Hier wölbt sich der Bogen von der «Jungfrau mit der Ähre» hinüber zur christlichen Esoterik, die uns im Weihnachtsgeschehen die letzten Tiefen des Jungfrau-Mysteriums offenbart.

Nun ist diese Neugeburt aber auch der innerste Kern des Gralsmysteriums, in dem die Beziehung zwischen Mensch und Pflanze unmittelbarsten Ausdruck gefunden hat. Unzählige Male wurde in den Rosenkreuzerschulen dieses Bild den Weihesuchenden vor die Seele gestellt:

«Schaut Euch die Pflanzen an mit dem Kopf nach unten, mit den Befruchtungsorganen nach oben, die sich dem Sonnenstrahl entgegenstrecken. – Diesen Sonnenstrahl nannte man die heilige Liebeslanze, welche die Pflanze zu durchdringen hat, damit der Same zum Wachsen und Reifen kommen kann. Nun sagte man dem Schüler: Richte den Blick hinauf bis zum Menschen, sieh dir die Pflanze und dann den Menschen an, vergleiche des Menschen Materie und Stoff mit denen der Pflanze. Der Mensch ist die umgekehrte Pflanze, er ist es geworden, weil er seinen Stoff, sein Fleisch durchdrungen hat mit physischer Begierde, mit Leidenschaft und Sinnlichkeit.»[10]

Aber die Seele des Menschen wird wieder zum reinen Blütenkelch werden, wenn er die Begierden vollkommen geläutert haben wird, wenn er als «Jungfraugeborener» so rein und lauter wie der Blütenkelch der Pflanze in seiner Seele sein wird. *«Der Blütenkelch der Pflanze wird auf höherer Stufe neuerdings erstehen ... Dies ist das Geheimnis des heiligen Gral, das höchste Ideal, das vor den Menschen hingestellt werden kann.»*[10]

Im Blumenaue-Thema von *Wagners «Parsifal»* findet dieses Wandlungsgeheimnis – das Geheimnis von H-Dur – seinen musikalischen Niederschlag; offenbarend, wie sehr dieses Werk unter der Rosenkreuzerinspiration des Gralsmysteriums geschrieben worden ist.

Aus sanft wiegenden Triolenrhythmen erhebt sich mit unbeschreiblicher Schönheit das Thema der verwandelten, zu einer neuen «terra lucida» gewordenen Erde, nicht ohne vorher den verborgenen Geistgehalt von Ces-Dur angetönt zu haben. Eine Frühlingsbotschaft in H-Dur, deren Morgenduft und sonnige Heiterkeit jedoch nicht auf ein irdisches Geschehen in der Natur verweist, sondern klingendes Gleichnis ist für die Wandlungs-Alchimie der «Jungfrau». *«Wie Farben und Leben sich allmählich steigern und sich der Erlöserhauch des Karfreitagsmorgens über die Natur breitet, die Blumenaue zu einer verklärenden Lichterde wandelnd, das alles in seinem Erlebensgehalt festzuhalten, entzieht sich dem beschreibenden Wort.»*[11] Hier hat die Jungfrau-Tonart wohl ihr tiefstes Geheimnis geoffenbart.

Die parallele Moll-Tonart der Jungfrau-Sphäre: gis-Moll/as-Moll

gis-Moll

Die parallele Mollsphäre von H-Dur lüftet zur Gänze das enharmonische Geheimnis, das sich uns bereits bei einigen H-Dur-Beispielen zu erkennen gab: das Überfließen nach Ces-Dur, der hintergründig hereinleuchtenden Be-Sphäre. Denn bei der Mollparallele von H-Dur zeigt sich, daß die Meister in vielen, ja den meisten Fällen zur enharmonischen Verwandlung der leitereigenen Tonart greifen und statt gis-Moll, as-Moll schreiben.

Auch die auslegende Literatur schweigt sich über gis-Moll weitgehendst aus. Stephani und Schubarth sind sich einig, daß sich in gis-Moll *«Griesgram»* aussprechen würde, ein *«gepreßtes Herz»*, das sich in seiner an *«Ersticken»* heranreichenden *«Jammerklage»* bis in die Region des Doppelkreuzes – fisis – *«hinaufseufzen würde».*[1] Einfühlender dagegen Riemann, der in gis-Moll eine engverwandte Tonart von cis-Moll sieht. *«Beide haben etwas gleichsam Metaphysisches, Transzendentes, d. h. sind weit weggerückt von der nüchternen Anschauungsweise des Alltags-*

menschen und bewegen sich im Gebiete übersinnlicher Vorstellungen und idealer Empfindungen.»[3] Die Struktur von gis-Moll findet Riemann noch weicher als die von cis-Moll. Von dem gis-Moll-Präludium des zweiten Teiles des «Wohltemperierten Klaviers» sagt er, es würde darin etwas leben und weben *wie ein neuer Frühling,... es sproßt und treibt an allen Enden.»*[3] Auch dieser «Frühling» ist im Sinne des chymischen Wandlungsprozesses zu verstehen, gleich dem «Karfreitagszauber» in «Parsifal». Wie dort die Transzendenz des Ces-Dur hereinstrahlt, ist es hier das parallele as-Moll, das den «neuen Frühling» zu einem spirituellen Erwachen bringt.

Aber auch im gis-Moll-Präludium des ersten Teiles fließt und sprießt es, so daß sich Riemann die Frage stellt: *«Ob es wohl Bach selbst bemerkt hat, daß das Thema des cis-Moll-Präludium im gis-Moll-Präludium noch einmal seine unerschöpfliche treibende Kraft bewiesen hat?»*[3]

Auch die vierstimmige Fuge zeigt ein ähnliches Bild. Für Riemann ist sie *«eine der stimmungsvollsten Fugen des ganzen Werkes, so gesättigt mit innigem Ausdruck, so wohllautend, so schlicht natürlich sich entwickelnd, daß eine Fessel der Fugenform nirgends zu spüren ist.»*[3]

Die Melodik des Themas ist vielleicht etwas ungewöhnlich: vom Grundton ausgehend, steigt es in leicht gebogener Linie zur Terz (Saturn-Mond) und über einen Tritonus (cisis) zur Merkur-Quarte empor, von da in der Tonart der Dominante (Dis-Dur!) in weiten Schritten mit Tonrepetitionen in die tiefere Oktav der Dominante herab. Dieses Hinausgreifen nach Dis-Dur stellt einen chymischen Prozeß dar, der innerhalb unseres normalen Quintenkreises eigentlich nicht mehr ganz faßbar ist. Ein Oszillieren des Lichtes, dem keine Materie mehr anzuhaften scheint.

«Wir sehnen uns nach Hause, und wir wissen nicht wohin», hat Eichendorff einmal gesagt. Dieses ungewisse, aber doch von Sturm und Drang erfüllte Sehnen nach unbekannten Sphären, zeigt *Chopins* Prélude mit seiner fast hektischen Chromatik auf.

Spricht sich in dem gis-Moll Bachs und auch Chopins die noch mehr der Natur verbundene Seite der Jungfraustrahlung aus, so läßt uns Edvard *Grieg* in seinem Wiegenlied jene ätherische Wehmut erleben, die uns an die der Betrachtung dieses Kapitels vorangestellten Gedichte Hebbels und ihre Abschiedsstimmung erinnern könnte.

Daß für den nordischen Meister gis-Moll aber nicht ausschließlich mit Melancholie und Wehmut verbunden war, dies zeigt er uns in seiner Humoreske Opus 6 Nr. 2.

Es ist gewiß ungewöhnlich ein so hoch in der Kreuztonsphäre stehendes Moll zur Harmonie einer Humoreske zu wählen. Aber vielleicht ist es gerade dieser elegische Schleier des Abschieds, der über dieser Tonart liegt, der zu einer Heiterkeit aufruft, in der sich Erinnerung an die Schönheit dieser Erde mit dem Wissen um das nahende Scheiden zu einem Lächeln der Entsagung ohne Bitterkeit vermengen. Auch Johannes *Brahms* hat in seinen Walzern ähnliche Stimmungen beschworen. Kündet die Nummer 3 von Opus 39 mehr von Trauer und Schwermut,

so scheint sich das Melos von Nr. 14 an vergangene glückliche Stunden in wehmütiger Heiterkeit zu erinnern:

Gewiß liegt über all diesen Stücken eine leichte Trauer, eine Melancholie des
Verzichtes, der Entsagung. Wo dieses Abschiednehmen aber zu einem wirklichen
Schmerzerlebnis sich steigerte, da wählten die Meister stets die enharmonische
Schwester von gis-Moll, das as-Moll. Hermann Beckh meint dazu, daß sich in
as-Moll das Schmerzerlebnis des scheidenden Lichtes aussprechen würde; ein
Scheiden, das dem H-Dur ja bereits wesenseigen ist. *«Die sonst mehr im Seelischen
liegende Melancholie von as-Moll scheint dort, bei gis-Moll, nach der Naturstimmung
hin gewendet zu sein.»*[12] Wir könnten dabei wieder an den griechischen Mythos
denken; gis-Moll würde sich demnach mehr der Gestalt der Demeter zuwenden,
während in as-Moll das seelische Element – Persephone – zu uns spricht.

Wie stellt sich diese enharmonische Verwandlung nun in kosmischer Sicht dar?

GIS-MOLL:

GIS	AIS	H	CIS	DIS	E	FISIS	GIS
Quint- qualität	Sext- qualität	Sept- qualität	Prim- qualität	Sekund- qualität	Terz- qualität	Quart- qualität	
Saturn	Sonne	Mond	Mars	Merkur	Jupiter	Venus	

AS-MOLL:

AS	B	CES	DES	ES	FES	G	AS
Sext- qualität	Sept- qualität	Prim- qualität	Sekund- qualität	Terz- qualität	Quart- qualität	Quint- qualität	
Sonne	Mond	Mars	Merkur	Jupiter	Venus	Saturn	

Der Saturnton gis ist Grundton: *«Dem Weltenerblüh'n vertraue»*, lautet sein Wort.
Wir nannten eine Seele, die dieses Vertrauen zum Weltenschicksal hegt, eine
treue Seele. Damit wurde der *Mensch*, der Mikrokosmos angesprochen. Der
makrokosmische Aspekt des Saturnwortes bezieht sich unmittelbar auf das Sonnenwort: *«Die Welten erschaue, Seele!»*. Saturn ruft also dazu auf, dem Erblühen
der von der Seele erschauten Welten zu vertrauen. Diese Mahnung bildet den
Grundton, auf den sich die gis-Moll-Harmonie aufbaut.

Wie ist es aber nun mit der enharmonischen Verwandtschaft dieses Saturnwortes bestellt? As zeigt sich uns als der in inkarnierender Wirkenskraft stehende Sonnenton. Wie lautet sein Wort? As-Moll wäre ja die Parallele von Ces-Dur; und Ces kann nur – bei Aufrechterhaltung der Siebenordnung innerhalb des Zwölferkreises – ein vergeistigtes, transzendiertes C-Dur bedeuten, das – erdenentrückt – einen neuen Ausgangspunkt in der unendlichen Quintenspirale bildet. Ces-Dur wäre dann ein transzendierter *Widder* und es ist daher naheliegend, die Planetenworte dieser Fixsternsphäre heranzuziehen, und zu versuchen, sie im Sinne dieser Entrückung und Grenzüberschreitung zu verstehen. Das Sonnenwort im Widder lautet: «*Erstehe, o Lichtesschein.*» Dies gilt auch für die Transzendenz der neuen Ebene, auf der wir mit Ces-Dur stehen, nur daß wir diesen neu erstehenden Lichtesschein nicht als den Durchbruch des physischen Sonnenlichtes auf Erden ansehen dürfen, sondern als das Aufgehen einer geistigen Sonne, zu der uns das «*Weltenerblüh'n*» der Erdenrunde, d. h. des von C-Dur ausgehenden Zirkels der Quintenspirale, hingeführt hat; eine Geistessonne, die das Vertrauen lohnt, das wir dem Weltenerblühen dieser Erdenrunde entgegenbrachten. Zwischen dem Saturn-Wort von gis-Moll und dem Sonnen-Wort von as-Moll, bzw. Ces-Dur, läßt sich also eine Übereinstimmung durchaus erkennen. Hier wird es eben ganz offenbar, daß enharmonische Verwandlung im wahrsten Sinn des Wortes eine *Verwandlung* ist. An Stelle des exkarnierenden Saturnwortes schiebt sich der inkarnierende Sonnenwert, wobei jedoch die Intentionen ihres kosmischen Wirkens durchaus übereinstimmend sich ergänzen. Das «as» als Sonnenwort bestätigt, was das saturnische «gis» verheißt.

Als Sekund steht in gis-Moll der exkarnierende Sonnenton ais. Er wendet sich an die Seele *«die Welten zu erschauen»*. Hat uns Saturn als Grundton mit Vertrauen erfüllt, so strömt die Sonnen-Mahnung mit ihrer merkurialen Sekundeigenschaft durch das ganze harmonische Feld. Diese Sekundstellung des Sonnentones mag das ihrige beitragen, daß Riemann in gis-Moll etwas Sprießendes, Treibendes, von unerschöpflicher Kraft Erfülltes erleben konnte.

Verwandelt in das inkarnierende geistige Gegenbild steht der Mondenton b in as-Moll an der gleichen Stelle. Sein «Widderwort»: «*O Lichtesschein verbleibe!*» Auch hier wird durch das b realisiert, was als ais noch letzter Rest eines gegenüberstehenden Anschauens war.

Die Septim-Monden-Sehnsucht des Tonwertes h ist in gis-Moll Terz. Der Ruf an die Seele, die *« Wesen zu erkennen»*, erfährt dadurch eine zusätzliche Verinnerlichung und öffnet dem Verschmelzen mit der inkarnierenden Marskraft ces von as-Moll das Tor. Denn das Widder-Wort des Mars heißt: «*Erstrahle dich Seinerweckend*». Der inkarnierende Mars durchkraftet den Menschen durch den Eisenprozeß des Blutes. Wenn diese Kraft zu schwach ist, «*dann kann der Mensch sein Inneres, sein Ich in der Welt nicht zum Ausdruck bringen.*»[2] Diese inkarnierende Marskraft ist es, die jetzt in as-Moll, auf die geistige Ebene projiziert, das Ich «Sein-erweckend» erstrahlen läßt, nachdem der Mondenton h in gis-Moll die Mahnung sprach *«das Wesen»*, also auch sich selbst als Wesen *«zu erkennen»*.

In der Vorzeichen-Parallele zu H-Dur ist der exkarnierende Marswert cis die Quart: «*Aus Lebensgewalten wirke*». Diese exkarnierenden Marskräfte haben stauende Wirksamkeit, wie wir bereits wissen; dieses stauende Element wird durch die Quartposition intensiviert, da der Quart ja eine umgreifende, abschließende Tendenz wesenseigen ist. Im transzendenten Gegenbild ist es Merkur, der als «des» – inkarnierend – Quartposition in as-Moll bezieht. Dieses inkarnierende Merkur-Wirken ist eine strömende Kraft. Wenn sie im menschlichen Organismus zu schwach ist, «*treten Ödeme auf, oder die Lymphdrüsen stauen sich, es kommt zu Lymphdrüsenschwellungen.*»[2] Das Widder-Wort Merkurs lautet: «*Ergreife das Kräfteweben*». Wieder sehen wir eine weisheitsvolle Korrespondenz zwischen beiden Planetenworten. Die exkarnierende Marskraft in gis-Moll trägt selbst Stauungseffekte in sich, die durch seine Quartstellung noch intensiviert werden. Denken wir an die Charakteristik, die Stephani und Schubarth dem gis-Moll gaben: «*Griesgram*», «*gepreßtes Herz*», «*zum Ersticken*». Dessenungeachtet aber ruft das marsische Planetenwort auf, «*aus Lebensgewalten zu wirken*». Und jetzt setzt sich der strömende Merkur an die Quartstelle und wirkt dem zweifachen Stauungsprozeß, den der in Quartposition stehende exkarnierende Marswert zeitigt, entgegen: «*Ergreife das Kräfteweben*». Dieses Kräfteweben in der Jungfrausphäre aber heißt schmerzlicher Abschied, ist Stimmung des scheidenden Lichtes; der Schmerz, der die Seele dabei durchzieht, wenn Persephone wieder in den Hades zurückkehrt, wird sich in as-Moll ergreifend aussprechen.

Merkur in gis-Moll steht dagegen exkarnierend als Quinte: «*Der Geist erfasse Wesen*» lautet sein Wort in der «Jungfrau». Und das Anliegen der exkarnierenden Merkurkräfte zeigte sich uns in der «Begegnung» mit der Um- und Mitwelt. «*Das Nicht-begegnen-Können ruft in der Seele ein Vakuum hervor, worin dämonische Kräfte sich inkarnieren können.*»[2] Zerstörungswut, Vernichtungsdrang sind die Folge. Das Merkurwort in gis-Moll ruft zu dieser Begegnung auf – und die Schwellenposition der Quinte kommt dem wesensgemäß entgegen. In as-Moll schiebt sich an Stelle Merkurs ein «Es» mit inkarnierender Wirksamkeit. Diese Jupiterkraft ist der große Bildhauer am Leibe des Erdenmenschen: er plastiziert die Oberfläche der Organe. Wo diese Jupiterkraft zu schwach ist, «*tritt in erster Linie die Tendenz zu Hydrocephalie auf. Das Gehirn wird nicht genügend aus dem Wässrigen herausplastiziert.*»[2] Sind die plastizierenden Jupiterkräfte dagegen zu stark, treten im menschlichen Organismus «*mancherlei Formen der Erstarrung auf.*»[2] Diese Erstarrung kann sich im Bewußtsein als unbewegliches, erstarrtes Denken äußern, oder als Muskel- und Gelenkserstarrung.

Dieser Ausblick in die menschliche Erdennatur sollte nicht als ein Abschweifen vom Thema verstanden werden, sondern eine Vorstellungshilfe sein für ein besseres Verständnis der plastizierenden Jupiterkräfte. Das Jupiter-Wort in der dem Sinnenleben zugewandten Widdersphäre heißt: «*Am Widerstand gewinne*». Wieder erleben wir eine weisheitsvolle Ergänzung der beiden Planetenworte. Der exkarnierend wirksame Merkur ruft den Geist auf, Wesen zu erfassen; Begegnung, als strömendes merkuriales Element. Jupiter in seiner inkarnierenden Wirkenskraft ist formender Bildner, der aus dem sich ihm entgegenstellenden «Widerstand» Gestaltung gewinnt. Dies ist im Ces-Dur- bzw. as-Moll-Bereich von besonderer Bedeutung, da wir in dieser Sphäre keine Stofflichkeit mehr denken dürfen, der «Widerstand» vielmehr als wesenhafte Geist-Seele-Substanz dem formenden Prinzip entgegensteht und es bei zu starkem Jupiter-Einfluß zu einer Bewußtseinserstarrung kommen könnte. Wenn Beethoven as-Moll mitunter als

Harmonie seiner Trauermusiken bevorzugt, wie uns gleich anschließend einige Beispiele zeigen werden, dann mag darin etwas von dieser Erstarrung mitschwingen. In der Enharmonik aber erfährt diese Tendenz durch die Merkurkraft eine sinnvolle Ergänzung; Jupiter, als der kosmische Plastiker, läßt uns die vom «Geist erfaßten Wesen» erkennen, aber Merkur sorgt für eine echte Begegnung, so daß der Strom von Wesen zu Wesen nicht in Erstarrung endet.

In gis-Moll nimmt der Jupiterton dagegen als e seine neutrale Position ein. *«Im Willenserleben baue»;* und mit dieser ausgleichenden Stellung steht er in Sextposition. Wir sagten, daß alles Fruchten und Reifen eine Entfaltung von Willenskräften erfordert, verbunden mit dem Erkennen, welche von den geernteten Früchten auch tauglich sind für das geistige Sein. Mit der enharmonischen Verwandlung stehen wir aber bereits ganz in diesem geistigen Sein. Es ist eine kosmische Ernte, die in gis-Moll eingeholt wird; die Jupiter-Sexte strahlt als Weltenseele in den Raum. Und in as-Moll kommt ihr Venus aus geistigen Sphären als f e s entgegen und ruft ihr zu: *«Erfasse das Werdewesen!»* Um etwas «erfassen» zu können, muß ich es erkennen; und Erkenntnis wird mir, wenn ich auf das zu erkennende Objekt eingehe, auf seine Eigenheit hinhorche. Wie Mars mit dem Sprechen, so hängt Venus mit dem Lauschen zusammen. *«Die Fähigkeit der Venus ist es, Platz zu schaffen, damit etwas anderes sich offenbaren kann.»*[2] Die Tendenz der inkarnierenden Venuskräfte geht dahin *«ganz Schale zu werden, um ein Höheres zu empfangen.»*[2] Absolut durchgeführt würde dies zur völligen Entselbstung führen. In diese Neigung der völligen Selbstauslöschung fließt aber nun von der anderen Seite, der Kreuztonsphäre das Jupiterwort herein, das den Willen zum «Bauen» aufruft und damit die Negation des eigenen Seins verhindert. Wir werden in Wagners «Tristan» einem as-Moll begegnen, wo diese Tendenz sich als Kernproblem der inneren Seelendramatik der beiden Liebenden erweisen wird.

Mit der Septimstellung des Venustones in doppelt-potenzierter Wirkenskraft – fisis – weist gis-Moll weit in ein Jenseits hinaus, das eigentlich alle noch greifbaren Konturen der Kreuztonsphäre zum Verschwinden bringt. Als Vorstellungshilfe sei wieder der menschliche Organismus herangezogen. Durch die exkarnierenden Venuskräfte werden *«die durch den Lebensprozeß hindurchgegangenen Substanzen wieder abgesogen».*[2] Alle Ablagerungskrankheiten gehen auf einen zu schwachen exkarnierenden Venusprozeß zurück, *«von der echten Gicht bis zum Muskelrheumatismus.»*[2] Dagegen führt ein zu starkes Wirken dieses exkarnierenden Prozesses zu einem übernormalen Abbau des Körpers. *«Der Aufbau kann mit dem Abbau nicht mehr Schritt halten. In der Kachexie (Blutarmut verbunden mit Schwächeverfall) verliert der Mensch den Zusammenhalt mit der Erde.»*[2] Zurückkehrend zur musikalischen Ebene, kann kein Zweifel bestehen, daß es sich bei der Hochpotenzierung des Venustones zu fisis in gis-Moll um eine Überbetonung der exkarnierenden Wirkenskraft handelt. Das Venus-Wort der Jungfraustrahlung: *«Die Seele ergreife Welten»* erfährt hier eine Übermacht, die den ganzen Werdegang, den wir vom Widder unseres C-Dur gegangen sind, hinter sich läßt und sprengt. Als Tonwert f im Widder sprach Venus: *«Erfasse das Werdewesen».* Als fisis in der Jungfrau ist der Zusammenhang mit diesem «Werdewesen» aufgelöst.

In diesen Auflösungsprozeß aber strahlt jetzt von der Gegenseite der Saturn-

wert herein, mit seiner Septimstellung, einerseits die Sehnsucht nach dem Vergehen in für uns unerreichbare Weltenfernen zwar unterstützend: «*Im Zeitenstrom
zerrinne*» (Saturn im Widder); aber andererseits durch seine neutrale Position
seine *ganze* Wirksamkeit in diese Tonsphäre stellend. Wirkt doch Saturn über
den Lebensäther bis in die feste Substanz hinein. Im Menschen erscheint das Skelett als «*totes Bild des Ich*»[2], das mit Hilfe der inkarnierenden Saturnkräfte aus
dem «*Flüssigen des werdenden Menschen herauskristallisiert*»[2] wurde. Dagegen sind
die exkarnierenden Saturnkräfte von vergeistigender Wirksamkeit. «*Dieser
zweite Saturnprozeß fängt da an, wo der erste aufhört. Im Knochenskelett bildet sich
das rote Knochenmark, die Geburtsstätte des roten Blutes.*»[2] Der erste, inkarnierende
Saturnprozeß führt – ungehindert wirkend – zur Erstarrung im Raumestod, d.h.
zum Skelett als totes Bild des Ich. Der zweite, exkarnierende dagegen bewirkt die
Auferstehung im Zeitenstrom, d.h. «*das Zeitenbild des Ich*»[2], von Erdenleben zu
Erdenleben hineinprägend in die Akashachronik. So läßt sich erkennen, wie der
neutrale, beide Wirkenskräfte harmonisch vereinende Saturnwert in as-Moll die
Vergeistigung und Auflösung aller von der Erde herkommenden Konturen
durchaus unterstützt, wie er andererseits diesem as-Moll in dessen absoluter
Innerlichkeit und Transzendenz gleichzeitig eine feste geistige Stütze verleiht.
Und daraus läßt sich bereits ahnend ablesen, wie der kommende Weg durch die
Be-Tonartensphäre letztlich wieder ein Weg zurück zur Erde sein wird.

Durch dieses enharmonische Zusammenwirken werden uns die Planetenworte
erst in ihrem ganzen Umfang verständlich und einsehbar; nicht zuletzt auch
dadurch, daß ein einziger Spruch für alle drei Positionen der Tonwerte – exkarnierend, inkarnierend und neutral – Geltung hat. Diese verschiedenen Konstellationen sind in die Planetenworte miteinbezogen und daher auch die jeweilige
Übereinstimmung zwischen Wort und Tonwert-Stellung.

Und noch ein weiteres Phänomen hat sich durch diese ausführliche Darstellung der Tonwerte von gis- und as-Moll als richtig bestätigt, das wir im ersten
allgemeinen Teil unserer Betrachtungen ausgesprochen haben: daß keine gleichschwebende Temperatur, keine enharmonische Verwandlung auf der empirischen Klangebene möglich wäre, wenn dafür nicht die Voraussetzungen auf
kosmisch-sphärenharmonikalem Plan vorläge. Und die vergleichende Gegenüberstellung der Planetenwerte dürfte uns die Realität dieser Voraussetzungen
ersichtlich gemacht haben.

as-Moll

Unter dem eben hier entwickelten Aspekt seien nun auch einige praktische Beispiele von as-Moll, der Vorzeichenparallele von Ces-Dur angeführt. Besinnen
wir uns noch einmal darauf, daß die Jungfrau-Strahlung die *chymische* Potenz der
Erdqualität darstellt und der Mensch in ihrem Zeichen die Erde überwindet und
verläßt. Aus diesem inneren Seelenvorgang heraus ist es verständlich, daß sich
ausgeprägte as-Moll-Themen aus jenen Epochen der Musik, in denen diese selbst
noch auf dem Weg zur Erde, d.h. in ihrem Herabstieg in die Stofflichkeit des

Klanges war, kaum finden. So scheint auch im «Wohltemperierten Klavier» Bachs kein as-Moll auf. Das gleiche gilt von der Welt Haydns und Mozarts. Erst bei *Beethoven* finden sich tief empfundene, in ihrem Seelenschmerz durchlittene große as-Moll-Stellen. So bereits in der Klaviersonate Opus 26, wo diese Harmonie das Fundament des bekannten «Marcia funebre sulla morte d'un Eroe» bildet.

Mit seinen schwerlastenden Rhythmen, der in den düsteren Mittelstimmen feierlich einherschreitenden Melodik, den gewaltigen sich zum Licht der Oberdominante Es-Dur aufreckenden Bässen und den Trommelwirbeln und Trompetenfanfaren in dem zur gleichnamigen Dur-Tonart (As) aufgehellten Trioteil,

zeigt uns der Satz das Hintersichlassen des Erdenkleides in packender Wucht und heroischer Größe.

Diese Notierung in as-Moll liefert uns aber auch den praktischen Beweis für die Eigensprache der Tonarten, bzw. für die Vielschichtigkeit der Dur-Moll-Tonalität. Denn was sollte den Meister sonst bewogen haben, eine komplizierte Notation mit sieben ♭-Vorzeichen zu wählen, wenn es sich nur um Frequenz-Unterschiede handeln würde? Schon die Versetzung nach gis-Moll mit nur fünf ♯-Vorzeichen ergäbe ein übersichtlicheres Bild und bequemere Spielbarkeit. Daß Beethoven as-Moll vorschreibt, beweist, daß damit ein ganz spezifisches inneres Erlebnis zum Ausdruck gebracht werden soll.

Ein klagender, aus Schmerzenstiefen sich sanft in die Weltenfernen von Ces-Dur emporhebender und wieder in die Tiefen zurücksinkender as-Moll-Gesang ist der mit «Arioso dolente» überschriebene Abschnitt des Adagios der Sonate Opus 110. Er sei der «*Inbegriff*» der as-Moll-Tonart, meint Hermann Beckh, «*einer der gerade auch bei Beethoven nicht seltenen Fälle, wo eine Tonart ihrem innersten Gehalt, ihrer innersten Stimmung nach wirklich voll und ganz ausgeschöpft ist.*»[12]

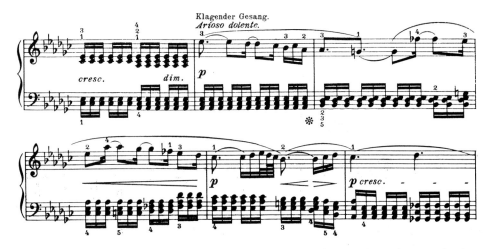

Bemerkenswert ist, daß uns die südlichen Meister oft ein sehr tiefes Empfinden für as-Moll als Harmonie des Abschieds vom Leben zeigen. Es mag dies bei der so sinnesfreudigen, dem Lichte und dem Leben zugewandten Volksseele Italiens vielleicht überraschen; allein es lebt in ihr ja auch noch altes Empfindungsseelentum, das imstande ist, sich ganz und vorbehaltlos in den Gefühlsgehalt der jeweiligen Seelensituation hineinzuleben. So z. B. Giuseppe *Verdi* in dem berühmten Miserere seines «Troubadour». Mit einem sechsstimmigen a-capella-Gesang über vereinzelten Schlägen einer Glocke beginnend,

verschmilzt das Orchester mit den Singstimmen zu einer ergreifenden Seelenmalerei, in die der Sopran Leonores (auf der Bühne) und die Stimme Manricos (aus dem Kerker) miteinbezogen werden. Das hartnäckig durchgeführte Bewegungsmotiv, das die Akkorde des geistlichen Chores und die rhythmisch ebenso scharf abgesetzten Motivteile von Leonores Cantilene miteinander vereint, malt uns zitternd und zuckend die bange Nähe des Todes. *«Ist schließlich im Leben nicht alles Tod? Was hat Bestand?»*, schreibt Verdi an Clarina Maffei, und offenbart uns damit sein von Natur aus tiefernstes Lebensgefühl, das sich dem tragischen Grundklang dieser Harmonie verwandt fühlen mußte.

Der Weg des «Stirb und Werde», d. h. irdisch Abschied nehmen zu müssen, um geistig zu einem neuen Dasein zu erwachen, der Weg von dem die Seele weiß, daß sie das Reine, Unvergängliche ihres Wesens mit hinübernimmt, klingt auch in dem ergreifenden as-Moll in *Puccinis* «Madame Butterfly» durch. Geächtet von ihrer Familie ob ihrer Ehe mit dem amerikanischen Offizier, verlassen von diesem Mann, bleibt ihr nur die Wahl, wieder Geisha zu werden oder in den Tod zu gehen. «Deine Mutter soll dich im Arme tragen, und so bei Regen und Sturm die ganze Stadt durchziehn,...»

«Wär' es wohl denkbar, daß Butterfly am Ende wieder Geisha werd', und im Takt der Guitarren wollüstig wieg' ihren Leib vor aller Welt...?» Nein, für sie ist dieser Weg nicht mehr denkbar. «Sterben! Doch Geisha nie!»

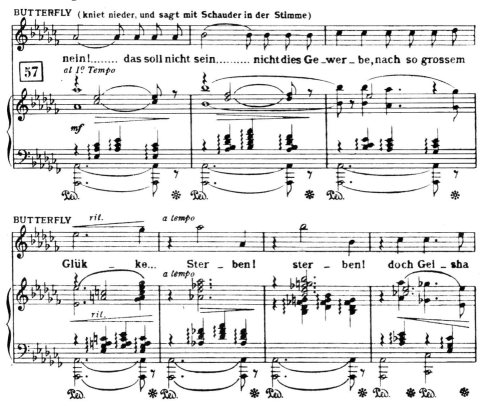

Was hier ganz in die Farben der Empfindungsseele gehüllt ist, zeigt Richard *Wagner* in seinem metaphysischen Gehalt. Schon im «Lohengrin» ist as-Moll die Harmonie des «Frage-Verbots», in dem ja die ganze Schicksalstragik von Elsas Bewußtseinsweg im Keime verborgen liegt.

Noch tiefer in die Metaphysik des Scheidens vom Tageslicht dieser Sinneswelt führt uns das as-Moll in «Tristan und Isolde». Zunächst tritt es bei der entscheidenden Stelle des großen Liebesduettes auf, wenn von dem «süßen Wörtlein *und*» die Rede ist, das sich als letzte, hauchdünne Wand zwischen die Liebenden stellt und ihr völliges Ineinanderverschmelzen hindert. «Was stürbe dem Tod, als was uns stört, was Tristan wehrt, Isolde immer zu lieben, ewig nur ihr zu leben?» Bei Isoldens Entgegnung:

> «Doch dieses Wörtlein: und,
> Wär' es zerstört,
> Wie anders als
> Mit Isoldes eignem Leben
> Wär' Tristan der Tod gegeben?» –,

tönt bei dem Worte «Wär Tristan der Tod gegeben», im Fortissimo der as-Moll-Klang auf und bringt eine einzigartige Verschmelzung der beiden Hauptthemen des Werkes, dem Todes- und dem Sehnsuchts-Motiv.

Man achte auf die Notation, die den enharmonischen Schritt von der Kreuz-tonsphäre in das Be-Tonartenbereich exakt erkennen läßt, und man erinnere sich, was wir über die inkarnierenden Venuskräfte und ihre Tendenz zur völligen Selbstauslöschung eben vorhin gesagt haben. Dieses «süße Wörtlein *und*» darf nicht ausgelöscht werden, denn die Liebe braucht Wesen, die sie tragen, da Liebe das Band ist zwischen dem Ich und dem Du. Lieben kann nur ein Wesen das andere, das von ihm getrennt ist. Eine Auslöschung wäre gleichbedeutend mit der Auflösung des eigenen Ich in einem *nicht* verselbsteten Meer göttlicher Geistig-keit, im Nirvana.

Die zweite, ein tragisches as-Moll aufzeigende Stelle findet sich, wenn nach der heiligen Entrückung dieser Nachtweihe, in der sich die Liebenden aller Erdenfesseln entbunden wähnen, der furchtbare Sturz zurück in die «Tageswelt» erfolgt. «Wohin nun Tristan scheidet, willst du, Isold, ihm folgen?» Hier wendet sich das As-Dur der Liebesnacht in das todes-nächtige as-Moll:

«Dem Land, das Tristan meint,
Der Sonne Licht nicht scheint»

Die zuletzt aufgezeigten Beispiele haben uns deutlich erkennen lassen, daß die Meister den Geistgehalt einer Tonart auch allein durch deren klangliche Versinnlichung sprechen lassen, ohne daß das Thema in seiner musikalischen Gestaltung diesen Wesensgehalt unmittelbar zum Ausdruck bringen muß. Und dieses eigenständige Wirken einer Harmonie als reine Klangerscheinung, auf das wir ja schon im allgemeinen Teil verwiesen haben, ist natürlich ein wesentlicher Faktor für die reine Instrumentalmusik, bei der uns nicht das verdeutlichende Wort zur Seite steht. Nicht nur die melodische Gebärde, ihre Intervallik und Rhythmik kündet von dem dramatischen Geschehen, sondern auch die ganz bestimmte Harmonie, in die sich diese Gebärde hineinstellt. Dies beginnt mit Beethoven wesentlichste Bedeutung zu gewinnen, der sich bekanntlich bewußt als Ton-*dichter* empfunden und mit seinen Themen meist «poetische Ideen» verbunden hat. Wenn er in seinen Symphonien oder Konzerten daher das Thema in verschiedene Tonarten führt, so spricht nicht nur dieses Thema zu uns, sondern auch der Geistgehalt der betreffenden Harmonie. Und eine spirituelle Auslegung des jeweiligen Satzes wird versuchen müssen, den sinnvollen Zusammenhang zwischen dem thematischen Willen und dem Geistgehalt der Tonart zu ergründen.

In offenkundigster Weise hat dies Richard Wagner in seinen Musikdramen durch seine Leitmotivtechnik aufgezeigt. Indem sich diese Leitmotive im Drama stets in andere Tonsphären stellen, wird die Handlung erst transparent für die hintergründigen geistigen Zusammenhänge. Würde man dies berücksichtigen und sich um ein Verständnis der Tonarten ehrlich bemühen, wäre so manche peinliche Fehlinterpretation moderner Inszenierungen gegenstandslos.

Um auch hierfür abschließend ein praktisches Beispiel zu geben, sei auf Wagners «Parsifal» verwiesen. Die Grundharmonie des Werkes ist As-Dur; für Wagner die Tonart des Gralsmysteriums. Im zweiten Akt aber, nur wenige Takte während, erklingt ein as-Moll, das den Sündenfall der Menschheit mit all seinen bitteren Konsequenzen in sich trägt, wie sie an dem Schicksal des siechen Gralskönigs offenbar werden. Wenn Parsifal, nach dem Kusse Kundrys, der ihm wie einst die verbotene Frucht vom Paradiesbaum, Erkenntnis bringt, plötzlich das in der Gralsburg Erlebte zu begreifen vermag, da vernimmt er die «Heilandsklage», die ihm bewußt macht, daß die Wunde des Amfortas, die Wunde der Menschheit und die des Heilands am Kreuze von ein und demselben Speer geschlagen wurde: von der Selbstsucht des niederen Ich, von dem Egoismus.

«Des Heilands Klage da vernehm ich,
    Die Klage, ach! die Klage
Um das entweihte Heiligtum:
    ‹Erlöse, rette mich
    Aus schuldbefleckten Händen!›»

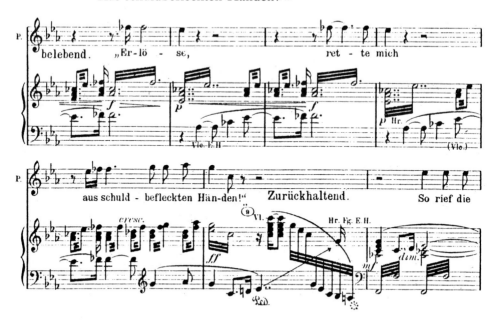

Es ist nur ein kurzes Aufleuchten der Tonart; das Wissen um ihren Wesensgehalt aber macht uns bewußt, daß in diesem Augenblick die Tiefe des Christusleidens vor Parsifals Seele steht, *«der Abgrund zwischen dem Wunder des heiligen Blutes und der menschlichen Sündenkrankheit.»* [12] Eine ganze Menschheits-Christologie klingt in diesen wenigen as-Moll-Takten auf.

FIS-DUR / GES-DUR — WAAGE

Natur, dein mütterliches Sein,
Ich trage es in meinem
Willenswesen;
Und meines Willens Feuermacht,
Sie stählet meines Geistes Triebe,
Daß sie gebären Selbstgefühl
Zu tragen mich in mir.
(Rudolf Steiner, Seelenkalender)

Bereits das Durchschreiten der Jungfrau-Sphäre von H-Dur ließ immer wieder das geistige Gegenbild von Ces-Dur hindurchstrahlen und die parallele Molltonart wurde nicht selten durch dieses Gegenbild zum Ausdruck gebracht; gis-Moll durch as-Moll ersetzt. Im Zeichen der «Waage» wird dieses enharmonische Wandlungsgeheimnis zum effektiven Ereignis im Quintenkreis, und wir stehen vor dem gewiß außergewöhnlichen Phänomen, daß wir die Planetenworte musikalisch in vierfacher Weise übersetzt erhalten: in Fis- bzw. Ges-Dur einerseits, in dis- bzw. es-Moll andererseits.

Schon in dem als Motto vorangestellten Wochenspruch des «Seelenkalenders» spricht sich dieses enharmonische Wandlungsgeheimnis als Michaeli-Stimmung in seiner ganzen Spiritualität aus: das «mütterliche Sein» der Natur, die Erlebnisse der Sinneswelt, sie sollen aufgenommen werden in den Willen und so zur Stärkung des Geistes führen und das «Selbstgefühl», das Erleben des eigenen, unvergänglichen Wesenskernes kräftigen. Sinnliches Erden-Dasein will sich in geistiges Sein verwandeln. Damit stehen wir im Quintenkreis am Gegenpol unseres Ausgangspunktes: der Widdersphäre von C-Dur. Offenbarte sich uns dort der Durchbruch, die Geburt des Lichtes, der Eintritt in die Sinneswelt, so vollzieht sich in der Waage-Sphäre der Übergang in die geistige Welt. Ein Schritt, der über jene Schwelle führt, die Wachen und Schlafen, Tag und Nacht, Leben und Tod voneinander scheidet. Musikalisch gesprochen: den sechs hochalterierten Tönen unserer diatonischen Siebentonreihe stehen sechs tiefalterierte gegenüber; Kreuz- und Be-Tonsphäre halten sich vorzeichenmäßig die Waage. Wahrlich ein «Schwellenpunkt» im Quintenkreis, an dem sich Erde und Himmel begegnen und in voller Harmonie zueinander stehen. Hier wird es ganz deutlich: würden wir auch noch den siebenten Ton alterieren, hätten wir die gesamte Stufenfolge unserer Tonart um eine Ebene verschoben und der Kreislauf würde dort neu beginnen.

Das «Äquilibrium» zwischen Himmel und Erde zu verwirklichen, ist auch das innerste Anliegen des Waage-Menschen. Um dies zu vollbringen, muß er in der Umwelt wirksam sein. Aber die «Waage» ist ein Luftzeichen; zwar besitzt sie die «Kardinalqualität», d.h. sie ist das aktivste Zeichen neben «Zwilling» und «Wassermann», aber auch die Luftqualität verfügt nicht eo ipso über das Organ, das z.B. den Erdzeichen gegeben ist, um unmittelbar in die irdische Welt eingreifen zu können. Es fehlt ihr die entsprechende «Hand». Der Waage-Geborene muß sich gewissermaßen erst ein solches Agens des Eingreifens schaffen, muß sich sozusagen ein geistiges «Greiforgan» bilden. Und er findet es in jenem bewußtseinsmäßigen Erfassen der Umwelt, das wir *«Begriff»* nennen. Der Begriff gibt dem Waagemenschen die Möglichkeit, diese Welt in Besitz zu nehmen. Er ist als Luftmensch der *Denkende,* während der Erdenmensch der *Tuende* ist. Für den Waage-Geborenen sind Geist und Materie in ihrer Wechselwirkung gleichermaßen Wirklichkeiten. Seine Weltanschauung ist die des «spirituellen Realismus», die beiden Seiten des Universums gerecht zu werden bemüht ist. Für diese Weltsicht ist Materie ohne Geist nicht denkbar; indem sich der Waage-Mensch als «Denkender» der Idee bemächtigt, verschmilzt sein Denken mit dem Urgrund des Weltenseins. Idee und Sinnesbeobachtung sind für den spirituellen Realismus ein einheitliches Erkenntnis-Erlebnis. Und das bereits in früheren Zusammenhängen zitierte Wort Rudolf Steiners spricht das Herzstück dieser Weltanschauung an: *«Das Gewahrwerden der Idee in der Wirklichkeit ist die wahre Kommunion des Menschen.»* Es ist eine Seelenhaltung damit verbunden, die man als «Erwägung» bezeichnen kann, und deren Werkzeug der organisierende Gedanke, der in das Wort geprägte Begriff ist.

«Die Sprache ist das Instrumentarium des Waagemenschen, das der Wegbereitung dient – sie ist die geistige Entsprechung dessen, was dem Erdenmenschen seine Hand bedeutet. Und wie Aristoteles die Hand ‹das Werkzeug aller Werkzeuge› genannt hat, so kann man die Sprache des Menschen als das Kunstwerk aller Kunstwerke bezeichnen.»[1]

Entsprechend heißt es auch im «Seelenkalender» Rudolf Steiners für die 28. Woche nach Ostern:

> *«Ich kann im Innern neu belebt*
> *Erfühlen eignen Wesens Weiten*
> *Und krafterfüllt Gedankenstrahlen*
> *Aus Seelensonnenmacht*
> *Den Lebensrätseln lösend spenden ....»*

Die Sprache – das Kunstwerk aller Kunstwerke! Ist es doch auch die vornehmste Aufgabe der Kunst, Erde und Himmel zum Einklang zu bringen. Das bedeutet mehr als bloß der Zerstreuung zu dienen, dem Vergessen von Sorgen und Leiden des Lebenskampfes. Harmonie zwischen Himmel und Erde zu erwecken, heißt aber auch nicht nur Erlösung der Menschenseele von den Fährnissen der Wirklichkeit, sondern *Versöhnung* mit der Wirklichkeit. Die höchste Mission der Kunst liegt in der Wiederverbindung, in der re-ligio mit dem Leben. Und die Mission der Kunst im Sinne des Waagezeichens liegt in dieser doppelten Funktion: in der Erlösung aus der Not des Lebens, verbunden mit der gleichzeitigen Versöhnung mit dem Leben. Die Seele emporzuheben über das irdische Leben durch eine künstlerisch gestaltete *erhöhte* Wirklichkeit, und sie dabei durch ihren Wirklichkeitsbezug auch wieder zurückzuführen in das Leben. Schiller spricht dies in seinem Gedicht «Das Ideal und das Leben» mit den prachtvollen Versen an:

«Aber dringt bis in der Schönheit Sphäre,
Und im Staube bleibt die Schwere
Mit dem Stoff, den sie beherrscht, zurück.
Nicht der Masse qualvoll abgerungen,
Schlank und leicht, wie aus dem Nichts gesprungen,
Steht das Bild vor dem entzückten Blick.
Alle Zweifel, alle Kämpfe schweigen
In des Sieges hoher Sicherheit,
Ausgestoßen hat es jeden Zeugen
Menschlicher Bedürftigkeit.»

Dieses Gleichgewicht zwischen Irdischem und Geistigem spricht sich auch in den Planetenworten der Waage-Stimmung aus. In unserer Übersicht werden wir Fis- und Ges-Dur nebeneinander stellen, da beide Tonarten dem Waagezeichen unterstehen.

			FIS-DUR	**GES-DUR**	
Die Welten erhalten Welten, ... Sonne . . AIS	(Sext-qualität)	als	Terz	als Sekund . . . AS	
In Wesen erlebt sich Wesen, ... Venus . . FIS	(Quart-qualität)	als	Grundton .	als Septime . . . F	
Im Sein umschließt sich Sein. . . . . Merkur DIS	(Sekund-qualität)	als	Sexte	als Quint . . . . DES	
Und Wesen erwirket Wesen . . . . Mars . . CIS	(Prim-qualität)	als	Quint	als Quart . . . . CES	
Zu werdendem Tatergießen, ... Jupiter . EIS	(Terz-qualität)	als	Septim . . .	als Sexte . . . . . ES	
In ruhendem Weltgenießen. . . . . . Saturn . GIS	(Quint-qualität)	als	Sekund . . .	als Grundton . GES	
O Welten, traget Welten! . . . . Mond . H	(Septim-qualität)	als	Quart	als Terz . . . . . B	

FIS	GIS	AIS	H	CIS	DIS	EIS	FIS
Quart-qualität	Quint-qualität	Sext-qualität	Sept-qualität	Prim-qualität	Sekund-qualität	Terz-qualität	
Venus	Saturn	Sonne	Mond	Mars	Merkur	Jupiter	

GES	AS	B	CES	DES	ES	F	GES
Quint-qualität	Sext-qualität	Sept-qualität	Prim-qualität	Sekund-qualität	Terz-qualität	Quart-qualität	
Saturn	Sonne	Mond	Mars	Merkur	Jupiter	Venus	

Wenn die Sonne im «Krebs» den Zenit erreicht hat und den Abstieg antritt, gelangt sie auch wieder an jenen Punkt, wo sich Tag und Nacht, Licht und Finsternis die Waage halten: Herbst-Tagundnachtgleiche! Doch bedeutet diese den diametralen Gegenpunkt zum «Widder». Dort strebte die Sonne nach Erreichung des Gleichgewichts nach oben, jetzt wendet sie sich zur nächtlichen Tiefe. Ruhe des Herbstes! Der besseren Übersicht wegen, wollen wir der Reihung der Planetenworte, nicht den Tonstufen unserer Durtonleiter folgen.

Gleich in der Sonnenzeile spricht sich das Äquilibrium der Waage aus: *Die Welten erhalten Welten».* In *Fis*-Dur ist der exkarnierende Sonnenton als ais Terz. Die exkarnierende Sonnenwirksamkeit, wir wissen es bereits, behütet und lenkt das nachtodliche Leben. Dieses ais weist also in die Transzendenz. Und in der Terzposition gewinnt dieses Wirken besondere Innerlichkeit. Der Sonnenton, dessen ureigene Sexten-Qualität Träger der Weltenseele ist, durchstrahlt mit seinen exkarnierenden Kräften als Terz nunmehr ganz die menschliche Seele und öffnet sie zur Welt. Ein Geschehen, wie es der vorhin zitierte Wochenspruch beschrieb: des «eigenen Wesens Weiten» aus «Seelensonnenmacht» erfühlen. Und folgen wir diesen Weiten unseres Wesens, dann fühlen wir aus dieser Seelensonnenmacht von uns Gedanken erstrahlen, die uns mit Kraft erfüllen und uns in diesen geistigen Weiten ein Ich, ein geistiges Selbst sein lassen, das uns Fundament für unsere nachtodliche geistige Existenz gibt. Musikalisch gesprochen: der exkarnierende Terz-Sonnenton in Fis-Dur wird in seiner enharmonischen Verwandlung zum inkarnierenden Sonnen-Sekundton in Ges-Dur. Diese inkarnierende Wirksamkeit weist zwar zur Erde, aber wir stehen in Ges-Dur mit gleicher Unmittelbarkeit in der Sphäre des Geistes, wie wir – gegenbildlich – in C-Dur die Sinneswelt betreten. Es ist daher ratsam, sich den nun vor uns liegenden Weg durch die Be-Tonarten als Gegenbild zu jenem Weg völlig klar zu machen, den uns die Kreuz-Sphäre wies. Letzteres bedeutete mit jeder Hochalteration ein Heller-Werden der Tonart; in seinem Empfindungsgehalt aber gleichzeitig eine stetige Verinnerlichung, die sich zunächst als Verseelichung, schließlich als Vergeistigung darstellte; in bezug auf die äußere Helligkeit hieß dies ein Abnehmen des Lichtes, eine schrittweise Verdunkelung.

Würden wir nun den Weg durch die Be-Sphäre wieder vom Widderpunkt C-Dur antreten, dann würden wir mit jeder Tiefalteration tiefer in die Geistsphäre hineinsteigen, also gewissermaßen den vorgeburtlichen Weg von der Geburt zurückschreiten zur Weltenmitternacht hin. Äußerlich gesehen würde es immer dunkler werden: F-Dur, B-Dur, Es-Dur usw.; das geistige Licht dagegen, «die Sonne um Mitternacht» würde sich immer intensiver offenbaren, bis es in Ges-Dur seinen Höhepunkt im geschlossenen Quintenkreis erführe. Im Sinne der unendlichen Quintenspirale müßte diese geistige Helligkeit natürlich in Ces-Dur, Fes-Dur, Heses-Dur usw. von einem unfaßbaren Leuchten übertroffen werden.

Nun wollen wir aber in unserer Betrachtung den Weg durch den geschlossenen Quintenkreis kontinuierlich weiterschreiten, und nicht bei C-Dur einen neuen Anfang suchen. Das bedeutet, daß im Verlauf dieses Weges über Des-, As-, Es-Dur usw. die geistige Helligkeit allmählich abnehmen, die irdische dagegen zunehmen wird, bis wir – im Widderlicht von C-Dur – den Durchbruch der physischen Sonne wieder neu erleben werden. Und so wie das erste Viertel von der Widder- zur Krebs-Sphäre noch keine Spaltung von innen und außen, von Licht und Dunkel erkennen ließ, im Gegenteil, das Licht offenbar zunahm, so wird auch das erste Viertel des Weges in den Be-Tonartenbereich noch keine

Abnahme des geistigen Lichtes erkennen lassen. Vielmehr wird sich das «Leuchten der Sonne um Mitternacht» scheinbar noch intensivieren. Von der Waage-Sphäre bis zum Steinbock begleitet uns ja äußere Finsternis, wie dies der Jahreslauf der irdischen Sonne spiegelt. Und dies erweckt in uns das Erlebnis der Zunahme des geistigen Lichtes. Denn je tiefer die äußere Nacht hereinsinkt, desto heller kann es im Innern werden. Aber übersehen wir dabei nicht, daß sich auch jetzt ein Verseelichungsprozeß – in umgekehrter Richtung wie bei den Kreuztonarten – vollzieht. Das reine geistige Sein, wie wir es in Ges-Dur erleben, steigt immer mehr in die Astralität, und nach der Winterwende im Steinbock sogar in den Ätherbereich hinab, um mit C-Dur, dem «Widder» die physische Ebene zu erreichen. Es mag dies vielleicht widersprüchlich erscheinen, doch ist unser eigener Lebenslauf der beste Zeuge für die Richtigkeit dieses Geschehens. Wenn der Mensch geboren wird, erfüllen ihn die stärksten Lebenskräfte, er steigt zum Licht seiner Jugend, zur Lebensmitte empor; trotzdem dürfen wir sagen, *müssen* wir sagen, daß er vom Augenblick der Geburt seinem unausbleiblichen Tod entgegengeht. Und umgekehrt: das Durchschreiten der Todespforte erweckt uns zu einem nie gekannten geistigen Licht, aber dem Todesaugenblick ist trotzdem bereits das Zuschreiten zu einer neuen Geburt involviert. So ist es möglich, daß Kräfte scheinbar erst zunehmen und sich richtig entfalten, von der Ganzheit erschaut aber doch ein stetiges Abnehmen darstellen. Wie A-Dur den «Zenit» des irdischen Lichtes und zugleich den Wendepunkt zum inneren Leuchten bedeutet, so wird Es-Dur der «Nadir» der Geisterstrahlung sein und zugleich Wendepunkt zum irdischen Licht. In dieser Sicht also ist die inkarnierende Wirkenskraft des Sonnentones in Ges-Dur zu verstehen. Sie durchströmt in ihrer merkurialen Sekundeigenschaft wie ein geistiger Keim des kommenden Inkarnationswillens die ganze Tonsphäre, und schafft damit der Terz-Innerlichkeit von Fis-Dur die transzendente Realität.

Die Waage-Sonnen-Intention wird auch von den anderen Planeten geteilt. *«In Wesen erlebt sich Wesen»* heißt das Venuswort. In *Fis*-Dur ist Venus der in exkarnierender Wirkung stehende Grundton. Das bedeutet – von der Planetenkraft her gesehen – Abbau und Ausscheidung. Die exkarnierenden Venuskräfte haben saugende Wirkung. Und dieser Venuswert ist hier Grund- und Führungston. Selbstauflösung ist eigentlich sein innerstes Anliegen. Dies entspricht ja auch dem nachtodlichen Geschehen: Auflösung der Erdenreste, um als reine Entelechie zu erstehen: «In Wesen» (von der Erde kommend) «erlebt sich Wesen» (in seiner Geistnatur). In *Ges*-Dur ist der Venuswert Septime und steht in seiner neutralen, d. h. ausgewogenen Wirkenskraft. Das exkarnierende Element ist damit nicht ausgeschaltet, aber das inkarnierende ist gleichermaßen wirksam. Und dieses zielt, wie wir wissen, danach, ganz Schale zu werden, um ein Höheres zu empfangen. Denn die Fähigkeit der Venus liegt ja darin, Platz zu schaffen, damit etwas anderes, Neues sich offenbaren kann. Und dieses Verlangen wird von der Sehnsucht der Septime getragen. Wieder zeigt uns die Enharmonik, wie sich der Gegensatz des ex- und inkarnierenden Stromes gleichzeitig ergänzt und zu einer Ganzheit zusammenschließt.

Auch Merkur blickt auf diese Ganzheit: *«Im Sein umschließt sich Sein.»* In *Fis*-Dur steht Merkur als dis mit exkarnierender Wirkenskraft in Sextposition. Seine ureigene, alles durchströmende Sekundeigenschaft gewinnt die Ausstrahlungsfähigkeit einer «anima mundi» und bringt das von der Erde emporgetragene Sein der geistigen Welt entgegen. In *Ges*-Dur steht Merkur als des, inkarnierend, in Quintposition. Die strömende Merkurkraft verbindet sich mit dem Tor der Quinte, durch das der Atem von «unten» und «oben», von Prim und Oktav weht. Der exkarnierende Merkurwert, so hörten wir, sucht die Begegnung – Sextstellung – der inkarnierende ist strömende Bewegung – Quintposition; Irdisches und Himmlisches begegnen einander.

Diese Quintposition hat in *Fis*-Dur der Marswert als cis, also exkarnierend inne. Von den exkarnierenden Marskräften sagten wir in einem früheren Kapitel, daß sie durch «stauende Bewegung» *Klang* erzeugen würden.

«Die Kraft, mit der der Bogen geführt wird, wird durch den Widerstand der gespannten Saite gestaut. Indem Kraft und Widerstand miteinander ringen, tönt die Saite.»[2]

Es mag die Quintstellung dieses Marswertes sein, die dem Fis-Dur jenes tönende Glitzern, silbrige Flimmern verleiht, um dessentwillen diese Tonart von den impressionistischen Meistern so gerne zu reinen Klangeffekten verwendet wurde. In *Ges*-Dur dagegen steht Mars – inkarnierend – als ces in Quartposition. Die dem Mars ureigene Prim- und Grundtoneigenschaft erfährt durch die umgreifende Quarttendenz natürlich Intensivierung und beides leistet der «Stauungseigenschaft» der exkarnierenden Marskraft Vorschub. Die inkarnierende Wirkung des Mars aber ist eine die Ichkraft stützende, verleiht Aktivität und gezielte Bewegung. Dadurch wird «Stauung» nicht zur Starrheit; vielmehr erhält das über den «Kreuzweg» Heraufgetragene und «Gewordene» durch die Enharmonik eine neue Bewegungsrichtung und innere Aktivität, gemäß dem Marswort im Waagezeichen: *«Und Wesen erwirket Wesen»*.

Diese «gezielte Bewegung» trägt das Jupiterwort weiter: *«Zu werdendem Tatergießen»*. In *Fis*-Dur steht Jupiter als Septime, d. h. das «werdende Tatergießen» ist die ihn mit mondenhafter Innigkeit erfüllende Sehnsucht. Als eis strahlt er exkarnierende Wirkenskräfte aus. In ihnen zeigt er sich uns ebenfalls als der große Bewegende, der angesichts seiner ihm wesenseigenen Terz-Eigenschaft, jede Bewegung zur seelischen Geste formt. Dieser seelischen Gestaltung wirkt in *Ges*-Dur der inkarnierende Jupiterwert als es in Sextstellung entgegen. Hier ist er der unübertroffene kosmische Plastiker und Bildhauer. Wären diese Jupiterkräfte am Menschen allein wirksam, *«würden wir alle bis zum 14. Jahr zu wunderschönen griechischen Plastiken werden, die in Haltung und erstarrter Gebärde Ausdruck eines rein Seelischen wären. Denn die plastische Kraft Jupiters trägt zugleich eine erhabene ordnende Weisheit in sich. Das Zeusbild von Phidias mit der wundervollen plastizierten Stirn bringt diese Kraft in imaginativer Form zum Ausdruck.»*[2] Durch die Enharmonik aber stehen beide Wirkenskräfte im Gleichgewicht; in seiner Sextposition in Ges-Dur strahlt Jupiter seine formende Weisheit als «Weltenseele» hinaus zu einem kommenden, «werdenden Tatergießen».

Gis – der exkarnierende Saturnwert ist in *Fis*-Dur Sekunde. Seine Wirksamkeit erkannten wir in der Bildung des roten Knochenmarks, der Geburtsstätte des roten Blutes. Und *«in dem zirkulierenden roten Blut lebt das Ich des Menschen, auferstanden aus den Todeskräften der erstarrenden Raumform (Skelett, Wirkung der* inkarnierenden Saturnkraft) und bildet in den Zeitprozessen sein Karma.»[2] Als Sekund nimmt der Saturnwert merkuriale Strömungstendenzen auf, die seiner ureigenen Quint-Eigenschaft entgegenkommen; womit er aber das tonale Feld durchströmt, ist das Ruhe verleihende Wissen, an ein Ziel gekommen zu sein, dem man sich vorerst überlassen darf: *Im ruhenden Weltgenießen*. Dieses «ruhende Weltgenießen» wird in der enharmonischen Umkehr zur inkarnierenden, erdenwärts gerichteten Wirkenskraft, und bildet als *ges* den Grundton von *Ges*-Dur. Wieder ist es der Schwellencharakter der Quinte, der dabei mitschwingt, sich dem kontemplativen «Weltgenießen» hingibt, aber den Blick dabei zur Erde wendet.

Schließlich wird mit der ganzen Kraft der Monden-Sehnsucht noch einmal das Äquilibrium dieser Tierkreisstrahlung beschworen: *O Welten, traget Welten*. In *Fis*-Dur steht der Mondenton als Quarte in neutraler Position. Der Mond ist Träger aller mit der Vergangenheit zusammenhängenden Kräfte.

«Während das Saturnskelett ein Raumesbild ist, heruntergetragen aus der geistigen Welt, ist die Mondenorganisation in dem durch die Zeit wirkenden Vererbungsstrom der Träger eines Menschenbildes, das mit einem fernen, vergangenen Schöpfungsprozeß zusammenhängt. In der Mondenwirkung haben wir die Tendenz der ewigen Wiederholung des Gleichen. Zelle reiht sich an Zelle, Organismus reiht sich an Organismus im Zeitstrome, eine Kette bildend, die nie abreißen darf, denn mit jedem Gliede dieser Kette verbindet sich auf saturnischem Wege ein geistiges Wesen, das sein persönliches Urbild herunterträgt. Aus dem Zusammenwirken dieser beiden erst wird ein Leben auf Erden möglich.»[2]

Während also der inkarnierende Mondenprozeß Träger undifferenzierter Wachstumsvorgänge ist, wirken die exkarnierenden Mondenkräfte befreiend, sie werfen den Zeitenstrom gewissermaßen zurück, lassen ihn als Bild in der Seele erstehen und führen so zum Bewußtsein, zur Reflexion. In seiner neutralen Position kommen beide Wirksamkeiten zum Zuge, wobei die Quartstellung diesen ausgeglichenen Wirkenskräften einen gewissen Akzent verleiht, so daß Fis-Dur wirklich einen ganz intimen, einzigartigen Zauber in sich birgt. Denn es leben in dieser Tonart alle aus dem irdischen Erleben geernteten Früchte in so sublimiertester, reinster Weise, daß sie übergehen in ein geistiges Sein, ohne dabei ihren individuellen Charakter zu verlieren. Nicht Auflösung, sondern Vergeistigung hat sich vollzogen, in der sich die Welten (Himmel und Erde) gegenseitig tragen. Und wie wunderbar, wenn sich in *Ges*-Dur der inkarnierende Mondenwert zur Terz macht und dieses gegenseitige sich Tragen mit jener Innerlichkeit erfüllt, die dem Terzcharakter eigen ist.

Die enharmonische Verwandlung der Tonart als ganzes aber beruht nicht nur auf der Richtungsumkehr ihrer einzelnen Tonwerte von der exkarnierenden in eine inkarnierende Wirksamkeit, sondern auch in der Ersetzung eines jeweiligen Tonwertes durch den ihm in der Stufenfolge der Leiter nachfolgenden Ton. So tritt an die Stelle des Fis ein Ges, für Gis ein As, usw. Und wir haben daher auch noch diese qualitative Vertauschung der einzelnen Tonwerte auf ihren kosmischen Geistgehalt zu untersuchen; namentlich zu prüfen, wie sich dabei die einzelnen Planetenworte gegenseitig verhalten, ob sie sich widersprechen oder ergänzen und einander tragen.

Von dem exkarnierenden Venuston fis sagten wir, daß Auflösung der «Erden-reste» sein dringliches Anliegen sei: *In Wesen erlebt sich Wesen*. An seine Stelle tritt in Ges-Dur der inkarnierende Saturnwert. Er führt das gegenseitige Erleben der Wesen zu einer kontemplativen Ganzheit als *ruhendes Weltgenießen*.

An Stelle des exkarnierenden Saturnwertes in Fis-Dur tritt in Ges-Dur der inkarnierende Sonnenwert as. Das ruhende Weltgenießen ergießt sich in das umgreifende Sonnenwirken: *Die Welten erhalten Welten*.

Daß sich im Terzton von Fis- und Ges-Dur eine deutliche Transzendierung ergeben muß, erfließt aus dem Spiegelungsverhalten der Sonnen- und Monden-werte. Statt ais in Fis-Dur steht in Ges-Dur b. Das Mondenwort: *O Welten, tra-get Welten* zeigt völligen Einklang mit dem Sonnen-Anliegen, nur daß bei letzterem in Fis-Dur der Akzent auf dem nachtodlichen Weg lag, während der inkarnierende Mondenwert diesen zu einem vorgeburtlichen umwandelt.

Das Mondenwort in Fis-Dur wird durch das inkarnierende Wirken des Mars in Ges-Dur ersetzt. Er gibt dem Mondenruf, die Welten mögen sich tragen, die innere geistige Stütze, denn die inkarnierende Marskraft stärkt das Ich, das sich jetzt als ein geistiges Selbst voll erleben kann: *Und Wesen erwirket Wesen*.

In Fis-Dur steht der Marston als cis in Quintposition und wird in Ges-Dur durch den Merkurwert des ersetzt. Vergleicht man die beiden Planetenworte, zeigen sie wieder – wie alle bisherigen Gegenüberstellungen – das Verhältnis von Erstreben und Erfüllen. Das im Marswort angesprochene geistige Selbst wird hineingenommen in die geistige Sphäre: *Im Sein umschließt sich Sein*.

Weiters: das Merkur-Dis in Fis-Dur wird zum Jupiter-Es in Ges-Dur. Die erste Ahnung eines neuen Werdens wird im Keime spürbar: die beiden Welten von Himmel und Erde, die das Merkurwort zu einem gemeinsamen Sein umschließt, werden zu einem *neuen Tatergießen* aufgerufen.

Und schließlich ist es Jupiter in Fis-Dur, der durch die Venuskraft in Ges-Dur ersetzt wird. Durch ihre Septimstellung unterstreicht sie mit sehnsüchtigem Ver-langen das Anliegen dieses *werdenden Tatergießens*: nämlich sich neu als Wesen zu erleben. Eis in Fis-Dur wird zu F in Ges-Dur.

Es bedeutet schon ein gewaltiges Erlebnis, sich in diesen enharmonischen Ver-wandlungsprozeß zu vertiefen, ihn wirklich meditativ zu erfassen. Denn die Pla-netenworte mit den Tonwerten in Fis- und Ges-Dur verbunden, können dann wirklich zu einem klingenden Spiegel des nachtodlichen Weges der Entelechie werden, wie ihn die Geisteswissenschaft Rudolf Steiners aufgezeigt hat; begleitet von den Kreuz-Vorzeichen von Fis-Dur reicht dieser Weg bis zur Weltenmitter-nacht, um dort von der Be-Tonalität aufgenommen zu werden, und in jene gei-stige Sphäre einzutreten, in der sich keimhaft schon die Blickrichtung zur Erde, zu einer neuen Inkarnation in zartesten Ahnungen zu erkennen gibt.

Fis-Dur

Wie aber offenbart sich nun das kosmische Wesen dieser beiden Tonarten auf der empirischen Klangebene; wie haben die Meister ihre innersten Werte empfun-den? Der mystisch-esoterische Gehalt, wie er in der Betrachtung der Waage-

Stimmung zu uns sprach, wird in der Literatur in bezug auf Fis-Dur nur selten offenbar. Dies gilt auch für das Fis-Dur-Präludium aus Bachs «Wohltemperiertem Klavier». Hugo Riemann hört hier vor allem eine Naturstimmung heraus, die auch der Fuge eigen ist, und die ihm ein Mittelding dünkt zwischen dem *«frühlingshaften»* Präludium in E-Dur und dem *«sommerlich glühenden»* in Cis-Dur.[3] Obgleich die Zweistimmigkeit von Anfang bis zum Ende streng durchgeführt ist, meint Riemann, sei es *«doch so voller Leben, fesselnd bis zur letzten Note, so natürlich weitertreibend, daß man immer wieder mit erneutem Entzücken bei ihm verweilt.»*[3] Nun mag das leicht sich schaukelnde Anfangsmotiv mit dem zarten Triller auf der Schlußnote, das sogleich von der Unterstimme aufgenommen wird, in seinem sprießenden Dahinströmen leicht als ein frühlingshaftes Blühen empfunden werden, wenn man das klangliche Geschehen als solches herausgelöst aus der Zwölfheit des ganzen Werkes, im Auge hat.

Diese Empfindung wird jedoch sofort modifiziert, wenn man sich daneben etwa das C-Dur-, oder D-Dur-Präludium vergegenwärtigt. Dann merkt man deutlich, daß der aus den exkarnierenden Tonwerten Venus–Sonne–Mars gebildete Fis-Dur-Klang doch eine andere Sprache spricht, als sie dem C-Klang durch Mars–Jupiter–Saturn verliehen wird. Es zeugt deshalb von großer Einfühlung, wenn Hermann Beckh dem Stück eine *«gewisse Innigkeit und Innerlichkeit, eine gewisse Romantik»*[4] zuspricht und meint, daß es einer anderen Sphäre angehört als etwa das C-Dur oder F-Dur-Präludium. Der Riemannsche «Frühling» ist hier zu einem seelischen Erleben sublimiert, dessen schwebende Anmut nicht irdisches Sprießen bedeutet, sondern Befreiung von aller Erdenlast. Trotzdem! Die Tiefen der Waage-Sphäre sind darin bestimmt nicht ausgeschöpft.

Dies gilt auch für die nachfolgende Fuge, die in ihrer Dreistimmigkeit gleiche Lieblichkeit und Grazie auftönen läßt wie das Präludium. Riemann hebt ausdrücklich die Bedeutung der melodischen Gebärde des Themas hervor, die sich von der Oktave über die Quinte und Terz allmählich zum Grundton herabsenkt; eine Linienführung, hinter der sich ihm *«der Übergang in eine andere Region des Tongebietes»*[3] verbirgt.

Wir greifen diesen Gedanken mit Freuden auf, wenn auch aus einer anderen Sicht heraus, als es die Riemannsche sein dürfte. Denn uns zeigt sich zunächst das Emporsteigen zur Oktav des Venus-Grundtones getragen von den exkarnierenden Mars–Venus–Jupiterwerten. Man denke bei diesem markant gesetzten Quartschritt zur Oktavhöhe an die Planetenworte: «Und Wesen erwirket Wesen» (Mars) – «In Wesen erlebt sich Wesen» (Venus). Dazwischen als Nebennote Jupiter: «Zu werdendem Tatergießen» –, und man wird empfinden von welcher Bewußtseinskraft dieser erste Thementakt erfüllt ist. Wenn sich die melodische Linie im 3. Takt dann hinunter zum Grundton neigt, «eine andere Region des Tongebietes» sucht, dann offenbart sich damit eine Richtungsweise, die der enharmonischen Schwester von Fis-Dur, dem Ges-Dur immanent ist: der aufkeimende Blick zur Erde bei höchster Vergeistigung. Das Suchen nach einem anderen Tongebiet ist in Wahrheit das Hereinstrahlen der Enharmonik in den *Melos*-Fluß; ein eindringliches Zeugnis für die enge Verbundenheit beider Sphären.

Tief hineingelauscht in das Wesen von Fis-Dur hat zweifellos Frédéric *Chopin* in seinem Prélude. Für Hermann Beckh bedeutet es schlechthin eine Offenbarung der Tonart. Und zweifellos spricht die Ruhe, die diesem mit «grand' espressione» zu zelebrierenden «Lento» innewohnt, von dem Gleichgewicht der Seele, dem heiligen Anliegen der Waage-Strahlung.

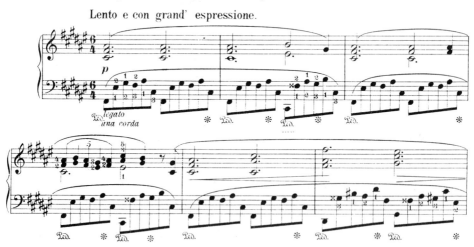

Der immer wieder aufklingende, breit-gedehnte Sonnenton ais, in seiner exkarnierenden Wirksamkeit Hüter und Lenker des nachtodlichen Seelenweges, kann uns allein den Geist erkennen lassen, den dieses Präludium atmet. Es verliert sich nicht in ein unbestimmtes romantisches Sehnen der Seele, es ist – bei aller Innigkeit – von einem aus höheren Sphären kommenden Geistgehalt durchweht. Hermann Beckh faßt sein Melos in das Bild des *«Wandelns auf den Wogen»*[4], und denkt dabei an die Beschwichtigung des Sturmes am See Genezareth durch den Christus: «Ich bin, fürchtet euch nicht». *«Etwas von dieser Stimmung»*, meint Beckh, *«lebt auch in Chopins Präludium.»*[4]

Nur selten werden die Tiefen von Fis-Dur zum Erklingen gebracht. Meistens ist es bloße Seeleninnigkeit, ja «Süßigkeit», die man aus ihm heraushört, oder man verliert sich überhaupt in den glitzernden, irisierenden Klangzauber dieser Tonart, um ihn zu verführerischen, berauschenden Instrumentaleffekten zu nützen. Ein solch betörend-duftendes Fis-Dur, dessen Glanz nicht nur berücken, sondern in seiner glitzernden Fülle auch ent-rücken kann, läßt Richard *Strauß* in seinem «Rosenkavalier» bei der Überreichung der silbernen Rose aufklingen, dessen impressionistischer Klangzauber noch durch eine bewußte Querständigkeit der Akkorde raffiniert gesteigert wird.

Allerdings darf man bei allem Naturalismus der Handlung nicht übersehen, daß die beiden Gestalten – Sophie und der junge Rofrano – tatsächlich an einer «Schwelle» ihres Schicksals im Augenblick dieser Begegnung stehen, und das Fis-Dur daher auch von dieser Seite her zu Recht erklingt.

Tragisch dagegen muß uns das Fis-Dur im Schlußmonolog seiner «Salome» anmuten, obwohl es auch hier mehr bedeutet als bloßer Klangeffekt, denn es spricht von der – freilich völlig pervertierten – Liebessehnsucht Salomes. Wie Richard Strauß seine Heldin verstanden hat, verrät er in seinen «Erinnerungen»:

«Wer einmal im Orient war und die Dezenz der dortigen Frauen beobachtet hat, wird begreifen, daß Salome als keusche Jungfrau, als orientalische Prinzessin nur mit einfachster, vornehmster Gestik gespielt werden darf, soll sie nicht in ihrem Scheitern

an dem ihr entgegentretenden Wunder einer großartigen Welt statt Mitleid nur Schauder und Entsetzen erregen.»[5]

Wenn sie am Ende das Haupt des Jochanaan auf einer Silberschüssel gereicht bekommt, und ihr ekstatischer Schrei die finstere Nacht durchgellt: «Ich habe deinen Mund geküßt Jochanaan», begleitet von Akkorden, die in den Abgrund des Grauens hinabtauchen, dann kann uns nur Schauer und Ekel ob dieser Pervertierung befallen, und des Herodes Befehl: «Man töte dieses Weib!», mag uns wie Erlösung anmuten.

Aber das Fis-Dur weist auf den Ursprung dieser Leidenschaft: auf die Sehnsucht nach einer reineren, edleren Welt, als es jene von Lüsternheit und geiler Verderbtheit erfüllte ihrer Mutter Herodias ist, in der sie leben muß. Diese Reinheit ahnt sie bei Jochanaan zu finden und mit aller Leidenschaft ihres Blutes will sie den Mann umarmen, der sie als «Tochter einer blutschänderischen Mutter» zurückstößt und verflucht. Die ursprüngliche «keusche» Sehnsucht wird zum zerstörenden Trieb. Durch das Fis-Dur kann uns der ganze tragische Zwiespalt dieses Seelensturzes bewußt werden.

Beethoven dagegen hat uns ein Fis-Dur voll intimster Herzenssprache in seiner Sonate Opus 78 hinterlassen. Von den Kommentatoren wenig beachtet und gepriesen, hat Beethoven selbst das Werk sehr hoch eingeschätzt, wie eine Äußerung gegenüber Karl Czerny zeigt:

«Immer spricht man von der cis-Moll-Sonate. Ich habe doch wahrhaftig Besseres geschrieben. Da ist die Fis-Dur-Sonate doch etwas anderes!»[6]

Die Sonate ist Therese von Brunswik gewidmet, in der wir mit großer Wahrscheinlichkeit Beethovens «unsterbliche Geliebte» sehen dürfen. Andere Stimmen allerdings sind der Meinung, daß nicht Therese von Brunswik, sondern Therese Malfatti der Gegenstand von Beethovens zarter Seelenneigung gewesen sei. Mag es sein wie immer: eine «Theresen-Sonate» ist das Werk ohne Zweifel, und ihr intimer, zart-inniger Charakter spricht sich gleich in den ersten vier Takten aus, die nicht als bloße Einleitung sondern als ein selbständiges kurzes Sätzchen aufzufassen sind. Das schwärmerisch aufblühende Fis-Dur zeugt von einem Gefühlsleben, dem nichts Emotionales, Leidenschaftliches anhaftet, sondern nur Zwiesprache sein will von Seele zu Seele.

Besonderes Gewicht erhält dieses Fis-Dur durch die Tatsache, daß ihm in Opus 57 – der «Appassionata» – ein leidenschaftlich aufgewühltes f-Moll voranging, das abgründigste Seelentiefen aufriß und bloßlegte. So mag Beethoven selbst von der Sehnsucht nach innerer Ruhe, nach seelischem «Gleichgewicht» und friedlicher Ausgewogenheit erfüllt gewesen sein, und flüchtete sich bewußt in die Waage-Tonsphäre von Fis-Dur.

Ein Fis-Dur, dessen Verinnerlichung ein gewisser heroischer Glanz eigen ist, zeigt sich in Hans *Pfitzners* romantischer Oper «Die Rose vom Liebesgarten». Die Rechtfertigung, den jungen «Edeling» Siegnot in die Klangaura von Fis-Dur zu hüllen, erfließt nicht so sehr aus der subjektiven Gestalt des Helden, als vielmehr aus der Symbolträchtigkeit der Handlung, die uns den Kampf zwischen den lichten und finsteren Mächten zeigt. Es ist Frühlingsweihefest im Liebesgarten, an dem seine Bewohner mit dem «Sonnenkinde der Sternenjungfrau» hinauseilen in die Welt, den Menschen den Frühling, Glück, Frieden und Liebe zu bringen.

«An diesem Tage legt der Wächter vom Wintertor sein Schwert zu den Füßen der Gottheit nieder, weil er den Garten geschützt hat gegen das Eindringen der Wintermächte, und ein neuer Wächter tritt an seine Stelle. Der junge Edeling Siegnot erfleht sich in einsamem Gebete von der Sternenjungfrau das schwere Amt. Sie billigt es ihm zu, indem sie ihm die unverwelkliche Rose von ihrer Brust zuwirft. Nun wird er vom Waffenmeister mit dem Schwerte gegürtet, vom Sangesmeister mit dem Goldreif gekrönt. Die Bewohner des Liebesgartens streben hinaus in die Welt; er selber soll bis zu ihrer Rückkehr das Tor gegen alle feindlichen Mächte hüten.»[7]

Es würde den Umfang unserer Betrachtung sprengen, wollten wir die Symbolik dieses leider vergessenen Werkes Pfitzners weiter aufschlüsseln. Dem Leser aber dürfte es nach den bisherigen Ausführungen über die Waage-Sphäre, namentlich aber auch über die in E- und H-Dur gemachten, nicht schwer fallen, die Beweggründe mitzuempfinden, die Pfitzner hier zur Fis-Dur-Tonalität greifen ließen.

Hat uns Pfitzner schon in die Welt der Elementarwesen geführt, so glauben wir sie im Trio-Teil von Anton *Bruckners* IX. Symphonie leibhaftig an uns vorbeihuschen zu sehen. Max Auer spricht von einem *«märchenhaften Luftgebilde»*, *«einer Fata morgana»*[8]; Ernst Kurth meint, daß *Bruckner «hier schwer Traumhaftem entgegendringt»*[9]

Ist man sich der Tatsache bewußt, daß dieses Fis-Dur einem lemurenhaft anmutenden Totentanz in d-Moll nachfolgt – dem Scherzo –, kann der Schwellenübertritt besonders eindringlich erlebt werden, der sich in diesem Fis-Dur vollzieht.

Ein *«Ausschwelgen in selige Weiten hinaus»*[10] zeigt uns das Gesangsthema des Adagio-Satzes seiner VII. Symphonie.

«Es ist eine Musik voll Lichtes und milden Lockens. Sie hat nicht die Bedeutung einer Erfüllung – denn das allüberwältigende Ereignis der Erlösung fällt erst in den Endteil des Satzes – sondern einer Vision, wunschhaften Entschwebens in die Sphä-

ren, denen der Erlösungswille vom ersten Satzbeginn an zustrebt, nur traumhaftes Bild der Erlösung; ... daher auch noch der sehnende Einschlag.»[9]

Man muß auch hier der Tatsache eingedenk sein, daß Bruckner diesen Satz drei Wochen vor Wagners Tod konzipiert hatte, in der Vorahnung des baldigen Hingangs seines heißgeliebten «Meisters aller Meister». In einem Brief an Felix Mottl erzählt uns Bruckner:

«Einmal kam ich nach Hause und war sehr traurig; ich dachte mir, lange kann der Meister unmöglich mehr leben, da fiel mir das cis-Moll-Adagio ein.»[8]

Das Fis-Dur-Seitenthema dieses Adagio, in jener Vorahnung mit Mozartscher Innigkeit geschrieben, kann uns in seiner Melodik an ein Wort Rudolf Steiners zum Totengedenken gemahnen:

> *«Es strebe zu dir meiner Seele Liebe,*
> *Es strebe zu dir meiner Seele Sinn;*
> *Sie mögen dich tragen,*
> *Sie mögen dich halten*
> *In Hoffnungshöhen, in Liebessphären.»*

Ges-Dur

Wollen wir unsere Tonsphäre dort aufsuchen, wo sie ihre tiefsten Wesensmerkmale offenbart, dann müssen wir auf die enharmonische Schwester von Fis-Dur, auf *Ges*-Dur hören. In ihr wird die Schwelle voll erfühlbar, die das Diesseits vom Jenseits trennt, und die von der Menschenseele im Augenblick des Todes überschritten wird.

Auch die Natur zeigt uns dieses todesnahe Bild, das Welken und Ersterben. Aber dieses Vergehen ist – im Sinne der Waage-Strahlung – eine *Wende*, kein Ende. Es trägt nicht den Charakter eines Bruches, sondern das Durchschreiten einer Pforte, die den Blick nach beiden Richtungen freigibt und so erkennen läßt, wie alles Irdisch-Sinnliche nur ein Gleichnis, nur das Abbild eines Höheren-Geistigen ist. Dieses nach zwei Richtungen hin offene Naturerlebnis, in dem erdsaftiger Atem gleichermaßen weht wie ein von fernher herandringendes Aufleuchten geistiger Weltenweiten, spiegelt das Ges-Dur im Trio von *Bruckners* IV. Symphonie.

Welch irrtümliche Auslegungen haben die Scherzi Bruckners im allgemeinen, und dieser Trioteil im besonderen durch die hermeneutische Literatur erfahren, die in ihnen nur den Ausdruck oberösterreichischer Ländler-Seligkeit zu erkennen vermeint. Anders dagegen Ernst Kurth. *«Bruckner»*, so schreibt er, *«verwebt Himmel und Erde, trunkenen Willen und Friedenssehnen»* gleichermaßen in seinen Scherzi: *«Er wahrt auch hier seine durchaus metaphysisch gerichtete Natur, und von ihr aus sind auch die sinnlichen Lebensakzente zu erfassen.»*[10] Und insbesondere gilt es diesen metaphysischen Gehalt in der IV. Symphonie nicht zu überhören, für den das Ges-Dur Zeuge ist. Daß es sich dabei um ein Ländler-Melos handelt, ist unumstritten. Aber die Tonart müßte den Kommentatoren doch zu denken geben.

Gewiß mag Bruckners, wahrscheinlich unter fremdem Einfluß entstandene Bemerkung in der Originalpartitur: *«Tanzweise während der Mahlzeit zur Jagd»*, mit beigetragen haben, diese Klänge als *«irdische Idylle»*[8] zu deuten, wie es Max Auer tat, obwohl auch er das Hinauswachsen des ganzen Satzes ins Übersinnliche nicht übersieht und meint, daß uns die *«Dämonien und Schauer»*[8] dieses als *«Hasenjagd»* programmierten Scherzos ganz andere Seelengründe als heitere Jagdfreuden öffnen würden. Tatsächlich ist dieses Trio, trotz seiner Ländlerweise ganz erdenfern in seiner Grundtönung. Und Ernst Kurth bemerkt zu Recht: *«Sooft sich Bruckner zu der ihm grundfremden Idee verleiten ließ, seiner Musik Erläuterungen zu geben, stiftete er Mißverständlichkeiten an sich selbst.»*[10] Und auch ein Wort Ernst Decseys sei nicht verschwiegen: *«Bruckners Scherzi sind also nicht bloß ‹Ländlerweisen› aus Oberösterreich; Künstler ist, wer die Banalitäten des Lebens ins Ewige erhöhen kann.»*[10] Nicht als darstellende Bilder, sondern als seelische Symbole sind Bruckners Ländler zu verstehen. *«Bruckner schildert nicht, er deutet an, um ganz ins Seelische und Übersinnliche aufzulösen.»*[10] Zeugnis für die Richtigkeit dieses Urteils ist die Wahl der Ges-Dur-Harmonie für jene Ländlerweise.

Ganz aus dem Ätherisch-Seelischen heraus, und von romantischem Sehnen erfüllt, erklingt Rusalkas Lied an den Mond in Antonin *Dvořáks* gleichnamiger Oper. Die verschwenderischen Lyrismen, die den Gesang der Nixe umschmeicheln, verleihen dem Ges-Dur eine wehmütige Innigkeit, aus der die tiefe Sehnsucht dieser Elementarwesen nach der Liebe des Menschen spricht. Und man überhöre dabei nicht die Akzentuierung des Mondentones b, der dem Melos sein Gepräge gibt.

Auch in Franz *Schuberts* Ges-Dur-Impromptu weht der Atem des Seelischen und Übersinnlichen. Gleichzeitig läßt es uns in schönster Weise das Grund- und Kernanliegen des Waagezeichens erleben: die Harmonie zwischen Geist und Stoff, zwischen Himmel und Erde, die Ausgeglichenheit der zwei «faustischen Seelen in unserer Brust». Die Herausgabe dieses herrlichen Stückes in G-Dur geht auf die Eigenmächtigkeit eines Verlegers zurück und entspricht nicht dem handschriftlichen Original Schuberts.

Angesichts dieses Mühens um die Harmonie zwischen Geist und Stoff ist es nur zu folgerecht, wenn die Kraft der Waage sehr stark auf das künstlerische Element weist. Der «Spieltrieb», wie ihn Schiller in seinen «Briefen zur ästhetischen Erziehung des Menschen» als Synthesis zwischen dem geschöpflichen und dem geistigen Sein des Menschen fordert, steht eigentlich ganz unter dem Zeichen der Waage. Durch das künstlerische Element – Schiller bezeichnet es in seinen Briefen als «Schönheit» – *«wird der sinnliche Mensch zur Form und zum Denken geleitet; durch die Schönheit wird der geistige Mensch zur Materie zurückgeführt und der Sinneswelt wiedergegeben.» (18. Brief)*

Ein schönes musikalisches Beispiel dafür ist das Quintett in *Wagners* «Meistersinger von Nürnberg», die einzige Ges-Dur-Stelle in diesem Werk. Und es könnte auch gar keine andere Harmonie in diesem Augenblick ertönen. Denn er bedeutet für die fünf ganz in sich gekehrten Menschen ein Stehen an der «Schwelle», da sie aufblicken zu dem Unverlierbaren ihres Wesens. Es ist für jeden ein entscheidender Schicksalspunkt seines Lebens. Für Eva und Stolzing ist er der Augenblick, in dem sie an die Erfüllung ihrer Liebe glauben und hoffen dürfen; für Sachs bedeutet er den Moment, in dem sein Entsagungsentschluß sich anschickt Tat zu werden; und auch dem Glücke Davids und Magdalenas steht nichts mehr im Wege. Ausgelöst aber wurde diese Stunde der Besinnung und Entscheidung durch die Kunst, durch das Meisterlied Walthers von Stolzing.

> «Eine Meisterweise ist gelungen,
> Von Junker Walther gedichtet und gesungen;...
>
> Die ‹selige Morgentraumdeut-Weise›
> Sei sie genannt zu des Meisters Preise.
> Nun wachse sie groß, ohn' Schad' und Bruch.
> Die jüngste Gevatterin spricht den Spruch.»

Eine zarte instrumentale Überleitung führt uns hinein in das Hauptthema des Quintetts und seine Ges-Dur-Harmonie. Das «Geisteskind» als Inspirationsgeschenk gnadenvoll im Morgentraum empfangen, soll durch das Feuer des Geistes als «Morgentraumdeutweise» bewußt den Menschenseelen eingeprägt werden,

394

damit es wachse «groß, ohn' Schad' und Bruch». In der Geburt dieses «Geistes-kindes» und seinem Wachstum aber liegt gleichzeitig das Zeugnis für die Richtig-keit des Schillerschen Wortes, daß die Kunst es ist, die den geistigen Menschen zur Materie zurückführt und ihn der Sinneswelt wiedergibt.

Wie zu Beginn dieses Waage-Kapitels bereits erwähnt wurde, heißt die wohler-kannte Mission des Waage-Menschen, Versöhnung der geistigen mit der physi-schen Welt zu erstreben, *die im Geistigen geschaute Wahrheit in das Gewand des Stoffes zu kleiden.* [1] Um dieses Anliegen in seiner ganzen Tragweite zu verstehen, ist es aufschlußreich auch hier einen Blick auf das leibliche Organ zu werfen, das der Waagestrahlung untersteht: es ist die *Niere*, das der «Venus» zugeordnete Organ, die ja auch in der Waage ihr «Haus» findet. Die wesentlichste Funktion der Niere besteht in der Befreiung des Leibes von physiologischem «Schutt› durch die Entgiftung des Blutes. *Es gleicht die Niere einem lebendigen Sieb oder einem Filter, das alles der Entfaltung des Lebens Abträgliche ausscheidet.* [1] Wir sehen deutlich den Unterschied gegenüber der Darmfunktion, die der Jungfrau-Strah-lung unterliegt: bei letzterer handelt es sich um die Zuführung von Nahrungs-stoffen, dem Venus-Organ geht es um die Reinerhaltung des Körpers.

Diese Funktion der Niere läßt sich sinnbildlich auf den Künstler übertragen. Man denke etwa an die Arbeit des Bildhauers, der aus dem Stein die Statue erste-hen läßt, indem er mit Meißel und Hammer entfernt, was die Gestalt verhüllt. Denn für den Blick des Künstlers ist sie ideell ja im Stein vorhanden, da er als «Schöpfer» im Geiste ihr Urbild erschaut und sie in den Stoff hineinzudenken vermag. Nun gilt es sie aus *«dem Sarg des Stoffes»* [1] zu befreien.

Auf das Leben bezogen liegt darin auch die Berufung des höheren Waagemenschen: *«ein Bildner des Lebens zu sein»*, *«sich zur Niere der Menschheit zu machen»*, *«zum Organ ihrer Entgiftung von den Ermüdungsstoffen des Lebens».*[1] Seine Gedankenkraft, sein Wort sind ihm die geistigen Bildhauerwerkzeuge, mit denen er unablässig – im Großen wie im Kleinen – sich müht, *«das Idealbild des höheren, geistigen Menschen für die Menschheit lebendig zu erhalten – den Weg offen zu halten, auf dem die geistigen Impulse der höheren Welten in die niedrigeren einströmen, den Weg, dem er kraft seiner Waagenatur ein erwählter Hüter sein darf.»*[1]

Was aber ist das Wesen dieses Weges? Es liegt in der unausgesetzten Vermählung des Mikro- mit dem Makrokosmos, in dem Kräfteaustausch zwischen dem Teil und dem Ganzen. Der im Zeichen der Waage zu beschreitende Weg führt zur Erneuerung des Einzel-Ich, indem er sich als *«die Geburtsstätte des höheren Menschen»* erweist, *«der sich aus dem niedrigen losringt, sich gleichsam wie durch eine neue Geburt aus ihm hervorgehen läßt.»*[1] In seiner unermüdlichen Mahnung, das Ich möge seine wahre Heimat nicht vergessen, wird der höhere Waagemensch zum *«Torhüter aller Verinnerlichung»*[1]. Diese Berufung, die Pforte zur geistigen Welt stets offen zu halten, geht über die Sendung dessen, was man heute «Kreativität» nennt, künsterliches Schaffen im alltäglichen Sinne des Wortes, weit hinaus; denn diese Pforte, die zu bewachen die «Waage» einem auferlegt, führt zu höherer Erkenntnis, zur Initiation.

Auf erhabenste, weil urbildliche Weise zeigt sich uns dieses Entringen des höheren, unsterblichen Ich aus den Todeskräften der Erde dort, wo die Mensch gewordene Gottheit selbst mit der finsteren, todesträchtigen Erdenmacht rang: in Gethsemane. Dort entschied sich Weltenschicksal und Menschheitszukunft. Wäre dort der Sieg über die niederziehenden Kräfte des Todes nicht errungen worden, hätte der Mensch niemals diese Waagekraft für sich empfangen können; denn der Ruf: «Tod, wo ist dein Stachel», wäre niemals Ereignis geworden. Dann hätte jener tragische Satz alleinige Gültigkeit behalten, den Johannes *Brahms* so erschütternd in seinem «Deutschen Requiem» vertont hat: «Denn alles Fleisch es ist wie Gras ...» und der Trost des sich anschließenden, verheißungsvollen Ges-

Dur wäre uns nie zuteil geworden: «Seid nun geduldig, lieben Brüder, bis auf die Zukunft des Herrn ...»

Die «Zukunft des Herrn» und mit ihr auch die Zukunft der Menschheit, sie lagen in Gethsemane auf der Waage!

Wir haben das Kapitel über Ges-Dur mit dem Blick auf das Welken und Sterben in der Natur begonnen und sind im Zuge unserer Betrachtung zu dem hohen, ideellen Sinn des Todes geführt worden, wie ihn Rainer Maria Rilke in seinem «Stundenbuch» so schön verherrlicht hat:

> *«O Herr, gib jedem seinen eignen Tod.*
> *Das Sterben, das aus jenem Leben geht,*
> *Darin er Liebe hatte, Sinn und Not.*
>
> *Denn wir sind nur die Schale und das Blatt.*
> *Der große Tod, den jeder in sich hat,*
> *Das ist die Frucht, um die sich alles dreht.»*

Es gibt keine Geburt des Höheren ohne Sterben des Niederen; der Prozeß des «Stirb und Werde» steht unter der ausgleichenden, das Gleichgewicht erstrebenden Kraft der Waage. Ist doch der Tod des Menschen selbst stets auch ein Hin-ein-*geboren*-Werden in die geistige Welt. Und dieses «lux perpetua» gibt dem Ges-Dur jenes mystisch-erhabene Leuchten, das die mit jedem Schwellenübertritt verbundenen Todesschatten durchglüht und vertraut erscheinen läßt. Man könnte an den «dunklen Philosophen» von Ephesus denken, an Heraklit, der uns so eindringlich jenes Sterben des Niederen um eines Höheren willen aufgezeigt hat, dem wir unser ganzes Leben unterworfen sind. Das innere Licht seiner Philosophie müßte – in Musik umgesetzt – in Ges-Dur auftönen:

«Dasselbe Wesen in uns ist Lebendes und Gestorbenes und das Wache und das Schlafende und Junges und Altes (denn dieses, wenn es sich wandelt, ist im Wesen doch jenes, und jenes wiederum, wenn es sich wandelt, dieses).

Es lebt das Feuer der Erde Tod, und die Luft lebt des Feuers Tod, Wasser lebt der Luft Tod, Erde des Wassers Tod.

Unsterbliche sind sterblich, Sterbliche unsterblich, lebend sind sie der Sterblichen Tod, und der Sterblichen Leben sind die Toten.» [11]

Es ist nun einmal so, daß wir als Erdenwesen nicht zweimal in derselben Welle schwimmen, wie Heraklit sagt, und ebensowenig ein sterbliches Wesen zweimal in demselben Zustand ergreifen. Indem sich aus dem Samen der Embryo bildet, stirbt der Same; der Embryo stirbt in das Kind hinein, das Kind in den Jüngling, der Jüngling in den Mann, usw. Stets wird das Vorhergehende durch das Nachfolgende-Höhere ausgelöscht. *«Das gestrige ist Sterben in dem Heutigen, das Heutige stirbt im Morgenden.»* (Plutarch, *Über das EI zu Delphi, S. 17 und 18.*) [12] So gesehen steht eigentlich das ganze Erdenleben des Menschen unter der Waage-Strahlung eines ständigen «Stirb und Werde». Über diese Waage-Kraft soll der Mensch einst Vollmacht erhalten, wenn er in ferner Erdenzukunft als «Geistesmensch» sein Ziel erreicht haben wird.

«Und indem der Mensch mit seinem Ich eigentlich die Anlage legt, um sich bis zu seinem Atma oder Geistesmenschen zu entwickeln, bildet er immer mehr und mehr die

Kräfte aus, welche ihn instand setzen, in die Waage des Tierkreises hinaufzuwirken. Er wird seine Vollmacht über diese Waage des Tierkreises erlangen, wenn er sein Ich ausgeprägt hat bis zum Atma oder Geistesmenschen. Da wird er ein Wesen sein, das etwas ausströmt, das aus dem Stadium der Zeit in das Stadium der Dauer, der Ewigkeit, übergeht.» [13]

So ist es auch völlig dem Geist dieser Tierkreissphäre gemäß, wenn die Meister Ges-Dur dort auftönen lassen, wo sich ein Durchschreiten der Todespforte vollzieht. Eines der ergreifendsten Zeugnisse dafür ist zweifellos das Gebet Elisabeths in *Wagners* Tannhäuser.

> «Allmächt'ge Jungfrau, hör mein Flehen!
> Zu dir, Gepriesne, rufe ich!
> Laß mich in Staub vor dir vergehen,
> Oh, nimm von dieser Erde mich!»

Dieses erste große Ges-Dur in Wagners Werk ist mehr als ein bloßes «Bittgebet»; es wird darin schon das Gehen über die Schwelle selbst erlebbar, mit all seinem feierlich-demütigen Ernst.

«Mach, daß ich rein und engelgleich
Eingehe in dein selig Reich!
Wenn je, in tör'gem Wahn befangen,
Mein Herz sich abgewandt von dir,
Wenn je ein sündiges Verlangen,
Ein weltlich Sehnen keimt' in mir,
So rang ich unter tausend Schmerzen,
Daß ich es töt' in meinem Herzen!»

Mit diesen Worten offenbart sich die Ges-Dur-Tonart gleichzeitig als Tonart jener Sphäre, in der die griechische Mysterienwelt die himmlisch-erlösende Liebe suchte, die Sphäre der «Venus Urania», wie wir es bei Schiller bereits vernommen haben. In ihr geht uns die aphroditenhafte «Schönheit» als *Wahrheit* entgegen. *«Für diese Sphäre der himmlischen Venus macht sich Elisabeth bereit; alle irdische Liebe, ihr einstiges ‹G-Dur› hat seine Wandlung nach Ges-Dur erfahren.»* [14] Sie spricht von «Sünde». Für das Luftzeichen ist Sünde der frevelhafte Versuch, das Gebäude der Wahrheit, das den geistigen Bestand der Schöpfung ausmacht, zu unterwühlen. Mit dieser Wahrheit will sich Elisabeth jenseits der Schwelle vereinen, um durch sie das Seelenheil für den Geliebten zu erflehen. Wie begründet aus allen Perspektiven ist das Ges-Dur an dieser Stelle.

Auch Giuseppe *Verdi* weiß um das Überschreiten der Schwelle im Tode. In seiner «Aida» bildet Ges-Dur die verklärende Schlußharmonie. In manchen Klavierauszügen steht auch Fis-Dur, was jedoch dem Geistgehalt dieser Szene nicht ganz entspricht. Denn das steinerne Grab, das Aida freiwillig mit dem zum Tode verurteilten Feldherrn Radames teilt, umschließt zwei Liebende, die sich der Erdenwelt bereits entrückt fühlen, und deren Seelen sich vereint voll Sehnsucht empor zum Licht der Ewigkeit schwingen: «O terra addio, addio valle di pianti – Leb wohl o Erde, o du Tal der Tränen …»

Auch dieser Schluß zeigt einen Liebestod, wenn auch nicht im metaphysischen Sinne wie es jener Isoldens ist in Wagners «Tristan und Isolde»; er zeigt ihn in irdisch-menschlicher Weise. Und was Richard Wagner, dieser große Eingeweihte in das geistige Wesen der Tonarten in keinem seiner Werke vollzogen hat, Verdi setzte die Tat: ein Meisterwerk mit Ges-Dur ausklingen, d.h. in transzendente Sphären emporschweben zu lassen.

Ergreifend berührt uns das Ges-Dur von Butterflys «Freuden-Arie» über die zuversichtlich erhoffte Rückkehr ihres Gemahls, in dessen Liebe aufzugehen der einzige Sinn ihres Lebens ist.

Die Handlung, nicht die von ihr gesungenen Worte rechtfertigen das Ges-Dur. Denn der Zuhörer weiß von Anbeginn, daß Linkertons Ehe mit Cho-cho-san nur die gekaufte Erfüllung einer Leidenschaft ist. Dieses Wissen zeigt uns die Tragik auf, der Cho-cho-san unabwendbar entgegengeht, ohne daß sie davon weiß. Und diese Tragik einer Todgeweihten spricht aus dem Ges-Dur in leidvoller Diskrepanz zu ihren von freudiger Erwartung und Hoffnung erfüllten Worten. Ein Ges-Dur, mit dessen Todesschatten übrigens Puccini seine «kleine Frau Schmetterling» vom ersten Auftreten an umhüllt.

Nicht minder wichtig für das Erkennen des Wesens einer Tonart aber sind, neben den ausgeprägten, aus diesem Wesen geschöpften Themen und Stücken, auch die jeweiligen Situationen, in denen, wenn auch nur vorübergehend, die Tonsphäre als reines Klangerlebnis aufscheint. Denn dies stellt uns notwendigerweise die Frage, warum der Schöpfer des Werkes an dieser Stelle, gerade nach dieser bestimmten Tonart – in unserem Falle also nach Ges-Dur – greift. Und die Antwort darauf offenbart uns der Geistgehalt dieser Tonsphäre. So etwa spiegelt sich in *Pfitzners* «Rose vom Liebesgarten» das erwähnte Fis-Dur des Vorspiels wunderschön in einer kurzen Ges-Dur-Episode im Nachspiel des Werkes. Wenn Minneleide, die Elfe vom Quellenstein, die Siegnot mit ihrer Liebe betörte und ihm sein Wächteramt veruntreuen ließ, ob dieser Schuld sühnen will, wenn sie mit der Rose ans Tor des Liebesgartens pocht und unter dem Schwertstreich des Winterwächters zusammenbricht: «Siegnot, Geliebter, vergieb, o vergieb», wenn sie sich des Kronreifs entäußert und damit die Stirn des Toten schmückt, ersteht im vollen Orchester ein weihevolles, feierliches Ges-Dur, das ihr Flehen zur «Allmutter», zur Sternenjungfrau mit dem Sonnenkinde emporträgt:

Eine ganz wesentliche Rolle spielt das Auftreten einer Tonart natürlich bei den Leitmotiven in Richard Wagners Musikdramen. So notiert Wagner z.B. den Gesang Brünnhildens bei der «Todesverkündigung» an Siegmund vorwiegend in der Be-Tonsphäre (Des, As, Ges) – sie steht als Geistwesen ja jenseits der Erdenschwelle –, während die Worte des Helden die Kreuz-Notation aufweisen.

> «Nur Todgeweihten
> Taugt mein Anblick:
>   Wer mich erschaut,
> Der scheidet vom Lebenslicht.
>   Auf der Walstatt allein
>   Erschein' ich Edlen:
>   Wer mich gewahrt,
> Zur Wal kor ich ihn mir.»

Zwar in Des-Dur – der «Walhall-Tonart» – notiert, klingt ihr Gesang ernst und feierlich in der Subdominant-Tonart – Ges-Dur – aus.

402

Von einem Schwellenerlebnis hehrster Art erzählt Gurnemanz den Knappen. Titurel, «dem frommen Helden» neigten sich einst «in heilig ernster Nacht des Heilands selige Boten», als sie den Heiligen Gral seiner Hut übergaben. Das Gral-Thema erglüht bei diesen Worten in einem weihevollen Ges-Dur:

Ein ebenso transzendentes Ges-Dur, durchsetzt mit Klängen der parallelen Moll-Tonart (es), begleitet die Taufe Kundrys durch Parsifal, durch welche die Erde ihre paradiesische Jungfräulichkeit wiedergewinnt:

Wenn Parsifal schließlich den heiligen Speer der Ritterschaft zurückbringt, dann wird das Wort «zurück» von einem von Harfen-Arpeggien umleuchteten Ges-Dur-Akkord getragen, in dem alles Glück dieses «Gnadenwunders» aufglänzt.

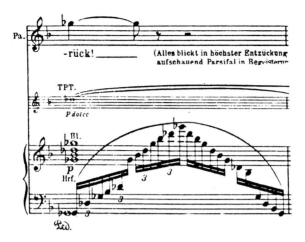

Und ganz am Ende weht uns noch einmal in Ces- und Ges-Dur der Atem göttlicher Welten entgegen, da im feierlichen Klang der Trompeten und Posaunen das Liebesmahlthema im Glanz seines Auferstehungsmelos ertönt: «Erlösung dem Erlöser».

Die parallele Moll-Tonart der Waage-Sphäre: dis-Moll/es-Moll

Die parallele Molltonart von Fis-Dur heißt dis-Moll. Ein Blick in die bezügliche Literatur zeigt uns jedoch, daß diese Tonart bei fast allen Meistern ihrer enharmonischen Schwester es-Moll den Platz räumen mußte. Markante, ausgeprägte dis-Moll-Themen oder gar Stücke finden sich kaum. Der Grund dafür ist sicher nicht allein in der praktischeren Notation und Lesbarkeit zu suchen, obwohl auch dies zweifellos eine Rolle spielt. Ein ideelles Kriterium jedoch dürfte in dem Schwellencharakter dieser Tonsphäre liegen und seiner Vergeistigungstendenz. Bereits in H-Dur tauchte im Hintergrund sehr häufig ein Ces-Dur auf, und gis-Moll sahen wir eng mit as-Moll verschwistert. Nun ergab sich aus den theoretischen Untersuchungen des ersten allgemeinen Teiles unserer Betrachtung, daß der b-Tonartenbereich mit seiner von der Peripherie zum Mittelpunkt weisenden, inkarnierenden Richtungsdynamik eigentlich schon einen ersten Moll-Schleier bedeutet, der sich über die im Zeichen der Unterdominante stehenden Dur-Tonarten breitet. Es ist daher verständlich, daß die Empfindung an dem Punkt, an dem sich der Wandlungsprozeß ins Geistige vollzieht, instinktiv nach jenem Moll greift, das diesen Prozeß am reinsten verwirklicht. Dis-Moll mit seinem künstlichen Leitton Cisis und seiner Dominante auf ais – der Dreiklang auf ais hieße: ais-cisis-eis –, greift schon so weit in den Geistbereich der unendlichen Quintenspirale hinaus, daß die immer noch an das Irdische gemahnende Kreuz-Notation beinahe paradox erscheinen muß. Es-Moll aber verdeutlicht diesen Wendepunkt, der gleichzeitig die Richtungsumkehr eines «Weltenmitternachts-Augenblicks» bedeutet, viel eindringlicher. Und so ist es verständlich, daß die Meister dem es-Moll auch als Parallele zu Fis-Dur den Vorzug gaben.

Eine Ausnahme hat allerdings *Bach* im zweitenTeil seines «Wohltemperierten Klaviers» gemacht, indem er statt des in es-Moll zu erwartenden Präludiums eines in dis-Moll, mit nachfolgender Fuge in der gleichen Harmonie setzte. Als Begründung dürfte wohl die Ansicht Hermann Beckhs zutreffen, daß der Geistgehalt von es-Moll bereits im ersten Teil des Werkes mit solcher Vollendung ausgesprochen wurde und eine Steigerung im zweiten Teil darüber hinaus gar nicht möglich schien.

«Bach selbst muß das gefühlt haben, weil er im 2. Teil des Wohltemperierten Klaviers, der in vielen Fällen ja doch gerade auch in bezug auf das ‹Ausschöpfen der Tonart› über den 1. Teil hinausgeht, oder den 1. Teil weiterführt, diese Tonart gar nicht wiederholt, sondern dann statt es-Moll, dis-Moll schreibt, als wollte er sagen, daß er in bezug auf Charakteristik der Tonart jenem einzigartigen es-Moll-Präludium kein anderes an die Seite zu stellen wußte. Er war sich bewußt, daß das Problem der es-Moll-Tonart schon in jenem ersten Präludium in einer nicht mehr von ihm zu überbietenden Art gelöst worden war.» [4]

Dagegen erklärt Hugo Riemann diesen Wechsel allein aus dem *«pädagogischen Zweck»* des «Wohltemperierten Klaviers», und hat sich in seiner Analyse daher auch nicht gescheut, es nach es-Moll umzuschreiben, weil es dadurch *«sehr viel leichter lesbar»* [3] sei. Die Verzeichnung, ja Verzerrung des Geistgehaltes, die hier eintritt, wird allerdings sofort fühlbar, wenn man die beiden Präludien nebeneinanderstellt; denn nach es-Moll transponiert, müßten der anmutig dahinfließende Sechzehntelrhythmus, die grazilen Brechungen und Arpeggien-Motive den tiefen Ernst des es-Moll-Präludiums aus dem ersten Teil Lügen strafen.

Angesichts der überwiegenden Ausklammerung von dis-Moll in der Literatur, wollen auch wir uns in unserer Betrachtung auf es-Moll beschränken, werden aber bei dem Aufzeigen der Beispiele die beiden Präludien und Fugen einander gegenüberstellen.

Bei den hellen Dur-Tonarten haben wir den scharfen Gegensatz erlebt, den das Moll aufzuweisen hatte. Es zeigte sich auch auf musikalischer Ebene die Tatsache, daß dort, wo viel Licht ist, auch der Schatten ein intensiverer sein muß. Analog dazu wird der Unterschied zwischen Dur und Moll weniger stark empfunden werden, wo die Dursphäre selbst in der – äußeren – Dunkelheit steht. Dies ist im gegenwärtigen Fall leicht zu erkennen. es-Moll bildet keinen effektiven Gegensatz zum Stimmungsgehalt von Ges-Dur. Es intensiviert seinen Ernst und modifiziert ihn zu einem Schmerzerlebnis, welches das Ges-Dur in seiner Verklärtheit nicht kennt, aber es kehrt diesen Stimmungsgehalt nie in sein Gegenteil, wie wir dies etwa bei D-Dur und h-Moll, oder bei A-Dur und fis-Moll erleben konnten.

Was nun den Waage-Geborenen betrifft, so ist natürlich auch er von Gefahren und Stürzen umdroht. Eine dieser Gefahren, die zur Tragik des Waage-Menschen werden können, liegt bei der Konfrontation mit dem Leben in der Tatsache, daß der unter diesem Zeichen Geborene die Arbeit der «Erwägung» aufgeben und sich zu einer Entscheidung durchringen muß. Solchen Entschlüssen möglichst ausweichen zu wollen, läßt in dem niederen Waagetypus eine Lebensphilosophie erstehen, die ihm rät, alle Reibungen am besten zu meiden, einen ruhigen Standort zu suchen *um sich dem Leben gegenüber rein abwartend einzustellen.»*[1] Zwingt ihn das Leben jedoch weiterzugehen, sucht er dies in der Richtung des geringsten Widerstandes zu tun. Sich nicht in Dinge einzumischen, die ihn nichts angehen, und am liebsten auf Gegebenheiten nicht hinschauen, die man nicht gerne sieht. Diese Philosophie der Bequemlichkeit – die negative Seite des «Äquilibriums» –, die nicht aus der Ruhelage gebracht werden will, kann bis zum Desinteressement an der Umwelt, ja zu einem ausgesprochenen Indifferentismus führen.

Eine Seele, die solcherart durchs Leben schreitet, wird an der «Schwelle» kaum die verklärende Neugeburt empfinden, die der Tod dem hohen Waagemenschen bedeutet. Im Spiegel des leibfreien Bewußtseins, das ihn nach Ablegung der irdischen Leibeshülle umgibt, wird ihm der Eintritt in die Waage-Sphäre von Ges-Dur nicht das Gefühl des Emporschreitens zu höheren Bereichen geben; er wird vielmehr angesichts des Erkennens all der Versäumnisse und Fehler, die das abgelegte Erdenleben aufweist, ein «*Wanken an der Schwelle*»[4] durchmachen. Diese Nuancierung trägt das es-Moll neben dem strengen Ernst, der jedem Schwellenübertritt anhaften muß, vor allem in die Harmonie der Waagesphäre hinein. Dies lassen auch die Attribute erkennen, die man dem es-Moll beigegeben hat. So spricht Stephani von den «*Schatten, die es verbreitet, die aber die leisen Umrisse einer Heldengestalt aufweisen, der Unheil droht.*» Doch lägen auch «*Größe darin, Objektivität, ein ins Überweltliche weisendes Schicksal.*»[15] Anders dagegen Schubarth; er spricht von «*Empfindungen der Bangigkeit, des allertiefsten Seelendranges, von hinüberbrütender Verzweiflung und schwärzester Schwermut, düsterer Seelenverfassung. Jede Angst, jedes Zagen des schaudernden Herzens atmet aus dem gräßlichen es-Moll. Wenn Gespenster sprechen könnten, so sprächen sie ungefähr aus diesem Ton.*»[15]

Betrachten wir, ehe wir uns den praktischen Beispielen zuwenden, zuerst die kosmischen Gegebenheiten und vergleichen wir die Planetenstellungen mit dem parallelen Dur.

DIS	EIS	FIS	GIS	AIS	H	CISIS	DIS
Sekund-qualität	Terz-qualität	Quart-qualität	Quint-qualität	Sext-qualität	Septim-qualität	Prim-qualität zweifach erhöht	
Merkur	Jupiter	Venus	Saturn	Sonne	Mond	Mars	
ES	F	GES	AS	B	CES	D	ES
Terz-qualität	Quart-qualität	Quint-qualität	Sext-qualität	Septim-qualität	Prim-qualität	Sekund-qualität	
Jupiter	Venus	Saturn	Sonne	Mond	Mars	Merkur	

Daß es sich bei es-Moll ebenfalls um inkarnierende Planetenwirksamkeiten handeln muß wie bei Ges-Dur, bedarf kaum einer besonderen Erwähnung mehr. Lediglich der Venuswert f und der zum künstlichen Leitton hochalterierte Merkurwert d stehen in neutraler, bzw. exkarnierender Position.

Jupiter, der «kosmische Plastiker», in Ges-Dur Sextstellung einnehmend, ist hier Grundton. Darin zeigt sich bereits die Nuancierungs-Unterschiedlichkeit der beiden Harmonien. In Ges-Dur konnte er als Sext seine ihm gemäße Terz-Qualität als «Weltenseele» in die Räume strahlen, was zu dem Verklärungsschimmer dieser Harmonie gewiß ein Wesentliches beitrug. Jetzt ist der Jupiterwert Grundton und sein Wort: «*Zu werdendem Tatergießen*» muß sich ganz auf den Prim-Charakter dieser Stellung konzentrieren, auf das eigene Selbst.

Venus in ihrer umfassenden Wirkenskraft ist Sekund. Die merkuriale Strömungstendenz dieses Intervalls mag nicht zuletzt an dem Ernst beteiligt sein, der diese Harmonie durchzieht: «*In Wesen erlebt sich Wesen*» heißt das Venuswort und das hier erlebte Wesen ist das der Venus Urania.

Auch der als Terz fungierende Saturnwert trägt das Seinige zu dem tiefen, verinnerlichten Ernst dieser Tonart bei, wie er uns etwa aus dem es-Moll-Präludium Bachs entgegentönt.

Der Sonnenton as als Quart und seine Spiegelung im Mondenwert b als Quinte – man denke an ihre Mahnworte, die Welten zu «*erhalten*» und zu «*tragen*» –, mögen jenen Eindruck miterwecken, den Stephani dem es-Moll abgewonnen hat: das Gewahren einer «Heldengestalt», die sich trotz aller Schatten in zarten Umrissen abzeichnet und in ein überweltliches Schicksal weist. Durch die beisammenliegende Quart-Quint-Position ist die Wirkenskraft des Sonnen-Mondenwortes natürlich konzentrierter als in Ges-Dur, wo die Sonne Sekund- und der Mondenwert Terzstellung bezogen hat.

Der inkarnierende Marswert ces als Sext strahlt seine Ichkraft weit hinaus in die Welten, «*Wesen durch Wesen erwirkend*». Sowohl Hugo Riemann, wie Hermann Beckh erleben in es-Moll eine Willenskraft, die nach unbegrenzten Geisteshöhen greifen möchte, sie aber nicht finden kann. Für Beckh drückt sich dies vor allem in Schumanns Manfred-Musik aus:

«*Schon im Vorspiel, wie dann am Schluß beim Tode Manfreds, also beim sterbenden Hinübergehen über die Schwelle, tritt uns dieses Es-moll entgegen. Ebenso beim ‹Geisterbannfluch›, bei der Stimme des ‹Hüters der Schwelle›. Ein Blick in Byrons düsteres, poetisch so starkes Drama zeigt, wie hier ein nach dem Übersinnlichen, nach den Höhen der geistigen Welt strebender außergewöhnlicher Mensch doch seine Geisteshöhen nicht finden kann, wie er immer wieder an der ‹Schwelle› zurückgeworfen wird durch niedere Geistgewalten, durch die unüberwundenen Mächte des eigenen Schicksals.*»[4]

Für Riemann spiegelt sich dieses Unvermögen bereits in Bachs es-Moll-Präludium. Den Impulsator für diesen nachtodlichen Willensakt haben wir wohl weitgehendst in der Sextstellung des Marswertes zu sehen.

Als Septim wirkt der zu d erhöhte neutrale – bzw. in der Mollperspektive gesehen: exkarnierende – Merkurwert. Beide Merkurkräfte, die strömende wie die Begegnung suchende Kraft, sind durch die Erhöhung des leitereigenen des zu d wirksam und sprechen die Septimsehnsucht der Mondenqualität aus: «*Im Sein umschließt sich Sein*». In Ges-Dur dagegen ist der inkarnierende Merkurwert Quinte, was seine strömende Wirksamkeit verstärkt, wie wir hörten, während er mit seiner zur Oktave strebenden Leitton-Septim-Tendenz dieses «Sein» viel intensiver «umschließt», und der Harmonie dadurch mehr ein in sich geschlossenes Sein verleiht, als es der nach beiden Richtungen hin ausstrahlenden Quinthaltung eigen ist.

Noch ein weiteres Zeugnis wird uns für die inkarnierende, zum Mikrokosmos weisende Richtung der b-Tonarten geliefert. Der Dominant-Dreiklang von es-Moll ist natürlich derselbe wie jener der gleichnamigen Dur-Harmonie: b–d–f. Es-Dur aber steht bereits erdennäher als Ges-Dur. Während die Dominanten, der mit Kreuzen versehenen Molltonarten hinaus weisen in die unbegrenzte Quintenspirale nach Cis-Dur in fis-Moll, Gis-Dur in cis-Moll, Dis-Dur in gis-Moll, usw., zeigen sie jetzt zur Erde: nach B-Dur in es-Moll, nach F-Dur in b-Moll, C-Dur in f-Moll.

Wenden wir uns nunmehr den praktischen Beispielen zu. Von dem es-Moll-Präludium aus dem 1. Teil sagt auch Hugo Riemann, daß es im vollen Einklang mit dem Charakter der Tonart steht. «*Tiefernst, voll erhabener Weihe schreitet das Präludium im ½ Takt einher; ein edles, großes Empfinden spricht aus den langen*

Zügen der Melodie, die uns bald mit hellem Auge voll Liebe anschaut, bald mächtig aufseufzt, wie ergriffen von dem Schmerz über das begrenzte Menschenkönnen, das ein unbegrenztes Wollen nur zum kleinen Teile zur Tat zu machen gestattet.»[3]

Man erinnere sich, was wir über die Sextstellung des Marswertes in der kosmischen Analyse gesagt haben und achte auf die in sich konzentrierte Akkordik, bei der der Marston den aufsteigenden Impuls gibt und auf die darüber liegende abstürzende Melodik. Für Hermann Beckh liegt darin der ganze Ernst *«der Passionsstimmung»:*

«Das durchchristete Schwellenerlebnis, so könnte man sagen, lebt in dem ganzen Ernst dieses Präludiums, das, wie kein anderes, aus der Tonart heraus komponiert ist, den ganzen Gehalt der Es-moll-Tonart offenbarend in sich zusammenschließt.»[4]

Von derselben ernsten Stimmung ist auch die Fuge beseelt, jedoch milder in ihren Rhythmen; alle Schärfe ist vermieden, in ruhiger Viertel- und Achtelbewegung fließt das Melos dahin, *«ein Wunderwerk der kontrapunktischen Kunst»*[3], wiederum ganz aus dem Geist der Tonart gestaltet.

Der «dux» hält die Haupttonart fest, vom Grundton (Jupiter) zur Quinte (Mond) aufsteigend und über die obere Mars-Sexte wieder zum Grundton zurückkehrend; doch wird auch noch die Sonnen-Quart ergriffen, um von ihr erneut zum Grundton stufenweise hinabzusinken. Wir haben über dieses enge Zusammenwirken von Monden- und Sonnenwerten bei der kosmischen Analyse gesprochen. Hier tritt es uns im Thema, verbunden mit dem Bezug zum Jupiter-Wirken entgegen. *«Welten zu tragen», «Welten zu erhalten in wirkendem Tatergie-ßen»* – das spricht die «kosmische Urlinie» dieses Themas aus. In menschheitlicher Urbildlichkeit ist dies tatsächlich in der Passion von Golgatha gesetzt worden; die Empfindung Hermann Beckhs ist eine durchaus richtige.

Und nun stelle man die dis-Moll-Thematik des zweiten Teiles des «Wohltemperierten Klaviers» diesem es-Moll gegenüber.

Dieses Präludium ist eine sehr fein ausgeführte, besonders reiche zweistimmige Invention, eine *«graue Eminenz»,* wie Johann Nepomuk David in seiner Analyse sagt, *«die überall notiert und orakelt.»*[16] Ernster formuliert: ein Hinausfließen in weiteste Sphärenbereiche, wie es diesen hochalterierten, exkarnierenden Tonwerten durchaus gemäß ist.

Und wenn die Fuge mit ihrem pochenden Merkur-Grundton zu Beginn des Themas bewußt die «Begegnung» sucht: *Im Sein umschließt sich Sein»,* so spricht sich darin der Wille aus, sich die neue Seinswelt – nämlich den Schwellenübertritt – zu erringen, wie es der Quint-Aufstieg zum Sonnenton auch deutlich macht.

Welch gänzlich andere Stimmung aber müßte uns erfüllen, wenn wir dieselbe Melodik in der Jupiter-Mondensphäre (es-b) erklingend erleben. Die reiche Kontrapunktik die Bach im Verlauf der Fuge dem Thema gegenüberstellt, spricht in dis-Moll von einem unermüdlichen Ringen nach Verwirklichung des Merkur-Wortes; in es-Moll würde sie eine Unruhe hineintragen, die dem erreichten Ziel – denn in es-Moll ist die Einswerdung der beiden Seinssphären vollzogen – gar nicht gemäß wäre. Ein gleiches, nur in umgekehrten Vorzeichen gälte von der Versetzung der es-Moll-Fuge des ersten Teiles nach dis-Moll. Hier würde die Ruhe ausströmende Rhythmik und Melodik der hochpotenzierten exkarnierenden Spannungskraft der Tonwerte kaum gerecht werden.

Anders freilich klingt das es-Moll, wenn darin nicht das «Überschreiten», sondern das «Wanken an der Schwelle» zum Ausdruck kommen soll, wie es z. B. Byrons Manfred erlebt, als er einsam im Hochgebirge wandelt, und nach einer Geistbegegnung gewaltigster Art, den Blick wieder zur Erde wendet, von Schwindel erfaßt:

> «Die Geister, die ich rief, verlassen mich;
> Der Zauber, den ich lernte, höhnet mich;
> Das Mittel, drauf ich hoffte, quälte mich –
> Auf höhern Beistand stütz' ich nimmer mich.
> Er hat nicht Macht ob der Vergangenheit,
> Und Nichts gilt mir die Zukunft, eh' nicht jene
> In Finsternis versenkt. – O Mutter Erde!
> Und du, du junger Tag! und ihr, ihr Berge!
> Warum seid ihr so schön? nicht lieben kann
> Ich euch! Und du, des Weltalls strahlend Auge,
> Das über Alle leuchtet und für alle
> Doch eine Lust: mein Herz erhellst du nicht!»
>
> (Manfred, I., 2. Szene)

Ein Sprung von dem Rand des Felsens brächte seinem Herzen «ewige Ruh». Warum zögert er?

> «Ich fühle
> Den Drang – und dennoch stürz' ich nicht hinab;
> Ich sehe die Gefahr – doch weich' ich nicht –
> Das Hirn mir schwindelt – doch der Fuß ist fest –
> Auf mir ist eine Macht, die mich zurückhält
> Und mir es zum Verhängnis macht, zu leben,
> Wenn Leben dies, zu tragen tief in sich
> Die Geistesöde und das Grab zu sein
> Der eignen Seele; denn verteid'gen mag
> Ich meine Taten kaum noch vor mir selber, –
> Des Bösen letzter Fluch!»
>
> (I., 2. Szene)

Robert Schumann hat für die Musik dieser Szene instinktiv, oder besser: intuitiv es-Moll gewählt.

Von ähnlicher Unruhe, gleichsam als hätte der Fuß die Schwelle schon überschritten, aber noch keinen festen Grund auf diesem Geistesboden gefunden, spricht *Chopins* es-Moll-Prélude. Ein «Allegro», dem sein Schöpfer jedoch einen schweren, lastenden Charakter verlieh, wie das überschriebene «pesante» erkennen läßt.

Von einem sehr feinsinnigen Erfühlen des Charakters einer Tonart zeugt auch die Musik Wilhelm *Kienzls*. In seinem «Evangelimann» läßt er zu Beginn der letzten Szene ein es-Moll erklingen, das die schwere Sündenlast ergreifend zum Ausdruck bringt, die den sterbenden Johannes niederdrückt. War er es doch, der

seinen Bruder Matthias aus Eifersucht einst der Brandstiftung beschuldigte, die er selbst begangen hatte, um den mißlichen Bruder zu entfernen. Zwanzig Jahre büßte Matthias im Kerker für eine Tat, die er nie begangen hatte. Seine Braut suchte den Tod in den Fluten der Donau. Jetzt «wankt» der wahre Schuldige an der Todesschwelle und ächzt unter der Last seines Verbrechens: «Noch immer will die Qual nicht enden! Erlösung, ach, sie wird mir nicht ...» Die langgezogenen es-Moll-Hörnerklänge werden von einer Achtelfiguration durchzogen, die tonmalend die Verstrickung dieser Seele in ihre Schuld versinnbilden.

Und sehr treffend komponiert muß uns der Schluß erscheinen, wenn Matthias als Evangelimann vor dem Sterbenden steht und ihm durch sein Verzeihen den Weg zur Schwelle weist. In leisem Posaunenklang, von Harfenarpeggien verklärt, ersteht ein weihevolles Fis-Dur, das von der Erlösung kündet, die den noch im Diesseits weilenden Sterbenden hinüberführt in sein jenseitiges, unvergängliches Sein.

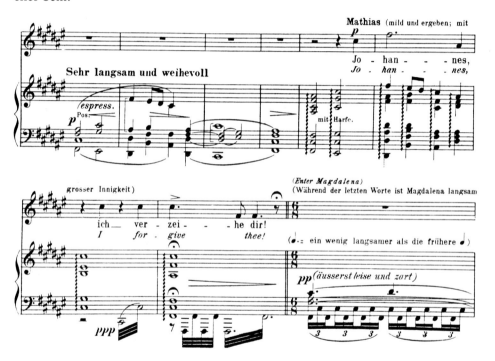

Man beachte die exakte Unterscheidung der beiden Tonsphären: der aus dem Schlaf erwachende Schuldige, noch ganz umstrickt von dem Wissen um sein Verbrechen, wie es ihm der Schlaf, der «kleine Bruder des Todes», in aller Wahrheitsqual erleben ließ, wird in ein es-Moll gehüllt; der noch dem Irdischen Verbundene erhält sein Verzeihen diesseits der Schwelle, in Fis-Dur.

Ein Schwellenerlebnis reinster Art offenbart die gewaltige Inspiration Palestrinas in Hans *Pfitzners* gleichnamigem Meisterwerk, wenn sich ihm der Himmel öffnet und das «Christe eleison» der Engelbotschaft erklingt. In einem schmerzlich-liebevollen es-Moll mischt sich die Stimme seiner verstorbenen Gemahlin

Lukretia in diesen Sphärenchor und sendet ihm ihre Liebe von jenseits der Erden-schwelle zu: «Nah war ich dir in Nöten des Lebens, nah bin ich dir im Frieden des Lichts ...»

Kurze Momente von es-Moll finden sich auch bei Tristans Erwachen im 3. Akt. Die diesem Erwachen vorangehende «traurige Hirtenweise» ist ja ein ständiges Schwanken zwischen f- und es-Moll:

Ebenso bei Tristans ersten Worten: «Kurwenal, du? Wo war ich, wo bin ich?» Es ist dieses es-Moll ein letzter Nachklang seines Weilens jenseits dieser «Tageswelt»; ein Hauch noch des «Wunderreichs der Nacht», das ihn umfing.

Ein verzweifeltes es-Moll begleitet den ersten Wehschrei des Amfortas bei der Gralsfeier im ersten Akt von «Parsifal»: «Wehe! Wehe mir der Qual!»

Die qualvolle Tragik seines Loses muß Amfortas in dem unvereinbaren Gegensatz erleben, daß er, «der einzige Sünder unter allen», kraft seines «Königtums», auf die «Reinen» den Segen des Grales herabflehen muß; er, dem der Anblick des Grales nicht Leben, sondern die nie endende Qual des Nicht-sterben-Könnens beschert. Seine Wunde ist heillos, denn die Macht die sie schlug, endet nicht mit dem Tode. Diese Macht, die kein Tod bezwingt, mußte Tristan bereits erleben; es ist die Macht des nie versiegenden Sehnens.

416

«Nach Ihm, nach Seinem Weihegruße;
   Muß sehnlich mich's verlangen;
Aus tiefster Seele Heilesbuße
   Zu ihm muß ich gelangen.»

Die Musik läßt uns miterleben, wie Amfortas von dieser Sehnsucht nach dem
Höchsten und Heiligsten ergriffen wird. Und wenn er erfüllt von diesem Sehnen
nach dem heiligen Gral, in seiner Vision bereits «des Weihgefäßes göttlichen
Gehalt» glaubt «erglühen zu sehen mit leuchtender Gewalt», und in sein eigenes
Blut sich ergießen fühlt, tönt für einen Augenblick mit dem Liebesmahl-Thema
ein es-Moll auf, das ihm aber gleichzeitig auch «des eig'nen sündigen Blutes
Gewell» offenbart, das zu bannen und zu verwandeln er nicht imstande ist. Das
ist die Tragik des Amfortas, daß er Himmel und Erde, sein Geschöpf-Sein mit
dem göttlichen Funken in seiner Seele nicht in Harmonie, in die «Waage» zu
bringen vermag. Die Mahnung an diese Schuld erhebt immer wieder das kurz
aufleuchtende und ebenso rasch verschwindende es-Moll.

es-Moll mischt sich auch, wie wir sahen, in das Ges- und Ces-Dur bei Kundrys
Taufe, wenn sich für sie das Tor zur geistigen Welt öffnet.
   Die nachhaltigste es-Moll-Stelle im «Parsifal» jedoch zeigt der Chor der Jüng-
linge zu Beginn der Gralsfeier im ersten Akt.

«Den sündigen Welten
   Mit tausend Schmerzen
Wie einst sein Blut geflossen,
   Dem Erlösungshelden
Sei nun mit freudigem Herzen
   Mein Blut vergossen.»

417

Hier ist das Schwellenerlebnis, wie Hermann Beckh zu Recht bemerkt, ganz in die christliche Sphäre erhoben.

Der stille Glanz der Erlösungstat Christi, der in diesem es-Moll aufleuchtet, wölbt den Bogen zurück zu Bachs es-Moll-Präludium im ersten Teil des «Wohltemperierten Klaviers». So zeigt das es-Moll den Schmerz auf, der mit jedem Entsagungsopfer verbunden ist, aber sein tiefstes Anliegen ist das gleiche wie das seiner parallelen Dur-Harmonie: das Streben nach Ausgleich der Gegensätze, die Verwirklichung der Ideale: Wahrheit, Gerechtigkeit, Schönheit – der hohen Trias der Waage-Strahlung.

418

DES-DUR — SKORPION

Es sprießen mir im Seelensonnenlicht
Des Denkens reife Früchte,
In Selbstbewußtseins Sicherheit
Verwandelt alles Fühlen sich.
Empfinden kann ich freudevoll
Des Herbstes Geisterwachen:
Der Winter wird in mir
Den Seelensommer wecken.
(Rudolf Steiner, Seelenkalender)

Mit Des-Dur und b-Moll stehen wir in unserem Quintenkreis an jenem Punkt, an dem – in jahreszeitlicher Perspektive geschaut – das in herbstlicher Farbenpracht nachglühende Sommerlicht endgültig seinen Todesstoß empfängt. Über die Erde beginnt sich die Macht der Finsternis, die Macht des Todes auszubreiten.

So gesehen, scheint die Empfindungswelt unserer Tonart ziemlich eindeutig bestimmbar zu sein, und es bedarf nur der Poesie eines Dichters, um das entsprechende Erlebnis in unserer Seele zu wecken. Wir denken dabei an die Zeilen in Rainer Maria *Rilkes* «Stundenbuch»:

«*Jetzt reifen schon die roten Berberitzen,*
alternde Astern atmen schwach im Beet.
Wer jetzt nicht reich ist, da der Sommer geht,
wird immer warten und sich nie besitzen.

Wer jetzt nicht seine Augen schließen kann,
gewiß, daß eine Fülle von Gesichten
in ihm nur wartet bis die Nacht begann,
um sich in seinem Dunkel aufzurichten:
der ist vergangen wie ein alter Mann.

Dem kommt nichts mehr, dem stößt kein Tag mehr zu,
und alles lügt ihn an, was ihm geschieht;
auch du, mein Gott. Und wie ein Stein bist du,
welcher ihn täglich in die Tiefe zieht.»

Eine Fülle von Gedanken birgt dieses Gedicht, erfließend nicht so sehr aus der Mannigfaltigkeit seiner Bilder, denn aus deren Gegensätzlichkeit. Gegensätze, die tief an die Geheimnisse unserer Tonart rühren.

«Wer jetzt nicht reich ist, ... wird sich nie besitzen», dem wird kein «Selbstbewußtsein Sicherheit» geben, den kann kein «Seelensommer wecken». Von Reichtum und Armut an innerer Seelenkraft spricht die erste Strophe. Wer nach dem Reichtum des Sommers nicht gewiß ist, daß eine «Fülle von Gesichten» in seiner Seele aufleuchten und ihm die kommende Finsternis erhellen wird, der ist «vergangen», gestorben «wie ein alter Mann». Finsternis, Tod umfaßt die zweite

Strophe. Aber auch von einem innerlichen Aufrichten spricht sie, von der Kraft des eigenen Selbstes. Von Schwere, Lüge und Kälte kündet der Schluß, dem jedoch auch der Gegenpol als Möglichkeit impliziert ist: Leichte, Schönheit, Gott; für den, der des «Herbstes Geisterwachen» freudevoll empfinden kann. Deshalb mußten wir vorhin sagen, die Empfindungswelt *scheint* eindeutig bestimmt in unserer Tonart. Dem aber ist nicht so; und wo beginnen? In der Tiefe der Einsamkeit, der Nacht, oder dort, wo uns «die Fülle der Gesichte» umgibt? Muß es uns doch bedeutsam erscheinen, daß *Bach* im «Wohltemperierten Klavier» dieser Tonart aus dem Wege geht und an Stelle von Des-Dur das hellere, in seiner Transzendenz doch glänzendere Cis-Dur schreibt.

Worin liegt nun das Wesen von Des-Dur? Liegt es in jenem sinnlich-süß ersterbenden Duft der letzten Rosen, im Aushauch des Sommers, wenn die roten Berberitzen reifen, die Astern müd im Beete atmen, wie es uns etwa aus dem Prélude *Chopins* entgegentönt:

Oder liegt es in jener «Fülle von Gesichten», die *Beethoven* aus tiefstem Dunkel der Nacht im langsamen Satz seiner «Appassionata» beschwört?: «De profundis exclamavi ...!»

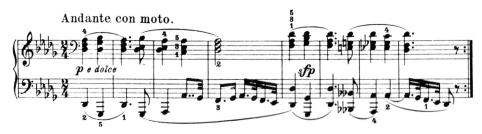

Klingt uns der wahre Geistgehalt von Des-Dur – durch Chromatik bis zur Unkenntlichkeit zersetzt – aus der todesträchtigen Erzählung Gurnemanz' entgegen, wenn Parsifal als «schwarzer Ritter» die Gralsburg wiederfindet und er ihm vom Tode Titurels, von Amfortas kündet, dem sich Gott «wie ein Stein»

schwer in sein Leben legte und er in seinem Egoismus den Brüdern die Grals-Speisung verweigerte, um endlich den Tod zu finden?

Oder liegt dieser wahre Geistgehalt vielmehr in jenem Sirenenton, der Tannhäusers Hymnus an die Göttin des Venusberges beseelt?

Eine bunte Palette von Beispielen, die sich beliebig werden vermehren lassen, wo keines dem andern gleicht, die vielmehr die eindringlichsten Gegensätze in sich bergen und doch von ein- und derselben Harmonie umgriffen werden. Die Zweiheit, oder besser: die Entzweiung, die unser gesamtes Erdendasein beherrscht, ist uns in keiner der bisher besprochenen Tonarten so eindringlich aufgezeigt worden, wie in dieser Des-Dur-Harmonie. Man muß sich fragen, ob eine so diametral aufgespaltene Vielheit überhaupt unter eine gemeinsame Wirkenskraft zu bringen ist?

Versuchen wir durch den kosmischen Wortgehalt dem Geheimnis unserer Tonart – ihrem Skorpion-Mysterium – näher zu kommen. Dem Lauf der Sonne folgend, bedeutet der Eintritt in das Zeichen des Skorpions einen markanten Schritt in die Finsternis. Mit dem «Skorpion» treten wir in die unteren, nächtigsten Zeichen des Tierkreises. Alles Leben auf Erden ist erstorben. In der mensch-

lichen Organisation entspricht dies den unterbewußten Seelengründen, in denen
das eigentliche Willenselement verwurzelt ist. In dieser Doppelperspektive von
äußerem Naturgeschehen und innerer Seelendynamik ist daher festzuhalten, daß
wir es abermals mit dem Schritt in den Seelenbereich, mit einem Astralisierungs-
prozeß zu tun haben, wie er uns bereits im Krebs-Zeichen entgegentrat. Nur daß
er jetzt unter umgekehrten Vorzeichen steht. In A-Dur erlebten wir eine Verinnerlichung des äußeren physischen Glanzes, die getragen war von der Exkarna-
tionsdynamik der Kreuztonarten. Jetzt nimmt der Verseelichungsvorgang seinen
Ausgang von der geistigen Ebene – Fis und Ges Dur – und schreitet, getragen
von der Inkarnationsdynamik der b-Harmonien, aus dem geistigen Bereich der
Sinneswelt zu. Insoferne ist alles seelische Erleben in erster Linie dieser zugewandt und gipfelt in einer Wunschkraft des Skorpion-Menschen, die angesichts
ihrer Verwurzelung in tiefsten Seelenuntergründen mit ihrer Intensität von magi-
scher Zwangsgewalt sein kann. Sie ist der «Giftstachel», der restlos dargelebt,
zum Verlust alles Geistigen, zu dessen Tode führen muß. Davon spricht gleich
das Sonnenwort dieser Tierkreisstrahlung.

Das Sein, es verzehrt das Wesen, Sonne . . As (Sextqualität)   als Quinte
Im Wesen doch hält sich Sein. . . Venus . . F (Quartqualität)   als Terz
Im Wirken entschwindet Wer-
den, ... Merkur . Des (Sekundqualität) als Grundton
Im Werden verharret Wirken. . . . Mars . . . C (Primqualität)   als Septime
In strafendem Weltenwalten, . . . Jupiter . . Es (Terzqualität)   als Sekund
Im ahnenden Sich-Gestalten . . . . Saturn . . Ges (Quintqualität)   als Quart
Das Wesen erhält die Wesen. . . . Mond . . B (Septimqualität)   als Sexte

DES	ES	F	GES	AS	B	C	DES
Sekund-qualität	Terz-qualität	Quart-qualität	Quint-qualität	Sext-qualität	Septim-qualität	Prim-qualität	
Merkur	Jupiter	Venus	Saturn	Sonne	Mond	Mars	

«Das Sein, es verzehrt das Wesen»! Ein Sein, welches das Wesen verzehrt, kann nur ein irdisches Sein, ein existentielles Da-Sein bedeuten. Denn das Wesen ist etwas Ideell-Transzendentes. Da dem «Wesen» stets «Sein» eignet, kann es zwar nie ganz aufgezehrt werden, dennoch verschwindet das Unmittelbar-Geistige, wenn ein Wesen in äußere Erscheinung tritt. Irdisches existentielles Dasein wird durch seine verhüllende «Oberfläche» immer das transzendente «Sein» verdecken. Indem das Samenkorn zur Pflanze evolviert, die ätherischen Bildekräfte sich in den Stoff ergießen, schwindet die im Samen involvierte Geistigkeit. Das «Vergängliche» wird zum «Gleichnis» der geistigen Realität.

Bereits mit dem Sonnenwort stoßen wir auf die Doppelnatur dieser Sternstrahlung, deren Gegensätzlichkeit mit einer Schärfe hervortritt, wie sie kein anderes Zeichen aufzuweisen hat. Denken wir an das Ur-Schöpferwort: «Es werde!». Auf Geheiß dieses Wortes tritt etwas aus der Unoffenbartheit in die sichtbare Erscheinung. Es ist die Keimlegung alles Physisch-Mineralischen, das die Rosenkreuzer-Esoterik als den alten Saturnzustand unseres Planeten bezeichnet. Wir haben ihn uns als eine mächtige, bloß aus «Wärme» gebildete Kugel vorzustellen, die selbst wieder – gleich einer Himbeere oder Brombeere – aus zahllosen kleinen kugelförmigen Gebilden, der ersten Anlage menschlicher Leiblichkeit, besteht. Die genauen Details darüber finden sich in Rudolf Steiners «Geheimwissenschaft im Umriß».

Nun heißt es im Prolog zum Johannes-Evangelium, daß dieses Schöpferwort *Leben* ward. Es wurde somit jenes in Erscheinung getretene Schöpfungswerk auf einer späteren Werdestufe – dem alten Sonnenzustand unserer Erde – mit Leben begabt. Wir können uns dieses «Einhauchen» des Lebens durchaus räumlich vorstellen, wenn auch nicht in der heutigen dreidimensionalen Struktur. Von einem bestimmten Himmelspunkt aus, so können wir sagen, strahlte Leben in die Unendlichkeiten des Weltalls. Und wenn nun diese in sich differenzierte Saturnschöpfung mit ihren kugelförmigen Gebilden in ihrer kreisenden Bewegung an diesem Himmelspunkt vorbeizog, dann strömte in jedes einzelne dieser Gebilde Lebenskraft ein. Und wir folgen damit prinzipiell eigentlich ganz den Spuren der Wissenschaft, wenn wir sagen: von anderen Himmelspunkten wirkten andere Kräfte, und so ist diese kugelförmige Wärme- und Luftmasse in steter Umbildung und Gestaltung. *Eine* dieser, von den Himmelsperipherien her wirkenden Kräfte war eben die Lebenskraft.

In der Esoterik wird nun diese Himmelsstelle, aus welcher die Anregung zu einer Verlebendigung des bisher Geschaffenen kam, die Region des *Adlers* genannt. Der Cherub, der diese Adlerkräfte verwaltete, ist also jener Diener Gottes, durch den das Leben einströmt in die Schöpfung. Nun zieht diese verlebendigte Weltensubstanz aber auf ihrer Bahn weiter, wird durch andere, auf sie einströmende Gotteskräfte immer mehr bereichert und geformt. Hat sie schließlich den ganzen Umkreis abgeschritten, dann kommt sie zwangsläufig wieder zu jenem Punkt zurück, an dem ihr die Lebenskräfte entgegenstrahlten. Und hier kommt dieses Mysterium zustande, dessen Wirkungen sich in unser Erdenleben hinein weiterverpflanzten, und dem wir immer wieder begegnen können. Die Tatsache, daß dieselben Kräfte, die vorhin *Leben* erzeugten, jetzt, in der lebendigen Substanz das Gegenteil hervorrufen: den *Tod.* Es sind die gleichen Wirkungen, die jedoch unterschiedliche Ergebnisse zeitigen. So wie die Sonne es ist, die auf Erden das Leben sprießen läßt im Frühling, gleichzeitig aber auch den unbarmherzigen Tod bedeutet, dem als Dürre alles zum Opfer fällt, wenn sie ohne Ausgleich anderer Kräfte wirkt. Es ist jene Tatsache, die uns so oft zum Irrtum verleitet, wenn wir glauben, in einer bestimmten Kraft etwas *Gutes* zu besitzen, ein Heilmittel, eine Seelenhaltung usw., und meinen, sie müsse um so besser und heilsamer werden, je mehr wir sie intensivieren. Dem ist jedoch nicht so; denn das Übermaß schlägt ins Gegenteil um. Dieses Phänomen wurde auch von der antiken Mythologie ins Bild gebracht, in der Gestalt des Jägers *Orion.* Wer jagen geht, der möchte natürlich mit möglichst reicher Beute heimkommen. Und Orion verlangte nach mehr, als die Erde zu bieten hatte. Er war ein «kosmischer» Jäger, der seine Beute im Zodiakus suchte. Da kam er auch an jener Stelle vorbei, wo es galt den *Adler* zu erlegen. Und siehe: der Adler tötete ihn. Den Stich, den ihm der Adler versetzte, nannten die Esoteriker den *Skorpion*-Stich. Daher ist diese Himmelsregion, weil sie tötete, wo sie vordem Leben spendete, die Sphäre des Skorpions genannt worden.

In der Skorpionstrahlung sind demnach zwei Ebenen ineinander geschoben, die sich gegenseitig aufheben und sich dennoch neu erstehen lassen: Tod und Leben. Um immer wieder neues Leben gebären zu können, bedarf die Natur des Todes. Das umgreifende Sein als Impulsator alles *Werdens* in der *Zeit,* und das im *Raume Wirkende* als ein statisch verharrendes Element, stehen einander «kämpferisch» gegenüber und bedingen sich doch gleichzeitig. Das «*Wirken*» will alles verzehren, was aus dem ewigen «*Werden*» des Seins in sein existentielles Dasein strömt; es saugt alles Leben in sich auf und eilt solcherart dem Tod entgegen. Aber das Leben in seiner Werdekraft geht darüber hinaus und zeugt neues Wirken aus seinem ewigen Sein.

In dieser Paarung von Skorpion- und Adlerkräften ist die Gegensätzlichkeit dieser Sternensphäre zu verstehen. Besondere Bemerkung verdient dabei die

Qualität des Skorpionzeichens. Sie gehört dem wässrigen Element an, und ist als solches unmittelbarer Träger der ätherischen Lebenskräfte.

Aufschlußreich für die hier aufgezeigte Problematik ist auch die dem Skorpion zukommende Weltanschauung: der *Dynamismus*. Sein Blick ist vorwiegend auf die irrationalen Lebenstriebe gerichtet, in deren Kräftewelt er das ganz und gar Selbstsüchtige, den sinnlichen Egoismus entdeckt, der ihm als die allmächtigste Triebkraft alles Natürlichen erscheint. «Ant-Ares» – «Gegen-Mars» – heißt der Hauptstern im Skorpionsternbild. *«Mit diesem Weltbild zu leben»*, schreibt Sigismund von Gleich, *«ist auf die Dauer unmöglich. Man stirbt seelisch an ihm»*.[1] Denn seine letzte Konsequenz ist das scheinbar völlige «Aufsaugen» und «Verzehren» alles Schöpferisch-Wesenhaften: *«Das Sein, es verzehrt das Wesen»* – «Gott ist tot!» Allein in der Seele ist eine Stätte, in der dieses verzehrte Wesen sich zu neuem Sein erheben kann, indem die Erkenntnis ersteht, daß alle Äußerungen der Willenskraft und Schöpfermacht in der Natur und im Menschen, sowohl die leiblichen wie auch die geistigen, die physische Zeugungskraft gleichermaßen wie das Künstlerisch-Schöpferische, immer die Manifestation eines Urschöpferischen des göttlichen Weltenbaumeisters auf verschiedenen Ebenen bedeutet. Mit dieser Erkenntnis erhebt sich der «Skorpion» zum «Adler», steigt aus dem existentiellen, toderfüllten Dasein empor zur Transzendenz eines «Überseienden».

Diese Widersprüchlichkeit, die sich gleicherweise aufhebt und begründet, wird auch in der Des-Dur-Harmonie auftönen. Der Sonnenton, abgedunkelt in seiner inkarnierenden Position zu as, steht als Quinte, damit an der Schwelle zwischen Transzendenz und Existenz, wodurch er die beste Gewähr für den Austausch von «Werden» und «Wirken» bietet.

Die Venus-Zeile aber mahnt uns, daß dieses Ersterben in das «Gleichnis» der Stoffeswelt doch nur ein scheinbares ist. Denn die neue Frucht, die kommende Involution zum Samen wird erneut das geistige Wesen der Pflanze – ihr «Sein» – in sich bergen: *Im Wesen doch hält sich Sein»*. Das Planetenwort bestätigt die vorhin angesprochene Unvergänglichkeit des transzendenten Seinszustandes. Dem Tod steht das Leben gegenüber. Der Venuston f ist Terz und verleiht durch seine wesenseigene Quartqualität der Tonart eine innere Geschlossenheit, die durch die ihr verbundene Terzposition jedoch nicht verfestigend wirkt, sondern von Aufgeschlossenheit und Bereitschaft spricht.

In einem ähnlichen Gegensatz steht die Merkur- und Marszeile. Es ist auch hier der Gegensatz von «innen» und «außen», von «werden» und «wirken». Das Wirken wendet sich nach außen, und in dem Maße, wie durch das Wirken sich äußere Formen in der Stoffeswelt bilden, beschränkt sich die Möglichkeit des Werdens. «Ein Werdender wird immer dankbar sein», heißt es im Goethe'schen Faust, während einem «Fertigen nichts recht zu machen ist». Die Möglichkeiten des Werdens sind um so reicher, je weniger von den festumrissenen Formen bereits gebildet und verwirklicht ist. *Im Wirken entschwindet Werden»*, lautet das Merkur-Wort. Der Tonwert des – die inkarnierende Merkurkraft – hat Grundtonfunktion. Die bewegende, strömend-merkuriale Sekundqualität verleiht der Harmonie dadurch einerseits kein allzufestes Fundament, andererseits wird ihre Dynamik durch die marsische Grundtonqualität doch etwas gehemmt, was völlig konform mit dem Planetenwort geht.

Das Mars-Wort selbst lautet: «*Im Werden verharret Wirken*». Spricht die strömende Merkurkraft vom «Entschwinden» des Werdens, so betont der uns als «Fundamentalist» bekannte Mars gerade diesen strömenden Werdeprozeß: «Im Werden verharret Wirken». Das Werden mit seinen unbegrenzten Möglichkeiten lebt größere, intensivere Dynamik dar als das Wirken. Denn das Werden ist ein Noch-nicht-Bewirktes, umfaßt reichere Möglichkeiten als das bereits Gewordene. Der Marston mit seiner Septimqualität, in neutraler Position, d. h. in- und exkarnierende Wirksamkeiten gleichermaßen ausstrahlend, wird dem gerecht. Wie Merkur seine Strömungsdynamik als Grundton etwas zurücknimmt, so gibt Mars als Septime seine Grundtonqualität teilweise preis, indem er etwas von dem Drang der Monden-Septimsehnsucht in sich aufnimmt.

Jupiter und Saturn sprechen ein ethisches Element an. Jupiter hat die strafende, ausgleichende Weltgerechtigkeit im Auge. *«In strafendem Weltenwalten».* Auf der empirischen Klangebene tritt diese Wirkenskraft – inkarnierend – in Sekundposition auf: es. Die dem Jupiterton wesenseigene verinnerlichte Terzqualität macht sich hier das strömende merkuriale Element zu eigen und durchzieht die Tonart mit ihrer ernsten Anmahnung. Von Strafe kann nur dort die Rede sein, wo Schuld vorausging. Die Schuld, die mit dem Skorpionzeichen verbunden ist, muß im menschheitlichen Sinne verstanden werden; als Erbschuld der Menschheit. Es ist die «Sonderung», die zu Beginn der irdischen Menschwerdung als «Sündenfall» steht, das Sich-Absondern aus der göttlichen Integration des Paradieses. Durch sie sind die Folgen unausweichlich bestimmt: Haß, Finsternis, Zerstörung, *Tod.* Ins Bild gebracht bedeuten sie den Todesstachel des Skorpions, die finstere Wesensseite dieser Strahlung.

Der Sinn dieser Verstrickung des Menschen in die Todessphäre liegt in der Gewinnung des Selbstbewußtseins, der Egoität, durch die allein der Weg zum wahren Ich-Erlebnis führt. *«Im ahnenden Sich-Gestalten».* Das ist das folgerichtige Saturn-Wort. Der Saturnstrahlung verdanken wir jene Geschlossenheit unseres Seins, das sich als Ich-Erlebnis manifestiert. Und der Saturnton steht hier – ebenfalls in inkarnierender Wirksamkeit – als ges in der abrundenden, nach Ganzheit strebenden Quart-Position. Wie stimmig erscheint doch der Geistgehalt auf den verschiedenen Ebenen, wo immer er sich offenbaren mag. Wir wissen bereits, daß die inkarnierenden Saturnkräfte, würden sie allein wirksam sein, zur Erstarrung im Raumestod führen würden; die Skelettbildung war uns dafür ein sichtbares Zeugnis. Und wäre der Mensch ihnen allein ausgesetzt, würde er sich ganz darin verschließen, müßte er unter den Skorpionkräften in sich verhärten.

Hier tritt der Mond als Gegenpol in Erscheinung. *«Das Wesen erhält die Wesen».* Die inkarnierenden Mondenkräfte beherrschen das Wachstum, die Zellteilung, die ewige Wiederkehr des Gleichen in der Zeit. Auch in unserer Tonart steht der Mondenton als b mit inkarnierender Kraft als Sexte. In dieser Position als «kosmische Terz», verbindet er Weltenastralität mit der ihm wesenseigenen Septimqualität und offenbart uns eine wunderbare Ergänzung zum Sonnenwort. Sprach dieses vom «Verzehren» des Wesenhaften im Sein, so kündet der Mond vom «Erhalten» des Wesenhaften. Es ist diesmal also nicht reine Spiegelung, die das Mondenwort kundgibt. Vielmehr liegt darin das Zukunftsgeheimnis der

426

Skorpionstrahlung verborgen: sich aus der Tiefe der Todesnacht zu erheben, aus der Welt der Finsternis emporzuschweben zu lichter Geisteshöhe und sich zum «Adler» zu wandeln, zu jenem Himmelsbild, von dessen Lichtessphären er einst herabgestürzt ist.

Damit löst sich aller Widerspruch, den wir in den wenigen bereits angeführten Beispielen entdecken mußten und den die folgenden Themen noch erhärten werden. Des-Dur ist einerseits die Tonart des Skorpions, aber auch die Harmonie des Adlers. Einzusehen, daß in ihr schärfste Gegensätzlichkeit walten muß:

> «Wonniges Wehen!
> Süßes Vergehen –».

Es sind die letzten Worte des sterbenden Siegfried, wenn den über die Todesschwelle Schreitenden der Atem der geistigen Welt neu entgegenweht: «Seliges Grauen! Brünnhilde bietet mir Gruß!»

Der Duft des «süßen Vergehens», *«wie ihn Blumen in der Nacht ausströmen»*[2] atmet fast immer die Des-Dur-Melodik Frederic *Chopins*. Sein Prélude war uns dafür Zeugnis. Doch wäre in diesem Zusammenhang auch sein Notturno oder das Des-Dur in seinen Walzern zu erwähnen.

Sehnsüchtiges «Vergehen» tönt uns aus dem Largo von Antonin *Dvořáks* V. Symphonie entgegen. Das Thema mag vielleicht indianischen Ursprungs sein, wie es Dvořák jedoch zum Erklingen bringt, spricht es nicht nur von der feierlichen Stille der Natur, von den weiten Flächen der «Neuen Welt»; es ist gleichzeitig ein Gesang der verlorenen Einsamkeit des Menschen, eine fast beklemmende Herzenssehnsucht tönt aus ihm. Nach geheimnisvollen Bläserakkorden, die den Satz einleiten, erklingt das wehmütig-innige Melos im Schalmeienton des Englischhorn, wird von den Streichern im zartesten Pianissimo weitergeführt, um in den Hörnern wie ein fernes Echo zu verwehen.

Vergehen und Abschied auch in *Puccinis* Linkerton-Arie aus «Madame Butterfly». Doch um wieviel sinnlicher, dem Irdischen zugewandter mutet dieses Des-Dur an. Von der Transparenz, die den Blick zum Transzendent-Ideellen freigibt, wie es Dvořáks empfindungstiefes Melos erleben läßt, ist hier kaum noch etwas zu spüren. Ein Augenblicksschmerz, der auflodert, der den ganzen Tonartenbereich durchströmt, sicher nicht geheuchelt, der aber doch in kurzer Zeit wieder verblassen und ins Vergessen sinken wird. Man vergleiche damit das innige Kreisen um den Venuston f in Dvořáks Thematik: «*Im Wesen doch hält sich Sein!*»

Gänzlich hinabgestürzt in ein rein sinnliches Leidenschaftselement, in dem Sehnen mit Trieb so gut wie identisch ist, zeigen uns sowohl *Bizet* als auch *Verdi* in einer ihrer Des-Dur-Stellen. *Bizet* in der berühmten Blumenarie Don Josés aus «Carmen». Die ganze Schwüle sinnlichen Verlangens tönt in diesem Gesang auf, wobei die sirenenhaft betörende Instrumentation das ihre beiträgt.

Mit dem schmachtenden Begehren des Herzogs in *Verdis* «Rigoletto» schließlich stehen wir ganz in der Astralität des Venusberges. Ein Des-Dur, das als irdische Variante von Tannhäusers Hymnus an Frau Venus angesehen werden kann.

Das feinsinnige Empfinden für die Tonart zeigt uns Verdi auch am Ende des großen Liebesduettes zwischen Othello und Desdemona im ersten Akt. In unserer Darstellung von E-Dur verwiesen wir darauf, wie von ihm die Harmonie der hohen Liebe nach Des-Dur hinübergeführt wird, wenn «Venus» sich als die den Sinneszauber erweckende Aphrodite offenbart.

Wir erwähnten bereits, daß die stärkste Kraft des Skorpion-Menschen seine ans Magische grenzende Wunschnatur ist. Man wird dem Rätselhaften dieser Kraft nahekommen, wenn man auf die Organentsprechung des Skorpion-Zeichens blickt: auf das Sexualorgan.

«Da verwandelt sich das, was wir die magische Wunschkraft genannt haben, in die Kraft, zunächst Wesen des anderen Geschlechtes anzulocken und in seinem Bannkreis zu halten, sie sozusagen sexuell hörig zu machen und sich im Bewußtsein solcher Macht gesteigert zu erleben.»[3]

Vergessen wir dabei jedoch nicht, daß wir es in Wahrheit mit kosmischen Kräften zu tun haben, die weit in die Ursprünge des Welten- und Menschheitswerdens zurückreichen. Ihr Ursprung liegt in der Ur-spaltung der Eins in die Zwei. Jupiter, so sagt ein altes Weisheitswort, ist sein eigener Gatte und seine eigene Gattin. Indem die uranfängliche All-Einheit in die Offenbarung tritt, sich in irdischer Stoffeswelt manifestiert, schafft sie eine Welt der Zweiheit. Und alle Wesen, die berufen sind, dieses Schöpfungswerk weiterzutragen, unterstehen diesen Kräften der Aufspaltung in ein Männliches und Weibliches. *«Was Tiere und Menschen, wenn sie zur Fortpflanzung berufen werden, mit unerklärlicher Macht zueinanderzwingt – das ist die Magie dieser Urgewalt des Offenbarungsaktes, des sich immer wieder erneuernden Mysteriums des Lebens selbst.»*[3] Und die Sexualsphäre ist der Sachwalter dieser Kräfte für die lebendige Kreatur.

In der Vererbung, durch die sich, rein physisch betrachtet, die Art weiterverpflanzt und erhält, die Nachkommen in die Organisationsklasse der Vorfahren gebracht werden, will Oskar Adler gleichsam *«eine geheime organisch wirkende Suggestion»* erblicken[3], die dem schlafenden Keim erteilt wird. An dieser «geheimen Suggestion» ist stets das Männliche und das Weibliche gleichermaßen beteiligt. Dergestalt, *«daß das Männliche in dem Vererbungsvorgange gerade immer dasjenige überträgt, was der Mensch dem irdischen Dasein verdankt, was er Erdenkräften verdankt, während der weibliche Organismus mehr darauf hin orientiert ist, dasjenige zu übertragen, was aus dem außerirdischen Kosmos kommt. Man könnte sagen: auf den Mann macht fortwährend die Erde ihre Ansprüche, sie organisiert ihn durch ihre Kräfte. Sie ist ja auch die Ursache der Entstehung der männlichen Sexualität. Auf die Frau macht fortwährend, wenn wir so sagen dürfen, der Himmel seine Ansprüche. Er bewirkt fortwährend ihre Gestaltung. Er ist es, der in allen inneren Organisationsprozessen den überwiegenden Einfluß hat.»*[4]

Auch in der Vererbung wirken somit Himmel und Erde, «Sein» und «Dasein» zusammen. Beide Bereiche affizieren beide Geschlechter, nur hat im weiblichen Organismus der Himmel, im männlichen die Erde das Übergewicht. Und diese funktionelle «Suggestion» des Vererbungsorganismus haben wir in bezug auf den Skorpionmenschen in das Seelische zu transponieren. Und wir verstehen die Suggestivkräfte, die in hohem Grade die Fähigkeit besitzen, dem von ihnen beherrschten Menschenkreis ihren Stempel aufzudrücken.

Daß hier eine Gefahr für den unter dieser Strahlung stehenden Menschen lauert, bedarf keiner weiteren Begründung. Denn für die ihm hörige Umgebung, für die das Wort: «Ihr Wunsch ist mir Befehl» durchaus keine leere Redewendung, sondern freiwillige Unterwerfung bedeutet, wird es darauf ankommen, welchen Gebrauch der also Befähigte von seiner Suggestivkraft macht. Daß sich der niedere Typus ihrer in negativer Weise bedienen wird, scheint selbstredend. In der Literatur tritt er uns wiederholt als «dämonisches Weib» entgegen, wie etwa in der Gestalt der Adelheid in Goethes «Götz von Berlichingen». Einem Dämon, dem als Herrin zu dienen von den Vasallen als Auszeichnung empfunden wird. Oder – männlicherseits – als Typ des Don Juan, soweit wir rein seelische Eigenschaften damit verbinden.

Zwangsläufig auch, daß aus dieser Machtposition weitere negative Eigenschaften einfließen. So etwa ein gesteigertes Selbstgefühl, eine Lust an jeder Art von

Schmeichelei und Erfolg, und nicht zuletzt ein Geltungsdrang, der sich bis ins Pathologische steigern kann. Ein unersättlicher Begehrungsdrang, sei es auf erotischem oder auf rein machtmäßigem Gebiet, dessen Ziel allein die Steigerung des eigenen Herrschergelüstes ist. Treulosigkeit, Pietätlosigkeit, Undankbarkeit, kurz: Mangel an jeglichem moralischen Gewissen ist die Folge.

Ein Beispiel dafür könnte uns das «Credo» Jagos in *Verdis* «Othello» sein. Das Stück – in f-Moll notiert, beginnt und endet jedoch in Des-Dur, der Unterdominante von As, und irrlichterliert hemmungslos durch die dunklen Be-Harmonien: f-Moll, c-Moll, b-Moll usw.

«Ich glaub' zum Dritten an den Geist des Zweifels, welcher alles erkennt und jeden Trug des Teufels: Freundschaft, Liebe, Treue mit dem wahren Namen nennt.»

Anders der höhere Typus. Auch er besitzt die Faszinationskraft der «Virilität», aber mit selbstlosem Vorzeichen, indem er Jungbrunnen für die Menschheit sein will. Seine Intentionen zielen nicht danach, vampyrartig, spinnengleich die eigene Seele zu speisen mit Nährkräften, die man seiner Mitwelt entzieht, indem man sie seelisch aussaugt, sondern danach, die Macht der eigenen Seelenkraft so zu wandeln, daß sie nicht Wunden schlägt, sondern heilt.

«Es werden dann die Suggestionskräfte, die früher bloß egoistischen Zwecken dienten, ihres Egoismus entkleidet und in den Dienst der heilenden, selbstlosen Liebe gestellt. Damit aber erschließt sich uns schon die wesentliche Bestimmung des höher entwickelten Skorpionmenschen – zunächst in der Gestalt des Arztes im weitesten Sinne des Wortes –, des Menschen, von dem Heilkräfte ausgehen.»[3]

Im Gleichnis offenbart dies die Natur. Alle Insekten, Bienen, Wespen, Ameisen etc., deren Gift schmerzhaft ist, geben der Natur durch ihre Gifte neue Lebensmöglichkeiten. So etwa die Ameisensäure, die alles zu neuem Leben weckt, was im Wald an Moder liegt. Und wir könnten diese Funktionen zusammenfassen und sagen, daß der Skorpion mit seinem Giftstachel in der Injektionsspritze des Arztes sich zur Nadel des heilenden Serums verwandelt hat, das sehr oft aus diesen Giften gewonnen wird. Es zeigt sich auch hier das ewige Gesetz des «Stirb und Werde», unter welches diese Erdenschöpfung nun einmal gestellt ist; überall dort, wo der Skorpion sein Gift träufelt, entsteht Tod, der aber letztlich zu neuem Leben führt.

Mars findet im Skorpion sein zweites Haus. (Das erste erlebten wir im Widder.) Vergleicht man die symbolische Glyphe seines Planetenzeichens ♂ mit jener des Skorpions ♏, so zeigen beide eine Art Pfeilspitze, die uns an den «Stachel» oder an ein «Kriegsinstrument» gemahnen kann, aber auch an jene heilende Serumspritze, in der der Marspfeil im Sinne des höheren Skorpions wirksam ist: im Sinne eines freiwillig auf sich genommenen Todes, der das niedere Leidenschaftsleben in uns ersterben läßt und als höhere, selbstlose, dem Geiste verbundene und damit heilende Liebe wiedergeboren wird.

Damit aber ist uns der Skorpion zum *Adler* geworden und seine Himmelssprache klingt uns aus edlen Des-Dur-Themen der abendländischen Musik wiederholt entgegen. In einer sehr ergreifend-anschaulichen Art macht Franz *Schubert* in einem seiner «Moments musicaux» (Op. 94 Nr. 4) diese Wandlung, bzw. das sanfte Emporschweben zu Himmelshöhen deutlich. Das Stück zeigt eine klare dreiteilige Form A–B–A, dessen Grundtonart ein an Bachsche Strenge gemahnendes cis-Moll ist. Der erste und dritte Teil fußt in dieser Harmonie. Der Mittelteil jedoch, nach einer mit einer Fermate versehenen Generalpause, in die hinein der erste Abschnitt abrupt abbricht, steht in Des-Dur. Natürlich steht hinter dieser Harmonie in Wahrheit ein Cis-Dur, die gleichnamige Durtonart der Grundharmonie. Daß Schubert aber zur enharmonischen Verwandlung nur aus praktischen Notationsgründen gegriffen haben sollte, dies Urteil scheint uns zu billig und oberflächlich. Wir erinnern uns, daß Bach im «Wohltemperierten Klavier» bewußt die Skorpiontonart in ihrer Dur-Form vermieden hat und seine Fuge auf die neue Seins-Ebene der Quintenspirale – Cis-Dur – emporhob. Schubert dagegen schreibt ein Des-Dur; und er versteht es, ihm rhythmisch eine Beschwingtheit und Leichte zu geben, versteht es durch ein typisch Schubertsches Terzen-

und Sextenmelos ihm Innigkeit und Schönheit zu verleihen, in dem sich Freude und Wehmut vermischen und alle Strenge des vorangegangenen Mollsatzes weit unter sich gelassen erscheint. Der Glanz eines Cis-Dur im Klangbild eines von liebenden Adlerkräften emporgehobenen Des.

Von heiliger Ruhe, man möchte fast sagen von segnender Weihe erfüllt, erscheint auch der Trioteil Nr. 6 des gleichen Opus. Wahrhaft ein Des-Dur, in dem die Welt mit ihrem Skorpionstachel überwunden ist.

Es sind Klänge der Stille und Weihe, die Urtiefen von Des-Dur erahnen lassen, wie sie später von Anton *Bruckner* im Adagio der VIII. Symphonie zur vollen Offenbarung gebracht worden sind. Ein heiliger Urklang, der das Geburtsmysterium der Melodie aus dem harmonischen Allumfassen in sich birgt. Der erste Keimton – die Sonnenton-Quinte as – langgezogen in der Sehnsucht eines erwachenden Urtones, wird durch das innere, aus den Tiefen der Harmonie aufdrängende Schwellen in die erste melodische Regung emporgehoben. Zur *«Ausbiegung in den oberen Nachbarton».*[5] Doch kaum ist dieser in *«elastischer Oberflächenspannung»*[5] berührt, sinkt die Melos-Welle wieder zurück.

«Und wie das Schwellen des Klanghauchs erst den Ton voll singender Spannung erzeugte und aus seinem Schwanken das erste Motiv, so treibt es voller Weitendrang das Motiv in die Melodie: Befreiung aus den Untergrundklängen ist das sehnende Ausspannen der beseelten Töne zu hohem Bogen (Ende des 6. Taktes), in die kleine Sexte und das Zurücksinken. Volles Eigenleben der Melodie ist erwacht.»[5]

Empor zu den Adler-Höhen trägt uns auch das Des-Dur von *Wagners* Walhall-Thematik im «Ring des Nibelungen». Die Übergangsmusik von der ersten zur zweiten Szene im «Rheingold» macht diesen Emporstieg vom «Grunde des Rheines» zur «freien Gegend auf Bergeshöhen» besonders erlebbar. Am Ende des ersten Bildes versinken die Riffe nach dem Raub des Goldes durch Alberich in dichteste Finsternis, und ein wildaufschäumendes c-Moll überflutet alle Melodik. *«Nacht liegt in der Tiefe. Aus dem brausenden Gewoge aber tritt immer eindringlicher das Ring-Thema heraus und verkündet, daß dem Nibelung das Werk gelungen ist. Der neue Weltenzustand, die makrokosmische Grundlage für alle kommende Individualisierung und Vorbedingung für die Asen-Mission Wotans in der nachatlantischen Zeit, ist geschaffen. So verhallt folgerichtig die erste Szene – selbst Vorspiel zur eigentlichen Handlung des ‹Ring-Dramas› –, mit dem Ring-Motiv.»*[6] Über dem Orgelpunkt Es erklingend, weist es auf die Dominante von As-Dur, während seine Terzen-Melodik sehr stark die b-Moll-Harmonie betont, um in ihrem Ausklang mit der Dur-Terz von Des-Dur zu enden:

Das mit Beginn der zweiten Szene einsetzende Walhall-Thema bestätigt dieses Vorausahnen von Des-Dur. Und staunend nehmen wir wahr, daß das die erste Szene beschließende Ring-Motiv in dem Walhall-Thema weitertönt, daß beide Themen, trotz ihrer Andersartigkeit die gleiche musikalische Substanz aufweisen. Gegenüber der Enge des Ring-Motivs, verursacht durch die überstarke Betonung der Moll-Terz, öffnet sich das Walhall-Thema zur Weite. Die hinzutretende Quinte, der Sonnenton As, verleiht ihm kosmischen Atem, das zu *Dur* sich weitende Terzen-Intervall gibt ihm neben innerer Festigkeit seine periphere Ausstrahlungskraft. Dieses zentrifugale Weitungserlebnis, wie es dem Dur-Charakter entspricht, tritt hier besonders intensiv auf, nicht allein durch die Befreiung der eng an das Moll gebundenen Terzenkette der Ring-Melodik, wohl auch deshalb, weil dieses Hinaufheben in die Weiten des Dur genau dem innersten Wesenskern dieser Tonart entspricht: der Wandlung des Skorpions zum Adler.

In vielen Mythen finden wir das Schweben im göttlichen Sonnenlicht, von dem uns das Walhallthema ein Klangbild verleiht, in der Tiergestalt des Adlers, des «Sonnen-Adlers», zum Ausdruck gebracht. Stets galt er als der König der Vogelwelt und verkörperte die Sonne. Bei den Indern galt der Adler Garuda als das Roß des Gottes Vishnu. Auch den Persern diente er als Königssymbol. Im griechischen Mythos war der Adler der Begleiter von Zeus. Und in der skandinavisch-germanischen Mythologie nimmt Odin-Wotan des öfteren Adlergestalt an. Wenn wir uns schließlich an die Ausführungen zurückerinnern, die wir bei G- und E-Dur tätigten, jenen dem Stier- und Löwezeichen verbundenen Harmonien, dann fügt sich Des-Dur als Klangbild des Adlers harmonisch zum apokalyptischen Dreigetier zusammen.

Eine ganz besondere Beziehung besteht zwischen dem Stier- und Skorpion/Adlerzeichen. Stehen sie doch einander in Opposition gegenüber, dem schärfsten Gegensatz innerhalb der Tierkreisstruktur. Im Quintenkreis bilden die Grundtöne dieser Tonarten einen Tritonus, ebenfalls die weiteste, disparate Trennung auf harmonischem Feld. Gleichzeitig bilden sie die Achse eines Kreuzes, dessen zweiter Balken die Löwentonart E-Dur mit B-Dur, der Wassermann-Harmonie, darstellt. Wir könnten es daher das «apokalyptische Kreuz» nennen, zu dem sich diese vier Tonarten zusammenschließen.

Auch im Zeichen des Stieres wurde die Sexualität angesprochen, im Sinne einer unbändigen Zeugungskraft. Die Hörigkeit des Stiermenschen, von der wir sprachen, erfloß aus dem Gefühl für Tradition, aus dem Willen, festzuhalten am Ererbten; wir nannten es eine Art der Treue. In ihrer höchsten Form war uns diese Treue ein «Venerare», ein anbetendes Aufschauen zum Höheren, die Kraft der hoffenden, duldenden Hingabe an das Höchste. Findet ja auch *Venus* ihr Haus im Zeichen des Stieres. Und der Kehlkopf, als «Wartburg des Wortes» war uns das diesem Bereich zugeordnete Organ.

Mit der Skorpion-Strahlung dagegen stehen wir unmittelbar in der Sexualsphäre. Und sie offenbart uns nicht die Seite des «Hörigen», sondern jene, die sich hörige Seelen untertan macht. Der planetarische Regent ist *Mars.* War uns Venus der Repräsentant des «Ewig Weiblichen», die in Sehnsucht und demütigem Erwarten dem höheren Impuls sich öffnende Seele, so ist Mars die Wirkenskraft aller aktiven, nach außen drängenden Energien, der Expansion, der stets nach Erweiterung des Wirkensbereiches Strebende. Aktiv aber ist die Skorpionkraft auch in ihrem Adler-Werden, indem sie freiwillig den Tod ihrer niederen Skorpion-Leidenschaften auf sich nimmt, um als höhere, selbstlose Liebe zu erstehen. Und insoferne ergänzen sich die Erdenkräfte des «Stieres» mit den «Wasserkräften» des Skorpions in einzigartiger Weise: «Wartburg des Geistes» und «Jungbrunnen alles Lebens» zu sein. Zu dieser männlich-weiblichen Zweiheit tritt die Feuerkraft des «Löwen» als ein Drittes, der sowohl zum Stier wie zum Skorpion in Quadratur, der zweiten ausgeprägten Gegensätzlichkeit im Zodiakus, steht. Melodisch gesprochen ist es die kleine Terz-Verwandtschaft, wenn wir Des- in seiner Enharmonik als Cis-Dur verstehen.

Mit dem Skorpion hat der Löwe-Mensch das starke Gefühl des Eigenwertes, den hohen Grad von Selbstbewußtsein gemeinsam. Als Sonnenzeichen erkannten wir den Löwen als das «Herz» des Tierkreises, und als solches war er uns der Hüter der königlichen Menschenwürde. Zeigt uns das Erdzeichen des Stieres mit seinem Aufblicken zum «Höheren», seiner ihm immanenten Logoskraft den *Weg* unseres Erdendaseins auf, spricht uns die Sonnenkraft des Löwen von der *Wahrheit* unseres Menschseins, der Stimme des Herzens, so stellt der Skorpion-Adler das *Leben* dar in seiner Zweiheit von Himmel und Erde, von Geist und Stoff. Und wir können ahnen, was «Modulation», d. h. der harmonische Wechsel von einer Tonart in die andere auf empirischer Klangebene in ihrem tiefsten Wesensgrund bedeutet: ein ständiges Weben im göttlichen Wesensgrund der Welt.

Die parallele Moll-Tonart der Skorpion-Sphäre: b-Moll

Dem aufmerksamen Leser mag es nicht entgangen sein, daß die finstere, todesnächtige Seite der Skorpionstrahlung zwar mehrfach erwähnt wurde, in den angeführten Des-Dur-Beispielen aber nicht eigentlich zum Ausdruck kam. Tatsächlich scheint sie in der Literatur den beiden schwärzesten Molltonarten, b- und f-Moll vorbehalten zu sein. Jedenfalls bemerken wir in b-Moll kaum etwas von den Adlerkräften, so qualitative Unterschiede diese Moll-Harmonie bei den Meistern auch aufweist.

Als ganz den Skorpionkräften verbundenes, im Gegensatz zur Adlersphäre stehendes b-Moll dürfen wir seine Verwendung in *Wagners* «Ring des Nibelungen» ansprechen. Dort ist es schlechtweg die «Nibelungen-Tonart», die Tonart der Erdentiefen, Repräsentantin der «Nachtalben» und Alberichs, des haßerfüllten Gegenspielers Wotans. Eindringlich tritt uns dies bereits in der dritten Szene im «Rheingold» entgegen, wenn Wotan und Loge ihren Abstieg nach Niflheim vollziehen und sie das Hämmern des «Schmiede-Motives» empfängt, Ausdruck der Fron, die das Nachtalbenvolk der Selbstsucht Alberichs, ihres Herren, leisten muß.

In ganz anderer Sicht jedoch zeigt sich das b-Moll in *Bachs* Präludium und Fuge. Für Hugo Riemann zählt sowohl das Präludium als auch die Fuge zu den erhabensten Stücken des gesamten «Wohltemperierten Klaviers».

«Das tiefe Dunkel der Tonart b-Moll hat den Altmeister zu Ideen voll heiligen Ernstes begeistert und eine Weihe über seine Töne ergossen, wie sie nur selten anzutreffen ist. Vielleicht dürfte man bei diesen beiden Stücken an die Kirche denken und besonders in dem Präludium ein inbrünstiges Gebet sehen, ein geängstetes und zerschlagenes Herz, das von seinem Gotte liebende Erbarmung erfleht.»[7]

Diese Empfindung entspricht auch jener Hermann Beckhs, der in dem Präludium die *«erhabenste Passionsstimmung»*, die *«Stimmung des Kreuzestodes»[2]* erlebt. Orgelpunkte in beträchtlicher Zahl durchziehen das Präludium und halten die Melodie wie in unsichtbaren Banden. Die Melosgebärde mit den aufsteigenden Terzen ihres Hauptmotivs und der folgenden Tonrepetition mit der ausdrucksvollen weiblichen Endung, erscheint *«wie eine innige Bitte, wie flehend erhobene Hände.»[7]*

Von gleichem ernsten Gepräge zeigt sich die fünfstimmige Fuge, wobei Takt und Metrum in einer Freiheit behandelt werden, die nicht ihresgleichen findet in dem gesamten Werk. Das im Alla-breve-Takt notierte Stück umfaßt – rhythmisch betrachtet – in Wahrheit den vielfachen Wechsel von 4/2-, 3/2-, 3/1-Metrum, wie Hugo Riemann nachwies. Ein Weitendrang also, wie er der Expansionslust der Skorpionkraft durchaus wesenseigen ist. Dazu kommt die mächtig ausgreifende Gebärde des Themas: gravitätisch führt sie von der Tonika hinunter in die Dominante, um dann weit zur oberen Sexte auszuholen, zur Terz sich herabzusenken und erneut von der Sekund zur Quinte aufzusteigen.

Todesstimmung herrscht auch in Johannes *Brahms* «Requiem». Starr und unerbittlich, wie ein apokalyptischer Reiter dahinziehend, nähert sich düster und unabwendbar das Chor-Unisono, das von der unausweichlichen Realität des Todes spricht, dem wir nicht entrinnen können: «Denn alles Fleisch, es ist wie Gras, und alle Herrlichkeit des Menschen wie des Grases Blumen». In schwerem Trauermarsch-Rhythmus schleppt sich der Orchesterpart dahin.

440

Auch *Chopins* b-Moll-Sonate ist erfüllt von Todesempfindungen und Todes-
gedanken. Namentlich der bekannte Trauermarsch mit seiner schweren Akkordik und den durch drei Takte hindurch rhythmisierten Monden-Grundton b,
mag uns zutiefst ergreifen. Ist es doch gerade diese pochende Prim-Intervallik,
die hier als Grundton, dem b, und der ihm wesenseigenen Septim-Sehnsucht
besondere Schwerkraft verleiht, und zu größerer Anstrengung auffordert, um
dem Mondenwort Erfüllung zu bringen: *«Das Wesen erhält die Wesen!»* Andererseits gibt uns vielleicht gerade jenes Prim-Intervall ein eindringliches Ahnen von
jener moralischen Empfindung seiner «Absolutheit», die uns unsere eigene
Schwachheit widerspiegelt, und uns in einer geistigen Welt aufzusaugen, zu «zerschellen» droht.

Dies ist überhaupt das Charakteristische an dieser Harmonie, daß sie nicht so
sehr als die Tonart des Todes an sich, vielmehr als jene des *Sterbens* empfunden
worden ist. Hermann Beckh hat dies klar formuliert, wenn er auf den Unter-

schied zu d-Moll verweist: «*In der Grabestonart d-Moll sind wir schon gestorben, in b-Moll sterben wir.*»[2] B-Moll ist die Tonart des Todeskampfes, wie dies besonders bei Anton *Bruckner* in einer b-Moll-Episode des ersten Satzes seiner IX. Symphonie erlebt werden kann. Als der Augenblick, in dem «*die harte Faust des Todes die Menschenseele anfaßt.*»[2]

Und einige Takte später: im Wechselspiel von b- und es-Moll:

Angesichts dieses übereinstimmenden Phänomens der Empfindungen von b-Moll bei den Meistern, stellt sich die Frage, woran es liegen mag, daß diese Harmonie als Tonart der Todesnähe und der Erdentiefen erlebt wurde? Eine Antwort hat uns das Chopin-Beispiel bereits gegeben.

B	C	DES	ES	F	GES	A	B
Septim-	Prim-	Sekund-	Terz-	Quart-	Quint-	Sext-	
qualität	qualität	qualität	qualität	qualität	qualität	qualität	
Mond	Mars	Merkur	Jupiter	Venus	Saturn	Sonne	

Der Mondenton als Grundton, der den Tod nicht als das endgültige Ende ansehen will, weist zum Geiste hin; ein Faktor, der wesentlich zur Unterschiedlichkeit des Todeserlebnisses von d-Moll beitragen mag, wo uns das Ende des irdischen Lebens, die Erstarrung als ein Unwiederbringliches entgegentönen wird. Wie wir bei f-Moll erleben werden, so offenbart auch b-Moll den geistigen Aspekt des Todes in einer bestimmten Sicht. Hier ist es vor allem das Darauf-Zugehen, eben das Sterben, mit der unterbewußten Empfindung eines Weiterlebens in einer transzendenten Form. Eine Dynamik, die von keinem Ende des Werdens weiß, lebt auch im Marston, der hier Sekundposition einnimmt. Dagegen ist der mit seinem Wort das Werden hemmende Merkur *Terz*. Hier also klingt erstmals ein «Ende» auf, ein «*Wirken*», das mit seinem Mollschleier Düsternis verbreitet. Die Terz in b-Moll zielt auf das «*Entschwinden*» des Werdens und verleiht dieser Harmonie den innerlichen Todesstachel. An den mahnenden Ernst von b-Moll ist zweifellos Jupiter in seiner umgreifenden Quartstellung wesentlich beteiligt: «*In strafendem Weltenwalten.*» In Des-Dur steht Jupiter an merkurialer Sekundstelle, kann dadurch mit seiner Anmahnung nie so streng und unausweichlich wirksam sein wie in b-Moll. Die Venus-Quint f verleiht wieder etwas Trost und mildert die scheinbare Ausweglosigkeit, die der Merkur- und Jupiterton verbreiten: «*Im Wesen doch hält sich Sein.*» Wir sehen, daß in b-Moll alles «objektiver» ist als in der parallelen Dur-Tonart. Venus an Quintstelle kann nie so subjektiv sprechen, wie sie es als Terzton in Des-Dur vermochte. Auch die Sextposition Saturns weist diese Objektivität auf; steht er doch an jener Stelle, die dem Sonnenton a wesenseigen ist, und klingt als «Weltenseele» in die Räume. Der mächtigste Einschlag, der die Empfindungssphäre von b-Moll tangiert, kommt jedoch zweifellos vom Sonnenton als Septime, der hier in exkarnierender Wirksamkeit – exkarnierend aus der Moll-Perspektive heraus verstanden, da er leitereigen as lauten müßte – als a steht. Diese exkarnierende Wirkenskraft der Sonne bestrahlt, wie wir wissen, das nachtodliche Leben. Damit zeigt uns die Stellung des Sonnentones in der Mollparallele die Richtigkeit dessen, was wir eingangs über sein Planetenwort gesagt haben: daß dem «Wesen» stets ein «Sein» eigen ist und dieses nie ganz aufgezehrt werden kann. Dieser starke, transzendente Lichtakzent des Sonnentones bedeutet daher nicht Erhellung im physischen Sinne, sondern muß in der Dunkelheit des Moll wie ein übersinnliches Licht wirken, vor dem alles irdische Bewußtseinslicht schwindet, eben erstirbt, und zur Adlersphäre emporweist. Durch ein meditatives Mitempfinden dieser kosmischen Struktur der Tonart kann uns ihr ernster, transzendenter Wesensgehalt durchaus verständlich erscheinen.

Daß dort, wo der Skorpion sein Gift spritzt, in Wahrheit wieder neues Leben ersteht, dies wurde uns schon durch die Insektenwelt gezeigt. Nun trägt dieser Todesstachel aber auch noch ein weiteres Positives in sich: Bewußtseins-Begabung. Jeder Denkprozeß im Gehirn ist ein Abbauprozeß, ein Todesvorgang; das

Blut selbst trägt diese Gegensätzlichkeit in sich: als rotes Blut ist es Träger des Lebens, als blaues begabt es mit Erkenntnis. Und übersehen wir nicht: auch dort, wo Leben geschaffen wird, in der Zeugung, hebt es mit einem Abbauprozeß an; denn das befruchtete Ei wird zunächst völlig chaotisiert, in seiner Struktur zerstört. Die Befruchtung durch den männlichen Samen gleicht selbst einem solchen Skorpionstich. Und erst aus der Chaotisierung dieser lebenden Eizelle entsteht das neue Leben der wachsenden Leibesfrucht. Ja, es ist wahrhaft so, wie Richard Wagner es seinem Parsifal aussprechen läßt: «Die Wunde heilt der Speer nur, der sie schlug!»

Wagners Gesamtwerk, der Weg vom «Ring zum Gral», zeigt in einer ununterbrochenen Folge dieses ewige «Stirb und Werde» auf, das zwischen Skorpion- und Adlerkräften webt. Die sonnenhelle Baldurwelt, die uns den Menschen noch in seiner vollen göttlichen Integration offenbart, ging unter; Baldur, der Götterliebling, wurde durch den Mistelspeer in Hödurs Hand getötet. In Wagners «Rheingold» spiegelt sich diese Baldurwelt in dem reinen Es-Dur der ersten Szene; ihr Untergang drückt sich im Raub des Goldes – c-Moll – und in der Schmiedung des Ringes der Egoität aus. Neues Leben aber entsteht in dem von Wotan gezeugten Wälsungengeschlecht. Doch auch Siegmund fällt durch den Speer Wotans. Was der Gott zeugte, liebte und erhoffte, muß er töten. Aus dem scheinbaren Untergang der Wälsungen jedoch ersteht Siegfried, der mit seinem Heldentum jenes uranfängliche, baldurhafte Es-Dur aufklingen läßt. In ihm hat sich, was einst ichlos, unbewußt dem Menschen gegeben war, individualisiert. Sein Sonnenheldentum erfloß aus der Erweckung seines hohen, unsterblichen Wesens: Brünnhilde. Und sie, die ihm Unsterblichkeit verlieh, muß am Ende seinen Erdentod fordern; auch Siegfried verfällt dem Speer Hagens, dem tödlichen Stich des Egoismus: *«Das Sein, es verzehrt das Wesen».* Aber: *«Im Wesen erhält sich Sein».* Darauf verweisen die Schlußtakte der «Götterdämmerung»: das in einem

feierlichen Des-Dur erklingende Liebes-Erlösungsthema, von zarten Geigen-
und Flötentönen getragen, von Harfenklang umglänzt, vergegenwärtigt uns die
Frucht dieses letzten heidnischen Weltentages und baut die Brücke hinüber zu
jener Stunde, die da kommen muß im großen Lauf des Menschheitswerdens, in
der durch Parsifal der «Speer» – der Skorpionstachel – endgültig den Hagen-
Klingsorhänden entwunden ist und die Skorpion-Amfortaswunde der Menschheit ihre Heilung erfährt.

AS-DUR — SCHÜTZE

In meines Wesens Tiefen spricht
Zur Offenbarung drängend,
Geheimnisvoll das Weltenwort:
Erfülle deiner Arbeit Ziele
Mit meinem Geisteslichte,
Zu opfern dich durch mich.
(Rudolf Steiner, Seelenkalender)

Tiefstes Winterdunkel umfängt uns, wenn die Sonne in das Zeichen des Schützen tritt. In zweifacher Weise kann diese Winter-Nacht als eine Todes-Nacht verstanden werden. Vom Jahreslauf her gesehen zeigt sie uns alles Leben am stärksten an die todesträchtige Macht der Finsternis gekettet, im Aspekt unserer geistig-tönenden Wanderung durch den Quintenkreis bedeutet das Stehen in der As-Dur-Harmonie ein Herabsterben aus den geistigen Bereichen von Ges-Dur, ohne daß dieser Tod bereits zu einer Geburt im Irdischen führen würde, wie dies erst in Es-Dur der Steinbocksphäre der Fall ist. Übersehen wir nicht: gegenüber den sechsfachen Be-Vorzeichen von Ges-Dur bedeutet die bloß vierfache Tiefalteration in As eine Erhellung, die zwar dem physischen Licht entgegenschreitet, in ihrem Abstieg zur Erde aber vorerst nur den Verlust der reinen Geistregion empfinden kann. Dieser Doppelaspekt einer Todesnacht wird sich uns eindringlich in der parallelen Moll-Tonart, in f-Moll, offenbaren. Den Eintritt nach As-Dur dagegen begleitet eine Frage, die *Novalis* in seinen «Hymnen an die Nacht» gestellt hat:

«*Was quillt auf einmal so ahndungsvoll unterm Herzen, und verschluckt der Wehmut weiche Luft? Hast auch du ein Gefallen an uns, dunkle Macht? Was hältst du unter deinem Mantel, das mir unsichtbar kräftig an die Seele geht? Köstlicher Balsam träuft aus deiner Hand, aus dem Bündel Mohn. Die schweren Flügel des Gemüts hebst du empor. Dunkel und unaussprechlich fühlen wir uns bewacht – ein ernstes Antlitz seh ich froh erschrocken, das sanft und andachtsvoll sich zu mir neigt, und unter unendlich verschlungenen Locken der Mutter liebe Jugend zeigt ...*»

Das sanfte, andachtsvolle Neigen des ernsten mütterlichen Antlitzes kann uns ein Bild der eigenen Seele sein, mit der sich – vor ihrer Geburt stehend – die Entelechie umhüllt hat und sich ihres Stehens in der Welt des Seins bewußt wird.

Wenn Siegfried Brünnhilde wachküßt und sich im letzten Akt von Wagners «Siegfried» der Verseelichungsprozeß seines unsterblichen Wesensteiles vollzieht, da ist es dieser Wesensteil – Brünnhilde –, der sich zunächst von der Finsternis einer Bewußtseinsnacht umdroht fühlt: «Mir schwirren die Sinne, mein Wissen schweigt; soll mir die Weisheit schwinden?» Doch in einem «sanften» und «andachtsvollen» Licht von As-Dur darf sie sich in ihrem ewigen Sein erschauen:

«Kein Gott nahte mir je!
Der Jungfrau neigten scheu sich die Helden:
Heilig schied sie aus Walhall.»

Dieses Sich-Wacherhalten in einer pränatalen Seinswelt erfordert ein starkes Willenselement, das darauf zielt, im Herabstieg zur Erde das eigene Wesen nicht aus dem Bewußtsein zu verlieren, es in der Dichte der Leibes-Nähe nicht verdämmern zu lassen.

> *«Kann ich das Sein erkennen,*
> *Daß es sich wiederfindet*
> *Im Seelenschaffensdrange?»*

So lauten einige Verse in einem der dem «Schützen» zugeordneten Wochensprüche. Und das Tor dazu öffnen die Worte:

> *«Geheimnisvoll das Alt-Bewahrte*
> *Mit neuerstandnem Eigensein*
> *Im Innern sich belebend fühlen.»*

Dazu ist innere Wachheit, ist Wille zur Bewußtseinsklarheit nötig. In ihnen liegt das «Heldentum» der Schütze-Strahlung. Wachheit und ein «scharfes Auge», beides sind unerläßliche Attribute eines Schützen. Und der Entschluß zur Erde zu steigen und in der Leibes-Umgriffenheit die eigene Geist-Natur nicht zu vergessen, erfordert gleichermaßen Klarheit des Gedankens und ein scharfes

Auge für das wahre Wesen der Materie. All dies schließt der As-Dur-Dreiklang kosmisch in sich ein: die inkarnierende Sonnenkraft als Grundton – das «Licht» der Gedanken, Mars in seiner neutralen Position als Terz, ein verinnerlichtes Willenselement, und der ebenfalls den Inkarnationsprozeß bestrahlende Jupiterton als Repräsentant weisheitserfüllten Bewußtseins: as–c–es.

Lassen wir uns daher die Wesenselemente von As-Dur vorerst durch die Planetenworte erschließen.

Die Stimmung des Schützen

Das Werden erreicht die Seinsgewalt, ...	Sonne . . As	(Sextqualität)	als Grundton
Im Seienden erstirbt die Werdemacht.	Venus . . F	(Quartqualität)	als Sexte
Erreichtes beschließt die Strebelust	Merkur . Des	(Sekundqualität)	als Quart
In waltender Lebenswillens-kraft.	Mars . . . C	(Primqualität)	als Terz
Im Sterben erreift das Weltenwalten, ...	Jupiter . . Es	(Terzqualität)	als Quinte
Gestalten verschwinden in Gestalten.	Saturn . . G	(Quintqualität)	als Septime
Das Seiende fühle das Seiende!	Mond . . B	(Septimqualität)	als Sekunde

AS	B	C	DES	ES	F	G	AS
Sext-qualität	Septim-qualität	Prim-qualität	Sekund-qualität	Terz-qualität	Quart-qualität	Quint-qualität	
Sonne	Mond	Mars	Merkur	Jupiter	Venus	Saturn	

Der Sonnenton, der als a im Zeichen des «Krebses» so leuchtend das *Werdende* verkündete: *«Du ruhender Leuchteglanz»*, ist hier zu as abgedunkelt, verinnerlicht, verseelicht; er spricht vom *Sein*, nicht vom Werden. Im Werdenden sind noch Möglichkeiten offen, das Sein dagegen hat Bestimmung und Gestalt. Das Ich, das heruntersteigt zur Erde und sich mit seiner aus karmischen Notwendigkeiten gewobenen Seelenhülle bereits umkleidet hat, steht damit in einem seiner Wesenheit entsprechenden Sein, beseelt von dem Willen, dieses Sein der Stoffeswelt einzuprägen, es in ein körperliches Dasein hineinzutragen. Dem «Noch-Ungeborenen» soll eine diesem Sein entsprechende Gestalt verliehen werden. Das ist ein geistiger Zeugungsakt, eine Tat. In dem Augenblick aber, wo diesem Leiblich-Stofflichen die Geistgestalt eingeprägt ist, ist es durch die Form prädestiniert. Das zur Form Gestaltete verliert die Wandlungskraft. Dies sprechen die beiden ersten Verse der Schütze-Stimmung aus: *«Das Werden erreicht die Seinsgewalt»* – Sonne-, und das Venus-Wort: *«Im Seienden erstirbt die Werdemacht»*. Der Venuston f, mit seiner statischen Quartqualität, ist als Sexte in den Seinsbereich geho-ben. Man entsinne sich des *absoluten* Quarterlebnisses, wie es Rudolf Steiner schildert: Man macht die Erfahrung, daß jetzt *«von keiner Seite andere Töne auf-tauchen, daß aber dasjenige, was schon aufgetaucht ist ..., in leicht kommenden Erin-nerungen in der Seele lebt.»*[1] Dieses Erlebte wird durch die Sextstellung in die «Entrückung» d. h. in ein geistiges Sein gehoben, und ist als «Erinnerung» seiner Werde-Möglichkeiten beraubt. Die Werdemacht erstirbt im Seienden. Oder um mit «Merkur» zu sprechen: die «Strebelust» alles Werdenden ist vorerst an ein Ziel gelangt: *«Erreichtes beschließt die Strebelust.»*

Die Sekundqualität Merkurs mit ihrer unermüdlich strömenden «Bewegungs-lust» erhält – abgedunkelt zu des – die Statik der Quart. In A-Dur sprach Mer-kur: *«Erwärme das Seelenleben»* und in seiner neutralen Position als d umspielte er die Jupiterterz. In der Tiefalterierung zu *des* dagegen wird das Stau-Element der Quart viel deutlicher spürbar. Denn diese «Erniedrigung» trägt die Tendenz zum c in sich, während die neutrale Position in A-Dur durch den exkarnierenden Jupi-terwert *cis* in seiner Bewegungslust gleichsam beschwingt und bestärkt wurde. In der Mars-Zeile kommt das eigentlich Willenshafte, die innere Aktivität der Schütze-Strahlung zum Ausdruck: *«In waltender Lebenswillenskraft».* Die Stel-lung des Mars-Tones als Terz zeigt uns, wie wir diese Willenskraft zu verstehen haben. Sie trägt nicht so sehr den Charakter des nach außen Drängenden; dies zeigte uns das Marswort als *cis* in A-Dur: *«Zu kräftigem Sich-Bewähren».* Hier steht Mars in neutraler, ausgeglichener Position, sein Willenselement strahlt mehr nach innen, trägt in seiner Wirkenskraft etwas In-sich-Ruhendes. Und die-ses Nach-innen-Wirken verbindet sich insoferne sehr folgerecht mit der Schütze-Natur, da ihr Kampf vor allem den im Innern der Seele wirkenden Mächten gilt: den Triebgewalten, die den Menschen an seine Kreatürlichkeit fesseln wollen, an das Tierhaft-Animalische. Deshalb wurde das Schütze-Zeichen ursprünglich durch den Kentauren symbolisiert.

«Der Schütze ist in Wirklichkeit eigentlich ein Tier, etwas, das tierische Gestalt hat, aber nach vorn in einen Menschen ausläuft, der Pfeil und Bogen hat.»[2]

Ein mit Pfeil und Bogen bewaffneter Jäger also, der kentaurenhaft auf einem Tier- d. h. einem Pferdeleib sitzt. Auch dieser Kampf gegen die eigene Tierheit erfordert Bewußtseinslicht und Gedankenklarheit. Mit beiden Kriterien sehen wir in vielen Märchen und Mythen die Pferdenatur verbunden.

Aber dieses «Licht», wo finden wir es in unserer Planetenstimmung? Bisher strahlte noch nichts aus den kosmischen Worten davon an unser Ohr; vom «Er-starren der Werdemacht» war vielmehr die Rede und vom «Beschließen der Stre-belust». Lediglich aus dem Marswort kam uns ein Ahnen, daß es sich um ein inneres Erstrahlen handeln muß. «In waltender Lebenswillenskraft». Die Jupiter-Zeile erst macht es offenbar und führt uns in die verborgenen Tiefen des Schütze-Geheimnisses: *«Im Sterben erreift das Weltenwalten.»* Das Leben braucht den Tod, um nicht im Gewordenen zu erstarren. Darin liegt der Sinn alles Verge-hens auf Erden, daß einmal Gestaltetes nicht unverwandelt, ahasverartig fortdau-ert, sondern der Metamorphosenkunst des Lebens Raum geschaffen wird. In der «Gestaltung und Umgestaltung» liegt die «Lebenswillenskraft» des «Weltenwal-tens»; oder mit Faust gesprochen: «des ewigen Sinnes ewige Unterhaltung». Der

450

Jupiterton in seiner inkarnierenden und plastizierenden Wirkenskraft als Quinte steht an dem Schwellenpunkt, an dem Irdisches und Transzendentes – Prim- und Oktavsphäre – in ständigem Austausch stehen. Im A-Dur-Klang des Krebs-Zeichens sprach Jupiter vom «*Geistigen-sich-Durchdringen*»; jetzt wird der Tod jener «Glanz aus Innen», in dem sich die Geburt zu einem neuen Leben vollziehen kann.

Und das Saturnwort bestätigt, daß dieses Sterben kein Aufgehen ins Nichts bedeutet, sondern Beginn ist eines neuen Seins: «*Gestalten verschwinden in Gestalten*». Der Saturnton als Septime, als g in ausgewogener Harmonie zwischen Ex- und Inkarnationskräften stehend, weist in die Oktavregion, wo alles, was von dem Prim-Bereich heraufgetragen wurde, in neuer Gestalt ersteht.

Schließlich ist es das Mondenwort, das dem Selbstheitsdrang dieser Strahlung eine wichtige Mahnung erteilt: «*Das seiende fühle das Seiende*». Dem Sternzeichen des «Schützen» ist weltanschaulich der «Monadismus» zugeordnet, d.h. eine Weltsicht, die ihr Augenmerk vorwiegend auf die Existenz des Einzelwesens richtet. Hieß es doch auch in dem bereits erwähnten Wochenspruch:

> «*Geheimnisvoll das Alt-Bewahrte*
> *Mit neuerstandnem Eigensein*
> *Im Innern sich belebend fühlen.*»

Aber dieses «Eigensein» darf nicht zu stark auf sich beharren. Vielmehr soll es «Weltenkräfte» erwecken und diese in das irdische Handeln, in die Taten des Schütze-Menschen einfließen lassen:

> «*Es soll erweckend Weltenkräfte*
> *In meines Lebens Außenwerk ergießen*
> *Und werdend mich ins Dasein prägen.*»

Sich nicht im eigenen Sein abzuschließen und zu gefallen, sich vielmehr gegen das andere Sein zu öffnen, sich ihm als unsterbliches Ich wesensverwandt fühlen, da es von demselben Weltengrund getragen wird wie das eigene Selbst, das ist die Anmahnung für den Schütze-Geborenen. In umfassender Sicht ist es das «Weltenwort», das die Intention des Schützen bestimmen und erfüllen soll; der «Logos», der ihm aus dem eigenen Innern heraustönt. Dies stimmt auch mit dem Planetenwort überein, und ebenso mit dem Tonwert b, der durch seine ihm wesenseigene Septimsehnsucht so viel über das «Sein» weiß und in As-Dur als Sekund erscheint, deren merkuriale Wirkenskraft die Gefahr einer verfestigenden Introvertiertheit unterbindet.

Nach diesem kosmischen Ertönen der Schützensphäre möge zunächst ein erklingendes Abbild die ausgesprochenen Gedanken erstehen lassen, ehe wir uns in der Mannigfaltigkeit der As-Dur-Themen näher umsehen. Wir wählen dazu das Adagio-Thema des zweiten Satzes von *Beethovens* Klaviersonate Op. 10, Nr. 1:

Ein Aufstrahlen der Dreiklangsterz bildet das Hauptmotiv des Themas. Seine Rückkehr zum Grundton gibt ihm eine innere Geschlossenheit und Festigkeit, die meditativ empfunden uns an die Sonnen- und Marsworte denken lassen: «Das Werden erreicht die Seinsgewalt» und «In waltender Lebenswillenskraft».

Dieses thematische Motiv wird in den Takten 3 und 4 zwischen Mond- und Merkurton wiederholt. Auch hier wollen wir uns ganz in die Stimmung des Planetenwesens versenken: «Das Seiende fühle das Seiende» (Mond) und: «Erreichtes beschließt die Strebelust» (Merkur). In der Wiederholung durch den Sekund-Mondenton wird das «Seiende», d. h. der erste, in sich gefestigte motivische Zweitakter mit Innigkeit nachempfunden, während die wörtliche Nachzeichnung der Terzenmotivik durch den inkarnierenden Merkurton wirklich den Eindruck eines beruhigten «Beschließens» hinterläßt. Ein unendlicher Friede breitet sich in diesen vier Takten aus, der alle innere Unruhe, alles Drängen aus diesem tönenden Seelenraum verbannt hat.

Wie sehr das Erreichte die Strebelust beschlossen hat, zeigt die Fortsetzung des Themas im Nachsatz. Der Mondenton wird chromatisch erhöht zum Durchgangs-H und führt neuerlich hin zum C-Wert des Mars. Dadurch erst kommt wirkliche Bewegung in das Melos. Der hier in exkarnierender Position – als h – zu erlebende Mondenton bringt zwar Bewegung in das Melos, aber dieses «Streben» führt doch nur dazu, den Klangraum von As in seinem ganzen inneren Strahlenkranz erstehen zu lassen. Denn der Nachsatz ist ein einziger Sextenzug vom c des Mars hinauf zur Oktave des Sonnentones as, wobei das Terzen-Motiv jetzt zwischen Jupiter und Mars erklingt, also in die obersonnige Sphäre gehoben wird. Das ursprüngliche Motiv scheint ausgelöscht, doch seine Essenz wird in höchste Lichtbereiche emporgetragen: «Im Sterben erreift das Weltenwalten.»

Melodisch wird dieses Jupiter-Wort vom Venuswert f aufgegriffen, der jetzt mit Merkur zusammen neuerlich das Terzenmotiv bringt: «Im Seienden erstirbt die Werdemacht.» Und um dieses Ersterben ganz zu dokumentieren, gipfelt der Sonnenton as in der Subdominant-Harmonie, also auf dem Dreiklang: des–f–as, nochmals dem merkurialen Wort klingenden Ausdruck verleihend: «Erreichtes beschließt die Strebelust». Denn anschließend kehrt das Melos, langsam herabsinkend und den ganzen Oktavraum durchschreitend, wieder zum tiefen Sonnenton as zurück.

Auffallend ist, daß im ganzen Thema der Saturnwert nicht zu Worte kommt, von seinem Auftreten als unbedeutender Durchgangston abgesehen. Bemerkenswert muß uns dies deshalb erscheinen, weil ja erst sein Wort die Weiterführung erkennen läßt, die tief geheimnisvoll diesem «Beschließen der Strebelust», dem Wandlungserlebnis der Schütze-Stimmung, zugrunde liegt: «Gestalten verschwinden in Gestalten.» Demnach zeigt sich auch die zweite Periode – Takt 9– 16 – als eine fast wörtliche Wiederholung der ersten. Eine effektive Metamorphose tritt nicht ein.

Werfen wir nun einen Blick in die Musikliteratur, so könnten wir die Stimmung, die As-Dur verbreitet am treffendsten mit jener vergleichen, die uns die Adventszeit vermittelt. Ein Stehen in der Dunkelheit, verbunden mit der Ahnung des kommenden Weihnachtslichtes. Es ist das «Wunderreich der Nacht», das uns As-Dur erschließt. Nicht Finsternis bedeutet sie, sondern das Mysterium der Stille, voll Erwartung, daß sich aus ihren mystischen Tiefen ein Licht gebiert, von dessen Glanz das Sinnesauge nichts ahnen kann.

Schon *Bachs* As-Dur-Präludium kündet von dieser Innerlichkeit, wenn es die Tiefen der Tonart auch nicht zur Gänze ausschöpfen mag. Hugo Riemann spricht von einer *«gewissen Sinnigkeit und Zartheit der Empfindung»*[3], die dem Präludium eigen sei und weist auf die «heitere Ruhe», die das ganze Stück beseelt und geflissentlich die nächstverwandten Molltonarten meidet, um diese milde Heiterkeit nicht zu trüben.

Eine thematische Verwandtschaft mit dem vorhin gezeigten Beethoven-Thema könnte darin gesehen werden, daß der erste Zweitakter aus derselben Terzen-Motivik: Sonne-Mars, Mond-Merkur gebildet wird und die Melodik ebenfalls zur Oktav des Sonnentones emporstrebt.

Auch die sich anschließende vierstimmige Fuge zeigt Ruhe und Ausgeglichenheit, jeden metrischen Gegensatz vermeidend. Das Urteil Riemanns, daß Bach offenbar wegen der Kürze des Themas *«anstatt einer immer wiederholten Art der Kontrapunktierung eine fortgesetzte Umgestaltung des Kontrapunktes wählte»*[3], scheint uns wesentlich, weil sich darin jenes Lebensgesetz der Metamorphose spiegelt, von dem uns die Planetenworte kündeten. Riemann schließt seine Analyse mit den Worten:

453

«Ich wüßte nicht, was auch an dieser Fuge minder Vollkommenes wäre. Sie ist frei-
lich nicht so finster wie die Cis-moll und Es-moll Fuge, auch nicht so energisch wie die
D-dur und E-dur Fuge, aber dafür ist sie eben eine As-dur Fuge. Was ein As-dur-
Mensch ist, wissen wir ja durch Schumann: Chopin – ein sinniger Träumer.»[3]

Den Brückenschlag zu Chopin und dem nächtlichen As-Dur der Romantiker
vollzieht zweifellos *Beethoven.* Auch Mozart blieben die letzten Tiefen dieser
Harmonie noch verborgen, so sehr manche seiner kurzen Zwischensätze in As
voll Innigkeit und Verklärtheit zu uns sprechen. Für Beethoven dagegen hebt das
Mysterium der Nacht bereits in Opus 26 leise den Schleier. Ein ruhig-edel sin-
gendes Thema, voll Zuversicht aufstrebend, eröffnet den Variationssatz. Das
Thema, dessen enggeschlossener Stimmungskreis selbst einer klingenden
Monade gleicht, wird von einem Hauch der Vergänglichkeit umschwebt, der sich
in dem nachfolgenden «marcia funebre» zum Abschied von dieser Welt verdichtet. Doch trotz dieser In-sich-Geschlossenheit bildet das Thema die Grundgestalt für zahlreiche Variationen, die immer wieder neue Gebilde erstehen lassen.

So steigert sich der zuversichtliche Quartschritt des Anfangs zum emphatischen
Sextenaufschwung in der ersten Variation. Beethoven schafft in den Variationen
symphonische Kontraste, *«gibt der Mollvariation (III) mit ihren aufwärts drängen-*
den Synkopen und dumpfen Baßsforzati Adagio-Ausdruck und zerlegt in der scherzo-
artigen vierten das Thema in leicht schwebende Oktaven. Nur die zweite und fünfte

Variation behalten das Thema in umschreibenden Spielfiguren bei, und auch hier wer-den die Ornamente zu beseelten Deutern der Melodie. Ein kurzer, in seiner Schlicht-heit fast ergreifender Epilog beschließt das Ganze – ein beglückendes Traumbild ist vorübergezogen.»[4]

Ein Traumbild, das uns von der Vergänglichkeit erzählt, die deshalb beglük-kend ist, weil sie dem Leben immer wieder neue Möglichkeiten bietet, sich zu gestalten. Die Worte des dunklen Philosophen von Ephesus, Heraklit, können uns gemahnen:

«Dasselbe Wesen in uns ist Lebendes und Gestorbenes und das Wache und das Schlafende und Junges und Altes (denn dieses, wenn es sich wandelt, ist im Wesen doch jenes, und jenes wiederum, wenn es sich wandelt, dieses).» (Urworte der Philosophie)

Ein noch tieferes Erfühlen der Geheimnisse von As-Dur spricht aus Beetho-vens Opus 110.

Eine sanft sich hebende Einleitungsmelodik, durch die für Beethoven ungewöhn-liche Notiz: «con amabilità» charakterisiert, führt uns einer mild aufquellenden Cantilene entgegen, die uns Weiten empfinden läßt, die nicht dieser Welt ange-hören. Man verbinde den Aufschwung dieses Melos zum Sonnenton as und des-sen Vorhaltsstellung zum Saturnwert g mit den entsprechenden Planetenworten, stelle die fest gebundene Akkordik der vier von Bewunderung – «amabilità» – erfüllten Einleitungstakte diesem Melos-Beginn zur Seite und man wird die geheimnisvolle Alchimie dieser Klänge empfinden, die «Gewordenes» zu neuem Sein verwandelt: «Das Werden erreicht die Seinsgewalt» – «Gestalten verschwin-den in Gestalten».

Diesem «beglückenden Traumbild» von dem Paul Bekker spricht, in dem sich irdisches Werden mit Ewigkeit vermischt, hat Joh. Gottfried *Herder* in seinem Gedicht «Amor und Psyche» poesievollen Ausdruck verliehen:

«Ein Traum, ein Traum ist unser Leben
Auf Erden hier.
Wie Schatten auf den Wolken schweben
Und schwinden wir.
Und messen unsre Tritte
Nach Raum und Zeit;
Und sind (und wissens nicht) in Mitte
Der Ewigkeit ...»

Etwas von dieser Stimmung weht auch in *Beethovens* Sonate Opus 13, der Sonate pathétique. Unruhig hastend der erste Satz mit seinen durch zwei Oktaven zu höchster Erregung sich steigernden Viertelrhythmen und dem freudlosen es-Moll-Seitenthema. Fragen werden aufgerollt, die nicht beantwortet werden, Konflikte entfesselt, die keine Lösung finden; ein rastloses, unbefriedigtes «Messen unserer Tritte nach Raum und Zeit». Und unversehens stehen wir «in Mitte der Ewigkeit», wenn die edle Melodik des As-Dur-Adagios erklingt, dessen Klangzauber Trost und Zuversicht ausströmt.

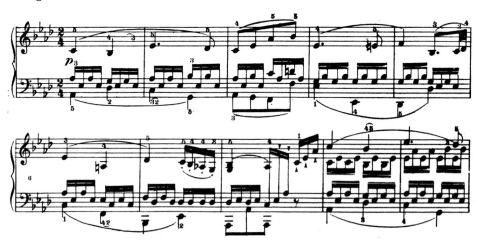

Noch ein weiteres Kriterium dieses Themas ist von Bedeutung. Seine strenge Dreistimmigkeit erfordert bei der Wiedergabe von dem Pianisten eine dreifache Dynamik der Klanggebung: ausdrucksvolles Melodiespiel (Cantabile) in der Oberstimme, schwächere, untergeordnete Tonstärke in der Mittelstimme und eine dezente, unaufdringliche Stützung der Oberstimme durch den Baß. Erst durch diese dreifache Tongebung wird der Hauch aus einer anderen Welt wirklich spürbar, wird das Melos auf Flügeln des Gesanges über die zur Ruhe gekommenen Tiefen und Abgründe dieser Erdenwelt schweben, die im ersten Satz so heftig ans Tor des Tragischen pochten.

Nun bedeutet Tonstärke aber ein Willenselement. *«Bei der Tonstärke»*, so zeigt Rudolf Steiner in seinen Darstellungen über *«Eurythmie als sichtbarer Gesang»* auf, *«kommt schon das menschliche Verhältnis zur Außenwelt noch mehr in Betracht. Eigentlich innerlich ist ja nur die Tonhöhe. Die Tondauer bringt schon den Menschen* mit der Außenwelt in eine gewisse Beziehung, die Tonstärke vollends, weil der starke Ton ein von Wille getragener Ton ist, der schwache Ton ein solcher Ton, der den Willen entbehrt.»[5]

Mit diesem Hinweis auf die Willenskraft ist uns aber auch der Blick auf den Menschen aufgezeigt, der im besonderen der Schützenstrahlung ausgesetzt ist. Das Schütze-Zeichen birgt neben Widder und Löwe die ausgleichende Feuerqualität. *Was hier zum Ausgleich gebracht werden soll, das ist die ins Unendliche gehende, immer aufs äußerste gespannte – expansive streitbare Kraft des Wollens und die in sich ruhende, konzentrierte, selbstbewußte Siegerkraft des sich selbst bejahenden Lebenswillens.»[6] Dieser Ausgleich kann nur durch ein ethisches Gesetz, in dem sich die Ichfunktion des Menschen selbst erlebt und sich in seinen Begehrungen, Leidenschaften und Wünschen zügelt, vollzogen werden. Von diesem ethischen Schwerpunkt im Wollen des Ich müssen wir das As-Dur des zweiten Satzes empfinden. Folgt er doch einem von aufwühlender Leidenschaft erfüllten düsteren c-Moll-Satz.

Um in diese Problematik tiefer einzudringen, wollen wir die Symbolik des Schützezeichens noch eingehender betrachten. Als Kentaure zeigt uns der Schütze ähnlich wie die «Zwillinge» die Zwienatur des Menschen auf; allerdings mit dem Unterschied, daß in den «Zwillingen» die Geist- und Erdennatur in zwei Gestalten nebeneinander stehen, während sie im Schützezeichen *über*-einander gestellt erscheinen. Eine Symbolik, die den Sieg der einen über die andere Gewalt erahnen läßt. Zuunterst ein Tier, zuoberst ein Gott – darin liegt der Sinngehalt des Kentauren-Zeichens. In der Hand des Gottes aber sehen wir den Bogen mit dem abschußbereiten Pfeil. Ein Attribut, das dem Kentauren den Namen «Sagittarius» – «Bogenschütze» – eingetragen hat und das uns an das göttliche Geschwisterpaar Apollo und Artemis denken läßt. Vor allem das Artemis-Mysterium gewährt uns einen tieferen Einblick in das Wesen des Schützen. Ihr Mythos erzählt, daß die Göttin, als sie drei Jahre alt war, von ihrem Vater Zeus gefragt wurde, welche Geschenke sie wohl haben möchte. Die Antwort kam unverzüglich und brachte eine erkleckliche Anzahl von Wünschen vor. Nur die für unser Thema wichtigsten seien erwähnt: ewige Jungfräulichkeit, Pfeil und Bogen, das Amt der Lichtbringerin, ein safrangelbes Jagdgewand, zahlreiche Ozeannymphen als Dienerinnen und den Großteil ihrer Zeit auf den Bergen und in den Wäldern leben zu dürfen. *Unglücklicherweise werden mich oft Frauen in den Wehen anrufen, da mich meine Mutter Leto ohne Schmerzen trug und gebar. Deshalb haben mich die Schicksalsgöttinnen zur Schutzgöttin der Gebärenden gemacht.»[7]

Von all diesen Wünschen und den daraus resultierenden Funktionen, die der Göttin im weiten Raum der griechischen Kultur beigelegt wurden, war die der «Potnia theron» – «Herrin der Tiere» die wichtigste. Sie ist die Hüterin des Animalischen, d.h. des Unterbewußten, das den Mutterboden alles Seelischen darstellt und als unerkanntes Naturleben in die Menschenseele hineinragt. Ihr Wunsch nach ewiger Jungfräulichkeit deutet auf Seelenreinheit, d.h. auf die Distanzierung von allem Triebhaft-Animalischen. *Damit der Mensch zum vollen Menschsein aufsteigen konnte, mußten die Tiere zurückbleiben»[8]. So etwa sprach sich die Erkenntnis aus, die man mit tiefer Dankbarkeit und schützender Liebe für die Tierwelt im Artemision, dem Heiligtum der Göttin zu Ephesos, verkün-

457

dete. Daß ihr Beistand von gebärenden Müttern erfleht wurde, machte Artemis auch zur Hüterin der im Unbewußten verlaufenden Lebensprozesse; zur Schützerin *«alles Werdenden in der Natur, der Geburten und des jungen Nachwuchses. Daß sie mit ihren sanften Pfeilen töten konnte, stand damit nicht im Widerspruch. Sie sandte ja nur den plötzlichen Tod und war im eigentlichen Sinne keine Todesgöttin.»*[8] Ihre «sanften Pfeile» dienten in Wahrheit auch einem Geburtsgeschehen: dem Ersterben des Niederen, um einem Höheren das Leben zu schenken. In den Attributen von Pfeil und Bogen spricht sich dies symbolisch aus. Der gespannte Bogen kann als Sinnbild von angehäufter Kraft, «von potentieller Energie», von angehäufter «Lebenskraft» verstanden werden, während der abgeschossene Pfeil ein Gleichnis für die «Entladung» dieser angestauten Kraft ist. Und dieser status nascens des Sich-Entladens gleicht einem Geburtsakt. Denn der abgeschossene Pfeil ist zielgerichtet, d. h. eines Zieles eingedenk und bedeutet nie blinde Notwendigkeit. Das Ziel aber ist das Erstehen eines Höheren.

Das hier über die antike Göttin im besonderen Gesagte, gilt ganz allgemein auch für die Schützen-Strahlung. Was dem Schützen jedoch noch ein spezifisches Gepräge verleiht, ist die Symbolik der mit ihm verbundenen Pferdenatur. In der «Jüngeren Edda» wird erzählt, *«wie sich Loki einstmals in eine Stute verwandelte und ein Füllen gebar, das das beste aller Pferde wurde: ‹Sleipnir›, das Pferd Odins. Es ist eine instinktiv wirkende, im Blute waltende Macht, deshalb luziferischer Natur; aber doch noch vom Geiste gelenkt, dem Odin dienstbar.»*[9] Der Kentaure deutet auf ein Entwicklungsgeheimnis der Intelligenz, die zunächst als weisheitsvoller Instinkt im Menschen wirkt. *«Die Seele konnte in alten Kulturepochen noch nicht den Gedanken in Freiheit handhaben. Triebe, die viel klüger waren als der Kopf, lenkten und belehrten sie. So entstand die Imagination des ‹Kentauren›.»*[9] In der Pferdenatur wirkt weitgehendst dieses «astrale» Bewußtsein. *«Das Pferd führt nur mit dem Kopf bewußte Bewegungen aus. Der ganze übrige Körper bewegt sich aus dem subkortikalen System heraus»*[10] und ähnelt darin der Bewußtseinshaltung einer früheren, mit einem archaischen Bilderbewußtsein begabten Menschheit. Das Heraussetzen der Pferdenatur aus jener urzeitlichen Menschenbildung heißt, physiologisch gesprochen, Rückbildung des subkortikalen und Erstarkung des kortikalen, auf die Großhirnrinde bezogenen Systems. Insoferne verdankt der Mensch dem «Pferde» seine Verstandeskräfte, als er sich durch dieses Heraussetzen auch von seiner imaginativen Hellsichtigkeit befreite. Der Mensch durfte nicht «Pferd» bleiben, er sollte sich vielmehr zum «Reiter» erheben, sollte sein Pferd zu lenken lernen, was so viel besagt, daß er die triebhaften Weisheitskräfte mit seinem Ich zu ergreifen fähig wurde. Welche Richtung dabei sein Denken nimmt, das offenbart die jeweilige Farbe des Pferdes. Man denke an die apokalyptischen Reiter in der Offenbarung des Johannes. Wenn ein Mensch seine Weltanschauung vorträgt, so sollte man nach Meinung Rudolf Meyers immer fragen, *«ob er auf einem weißen, roten oder schwarzen Rosse einherreitet.»*[9]

Hier wird es nun vollends deutlich, daß die durch die Schützenkraft hervorgerufene Verwandlung keine physische, sondern alchimistische ist, die Transsubstantiation eines Niederen zu einem Höheren; die Verwandlung des Kreatürlichen zu einem Göttlichen. Um dies zu vollziehen, muß die Richtung eindeutig bestimmt sein: die Richtung nach *oben*. Sie ist es, die den ethischen Schwerpunkt des Schützen erfüllt.

In noch eindringlicherer Weise als in der «Pathétique» hat Beethoven dies in seiner V. Symphonie ausgesprochen. Nach einem c-Moll-Satz, in dem das Fatum mit erbarmungslosen Schlägen alles Sehnen nach Licht und Wärme auslöscht und jedes Hoffen vergeblich erscheinen läßt, ersteht im 2. Satz ein As-Dur, das dieser brutalen Welt innere Gesichte entgegenstellt, in denen sich jedoch Beethovens Willenskraft – ist er doch selbst ein Schütze-Geborener – in aller Siegeszuversicht erahnen läßt.

Beethoven selbst spricht davon, wie ihn tagtäglich die finsteren Mächte zwingen wollen, den Blick zur Erde zu senken, da er schon wähnte, die Sterne des Himmels errungen zu haben. Und Beethoven führt diesen Kampf, läßt sich den Blick nach oben nicht rauben und bewahrt die «Zielrichtung» des Schützen, wie uns schließlich das Thema des Finales in seinem Widder-Licht von C-Dur mit Erschütterung erleben läßt.

Die sagittale Forderung, die Richtung nach oben zu suchen, spiegelt auch das dieser Strahlung entsprechende Leibesorgan. Ihr unterstehen die Oberschenkel, Hüften und das Kreuzbein. Es sind jene Leibesglieder, durch welche die Aufrichtung des Menschen erfolgt, die vertikale Körperhaltung, die ihn vom Tier unterscheidet.

> *«Und da in Staub vorwärts die anderen Leben hinabschau'n,*
> *Gab er dem Menschen erhobenen Blick, und den Himmel betrachten*
> *Lehrt er ihn, und empor zum Gestirn aufheben das Antlitz.»*
> *(Ovid, Metamorphosen I.)*

Ins Seelische übertragen, bringt uns auch das As-Dur dieses zweiten Satzes der V. Symphonie diese Aufrichte, wenn nach einem verminderten Septakkord alles innere Licht wieder zu verlöschen scheint und Beethoven den darauf folgenden Dominantseptakkord in einen übermäßigen Quintsextakkord umdeutet und gleich jubelnden Fanfarenklängen das Thema in C-Dur erschallen läßt: *«Ich will dem Schicksal in den Rachen greifen, ganz niederzwingen wird es mich nicht!»*

Diese innere Erhellung ist das heilige Anliegen der Schützenstrahlung. Aber sie wird nicht gegeben, sie muß errungen, oder im Sinne des Symbols gesprochen: sie muß dem Tier im Menschen abgerungen werden. Erst wenn dieses überwunden, innerlich verwandelt wurde, kann daraus die «höhere Stufe» des Menschseins erstehen. Diese Überwindung aber bedeutet nicht eigentlich ein «Sterben» des Niedrigen zugunsten eines «Höheren», sondern echte Transsubstantiation. Das

459

Kreatürliche soll nicht getötet, sondern emporgehoben werden. Und es gibt dafür gewiß kein schöneres Bild als das des Reiters, der sein ihm völlig gehorsames Roß lenkt, und dadurch selbst eine Erhöhung erfährt. Wie wir längst erkannt haben, ist dieses Wandlungsgeheimnis das prinzipielle Anliegen aller Tierkreis-Inspirationen. Die Unterschiedlichkeit liegt allein in der einzuschlagenden Wegrichtung. Nicht im «Was», im «Wie» zeigen sich die Nuancierungen dieser kosmischen Impulse. So muß der «Stier» gewaltsam überwunden werden, wie dies Mithras mit seinem Schwert vollbringt. Die «Waage» spricht von «Entgiftung», der «Skorpion» muß durch den Tod das neue Leben finden, und des «Schützen» Anliegen ist «Erhebung», heißt «Alchimie der Wandlung». Diese «Amalgamierung» des Kreatürlichen in der eigenen Wesensnatur ist des «Schützen» heiliger Schatz, den er als sein «moralisches Gesetz» erkennt. Dieses Gesetz hat für ihn nicht so sehr sozialen Charakter wie dies beim Jungfrau-Geborenen der Fall ist, sondern religiösen. *«Der der Schützestrahlung unterstellte Mensch handelt nicht aus einem im Sinne der sozialen Ökonomie als zweckmäßig erkannten Prinzip, sondern aus der im Innersten erfühlten ‹Ich›-Verbundenheit mit dem göttlichen Willen.»*[6] Es ist ein Impuls aus höheren Welten, ein moralischer Imperativ, der sein Handeln bestimmt und der sich als «religiöse Intuition» erweist.

Diese religiöse Weihe, die in der göttlichen Sphäre die wahre Heimat, ihr unvergängliches Zuhause sieht, atmet aus vielen As-Dur-Stücken Franz *Schuberts*, der dieser Harmonie besonders tief verbunden war. Daß darin mitunter die Weihe des über die Todesschwelle Schreitens aufklingt, kann uns nicht wundern; öffnet es doch das Tor zu dieser wahren Heimat.

So etwa klingt es in den beiden «Moments musicaux» Op. 94 Nr. 2 und Nr. 6 an. Diese kleinen Klavierstücke sind ganz auf den Einfall gestellt, wollen nur Augenblicksstimmung sein und zeigen ein Minimum an thematischer Verarbeitung. Das Andantino Nr. 2 begnügt sich damit, sich in die weiche, samtene As-Dur-Stimmung zu versenken. Ein Hauch der Vergänglichkeit, der Wehmut und des Glücks einer friedvollen Ruhe tönt aus diesen Klängen. Mars und Merkur – «waltende Lebenskraft» und ein «Beschließen der Strebelust» – sind die Träger des Motivs, das einmal zum Mondenton b hinabsinkt, einmal sich zum Jupiterton

es erhebt. Beide Tonwerte verleihen dem Melos die Stimmung, die aus den Planetenworten spricht: «Im Sterben erreift das Weltenwalten» und: «Das Seiende
fühle das Seiende.»

Das Moment musical Nr. 6 des gleichen Opus scheint sich ganz im Klang dieser Harmonie zu verströmen. Vorhalte, Harmonien, die sich aneinandersaugen,
verweben – darüber zitternde, zaghafte Melodiesplitter, geben dem Werk seine
ergreifende Ausdruckskraft.

Schuberts kleine musikalische «Momente» haben mit ihrer Einfachheit und
ihrem Stimmungszauber Wege erschlossen, die nach ihm Schumann, Mendelssohn und manche andere gegangen sind.

Das zweite Impromptu aus Opus 94 zeigt ein leicht eingängiges, etwas freudig
bewegtes Melos, dessen Nähe zu volksliedhafter Melodik nicht zu überhören ist.
Die Anmahnung der Schützestrahlung, das Natürlich-Kreatürliche in ein vom
menschlichen Ethos getragenes Wollen zu verwandeln, spricht jedoch auch aus
diesem Stück. Man achte auf das hymnisch-strenge Fatum im zweiten Abschnitt
mit seiner Wendung nach der Moll-Unterdominante ges–heses–des. Es ist die
Saturnsphäre, die hier eindringlich vom Werden und Vergehen zu uns spricht:
«Gestalten verschwinden in Gestalten.»

In ähnlicher Weise wie Schubert, fühlte sich auch *Chopin* der Welt von As-Dur wesensverwandt verbunden. Für Hermann Beckh bedeutete diese Harmonie schlechthin sein «Zu Hause», und er sieht in der As-Dur-Ballade, dem großen As-Dur-Nocturne, wie auch im Prélude dafür beredte Zeugen. Chopins As-Dur-Prélude kann uns an Schuberts Opus 94 Nr. 2 der «Moments musicaux» erinnern, nur daß das Melos, Chopins umschatteter Seele entsprechend, schwermütiger in seiner treibenden Achtelrhythmik und unsteter anmutet. Es mag dies nicht zuletzt in der Kontrastierung zwischen den zwei ersten Takten und dem Themenbeginn liegen. Aus dem in zartem Crescendo anschwellenden, sich als Prim behauptenden Marswert – Terz des As-Dur-Klanges – steigt im dritten Takt die Melodie sehnsuchtsvoll empor, in schmerzlich anmutenden Vorhalten den festen Boden suchend, den es in seinem Aufschwung offenbar verloren hat.

Unerreichbar ist Chopins Meisterschaft in jenen unbeschreiblich süßen Abend-
traumweisen, den Notturnos, mit ihrer filigranen Ornamentik und ihren verschiedenen Harmonie-Wolken. Diese elegischen Nachtgesänge wurden von den
Romantikern vielfach nachgeahmt, doch kaum je mit jener Tiefe erfüllt, die
ihnen Chopin zu geben wußte. Ist es doch, als ob Chopin den Namen «Notturno» selbst aus dem Geistgehalt von As-Dur geschöpft hätte.

«*Chopin restlos verstehen und anerkennen*», schreibt Fritz Högler in seiner
Musikgeschichte, «*heißt die Poesie der Klavierkunst erfassen*»[11]. Wahrscheinlich
war Chopin der genialste, aber einseitigste, mit dem Klavier verschworene Tondichter der Musikgeschichte. Welche Klangpracht wußte er nicht in der As-Dur-
Polonaise zu entfalten, welche Fülle verästelter Passagen und immer abwechs-
lungsreicher Ornamentik, konnte er mit dem Zaubermantel seines pianistischen
Einfallreichtums über alle seine Werke ausschütten.

Den gleichen Stimmungsgehalt, wie ihn Schuberts Moments musicaux und Chopins As-Dur atmet, zeigt uns auch Johannes *Brahms.* Elegisch-innig klingt sein As-Dur-Walzer, in dem der ernste und strenge Norddeutsche liebevoll schwärmerisch eine heimliche Huldigung an Franz Schubert und seine Wiener Heimat herausklingen läßt; denn auch dieses Melos weiß unter Tränen zu lächeln, kann im heiteren Dreivierteltakt die leise Wehmut nicht verbergen.

Ebenso weiß man im Süden Europas um das Wesen von As-Dur. In *Verdis* reichem Opernschaffen finden sich zahlreiche Stellen dieser beseelten Harmonie, wo ebenso Wehmut, fromme Ergebenheit, Entsagung und das Aufschauen zum Höheren auftönt. So etwa in *Rigolettos* liebevollem Gedenken an die verstorbene Gemahlin, wie es das große Zwiegespräch mit seiner Tochter aufzeigt:

464

Oder im «Troubadour», in Manricos sehnsuchtsvoller Cantilene, die aus dem Kerker an Leonores Ohr dringt:

Zurückblickend auf all die angeführten Themen, können wir trotz der Verschiedenartigkeit ihrer melodischen Gebärden, ihres Temperamentsausdruckes, ihrer Rhythmik und ihrer teils ernsten, teils volkstümlichen Physiognomik doch ein gemeinsames, aus dem Wesen von As-Dur erfließendes Element gewahren: jene Sehnsucht nach einer besseren und höheren Welt, die wir als die religiöse Intuition der Schützenstrahlung bezeichnet haben. Konkreter gesagt: es ist jenes Gefühl von Liebe und Ergebenheit, das von einem edlen Selbstgefühl durchglüht ist, und das wir als *Andacht* bezeichnen. «*Die Beobachtung der Menschen lehrt uns*», so das Urteil Rudolf Steiners, «*daß in selbstbewußter Tatkraft unsere Beine am besten gestreckt werden, wenn sie sich zuerst dazu verstanden haben, gegenüber dem wirklich zu Verehrenden die Knie zu beugen.*

Denn in dem Kniebeugen liegt die Aufnahme einer Kraft, die wie in unsern Organismus hineinstrebt. Diejenigen Knie, die sich strecken, ohne jemals gelernt zu haben, sich in Andacht in die Kniebeuge zu begeben, die spreizen nur dasjenige, was sie immer gehabt, die spreizen die eigene Nichtigkeit, zu der sie nichts hinzugefügt haben. Die Beine aber, die sich bequemt haben zum Kniebeugen, nehmen mit dem Strecken der Knie eine neue Kraft auf, und jetzt spreizt sich nicht die Nichtigkeit, sondern das, was neu aufgenommen wurde. Diejenigen Hände, die segnen wollen, die trösten wollen, ohne daß sie vorher in Ehrfurcht und Andacht sich gefaltet haben, die können

465

nicht viel hingeben von Liebe und Segen als ihre eigene Nichtigkeit. Die Hand aber, welche gelernt hat sich zu falten, die hat mit dem Falten zur Andacht eine Kraft aufgenommen, die jetzt die Hand durchströmen kann; und sie ist eine mächtig vom Selbste durchzogene Hand geworden.»[12]

Wir können dabei auch an den Spruch des Lao-Tse denken, der die göttlich-menschliche Ordnung der Welt also beschreibt:

> *«Es ist der höhere Mensch der Herr des niedrigeren,*
> *Der niedrige Mensch – des höheren Werkzeug.*
> *Ehrfurcht zum Herrn, Liebe zum Werkzeug:*
> *Das ist die Ordnung der Welt.»*

Ehrfurcht nach oben und Liebe nach unten, darin liegt die spirituelle Alchimie der Höherentwicklung, wie sie der Schütze-Geborene erstrebt. Liebe ist *ein* Teil der Andacht und Ergebenheit ist ihr anderer Teil. Wenn der Mensch in Andacht aufblickt zum Göttlichen, strahlt ihm entgegen, was er selbst nicht umfassen kann: die göttliche Allmacht, ein «heiliger Wille», der sinnvoll über allem Geschehen waltet; einem Geschehen, das unser Verstand oft für blinden Zufall zu halten gewillt ist.

Carl Maria v. *Weber* hat diese Andachtsstimmung in der Cavatine der Agathe im «Freischütz» in ein fromm-gläubiges As-Dur gekleidet.

Auch *Beethoven* zeigt uns ein ähnliches As-Dur, wenn der im Kerker schmachtende Florestan aus einem todesnächtigen f-Moll erwacht und in seiner Kerkernacht zu Gottes «gerechtem Willen» aufblickt:

Mit frommer Zuversicht wird uns diese Andachtsstimmung im «Benedictus» von Anton *Bruckners* f-moll-Messe zum Erlebnis gebracht. *«Die Düsterung und Weihe der Tonart wirken hier unmittelbar»*, schreibt Ernst Kurth. Getragene Geigenfiguren, *«typische Motive der aufbrechenden Entfaltung»*[13], dazu eine sanft schwebende Viertellinie in den Celli, die den Satz eröffnen, all das vermittelt das Gefühl eines «Hinauswehens», einer Gelöstheit, die sich von aller Erdenschwere befreit hat. Wer mit solch reiner Empfindung singen kann, ist schon ein Verwandelter.

Wie tief dieses Benedictus von seinem Schöpfer erlebt wurde, macht uns Max *Auer* deutlich, wenn er schreibt:

«*Wer je Bruckner während der heiligen Wandlung sah, wie er auf den Knien liegend mit verzückten Zügen meditierte, der wird die Entstehungsmöglichkeit des nun folgenden himmlischen Benedictus begreifen können.*»[14]

Diese «religiöse Intuition», die mit der Schützestrahlung und ihrem klanglichen Abbild verbunden ist, das reine Aufschauen zum Höheren, als dessen Diener sich der Schütze-Mensch fühlt, mag auch der Beweggrund für Richard *Wagner* gewesen sein, manche von seinen weiblichen Gestalten in die Klangaura dieser Harmonie zu hüllen. Schon Elisabeth im «Tannhäuser» wird von ihr umtönt, wenn sie dem vom Sinnesrausch des Venusberges Heimgefundenen gegenübertritt und er von der heilenden wahren Liebeskraft ihrer Jungfräulichkeit berührt wird.

Durch die Gestalt der Elsa im «Lohengrin» offenbart sich diese «religiöse Intuition» vor den Augen der Welt. Ihr Erscheinen bei Gericht macht Volk und König an der Wahrheit von Telramunds Anklage wider sie zweifeln.

«Seht hin! Sie naht, die hart Beklagte!
Ha, wie erscheint sie so licht und rein,
Der sie so schwer zu zeihen wagte,
Wie sicher muß der Schuld er sein!»

Es ist reines As-Dur, das diese Worte trägt. Und dann spricht Elsa in dieser Harmonie von ihrer Herzensnot, spricht von ihrem Wahrtraum, der ihr den «Gottgesandten» erschauen ließ:

Und auch in den scheinbar so ganz auf Erden spielenden «Meistersingern» teilt Wagner seinem «Evchen» diese Tonart zu. Offenbar erschien ihm diese Harmonie die geeignetste zu sein, um jenes Seelentum in Klang zu fassen, das Goethe das «Ewig Weibliche» genannt hat. Um dies in seiner vollen Tiefe zu verstehen, müssen wir uns besinnen, daß diese Tonsphäre auch von der finstersten Finsternis zu künden weiß. Wir werden ihr in der parallelen Moll-Leiter begegnen. As-Dur bedeutet demnach bereits ein inneres Hellwerden gegenüber der schwarzen Ausweglosigkeit von f-Moll. Und wir könnten daher den Geistgehalt von As-Dur auch mit den Worten Fausts charakterisieren, die er spricht, da ihn das Anhauchen der «Sorge» erblinden läßt:

> «Die Nacht scheint tiefer tief hereinzudringen,
> Allein im Innern leuchtet helles Licht …»

Mut und Heroismus muß die Seele erfüllen, soll diese äußere Blindheit in innere Schau sich wandeln, soll das «Unbeschreibliche» Ereignis werden. Wie aber verbindet sich diese heldische Kentaurenkraft des «Sagittarius» mit jenem reinen Seelentum des «Ewig Weiblichen»? Hier sind zwei Wesensschichten miteinander verbunden, deren Zusammengehörigkeit auf den ersten Blick nicht unbedingt zwingend erscheint. Einmal mehr ist es wieder die Mythologie, die uns hier umfassende Aspekte aufzuzeigen vermag.

Im griechischen Mythos begegnen wir einer Gestalt, die uns als der weiseste aller Kentauren und als Erzieher und Lehrer fast aller griechischen Heroen genannt wird: *Chiron.*

> «Der große Mann, der edle Pädagog,
> Der sich zum Ruhm ein Heldenvolk erzog,
> Den schönen Kreis der edlen Argonauten
> Und alle, die des Dichters Welt erbauten» –,

so preist ihn Faust in der «Klassischen Walpurgisnacht». Wir halten fest, was schon Erwähnung fand: im Kentauren zeigt sich uns eine Stufe der Menschwerdung, bei der die menschliche Gestalt noch nicht zur reinen Ausbildung gekommen ist. Wohl gewahren wir an ihr bereits Brust und Haupt, und somit Gefühls- und Gedankenkraft im menschlichen Sinne, aber die unteren Körperpartien, in denen das Willenselement verankert ist, gehen in einen Tierleib über. Ragen Haupt und Brust bereits aus der animalischen Natur heraus und bekunden das höhere Wesen des Menschen, so ist die Willensregion noch fest mit der Tierheit verbunden.

Der symbolische Bezug des Pferdes zur Gedankenkraft fand ebenfalls Erwähnung, wie ihn auch zahlreiche Mythen, Sagen und Märchen immer wieder erkennen lassen. Wir denken an den Helm der Pallas Athene, der einem Pferdekopf gleicht, denken an die Pferdeköpfe der alten germanischen Höfe, an «Falada» in Grimms Märchen «Die Gänsemagd»; wir denken auch an die vier apokalyptischen Reiter, in denen uns der Abstieg der Gedankenkraft aus himmlischen Höhen in die Materie geschildert wird, und schließlich an Odysseus' «hölzernes

Pferd», Symbol für die zu listigem Verstand vertrocknete Weisheit. Auch im «Pegasus», dem geflügelten Roß, findet die Kraft der dichterischen Phantasie ihr uraltes Symbol.

Das Schicksal des Kentauren Chiron zeigt uns aber weitere Gestalten, die für unsere Thematik von Wichtigkeit sind. Denn Chiron steht in einem engen Bezug zum Mythos von Prometheus. Als Zeus, so wird uns berichtet, das Menschengeschlecht vernichten wollte, nahm sich Prometheus der Menschen an. Er unterwies sie in allen Künsten der Erde, lehrte sie den Boden bebauen, Werkzeuge zu schmieden und mehr der Dinge, die geeignet sind, sich die Erde untertan zu machen. Denn das «Feuer», das der Titanensohn den Himmlischen stahl und den Menschen brachte, ist im umfassendsten Sinne zu verstehen; es ist Quelle alles dessen, was wir heute einfach als unsere Zivilisation ansprechen.

Als Strafe für diesen Raub wird Prometheus an den Felsen des Kaukasus geschmiedet und ein Adler – der Vogel Jupiters – nagt täglich an seiner Leber. Herakles, der strahlendste aller griechischen Helden ist es, der Prometheus von seiner Qual befreit. Die Tat kann jedoch nur gelingen, wenn sich ein anderes Wesen für Prometheus opfert. Um hier den Zusammenhang zu finden, müssen wir einen kurzen Blick auf die Taten des Herakles werfen. Im Kampf mit den Kentauren, die sich hier als das rein Tierisch-Animalische zeigen, schießt Herakles einen mit Hydragift getränkten, tödlich wirkenden Pfeil wider einen dieser wilden Tiermenschen, der sich zu Chiron, dem Lehrer und Freund des Helden, flüchtete. Herakles sieht nicht, daß sein geliebter Lehrer hinter dem Feinde steht, der Pfeil dringt dem Kentauren durch den Oberarm und verwundet Chiron am Oberschenkel, eben an jenem Körperorgan, mit Hilfe dessen der Mensch seine Aufrichtekraft gewinnt. Chiron erwartet den Tod und will in den Armen seines Freundes Herakles sterben. Da aber erinnert er sich, daß er Unsterblichkeit erlangt hat und daß ein qualvolles Siechtum seiner harrt.

Es scheint naheliegend, den tödlichen Schützenpfeil mit dem Giftstachel des Skorpions in Verbindung zu bringen. Doch wäre dies ein Irrtum; denn der Stachel des Skorpions tötet aus dessen Wesensnatur heraus, während der Schütze gerade der Überwinder alles Kreatürlichen sein will, und seine Waffe um der Freiheit des Geistes willen gebraucht.

Die Verwundung des Chiron ereignete sich vor der Befreiung des Prometheus. Als Herakles dann diese Befreiungstat vollbringt, da macht sich Chiron erbötig, an Stelle des Titanen sein Leben zu opfern. So findet der Kentaure den Tod, damit dem Göttlichen Befreiung zuteil wird. Denn nach der Vorsehung war dies an das Opfer eines anderen Wesens gebunden.

Für unser As-Dur als Ausdruck des «Ewig Weiblichen» haben wir aus dem bisher Gehörten allerdings noch nichts Zwingendes gewonnen. Und doch liegt der Schlüssel auch zu diesem Geheimnis bei dem «Bogenschützen» Herakles und den von ihm befreiten Prometheus. Denn neben dem zielbewußten Schützen, der den Adler erlegt und die Fesseln sprengt, und neben einem freiwillig sich opfernden Wesen, ist noch eine dritte Voraussetzung zur Befreiung des Titanensohnes nötig: eben jenes «Weibliche» der Seele, das in Andacht und Ergebenheit jene Alchimie des Denkens bewirken kann, durch die es von der Gebundenheit an das Mineralisch-Anorganische, den «Kaukasusfelsen», befreit wird.

So wird uns denn auch die mythologische Kunde, daß lange vor dem Kommen des Herakles zum Kaukasus – (die mythologische Zeit ist ja von der Dauer her zu verstehen, nicht von dem Nacheinander unserer Zeitdimension) – eine Frau in höchster Verzweiflung den Weg zu dem gefesselten Prometheus findet. Es ist IO, die von Zeus in Liebe verfolgt, und von Hera in wilder Eifersucht durch die Welt gehetzt wird. Prometheus, der «Vordenker» – (dies ist die sinngemäße Übersetzung seines Namens) –, enthüllt der Verfolgten ihr Schicksal, prophezeit ihr furchtbare Qualen, die sie noch wird durchleiden müssen. Schließlich gibt er ihr den Rat, nach Ägypten zu fliehen, wo sie in der Wüste einem Sohn das Leben schenken werde, den sie von Zeus empfangen hätte. IO befolgt den Rat und es geschah, wie ihr verheißen. Mutter und Sohn aber wurden später in Ägypten als Götter verehrt; der Sohn als der Gott *Apis*, die Mutter als *Isis*.

Verfolgen wir den Stammbaum von IOs Nachkommen, dann erscheint als dreizehntes Glied in der Ahnenkette ihrer Kinder und Kindeskinder *Herakles*, der Sohn der Alkmene und Befreier des Prometheus. Aus dem weiblichen Seelenschoß, der von der Gottheit empfangen hatte und Göttliches gebar, ersteht der Befreier des Titanensohnes. Durch die Schützenkraft des Herakles wird das pro-

metheische Denken von den Fesseln des Felsens befreit. Mittlerin dazu ist das «Ewig Weibliche». Und das Opfer bringt die Kentauren-Natur in uns. Wenn der Kentaure stirbt, strahlt die Befreiungstat des Herakles als leuchtende Lichteskraft im Innern des Menschen; das «Scheinen der Sonne um Mitternacht», wie es die alten Mysterienschulen nannten.

Vielleicht mag dies auch Richard *Wagner* empfunden haben, als er die «Nachtweihe» in dem hohen Lied der Liebe, in «Tristan und Isolde» nach As-Dur stellte. Wähnen sich doch die Liebenden von den Fesseln des «Tages», d. h. vom «Felsen der Erde» befreit; und so leuchtet ihnen As-Dur auf dem Wege zu ihrem unvergänglichen Sein.

Direkt wird dieser Weg von Tristan nach der Entdeckung durch Marke und dem Sturz der beiden zurück in die neidische Tageswelt angesprochen:

> «Wohin nun Tristan scheidet,
> Willst du, Isold', ihm folgen?
> Dem Land, das Tristan meint,
> Der Sonne Licht nicht scheint ...»

Und folgerecht weist As-Dur auch Isoldens Liebestod den Weg in jenes mitternächtige Land, zu dem sich der Sternenleib des Menschen, befreit von aller Schwere des Erdenstoffes, erheben darf:

Bei aller Weihe und inneren Größe, die uns der «Schütze» offenbart, sind jedoch auch seine Gaben und Fähigkeiten von der Gefahr umdroht, von egoistisch-unspirituellen Intentionen mißbraucht zu werden. Moralische Überheblichkeit gehört zu den hervorstechendsten Merkmalen des niederen Schütze-Typus. *«Der niedriger entwickelte Schützenmensch ist erfüllt von der Meinung, daß in allen ethischen Belangen er recht hat.»*[6] Dies läßt ihn oft zum unbefugten und unwillkommenen Schiedsrichter in allen erdenklichen Streitfällen werden, der mit einem erstaunlichen Übermaß von Eiferertum schonungslos die Fehler der anderen anprangert, den Splitter im eigenen Auge nicht wahrhaben wollend. Andererseits kann er ebenso einseitige begeisterte Anbetung zollen, wo er glaubt, Vollendung erkennen zu dürfen. Nicht selten verfällt dann der *Glaube* an das Hohe und Edle in *Aberglaube* zum Unzulänglichen. In beiden Fällen aber folgt er seinen Intuitionen, die er für unfehlbar hält. *«Der niedrige Schützenmensch zweifelt niemals daran, daß er berechtigt ist, den anderen das Sittengesetz zu geben oder wenigstens zu predigen.»*[6] Aus dieser Haltung erstehen dann oft jene religiösen Eiferer und Fanatiker, die um ihres ethischen Prinzips willen, dessen Sinn preisgeben; Glaubensfanatiker, wie sie Ibsen in seinem «Brand» so eindringlich gestaltet hat. Auch die «Prinzipienreiter» erwachsen oft aus diesem niederen Typus, die zu Sklaven ihrer eigenen Grundsätze herabsinken, anstatt sich zur inneren Freiheit daran durchzuringen.

In der Musikliteratur finden sich kaum As-Dur-Stellen, die uns das Erscheinungsbild dieses hier charakterisierten niederen Typus der Schützestrahlung widerspiegeln. Wohl aber gibt es Stellen, die ein sehr «oberflächliches», von Trieben, Leidenschaften und Egoismen erfülltes As-Dur aufweisen. *Verdis* Opernschaffen hat einige solche Beispiele aufzuweisen. Ihr Sinn läßt sich wohl nur darin verstehen, daß die unmittelbare ethische Intention verlorengegangen ist und ihr Wille einfach ins rein Sinnliche pervertiert wurde. So etwa zu Beginn seines «Rigoletto» die Arie des Herzogs, in der der Reichtum des Lebens, die «Gestaltung und Umgestaltung» als des «ewigen Sinnes ewige Unterhaltung», sich als willkürliches Ausleben der eigenen Triebnatur zu erkennen gibt. Letztlich deutet dieses As-Dur aber doch auf das «Weibliche», wie es von dieser niederen Warte aus verstanden wird.

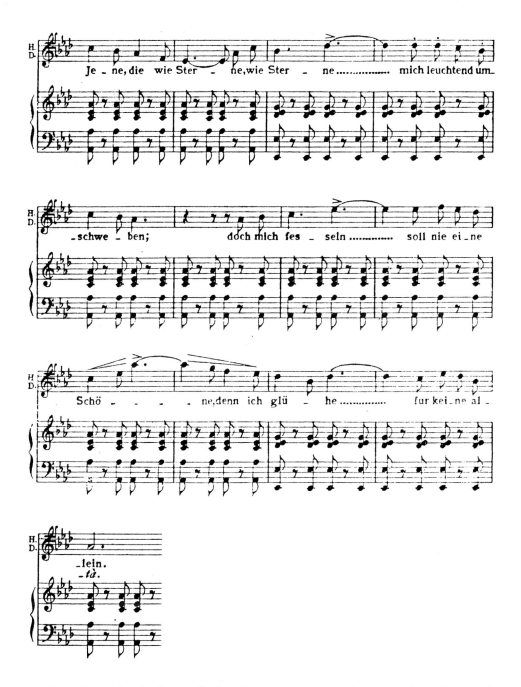

Auch im «Troubadour» findet sich ein von Begehrung und Leidenschaft durchsetztes As-Dur im Duett zwischen Luna und Leonore: erbarmungslose Härte dem Nebenbuhler gegenüber, Anbetung für die Geliebte – dies alles mit stärkster Willenskraft vorgetragen.

Um hier jedoch kein Mißverständnis aufkommen zu lassen. Beide Beispiele zeigen eine mitreißende, echt südliche Cantilene, wie sie nur der Genius Verdis erfinden konnte. Das vorhin ausgesprochene Urteil der «Oberflächlichkeit» bezog sich lediglich auf die spirituelle Tiefe von As-Dur, die hier nicht zum Durchbruch kommt, nicht auf die musikalische Erfindung als solche.

Wir wenden unseren Blick abschließend zurück zum hohen Schützen-Ideal, das seine Mission und Pflicht darin erblickt, *Vordenker* für alle anderen zu sein, und zu vollbringen, was nur der «Überwinder» vollbringen kann. Es gibt ein Wahrspruchwort Rudolf Steiners, das uns die spirituelle Mission des «Schützen» in allen Einzelheiten zusammenfaßt. Indem es die «geistige» Sonne anspricht, die hinter der physischen steht, läßt es uns empfinden, was der Mensch erschauen kann, wenn er in sich jene Schütze-Kräfte wachruft, die ihn zu geistigen Höhen führen:

> *«Die Sonne schaue*
> *Um mitternächtige Stunde.*
> *Mit Steinen baue*
> *Im leblosen Grunde.*
>
> *So finde im Niedergang*
> *Und in des Todes Nacht*
> *Der Schöpfung neuen Anfang,*
> *Des Morgens junge Macht.*

Die Höhen laß offenbaren
Der Götter ewiges Wort;
Die Tiefen sollen bewahren
Den friedvollen Hort.

Im Dunkel lebend
Erschaffe eine Sonne.
Im Stoffe webend
Erkenne Geistes Wonne.»

Es spiegeln diese Worte auch den tiefen Ernst und Geistgehalt unserer As-Dur-Harmonie wider, wie er uns in den angeführten Beispielen immer wieder entgegentönte. In der letzten und tiefsten Tiefe ist es die Christus-Sonne, die in der Schützestrahlung aufleuchtet, wenn die Nacht «tiefer tief hereindringt» und im Innern «helles Licht leuchtet». Richard *Wagner* muß dieses letzte Geheimnis von As-Dur mit aller Macht empfunden haben, als er es zur Grundtonart seines «Parsifal» wählte und sie damit zur Mysterienharmonie des Heiligen Gral machte. Im Vorspiel tönt in ergreifender Klang-Imagination dieses christliche Mysterium auf. Einstimmig, von Streichern und Holzbläsern im feierlichen Zeit-maß vorgetragen, erklingt der «Liebesmahlspruch», aus dem As-Dur-Akkord sich voll selbstloser Hingabe in einem Sextenaufschwung entfaltend – eine «Bot-schaft aus der Höhe», die uns mit ihrem «inneren Wort» der mitternächtigen Sphäre von As-Dur entgegenführt.

Man achte auf die rhythmische Akzentuierung des Venustones f, durch welche die ruhig fließende Synkopierung einen Stoß erleidet, der sich im dritten Takt in die Schmerzensfigur von c-Moll ergießt. Galt der «vierte Ton» – der Venuswert f – im Mittelalter doch als der «Ton von Golgatha». Seine rhythmische Betonung leitet den mittleren Abschnitt des Liebesmahlthemas ein, der in seiner c-Moll-Gebärde von dem «leidenden Christus» spricht.

Die parallele Moll-Tonart der Schütze-Sphäre: f-Moll

Die parallele Moll-Tonart von As-Dur scheint eindeutig in eine einzige Richtung zu weisen: in die Finsternis, in den Tod. Hölderlins Schicksalslied macht diesen unaufhaltsamen Weg ins scheinbar Ausweglose, dem Abgrund Entgegengehende, deutlich:

> *«Doch uns ist gegeben,*
> *Auf keiner Staette zu ruhn,*
> *Es schwinden, es fallen*
> *Die leidenden Menschen*
> *Blindlings von einer*
> *Stunde zur andern,*
> *Wie Wasser von Klippe*
> *Zu Klippe geworfen,*
> *Jahrlang ins Ungewisse hinab.»*

Bach, Haydn, Mozart, sie sind keine f-Moll-Menschen, ihr Genius fühlt sich der lichten Seite des Quintenkreises verbunden. Trotzdem dringt der Ernst und die Tiefsinnigkeit dieser Tonart, die ins Dunkle weist, schon bei Bach deutlich hervor, wenn seinem f-Moll-Erlebnis auch merkwürdigerweise nichts von furchterregender Finsternis anhaftet. Bemerkenswert ist Hugo Riemanns Charakteristik dieser Harmonie, die er einleitend zu seiner Analyse des Präludiums gibt, und die uns ob der vorhin erwähnten «Eindeutigkeit» dieser Tonart etwas nachdenklich stimmen muß:

«F-moll, doppelt dunkel als Moll und als von der Grundskala nach der Untertonseite (Unterterztonart von A-moll), und doch wieder als der Durgrundskala (C-dur) nahestehend und über den C-dur-Akkord als Dominante verfügend von einem tröstlichen Lichtstrahl erhellt, ist eine der schwermütigsten Tonarten. Es ist nicht tieftraurig wie es-Moll, auch nicht krankhaft gereizt wie cis-Moll, aber doch so gesättigt mit tiefster Empfindung, so ernst und nachdenklich, so in sich gekehrt, wie kaum eine andere Tonart. Seine nahe Beziehung zu C-dur (der f-Moll-Akkord ist der ‹Gegenklang›, der Antipode des c-Dur-Akkordes) gibt ihm den Charakter eines der Welt Abgewandten, der mitten in der Welt steht.»[3]

Im Gleichmaß eines Viertel-Rhythmus – meist in zwei Stimmen – schreitet die Grundmotivik des Präludiums dahin, während diesem Grundmaß eine belebende, ausdrucksvolle Sechzehntel-Figuration gegenübersteht, mit bedeutsamen (schweren) Pausen durchsetzt. Es ist auch hier die Haltung des Schützen, die Riemann mit den Worten anspricht: *«Ruhig und unbeirrt schreitet er hochaufgerichtet durch die Menge mit großem Blick, alles überschauend, aber das kleine nicht achtend, ein wahrer Philosoph.»*[3] Mit dem «Er» ist der vorhin erwähnte Charakter des f-Moll-Dreiklanges gemeint, der weltabgewandt, mitten in der Welt steht.

In der Notation Riemanns:

(4)

Die ebenfalls vierstimmige Fuge ist von gleicher Tiefsinnigkeit wie das Präludium. Die gleiche gemessene Viertelbewegung bleibt auch für sie charakteristisch. Die Gegenstimme, ebenfalls aus einer Sechzehntel-Figuration gebildet, erscheint sowohl durch das langsame Zeitmaß, als auch durch die immer neuen Ansätze und Anläufe, die nie zu einer effektiven Entfaltung führen, in ihrem Bewegungslauf gehemmt.

Auch *Mozarts* apollinisches Wesen entspricht nicht dem Charakter von f-Moll. Doch finden sich bei ihm mitunter kurze Zwischensätze, wo die Todesschatten dieser Harmonie vorüberhuschen und zeigen, daß sie dem Bewußtsein ihres Schöpfers nicht fremd sind. So etwa in der C-Dur-Sonate (Köch. V. 330), in deren zweitem Satz das innige, den Zauber des Mozart'schen Genius strahlende F-Dur-Thema plötzlich nach f-Moll gestellt wird, gleich einem «memento mori» inmitten eines sonnenbeschienenen, unbelasteten Lebens.

Wir könnten an jene ergreifende Stelle in einem Brief Mozarts an seinen Vater denken, in der es heißt:

«*Da der Tod, genau genommen, der wahre Endzweck unseres Lebens ist, so habe ich mich seit ein paar Jahren mit diesem wahren besten Freunde des Menschen so bekannt gemacht, daß sein Bild nicht allein nichts Schreckendes mehr für mich hat, sondern recht viel Beruhigendes und Tröstendes! – Ich lege mich nie zu Bett, ohne zu bedenken, daß ich vielleicht, so jung als ich bin, den anderen Tag nicht mehr sein werde und es wird doch kein Mensch, von Allen, die mich kennen, sagen können, daß ich im Umgange mürrisch oder traurig wäre; für diese Glückseligkeit danke ich alle Tage meinem Schöpfer und wünsche sie von Herzen jedem meiner Mitmenschen.»*

Beethoven dagegen weiß um die Düsternis von f-Moll; zu schmerzlich wurde sie von dem *Menschen* Beethoven durchlitten. Eindringlichstes Beispiel dafür ist die Sonate Op. 57, die «Appassionata». Ein schwer lastendes f-Moll-Unisono eröffnet den Satz. Für eine ruhige, vorbereitende Einleitung ist die innere Erregung zu groß. Der rhythmisierte f-Moll-Dreiklang stürzt in die Tiefe, um sich mit aller Willenskraft daraus zu erheben und das Licht der Dominante zu ertrotzen, das kurze Ruhe gönnt. Die Erhöhung des Themas um einen halben Tonschritt steigert die Erregung. In den Bässen pocht düster drohend das umgeformte «Schicksals-Motiv» der V. Symphonie. Dann bricht sich ein wütender Leidenschaftssturm Bahn, dessen Harmonien sich zu schneidender Schärfe steigern:

Im Seitenthema, erfüllt von dem inneren Leuchten eines «mitternächtigen» As-Dur, findet der Hauptgedanke sein verklärtes Gegenbild. Doch ein neuerlich ausbrechender f-Moll-Sturm verjagt den friedlichen Glanz sehr rasch und entfesselt immer wieder neue Finsternis-Gewalten, die den ganzen Satz beherrschen.

Gipfelpunkt dieser grausigen Wildheit bildet das Finale, in dem sich Beethoven zur Steigerung dieser Leidenschaftsausbrüche zum ersten Mal der chromatischen Mischfarben in ausgedehnterem Maße bedient. Und es ist zugleich *«das letztemal, daß er die Dämonie der Leidenschaft in so niederzwingender Größe auf dem Klavier darstellt.»* [4]

Für Hermann Beckh ist dieses Finale ein Höhepunkt der f-Moll-Tonart schlechthin.

Todesschatten tauchen mitunter auch in Robert *Schumanns* sonst so milden und liebevollen Klängen auf. Sein Phantasiestück für Klavier: «In der Nacht» kann dafür Zeugnis sein.

Denkt man an Schumanns tragisches Ende, können einem derartige f-Moll-Schatten wie vorbeihuschende Ahnungen anmuten. Immer häufiger fühlte sich Schumann von Dämonen bedrängt. In einem unbeobachteten Augenblick, am 26. Februar 1854, stürzte er sich in die Fluten des Rheins. Trotzdem! Schumanns f-Moll-Bekenntnisse sind Zeugnisse eines unablässig geführten Willenskampfes gegen eine Physis, *«deren Reaktion Schumann als Krankheit ansieht»*, als eine Lähmung seines Willens durch Kräfte, die er als «dämonisch» bezeichnet. *«In die Willensleistung eines großen Charakters blicken wir hinein.»*[15]

Ähnliche leidenschaftliche Temperamentsausbrüche zeigt auch Franz *Schuberts* f-Moll-Impromptu Op. 142. Das geheimnisvolle Figurengewisper des Grundthemas verrät, daß auch ihm die düsteren Schatten der Seelenuntergründe nicht fremd waren.

Von finsterer Entschlossenheit kündet *Chopins* Prélude. In einer Kritik aus dem Jahre 1836 schreibt Schumann: *«Wenn von Schwärmerei, Grazie, wenn von Geistesgegenwart, Glut und Adel die Rede ist, wer dächte da nicht an ihn, aber wer*

auch nicht, wenn von Wunderlichkeit, kranker Exzentrizität, ja von Haß und Wild-heit! ... Chopins Werke sind unter Blumen eingesenkte Kanonen.»[16] Das Prélude bezeugt es!

In der dramatischen Musikliteratur ist vor allem das f-Moll zu Beginn des zweiten Aktes von *Beethovens* «Fidelio» zu nennen: der in Ketten und Todes-nacht schmachtende Florestan.

> «Gott, welch Dunkel hier!
> Welch grauenvolle Stille!
> Nichts, nichts lebet außer mir,
> O schwere Prüfung!»

Ein kolossaler f-Moll-Orchestersatz spannt unsere Erwartung auf höchste Tragik. Unheimlich droht der Tritonus a-es der Pauke, wie ein Aufschrei höch-ster Todesverzweiflung gellt es über den verminderten Septakkord, bedrückend das Rasseln der Ketten in der schweren Streicherfigur.

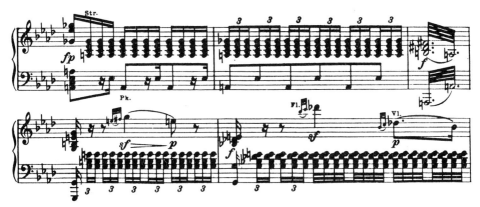

Dann führt uns der in Demut ergebene Wille Florestans in jenes innige As-Dur hinüber, das wir aus der diesbezüglichen Betrachtung bereits kennen:

> «Doch gerecht ist Gottes Wille!
> Ich murre nicht, das Maß der Leiden steht bei dir!
> In des Lebens Frühlingstagen...»

Reine f-Moll-Stellen größeren Umfanges finden sich im Dramenwerk Richard *Wagners* relativ spärlich. Meistens ist die Tonalität von auflösender Chromatik durchsetzt. Der Schluß des «Fliegenden Holländers» bringt ein klares f-Moll, dort, wo sich der ewig Ruhelose von Senta verraten glaubt und für immer der Erde und der auf ihr erhofften Erlösung entsagt:

> «Segel auf, Anker los!
> Sagt Lebewohl auf Ewigkeit dem Lande!
> Fort, auf das Meer treibts mich aufs Neue,
> Ich zweifl' an dir, ich zweifl' an Gott.»

In der Schwärze von f-Moll steht auch das Hunding-Thema in der «Walküre», obwohl sich dieser f-Moll-Klang als Unterdominante von c-Moll ausweist, und die Harmonie den Schritt IV-V (Unter-Oberdominante) von c-Moll vollzieht. Dessen ungeachtet ist das Motiv mit seiner schweren, massigen Akkordfolge doch stark von der f-Moll-Finsternis tingiert.

Auch im dritten Akt der Walküre tritt vorübergehend h-moll, d-moll und f-moll in Erscheinung, wenn Wotan, ob Brünnhildens Trotz, die Flüchtige verfolgt und die Strafe über sie verhängt: «Aus meinem Angesicht bist du verbannt!»

Die Dämonie dieser Mollsphäre bricht ebenso in den Alberich-Mime-Szenen auf, sowie in der Kampfszene Siegfrieds mit Fafner. Auch die gespenstisch drohende «Gnitaheide», der Ort wo Fafners «Neidhöhle» liegt und er als «Drache der Selbstsucht» alles behütet, was Gegenstand egoistischen Besitzens ist, wird uns durch f-Moll-Klänge gemalt. Im Vorspiel zum zweiten Akt von «Siegfried» ersteht in dieser Tonart die Welt der widergöttlichen, auf Zerstörung gerichteten Vernichtungskräfte.

In einzigartiger Weise entfaltet sich die Todesstimmung von f-Moll im Vorspiel zum dritten Akt von «Tristan und Isolde». Mit breitem Bogen streichen die Bässe über die tiefen Saiten der Streichinstrumente. Hermann Beckh sieht in der Entfaltung des in Terzen aufsteigenden Themas den Ausdruck höchster Innerlichkeit und Ergriffenheit. «Selbst das f-Moll der gerade im Tonartlichen so überaus genialen Appassionata hätte uns doch nicht daran denken lassen, daß eine solche Innerlichkeit und Tiefe dieser Tonart abzugewinnen wäre.»[17] Und Nietzsche schreibt über die ersten Takte dieser Orchestereinleitung an seinen Freund Erwin Rohde: *«Sie klingen wie ein tiefes langgezogenes Glockengeläute, das allem Glück und tröstlichem Licht der Erde zu Nacht und Grabe läutet.»*[17] Es ist dieses f-Moll Ausdruck höchster Vereinsamung der Menschenseele, wie sie auch im Englischhorn als «traurige Hirtenweise» so hoffnungslos aufklingt.

Das f-Moll-Erlebnis scheint somit bei den verschiedenen Komponisten ein ziemlich gleichlautendes zu sein, wie der kurze Überblick aufzeigte. Die Elemente der Finsternis und des Todes, von denen diese Harmonie zweifellos beherrscht wird, sind jedoch von ihrer spirituellen Seite her zu verstehen. Denn f-Moll ist, als Parallele von As-Dur dem «Schützen» zugeordnet. Der Tod kann hier also nicht als erstarrtes Geripppe, als «Knochenmann» gemeint sein, sondern als ein Wegweiser zu einer Straße, die – wie Schubert vertonte – «noch keiner ging zurück»; d.h. die Finsternis, mit der sich f-Moll erfüllt, ist ebenfalls von ihrem geistigen Aspekt zu verstehen, als eine Macht des Rätselvollen, Undurchschaubaren. Und alles Unbegreifbare erzeugt in der menschlichen Seele Furcht und Bedrohung. Auch die Planetenworte lassen, aus ihrer kosmischen Sicht, keine andere Erklärung der Wesensqualität dieser Harmonie zu.

F	G	AS	B	C	DES	E	F
Quart- qualität	Quint- qualität	Sext- qualität	Septim- qualität	Prim- qualität	Sekund- qualität	Terz- qualität	
Venus	Saturn	Sonne	Mond	Mars	Merkur	Jupiter	

Der Venuston f ist Grund- und Führungston der Tonart und akzentuiert damit das Todesgeschehen: *«Im Seienden erstirbt die Werdemacht».* Der Tod setzt dem Werden ein Ende, führt aber gleichzeitig in das Sein. Dieses «Sein» ist dem Werden zwar ein Unbekanntes, aber es weist auf ein Fortbestehen. Das Bild des «Knochenmanns» erscheint daher nicht entsprechend. Der Sonnenton as, der im f-Moll-Dreiklang die Terz bildet, bestärkt und verinnerlicht dieses Venuswort, indem seine Zeile nicht von einem Ende, sondern einem *Ziel* spricht: «*Das Werden erreicht die Seinsgewalt.*» Und der Marswert c rundet als Quinte den Dreiklang ab, gleichzeitig mit der ihm eigenen Primqualität, die «*waltende Lebenswillenskraft*» betonend.

In keinem dieser Planetenworte wird somit von einem Ende im Sinne eines Sterbens in das Nichts gesprochen. Wohl aber könnte sich die Seele, aus dem «Werden» der Sinneswelt kommend, in einer unendlichen, unsagbaren Einsamkeit fühlen, da ihr beim Übergang über die Todesschwelle die Organe noch nicht erschlossen sind, diese neue Seins-Welt zu gewahren. Bewußtlosigkeit mag sie überfallen, aber nicht deshalb, weil sie kein Bewußtsein mehr hätte, sondern weil es durch die Übermacht der sich nun offenbarenden Geistessonne wie ausgelöscht erscheint. Hinter der Finsternis von f-Moll steht also in Wahrheit ein Übermaß an Licht, das alle irdischen Werte und Dimensionen übersteigt und deshalb in der an diese Dimensionen gewöhnten Seele nur Furcht und Ohnmacht erzeugen kann. Daher scheint uns Hugo Riemann sehr nahe an den Wesenskern dieser Tonart in seiner Charakteristik gekommen zu sein, wenn er sie als die «*schwermütigste*» aller Tonarten bezeichnete, als ernst und nachdenklich wertete, jedoch von einem «*tröstlichen Lichtstrahl*» erhellt. Diesen Lichtstrahl bewirkt Jupiter, der im Schützen sein Haus hat und dessen Klangsymbol hier in exkarnierender Position – zu e erhöht – als Septime steht, d. h. als Terz des Oberdominantdreiklanges c–e–g, der zur Trauer und Schwermut des f-Moll-Akkordes den «Gegenklang» bildet. Durch dieses vom Jupiterwert ermöglichte Hereinleuchten des Widder-Lichtes von C-Dur, erfährt das Planetenwort besondere Bedeutung: «*Im Sterben erreift das Weltenwalten.*» Auch die enge Bindung, die – wie erwähnt – f-Moll zur Widdertonart C-Dur hat, spricht gegen eine *absolute* Finsternis dieser Harmonie. Wir erinnern uns, daß f-Moll die «Spiegelungsparallele» von C-Dur darstellt. (Siehe erster Teil, Seite 109.)

Die restlichen Planetenworte fügen sich durchaus in das geschilderte Klangbild ein. Merkur unterstreicht das Sonnen- und Venuswort und strahlt als Sexte in die neu gewonnenen Räume des Seins: «*Erreichtes beschließt die Strebelust*». Der Mondenton steht als Quart in umgreifender Position und wird damit seinem Wort gerecht: «*Das Seiende fühle das Seiende*»; während Saturn in seiner merkurialen Sekundstellung den Transsubstantiations-Charakter dieses Strömens vom «Werden» in das «Sein» in die Tonart einfließen läßt: «*Gestalten verschwinden in Gestalten*».

Finsternis, Furcht und Todesschatten strahlt diese Harmonie dort aus, wo man sie allein von der irdischen Seite des Werdens her erlebt. Unter diesem Aspekt führt Mime Siegfried zur Neidhöhle. Furcht vor dem Unbekannten, Negation des göttlichen Lichtes erfüllt Alberichs Haß, Verneinung des göttlichen Ich-Funkens zeichnet das Wesen Hundings, zeigt uns Fafners nur auf das Materielle gerichteter Blick. Aber hinter all dem steht «das Seiende»; und es ist nur das «Werden», dem sterbend ein Ende gesetzt wird.

Dies hat uns Anton *Bruckner* in dem ersten Satz seiner IX. Symphonie mit aller Verklärung verkündet. Auch hier tritt uns f-Moll als Tonart der Todesfinsternis entgegen. Eine marschartige 4/4 Stelle «*führt zu einer außerordentlichen Verdichtung, die Motive stürzen gedrängt ineinander, dazu dringen Streicherfiguren ein, die*

gerade von Höhepunkten aus den Formgedanken des Steilsturzes besonders scharf aus-
prägen ... Gleichzeitig durchzieht ein merkwürdig düsteres Farbenspiel diese ganze
Entwicklung; mehrfache Erhitzung bis ins H-Dur, jedesmal aber in ungemein schweren Druckwirkungen Rückschlag gegen starke Be-Akkorde. Die Höhepunkte übersteigern einander mehrfach, bis ... dieser ganze Teil auf dem f-Moll-Akkord sehr dumpf
und schwer verhallt.»[13] Das mächtige Ringen, das sich in diesem Abschnitt Ausdruck gibt und von Ernst Kurth solcherart charakterisiert wird, umfaßt das
Merkurwort: «Erreichtes beschließt die Strebelust». Der Tod, der einen Neubeginn
in sich trägt, spricht aus diesem «Verhallen» im f-Moll-Akkord, nicht das Sterben, das ein Ende bedeutet. Und zweifellos ist Hermann Beckh beizupflichten,
der den Eintritt des f-Moll an dieser Stelle als den größten f-Moll-Moment der
ganzen Musikliteratur bezeichnet. Als den größten deshalb, weil hier der ganze
tiefe Geistgehalt dieser Harmonie offenbar wird.

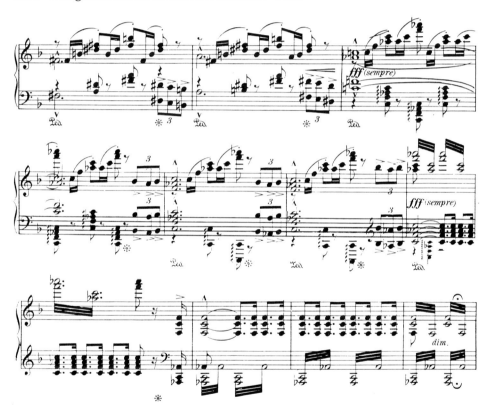

489

ES-DUR — STEINBOCK

Ich fühle wie entzaubert
Das Geisteskind im Seelenschoß;
Es hat in Herzenshelligkeit
Gezeugt das heil'ge Weltenwort
Der Hoffnung Himmelsfrucht,
Die jubelnd wächst in
Weltenfernen
Aus meines Wesens Gottesgrund.
(Rudolf Steiner, Seelenkalender)

Wenn die Sonne in das Zeichen des Steinbocks tritt, steht sie am tiefsten Punkt ihrer Laufbahn durch das Jahr, an dem sich jedoch gleichzeitig die Wende zum Aufstieg vollzieht:

«Wintersonnenwende!
Nacht ist nun zu Ende!
Schenkest, göttliches Gestirn,
neu dein Herz an Tal und Firn!»
(Chr. Morgenstern, aus: Meine Liebe
ist groß wie die weite Welt.)

Das «göttliche Gestirn», das auf dem Weg durch die langen Erdennächte, seine Göttlichkeit als Geistessonne in der Seele leuchten ließ, beginnt seine Strahlen nunmehr wieder neu «Tal und Firn» zu schenken. Im Quintenkreis, der uns an diesem Wendepunkt Es-Dur erklingen läßt, bedeutet diese Erhellung eine allmähliche Veräußerlichung der bisherigen Innerlichkeit. Wir stehen am genauen Gegenpol zu A-Dur, dessen Zenit eine beginnende Verinnerlichung des bislang nach außen strahlenden Lichtes erkennen ließ. Jetzt ist es umgekehrt; seelische Innerlichkeit fängt an Licht für das Sinnesauge zu werden, indem es dem Frühlingspunkt im Widder entgegenstrebt.

Dies verleiht dem Es-Dur grundsätzlich den Charakter eines Neu-Beginnes, einer Stimmung des «Werdens». Sowohl Richard Wagner als auch Anton Bruckner haben diesen urtümlichen Wesenszug dieser Harmonie feinsinnig empfunden. Von *Wagner* wurde dieser Werdeprozeß zu Beginn des «Rheingold» sehr anschaulich zur Darstellung gebracht. Aus dem Ur-Ton «Es», der in seiner Dauer ein noch undifferenziertes *Sein* vergegenwärtigt, tritt das harmonisch-melodische Geschehen als eine allererste Urregung allmählich heraus. Der durch vier Takte liegende Ton, im Oktavintervall der tiefsten Bässe erklingend, stellt sich uns als jene all-eine Ungegliedertheit dar, die noch alle künftigen Möglichkeiten rhythmischer Gliederung und thematischer Gestaltung in sich trägt. Im fünften Takt legt sich ein zweites «Ur-Intervall» darüber: die *Quinte,* ebenfalls in ungeformter *Dauer.*

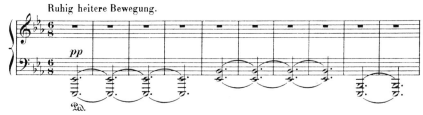

Erst im 7. Takt ergreift *Bewegung* dieses Erklingen; der Ur-Ton «Es» entfaltet seinen Dreiklang.

Hundertzwanzig Takte hindurch wogt nun dieser Es-Dur-Akkord «unaufhaltsam in figurierter Brechung» (R. Wagner) dahin, kein fremder Ton trübt den Glanz dieser Harmonie.

Daß Wagner bei der Schilderung dieses Schöpfungsbeginnes nach Es-Dur greift, ist nicht von ihm «erdacht» worden, sondern stellt das Geschenk eines inspirativen «Wachtraumes» dar, der dem Meister zuteil wurde:

«Am Nachmittage heimkehrend streckte ich mich todmüde auf ein hartes Ruhebett aus, um die langersehnte Stunde des Schlafes zu erwarten. Sie erschien nicht; dafür versank ich in eine Art von somnambulem Zustand, in welchem ich plötzlich die Empfindung, als ob ich in ein stark fließendes Wasser versänke, erhielt. Das Rauschen desselben stellte sich mir bald im musikalischen Klange des Es-Dur-Akkordes dar, welcher unaufhaltsam in figurierter Brechung dahinwogte; diese Brechungen zeigten sich als melodische Figurationen zunehmender Bewegung, nie aber veränderte sich der reine Dreiklang von Es-Dur, welcher durch seine Andauer dem Elemente, darin ich versank, eine unendliche Bedeutung geben zu wollen schien. Mit der Empfindung, als ob die Wogen jetzt hoch über mich dahinbrausten, erwachte ich in jähem Schreck aus meinem Halbschlaf. Sogleich erkannte ich, daß das Orchester-Vorspiel zum ‹Rheingold›, wie ich es in mir herumtrug, doch aber nicht genau hatte finden können, mir aufgegangen war; und schnell begriff ich auch, welche Bewandtnis es durchaus mit mir habe: nicht von außen, sondern von innen sollte der Lebensstrom mir zufließen.»[1]

492

Was hier durch Musik und Bühnengeschehen zur Darstellung kommt, ist der göttliche Schöpfungsakt, der ein Unoffenbares zur offenbaren Tat werden läßt. In ähnlicher Weise läßt uns Anton *Bruckner* am Anfang seiner IV. Symphonie Zeuge eines Schöpfungsbeginnes sein. Ein leises Beben weicher, dunkler Streicherklänge in den tiefsten Lagen, eröffnet den Satz. Auch hier also ein noch amorphes, ungestaltetes, aber alle Möglichkeiten in sich bergendes «Energie-Potential» des Es-Dur-Klanges. Kein Name für diesen Urquell musikalischer Motiventfaltung wäre treffender, als jener, den Schopenhauer und Wagner dem Urwesen der Musik gegeben haben: *Wille*. Eine Schöpferkraft, ein Ur-Wille, der nach Gestaltung, nach Manifestierung drängt.

In dieses stille Wogen der tremolierenden Streicher ertönt im dritten Takt der Quintenruf des Horns, wie ein allererstes Schöpferwort: «Es werde!» Das Thema, bloß eine unendlich poesievolle Ausrandung des bebenden Es-Dur-Klanges, schwingt sich aus dem Klangrausch der Streicher heraus und bringt mit seiner rhythmischen Konturierung ein erstes lebenzeugendes Motiv: vom Quintton sich nach abwärts zum Grundton neigend, kehrt es kreisend wieder zur Quinte zurück.

Mit dem siebenten Takt erfolgt dann das erste Auswellen der Hornmelodik aus dem Grunddreiklang nach ces, das melodisch ein Durchbrechen der Dreiklangskontur, harmonisch eine geheimnisvolle Verdunkelung von Es-Dur bedeutet. Denn das Hinauswellen nach dem leiterfremden ces erzeugt den leisen Schattenwurf eines es-Moll. Mit dieser Andeutung einer Weitung in fremde Sphärenbereiche ist die Voraussetzung eines ungeahnten «Werdens» gegeben.

*«Dem Drang ins Weite, der in seinem Aufschwingen herrlicher Weltgestaltung entge-
gentreibt, tritt unmittelbar der auch tief hinab ins Unbegrenzte weisende Zug entgegen; das Erwachen der Brucknerschen Seele: Schöpfung und Untergang schon im
ersten Formkeim vereint.»*[2]

Beide Beispiele lassen uns den seelenwarmen «Goldton» der Es-Dur-Harmonie erleben. Sie tönt uns wie der Goldgrund auf alten Ikonen entgegen, ein edelster Sphärenklang des Urschöpferischen, dem es auch an der feierlichen Weihe
nicht gebricht, die dem «heiligen Weltenwort» als Demiurgos gebührt. Vielleicht
darf Es-Dur als die weihevollste Tonart des ganzen Quintenkreises angesprochen werden. Ergründen wir zunächst ihr kosmisch-tönendes Element:

Das Künftige ruhe auf
    Vergangenem. . . . . Sonne . . As (Sextqualität)   als Quarte
Vergangenes erfühle Künftiges . . Venus . . F   (Quartqualität)   als Sekund
Zu kräftigem Gegenwartsein. . . . Merkur . D   (Sekundqualität) als Septim
Im inneren Lebenswiderstand . . . Mars . . . C   (Primqualität)   als Sexte
Erstarke die Weltenwesenwacht, . Jupiter . . Es (Terzqualität)   als Grundton
Erblühe die Lebenswirkensmacht. Saturn . . G   (Quintqualität)   als Terz
Vergangenes ertrage Künftiges! . Mond . . B   (Septimqualität) als Quinte

ES	F	G	AS	B	C	D	ES
Terz-	Quart-	Quint-	Sext-	Sept-	Prim-	Sekund-	
qualität	qualität	qualität	qualität	qualität	qualität	qualität	
Jupiter	Venus	Saturn	Sonne	Mond	Mars	Merkur	

Zwar herrscht noch tiefstes Winterdunkel im «Steinbock», aber aus allen Pla-
netenzeilen strahlt ein inneres Licht, das zu einer neuen Offenbarung mahnt;
alles ist erfüllt von Hoffnung und Zuversicht. Schon der Sonnenton macht dies
deutlich: *«Das Künftige ruhe auf Vergangenem».* Das as, der inkarnierende Sonnenton, in der vorangegangenen Quintsphäre von As-Dur Grundton, ist jetzt
Quarte. Das zur Aufmerksamkeit und Bewußtseinserweiterung auffordernde
Quartintervall ruht also im wahrsten Sinne des Wortes auf seiner «Vergangenheit». Jetzt ruft es zu künftigen, werdenden Weltenfernen.

Und dieses mit der Vergangenheit in Kontinuität stehende Zukunftselement
wird von der Venuszeile: *«Vergangenes erfühle Künftiges»* kongenial unterstützt.
Dem Venuston f haftet selbst Quartqualität an und er schmiegt sich damit innigst
an die Sonnenposition. Mit seiner ihm hier zugewiesenen Sekund-Funktion läßt
er die Begegnung der beiden Ströme – Vergangenheit und Zukunft – im Sinne
Merkurs durch das ganze harmonische Feld fließen. Und dieses Zusammenströ-
men von Vergangenheit und Zukunft steht auch im Hintergrund des Weih-
nachtsmysteriums, dem zentralen Ereignis der Steinbockstrahlung. Der da
geboren wurde, er kam nicht in die Welt um das Gesetz aufzuheben, sondern um
es zu erfüllen. In keinem anderen Zeichen des Zodiakus wird die Kontinuität von
Vergangenheit und Zukunft mit solchem Nachdruck betont, wie im Steinbock.
Sonne, Venus, Merkur und Mond sind deren eifrigste Verkünder.

Der Merkurton d selbst hat Septim-Mondenfunktion übernommen, unterstreicht mit dieser Sehnsucht weitgehendst das Sonnen-Anliegen: «*Zu kräftigem Gegenwartsein.*» Diese intensive Verbundenheit der drei Planeten-Intentionen spiegelt sich auch in den entsprechenden Tonwerten wider. Der Sonnenton nimmt Quartposition ein, die dem Venuston wesenseigen ist. Letzterer übernimmt als Sekund das Strömungselement Merkurs, während Merkur selbst zum Spiegel des Sonnen-Anliegens wird.

Nun begegnen einander diese zwei Ströme auch in den seelischen Wesensschichten des Menschen. Der Strom des «Gewordenen», der von der Vergangenheit in die Zukunft fließt, und der Strom des «Werdenden», der in umgekehrter Richtung von der Zukunft in die Vergangenheit verläuft. Ersterer wird von der *ätherischen* Wesensschicht getragen, letzterem bietet der *astrale* Bereich sein Flußbett an. Im Gegenwartsaugenblick treffen die beiden Ströme aufeinander, und es ist die Aufgabe des *Ich*, gleichsam «vertikal» in dieses horizontal verlaufende Strömen einzugreifen, es zu erfassen und miteinander in Einklang zu bringen. Konkret heißt dies, daß der unfaßbare Punkt der Gegenwart, in dem wir ständig leben ohne ihn je ergreifen zu können, da alles, was eben noch Zukunft war im nächsten Moment schon Vergangenheit ist – daß dieser «mystische» Punkt der Gegenwart jener Augenblick ist, wo wir unser gewordenes Sein mit den selbstgesteckten Zielen und Idealen in Übereinstimmung bringen müssen. Uns selbst treu zu bleiben, sowohl in bezug auf das, was wir geworden sind, als auch hinsichtlich dessen, was wir künftig erstreben wollen – dies ist die Forderung der Gegenwart. Das faustische Wort: «Dasein ist Pflicht, und wär's ein Augenblick!», liegt in der verbindenden Merkur-Mahnung: «*Zu kräftigem Gegenwartsein*».

Und auch dies ist ein schöpferischer Akt. Denn er erfordert Geistes-Gegenwart, d. h. die ständige Anwesenheit unseres höheren, idealischen Menschen, unseres wahren Ich, um stets Herr über sich selbst sein zu können. Diese scharfumrissene Zielsetzung des Handelns ist ein Hauptanliegen des «capricornus», des kardinalen und aktiven Steinbockzeichens. Ist ihm doch auch der «Spiritualismus» als Weltanschauung zugeordnet, der in schönster Weise Vergangenheit und Zukunft zu verbinden weiß, wie es Plato mit dem Satz angesprochen hat: «*Alle Erkenntnis ist Wiedererinnerung an das geistig-anschauende Wissen des Geistes vor seiner Einkörperung.*»[3] Der Philosoph Nicolai Hartmann hat diese Verbindung noch konkreter fixiert, wenn er die Auffassung vertrat, daß im Zeitengefüge der Geschichte «*Vergangenes*» keineswegs absolut verschwunden ist, «*sondern im Gegenwärtigen noch irgendwie lebendig bleibt*»[3] und sogar in das Zukünftige hineinwirkt. Der Mensch steht eben nicht nur im Strome des zeitlich-geschichtlichen Geschehens, er sieht diesen Strom auch auf sich zukommen.

Eine wichtige Erkenntnis ist daraus zu gewinnen: daß der Glaube, Altes müsse erst zerstört werden, um Neues, Zukunftsträchtiges in die Welt setzen zu können, ein Irrglaube ist. Notwendig allerdings ist, daß der Zukunftsmensch in uns – Prometheus – das Vergangene *erfühlt*, und der dieser Vergangenheit Nachsinnende – Epimetheus – es *erträgt*, dem Neuen, Kommenden zu weichen. Dazu ist freilich ein tatkräftiger Wille erforderlich, wie er dem Steinbock-Geborenen aber durchaus eigen ist. Und es muß daher folgerecht erscheinen, wenn das klingende Spiegelbild dieser Steinbockstrahlung, das Es-Dur, auch von einem willensstarken, ja ausgesprochen heldischen Charakter geprägt ist. *Beethovens* III. Symphonie – die «Eroica» – ist wohl das klassische Beispiel dafür.

Nach zwei wuchtigen Akkordschlägen, in die Beethoven die Einleitung komprimiert, wird das Thema in den Celli intoniert, wirkt aber eher wie ein Schatten seiner wahren Heldenerscheinung. Das Ausweichen des Melos in das leiterfremde cis im Nachsatz, die schwankenden Violinsynkopen, schließlich die trübe Wendung nach g-Moll – all das kann uns den Widerstand versinnbilden, der sich der heldischen Willenskraft entgegenstellt. Doch: «Nichts halb zu tun, ist edler Geister Art» – dies könnte ein Leitwort des Steinbock-Geborenen sein, und dies spricht auch die Entwicklung des Themas aus. Denn unbeugsam ist dieses Wollen und drängt zur Tat. In schimmernder Pracht der Hörnerklänge erzwingt sich das Thema sein ungetrübtes, heldisches Erscheinungsbild.

Aber es offenbart uns der Symphoniesatz noch viel eindringlicher die eben gegebene Charakteristik dieser Strahlung. Ist die «Eroica» doch jene Symphonie, in der Beethoven das klassische Erbe Haydns und Mozarts mit Zukünftigem verbindet. In ihr schafft sich der «Tondichter» Beethoven Gehör; eine Schöpfertat, die den Weg zur «Finalsymphonie» öffnete. Von jetzt an wird Beethovens Symphonie kein Zyklus von vier Sätzen sein, die allein durch ihre kontrastierenden Stimmungen zu einer Einheit verbunden werden, sondern ein Instrumentaldrama, an dessen Handlung alle vier Sätze beteiligt sind und das sein Ziel und seinen Höhepunkt im letzten Satz, dem «Finale» findet. Mozart'sche Vergangenheit und Brucknersche Zukunft reichen sich über ein Jahrhundert hin die Hände.

Und zukunftsweisend ist auch der formale Aufbau. Die Durchführung des Satzes zeigt ein Ausmaß, das Beethoven kaum ein zweites Mal einer Symphonie zugebilligt hat. In allmählicher Steigerung führt sie zu einem Aufeinanderprallen von Gegensätzen, die an dramatischer Wucht nicht ihresgleichen haben. Es sind abgerissene Motivteile des Kopfthemas, die sich gegen die Gewalt peitschender Akkordschläge behaupten wollen, ein Kampf, der offenbar keine Sieger kennt, sondern einem neuen, in elegisches e-Moll gehüllten Gedanken das Feld räumen muß. Man könnte diesen klagenden Zwiegesang der Oboen und Celli beinahe als ein drittes Thema ansprechen; jedenfalls bedeutet er einen Markstein auf dem Wege zur Dreithemigkeit der Brucknerschen Symphonie. Wenn Beethoven in den folgenden Symphonien diesen Schritt zu einer effektiven Themen-Trinität auch nicht vollzogen hat, so ist das Hereinwirken einer zukunftsweisenden Kraft bei aller Aufrechterhaltung der klassischen Themen-Dualität doch erkennbar.

Heldische Akzente, wie sie Beethovens Symphonie vermittelte, setzen auch die weiteren Planetenworte. Der Marswert hat Sextposition und steht mit seinem Appell zum *«inneren Lebenswiderstand»* an der Grenzscheide von innen und außen; denn die Sexte strahlt als «kosmische Terz» die Innerlichkeit in den Raum hinaus und trägt damit das ihrige zu dem Wendepunkt-Charakter der Tonart bei. Diese innere Widerstandsfähigkeit im Lebenskampf kann bei dem Steinbock-Geborenen manchmal als Härte und Unbeugsamkeit mißverstanden werden, da gerade dieser Kampf gegen die inneren Widerstände es ihm auferlegt, Gefühlsmomente in Schranken zu halten, ihnen nicht zu sehr nachzugeben. Gefühlsregungen sollen sein Handeln nicht beeinflussen, weswegen er oft kalt und gemütsarm erscheinen mag. *«Erstarke die Weltenwesenswacht»* lautet das Jupiterwort und ihm ist die Notwendigkeit immanent, sich durch «untergeordnete Dinge», wie es Stimmungen, Gefühlsregungen sein mögen, nicht von der «Hauptlinie» des zielbewußten Strebens abbringen zu lassen. Der Jupiterwert ist Fundamentston der Es-Dur-Harmonie. In seiner inkarnierenden Stellung unterstreicht er die plastizierenden Wirksamkeiten der Organ- und Muskelbildungen.

In ihrer Hypertrophie würden sie zur Erstarrung führen, die aller Bewegung Grenzen setzte. Daraus läßt sich ablesen, welche Festigkeit – in der richtigen Dosierung – Jupiter zu geben vermag und welche Kraft dem Grundton es in dieser Tonart zukommt. Auch dies zeigt Beethovens heroische Symphonie einzigartig auf. Er hat nämlich den erregenden Kampf im Durchführungsteil noch insoferne gesteigert, als er «mit dem Einsatz des Hauptthemas im Horn die Durchführung im dissonierenden Zusammenprall der Harmonien zerspringen läßt»:[4]

Man empfinde diesen unbeirrten Einsatz des Themas mit dem Jupiterton unter der schon Takte vorher sich verfestigenden Dominantspannung in aller Eindringlichkeit mit.

Daß die richtigen Maße in dieser Harmoniefolge von Es-Dur bestehen bleiben, dafür sorgt auch der – bis in die Skelettbildung führende – Saturnimpuls, der in seiner neutralen Position als Terz, inkarnierende und exkarnierende Kräfte vereint: «Erblühe die Lebenswirkensmacht.» Die dem Saturnwert g ureigene Quintqualität sorgt als Terz dafür, daß der oszillierende Schwellencharakter in seiner Schwingung von innen nach außen, von oben (Oktav) nach unten (Prim) das verinnerlichte Wesenselement dieser Tonart ist.

Aus dieser inneren Kraft, diesem Heldentum gegen die inneren Feinde, wie sie das Jupiterwort dem Tonwert es als Grundton, der Saturn dem g als Terz verleiht, erklärt sich erneut das Schöpferisch-Heroische von Es-Dur, das denn auch vorzüglich prädestiniert ist, musikalischer Ausdruck für jenen Weg zu sein, den wir den Initiationspfad nennen. Ihn zu gehen, bedarf es der Wachheit, d. h. der Stärkung des Bewußtseins, um Vergangenes und Künftiges, Gewordenes und Werdendes zu verbinden, bedarf es des Widerstandes gegen die eigenen Seelenstimmungen des Sich-gehen-Lassens, der Bequemlichkeit und Schlaffheit, bedarf es des schöpferischen Erblühens einer neuen «Lebenswirkensmacht». So ist es tief aus dem Wesen dieser Harmonie herausempfunden, wenn Mozart Es-Dur in seiner «Zauberflöte» zur Haupt- und Grundtonart bestimmte.

Schon die Ouverture läßt erahnen, daß dieses Es-Dur nicht in den Schoß fällt, sondern die Frucht eines mühsamen Weges, eines «Immer-strebend-sich-Bemühens» ist. Drei feierliche Akkordfolgen stehen am Beginn der Adagio-Einleitung. Doch der dunkeltönige Glanz von Es-Dur verdüstert sich umgehend. Bereits die

Ausweichung des zweiten Akkord-Stoßes nach der VI. Stufe, dem c-Moll-Klang, bereitet diese Eintrübung vor. Und die mühsam sich quälenden Vorhalte mit ihren aufstöhnenden kleinen Sekundseufzern, drohen das c-Moll endgültig heraufzubeschwören. Im Augenblick der ausweglosesten Finsternis jedoch, wenn sich im vorletzten Takt des Adagios die Harmonien zu einem verminderten Septimenakkord der Wechseldominante (II. Stufe von Es-Dur) zusammenpressen, öffnet ein nachfolgender Dominant-Akkord erneut das Tor zur ungetrübt erglänzenden Hauptharmonie.

Die polyphone Stimmführung des Allegro-Beginnes läßt uns erleben, welch schmaler Pfad – eines «Messers Schneide» – der «gradus ad parnassum» ist. Die zahlreichen Quartschritte, die dem Thema sein Gepräge geben, rufen unermüdlich zur Wachheit, zur Konzentration und Bewußtseinserweiterung auf. Wobei der erste Zweitakter besondere Erwähnung verdient. Von dem in pochenden Achtelrhythmen aufklingenden «Jupiter»-Grundton: «Erstarke die Weltenwesenswacht», schwingt sich die Melodie zur «Monden»-Quinte empor: *Vergangenes ertrage Künftiges.*» Als Quinte steht der Mondenwert an der Schwelle der beiden Lebensbereiche und verbindet Irdisches und Geistiges. Auch darin ist verborgen der Weg zu erahnen, den Tamino zu gehen hat.

Am Ende der Oper, wenn der Prüfungsweg siegreich bestanden wurde, öffnen sich die Tempeltore dem geweihten Paar; das Es-Dur ist zur Tonika des Werkes geworden: «Heil sei euch Geweihten!»

Auch Siegfrieds Weg zum Brünnhildenfelsen ist in seinem tiefsten Kern ein Einweihungsgeschehen. Die Erweckung Brünnhildens, seines unsterblichen Wesens, gibt ihm ein Sonnenheldentum, in dem jenes ur-schöpferische Element des Rheingold-Beginnes seine individuelle menschliche Physiognomik erfährt. *Wagner* läßt es uns erkennen, indem er dem Hornruf des jungen Siegfried (in F-Dur stehend) ein heldisch-rhythmisches Gepräge gibt und ihn in den Glanz von Es-Dur stellt.

Der Inbegriff allen schöpferischen Gestaltens und aller Wandlungskraft des Vergangenen in ein Zukünftiges ist der *Logos,* das Weltenwort. Im österlichen Auferstehungsmysterium findet die Kontinuität des Zeitenstromes ihre letzte und tiefste Offenbarung. Das Kreuzeswort «Es ist vollbracht!» gibt dem «Wende-Zeichen» des Steinbocks seinen umfassendsten Geistgehalt: es wird zum Zeichen der *Welten*-Wende kat exochen.

Johann Sebastian *Bach* hat dies in seiner «Matthäus-Passion» in einer durch Worte nicht ausdrückbaren Schönheit und Innigkeit in Musik gesetzt: «Sehet, Jesus hat die Hand uns zu fassen ausgespannt!» Geistige Osterglocken sind es, die in der Gebärde des auf dem Mondenton ruhenden Hauptmotivs aufklingen. Und vom Monden- und Sonnenton steigt auch die Oboenstimme auf, die in ihrer Sechzehntelfiguration das liebevolle Emporheben durch die Christushand zum Ausdruck bringt.

Die enge Verbundenheit des Steinbockzeichens mit dem Weihnachtsgeschehen ist dazu kein Widerspruch. Im kosmischen Rhythmus der Menschwerdung Christi bedeutet Bethlehem das erste Aufklingen der «Wende», Golgatha bildet dazu die «Oktave». Die Kreuzesworte: «Es ist vollbracht», weisen auf die Vollendung des «Welten-Weihe-Geschehens». Das «Wende-Zeichen» Steinbock wird damit zum Zeichen der *Welten-*Wende.

Damit wurden die großen Seelenbereiche der Steinbockstrahlung umrissen. *Schöpfertum,* dem als Gestaltung «aus dem Nichts» immer das Kriterium eines «Urbeginnes» verbunden ist, *Heldentum,* die *Weihe* der «Wende», durch die Innerlichkeit nach außen strahlt und schließlich das *Wandlungsgeheimnis* des Lebens im Sinne der Kontinuität von Vergangenheit und Zukunft. Für alle diese Bereiche bietet uns die Musikliteratur ihre tönenden Zeugen an. Eine kleine Auswahl dieses inneren Reichtums der Es-Dur-Harmonie möge im folgenden aufgezeigt werden.

Es-Dur als Ausdruck der Schöpferkraft

Auf den Urbeginn in Wagners «Rheingold» und auf den «Werde-Ruf» zu Beginn von Bruckners IV. Symphonie wurde bereits verwiesen. Von göttlicher Schöpferkraft aber kündet auch der Es-Dur-Satz in Johannes *Brahms* «Ein deutsches Requiem»: «Wie lieblich sind deine Wohnungen, Herr Zebaoth.» Die reiche Verwendung der Holzbläser und Hörner verleiht dem Stück eine Durchsichtigkeit, die uns das Bild einer ungetrübten, wieder gefundenen «Lichterde» erstehen läßt.

Führt uns Brahms den alchimistischen Weg zu einer «prima materia», so zeigt Anton *Bruckner* im Adagio der III. Symphonie die Versenkung des Mystikers in die eigenen Seelentiefen. Und auch hier tönt uns aus den beiden ersten Takten der ungetrübte Schöpfungsurgrund entgegen, den in herrlicher Einfachheit, Schönheit und Friede durchglüht.

Mit dem dritten Takt allerdings setzen in den Bässen Tiefen-Motive ein, die dieser leuchtenden Innerlichkeit Schatten und Schwere verleihen. Doch gehört es zu den ergreifendsten Erlebnissen des Mystikers Bruckner, wie sich das Melos im Verlauf der Themenentwicklung mit seinen Vorhalts-Sekundschritten im vierten Takt von diesen Schatten freiringt und zum erlösenden Licht emporsteigt.

Auch in Joseph *Haydns* «Schöpfung» klingt das Es-Dur in sonnenhaftem Urglanz auf, wenn das Menschenpaar noch ahnungslos seiner selbst im Garten Gottes wandelt.

In ganz anderer Art kündet *Bachs* Präludium aus dem «Wohltemperierten Klavier» von der Schöpferkraft des Es-Dur. Hier ist es nicht so sehr der klangliche Stimmungsgehalt als vielmehr die Form, in der sich dieses schöpferische Element ausspricht. Dieses vierstimmige Präludium ist nämlich in Wahrheit – wie Hugo Riemann richtig erkannte – selbst eine gewaltige Fuge. Nur der erste Abschnitt zeigt den üblichen figurierten Präludium-Charakter.

Dagegen setzt im zehnten Takt bereits eine Satzstruktur ein, die sich in der Folge mit der figurierten Anfangsthematik verbindet und zu einer Art Doppelfuge erweitert.

Die nachfolgende eigentliche Fuge, die Riemann gegenüber der Strenge und Ernsthaftigkeit dieses gewaltigen Präludiums *«zum Überfluß angehängt»* erscheint, nimmt sich seines Erachtens *«fast wie ein harmloses Nachspiel aus.»*[5] Dieser Epilog-Charakter wird noch dadurch unterstrichen, daß die zweite Sechzehntelfiguration des Fugenthemas: es–as–g–(as)–c–b an das Fugenthema des Präludiums gemahnt.

Hier also wird die Funktion von Präludium und Fuge vertauscht. Im Präludium, das mit seinem vorbereitenden Charakter eigentlich nur das harmonische Feld abzustecken hätte, in das sich das Fugenthema inkarnieren soll, in dieses Präludium bricht der Schöpfungsdrang so urgewaltig durch, daß es bereits selbst zur Fuge wird. Und es ist bestimmt kein Zufall, daß diese Struktur von Bach gerade für die Es-Dur-Tonalität gewählt wurde, denn auch hier ist das Wesen der Tonart für ihn der Ausgangspunkt der Gestaltung gewesen.

505

Unmittelbare Zeugenschaft beim Schöpfungsakt vermittelt uns *Beethoven* im Finale seiner «Eroica». Das Thema stammt aus der Prometheus-Partitur und zeigt mit seinen Variationen die Erweckung zweier Statuen, die durch die Macht der Musik zum vollen Menschsein erwachen. Man könnte an Goethes Prometheus-Gedicht denken, in dem sich der Titanensohn ebenfalls rühmt, Menschen «nach seinem Bilde» zu schaffen:

> «*... Hier sitz' ich, forme Menschen*
> *Nach meinem Bilde,*
> *Ein Geschlecht, das mir gleich sei,*
> *Zu leiden, zu weinen,*
> *Zu genießen und zu freuen sich; ...*»

Im jachen Lauf stürmt der «Dieb» mit dem geraubten Himmelsfeuer zur Erde. Dann zeigt uns die Grundgestalt des Themas mit seinen eckigen Gebärden und dem Ur-Bezug von Tonika-Dominante das harmonische «Skelett», die Urlinie auf, die in uns nur den Eindruck des Starren, Unbeweglichen, Statuenhaften erwecken kann.

In der ersten Variation wird die Starre mit Leben erfüllt. Die fließende Gegenstimme zum eckigen Urbild läßt die Durchdringung des Melos mit ätherischen «Lebenskräften» unschwer erkennen.

In der zweiten Variation macht sich die *Terz* zur Trägerin des Melos und verleiht dem geschaffenen Menschenbild Empfindung und «Astralität».

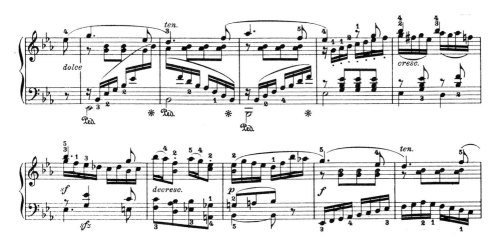

Damit sind die drei «Leibeshüllen» geschaffen. Die weiteren Variationen zeigen uns den vollbewußten Menschen mit all seinen Leidenschaften, seiner Devotion, seinem Starkmut und kämpferischen Heroismus.

Zum Abschluß dieser schöpferischen Wesensart von Es-Dur sei ein Beispiel angeführt, das uns im besonderen auch die Intention deutlich macht, die der «Steinbock» mit seinem Schöpfertum verbindet. Es ist die Szene im dritten Akt von *Wagners* «Meistersingern». In ihr läßt sich Hans Sachs, der große, unbestrittene «Meister» von seinem «Schüler» die Meisterregeln neu «erklären». Er tut dies, um den jungen, unerfahrenen Dichter zum Verständnis dieser Regeln heranzuführen. Damit zeigt uns diese herrliche Gestalt des Dramas, was ihre ureigenste Berufung ist: ganz *Mensch* zu sein, und mit seinen Fähigkeiten, die ihn zum Herrscher machen, seiner Mitwelt zu dienen. Und gerade dies ist auch das Anliegen des Steinbock-Geborenen.

SACHS.
Mein Freund! Das grad'ist Dichter's Werk, dass er sein Träumen deut' und merk'. Glaubt mir, des

Men schen wahr ster Wahn wird ihm im Trau me auf ge than: all' Dichtkunst und Poete

rei ist nichts als Wahr traumdeu te rei.

Was gilt's, es gab der Traum euch ein, wie heut' ihr sollet Mei ster sein?

Hier ist vielleicht auch der geeignete Punkt in unserer Betrachtung, um auf das leibliche Organ zu verweisen, das der Steinbock-Strahlung zugeordnet ist. Es entspricht dem Steinbock das Knie.

«Das Knie ist jener Teil des menschlichen Leibes, an dem jene Muskeln angreifen, die den Menschen (nehmen wir das Wort zunächst im körperlichen Sinne) höher tragen, wenn er etwa den Berg hinaufsteigt, höher tragen, indem sie ihm helfen, dieses Knie abwechselnd zu beugen und zu strecken.»[6]

Die Funktion des Knies entscheidet über «hoch» und «niedrig». Und beide Möglichkeiten für den Steinbock-Menschen liegen darin: entweder die anderen zu erniedrigen, um sich selbst zu erhöhen, oder – dem hohen Ethos folgend – sich selbst zu erniedrigen, um die andern zu erhöhen. Den tiefsten esoterischen Sinn dieses Zeichens hat Christus gelehrt:

«Aber Jesus sprach zu ihnen: Ihr wisset, daß die weltlichen Fürsten herrschen, und die Mächtigen unter ihnen haben Gewalt. Aber also soll es unter euch nicht sein, sondern welcher will groß werden unter euch, der soll euer Diener sein; und welcher unter euch will der Vornehmste werden, der soll aller Knecht sein.

Denn auch des Menschen Sohn ist nicht gekommen, daß er ihm dienen lasse; sondern daß er diene; und gebe sein Leben zur Bezahlung für viele.» (Markus X, 42–45)

Daß Wagner dieser großen Szene Es-Dur als Tonika verleiht, zeigt, wie sehr er den sphärischen Wesensgehalt dieser Tonart empfunden haben muß. Es ist der Hauch eines johanneischen Dienens, der sich mit dieser Harmonie über das Geschehen auf der Bühne breitet:

«Der ist's, der nach mir kommen wird, welcher vor mir gewesen ist, des ich nicht wert bin, daß ich seine Schuhriemen auflöse.» (Joh. I., 27)

Das heldische Es-Dur

Zahlreich sind die Beispiele für die heldische Seite unserer Tonart. Neben der «Eroica» hat uns *Beethoven* in seinem Klavierkonzert Op. 73 ein weiteres unsterbliches Zeugnis dafür gegeben. Nach einer weitgespannten, die Harmonie umgreifenden kadenzierenden Improvisation voll rauschender Passagen des Solo-Instrumentes, setzt das machtvolle Tutti-Vorspiel mit dem Heldenthema ein.

Man hat in diesem Konzert eine Nachbildung der damals üblichen Militärkonzerte erblicken wollen. Wenn dies auch nicht wörtlich zu nehmen ist, so spricht das heldische Gepräge des Themas, sein festes Ruhen auf dem Jupiter-Grundton, die Akzentuierung kraftvoller, marschartiger Rhythmen und das Zurücktreten lyrischer Episoden doch für Beethovens Neigung – in ganz allgemeiner Weise – zu einem heroischen Vorbild.

Zeigte uns *Bach* in Präludium und Fuge des ersten Teiles des «Wohltemperierten Klaviers» die schöpferische Seite, so wird im zweiten Teil das heldische Element betont. Das Präludium entpuppt sich als eine muntere Gigue im flotten 9/8 Takt, von kräftigem, lebensfrohem Charakter.

Die Fuge selbst ist kraftvoll-heldisch; die markanten und bewußten Quint-
und Quartschritte verleihen ihr majestätische Feierlichkeit und vielleicht war sie
ursprünglich wirklich als Singfuge gedacht, wie Hugo Riemann meint. Man
könnte bei ihrem Thema an Worte denken wie: «*Lob, Preis und Dank dem Herrn,
der uns erlöst von dem Tod.*»[5]

Von ungestümer Dynamik und rastlosem Vorwärtsdrängen zeigt sich das Es-
Dur in *Chopins* «Prélude»:

Fast wäre man versucht an die Gefahr zu denken, die dem nie ruhenden Stein-
bocktyp auflauert: die Last seines eigenen Wesens tragen zu müssen, im Druck
seiner Pflichterfüllung als Fronarbeiter im eigenen Dienst zu stehen.

Von glorreicher Heldenkraft dagegen kündet der Triumphmarsch des sieg-
reich heimkehrenden Feldherrn Radames in *Verdis* «Aida». Hier zeigt sich Es-
Dur als *die* Tonart des schweren «Blechs», der Posaunen, Trompeten und
Fanfaren.

510

Aber nicht nur die Instrumentation gibt diesem Thema heldischen Glanz. Seine Melodik entfaltet sich vorwiegend in der Jupiter-Saturnterz es–g. Besinnt man sich der Planetenworte, wird ihr Geistgehalt offenbar: «Erstarke die Weltenwesenswacht» – «Erblühe die Lebenswirkensmacht». Auf diesem Erblühen der saturnischen «Lebenswirkensmacht» liegt der Hauptakzent des Melos.

Das Heldentum des hohen Steinbock-Typus kann aber auch in egoistische Niedrigkeit abirren. Teilnahmslosigkeit und Kälte, die bis zum Stumpfsinn führen können, das Vergeuden von Energie an kleinliche Aufgaben, Pedanterie, kalter Ehrgeiz und Geltungsbedürfnis, verbunden mit nie ruhender, aber belangloser Geschäftigkeit kennzeichnen seine Wesensart. Und es dürfte wieder kein Zufall sein, wenn Richard *Wagner* im Scherzoteil des Meistersinger-Vorspiels zur Karikierung der Beckmesser-Gestalt die Meistersinger-Thematik in ein näselndes, blutleeres, wichtigtuerisches Instrumentalkolorit von Es-Dur kleidet:

Einzigartig jedoch ist das Aufklingen des *Parsifal*-Themas in Es-Dur, wenn der Held im zweiten Akt, selbst einem kühnen Steinbock gleichend, auf den Mauerzinnen des Klingsorgartens steht: «Ha! – Er ist schön, der Knabe!» Hier entfaltet das Es-Dur seine ganze Heldenpracht.

Das Aufklingen des Themas in diesem Handlungsaugenblick mag unseren Blick auf den Steinbock draußen in der Natur lenken. Dieser «König der Alpen» kann nicht in Tälern leben. Es treibt ihn hinauf in die kahlen, toten, weglosen Felsregionen. Einsam und stolz steht er, allen Stürmen, Frost und Finsternissen Trotz bietend. Dieser Freiheitsdrang ist auch ein typischer Zug des Steinbock-Menschen. Unabhängigkeit von allen, allein die Verantwortung für sein Handeln zu tragen, ist sein Wille. All diese Elemente der Kühnheit, des Wagemutes, des fest In-sich-gegründet-Seins können wir aus den heldischen Es-Dur-Themen heraushören.

Trotzdem müßten wir den Menschentyp der Steinbockstrahlung verkennen, würden wir uns nur an dem Erscheinungsbild der reinen Geschöpfnatur orientieren. Denn die urbildliche Darstellung des «Capricornus» zeigt uns nicht den kühnen Kletterer, das Bildsymbol läßt das Tier vielmehr in einem Fischschwanz enden. Wir werden dadurch auf das wässrige Element der Nixenwelt verwiesen, auf den Ätherplan. Der Gedanke an den Rheingold-Beginn liegt nahe. Doch ist damit das «künstliche» Symbol nicht erklärt, das uns ein Wesen zeigt, welches in der Natur nicht vorkommt. Denken wir an das Symbol des «Schützen». Neben vielem anderen sahen wir in ihm den *Jäger*. Der Fischschwanz im Steinbocksymbol deutet auf Zähmung der trotzigen Kühnheit, die dem «Capricornus» eignet. Der Mensch, indem er *Tierzüchter* wird, *«macht die wilden Tiere so zahm, wie die zahmen Fische sind.»*[7] Zweierlei ist daraus zu folgern: erstens, daß der Tierzüchter durch seine Tat formend die Hand an die Erdenwelt legt; indem er zähmt, beginnt er Wildes, Animalisches in der Natur zu bezwingen und zu wandeln. Er bringt das Tier in Verbindung zum Menschen.

Das zweite sagt uns, daß eine derartige Zähmung, soll sie zum Erfolg führen, eine ungeheure Geduld und Liebe voraussetzt; eine Liebe zur Sache, zum Werk. Dies allerdings dürfte mit der vorhin gegebenen Charakteristik in Widerspruch stehen. Denn es heißt, daß der Ehrgeiz des Steinbock-Menschen ihn ganz auf sich selbst stellen würde, daß er alles allein vollbringen möchte, um in niemandes Schuld zu stehen. Diese Haltung scheint der Liebe nicht viel Entfaltungsraum zu gewähren. Dem ist jedoch nicht so, denn die Selbstbezogenheit des hohen Steinbock-Ethos, kurz: sein «Herrschen» ist nicht Selbstzweck; es soll Dienst an der Menschheit sein, soll dem Mitmenschen die Teilnahme am eigenen Werk ermöglichen. In alten Zeiten wurden im Zeichen des Steinbocks, der Wintersonnenwende, die *Saturnalien* gefeiert; Saturn, dem Saatengott, wurden Opfer gebracht. Und kosmisch gesehen findet Saturn auch im Steinbock sein «Haus». Während der Dauer dieser Feste wurden alle Sklaven freigegeben und symbolisch zu Herren gemacht. Sie saßen an der Festestafel und wurden von ihren Herren bedient. Eine heidnische Vorausnahme jenes Liebesaktes von Herrschen und Dienen, der uns in seiner Urbildlichkeit aus dem vorhin zitierten Christuswort im Markusevangelium entgegentrat.

Ausgedrückt sehen wir diese Haltung auch in dem Wunsche *Lohengrins*, «Schützer» von Brabant, nicht «Herzog» genannt zu werden. Seine Herrschaft soll ein Dienen sein und es ist daher richtig empfunden, wenn Elsa die Lauterkeit, das hohe Ethos ihres Helden in einem Es-Dur preist, das alle bisher erwähnten Eigenschaften dieser Harmonie in sich vereinigt:

«So rein und edel ist sein Wesen,
so tugendreich der hehre Mann,
daß nie des Unheils soll genesen,
wer seiner Sendung zweifeln kann!»

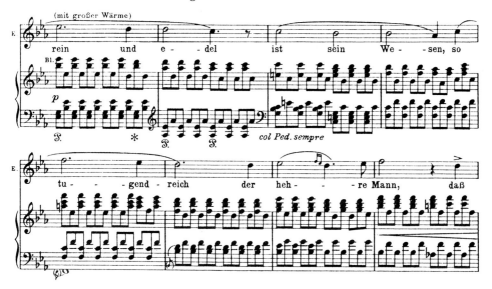

Damit aber sehen wir uns gleichzeitig an das dritte Qualitäts-Element unserer Tonart herangeführt, an das

weihevolle Es-Dur,

in dem der Held und Herrscher in Demut sein Knie beugt, um als «Vornehmster» der Knecht des Höchsten zu sein.

Durch das «große Tor von Kiew» glauben wir die Prozession der Gläubigen ziehen zu sehen, wenn das Tongemälde aus *Moussorgskys* «Bilder einer Ausstellung» in Ravels Instrumentation erklingt und das feierliche Es-Dur, von Jupiter-, Venus- und Saturnkräften durchstrahlt, uns den Dankgesang der Menge wie eine tönende Ikone erleben läßt:

«Heiligem Feste heut
Paare sich Jubelton,
Jegliches Herz erfreut
Singe dem Gottessohn.
Altes soll ruhen nun,
Alles sei neue schon,
Herzen, Stimmen, alles Tun.»
                    (Thomas v. Aquino)

Als mächtiger, breit ausgeführter Tonsatz beginnt das Gebet des Königs in *Wagners* «Lohengrin», der sich schließlich zu einem feierlichen Es-Dur-Ensemble ausweitet.

Doch mischt sich gläubige Demut in die Weihe dieses Rufes an die göttliche Allmacht: «So hilf uns Gott zu dieser Frist, weil unsre Weisheit Einfalt ist.»

Ein weihevolles Es-Dur, verbunden mit wahrem Schöpfertum zeigt uns Wolframs Gesang im «Sängerkrieg», mit dem er Tannhäusers «sündige» Leidenschaft
zu bannen sucht: «Dir hohe Liebe töne begeistert mein Gesang...» Bemerkenswert dabei der erhöhte, exkarnierende Venuswert fis, der den Sexten- bzw.
Oktavaufstieg zwar intensiviert, gleichzeitig aber doch einen trübenden, mahnenden Ernst in das reine Es-Dur hineinträgt.

515

Diese «Hohe Liebe» ist es auch, die Tannhäuser Erlösung bringt. Mit einem Es-Dur der «Gottesnähe» klingt das Werk aus, Botschaft bringend, daß «der Gnade Heil» dem «Sünder» zuteil wurde.

Das Licht der Erneuerung als «Gnadenheil» der Materie zuteil werden zu lassen, ist auch das innerste Anliegen der Steinbock-Strahlung. Sie will den hohen Geist der «Nacht» hineintragen in den erwachenden «Tag», auch wenn diese Tageswelt droht, alle Quellen des Geistes zum Versiegen zu bringen. Hier tritt uns als letztes Kriterium das

Es-Dur der Wandlung

entgegen. Und keiner hat es so eindringlich, ergreifend und überzeugend auszusprechen vermocht wie Anton *Bruckner* in seiner VIII. Symphonie, die er selbst ein «Mysterium» nannte. Die Finsternis als drachenhaft-dämonische Sphäre der

Angst und Bedrohung tritt uns hier in der parallelen Moll-Tonart – c-Moll – entgegen. Aus dem Dunkel gärender Tiefen wälzt es sich mit trotzig-harten Rhythmen unheilkündend heran:

Überwältigend jedoch der Augenblick, wenn in einer traumselig-zögernden Hornkantilene am Ende der Exposition, das Thema in einem von innen her strahlenden Es-Dur aufersteht und die «Wandlung» Ereignis wird:

Ein einmaliges Klangsymbol für die Überwindung der Finsternis nicht durch Kampf, sondern durch Liebe, wie es der Manichäismus zu lehren wußte:

«Licht glänze auf am Licht, jubelte der Mensch, und es erhob sich der Abgrund immer mehr, erstrahlte, erglänzte, leuchtete und sprühte wie eine Strahlensonne. Also wurden die Geister der Finsternis erlöst, erhoben, erleuchtet und erwärmt, also daß die Milde stärker war als der Haß. Im Menschen erlöste die Milde den Drachen der Hölle.»

So stehen wir schließlich wieder vor dem Christuslicht, das in die Finsternis schien, in ihr ganz aufging, auf daß sie zu leuchten beginne. Dieses Licht in sich aufzunehmen, von ihm ganz durchdrungen zu sein, und dann als Held, als

Kämpfer hinauszuziehen, mit dem Schwert der Weisheit und dem Schild der Liebe, das ist tiefster, echtester Es-Dur-Heroismus. Wir hören ihn, umgriffen von seinem Wandlungsgeheimnis im «Parsifal» erklingen, dort wo die Ritter nach dem Genuß des Liebesmahles neu gestärkt sich erheben, um gewandelt zu «Leibeskraft und Stärke», Kämpfer zu sein für Recht und Gerechtigkeit, nicht um zu herrschen, sondern um zu dienen.

Die parallele Moll-Tonart der Steinbock-Sphäre: c-Moll

Während sich in Es-Dur vorwiegend die Lichtwende ausspricht, liegt über seinem parallelen Moll fast ausschließlich die Finsternis der noch herrschenden Winterkälte. Zwar nicht mehr in dieser absoluten ausweg- und hoffnungslosen Schwärze wie wir es bei f-Moll erleben mußten, da die Wende zum Licht auch an der zugehörigen Mollsphäre nicht spurlos vorübergehen kann, doch zeigen uns die Beispiele der Musikliteratur großteils ein Verhaftetsein in den Finsterniskräften. Der leidvolle, bittere Weg von c-Moll zum Lichtdurchbruch in C-Dur ist ein von den Meistern oft beschrittener und schmerzlich errungener. Beethoven ist ihn in seiner V. Symphonie gegangen, Brahms in seiner I. und Bruckner rang in seiner VIII. Symphonie um dieses Widder-Licht von C-Dur.

Daß aber auch dem Es-Dur noch die dunkle Nachtseite anhaften kann, hat Joseph *Haydn* in seinen «Jahreszeiten» aufgezeigt, und damit deutlich gemacht, wie der Schattenschleier des parallelen Moll wirklich nur einen tonalen Intensitäts- keinen Qualitätsunterschied bedeutet.

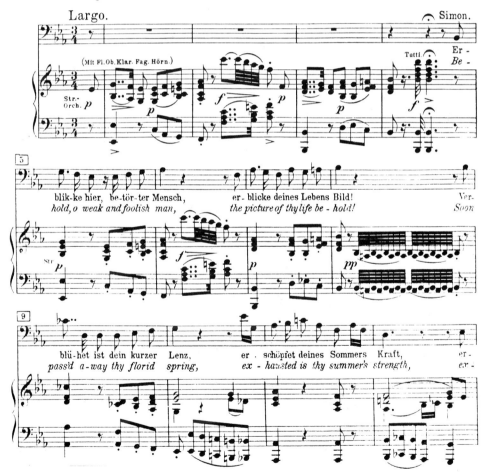

519

Völlig in die Finsternis von c-Moll führt uns Haydn in dem Gewitter-Chor seiner «Jahreszeiten». Hier erleben wir den Kernpunkt der Tonart, wie die Meister übereinstimmend das Wesen dieser Harmonie empfunden haben. Hervorstechend ist dabei das grelle Aufleuchten der Dominante, die wie ein «Blitz» die Moll-Finsternis durchzuckt. Dieser Dominant-Akkord (h–d–f) öffnet eigentlich der Widder-Strahlung von C-Dur das Tor. Daß sie als solche nicht empfunden wird, sondern eher als grelle Lichtfackel erscheint, mag auf die exkarnierende Wirkenskraft des Mondtones h zurückzuführen sein, der sich damit zu seinem eigenen Wort im «Steinbock» in eine gewisse Gegensätzlichkeit stellt. Die Darstellung der Planetenworte wird uns darüber nähere Auskunft geben.

Die ganze Last und Schwere dieser Finsternis hat *Chopin* in seinem «Prélude» zum Ausdruck gebracht.

520

Man überhöre jedoch nicht den Lichtstrahl, der durch die Dominante von c-Moll in diese Finsternis fällt. (Im Gegensatz zum vorausgegangenen Beispiel.) Es ist nicht einfach ein Dur-Akkord, der hier aufklingt, es ist der G-Dur-Klang, der Botschaft bringt eines zwar noch fernen, aber zu erahnenden Wirkens der «Venus Aphrodite». Und dies verleiht der Harmonie eine Kraft, die willens ist, sich hindurchzukämpfen zu «nächtelosen Sonnen». (Chr. Morgenstern)

Blicken wir auf die kosmische Konstellation unserer Tonart, in der sich ja der Urgrund ihres düsteren Erscheinungsbildes finden lassen muß.

C	D	ES	F	G	AS	H	C
Prim- qualität	Sekund- qualität	Terz- qualität	Quart- qualität	Quint- qualität	Sext- qualität	Septim- qualität	
Mars	Merkur	Jupiter	Venus	Saturn	Sonne	Mond	

Der Marston c als Grundton wirkt mit seiner ihm wesenseigenen Primqualität natürlich viel festigender und fundamentaler als in Es-Dur, wo er als Sexte Weltenseelentum ausstrahlt. Die Willenshärte des Steinbockzeichens, die zum «inneren Lebenswiderstand» aufruft, wird dadurch intensivst unterstrichen, und kann u. U. wirklich als Gefühl der Kälte verstanden werden. Indem in c-Moll mehr die «Stoffesnähe» denn die Durchlässigkeit des «Geisteslichtes» zu Worte kommt, kann es sein, daß hier – auf den Menschen projiziert – mehr der Erden-, denn der Himmelssohn zu uns spricht. Stehen doch alle Tonwerte, wie in C-Dur (Widder) in ihren wesenseigenen Positionen, allerdings mit einer Akzentuierung ihrer inkarnierenden Wirksamkeiten. Und dies gibt dem c-Moll natürlich von vorneherein eine deutlich fühlbare Festigkeit und Stabilität.

Der Merkurwert als Sekunde durchströmt den Tonbereich mit *«kräftigem Gegenwartsein»*, Jupiter in seiner inkarnierenden, plastizierenden Wirkenskraft ist Terz, der die ohnehin stark umgreifende Quartfunktion des Venuswertes auf dem Fuße folgt. Gewiß, die Planetenworte sind ja dieselben wie in Es-Dur, nur die Tonwerte weisen eine andere Reihung auf. Da sie diese Reihung aber in ihren Grundfunktionen beläßt, muß ihre Aussage selbstsicherer, vielleicht apodiktischer erscheinen als in Es-Dur. Und dies mag den Eindruck der Härte und Unerbittlichkeit erwecken.

Besondere Beachtung ist dem Saturn- und Mondenwert zu widmen. Der Mondenton h zeigt – von der Mollperspektive aus verstanden – exkarnierende Wirkenskraft, denn leitereigen müßte er sich als b präsentieren. Mit dem Saturnton zusammen bildet er jene vorhin erwähnte, in die Widder-Sphäre hinüberreichende Dominant-Terz, durch die Saturn mit aller Intensität seine *«Lebenswirkensmacht»* erblühen lassen kann. Andererseits aber steht der Mondenton – durch einen übermäßigen Sekundschritt vom Sonnenton getrennt – mit seiner exkarnierenden Dynamik im Gegensatz zur inkarnierenden Sonnenwirksamkeit, was eine gewisse Disharmonie in die reine Spiegelung, die dem Monde eigen ist, hineintragen muß. Bringt dieser Mondenwert doch etwas von der Strahlung der Widder-Sphäre herein, das sich aber, wie bereits erwähnt, in einem gewissen Gegensatz zu seiner eigenen Intention im Steinbock stellt. Diese mahnt ihn, daß «Vergangenes Künftiges ertragen möge». Als h im «Widder» aber beschwört der Mond das Gewordene und Begrenzte: «O Lichtesschein, verbleibe». Daß diese Lichtes-Sehnsucht in c-Moll nicht in gleicher Weise wirken kann, sondern mit einer Überintensität in die c-Moll-Düsternis eindringt und Grelligkeit erweckt, ist durchaus nachempfindbar. Und gewiß trägt auch dies dazu bei, daß eine restlose Hingabe an die «Geistesoffenbarung» und damit die Erringung des «Weltenwesens Licht», in dieser Harmonie nicht so leicht möglich ist.

Auch die inkarnierende Terzstellung des Jupiterwertes mag dazu beitragen, daß der «Erdensohn» in c-Moll stärker ist als das im «Seelenschoß» geborene «Geisteskind». Im letzten dem Steinbockzeichen zugeordneten Wochenspruch des Seelenkalenders heißt es:

> *«Und bin ich in den Geistestiefen,*
> *erfüllt in meinen Seelengründen*
> *aus Herzens Liebewelten*
> *der Eigenheiten leerer Wahn*
> *sich mit des Weltenwortes Feuerkraft.»*

In c-Moll spiegelt sich noch sehr stark «der Eigenheiten leerer Wahn»; die Erdqualität dieses Zeichens zeigt eine gewisse egoistische Tendenz.

Dies hat Richard *Wagner* deutlich gemacht, indem er die Schmiedung des «Ringes» nur dem zugesteht, der sich aus der göttlichen Liebesverbundenheit zu

sondern weiß, um *Eigenwillen, Eigensein* zu erlangen: «Nur wer der Minne Macht entsagt ...» ist imstande den *Ring* zu schmieden, der Persönlichkeitsbewußtsein verleiht, durch den aber notwendig der Egoismus in die Welt kommt. Das Entsagungs- und Sonderungsmotiv steht bei seinem ersten Erklingen im «Rheingold» folgerecht in c-Moll.

Auch *Mozart* hüllt die Macht der Finsternis in der «Zauberflöte» in die Klangaura von c-Moll. Das Thema mit seinem markant artikulierten, verfestigten Quart-Intervall läßt in seiner melodischen Gebärde deutlich den Racheschwur der Königin der Nacht erkennen, dem wir in der d-Moll-Sphäre als seine harmonische Ur-Heimat begegnen: «Der Hölle Rache kocht in meinem Herzen».

Und auch die große Huldigung an die nächtliche Königin spricht von dem Kampf des luziferisch-ahrimanischen Prinzips gegen das Göttliche (Es-Dur) und wird in seinem egoistischen Machtstreben von Mozart nach c-Moll gestellt:

Ganz aus dieser Finsternis von c-Moll heraus gestaltet *Bach* sein Präludium im ersten Teil des «Wohltemperierten Klaviers». Hugo Riemann schreibt darüber: *«Das c-Moll-Präludium des ersten Teils ist so aus dem Geiste der c-Moll-Tonart heraus erfunden, so voll verhaltener Kraft, leidenschaftlich vibrierend, daß einem die c-Moll-Symphonie Beethovens sowie seine ‹Sonate pathétique› unwillkürlich dabei einfallen.»*[5]

Der Rasanz dieses Präludiums steht eine Fuge gegenüber, die uns den Charakter von c-Moll von einer ganz anderen Seite erleben läßt. Hugo Riemann:

«Der durch die drei Been gesteigerte Mollcharakter verbreitet natürlich einen gewissen Ernst über die Stimmung, der aber im Zusammenwirken mit dem graziösen Rhythmus und der ein wenig obstinat auf ihrem c bestehenden Melodik mehr als Besonnenheit und Sorgsamkeit denn als gärender Wille erscheint. Die sich von selbst ergebende zwischen Bindung des Diatonischen und Trennung des Akkordischen wechselnde Artikulation verstärkt diesen Eindruck der Emsigkeit, des ruhigen Fleißes (ohne alle Hast: Allegro quasi Allegretto).»[5]

Ob diese hier angedeutete «Besonnenheit» und «Sorgsamkeit», verbunden mit dem «graziösen Rhythmus» nicht mehr in Richtung praktischer Lebensklugheit und Diplomatie zu verstehen ist, wie sie den Steinbockmenschen besonders auszeichnen? In Verbindung mit dem wilden, scheinbar willkürlich dahinjagenden Präludium – Debrois von Bruyck hat es (zu unrecht!) als «rasselnde Tonrumpelei» bezeichnet – kann uns die gezielte Grazie und «Sorgsamkeit» der Fuge an eine Ameise denken lassen, deren Hin- und Herlaufen ebenso willkürlich erscheint, die aber bereit ist, die längsten Umwege zu machen, *«unermüdlich den Hindernissen ausweichend, die sie nicht übersteigen kann, um dann doch immer wieder in die ursprüngliche Richtung zu gelangen, die zu ihrem Ziele führt.»*[6] Auch der Steinbockmensch schlägt in kluger Abschätzung seiner Kräfte jene Umwege ein, die ihm unter allen Wegen die «kürzesten» scheinen. In diese Richtung wäre Riemanns Charakteristik vielleicht zu verstehen. Jedenfalls ist es unleugbar, daß die «Heldenkraft» und Willensfestigkeit des «capricornus» auch durch die Finsternis seiner Mollparallele scheint. Davon gab uns *Beethoven* im zweiten Satz seiner «Eroica» ein sehr ergreifendes Zeugnis.

Die Eroica gibt kein Bild eines einzelnen Heros, sondern stellt das Tongemälde des menschlichen Heldentums als solches dar. Sahen wir im ersten Satz
den Helden als Sieger das Feld behaupten, zeigte er sich in den Es-Dur-Variatio-
nen des Finales in seiner ganzen Schöpferkraft, so offenbart uns die «Marcia
funebre» des zweiten Satzes den gefallenen Heros. Bei dem aus der Ferne heran-
nahenden Trauerkondukt läßt uns Beethoven Zuschauer sein. Leise kündigt sich
sein Nahen an: *«Ein ergreifend schlichtes Marschthema, in feierlich schleppende
Rhythmen gekleidet, wird von einer tröstenden Es-Dur-Melodie unterbrochen, um
dann in eherner Unerbittlichkeit weiterzuschreiten.»* [8]

Der Satz ist kein Lebensbild aus der Perspektive der Totenbahre gesehen, kein
sich entrollendes Lebenstableau des Helden, wie es *Wagner* im Trauermarsch der
«Götterdämmerung» erstehen ließ. Auch er hebt in düsterem c-Moll an. Dumpfe
Paukenschläge intonieren die Rhythmen der Trauerklage, über die sich dunkle
Schatten der Streichertriolen breiten.

Der Held liegt auf der Bahre, vom Speer des Egoismus aus Hagens Hand getroffen. Im ernsten Tubenklang ersteht das Wälsungenleid-Motiv, die Urschicksals-
last der Individuation, die von Anbeginn auf diesem Geschlechte ruhte.

Dann – aus der stockenden Stille der jähe Aufschrei des Blechbläser-Chores, die Trauer-Rhythmen in voller c-Moll-Akkordik, wieder umschattet von dem Triolenmotiv der Streicher. Der weitere Themen-Duktus dieser Trauermusik aber formt sich zu einem gewaltigen Lebenstableau des Wälsungensprosses.

Eherne Unerbittlichkeit, wie sie das c-Moll der beiden Trauer-Musiken ausstrahlt, zeigt auch das Kopfthema von Beethovens V. Symphonie, dessen pochende Terzenmelodik den Meister angeblich zu der Deutung veranlaßt haben soll, so würde das Schicksal an die Pforten klopfen. Wie immer es sich damit verhalten mag, das Wort charakterisiert jedenfalls sehr eindringlich den Empfindungsgehalt des Themas.

Kein Ausweg scheint sich zu öffnen; ein Mensch spricht in diesem c-Moll zu uns, der einer unbarmherzigen Ballung von lähmenden Hindernissen gegenübersteht, die unter dem geheimnisvollen Begriff des Schicksals vereinigt erscheinen. Doch wir erinnern uns an das As-Dur des zweiten Satzes, in dem der Geist *aus der brutalen Wirklichkeit in die Welt innerer Gesichte floh.*[8] Wir erinnern uns auch an den schlußendlichen Durchbruch des Widderlichtes von C-Dur im Finale, um zu spüren, daß dieser von Schicksalsfinsternissen heimgesuchte Mensch mit innerer Heldenkraft für seine Ich-Freiheit kämpft und dem *Schicksal in den Rachen greift*, um dieses c-Moll aufzureißen und zu durchlichten.

Gefesselt in seiner eigenen Willenskraft, ein Knecht seiner selbst, erscheint uns jedoch Coriolan in Beethovens berühmter Ouverture. Man könnte in ihr das Negativ des ersten Eroica-Satzes sehen. Ein Wille, der niederreißt und sich selbst zerschmettert. Ein düster brütendes Unisono steht am Beginn. *Eine unheilvolle Lebensenergie ballt sich zusammen und entlädt sich in blitzartig einschneidenden Akkordschlägen. An Stelle des in schwungvollen Akkordgängen aufstrebenden Dur-Themas der Eroica treten jetzt stachlige Achtel-Staccati, trotzig widerstrebende Synkopen, schroff ausgezackte melodische Linien, mit eigensinniger Zähigkeit festgehaltene Moll-Motive. Massive, finster gefärbte Harmonien, die mit drückender Wucht lasten, Sforzati, die sich auf unbetonten Taktteilen emporbäumen, reden eine Sprache voll rauh einschneidender Härte und unerbittlicher Entschlossenheit.*[8]

526

Versöhnlichere Klänge bringt erst das Seitenthema mit seinem leise durchhallenden Hornklang, der dem Es-Dur-Melos der Violinen ein zart getöntes Begleitkolorit verleiht. Es sind die menschlichen Züge des Helden, die uns – ganz im Sinne des Steinbocktypus – erkennen lassen, daß hinter der Rauheit und unbeugsamen Härte des Willens doch die Weichheit der Empfindungen west.

Ein Ringen nach dem Licht, wie es Beethoven in seiner V. Symphonie offenbarte, zeigt auch Johannes *Brahms* in seiner I. Symphonie. Sie ist Brahms' «Pathétique». *«Satz für Satz, Terz für Terz kämpft sie sich in titanischem Ringen von schwerster Bedrängnis zur hymnisch-jubelnd bekannten Lebensbejahung hinauf.»*[9] Auf Beethoven fußt das ernste Ethos, der große Stil dieses symphonischen Werkes, aber das c-Moll des ersten Satzes, namentlich das der Einleitung atmet die Düsternis Hebbelscher Dramatik. Walter Niemann meint:

«Die grausige Hebbel-Stimmung der im Mondschein unter wild zerrissenem winterlichem Nachthimmel gespenstisch daliegenden Leichensteine des Kirchhofs brütet und lauert in Gestalt jenes chromatischen ‹Schicksalsmotivs› in der Einleitung zum ersten Satz (Un poco sostenuto) und zum letzten Satz (Adagio). Es ist überall, in allen Sätzen, da, wo man es nicht erwartet; sogar im langsamen Satz (Adagio) ringt es sich im fünften und sechsten Takt als unheimlicher steinerner Gast empor; ja, selbst dem

dritten Satze fehlt es wenigstens in Anklängen nicht ganz. Hebbelsche dämonische Leidenschaft, wilde Energie, herber Trotz und harte, kalte, steinerne Größe lebt in den beiden Ecksätzen dieser c-Moll-Symphonie.»[9]

Auch Anton *Bruckner* geht in seiner VIII. Symphonie diesen Weg «Per aspera ad astra», von einem steinigen c-Moll zum Sternen-Sonnenlicht eines Michaelischen C-Dur. Doch ist es hier der Weg des Mystikers, der das drachenhafte c-Moll von innen her durchleuchtet und einer lichtvollen Wandlung zuführt. Wir haben dies am Ende unserer Es-Dur-Betrachtung bereits angedeutet. Was dort ins Licht der parallelen Dur-Tonart sich wandelte, ersteht im Finale in dem Glanz des gleichnamigen Dur.

Welche unterschiedliche Seiten Beethoven und Bruckner dem c-Moll jedoch noch abzugewinnen vermögen, können die beiden folgenden Beispiele aufzeigen. Düster, ernst, von trotzigen Rhythmen durchzuckt, zeigt sich das einleitende Grave der Sonate Opus 13, der *Beethoven* selbst den Titel «Pathétique» verliehen hat. Auf einem eintaktigen Motiv beruhend, mündet das Melos in eine rezitativartige Kadenz, nachdem seine offenbar angestrebte versöhnende Dur-Wendung – (ein schönes Zeugnis für die Lichtwende im «Steinbock») – durch drohende punktierte Rhythmen unterbunden wurde.

Nach hartem schmerzlichem Zögern erfolgt der Sturz in ein «Allegro con brio», dessen über zwei Oktaven sich aufbäumendes und wieder zurücksinkendes Thema mit seinen dumpf wirbelnden Bässen dem Satz seine Grundfarbe verleiht.

Anders das c-Moll Anton *Bruckners* im Andante seiner IV. Symphonie. Von träumerisch, elegischem Charakter zeigt der Beginn mit seinen schattenhaften Klangwirkungen, mit den nebelhaften Terzen in den Mittelstimmen eine «*Unabgrenzbarkeit der Innenvorgänge*», wie Ernst Kurth diese umhüllende symphonische Atmosphäre der ersten Takte bezeichnet. Denn sie sind nicht als Einleitung zu verstehen. Vielmehr zeigen sie das Bild eines «*kurzen symphonischen Wellenatems*»[2], ein zartes Schwellen in den Mittelstimmen und nach leichtem Steigerungsdruck ein «*Verhallen ins unisone c des zweiten Taktes.*»[2]

Und dieser Anhauch nimmt im 3. Takt die große Hauptmelodie der Celli in seine Wellenbewegung auf. Dieses Verschmelzen harmonisch-melodischer Linienzüge, die etwas Sphärisches erleben lassen, versteht Kurth unter «Unabgrenzbarkeit der Innenvorgänge».

Andante quasi Allegretto

Immer wieder ist die Quinte Saturn-Mars der Ausgangspunkt der thematischen Entfaltung. «Lebenswirkensmacht» und «Lebenswiderstand» stehen einander gegenüber und halten sich im Melos die Waage. Jedem Tonwert gelingt der Aufschwung zur eigenen Oktav, aber die Akzente bleiben gleichmäßig verteilt. Erst die Wendung nach Ces-Dur bringt mit der inkarnierenden Saturn-Jupiter-Terz die Entscheidung zugunsten des Saturnwortes.

Dieses «Natur-Motiv» spendet Frieden und Trost dem Bedrückten, gegen den Lebenswiderstand Kämpfenden, und läßt die *«Wirkensmacht des Lebens»* in unendlicher Innigkeit erblühen.

Von ausgesprochen dämonischem Charakter dagegen ist das c-Moll im «Freischütz» Carl Maria von *Webers*. Bereits in der Ouvertüre zeichnet sich darin die Welt «Samiels», die Sphäre des Bösen ab. Bekommt doch auch das von hetzenden Synkopen getriebene Anfangsthema des Vivace-Teiles im späteren Dramen-Verlauf Maxens Worte zugeteilt: «Doch mich umgarnen finstere Mächte.» Weber selbst bekannte, wie wichtig ihm dieser dämonische Ausdruck war:

«Ich habe lange und viel gesonnen und gedacht, welcher der rechte Hauptklang für dies Unheimliche sein möchte. Natürlich mußte es eine dunkle, düstere Klangfarbe sein, ...»[10]

Von der Wahl der Tonart im besonderen sagt Weber, daß er es *«damit immer sehr ernst genommen»*[11] hätte, *«und nicht allein für jede Hauptstimmung die entsprechende Haupttonart zu treffen gesucht»*, sondern sich auch bemüht habe, *«mit der Modulation jeder modifizierten Regung darin treulich nachzufolgen».*[11]

530

Dämonie, verbunden mit ungebändigter Kraft der Elemente und – wie Franz Liszt sagte – mit allen Phasen des Leidens, des Zornes, der Empörung, des Sarkasmus und der Ironie bis zur Sehnsucht nach Vernichtung, atmet der große Monolog des Holländers in *Wagners* gleichnamigem Werk. Wir zeigen den Beginn der zweiten Phase dieser Arie, der uns «der Verdammnis Schreckgebot», in ein todloses Leben hineingebannt zu sein, sehr plastisch wiedergibt.

Wie oft in Mee - res tief - sten Schlund

Die gleiche Seelenstimmung, wie sie Webers und Wagners c-Moll aufzeigt, erfüllt auch *Beethovens* Opus 111, die große c-Moll-Sonate, mit der der Meister endgültig Abschied nahm von der Form der Klaviersonate. Keine vorbereitenden Phrasen werden uns gegeben; mit einem kühnen Sprung sehen wir uns in ein gärendes Chaos geworfen, eine schmerzlichste Dissonanz bildet den Einleitungs-akkord. Dann zerklüftete Rhythmen, *«voll düsterer Majestät»*[8], jäh stürzende verminderte Septimsprünge, ein Aufstöhnen in zuckenden Baßsfozati.

Aus geheimnisvoll brütendem Donnergrollen bricht plötzlich mit elementarer Steigerung das wuchtige Thema hervor.

«*Es ist ein Gedanke von unheimlich packender Plastik*»[8], schreibt Bekker. Und sie wird besonders deutlich, wenn man diesem Themenbeginn *Schuberts* Lied «Der Atlas» an die Seite stellt, dessen Hauptmelodie eine frappante Verwandtschaft mit dem Kopfmotiv der Beethoven-Sonate zeigt. Dazu ein Wort Hugo Riemanns:

«*Lassen wir die Frage auf sich beruhen, ob diese Verwandtschaft eine zufällige ist, oder aber die eine Melodie Einfluß auf die Entstehung der andern gehabt hat. Wenn aber musikalischen Ideen wirklich eine immanente Ausdruckskraft eigen ist – woran zu zweifeln wohl kein Grund vorliegt –, so werden wir den Text, der Schubert zu der Melodie inspirierte, unbedenklich zur Enträtselung des Sinnes des Beethovenschen Themas heranziehen dürfen und annehmen, daß es der ‹große Schmerzensträger› Beethoven ist, der aus demselben zu uns redet.*»[12]

Es ist die gleiche Last, die Beethoven bereits in seiner Coriolan-Ouverture aufzuzeigen wußte: der Zwang, die Last des eigenen Wesens zu tragen, in der Fron seines unbezähmbaren Willens zu stehen.

Ein kurzer C-Dur-Epilog singt am Ende des Satzes das *Grablied des Kämpfers*»[8]. Und es will uns scheinen, als würde in diesem versöhnenden Ausklang jenes Wort zu uns sprechen wollen, in dem Beethoven selbst sein Leben zusammenfaßte und das jeder heroischen Seele zum Ziele leuchtet:

«Durch Leiden zur Freude».

534

B-DUR — WASSERMANN

«Es festigt sich Gedankenmacht
Im Bunde mit der Geistgeburt,
Sie hellt der Sinne dumpfe Reize
Zur vollen Klarheit auf.
Wenn Seelenfülle
Sich mit dem Weltenwerden einen will,
Muß Sinnesoffenbarung
Des Denkens Licht empfangen.»
(Rudolf Steiner, Seelenkalender)

Das Zeichen des Steinbocks ließ uns erleben, wie jenes geistige Sonnenlicht, das im «Schützen» das Seeleninnere durchstrahlte, sich anschickte nach außen in die Offenbarung zu treten, in die dunkle, erstorbene Erdenmaterie hineinzuleuchten: «Wintersonnenwende, Nacht ist nun zu Ende!» Den hohen Geist der Nacht in den neu-erwachenden Tag zu tragen, war der Wille des «Steinbocks». Mit all seinen Kräften diesem Geist zu dienen, darin fühlt der hohe Steinbock-Typus seine Lebensmission. Das Gestern mit dem Morgen zu verbinden, aus der Vergangenheit die Zukunft in organischer Kontinuität erwachsen zu lassen sieht er als seine wichtigste Funktion an. Die Kraft des Steinbocks war somit dem «Werdenden» zugewandt. Im Luftzeichen des «Wassermanns» findet nunmehr Verwirklichung, was sich in den Wirkenskräften des Schützen und Steinbocks bereits vorbereitet hat: die geheimnisvolle Berührung von Himmel und Erde, der Sternenwelt mit der Stoffeswelt. Die Planetenworte machen es deutlich:

Begrenztes sich opfere
   Grenzenlosem . . . . Sonne . . A   (Sextqualität)   als Septime
Was Grenzen vermißt, es gründe . Venus . . F   (Quartqualität)   als Quinte
In Tiefen sich selber Grenzen; . . Merkur . D   (Sekundqualität) als Terz
Es hebe im Strome sich, ... Mars . . . C   (Primqualität)   als Sekund
Als Welle verfließend sich
   haltend, ... Jupiter . . Es (Terzqualität)   als Quarte
Im Werden zum Sein sich
   gestaltend. . . . . Saturn . . G (Quintqualität)   als Sexte
Begrenze dich, o Grenzenloses. . Mond . . B (Septimqualität) als Grundton

B	C	D	ES	F	G	A	B
Septim- qualität	Prim- qualität	Sekund- qualität	Terz- qualität	Quart- qualität	Quint- qualität	Sext- qualität	
Mond	Mars	Merkur	Jupiter	Venus	Saturn	Sonne	

Es muß uns auf den ersten Blick auffallen, daß in den sieben Zeilen dieser Stimmung sechsmal das Motiv der «Grenze» auftritt. Aus dem Weg, den wir bisher durch den Sternen-Quintenzirkel gegangen sind, erhellt sich, daß wir die

Begrenzung nur im Irdisch-Stofflichen suchen können; denn das «Sein», wie es uns die Schützen-Sphäre erleben ließ, ist grenzenlos. Dieses «Grenzenlose» vollzog im «Steinbock» den Schritt zu seiner Verendlichung: «das Geisteskind lag entzaubert im Seelenschoß». Steinbockstimmung ist Weihnachtsstimmung; die Gottheit selbst begab sich in ihr in die menschliche Begrenzung.

Nun gilt es, dieses «Geisteskind im Seelenschoß» in die «Sinnesoffenbarung» hineinzutragen und «der Sinne dumpfe Reize» zu erhellen. Das kann nur gelingen, wenn das an die Sinne gebundene Ego unserer Erdenpersönlichkeit bereit ist, seine Begrenztheit für einen umfassenderen Weitenblick einzutauschen, alles was die Sinne wahrnehmen als Gleichnis für ein dahinter webendes Geistiges zu erkennen. Davon spricht das Sonnenwort: *Begrenztes sich opfere Grenzenlosem*. Der Sonnenton a ist hier Septime; sein Drängen zur Oktav allein macht die Mahnung des Sonnenwortes deutlich: den Prim-Bezug zu überwinden, von dem «Physisch-Gewordenen» zum «Lebendig-Werdenden» zu streben. Sich in den Bereich der Lebenskräfte, in die Äthersphäre zu erheben und zu weiten, ist der Impuls des Sonnenwortes. Diese Ätherkraft durchtönt auch das sphärenharmonikale Geschehen. In *Haydns* «Schöpfung» sprießt es auf im «frischen Grün», da das göttliche Schöpferwort die Erde berührt:

Nun kann dieser Weitungsdrang freilich leicht zu einem Selbstverlust führen. Das Drängen nach dem Unendlichen erfordert ein Gleichmaß zwischen dem «Sich-Weiten» und dem «Sich-in-Grenzen-Halten». Es ist im gewissen Sinn ein Entsagungsopfer, das von beiden Kräften verlangt wird. Die Venus- und Merkurworte machen es deutlich: *Was Grenzen vermißt, es gründe* – Venus – *In Tiefen sich selber Grenzen* – Merkur. Der Venuston steht an Quintschwelle und setzt damit den Markstein zwischen dem Begrenzten (Prim) und dem Grenzenlosen (Oktav), während der dynamisch bewegte Merkurwert, der in die Tiefen blickt, Terz ist und als solche die Verinnerlichung vollzieht.

«Uns allen wohnt ein geheimes, wunderbares Vermögen bei, uns aus dem Wechsel der Zeit in unser innerstes, von allem, was von außen her hinzukam, entkleidetes Selbst zurückzuziehen und da unter der Form der Unwandelbarkeit das Ewige anzuschauen.»[1]

Mit diesen Worten weist Schelling auf jenen «inneren Sinn» im Menschen, der Träger des weltanschaulichen Prinzips der Wassermannstrahlung ist: auf den «Pneumatismus», der ein gewisses Gleichgewicht der Seelenkräfte erstrebt, eine Harmonisierung der polar entgegengesetzten Impulse, die der Seele vom «Himmel» und von der «Erde» zufließen. Angelus Silesius hat dies in die schlichten Worte geprägt:

> *«Zwei Augen hat die Seel', eins schauet in die Zeit,*
> *Das andre richtet sich hin in die Ewigkeit.»*
> *(Der Cherubinische Wandersmann)*

Wenn «Begrenztes» – gemäß der Sonnenmahnung – sich «Grenzenlosem» opfern will, so bedeutet dies keineswegs ein Auslöschen des Begrenzten. Würde damit doch der Träger dieses Opfers verschwinden. Die «Grenze» soll vielmehr in den Tiefen der Seele, gleichsam als ein vergeistigtes Selbst erhalten bleiben; dies ist die Intention des Venus- und Merkurwortes.

Ein schönes Symbol für dieses Strömen und gleichzeitige Begrenzen zeigt die zweifache Thematik des zweiten Satzes von *Beethovens* Pastoral-Symphonie: «Szene am Bach». Wellengemurmel in den Bässen, grenzenloses Fließen, und darüber eine Melodik, deren zunächst kurze, in sich beschlossene Anfangsmotivik in ihrer späteren Weitung das Wellenspiel gleichzeitig begrenzt und umgreift. Ein Thema, das ganz das Wesen von B-Dur atmet.

Für Beethoven war die Natur nicht nur Augenweide, sondern die Vermittlerin göttlicher Schöpferkraft; sie war ihm Freundin und Priesterin zugleich. Seine Andacht, zu der sie ihn begeisterte, spricht aus einer Tagebuchnotiz «auf'm Kahlenberg 1812», als ein von Ergriffenheit erfülltes Stammeln: *«Allmächtiger – im*

Walde – ich bin selig – glücklich im Walde – jeder Baum spricht – durch Dich, o Gott,
welche Herrlichkeit – in einer solchen Waldgegend – in den Höhen ist Ruhe – Ruhe
ihm zu dienen.» Aus einer derartigen Stimmung heraus mag der Satz entstanden
sein, der damit gleichzeitig Zeugnis ablegt, wie tief Beethoven das Wesen dieser
Harmonie innerlich erlebt haben muß.

In der «Szene am Bach» berührt unser lauschendes Ohr die Geheimnisse der
Natur, die sich darin offenbaren ohne sich zu enträtseln. Es ist die Zwiesprache
der Natur mit sich selbst, das Raunen einer Ätherwelt, bei dem «die Nixen tief
unten ihren Reih'n singen», wie ihn auch Schubert in einem seiner Müller-Lieder
so poesievoll erklingen ließ. Das sanfte Dahingleiten der zweiten Geigen, der
Bratschen und Celli ist eine unendliche Melodie, in der Zeit und Raum aufgehoben erscheinen. Und dieses grenzenlose Wellenspiel spricht auch aus dem Melos
des Hauptthemas.

Die *«ideale Geschlossenheit»* dieses Hauptthemas *«ist in der klanglichen Verwirkli-*
chung zunächst durch lange Pausen wie verweht, bis es sich vernehmbar» – im fünften
Takt – *«zum Gesang verdichtet.»*[2] Was Oboussier mit dieser Themencharakteri-
stik anspricht ist in Wahrheit der Sinngehalt der Planetenworte: das Sich-Hinge-
ben an das Grenzenlose, bei gleichzeitigem Sich-Gründen in Grenzen.

Auch die obersonnigen Planeten verweisen auf das Urbild der Welle als Offenbarung eines grenzenlos-begrenzten Werdestromes. In der Marszeile funkelt,
wie immer, ein Willenselement: *«Es hebe im Strome sich».* Und Mars findet in B-
Dur seinen Tonwert in Sekund-Position. Es gäbe wohl keinen geeigneteren Platz
in der Struktur dieser Tonart für ihn, als jenen der merkurialen Sekunddynamik,
die er mit seiner Grundtonfestigkeit verbinden und mit eherner Kraft erfüllen
kann.

Wie in der untersonnigen Sphäre das Venus- und Merkurwort zu einer Wir-
kenseinheit verschmilzt, so auch im obersonnigen Bereich Mars und Jupiter. Was
sich «im Strome» als «Welle» hebt, soll sich im *«Verfließen»* gleichzeitig *«halten».*
Dem dahinfließenden Strom des Werdens, seinem Blühen, Fruchten und Vergehen angehörend, soll sich die Welle in ihrem Eigensein trotzdem erhalten, um –
dies das Mahnwort Saturns – *«im Werden zum Sein»* sich zu gestalten. Der Jupiterton als Quart könnte durch deren Abrundungstendenz keine gemäßere Position einnehmen, um dem «Erhaltungswillen» wirksamen Nachdruck zu verleihen. Und der Saturnwert, wesenseigen die Quintqualität besitzend, strahlt als
Sexte in diesen Sphärenraum von B-Dur, um dem Werdenden ein sinnvolles
Dasein zu geben, d.h. es zum Spiegelbild des Seins werden zu lassen.

Beide Planetenworte zielen darauf ab, Grenzen zu sprengen, die das Werdende in der Stofflichkeit nur zu gerne zu ziehen versteht. Auf den Menschen
übertragen heißt dies, die ewige Seinsnatur in der Erdenpersönlichkeit aufleben
zu lassen und sein Ego zum Abbild seines wahren Ich zu machen.

Wenn Siegfried die Grenzen sprengt, die Mime um ihn gezogen hat und beginnt, sich seines Wälsungentums bewußt zu werden, ist so ein Augenblick gekommen, wo sich Werden zum Sein gestalten will. Und folgerichtig kleidet Wagner diesen Augenblick in die Klanghülle von B-Dur:

> «Aus dem Wald fort
> In die Welt ziehn:
> Nimmer kehr' ich zurück!
> Wie ich froh bin,
> Daß ich frei ward,
> Nichts mich bindet und zwingt!»

Es ist ein Bewußtseinsakt, den Siegfried hier vollzieht, wenn er sich auf sein Anderssein besinnt und die engen Zwergengrenzen sprengt, das «Grenzenlose» seines eigenen Wesens in der Ferne erwartend. Man achte auf die tragende Rolle des Sekundintervalls bei der Melodiebildung dieses Freiheitsgesanges. Bei den Worten: «Wald fort» ist es die Merkur-Mars-Sekunde, die «im Strome sich hebt» was in den Tiefen sich sucht; dann, bei: «Welt ziehn» sind es Jupiter und Merkur, die den in die Welt Hinausziehenden, «als Welle Verfließenden» halten und tragen.

Daß dieser Drang zur Grenzenlosigkeit mit der Gefahr eines Selbstverlustes verbunden ist, wurde bereits erwähnt. Deshalb auch die sechsmalige Anmahnung des Begriffs «Grenze» in den Planetenworten. Es liegt im Wesen des Wassermann-Zeichens sich von der Möglichkeit im Grenzenlosen zu verströmen, umdroht zu sehen. Ist denn auch erkenntnistheoretisch dem «Wassermann» der Pneumatismus zugeordnet, jene Weltsicht, die in der Allgeistigkeit der Welt aufgehen möchte. Ein B-Dur, in dem diese Gefahr des Sich-Verlierens deutlich wird, erleben wir im Jubelgesang Elsas nach Lohengrins Sieg über Telramund:

«O fänd' ich Jubelweisen,
Die deinem Ruhme gleich,
Die, würdig dich zu preisen,
An höchstem Lobe reich!
In dir muß ich vergehen,
Vor dir schwind' ich dahin!
Soll ich mich selig sehen,
Nimm alles, was ich bin!»

Vor dieser Gefahr warnt nochmals eindringlichst die Mondenzeile: *Begrenze dich, o Grenzenloses*. Nicht sich in der Unendlichkeit zu verlieren, sondern sich aus der Stärke des eigenen Seins heraus als Selbst zu halten, und damit dem Sonnenwort die notwendige Ergänzung zu geben, ist das Monden-Anliegen. Daß sich Begrenztes dem Grenzenlosen opfern möge, ist Sonnenwille, daß sich Grenzenloses begrenzen müsse, ist Mondenspiegelung des Sonnenwortes. Beide zusammen ergeben die wahre Mitte zwischen Endlichkeit und Unendlichkeit: «Es festigt sich Gedankenmacht im Bunde mit der Geistgeburt», heißt es im Wochenspruch. Der Mondenton b als Grundton unserer Harmonie spricht mit seiner Primeigenschaft, verbunden mit der ihm wesenseigenen Septimqualität, diese «Mitte» deutlich an.

Das Wassermannzeichen ist ein Luftzeichen. Den unter dieser Qualität Geborenen interessiert nicht das Stoffliche an sich, sondern die geistigen Gesetze, die in der materiellen Form ihre Ausprägung erfahren. Wieder gibt uns die Weisheit Lao-Tses ein sehr treffendes Bild für diese Berührung des Geistigen mit dem

Materiellen, für das richtige Maß von Begrenztem und Grenzenlosem, wie es der Wassermann-Stimmung entspricht:

> «*Dreißig Speichen treffen die Nabe,*
> *aber das Leere zwischen ihnen erwirkt das Wesen des Rades.*
> *Aus Ton erstehen Töpfe,*
> *aber das Leere in ihnen wirkt das Wesen des Topfes.*
> *Mauern und Fenster und Türen bilden das Haus,*
> *aber das Leere in ihnen erwirkt das Wesen des Hauses.*
> *Das Stoffliche birgt Nutzbarkeit,*
> *das Unstoffliche wirkt Wesenheit.*»

Indem der Luftmensch hinter der Konstanz der Form stets ein höchstes Bewußtsein, ein Göttlich-Schöpferisches sieht, ist er Meta-Physiker, wie er uns bereits im Waagezeichen so deutlich entgegentrat. Die erste metaphysische Ebene hinter der irdisch-stofflichen ist der Ätherplan, die Welt der Elementargeister, die «natura naturans», d. h. die Lebenswelt in ihrem unermüdlichen «Werden». Daß unserem B-Dur diese Sphäre wesenseigen ist, hat uns bereits Haydn in seiner «Schöpfung», aber auch Beethoven mit der Pastoral-Symphonie gezeigt. Auf die Äthersphäre verweist aber auch das ursprüngliche Symbol des Sternzeichens, das uns den «Wassermann» mit zwei Krügen zeigt, wie er dahinschreitend die Erde begießt. Das Symbol spricht von dem Mysterium der Urgewässer und des noch unpersönlichen Ätherischen; von einem chymischen Geheimnis, dessen kosmischer Sinngehalt uns im folgenden noch deutlicher entgegentreten wird. Daß es sich bei diesen Krügen um einen ätherischen Lebensstrom handeln wird, den der «Wassermann» zu spenden vermag, das darf uns aber jetzt schon als sicher gelten. Ist das Wasser doch der unmittelbare Träger alles Ätherisch-Lebendigen.

Zahlreiche Beispiele ließen sich für solch ein ätherisches B-Dur, in dem sich Wässriges und Luftiges vermischen, anführen.

Schon *Bach* wußte seinem Präludium diesen ätherischen Hauch zu verleihen. Von ihm und der nachfolgenden Fuge sagt Riemann, sie seien zwei *«frische, gesunde Stücke ohne alle Künstelei und Grübelei»*[3], mit deutlichen Anklängen an seine Orgeltoccata. Auch der Verzicht auf strenge Polyphonie zugunsten von einfachen melodischen Linien, einstimmigen episodischen Läufen gibt dem Präludium Lockerheit und Leichtigkeit.

Gleiches gilt für die Fuge. Für Riemann gehört sie zu den «*liebenswürdigsten, anspruchslosesten und wohlklingendsten Stücken des Wohltemperierten Klaviers*».[3] Auch das polyphone Rankenwerk ist besonders durchsichtig, und die weite Lage der Stimmen verleiht ihr ätherische Luftigkeit. Das Thema zeigt plagalen Charakter, d. h. der harmonische Schwerpunkt liegt zu Beginn auf der Quinte der Tonika f, von wo aus sich die melodische Linie zur Oktav und Terz erhebt, «*zunächst in ruhig auf- und abschwebender Achtelbewegung, dann etwas lebhafter andrängend in Sechzehntel und endlich in ununterbrochener Sechzehntelbewegung sich auf der Höhe haltend mit abschließender weiblicher Endung, eine wahre Blumengirlande.*»[3] Vielleicht mag es neben der einfachen und klaren melodischen Linienführung jener plagale Charakter des Themas sein, der Hermann Beckh bewog aus dieser Fuge eine «*wie selbstverständliche Glaubenszuversicht*»[4] herauszuhören, so «*daß man sie ‹Glaubensfuge› nennen könnte.*»[4] Eine Charakteristik, die den Kern unserer B-Dur-Harmonie trifft, wie sich uns noch zeigen wird.

Ein ähnliches ätherisches Weben im luftigen Element zeigen so manche kleine Klavierstücke Robert *Schumanns* in B-Dur, namentlich in seinen «Waldszenen», wie: «Eintritt», «Einsame Blumen», «Freundliche Landschaft», «Abschied».

Eintritt

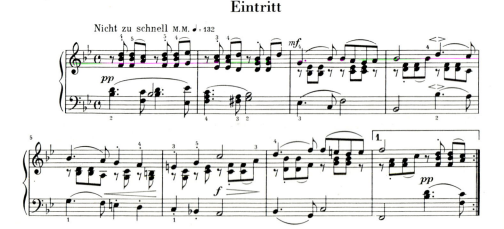

Einsame Blumen

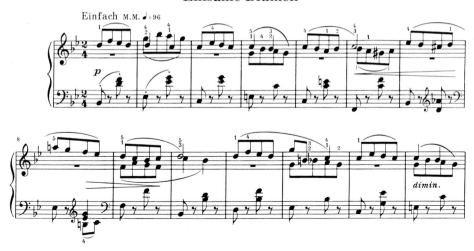

Auch Franz *Schubert* weiß um die Zartheit dieser beglückenden Harmonie von B-Dur, in der sich Himmel und Erde berühren. Das 3. Impromptu aus Op. 142 zeigt uns eine einfache liedförmige Melodie, thematische Grundgestalt für zahlreiche Variationen, die Schuberts unerschöpfliche Variierungskunst in schönster Weise erkennen lassen. Auffallend in dieser Melodik ist der vom Sonnenton a durch einen verminderten Quintsprung erklommene Jupiterton es, dessen halber Notenwert dem Fluß des Melos ein gewisses Verweilen aufprägt, als würde er sagen wollen: «als Welle verfließend sich haltend.»

Frohlocken und Zufriedenheit atmet auch das Thema seiner V. Symphonie. Mit vier einleitenden Takten springt die Melodik gleich in das Thema, das in seiner motivischen Gestaltung durch den B-Dur-Dreiklang eng umgrenzt ist, dessen unaufhörliches Hervorsprießen aus stets anderen Stimmen jedoch die Grenzenlosigkeit dieses Strömens erlebbar macht. Thr. Georgiades spricht von einem «*Klangströmen*»[5] in Schuberts Instrumentalsatz und weist damit auf jenes Phänomen, das Schubert a priori dem klassischen Erbe einverwoben hat: die Technik, durch welche die jeweils entstehende Motivik sich als Ableitung aus dem Vorausgegangenen erweist. Durch diese stete Ableitung entwickelt sich ein «*Satzkontinuum*»[5], das uns in anschaulichster Weise an Heraklits berühmtes Wort: «Alles fließt», denken läßt.

Unbeschwerte Fröhlichkeit beherrscht den letzten Satz, ein «Allegro vivace». Es ist jener lebensfrohe Schubert, der aus ihm spricht, der selbst von Sorgen, Nöten und Hunger umdroht, von den Sternstunden der Berührung durch den Genius zu sagen wußte, daß sie «uns in den Finsternissen des Lebens eine lichte, helle, schöne Ferne zeigen» würden, «worauf wir mit Zuversicht hoffen.» Auch hier also wird die Glaubenszuversicht angesprochen.

Ein Schwelgen im Wohllaut, ein klangprächtiger Farbenreichtum eröffnet sich uns im Trio Op. 99 in B-Dur. Helligkeit und Glanz durchflutet den ersten Satz. Mit Anmut, aber auch mit Selbstbewußtsein spricht sich das Hauptthema aus, das mit seiner gebogenen Triolenfigur vom Grundton über die Quint zur Oktave des Ausgangstones stolz emporsteigt. Die jähe Rückflutung der abstürzenden Sechzehntelfiguration begrenzt – fast möchte man sagen mit *bewußter* Strenge – den offenbar ins Grenzenlose drängenden thematischen Willen.

«Selige Augenblicke erheitern das düstere Leben», schrieb Schubert am 8. September 1816 in sein Tagebuch: *«drüben werden die seligen Augenblicke zum währenden Genuß...»* Im B-Dur-Trio war für ihn so ein seliger Augenblick gekommen, wo ein Freudenstrahl aus geistigen Welten in Schuberts Leben hereinfiel.

In *Chopins* Prélude verbindet sich lieblich ausschwingende Melodik, die geflissentlich den Mondenton und seine ernste Mahnung nach Begrenzung vermeidet, mit einer von starker Chromatik durchsetzten Baßfigur, die dem Licht der Melodie Schwere und Trübung aufprägt. Die Fesselung der Cantilene an die Klangmaterie ist nicht zu überhören.

Den «wörtlichen» Bezug unserer Tonart zum «Luftelement», d. h. die Bestätigung durch das *Wort*, das sich B-Dur wählt, um dem Gehalt seiner Gedanken die entprechende Klanghülle zu geben, läßt Richard *Wagner* dem «Steuermann» im «Fliegenden Holländer» herstellen:

> «Mit Gewitter und Sturm aus fernem Meer –
>   Mein Mädel, bin dir nah! ...
> Mein Mädel wenn nicht Südwind wär',
>   Ich nimmer wohl käm' zu dir:
> Ach, lieber Südwind, blas noch mehr!
>   Mein Mädel verlangt nach mir.»

545

Moderato

Mein Mä-del, wenn nicht Süd-wind wär, ich nim-mer wohl käm' zu dir:

Mit der bisherigen Charakteristik des Ätherisch-Lebendigen stehen wir allerdings erst im Vorhof der Wassermann-Strahlung. Dringen wir intensiver in sie ein, offenbaren sich Tiefen und Gegensätze, die man auf den ersten Blick kaum erahnen würde. Da ist zunächst die Tatsache, daß Saturn auch im Wassermann – wie im Steinbock – sein «Haus» findet. Saturn ist ja die ursprüngliche Grenzmarke unseres Sonnen– und Planetensystems. Deshalb gilt er auch als Bewahrer der kosmischen «Urerinnerung», der auf alles verweist, was auf Erden in die Verfestigung führt, was sich in Erdenschwere auslebt. Sprachen wir doch auch von der skelettbildenden Wirksamkeit der Saturnprozesse. Und von den Metallen ist ihm das Blei zugeordnet. Während nun aber der «Steinbock» den Saturn als seinen ausschließlichen Vermittler hat, ereignet sich im Wassermann etwas, das man illustrativ treffend mit dem musikalischen Phänomen der enharmonischen Verwandlung vergleichen könnte.

Wir entsinnen uns, daß durch sie die Möglichkeit gegeben wird von der exkarnierenden Bewegungsdynamik in die inkarnierende zu wechseln und umgekehrt. Das heißt vom «Mittelpunkt» der irdisch-stofflichen Begrenzung in die Unendlichkeit der Peripherie hinauszudringen, oder aus dieser Grenzenlosigkeit in die Begrenzung zu steigen. Die gleiche Möglichkeit auf kosmischer Ebene zeigt das Sternzeichen des Wassermann auf. Wie sich uns das Phänomen der enharmonischen Verwandlung im Zeichen der Waage gleichsam von selbst anbot – die Möglichkeit bietet natürlich jedes Sternzeichen – so bietet sich diese «kosmische Verwandlung» auch im Wassermann an. Denn der Saturn ist Überträger nur eines Teiles der Kräftewirksamkeiten dieses Zeichens. In ihm liegen aber auch noch Kräfte, die hinausweisen in die peripheren Weiten der Fixsternwelt, die jenseits unseres Erden–Sonnen- und Planetensystems liegen.

Es gibt nämlich noch weitere Planeten, die man verhältnismäßig erst spät entdeckt hat, die heute einerseits zwar mit Recht zu unserem System gezählt werden, die aber andererseits doch nicht so unmittelbar zu ihm gehören, wie es jene von der Saturnbahn umgrenzte Planetenwelt ist. Unterscheiden sich diese Spätentdeckten doch in so manchen wichtigen Kriterien von unserer klassischen Planeten-Siebenheit. So z. B. daß ihre Monde in der umgekehrten Richtung kreisen. Uranus, Neptun und Pluto werden, wie gesagt, von der Astronomie heute zu unserem Planetensystem gezählt, sie gehörten ursprünglich jedoch nicht dazu, sie müssen als später in den Anziehungsbereich unseres Systems «Hinzugeflogene» verstanden werden. «Also nicht in demselben Sinn können sie zu unserem System zugezählt werden wie die anderen Planeten vom Saturn an, die sozusagen von Anfang an zu unserem System gehörten.»[6]

So können uns diese Planeten – Uranus wurde 1781 entdeckt, Neptun 1846, Pluto 1930 – gleichsam als eine Brücke gelten von unserem engeren Sternensystem hinaus in die erhabenen Weiten der eigentlichen Fixsternwelt. Man hat dem ersten dieser neuentdeckten Wandelsterne den Namen Uranus gegeben. Mythologisch gesehen war Uranus der Vater des Saturn-Chronos. Wie der Name dieses Sohnes bereits andeutet, liegt seinem Wesen die Zeit zugrunde. Mit Saturn-Chronos wird gleichsam die Zeit geboren, während Uranus noch in der Dauer west.

Wir stehen damit in unserer kosmischen Sphäre an einem Punkt, wo die Wege sich teilen. In bezug auf das Planetarische liegt hier ein bedeutsames Mysterium vor. Der Gebieter über alle jene Wirkenskräfte des «Aquarius», die zur Erde verweisen und *Begrenzung* vermitteln, ist Saturn. Wie im Steinbock sein erstes, findet Saturn im Wassermann sein zweites Haus. Dagegen wirkt in alles Ätherisch-Lebensvolle dieses Zeichens, in alles was Befreiung von der Erdenschwere bringt, die Kraft des Uranus. Er ist die Grenzmarke des *oberen* Sternenhimmels, jener über-saturnischen Welt, die man nach alter Überlieferung den «Kristallhimmel» genannt hat. In der Zweiheit: Uranus-Saturn haben wir das stellarische Spiegelbild des tellurischen Gegensatzes von Himmel und Erde.

«Das Wort Uranus selbst ist, über das indische Váruna (Gottheit des Nachthimmels und des Meerwassers), mit ‹Wassermann› und mit ‹urna›, mit der U r n e (oder den beiden Urnen) des Wassermanns verwandt.»[7] Uranus bringt uns den Hauch göttlicher «Ur-Kristall-Liebeskräfte» aus fernsten Sternensphären, weshalb B-Dur auch als die «Sternentonart» empfunden wurde. Ist sie für die Uranuskräfte doch eine besonders durchlässige Harmonie. Wobei wir festhalten müssen, daß wir mit dieser Tonart bereits im «Werden», d. h. in der Sinneswelt stehen. Es ist daher angebracht bei ihr von «Durchlässigkeit» zu sprechen. In den hohen Be-Tonarten standen wir ja noch unmittelbar in der Transzendenz.

Von diesem Blickpunkt aus kann man die Tiefe der *Wagner'schen* Inspiration erst richtig ermessen, wenn er g-Moll und B-Dur in seinem «Tannhäuser» dort ertönen läßt, wo Elisabeth den Erdenplan verläßt und ihren nachtodlichen Weg empor zu jenen Sternenweiten antritt. Mit sanften, tiefdunklen Posaunen und Baßtuba-Tönen senkt sich die Nacht hernieder und wirft ihre Schatten über Natur und Seele.

> «Wie Todesahnung, Dämmrung deckt die Lande,
> Umhüllt das Tal mit schwärzlichem Gewande;
> Der Seele, die nach jenen Höhn verlangt,
> Vor ihrem Flug durch Nacht und Grausen bangt.»

Düsteres, von Sterben erfülltes g-Moll begleitet diese Worte.

Doch da leuchtet es auf am dunklen Firmament: ein einsamer Stern. Ein Tre-
molo der hohen Geigen, im zartesten Pianissimo von B-Dur, malt sein fernes
Funkeln, das wie ein Hoffnungsschimmer herniederstrahlt in die Schwermut von
Wolframs Herzen:

> «Da scheinest du, o lieblichster der Sterne,
> Dein sanftes Licht entsendest du der Ferne;
> Die nächt'ge Dämmrung teilt dein lieber Strahl,
> Und freundlich zeigst du den Weg aus dem Tal.»

g-Moll und B-Dur spiegeln die kosmische Zweiheit von Saturn und Uranus
wider und es fände sich zur Charakteristik dieser Harmonie wohl kaum ein schöneres und treffenderes Wort als jenes von Goethe: «Stille ruhn oben die Sterne
und unten die Gräber». In diesem Sternengeheimnis mag es auch begründet sein,
daß B-Dur so oft als Tonart des Glaubens, der Hoffnung und der Liebe empfunden wurde. *Glaube* spricht aus dem B-Dur Elsas in ihrer Zwiesprache mit den
«Lüften», die nun die Botschaft ihres Glückes dem Kosmos verkünden dürfen,
wie sie ehedem das «Stöhnen» ihres Herzens hinaustrugen in die Sternenweiten.

> «Euch Lüften, die mein Klagen
> So traurig oft erfüllt,
> Euch muß ich dankend sagen,
> Wie sich mein Glück enthüllt ...»

Ein B-Dur der *Hoffnung* spricht aus dem Chor der Gefangenen in *Beethovens* «Fidelio». Daß sich diese Hoffnung auf die ersehnte *Freiheit* bezieht, ist besonders bemerkenswert, weil dies als irdisches Bild ausspricht, was ideell ein wichtiges Kriterium des Wassermann-Zeichens ist: die von außen aufgezwungene «Begrenzung» zu sprengen und sich eine dem eigenen Ich gemäße Gestaltung zu geben.

> «O welche Lust
> In freier Luft,
> Den Atem leicht zu heben;
> Nur hier, nur hier
> Ist Leben,
> Der Kerker eine Gruft ...»

Dann wird der reine B-Dur-Akkord zum unerschütterlichen Garant für Leben und Freiheit: «Nur hier, nur hier ist Leben!»

Ein wahres Kampflied nach Freiheit, ein Triumphgesang der Willenskraft ist auch die große B-Dur-Sonate Opus 106, die sogenannte «Hammerklaviersonate». «*Titanische Kampfstimmung, ihrer unverwüstlichen Kraft sich bewußt, spricht aus dem in kolossalen Akkordsprüngen emporsteigenden, rhythmisch erzgepanzerten Hauptgedanken.*»[8] Für Hermann Beckh ist dieser Ansturm so mächtig, daß er sogar die Harmonie selbst zu sprengen droht. «*Es sind Ahnungen und Hoffnungen, die schon ins Transzendente gehen*»[4], denen aber die Erfüllung letztlich versagt bleibt, wie die nachfolgenden Sätze zeigen.

«*Das der B-Dur-Tonart eigene Hoffen erscheint hier als ein zu frühes Hoffen; wie es ja auch wiederum dem Jahreszeitlichen dieser Tonart entspricht: sie ordnet sich, auf den Jahreskreis bezogen, derjenigen Jahreszeit – es ist vor allem die Zeit der Februartage – zu, wo oft schon ein milder warmer Sonnenstrahl den Frühling erhoffen läßt, der dann doch erst noch durch viele Rückschläge des Winters sich hindurchkämpfen muß.*»[4]

Von eben dieser Hoffnungsstimmung beseelt schrieb Robert *Schumann* im Januar 1841 sein erstes großes Instrumentalwerk, die Symphonie Opus 38 in B-Dur, die von ihm selbst die Bezeichnung «Frühlingssymphonie» erhielt. Zwei Jahre nach ihrer Fertigstellung schreibt er an Ludwig Spohr: *«Ich schrieb die Symphonie zu Ende des Winters 1841, wenn ich es sagen darf, in jenem Frühlingsdrang, der den Menschen wohl bis in das höchste Alter hinreißt und in jedem Jahr von neuem überfällt. Schildern, malen wollte ich nicht: daß aber eben die Zeit, in der die Symphonie entstand, auf ihre Gestaltung, und daß sie gerade so geworden, wie sie ist, eingewirkt hat, glaube ich wohl.»*[9] Und – so dürfen wir ergänzen – daß sie gerade in B-Dur komponiert wurde. An Wilhelm Taubert charakterisiert er sogar noch die Stimmung konkreter, die ihn beseelte:

«Gleich den ersten Trompeteneinsatz möcht' ich, daß er wie aus der Höhe klänge, wie ein Ruf zum Erwachen – in das Folgende der Einleitung könnte ich dann hineinlegen, wie es überall zu grüneln anfängt, wohl gar ein Schmetterling auffliegt, und im Allegro, wie nach und nach alles zusammenkommt, was zum Frühling etwa gehört.»[9]

Als Frühlingssymphonie ist das Werk, von dem Schumann auch einmal sagte, es sei *«in feuriger Stunde geboren»*, bis heute im Bewußtsein der Konzerthörer lebendig geblieben.

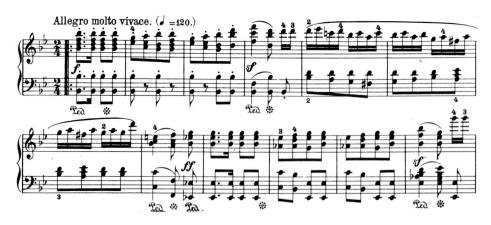

Ein ähnliches Sprengen der Fessel, einen Drang nach Freiheit zeigt auch das B-Dur der *Liebe*, wie sie etwa Siegmund und Sieglinde in Wagners «Walküre» verbindet. Wenn die innere Schicksalsgewißheit in ihnen aufflammt, und ihnen ihre Liebe bewußt wird, wenn dieses Wissen die Enge von Hundings Hütte sprengt:

> «Keiner ging –
> Doch *einer* kam:
> Siehe, der Lenz
> Lacht in den Saal! –»

und im zarten Weben wogender Achtelrhythmen, auf gleichmäßig fließenden, sanft sich kräuselnden Bässen von B-Dur gestellt, der Mittelsatz der Szene, Siegmunds Lenz- und Liebeslied anhebt:

> «Winterstürme wichen
> Dem Wonnemond
> In mildem Lichte
> Leuchtet der Lenz»,

dann ist der Augenblick eines neuen Werdens gekommen. Dem Frühlingshauch eines erwachenden Selbsterlebens mußten die alten, verbrauchten Winterkräfte eines morsch gewordenen Sippebewußtseins weichen. Liebe ist nicht mehr Ausdruck gleichen Blutes, sondern vom Blut befreites Erlebnis der Seele.

Emporgehoben zu den Sonnen- und Fixsternweiten, als Jubel- und Wettgesang der «Brudersphären» tönt uns die Botschaft einer kosmischen Liebes- und Freiheitskraft in Beethovens IX. Symphonie entgegen:

Ein Hymnus der Lobpreisung, dem göttlichen Schöpfer und Freudenspender dargebracht, der den Menschen Mut einhaucht, ihre Kräfte zu erproben und zu bestätigen.

In Freiheit seine Kräfte und Fähigkeiten entfalten zu können, ist ein intimstes Verlangen des Wassermann-Geborenen. Wir sprachen bereits von der Gefahr, die diesen Menschentyp umlauert: sich im Grenzenlosen zu verströmen, im pneumatischen Hang in der Allgeistigkeit der Welt aufzugehen, sich ein «Utopia» zu schaffen, in dem zu leben er wie ein Mönch in der Zelle, wie der «Ein»-siedler im wörtlichsten Sinne, gewillt ist. Dieses Verlangen sich ganz auf sich selbst gestellt zu sehen, macht den «Aquarius» aber nicht nur zum «Eremiten», sondern auch zum «Autarkisten». *«Der Starke ist am mächtigsten allein»*, sagt *Tell* in Schillers Drama und spricht damit eine dem Wassermann-Geborenen wesenseigene Lebensauffassung aus. Sich selbst treu zu bleiben, absolute Kompromißlosigkeit dem praktischen Leben gegenüber, gehört zu den Leitmotiven seines Lebens.

«Diese ... Autarkie bezieht sich jedoch nur auf das Geistige seiner Lebensführung. Hier besteht die Forderung unbedingter Originalität in bezug auf jede eigene Leistung: in niemandes Fußstapfen treten, wenn der Weg nicht aus eigener Kraft gefunden wurde; seine geistige Unabhängigkeit um jeden Preis wahren.»

Diese Haltung birgt natürlich die Gefahr eines geistigen Stolzes in sich. Und tatsächlich ist das schwierigste Problem, das der Wassermann-Geborene zu bewältigen hat, seine Stellung zum «Du», d. h. den Weg zur menschlichen Umwelt zu finden. Richard *Wagner* hat die Lösung dieser Problematik in den «Meistersingern» in edelster Weise aufgezeigt: selbstlos, dem «Du» helfend zur Seite stehend, sehen wir wie Hans Sachs den Schüler in das Geheimnis des Lebens und der Kunst einführt. Der Mittelteil dieser großen Szene, die bereits bei Es-Dur Erwähnung fand, steht in B-Dur und läßt den jungen, unerfahrenen Dichter erleben, wie sein «Dicht- und Liebesfeuer» noch Ausdruck ist eines überschäumenden «Naturzustandes»; dieses «Lenzesgebot» läßt die Seele gleich

unbewußt singen, «wie der Vogel singt»; und diesen Zustand charakterisiert
Wagner mit der B-Dur-Harmonie:

> «Mein Freund! In holder Jugendzeit,
> Wenn uns von mächt'gen Trieben
> Zum sel'gen ersten Lieben
> Die Brust sich schwellet hoch und weit,
> Ein schönes Lied zu singen
> Mocht' vielen da gelingen:
> Der Lenz, der sang für sie.»

Doch Aufgabe des *Meisters* ist es, Himmel und Erde zu verbinden. Die Zeit der
jungen Liebe verweht, wie das Blühen des Lenzes. «Kam Sommer, Herbst und
Winterszeit»; Sorgen, Zwist, Streit, irdische Querelen vergällen den Höhenflug
der Phantasie. Allein, «denen's dann noch will gelingen, ein schönes Lied zu singen», man darf sie mit Fug und Recht «Meister» nennen.

Von dieser Überwindung der Erdenschwere spricht auch das der Wassermannstrahlung zugeordnete Leibesorgan: es ist der Unterschenkel, dessen Muskeln uns nicht allein die Kraft zum Vorwärtsschreiten verleihen, sondern auch mit der Fähigkeit zum Tanzen und Springen begaben, d. h. vorübergehend den Erdboden zu verlassen, sich von ihm zu lösen, sich über ihn zu erheben.

Beethoven hat dieses springende Element in seiner IV. Symphonie thematisch eingefangen. Vor allem im Allegro vivace, das – zwischen Menuett und Scherzo stehend – mit seiner eigenwilligen synkopierten Rhythmik neben der tänzerischen Freude auch das Anrennen gegen die metrische Begrenztheit, indem es die betonten und unbetonten Taktteile zu Fall zu bringen versucht, anschaulich zum Ausdruck bringt.

Aber auch der erste Satz zeigt mit seiner thematischen Gebärde dieses Sich-Abheben vom Boden, die Freude am Tanz und Sprung. Nach einer fast gespensterhaft anmutenden Introduktion, einem geisterhaft hallenden Bläserunison und schwermütig sinnendem Streicherthema in es-Moll, das in geheimnisvolle Dämmerung führt, nach einem herumirrenden Geigenmotiv, das in seltsamsten Modulationsgängen einen Ausweg aus dieser bannenden Düsternis sucht, erschallt ein blendend kräftiger Dominant-Akkord; der Bann ist gelöst. «*Jubelnd stürmen die Befreiten hervor, in immer hastiger drängenden Akkorden ihrer Freude Ausdruck gebend, bis die Violinen, von lebhaft pulsierenden Harmonien der übrigen Streicher begleitet, den Hauptgedanken frohgeschäftiger Tätigkeit aussprechen.*»[8]

556

Die zwei Elemente, welche die Sprungbewegung in sich birgt, spiegeln uns erneut die zwei Wege wider, welche der Aquarius zu gehen vermag, und die uns gleichzeitig den höheren vom niederen Typus unterscheiden lassen. Das eine ist durch die Tatsache bedingt, daß die Schwerkraft der Erde, die im Springen nur kurze Zeit überwunden werden kann, uns nach dem Sprung gleich wieder zum Boden zurückzwingt. Und so kann der Sprung als ein immer wieder erneuter *Protest* gegen die Erdenschwere verstanden werden. Wer dieser Ansicht folgt, befindet sich in einem permanenten Kriegszustand mit der Welt und den Menschen. Vor uns steht der Sonderling, der Zyniker, ja der Menschenfeind, bestenfalls aber der Einsame, der sich selbst in die Isolation flüchtet.

Dagegen wird der höhere Typ sich aufgerufen fühlen, den Blick, den er durch sein Erleben über dem Erdboden genossen hat – er bildet das zweite Element des Sprunges – den anderen mitzuteilen, sein eigenes Ich den andern zu geben und damit der Menschheit zu dienen. Während der niedere «Wassermann-Typ» von der Notwendigkeit aus seiner Exklusivität herauszugehen nur insoferne Notiz nimmt, *«als sie ihn immer wieder erkennen läßt, wie viel besser, vollkommener und harmonischer es doch in seiner utopischen Zelle aussieht»*[10], strebt der höhere Aquarius nach Verwirklichung dessen, was Klopstock den sterbenden Adam als Segen für die künftige Menschheit sprechen läßt:

«Seid weise, daß euer Herz edel werde ... Liebet euch untereinander! Ihr seid Brüder! Menschlichkeit müsse eure Wonne sein! Der sei der größte Mann unter euch, der der menschlichste ist.»

Hier dürfte es als erwiesen gelten, daß aus den Krügen des Aquarius nicht allein irdisches Wasser fließt. Ihr Wasser deutet vielmehr auf das chymische Geheimnis einer Erdenzukunft, auf ein «Philadelphia» der Menschenbruderschaft, die von einem Wasser trinken wird, das den Durst für immer stillt. Von diesem göttlichen Quell spricht Joseph *Haydn* in seinen «Jahreszeiten» mit einem hymnischen B-Dur, das den Schöpfer preist:

Und dieses B-Dur, in dem sich der Blick in Dankbarkeit zu jenem labenden Quell erhebt, der aus dem ewigen Brunnen Gottes fließt, kann durchaus in jenem physisch-metaphysischen Sinne verstanden werden, wie ihn Saturn und Uranus in dieser Harmonie bewirken.

«Stille ruh'n oben die Sterne und unten die Gräber»; wenn wir dieses Goethe-Wort auch als Leitwort für die Schlußbetrachtung über unsere B-Dur-Harmonie wählen, müssen wir noch einmal den Blick auf die Steinbock-Sphäre zurückwenden. In ihr erblickten wir ja den Abstieg des Logos in die finstere Erdenmaterie. Der vorangestellte Wochenspruch kündete uns von dem Weihnachtsmysterium. Wir sahen aber auch das Es-Dur verbunden mit den Kreuzesworten: «Es ist vollbracht» (Matthäuspassion). Im kosmischen Rhythmus des Christus-Lebens auf

Erden steht auch Golgatha unter dem Zeichen des Steinbocks. Bedeutet es doch die freie Liebestat der Gottheit innerhalb der Erdenevolution, die den Samen der Liebe in die Erde legte und der Menschheit die Möglichkeit eröffnete, ihr Ich als göttliches Ebenbild zum Erblühen zu bringen. Wenn uns aber der vom Saturn beherrschte «Steinbock» die Kreuzigung des Herrn verwirklichte, wenn Bach in einem ikonen-goldenen Es-Dur die geistigen Osterglocken ertönen ließ: «Sehet, Jesus hat die Hand uns zu fassen ausgespannt», dann dürfen wir, dem kosmischen Rhythmus der Passion folgend, in dem auch von Uranuskräften erfüllten Wassermannzeichen die Grablegung erleben.

«*Vom finstern Saturn-Zeichen und Erden-Zeichen Steinbock gehen wir jetzt hinüber in das andere, lichtere und erdenleichtere Saturn-Zeichen, in das von Uranus mit überleuchtete sternen-leuchtende Zeichen Wassermann ... Erlebten wir im Vorausgegangenen, im finstern Saturn-Zeichen Steinbock die tiefste Erdenfinsternis, so liegt über dem Uranus-Zeichen Wassermann etwas wie Sternenleuchten und Sternenglänzen ... Bei der Grablegung sind wir vollends in das Zeichen Wassermann eingetreten.*»[11]

In der Stille des Grabes findet ja diese innige Beziehung von Himmel und Erde statt, da vollzieht sich die geheimnisvolle Zwiesprache der Erdentiefen mit den Sternenhöhen. Unser Wort ver-wesen spricht das Ergebnis dieser Zwiesprache deutlich aus: zu einem neuen Wesen vergehen. «Die Asche kehre zurück zum Strom der lebendigen Wasser»: *Auferstehung.*

Es ist Ausdruck einer weisen Menschheitsführung, daß die urbildliche Berührung der Erdentiefen mit den Sternenhöhen in die griechisch-römische Kulturepoche fiel, die uns diese Zweiheit an dem Blick deutlich macht, mit dem die beiden Kulturkreise den Menschen erschauten. Der Römer erkannte ihn als «homo» und sah in ihm den aus Erde – humus – Gebildeten; wogegen der Grieche von dem «anthropos» sprach, von dem «nach den Höhen Blickenden», der seine *Stirn* zu den *Sternen* zu erheben vermag. Der Römer sah in der Verwesung den irdisch-chemischen Prozeß, der Grieche ahnte etwas von jener geheimnisvollen Alchimie, die Novalis in die poesievollen Worte kleidete:

«Die Sternenwelt wird zerfließen zum goldnen Lebenswein,
Wir werden sie genießen und lichte Sterne sein.»

Johann Sebastian *Bach* hat in seiner «Matthäuspassion» in einem mit Freude erfüllten B-Dur das *Herz* des Menschen zum Grab des Heilands gemacht, und uns damit ein Gegenbild zur Christgeburt in Es-Dur gegeben, bei der das «Geisteskind» entzaubert «im Seelenschoß» lag:

«Mache dich mein Herze rein,
Ich will Jesum selbst begraben...»

Unter der Strahlung des Wassermanns also vollzieht sich das «Mysterium der Stille», in dem sich die Auferstehung vorbereitet.

Johannes *Brahms* spricht im «Deutschen Requiem» von ihr in einem mächtigen B-Dur-Hymnus: «Die Erlöseten des Herrn werden wieder kommen und gen Zion kommen mit Jauchzen.»

Die Er - lö - se-ten des Herrn wer-den wie - der kom - men, und gen Zi - on,

Die Er - lö - se-ten des Herrn wer-den wie - der kom-men, und gen Zi - on

Die Er - lö - se-ten des Herrn wer-den wie - der kom-men, und gen Zi - on

kom-men mit Jauchzen, - die Er - lö - se-ten des Herrn werden wie-der kom-men,

(mit Hob. u. Klar.)

Doch auch die Instrumentalmusik hat in Anton *Bruckners* V. Symphonie ein einzigartiges Glaubensbekenntnis für jene Auferstehungskraft der Erde und der Menschheit abgelegt. Schon bei seinem ersten Eintritt ist das Hauptthema Ausdruck einer prachtvollen Klangfülle und harmonischen Farbenpracht, die uns die Unerschütterlichkeit dieser Glaubenszuversicht bezeugen. Am Ende des ersten Satzes, wenn sich das Thema im reinen B-Dur zeigt, triumphiert es mit seinem Höhenzug über die nach unten ziehenden Bässe, deren ostinate Motivik die letzte Reminiszens einer düsteren, unsicher tappenden Introduktion darstellt. Ein hellstrahlendes Auswellen zu einer Höhepunktsfülle im gleichmäßigen Kreisen auf dem B-Dur-Akkord ist dieser Coda-Teil, ein *«flammendes Endleuchten»* *(Kurth)*, in dem Hermann Beckh Glaube als *«Herzensfestigkeit»* und *«Herzenszuversicht»* erlebt und diesem B-Dur der fünften Symphonie Einmaligkeit in der Musik zuerkennt.

Beschleunigtes Hauptzeitmass.

Die parallele Moll-Tonart der Wassermann-Sphäre: g-Moll

G	A	B	C	D	ES	FIS	G
Quint- qualität	Sext- qualität	Septim- qualität	Prim- qualität	Sekund- qualität	Terz- qualität	Quart- qualität	
Saturn	Sonne	Mond	Mars	Merkur	Jupiter	Venus	

Das Moll des Wassermannzeichens steht zu seiner Dur-Parallelen in einem gewissen Gegensatz. Zwar ist auch in g-Moll jener ätherische Hauch vielfach zu spüren, der uns aus B-Dur anwehte, aber nicht als Keimkraft eines neu sprießenden Lebens, sondern als letzter Hauch des Vergehens. Am eindringlichsten wird dies bei *Mozart* offenbar, der zu g-Moll ein sehr inniges intimes Verhältnis hatte. Das lichterfüllte Wesen Mozarts läßt das Ätherisch-Liebevolle auch in der Mollparallele nicht ganz verlöschen, doch ist sein g-Moll von einem Ernst erfüllt, der die tragischen Elemente der Vergänglichkeit durchaus empfinden läßt.

Das Kopfthema der g-Moll-Symphonie mit seinen wehmütigen Vorhalten und dem sehnsuchtsvollen Sextenauflaut zwischen Merkur- und Mondenton, spricht von Schmerz und Traurigkeit. Mit leiser Klage beginnt der mächtig bewegte Satz, steigert sich im weiteren Durchführungsverlauf zu schneidendsten Schmerzensrufen, um im Ringen und Kämpfen die Kraft des Widerstandes mehr und mehr zu verlieren und wieder zur Klage herabzusinken.

Noch bitterer spricht der Schmerz aus Paminas Arie in der «Zauberflöte». Das ungetrübte Weh, welches ein junges Herz, dem seine Welt zusammenbrach, nur zu empfinden vermag, tönt in ergreifender Reinheit aus diesen Klängen, in denen keine Bitterkeit, kein Stachel des Verschmähtseins aufkeimt, in denen vielmehr alle Empfindungen nur in die eine und einzige zusammenfließen: daß mit Taminos Liebe all ihr Glück, der Sinn ihres Lebens dahin ist. Dazu Otto Jahn, in seiner großen Mozart-Biographie:

«Vereinigt sich der ganze Zauber der reizend knospenden Jungfräulichkeit mit der Offenheit und Wahrheit eines unschuldigen Herzens im Aussprechen dieses tiefsten Seelenschmerzes, so blüht eine wahrhaft rührende Schönheit vor uns auf, deren musikalische Wiedergabe wohl nur Mozart so gelungen ist.»[12]

Die Melodik wird hier vor allem durch den Oktavsprung im zweiten Takt geprägt, der den Saturnwert stark akzentuiert. Der einförmig pochende Rhythmus der Begleitung, ebenfalls den Saturnwert betonend, steigert zusätzlich die todesbange Last, die Pamina niederdrückt. Als Grundton von g-Moll kommt der Mahnung des Saturnwertes besondere Bedeutung zu: «*Im Werden zum Sein sich gestalten.*» Dies zu vollziehen erfordert ja gerade jenen Prüfungsweg, der Pamina auferlegt ist und der sie an die Todesschwelle führt. Wir denken an das g-Moll Wolframs im «Tannhäuser»: «Wie Todesahnung, Dämmrung deckt die Lande». So wie Wagner, wählte auch Mozart die Tonart ganz ihrem geistigen Hintergrund entsprechend.

Weist der Grundton von g-Moll auf das «Sein», so gibt der Mondenwert als Terz der Harmonie die Empfindung des Beengtseins in der Endlichkeit: «*Begrenze dich, o Grenzenloses.*» Dem Mondenwert steht Merkur als Quinte zur Seite und intensiviert dieses Gefühl des Begrenztseins im Irdischen. Wogegen der Venuston mit seiner Septimposition und seiner Hochalterierung zu fis den exkarnierenden Drang des Saturnwertes unterstützt. Freilich dürfen wir nicht übersehen, daß der Venuston zusammen mit dem Merkurwert die Terz des Oberdominantdreiklanges bildet: d–fis–a. Das heißt, daß er gleichzeitig das Tor zur «Zwillings- bzw. Stiersphäre» öffnet, einer zwar sonnenüberstrahlten und lichttrunkenen Welt, die jedoch ihren Höhepunkt innerhalb des irdischen Werdens hat und damit der Welt der «Begrenzung» huldigt. «*Bewege den Ruhetrieb*», spricht die exkarnierende Venuskraft in den «Zwillingen». Aus diesen Spannungen einerseits zum Sein zu streben und gleichzeitig stark an das Irdische gebunden zu sein, mag die Trauer und der Schmerz, die «Todesahnung» resultieren, die so ergreifend *wahr* aus g-Moll sprechen.

Dem muß freilich entgegengehalten werden, daß das Physisch-Begrenzende gerade durch die Dominantwirkung so fühlbar wird, das leitereigene Moll, deren Venus-Septime f heißt, würde den ätherischen Charakter der auch der Mollparallele im «Wassermann» eigen ist, stärker erkennen lassen. Die Erhöhung des Venustones zu fis und seine Leittonstellung als Septime akzentuiert natürlich die Wirkung der Saturnkraft. So kann uns in g-Moll der eine Krug des Wassermanns zur «Aschenurne» werden. Zum chymischen Geheimnis des *Wassers* tritt jetzt jenes der *Asche*; Himmel und Erde, Grenzenlosigkeit und Begrenzung, Tod und Leben stehen in g-Moll dichter beisammen als in B-Dur.

Dazu kommt die Sekundposition des Sonnentones, die den Opferwillen in das Melos der Tonart strömen läßt: *«Begrenztes sich opfere Grenzenlosem»*, während Mars als Quart wieder die Begrenzung betont: *«Es hebe im Strome sich»*. Nur der Jupiterwert der Sexte den harmonischen Raum durchstrahlend, zeigt Ausgewogenheit nach beiden Richtungen: *«Als Welle verfließend sich haltend»*. So mag es ihm zu verdanken sein, daß g-Moll trotz der Saturnspannungen, die es intensivst in sich birgt, uns als eine milde, in ihrem Schmerz so innige, ohne subjektive Emotionen sprechende Harmonie erscheint.

Der Gegensätzlichkeit dieser Spannungen entsprechend, zeigen sich auch oft die Bewertungen der Themen durch die Interpreten. So meint Bruyck z. B., daß *Bachs* g-Moll-Präludium aus dem «Wohltemperierten Klavier» etwas *«Eckiges»* aufweise und daß der «Triller-Orgelpunkt» im dritten Takt *«nicht zum lieblichsten klinge»*, daß sich jedoch in diesen *«eckigen Formen und Figuren»* ein gewisser burlesker Humor ausdrücke. [3]

Dieser Meinung steht die Auffassung Riemanns entgegen, der nichts von «Ecken» und «Härten» darin findet und weder «Humor» noch «Burleske» herauszuhören vermag. Und was den *«nicht zum lieblichsten klingenden Triller-Orgelpunkt»* betrifft, so meint er: *«Wo ist da auch nur die geringste Störung des Wohlklanges? Das g gehört sämtlichen Harmonien als Akkordton an, die Vorhalte (d c, b a und b c in g^{VII}) sind leicht verständlich und klingen, wenn sie nur gespielt werden*

... *vortrefflich.»*[3] Das ganze Stück ist für Riemann von «*beschaulicher ernster Stimmung*» und «*einer besonderen Kraft des Ausdrucks.*» Gleiches gilt von der Fuge, deren Thematik ebenfalls «*nachdenklichen Ernst*»[3] verkündet.

Ein g-Moll aus der «dunkelsten Zeit» seines Lebens hat uns Robert *Schumann* hinterlassen. Die Sonate Opus 22 ist in den Jahren 1835–38 entstanden. Aus dieser Zeit lesen wir in Schumanns Tagebuchnotizen: «*Bis zur Pein mich selbst gequält mit fürchterlichen Gedanken ... Pläne, Tränen, Träume, Arbeiten, Zusammensinken, Aufwachen*». Aus solchen Stimmungen heraus ist die g-Moll-Sonate geschrieben, und die leere Quinte zwischen Saturn und Merkurwert in der Begleitung, die wehmutsvolle, über 4 Takte gedehnte, zum Sonnenton a herabsinkende Melodik, zeichnen uns das Bild des «Brütenden», in dem Leidenschaft und Verzweiflung abwechselnd die Seele beherrschen.

Es ist der Kampf um die Geliebte, um Clara Wieck, den Schumann durchzustehen hat; der Kampf gegen Claras Vater, welcher um der Karriere seiner Tochter willen mit allen Mitteln eine Verbindung mit Schumann verhindern will.

Allein nicht nur milde Schwermut vermag g-Moll zu vermitteln. Mitunter schleichen sich auch schauer- und furchterregende Züge in diese Harmonie, wie etwa im «Rex tremendae majestatis» von *Mozarts* «Requiem».

Mozart schreibt als Tempobezeichnung «grave» vor. Wir fühlen die Macht der Erdenschwere, die auf diesem g-Moll lastet. Wie weit entschwunden scheint der zarte Ätherhauch von B-Dur zu sein.

Beinahe dämonische Züge gewinnt das g-Moll in *Chopins* Prélude mit seinen wogenden, im trotzigen Agitato dahinstürmenden Bässen.

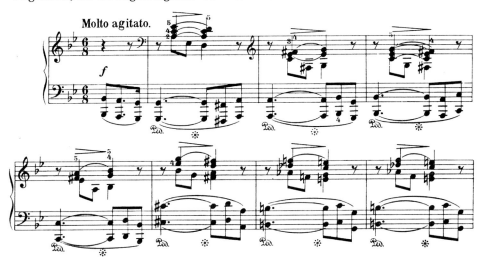

In diesen letzten Beispielen werden wir stark an die «Grabesfinsternisse» gemahnt und wüßten wir nicht bereits um das Geheimnis dieser Totenkammer, wir müßten die Frage stellen, wie die Negation alles Lebens in Einklang zu bringen ist mit den ätherischen Lebenskräften, die uns aus B-Dur so machtvoll entgegentönten. Richard *Wagner* hat uns in der Gestalt seines «Holländers» den Bezug deutlich gemacht. Der in die Ätherwelt Hineingebannte, der den Tod nicht finden kann, muß diesen Bann als furchtbare «Begrenzung» empfinden, da sich sein Ich nicht zu jenen Sternensphären zu erheben vermag, in denen es urständet und zu denen nur der Tod die Tore öffnet. Es ist die Ohnmacht der Begrenzung, die aus den erwähnten g-Moll-Themen zu uns sprach. Und in einem ähnlich harten, trostlosen g-Moll erzählt uns Wagner in der Senta-Ballade das Schicksal dieses zum todlosen Leben Verurteilten.

Auch die Kontur dieses Themas ist hart und eckig und es zeichnet die Umkehrung des nach aufwärtsgerichteten Holländer-Themas nach. In dieser Umkehrung ist die Sturzgebärde unüberhörbar akzentuiert. Was herausklingt ist das Schicksal dessen, der dem Sonnenwort nicht Folge leisten wollte: «Begrenztes sich opfere Grenzenlosem». Der Holländer wollte «in Ewigkeit» von seinem nur in der «Begrenzung» wurzelnden Vorhaben nicht ablassen, oder besser gesagt: er wollte das Grenzenlose hineintragen, hineinbannen in die Welt des Begrenzten. Und so ist die Entbehrung des Grenzenlosen, der Verlust seines wahren Mensch-seins die schicksals-notwendige Folge.

Die jagenden g-Moll-Rhythmen, die den dritten Akt zu «Siegfried» eröffnen, künden in ganz anderer Weise von irdischer Begrenzung. Während sich die Melodik dieses Ritt-Motives auf Wotan bezieht, spricht die Harmonie von sei-nem Vorhaben, *Erda* aus ihrem Schlummer zu wecken, deren «Sinnen» ein «Wal-ten des Wissens» bedeutet. Und die «Urwala» muß dem Rufe folgen und steigt aus den Erdentiefen empor. Es ist ein g-Moll der Ursorge, das hier erklingt. Denn das Schicksal des kommenden Welten- und Menschheitswerdens soll sich entscheiden. Eine Welten-Wende hebt an, die das Ende der heidnischen Götter-welt herbeiführen wird. Und es ist daher kein Zufall, wenn diese Harmonie wäh-rend der ganzen Erda-Wotan-Szene immer wieder auftönt und uns dieses Ende der alten Weisheit mit Bangnis und Sorge malt.

Ein g-Moll reinsten edelsten Opferwillens tönt uns zu Beginn des dritten Aktes in den «Meistersingern von Nürnberg» entgegen. Das spätere Wort Hans Sach-sens: «Doch des Herzens süß' Beschwer galt es zu bezwingen», darf man als die Seele von Melos und Harmonie ansprechen. Denn Entsagung, Verzicht und Resignation, verklärt von der Aura reinster Menschlichkeit, spricht aus diesem Thema.

So sehen wir uns schließlich wieder an jenes Wort herangeführt, das einst mit urbildlicher Gültigkeit vom Kreuz auf Golgatha zu uns herabklang: «Es ist vollbracht». Joseph *Haydn* verleiht in seinem Oratorium «Die sieben Worte des Erlösers am Kreuze» diesem Christuswort die g-Moll-Harmonie.

Dies ist das Einzigartige an diesem Chor, daß uns Haydn durch seine Musik die Erlösung der Menschheit als versöhnliches Klangbild erstehen läßt, während der Textdichter die Tragik von Golgatha schildert. Und welche Harmonie wäre geeigneter, die Todeswelt mit dem aus ihr neu erstehenden Leben zu versinnbilden, als g-Moll? Der Menschenkeim, aus Gott entsprossen, der Erde vermählt und wieder zu Gott zurückkehrend – dieses Wissen ist das Ideal des Wassermann-Geborenen; ihm mit aller Hingabe zu dienen, fühlt er sich als der Säer und Ackerbauer auf dieser Erde.

F-DUR — FISCHE

«*Es will erstehen aus dem Weltenschoße,*
Den Sinnenschein erquickend, Werdelust.
Sie finde meines Denkens Kraft
Gerüstet durch die Gotteskräfte,
Die kräftig mir im Innern leben.»
(Rudolf Steiner, Seelenkalender)

«Es will erstehen aus dem Weltenschoße, den Sinnenschein erquickend, Werde-lust» – wenn die Sonne in das Zeichen der «Fische» tritt, steht sie in jenem Sektor des Zodiakus, der dem Durchbruch des Lichtes (Widder) unmittelbar voraus-geht. Es ist Vorfrühlingszeit und alles ist Erwartung. Die Starre des Eises beginnt sich zu lösen, und wo immer das fließende Wasser, das vegetative Leben das Eis und tote Gestein zersprengt, ist Frühling. Noch kann das Sinnesauge kaum etwas von diesem neuen Erwachen erblicken, aber unter der Rinde der Bäume beginnen schon die Säfte zu steigen, es «grunelt» bereits unter den feuchtschimmernden Matten und alles ist voll Drängen, voll heimlichem Schwellen und Fließen, da sich die Erde neu dem Ätherstrom des Kosmos öffnet und wieder zu atmen beginnt.

«*Wie die Knospe hütend,*
daß sie nicht Blume werde,
liegt's so dumpf und brütend
über der drängenden Erde.

Wolkenmassen ballten
sich der Sonne entgegen,
doch durch tausend Spalten
dringt der befruchtende Regen.

Daß nun, still erfrischend,
eins zum andern sich finde,
rühren, alles mischend,
sich lebendige Winde.»
(Friedrich Hebbel, Vorfrühling)

Ins Musikalische übertragen könnte uns Frédéric *Chopins* Prélude einen Gruß dieser lebendigen Winde zum Erklingen bringen und uns die Knospen ahnen las-sen, die zu erwecken er über die Fluren braust.

Auch Goethe hat in seinen «Jahreszeiten» diese Vorfrühlingsstimmung jubelnd besungen:

> «*Siehe, schon nahet der Frühling; das strömende Wasser verzehret unten, der sanftere Blick oben der Sonne, das Eis.*
> *Schwimme du mächtige Scholle, nur hin! Und kommst du als Scholle nicht hinunter, du kommst doch wohl als Tropfen ins Meer.*»

Und wer dächte bei dieser Stimmung nicht an Fausts Osterspaziergang?

> «*Vom Eise befreit sind Strom und Bäche*
> *Durch des Frühlings holden, belebenden Blick;*
> *Im Tale grünet Hoffnungsglück;*
> *Der alte Winter, in seiner Schwäche,*
> *Zog sich in rauhe Berge zurück …*»

F-Dur, die Harmonie des Fische-Zeichens ist die Tonart dieses ätherischen Sprießens, und eine schier unüberschaubare Fülle an Beispielen bietet uns die Literatur für diese Frühlingsahnung in der Natur. Angesichts dieses Gleichklangs der Empfindungen bei den Meistern, darf man F-Dur als die «Naturtonart» schlechthin bezeichnen. Ein Werk, das ganz aus dem Wesensgehalt der Fische-Tonart heraus geschrieben wurde, ist zweifellos *Beethovens* Pastoral-Symphonie. Schon das Kolorit, das er der Instrumentation verlieh, gibt der Symphonie eine eigenständige Note, durch die sie sich von ihren anderen acht Schwestern unterscheidet. Nur Holzbläser, zwei Hörner und Streicher kommen zur Verwendung, Trompeten fehlen bis zu Beginn des derben Bauerntanzes im dritten Satz; und massive Klanghäufungen werden stets vermieden. Dadurch liegt ein ätherisch-schwebender Pastellduft über dem Orchester, der dem Klang jene «Sichtigkeit» verleiht, die einer Vorfrühlingslandschaft so eigen ist. Ein sprossendes Blatt, ein offenes Gewässer zeigen nicht jene feste Kontur und sind nicht im selben Sinne in eine harte Gestaltungsgrenze eingeschlossen, wie etwa ein winterkahler Ast oder ein gefrorener Teich. Zum grünenden Blatt wie zum offenen Teich gehört die Luft, die lichterfüllte Atmosphäre, die Aura eines Wässerig-Ätherischen, das Grenzen verwischt, wo es Grenzen setzt.

Dieser «Sichtigkeit», in der sich Physisches mit Ätherischem verwebt, kommt auch die eigentümliche Thematik und Satzentwicklung des Werkes entgegen. Von einer echten thematischen Entwicklung, wie sie sich in den vorangehenden

Symphonien Beethovens findet, ist in der «Pastorale» nichts zu merken. Das Flüchtige, Impressionistische der Stimmungen, das Flattern der Empfindungen tritt in den Vordergrund; das motivische Material zeigt daher leichte Beweglichkeit. Beethoven *«begnügt sich mit einer losen Verknüpfung der Gedanken, die sich wellenförmig ausbreiten, ohne eine der Art des bisherigen Symphonieaufbaues entsprechende Steigerung zu erfahren.»*[1] Die vorwiegend dynamisch koloristischen Wirkungen, die immer neuen Farbenwechsel über einfachsten thematischen Grundlinien erstehen lassen, geben dem Urteil Hermann Beckhs recht, demzufolge diese Symphonie ganz *«aus dem Ur- und Naturweben der Töne wie der Tonart selbst»* gestaltet ist.

«Sie ist gar nicht, wie andere Kompositionen, als musikalisches Phantasieerzeugnis von einem Tondichter ausgedacht, hingesetzt, ‹komponiert›, sondern das in allem Naturweben verborgene Musikalische fängt in ihr an, selbst zu sprechen und sich zu offenbaren, das Urtönen und Naturtönen der Welt selbst fängt in ihr an, Musik, Symphonie zu werden.»[2]

In einem gewissen Gleichklang zu Beethovens Naturerlebnis stehen *Haydns* «Jahreszeiten». Mit Heiterkeit und liebevoller Beobachtung schildert das Oratorium die Schönheiten der Natur. Dilthey charakterisiert dies mit den Worten: *«Die Ideen von der besten Welt, der teleologischen Ordnung und Schönheit der Natur, der moralischen Anlage des Menschen, seinem einfachen Glück in einem natürlichen Leben bilden den Hintergrund der Naturbetrachtung.»*[3] Im ersten Teil des Werkes, dem «Frühling», findet sich ein Bittgebet in F-Dur, dessen Stimmung ähnliche Empfindungen ausdrückt wie Beethovens Pastoral-Thema. Es ist die Bitte um Regen, den alles Leben auf Erden erquickenden Himmelstau.

Das Wasser ist von allen vier Elementen das den Ätherkräften am innigsten verbundene. Wenn Wasser die Erde durchdringt entsteht Leben, die trockene, harte Erdensubstanz wird schmiegsam, weich und formbar. Andererseits werden die Lebenskräfte, die das Wasser in sich birgt, durch die Verbindung mit dem Erdelement voll wirksam. Ohne Regen bliebe die Erde kahl und leer, bar alles Lebens. Urbildlich spricht sich dies in der Genesis II/5 aus:

«Denn allerlei Bäume auf dem Felde, allerlei Kraut war noch nicht gewachsen auf Erden, da es der Herr noch nicht regnen ließ.»

Allein auch das Element der Sylphenwelt, die Luft, weiß Haydn in ein F-Dur zu bannen und gibt uns damit ein weiteres Zeugnis von der Verbundenheit dieser Harmonie mit der lebendigen Natur (s. S. 574).

Die Sylphen sind mit der Vogelwelt untrennbar verbunden und wunderschön ist die melodische Dezim-Gebärde, die den Höhenflug empor zum Sonnenton a so plastisch nachzeichnet.

Doch diese Naturverbundenheit ist nicht das einzige Wesenselement unserer Harmonie. *Beethovens* «Pastorale» weiß dem F-Dur auch noch andere Seiten abzugewinnen. So spiegelt es im dritten Satz Humor, Heiterkeit und die Freude der Menschenseele an der Natur. Zuerst sind es die leichtfüßig herbeieilenden Dorfschönen, die das «lustige Zusammensein der Landleute» einleiten und schon im Laufen ein Tänzchen wagen.

«Dann folgt, mit dem kecken Realismus eines niederländischen Bauernmalers gezeichnet, der Aufzug der ehrenfesten Dorfkapelle. Voran eilen die Violinen, die Oboe müht sich vergebens, ihnen nachzukommen, und mit behäbigem Phlegma hinkt der Fagott hinterdrein. Andere Stimmen gesellen sich hinzu: Klarinetten und Hörner melden sich, und bald ist die ganze Musikantenzunft beisammen.» [1]

«Da nahen auch im schweren Zweitritt die Gebieter des Ortes. Ein langhallendes Trompetensignal gibt das Zeichen zum fröhlichen Beginn. Die Schönen bestehen auf ihrem Walzer, und nun beginnt das lustige Schwenken der Paare mit kräftigem Stampfen und freudigen Juchzern.» [1]

Und schließlich zeigt uns die Harmonie im letzten Satz auch eine fromme, religiöse Seite im Dankgebet der Hirten nach «Gewitter und Sturm». Ein Flöten-Melos, in den freien Äther emporsteigend, bildet die Überleitung von der Schwärze eines im ungelösten Dissonanzenchaos brausenden f-Moll nach dem gleichnamigen Dur. Der Himmel hat sich aufgeklart, eine Klarinetten-Schalmei ertönt. *«Das Horn antwortet, ruhend auf dem von Beethoven häufig an inneren Wendepunkten benutzten Zusammenklang von Tonika- und Dominantakkord, seinem Symbol für den Zusammenstoß zweier Empfindungswelten.»*[1]

Dann beginnen die Violinen ihren zarten, zwischen Heiterkeit und Ernst schwebenden Dankgesang, der in seiner schlichten Frommheit ganz aus den Naturtönen heraus gestaltet ist. In immer neuen thematischen Varianten weiß dieser Dankgesang Freude, Frommheit und Glaubenszuversicht zu vereinen.

Schon dieses kurze, überblicksartige und noch gar nicht in die letzten Tiefen dringende Bekanntwerden mit der Fische-Harmonie läßt uns erleben, daß wir aus Nacht und Dunkelheit befreit, dem Leben wiedergegeben sind, wenn auch der endgültige Durchbruch und Sieg des Lichtes noch nicht erfolgt ist, und wir mit F-Dur in der Stunde vor Aufgang der Widderkraft stehen. «Ein Stündlein wohl vor Tag» – so könnte man jene Morgendämmerung poetisch charakterisieren, in der die Schatten der Nacht durch die heraufsteigende, aber noch nicht sichtbare Sonne erhellt und vertrieben werden. Ehe wir uns jedoch in dem weiten Klanggebiet von F-Dur näher umsehen, wollen wir den Planeten das Wort erteilen, um das kosmische Wesen unserer Harmonie kennenzulernen.

Im Verlorenen finde sich Verlust, Sonne . . A (Sextqualität)   als Terz
Im Gewinn verliere sich Gewinn, Venus . . F (Quartqualität)   als Grundton
Im Begriffenen suche sich das
      Greifen . . . . Merkur . D (Sekundqualität) als Sext
Und erhalte sich im Erhalten. . . . Mars . . . C (Primqualität)   als Quint
Durch Werden zum Sein
      erhoben, ... Jupiter . . E (Terzqualität)   als Septime
Durch Sein zu dem Werden
      verwoben, ... Saturn . . G (Quintqualität)   als Sekund
Der Verlust sei Gewinn für sich! . Mond . . B (Septimqualität) als Quart

F	G	A	B	C	D	E	F
Quart-qualität	Quint-qualität	Sext-qualität	Septim-qualität	Prim-qualität	Sekund-qualität	Terz-qualität	
Venus	Saturn	Sonne	Mond	Mars	Merkur	Jupiter	

Auch dieses Zeichen spricht von dem Wechselverhältnis zwischen «Werden» und «Sein», in dessen Rhythmus das menschliche Schicksal eingebunden ist. Die besondere Nuancierung liegt diesmal in der Frage nach Gewinn und Verlust im Durchleben dieses Wechselbezuges. Sonnen- und Venuszeile ergänzen einander in ihrer Gegensätzlichkeit. *«Im Verlorenen finde sich Verlust»*, so lautet das Sonnenwort, wobei der Akzent auf *«finden»* liegt. Es soll etwas gefunden werden, was doch offenbar verlorengegangen ist. Oder *wörtlicher* formuliert: in dem Verlorenen soll der Verlust *gefunden* werden. Demnach soll man sich des Verlustes *bewußt* werden, was soviel bedeutet, daß man des Verlorenen eingedenk bleibt, daß man es als *geistigen* Besitz «gefunden» hat. Nach dem bisherigen Gang durch die Sternensphären der nächtigen Subdominantbereiche kann sich das «Verlorene» nur auf das Weilen im «Sein», d. h. in der Transzendenz beziehen. Stehen wir doch unmittelbar vor der Lichtgeburt im «Widder». Ein Hinabstieg in ein neues irdisches Werden bereitet sich vor, der bisherige Seins-Zustand geht zu Ende. Aber in diesem Verlust soll das Verlorene gefunden werden, d. h. auch im neuen Zustand soll die Welt dem Bewußtsein nicht schwinden, aus welcher der Abstieg erfolgte. Erst der Verlust eines bislang Besessenen macht einem dessen Wert voll bewußt. In der neuen Daseinsform des Irdisch-Existentiellen soll im Hintergrund die verlorene Transzendenz des Seins stets neu gefunden werden.

Daß sich der Sinngehalt der Sonnen-Mahnung tief in die Seele prägt, dafür sorgt die Terzen-Stellung des Sonnentones a. Und vielleicht mag schon bei dieser ersten Zeile der «Stimmung» ein leises Ahnen in uns erstehen, daß diesem Sternzeichen ein Element des Leidens einverwoben sein könnte. Verstärkt wird diese Vermutung durch die Spiegelung der Sonnen-Mahnung im *Monden*-Wort: *«Der Verlust sei Gewinn für sich.»* Im Verlust, der stets mit Schmerz verbunden ist, Gewinn zu erblicken, heißt im Leid eine Perle zu erkennen, die den Schatz des

Lebens vermehrt. Der Tonwert b gibt dieser Mondenbitte durch seine Quartstellung den Charakter eines «Weckrufes»; *wach* zu sein im Leid des Verlustes, um daraus Gewinn zu ernten.

Die wesenseigene Quartqualität des Venustones f dagegen nimmt hier Grundtonstellung ein. Damit wird die Umgrenzungs-Tendenz, die dem Quartintervall eignet, zum Fundament der Tonart, was dem Eigencharakter der Quart gewiß keinen Abbruch tut, und dem Venuswort Gewicht verleiht: *«Im Gewinn verliere sich Gewinn.»* Darin spricht sich der gegenteilige, aber ergänzende Sinngehalt zum Sonnenwort aus. War es dessen Anliegen den «Verlust» zu *finden,* so spricht Venus vom *Verlieren* des «Gewinnes». Das im «Werden» Gewonnene ist zwar vorerst die Ausgangsbasis eines neuen Lebens, aber die Bereitschaft muß walten, dieses auch wieder zu verlieren, soll die Wechselbeziehung zwischen Sein und Werden nicht erstarren, der Rhythmus des Lebens nicht unterbrochen werden. Leben, so sagt Goethe, ist der Natur *«schönste Erfindung, und der Tod ist ihr Kunstgriff, viel Leben zu haben.»* Neue Wandlungen können nur entstehen, wenn Gewonnenes und Erreichtes auch wieder geopfert wird. Auch aus diesem Wort spricht also ein Leid-Erlebnis. Der Venuswert als Grundton zeigt, daß das neugewonnene Werden zunächst feste Ausgangsbasis ist, verleiht dieser aber durch den der Quart einverwobenen Ruf zur Wachheit und Aufmerksamkeit gleichzeitig die Mahnung, den «Gewinn» leichten Herzens wieder von sich zu geben.

Nun kann der Geistgehalt des Sonnen- und Venuswortes nur realisiert werden, wenn er wirklich ergriffen, vom Bewußtsein voll erfaßt wird. Von diesem notwendigen Bewußtseinsakt spricht Merkur: *«Im Begriffenen suche sich das Greifen».* Der Akzent liegt auf dem tätigen Willensakt des «Suchens». Was bewußtseinsmäßig erfaßt wurde, soll in die Tat umgesetzt, das *Be*-griffene soll *er*-griffen werden. Daß der Verlust des «Seins» im neuen Werden kein endgültiger ist, daß das neue «Werden» kein für immer begründetes Dasein ist, diese Erkenntnis darf nicht ein bloßes Bewußtseinselement bleiben, es muß durch die Lebensführung «ergriffen» werden. Dem Merkurton, dessen Wesenselement die strömende Sekunddynamik ist, kommt für seine Aufforderung die Sextposition kongenial entgegen, indem sie seiner Strömungstendenz die Strahlungskraft einer «kosmischen Terz» verleiht, und solcherart die Harmonie mit dem Sinngehalt des Planetenwortes intensiv durchdringt.

Von innerer Festigkeit und Stütze spricht das Marswort: *«Und erhalte sich im Erhalten».* Die Quint-Schwelle, die der Marswert in F-Dur einnimmt, ist für die marsische Willenskraft wohl ein geeigneter Ort, den Austausch zwischen Sein und Werden – Oktav und Prim – lebendig zu «erhalten» und das Finden des Verlustes, das Verlieren des Gewinnes zu garantieren.

Die Jupiter-Terz – das e – ist hier zur Septime erhoben. Ihre Innerlichkeit verbindet sich mit dem Sehnsuchtsempfinden des Sept-Intervalls und bestätigt uns die Richtigkeit unserer vorhin gegebenen Deutung des Sonnenwortes: daß es das verlorene «Sein» ist, das gefunden werden soll. Denn Jupiter spricht: *«Durch Werden zum Sein erhoben.»*

Wie Merkur und Mars sich in ihrer Stellung zum Sonnenwort ergänzend vereinen, so auch Jupiter und Saturn. Das Saturnwort trägt zur Erde, was Jupiter zum Himmel hob: *«Durch Sein zu dem Werden verwoben»;* so lautet das Saturnwort, und die Quintqualität des Tonwertes g steht hier in strömender Sekundposition und ist damit Garant dieses Verwoben-Werdens.

Vielleicht ist nach dieser kosmischen Einsicht, die uns die Planetenworte vermittelten, der Hinweis angebracht, daß wir Menschen von heute im Fische-Zeitalter leben, und uns die Wesenszüge dieser Strahlung daher besonders berühren müssen. Was diese Wesenselemente bedeuten, das zeigt sich heute auf allen Gebieten des Lebens: Untergang alter Bewußtseinsformen, Auflösung alter Bindungen, Vereinsamung des Menschen, Stehen vor dem Nichts in leidvoller Gottesferne – völliger Verlust des geistigen Seins; es heißt aber auch gleichzeitig Gewinn ungeahnter Möglichkeiten, denn wo «Altes stürzt», kann «neues Leben aus den Ruinen» blüh'n.

Unsere eingangs aufgezeigten Themen aus Haydns «Jahreszeiten» und Beethovens Pastoral-Symphonie ließen uns dieses Erblühen eines neu erwachenden Lebens durchaus empfinden, obwohl wir andererseits von einer Vorfrühlingszeit sprechen mußten, in der das Sinnesauge noch keine Blüte, ja kaum noch ein sprossendes Blatt zu gewahren vermag. Was uns F-Dur als «Naturtonart» vermittelt, ist demnach ein unsichtbares Sprießen, ein Blühen im Ätherbereich des Lebens, jenseits aller festen Konturen irdischer Stofflichkeit.

Schon das Präludium und die Fuge im «Wohltemperierten Klavier» Johann Sebastian *Bachs* sprechen in ihrer Objektivität von einer Leichtigkeit und Klarheit, die nicht als Eigenschaften von Dingen erkannt sein wollen, sondern sich selbst, gleichsam als «Dinge an sich» darstellen. Hugo Riemann bezeichnet die Melodiebewegung des Präludiums, seine Rhythmik und Harmonik als die *«sich offenbarende Lebenskraft»; «wie taufrischer Morgen erglänzt das helle F-Dur und auch das neben ihm zur Geltung kommende d-Moll bleibt frei von aller Herbigkeit und Melancholie».*[4]

Auch die dreistimmige Fuge ist trotz ihrer Engführungen denkbar einfach und anspruchslos in ihrer formalen Gestaltung. *«‹Wohlig› bewegt sich das Thema zwischen Quint und Grundton, die obere und untere Nachbarstufe noch mit berührend.»*[4] Wie *«ein Fisch in einer leichten Welle feststehend»*, wiegt sich das Thema behaglich auf der Quinte, *«taucht dann unter den Grundton, gleitet wieder bis zur Quint empor und sodann in leichter Schlangenlinie über die Terz wieder zum Grundton hinab.»*[4]

Im Schlußteil der Fuge tritt eine geradlinige Tonleiterbewegung in Achteln in den Vordergrund, und die ihr kontrapunktlich gegenüberstehende Schlangenlinie der Sechzehntelbewegung durchläuft weite Strecken. Das Bild des «Fisches» noch einmal aufgreifend, meint Riemann, wir würden sehen, wie *die glatten Bewohner des feuchten Elementes nun nicht mehr an der Oberfläche im Sonnenlichte spielen, sondern in ruhigen Zügen in die Tiefe hinab und wieder aufwärts gleiten, ein Bild des Friedens, in dessen Anschauen wir verharren, bis die Schlußklausel es uns entrückt.»[4]

Die Lebenskräfte, die bei Bach noch in objektiver Geistigkeit ihren Ausdruck finden, wie es sich gleichsam *im Busen der Gottheit vor der Schöpfung* möge ausgenommen haben, um mit einem Charakteristikum Goethes über die Bach'sche Musik zu sprechen, erfahren durch *Mozart* ihre Verseelichung. Durch ihn erhalten die F-Dur-Themen zu ihrer geistigen Klarheit und Reinheit noch Seele und Herzenswärme. Hermann Beckh sieht in F-Dur eine ausgesprochene Mozart-Tonart und verweist auf die «Anmut», die «Erdenleichte», verbunden mit «Innigkeit» und «Tiefe» des Mozartschen Melos in vielen seiner Sonaten, namentlich in den Mittelsätzen. So etwa das Andante der C-Dur-Sonate (KV. 309), dessen zärtlich aufsteigende Terzenmelodik nicht nur das kindliche Porträt der kleinen Rose Canabichs wiedergeben mag, der Tochter seines Freundes, deren «innocente» vielmehr auch tönender Spiegel der Lauterkeit von Mozarts Seele ist.

Andante, quasi un poco adagio.

Wolkenlose Reinheit, ein zu Klang geronnenes Äther-Paradies eröffnet unserem Ohr das F-Dur des «Andante cantabile» der C-Dur-Sonate (KV. 330), eines der *liebenswertesten* Meisterwerke Mozarts, wie Alfred Einstein meint.[5]

Andante cantabile.

Dagegen ist der F-Dur-Satz der a-Moll-Sonate (KV. 310) von einer inneren Erregung erfüllt, in der das Schattenhaft-Unheimliche fortzittert, von dem die beiden Ecksätze der Sonate beherrscht werden. Der vom Venuston steil sich entfaltende und zur Sonnen-Terz bzw. Dezim aufsteigende Dreiklang verwebt die beiden Planetenworte und mit dem Quartsextakkord im zweiten Takt auf dem Merkurton d klingt auch die Merkurmahnung des «Suchens» innerhalb dieser doch sehr bewegten Rhythmik auf.

Andante cantabile con espressione.

Das F-Dur, das uns die Vorfrühlingszeit malt, weiß noch nichts von Leid und Erdenpein. Wie jeder neu anbrechende Tag, ist es nur ganz Erwartung, Zuversicht und Hoffnung.

Diese Dreiheit atmet auch die Harmonie von Susannas «Rosenarie» in der «Hochzeit des Figaro». Der ätherische Zauber dieser Kantilene macht sie zu

einem Juwel in der Arienliteratur, in dem Keuschheit und Sinnesfreude gleichermaßen verborgen keimen und der Erweckung harren.

Stürmischer, aber von gleicher Zuversicht und Erwartung erfüllt, ist Tannhäusers Jubel, da ihm Wolfram von der Liebe Elisabeths kündet: «Ha! jetzt erkenne
ich sie wieder, die schöne Welt, der ich entrückt.»

Von freudiger Erwartung ist auch das F-Dur der Ansprache Veit Pogners in *Wagners* «Meistersinger von Nürnberg» beseelt. Was wird der nächste Tag – der Johannistag – bringen, an dem er der Kunst den höchsten Schatz zu verleihen gewillt ist, den er zu geben hat: die eigene Tochter.

Und ebensolche hoffnungsfrohe Erwartung erfüllt Walther von Stolzing, da er im Vertrauen auf «Lenz und Liebe» sich in den «Singstuhl» zwängen läßt, und vor der behäbigen Meisterzunft sein Probelied ablegt, das wie ein brausender Frühlingssturm über die Häupter der biederen Meister hinwegfegt:

Die Harmonie all dieser Beispiele weiß noch nichts vom wirklichen Leid dieser Welt, sie ist davon unberührt wie der tauende Morgen. Ein Wesenszug, der ihr durchaus eigen ist, der uns die Quelle jedoch nicht verrät, aus der diese Heiterkeit und Unbeschwertheit fließt. Daß F-Dur sehr gerne als Harmonie des Humors in Erscheinung tritt, kann uns demnach nicht wundernehmen. Bereits Beethovens «Pastorale» ließ sie uns im «Lustigen Zusammensein der Landleute» als solche erkennen. Für Richard *Strauß* bedeutet sie das tonikale Fundament von «Till Eulenspiegels lustigen Streichen».

Von köstlichem Humor kündet uns *Beethovens* VIII. Symphonie. Als reines Klangerlebnis mag sich dieses F-Dur von jenem der Pastorale kaum unterscheiden. Wertet man es jedoch als biographisches Zeugnis Beethovens, dann erhält es ein ganz anderes Gewicht. Denn die Reinheit und Klarheit dieser F-Dur-Harmonie ist nicht das Geschenk eines «taufrischen Morgens», einer vom Zugriff irdischer Lebensgewalten noch unberührten Ätherwelt, sondern Ernte eines unermüdlichen Ringens und Strebens. Es ist die Frucht einer durch viel Leid errungenen Erkenntnis, daß es wertvollere Tiefen gibt als düstere Tragik sie zu geben vermag, und sonnigere Höhen als jene durch Verzückung und Ekstase erklommenen: den *Humor*, als das *«letzte befreiende Lachen, das alle Fragen, Schmerzen, Kampf- und Jubelrufe übertönt.»*[1] Paul Bekker nennt den Geistgehalt dieser Symphonie eine «Zarathustra-Weisheit», *«wie sie sich so stark und kräftig, so aus sich selbst überzeugend nur dem Geist eines großen Einsamen offenbaren konnte.»*[1]

Unvorbereitet setzt der lebhafte Hauptgedanke ein, der sich in Fröhlichkeit, nur anfangs kurz durch den zarteren Nachsatz unterbrochen, lebens-strotzend entfaltet, *«heiter und froh, von kraftvoll pochenden Rhythmen und immer höher strebenden Jauchzern getragen.»*[1]

Ein freies, aus sprudelnder Heiterkeit quellendes Lachen erfüllt auch den letzten Satz, eine unübersehbare Fülle der Erscheinungen hervorzaubernd, ein «*ausgelassenes Phantasiespiel*»[1], das sich hier unseren Ohren öffnet und den «*Elementargeist der Musik selbst*»[1] zum Lachen bringt.

Es ist die Lebensweisheit eines großen Geistes, die sich im Humor dieser Symphonie ausspricht. Alle Torheiten und alle Erkenntnisse, die ein schweres, aber reiches Leben gebracht hat – «*alles löst sich auf in dieses große heilige Lachen, das tiefer ist als alle Vernunft und Philosophie*»[1]; so schreibt Paul Bekker in seiner Schlußbetrachtung über Beethovens VIII. Symphonie, die – versteht man sie in diesem biographischen Sinne – wahrlich die obersonnigen Planetenworte in die Tat umzusetzen wußte: im «Werden» zum «Sein» sich erhebend, durch «Sein» dem «Werden» verwoben zu bleiben und im Leben sich zu «erhalten». Auch in dieser Weisheit des Humors liegt eine Neugeburt, ein Gefühl, dem Leben neu gegeben zu sein. Glücklich jeder, der auf seiner schweren Pilgerfahrt durch dieses Erdental jenes alles verstehende, alles verzeihende Lächeln ernten darf, das ihm die Erde wiedergibt und ihre Schönheit preisen läßt.

Unbemerkt wurde durch diese hintergründige Lebenssicht ein erster Schleier von den Tiefen unserer Harmonie gehoben, und ließ uns erkennen, daß die Vermutung der Leidverbundenheit nicht falsch war, die wir den Planetenworten glaubten entnehmen zu können. So mag es daher angebracht sein, uns im Bereich der Fische-Strahlung genauer umzusehen. Von allen drei dem wässerigen Element verbundenen Modi, sind die «Fische» das hilfloseste Zeichen. Kein Panzer umgibt den Fisch, wie ihn der «Krebs» besitzt, kein Stachel ist ihm eigen wie dem Skorpion. Schutzlos ist er dem Bereich hingegeben, auf den wir in unseren angeführten Beispielen immer wieder gestoßen sind: auf das lösende Element des Wassers, des unmittelbarsten Trägers der Ätherkräfte. In dieser völligen Hingabe an das Wasserelement liegt auch die Ursache, warum gerade das Fischezeichen unter den drei neptunischen Modi jenes ist, das den Menschen am tiefsten in das seelische Leben verstrickt und ihn da gefangenhält – «*gleich einem Traumwandelnden, der es nicht vermag, sich aus dem Traum zum wachen Zustand durchzuarbeiten, gleich einem Träumenden, der nicht erwachen kann.*»[6]

Robert *Schumanns* «Träumerei» ist dafür ein treffendes Klangsymbol:

Menschen, die an Flüssen, Seen oder Meeren wohnen, zeigen uns sehr häufig eine träumerisch-sinnende Seelenhaltung, dem Fische-Geborenen ist sie ein mitgebrachter Wesensteil. Auf sein Gemüt wirken die dem Wasser verbundenen Ätherkräfte mit besonderer Intensität. Zahllose Märchen erzählen uns von Wesen, die jener Elementarwelt angehören und mit den Fischen in engster Verbindung stehen. Erzählen uns von Nixen, Undinen, Nymphen, wissen zu berichten, wie ihnen eine tiefe Sehnsucht zum Menschen eigen ist, weil sie hoffen, durch ihn zu finden, was ihnen fehlt: die Wärme des Blutes – *Liebe.* Daher immer wieder das Motiv, wie diese Nixen den Menschen, der selbst von Sehnsucht zu diesen ätherischen Wasserwesen erfüllt ist, hinunterziehen in ihr kaltes Naß.

> «*Das Wasser rauscht', das Wasser schwoll*
> *Netzt' ihm den nackten Fuß;*
> *Sein Herz wuchs ihm so sehnsuchtsvoll,*
> *Wie bei der Liebsten Gruß.*
> *Sie sprach zu ihm, sie sang zu ihm;*
> *Da war's um ihn geschehn:*
> *Halb zog sie ihn, halb sank er hin,*
> *Und ward nicht mehr gesehn.*»
> (*Goethe,* «*Der Fischer*»)

Von diesem Sehnen spricht auch die Nixe «Rusalka» in Antonin *Dvořáks*
gleichnamiger Märchenoper:

In ihrer Schutzlosigkeit zeigen die Fische-Geborenen äußerste Sensibilität gegenüber allen Vorgängen in ihrer Umgebung. Durch diese hypertrophe Empfin-
dungsintensität lebt der Fischemensch, in der Meinung sein eigenes Leben zu
leben, sehr oft ein aus seiner Umwelt ihm zufließendes, als sein eigenes. Das bedeutet, daß er sein Leben in der leidenden Form darlebt, *«er leidet am Leben, an
seinem eigenen ebensosehr wie an dem der anderen:»*[6] Wenn Faust vor dem Kerker-
tor Gretchens steht und die verzweifelten Worte spricht: «Der Menschheit ganzer Jammer faßt mich an», dann drückt sich darin aus, was der unter dem Fische-
zeichen Geborene während seines Erdendaseins empfinden mag.

Daß diese Seelenhaltung sich in Gegensatz stellt zu den vorhin aufgezeigten,
von Heiterkeit und Unbeschwertheit erfüllten F-Dur-Themen, ist offensichtlich.
Doch erweist sich dieser Widerspruch nur als ein scheinbarer und findet durch
eine Vertiefung in dieses Sternzeichen sehr rasch seine Lösung. Eine eigenartige
Faszination bewirken die Fische, als Tiergattung verstanden, auf den Menschen.
Diese rätselhafte Sympathie zu den Fischen liegt in der Menschheitsevolution
begründet. Werden wir unbewußt durch sie doch an jenes kurze Verweilen erinnert, da der Mensch aus dem Garten Eden, seinem unschuldigen Pflanzendasein,
schon halb herausgetreten, sein Blut, d. h. seine Astralität aber noch nicht von
dem luziferischen Begierdenfeuer ergriffen war. Und exakt diesen Zustand symbolisiert der Fisch. Mit den ätherisch-astralen Kräften der Luft und des Wassers
innigst verbunden, weiß er als «Kaltblütler» noch nichts von der luziferischen

«Waberlohe». Unsere oft selbstvergessene Hingabe an das Spiel der Fische im klaren Gewässer, ist ein unbewußtes Erinnern an den paradiesischen Zustand unseres Menschseins. Unwissend blicken wir zurück auf ein Sonnen-Äon unseres Erdenplaneten, dessen Reminiszenz uns der Fisch symbolisiert. Als sich die Trennung der Erde von der Sonne vollzog, stand diese im Zeichen der Fische.

Die bereits erwähnte intensive Sensibilität des «Fisches» kann uns daher nicht überraschen. Denn seine Schutzlosigkeit erfließt letztlich aus dem Hineingestellt-Sein in eine Welt herrschender Gegenmächte mit einer Natur, die aus früheren Zuständen herübergetragen, keine eigentlichen Abwehrkräfte gegen diese Umwelt besitzt. Und dies gilt auch im übertragenen Sinne für den Fische-Geborenen. So erklärt sich einerseits aus diesem Nachklang einstiger «Kindheitstage» die «frohe Eil'» und Heiterkeit, wie sie Schubert an der «launischen Forelle» gewahrte, andererseits jenes Leiderlebnis, das wir als ein «Leiden am Leben», angesprochen haben. Während der Krebs-Geborene, wie wir hörten, es versteht, sich aus seiner Umwelt eine schützende Seelenhülle zu schaffen, sieht sich der Fisch schutzlos dieser Umwelt als ein Erleidender ausgeliefert. Und ein Leidender, der in das Gefühl seines Krankseins gebannt ist, lebt seine Krankheit aus, wie der Gesunde seine Gesundheit. Wie letzterer seine Gesundheit liebt, so liegt auch über dem Leid des Fische-Geborenen ein leiser Hauch des «Glücks», das ihn sein Leid in einer gewissen «Verklärtheit» erleben läßt, und – unausgesprochen – eine Neigung, Sympathie, um nicht zu sagen eine Liebe zu diesem Leiden in ihm erweckt. Nun haben uns die Planetenworte genügend deutlich aufgezeigt, wo die Freiheit des Ich einzusetzen hat, um die Qualität dieser Strahlung in der richtigen Weise im Leben entfalten zu können. Kein Zweifel jedoch besteht, daß hier der Scheideweg für den niederen und hohen Fische-Menschen beginnt. Der niedere Typus wird diesen Hang zum Leiden wie ein Fetisch erleben. Er wird sich als Märtyrer erkennen, der sich durch jede Erniedrigung, die ihm seitens der Mitwelt zuteil wird, erhöht und in seinem Lieblingstraum, ein Stiefkind der Natur zu sein, bestärkt fühlt.

Dagegen zeigt das hohe Ethos dieser Strahlung ein Leiden, das Ausfluß ist des irdischen Menschseins schlechthin. Dem Fische-Zeichen ist daher der «Psychismus» als Weltanschauung zugeordnet, jene Erkenntnishaltung, die auf die Beseeltheit der Welt blickt, und die alle Wahrnehmung, jede Affizierung durch die Umwelt als ein *Erleiden* empfindet. Und daß die Menschenseele dem wässrigen Elemente wesensverwandt ist – wie oft wird sie nicht mit einem «unergründlichen Ozean» verglichen, wenn ihre unterbewußten Tiefen symbolisiert werden sollen –, hat Goethe bereits in den herrlichen Versen ausgesprochen:

> *«Des Menschen Seele*
> *Gleicht dem Wasser:*
> *Vom Himmel kommt es,*
> *Zum Himmel steigt es,*
> *Und wieder nieder*
> *Zur Erde muß es,*
> *Ewig wechselnd.»*
> *(Gesang der Geister über den Wassern)*

Ein Hauch dieses, aus der Menschennatur als solche quellenden Leidens liegt über *Schuberts* «Winterreise», und im besonderen über dem Lied «Das Wirtshaus», bei dem es dem Meister gelang, in Dur – in der Fische-Harmonie von F-Dur – seinen unsagbaren Schmerz auszusprechen.

So ist es ein langer und schwerer Weg zu diesem «Zarathustra-Lächeln», wie es sich Beethoven erringen konnte. Das Adagio in Johannes *Brahms'* Violinkonzert läßt uns miterleben, wie es Stunden geben mag auf diesem Weg, in denen der Seele ein Ahnen jenes Friedens wird, der überwunden hat. In dem bläserumrahmten Oboengesang des Hauptthemas mischt sich die Sehnsucht des Norddeutschen nach seiner Heidelandschaft mit der Lieblichkeit seiner südlichen Wahlheimat; ein Instrumentalidyll der Selbstbesinnung, in der Willenskraft und Resignation ineinanderfließen und den Hauch eines Über-den-Dingen-Stehens erfühlen lassen.

Wir haben diesen Gedanken nicht der Biographie des Meisters entnommen, sondern aus der Sprache der Tonart und ihrer Thematik heraus ausgesprochen. Und daß er richtig ist, bestätigt uns seine sechs Jahre nach dem Violinkonzert komponierte III. Symphonie. Auch sie steht in F-Dur und darf als Brahms' «Eroica» gelten. Heroisch freilich im Brahms'schen Sinne verstanden: «*trotz*

wahrhaft heldischer männlichster Anstrengungen und Kämpfe ist die verklärte Resignation der Weisheit letzter und höchster Schluß.»

«Keine andre Symphonie von Brahms prägt in ihrem ersten der höchst streitbaren Ecksätze den Charakter eines seiner aus energetischer Tatenlust und Weichheit gemischten Kraft fröhlich sich bewußten, gesunden Heldentums in der Art des gleichen Satzes von Beethovens Eroica aus, wie die dritte.»[7]

Ein aus zwei ganztaktigen Akkorden entstehendes Ur-Motiv – Venus–Sonne–Venus –, welches das ganze Werk durchzieht, leitet den Satz ein. Aus seinem dritten Akkord entfaltet sich das Hauptthema, das von dem Ur-Motiv im Baß getragen wird. Auch das Kopfthema selbst ist formal eine erweiterte, freie Umkehrung des Ur-Gedankens, so daß die ganze Hauptthematik von Sonnen- und Venuskräften beherrscht wird. Vergegenwärtigt man sich deren Planetenworte, das Ringen um «Sein» und «Werden», wird das heroische Element – in Brahms'scher Nuancierung – durchaus erlebbar.

Diese Nuancierung seiner Tonsprache liegt in einer eigenartigen Vermischung von Dur und Moll. Die beiden Tongeschlechter, die für uns ja immer den Gegensatz von Inkarnations- und Exkarnationsvorgängen in sich bergen (siehe dazu das entsprechende Kapitel im ersten, allgemeinen Teil des Buches), stehen bei Brahms nicht in gleicher Weise nebeneinander wie bei Schubert, auch werden sie nicht so eindeutig festgelegt wie bei Beethoven; bei Brahms scheinen sich die beiden Sphären *ineinander* zu schieben, so daß seine Harmonik als ein «Durmoll»

oder «Molldur» bezeichnet werden könnte. Auch das angeführte Beispiel läßt dies erkennen. Der erste Takt zeigt den eindeutigen Tonika-Akkord von F-Dur. Der verminderte Septakkord des zweiten Taktes – die II. Stufe als Wechseldominante – bringt die Eindeutigkeit bereits ins Wanken, da dieser Akkord gleichermaßen nach C-Dur, wie nach c-Moll tendiert. Der dritte Takt entscheidet sich zwar zugunsten von Dur, aber schon der vierte Takt bringt diese Dur-Tonika als Mollklang. Ein ähnliches «Sowohl-als-Auch», ein gleichzeitiges Stehen in der Transzendenz (Inkarnation) und Existenz (Exkarnation) ließe sich den ganzen Satz hindurch verfolgen.

Bei Anton *Bruckner* hingegen spricht sich dieses Ringen zwischen «Sein» und «Dasein», zwischen geistiger und irdischer Welt als Gesamtinhalt der musikalischen Gestaltung aus; in dem Zusammenwirken von Melodie, Harmonie und Rhythmus. Bruckners symphonischer Satz ist immer «sphärisch» zu erleben; seine Melodik zeigt selten einen linearen Zug, sie wird vielmehr durch das Zusammenklingen mehrerer Stimmen gebildet. Wobei seine Harmonien keinen Zweifel über Dur und Moll erstehen lassen und der Rhythmus den Geistgehalt seiner Aussage ebenso eindeutig mitbestimmt. Alle drei Elemente gestalten zusammen einen symphonischen Strom, aus dessen umgreifender Gesamtheit melodische, harmonische oder rhythmische *«Sonderungen»* als *«Teilausweitungen»* zu verstehen sind.

«Bruckner entströmt alles Formen, vom Erstansatz bis zu seinen symphonischen Riesenwogen, als ein Werden, Schwellen und Vergehen in der Unmittelbarkeit seines Weltgefühls. Daher überall das Naturereignis eines beispiellos starken Seelenatems, wie er durch die wehende Stofflosigkeit der Töne streicht; Grundvorgänge sind die musikalische Kraftregung, Zusammenballung, Auslösung und verstreichende Wiedererlösung.»[8]

So zeigt das Adagio seiner VI. Symphonie in der Melodik des ersten Themas einen ungeheuren kontrapunktischen Reichtum, hinterläßt aber als Gesamteindruck Düsterkeit, trotz der feierlichen Hymnik.

Dagegen bringt das Seitenthema leuchtenden Aufschwung, eine Flut innigster Empfindungen. Der herrliche Gesang steigert sich im Laufe des Satzes zu einem «Päan» des Glücks, doch der Freude folgt durch rauhe Schicksalshand der Schmerz; das dritte Thema setzt mit einer trauermarsch-ähnlichen Rhythmik ein und stürzt uns aus diesem seligen Weilen im «Sein», das wir mit dem zweiten

Thema erleben durften. Auffällig dabei ist der Tonarten-Gegensatz, den das Gesangsthema aufzeigt. In der Exposition in E-Dur stehend, erklingt es erst bei seiner Wiederholung in F-Dur auf. Und die Frage erhebt sich notgedrungen, aus welcher tonalen Sphäre heraus es gestaltet ist. Wir vermögen es nicht eindeutig zu sagen, denn seinem Charakter nach könnte es sowohl in der Liebes-Sphäre der «Löwen-Tonart», als auch in der kindlichen Unschuld der «Fische» beheimatet sein. Max Auer will in dem Thema *«ein Erinnern an Tage des Liebesglückes»* erkennen. [9] *«War doch Bruckner zur Zeit der Komposition dieses Satzes selbst voll Hingebung an ein junges Mädchen».* [9] Diesem Hinweis nach könnte E-Dur wohl der ursprüngliche tonale Bereich gewesen sein, aus dem heraus Bruckner das Thema gestaltet hat, während seine Wiederkehr in F-Dur die ersten Schleier einer aufkeimenden Resignation erkennen lassen.

Es ist fesselnd zu erleben, wie die Ausdruckskraft von F-Dur auf diesem Weg zwischen Sein und Werden hin- und herschwankt, einmal mehr den irdischen, einmal den geistigen Bereich mehr betonend. Doch nie spricht der eine ganz isoliert, immer schwingt der andere mit; und gerade dies mag dem F-Dur der «Weg-suche» jenen zart-wehmütigen, leidenden Ausdruck verleihen. So etwa die Antwort Kurwenals im dritten Akt von «Tristan und Isolde», wenn der aus der Todesnacht erwachende Held noch weltverloren fragt, wo er sei:

> «Wo du bist? ...
> Auf eig'ner Weid' und Wonne
> im Schein der alten Sonne,
> darin von Tod und Wunden –
> du selig sollst gesunden.»

Hier ist es die *Erde,* die als das *echte* Land, das «Heimatland» angesprochen wird. Aber Wagner schrieb dazu aus Luzern 1859 an Mathilde Wesendonk:
«Kind! Kind! Soeben strömen mir die Tränen über beim Komponieren – ... Das wird sehr erschütternd – wenn nun zumal das alles auf Tristan gar keinen Eindruck macht, sondern wie leerer Klang vorüberzieht. Es ist eine ungeheure Tragik! Alles überwältigend!»

«Im Gewinn verliere sich Gewinn» – ergreifender konnte das Venuswort, auf dem diese Stelle ruht, nicht verdeutlicht werden. Wie tief muß Wagner das Wesen der Tonart empfunden haben.

Gerade den umgekehrten Weg führt *Beethoven* seinen Florestan in «Fidelio».
Die Vision, die dem im Kerker Schmachtenden wird, zeigt ihm das Tor «zur Freiheit ins himmlische Reich». Natürlich kann er nur den Tod meinen, auf eine
andere Erlösung ist nicht zu hoffen. Das anfängliche todesfinstere f-Moll lichtet
sich zum gleichnamigen Dur und «ein Engel Leonoren» zeigt ihm den Weg ins
unsterbliche «Sein».

Wenn dann am Ende des Werkes die *irdische* Leonore die Ketten des Gatten lösen kann, wenn Leonores opfermutige Liebe den Sieg errang, wendet sich der Blick noch einmal zum himmlischen «Sein» empor, ehe der irdische Jubel im Widderlicht von C-Dur losbricht. Und dieser Blick zum Himmel steht folgerichtig in F-Dur, den Bogen hinüberwölbend zu Florestans Vision am Beginn des Aktes.

«O Gott, o welch ein Augenblick!»

Mehr zu sprechen ist der Seele nicht möglich. Aber die Musik kündet von der Übergewalt dieses Augenblicks. Das Oboen-Melos, in süßer Wehmut die Monden-Quart b – in den reinen F-Dur-Klang hineintragend, sagt uns, was auszusprechen den Lippen nicht möglich ist und das wundervolle F-Dur, den ganzen Chor der Stimmen ergreifend, läßt das Unaussprechliche voll ausklingen.

Die angeführten Beispiele gewähren uns noch einen tieferen Blick in das Venuswort: «Im Gewinn verliere sich Gewinn». War in diesen Themen doch ein gewisses Sehnen nach «Erlösung» nicht zu überhören. Erlösung, die, wenn wir

595

sie im Sinne des Venuswortes charakterisieren wollen, einen Gewinn ersehnt, der durch *Verlust* des Gewonnenen, also durch Opfer errungen wird. Darin wurzelt die Wehmut, die dem F-Dur eigen ist; hier liegt das Streben zum Licht, die Hoffnung auf Neubeginn.

Nach Erlösung schmachtet der «Holländer», und Sentas innige Bitte: «Ach! wann wirst du bleicher Seemann sie finden», erklingt in der Ouverture als choralartiges Gebets-Motiv in F-Dur, das sich dem düsteren, hoffnungslosen d-Moll des Holländers schon zu Beginn prophetisch gegenüberstellt.

Seine Erlösung ersehnt auch Amfortas; das F-Dur, das aufklingt, wenn er nach schwerdurchwachter Schmerzensnacht die «Waldesmorgenpracht» erlebt, vereint den Naturzauber der ätherischen Lebenswelt mit Amfortas qualerfülltem Ruf nach Erlösung:

Das Qualvolle dieses Rufes zeigt die Trübung des reinen F-Dur-Klanges durch die übermäßige Quinte cis im Amfortas-Motiv zu Beginn, während die Sehnsucht nach Erlösung in der starken Betonung der Subdominante, der «Glaubenssphäre» von B-Dur zum Ausdruck kommt.

Erlösung im umfassendsten Sinne des Wortes heißt Überwindung alles Kreatürlichen, heißt, daß die irdische Geschöpfnatur den ihr einversenkten göttlichen Ich-Funken voll zur Entfaltung bringt und sich zum Träger dieses «Himmelslichtes» in der Seele macht. Restlose Verwirklichung findet dies im Einweihungsgeschehen. Der Initiationsweg öffnet die Tore zur geistigen Welt, wenn die schweren Prüfungen, die dem Initianten auferlegt wurden, bestanden sind.

In dieser Zuversicht und Erwartung eines segensreichen Gelingens betet Sarastro mit seinen Priestern für Tamino und Pamina in Mozarts «Zauberflöte». Auch hier ist F-Dur in übertragenem Sinne die Tonart der «Erwartung». Jene der Erfüllung, oder besser gesagt: «Erleuchtung», ist in der Zauberflöte Es-Dur. Den Hymnus «Heil sei euch, Geweihten», erlebten wir bei der Betrachtung der Steinbock-Tonalität.

Nun geht in Mozarts Mysterienspiel aber auch Papageno eine Zeit an Taminos Seite den Weg der Initiation. Und so gilt bis zu einem gewissen Grad auch für diese, ganz in Humor und Heiterkeit getauchte Gestalt das eben Gesagte. Wir sind diesem köstlichen «Vogelfänger» schon bei der Betrachtung von G-Dur begegnet und haben diese Harmonie des maienhaften Blühens und Sprießens als seine ihm gemäße Tonart erkannt. Und sie bleibt es auch das ganze Werk hindurch. Nur ein einziges Mal, wenn er durch den «Götterwein» aus Sarastros Keller ein wenig aus seiner Kreatürlichkeit herausgehoben und sein Herz von Sehnsucht nach Liebe berührt wird, scheint auch er «auf dem Weg» zu sein. Sein Lied: «Ein Mädchen oder Weibchen wünscht Papageno sich», steht in F-Dur und läßt auch seine Zukunft voll «Erwartung» erscheinen.

Zwar bleibt es bei dieser Erwartung; «Erleuchtung» wird ihm nicht zuteil, das Es-Dur Taminos wird er nicht erreichen. Aber der Hauch einer Initiation hat ihn doch umweht und das G-Dur, das ihm beim Finden seiner Papagena am Ende erklingt, ist zweifellos bewußter erlebt, als jenes seines Vogelfängerliedes zu Beginn.

Einen ebensolchen Weg der Einweihung, wenn auch unter ganz anderen Gegebenheiten und nicht von einem Hierophanten, sondern vom Schicksal selbst gelenkt, führt *Wagner* seinen jungen Siegfried. Hier steht zu Beginn F-Dur, ganz noch «Naturtonart», ertönend als «Waldknabenruf» des noch unwissenden Helden.

Aber auch hier mischt sich «Erwartung» in den heiteren Hornklang. Lockt er doch den «Drachen» aus seiner Neidhöhle; und wenn Siegfried auch dachte durch diesen Hornruf dem Verständnis des Waldvogelgesanges näherzukommen, so bedeutet das Erscheinen Fafners für ihn den Ausgangspunkt seines Weges zum Brünnhildenfelsen. Sein Sonnenheldentum aber, das er sich durch die Erweckung Brünnhildens erringt, wandelt diesen Waldknabenruf – zu feierlichem Rhythmus variiert – in das weihevolle Es-Dur seines Heldenthemas.

Siegfrieds Weg zu Brünnhilde stellt einen Initiationsvorgang dar; und es ist kein Zufall, daß als erste Richtungsweise zu Beginn dieses Weges das F-Dur des Hornrufes steht. Haben wir doch von der «unbewußten Erinnerung» an den paradiesischen Menschheitszustand gesprochen, die der «Fisch» in uns erweckt. Und Initiation bedeutet letztlich die bewußte Erinnerung dieses verlorenen Besitzes.

Die Überbetonung des Gefühls, die Sensibilität, die wir des weiteren als eine Fische-Eigenschaft erkannten, rechtfertigt es, daß wir in der Betrachtung noch einmal der «Stimmung» folgen, und uns erneut des Sonnen- und Venuswortes besinnen, das vom Finden des verlorenen «Seins» und vom Verlieren des gewonnenen «Werdens» spricht. Diese Worte finden ihre klanglich-urbildliche Sinngebung in der Tatsache, daß im Mittelalter das f – der «vierte Ton» (Venusquart) – als Ton von Golgatha gegolten hat. Diesem Empfinden folgte auch *Bach* in seiner «Matthäuspassion», wenn er den Choral «O Haupt voll Blut und Wunden» nach F-Dur führt, ausgehend von d-Moll, der dunklen Schwester der Fische-Harmonie. Hier offenbart sich der Wechselbezug von Gewinn und Verlust in der ganzen Tiefe des Mysteriums. Das «Ecce homo» dieses Chorals umfaßt alles Leiden, das dem Menschen zuteil wird, und insoferne kündet sein F-Dur von dem schwerwiegendsten Seins-Verlust, welcher der Menschheit beschieden war.

Denn der wütende Aufschrei der Menge: «Laß ihn kreuzigen!» im Anblick des Gemarterten sagt nichts Geringeres, *«als daß die Menschheit an einem Punkt angekommen war, wo sie sich selbst verloren hatte, wo sie dasjenige verurteilte, was ihr Sinn und Bedeutung in der Erdenentwicklung gibt.»*[10]

Das eigentliche Mysterium der Fische-Strahlung aber liegt nicht in der Tatsache des Verlustes, sondern im *Finden* des Verlorenen. Wir sind immer wieder auf die Stimmung der «Erwartung» in unserer Betrachtung gestoßen: «Ein Stündlein wohl vor Tag!» Urbildlich spricht auch das Evangelium diese Stimmung an: *«Und*

600

sie kamen zum Grabe am ersten Tag der Woche, frühe, da es noch finster war.» (Mark. XVI., 2) Es ist die Stunde, wo das Verlorene sich findet, die Stunde der Auferstehung. Wieder folgen wir dem kosmischen Rhythmus des Christuslebens, und begegnen auch der Fische-Strahlung auf einer ersten Stufe ihres Wirkens in der Jordantaufe, als das Christus-Ich zur Erde stieg, und die große Erwartung anhub. Im Auferstehungsgeschehen aber findet die Fische-Strahlung ihre höchste Oktave. «Frühe, da es noch finster war» – noch scheint die Grabesnacht über allem zu liegen, aber unbemerkt ersteht aus ihr die Auferstehungsstimmung. Ein Hauch des Ätherischen liegt über diesem anbrechenden Morgen, an dem Maria Magdalena dem «himmlischen Gärtner» begegnet. Der irdische Blick sieht vorerst nur das leere Grab, also auch hier nur Verlorenes. Dann gewahrt das «ätherische Auge» die beiden Engelgestalten und schließlich, als sie sich «zurückwendet», d. h. den geistigen Blick ganz nach innen kehrt, erlebt sie den Auferstandenen.

Darin offenbart sich der tiefste Sinngehalt des Venuswortes der Fische-Stimmung. Und wenn die Musik unzählige Beispiele zartester Naturstimmung aufzuweisen hat, dann liegt in ihnen verborgener, oder auch deutlicher spürbar, stets jener ungetrübte Ätherhauch des Paradiesesgartens, der sich für Maria Magdalena in dieser «Frühe, da es noch finster war» – «Ein Stündlein wohl vor Tag» – über das Grab von Golgatha breitete.

In den ersten Zeiten des Christentums als man noch ein Gefühl für kosmische Zusammenhänge hatte, wurde der Fisch stets mit Christus und dem Kreuz auf Golgatha in Beziehung gesetzt. Ergeben doch auch die Anfangsbuchstaben der Wortfolge: «Jesus Christus, Gottes Sohn, Erlöser» im Griechischen das Wort «Ichthys» = «Fisch». Und geheimnisvoll west der Fisch in den Evangelien, wenn man versteht, zwischen den Zeilen zu lesen. Daß die ersten Jünger, die berufen wurden, Fischer waren, daß so oft von Fischerkähnen und Fischernetzen gesprochen wird, muß man nicht nur irdisch verstehen. Hinter der physischen Begebenheit steht der makrokosmische Zusammenhang. Auch Amfortas ist der «reiche Fischerkönig» und die Speisung der Fünftausend mit Fischen und Brot, sie deutet auf die geheimnisvolle Gralsspeisung, die sich in die Konstellation «Fische-Jungfrau» stellt. Wie sich in unserem Quintenkreis C-Dur und Fis/Ges-Dur – Widder und Waage – gegenüberstehen, «Krebs» und «Steinbock» – A- und Es-Dur – den Zenit und Nadir im Jahreslauf der Sonne bilden, so bezeichnen auch F- und H-Dur – Fische und Jungfrau – eine solche Tritonus-Konstellation, über deren Bedeutung in unserer Schlußbetrachtung noch ausführlicher zu sprechen sein wird.

Das Christuswort: «*Wer mein Brot isset, der tritt mich mit Füßen*» *(Joh. XIII., 18)* spiegelt diese Konstellation wider. Denn das «Brot des Lebens» ist eine innerliche, von allen Erdenmächten unberührte, «jungfräuliche» Gabe, während die Füße ganz der Außenwelt, der Erde hingegeben sind. Der Leib der Erde, der *sein* Leib wurde, da er «der Menschheit ganzen Jammer» auf sich nahm, und der uns durch seine göttliche Alchimie von «Sein» und «Werden», von «Verlust» und «Gewinn» das Lebensbrot bereitet hat, wir treten ihn ja tatsächlich immer mit Füßen. Sind die Füße doch auch das der Fische-Strahlung zugeordnete Leibesorgan.

In der Abendmahlsszene der Matthäuspassion hat *Bach* diesen kosmischen Zusammenhang aufgezeigt, indem er für die Einsetzungsworte die Harmonie der Fische wählte.

Vom Sonnenton a, dem Herz des F-Dur-Klanges aufsteigend, entfaltet sich das Melos, und man beachte die markanten Quint- und Oktavschritte bei den Worten «esset, das ist». Eine Vertikalität wird dadurch erfühlbar, welche die Gebärde des Sich-Hinabneigens und wieder Erhebens in milder Innigkeit zum Ausdruck bringt.

Mit den Füßen steht der Mensch auf der Erde. In dieser «Vertikalität» treten wir nicht nur ständig ihren «Leib», wir sind mit den Füßen auch stets mit jenem Element in Verbindung, das wir den «Schmutz der Erde» nennen können. Wie wunderbar sich die Dinge doch ergänzen. Der Planet, der in den Fischen sein Haus hat, ist Jupiter. Er bestrahlt unsere Füße und unsere Hände, die für den oberen Menschen die Entsprechung darstellen. Was aber bedeuten diese Glieder am Menschenleib? Sie sind die Ausführungsorgane unseres Willens. Mit Händen und Füßen vollbringen wir, was wir wollen. Und was geschieht, wenn Erkenntnis, jupiterhafte Weisheit in unseren Willen strahlt? Wenn dieses Wollen, das für den Fische-Menschen ein *Leiden* bedeutet, von Weisheit durchleuchtet wird, dann entsteht, was wir die aktive, selbstlose Liebe nennen. Sie ist die durch «Mitleid» wissend gewordene Liebe und fähig, die Erlösertat zu vollziehen. Das ist der Weg des höheren Fische-Typus, der «Parsifalsweg». Wer, wenn nicht der, den der Menschheit ganzer Jammer anfaßt, könnte ihn folgerichtiger gehen?

Der «Schmutz der Erde», mit dem unsere Füße stets in Berührung sind, wir können uns nie ganz von ihm befreien:

«Uns bleibt ein Erdenrest zu tragen peinlich,
Und wär er von Asbest, er wär nicht reinlich»,

sprechen die Engel, wenn sie Faustens «Unsterbliches» in die geistigen Sphären geleiten. Aus diesem Verhaftetsein mit der Erde erwachsen alle unsere Leiden. Darum ist es aber gerade dem höheren Fische-Menschen gegeben, tun zu können, was kein anderer mit dieser Hingabe vermag, wozu kein anderes Zeichen diese Liebeskraft gibt: die Füße des Menschenbruders vom Schmutz zu reinigen, die «Fußwaschung» an ihm zu vollziehen. Diese Kraft zu gewinnen, andere zu entsündigen, ist dem vor allem gegeben, der in dem Sünder den Leidenden zu sehen vermag.

Wir sagten zu Beginn, daß überall, wo sich Erstarrtes in der Welt löse, wo das Eis schmilzt, Frühling sei. Und wir hörten den Bittchor der Bauern: der Himmel möge sich öffnen und dem Samen der Erde den Segen des Regens spenden. Was der Regen im Bereich des Makrokosmos ist, das bedeutet für den Mikrokosmos *Mensch* die Träne. *«Es ist die Träne ein Bote der Gnade Gottes, das Wasser des Leidens, durch dessen heiligende Kraft die unerbittliche Strenge der gnadenlosen, ehernen irdischen Naturgesetzlichkeit sich löst.»*[6] Alle Tränen, die je geweint wurden in Schmerz und Qual, all diese Tropfen «geschliffenen Urleids», wie Rilke sie nennt, sind *«das Wasser, das aufwärts fließt»*[6], befreit von der Kerkerhaft der Erdenschwere.

Johannes *Brahms* hat dies in seinem «Deutschen Requiem» ausgesprochen, wenn er die Seligkeit all derer preist, «die da Leid tragen». Mit verklärter Resignation entfaltet sich dieser herrliche Satz in der Fische-Harmonie, unter Verzicht auf die hellen Klangfarben der Geigen.

Die parallele Moll-Tonart der Fische-Sphäre: d-Moll

Von dem allmählichen Erwachen der Natur, von einer vorfrühlingshaften ätherischen Regsamkeit sprach die F-Dur-Harmonie zu uns. Die moll-umdüsterte Schwester der Fische-Tonalität scheint davon nichts zu wissen. Waren in F-Dur «Strom und Bäche vom Eise befreit», so erleben wir in d-Moll den «alten Winter», der immer noch «Schauer körnigen Eises» aus seinen «rauhen Bergen» über die «grünende Flur» sendet. So unwahrscheinlich es uns dünken mag, für d-Moll bedeutet das «Stündlein vor Tag» noch vollkommene Finsternis. Nicht das Ahnen erwachenden Lebens vermittelt uns das Moll der «Fische»; was es in Tönen malt, ist das harte, klirrende Winterbild, das nur Erstarrung, Frost, kahle Äste und gefrorene Wasser – die Reglosigkeit des Todes – kennt. Dies jedenfalls ist der erste Eindruck, den uns zahlreiche bedeutende Themen von dieser Harmonie vermitteln.

Mit einfachsten Mitteln läßt uns *Puccini* zu Beginn des dritten Aktes seiner «Bohème» dieses Bild einer frostigen Öde und erstorbenen Welt erstehen. Leere, traurig darniedersinkende Quinten sprechen von einem «Verlust», dem kein «Finden» mehr innewohnt, terzlose und daher seelenkalte, gleich Schneeflocken niederschwebende Intervalle:

604

Hier scheint zwischen Dur und Moll ein Gegensatz zu klaffen, wie wir ihn in dieser Radikalität noch nicht erlebt haben; der Gegensatz von Leben und Tod im unbarmherzigsten Sinn des Wortes. Wobei sich der Tod als das gespenstische Skelett, als der «Knochenmann», als das erstarrte Ende, das nichts von einer Neugeburt im Geiste weiß, dem Sinnesauge offenbart.

Franz *Schubert* hat ihm in seinem Claudius-Lied «Der Tod und das Mädchen» erschütternden Ausdruck verliehen:

Gewiß, die Sinne täuschen! Der Tod ist nicht jener steinerne, fühllose Gast, als den ihn der irdische Blick wahrnimmt. Und wenn Schubert ihn sprechen läßt, führt er das harte, fast ausschließlich auf der Prim ruhende d-Moll-Melos in ein sanftes, seelenwarmes F-Dur hinüber.

Wie herrlich die plagale Wendung nach B-Dur bei den Worten: «ich bin nicht wild», in der uns die «Stille des Grabes» mit ihrem Wandlungs-Mysterium aufnimmt. Doch der Geistgehalt von d-Moll spricht anders. Er bewirkt, daß viele d-Moll-Themen, die ganz aus dem Wesen dieser Tonalität heraus gestaltet sind, eine erstaunlich übereinstimmende Physiognomik in bezug auf ihre melodische Gebärde aufweisen: große Intervallschritte, das Fehlen des Sekund-Intervalls, wodurch die Melodik ein hartes, kantiges und eckiges Gepräge erhält.

Mozart zeigt dies in seinem «Don Giovanni», wenn das Standbild des ermordeten Komturs als «steinerner Gast» an das Tor seines Mörders pocht:

         «Don Giovanni, du hast gebeten,
         Ich versprach es, und bin erschienen.»

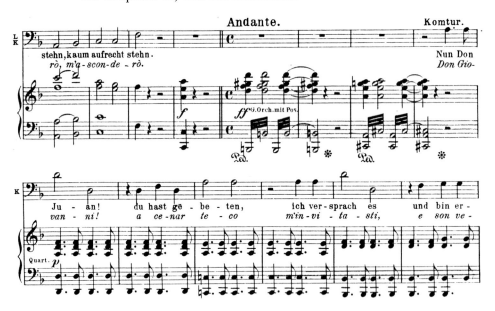

Gleich wuchtigen Felsblöcken reiht sich Intervallschritt an Intervallschritt, getragen von massigen, im ostinaten Rhythmus pochenden Akkorden.

Mit ähnlicher Starrheit gestaltet *Bruckner* das Kopfthema in seiner III. Symphonie. Auf dem Orgelpunkt von d legen mit *«zackigen Linien»* und *«tropfenden Figuren»* die Bratschen und Geigen *«die Tonart fest»*[9]. Nach und nach treten die

Holzbläser mit ihrer leeren Quint hinzu, bis schließlich aus diesen zuckenden Kraftlinien, wie aus dem Nichts heraus, in der Solo-Trompete das eigentliche Hauptthema sich abzeichnet.

In seiner melodischen Gebärde, in welcher sich der Gestaltungswille der Anfangstakte seine konzentrierte Form gibt, zeigt dieses Trompetenmotiv doch frappante Ähnlichkeit mit der Gesangslinie des «steinernen Gastes» im «Don Giovanni».

Führt uns Bruckner mit einer gewissen Gemessenheit und Bedächtigkeit in die Düsternis von d-Moll, so stößt uns *Beethoven* in seiner IX. Symphonie erbarmungslos in ihren Abgrund hinab. Wobei die Leere der einleitenden Quint-Motivik uns zusätzlich verwirrt, da wir sechzehn Takte lang durch sie völlig im unklaren gelassen werden, mit welcher Tonart, ja mit welchem Tongeschlecht wir es eigentlich zu tun haben. Das beharrliche Schweigen der Quintschritte zu dieser Frage steigert die dramatische Spannung ins Unerträgliche. Und dann der Sturz in die Finsternis der d-Moll-Harmonie; die Konturen des Themas sind voll scharfer Kanten.

«*Das große Hauptthema*», so schreibt Richard Wagner in seiner Interpretation der IX. Symphonie, «*das gleich anfangs wie aus einem unheimlich bergenden Schleier nackt und mächtig heraustritt, könnte dem Sinne der ganzen Tondichtung nicht durchaus unangemessen, vielleicht übersetzt werden durch Goethes Worte: ‹Entbehren sollst du, sollst entbehren.›*»[11]

Man vergesse nicht, daß diese Worte: «Entbehren sollst du», von *Faust* gesprochen werden. Aus seinem Mund bedeuten sie nicht passive Resignation; was aus ihnen klingt, ist der sich aufbäumende Trotz gegen die scheinbare Ohnmacht menschlicher Bewußtseinskraft, das «Absolute» ergreifen zu können; die Verbitterung über das «Zikadendasein», zu dem der Mensch verurteilt ist, da jedem seiner Geistesflüge der Absturz auf dem Fuße folgt. Aus dieser Haltung spricht ein Wille, wie er auch der angeführten Thematik zweifellos zugrunde liegt.

Daß Wagner in diesem Sinne mit seiner Interpretation verstanden sein will, bewies er uns durch sein «Holländer-Thema», das dieselben Intervallschritte des Hauptgedankens der «Neunten Symphonie» in eine trotzig aufbegehrende Gebärde verkehrt. Ist es doch auch hier der Griff nach dem Absoluten, das sich der Holländer im Kampf mit den Elementen erzwingen will: «In Ewigkeit lass' ich nicht ab!» Wie Beethovens Symphonie, beginnt die Ouverture ebenso mit einem fahlen, aber scharfen Quintklang, dem das Holländer-Motiv seine terzenlose, kalte Kontur verleiht.

Gleicher unbeugsamer Trotz klingt aus *Chopins* Prélude, wie «herausgemeißelt» (Beckh) aus dem Wesen der Tonart. Man achte auf die titanenhaft sich aufrichtenden Baßschritte, deren Streckungswillen jedoch das Thema selbst mit seiner Melodik nicht nachzuvollziehen imstande ist. Ohnmächtig sinkt sein Erhebungsdrang immer wieder zur Tiefe.

Besonders charakteristisch für dieses «Zikadendasein» mutet der Schluß des Stückes an, bei dem sich die abstürzende d-Moll-Passage förmlich hineinbohrt in den Grundton und in ihm verschwindet.

Eine ganz andere Seelenhaltung dagegen spricht sich im Kopfthema von *Bruckners* IX. Symphonie aus. Sie ist geeignet, die vermutete Eindeutigkeit der d-Moll-Stimmung ins Wanken zu bringen. Auch Bruckners Melos strebt nach oben. Aber dieser Wille zur Höhe ist eine Strebigkeit der Demut, von der die Baumeister der gotischen Dome einst erfüllt waren. In diesem Sinne gemeint, daß Bruckners innerste Wesensart dem Geistgehalt der Gotik innigst verbunden war. Was sich in seiner Musik ausdrückt ist jedoch nicht die Darstellung der Gotik, sondern die Metaphysik dieser Bewußtseinshaltung. Bruckners Klangwelt ist ohne Zweifel die der Romantik, und die Form seiner Symphonie bedeutet Weiterführung und Erfüllung des Beethovenschen Erbes. Aber *«im Innern war wie aus unsichtbaren Tiefengründen der Mystiker in ihm am Gestalten und breitete seine geheimen Formmotive wie Runenzeichen durch das geweihte Werk, die gleichen, die einst die ungeheuren Steinpfeiler gestreckt und die Gebälke aufgeschrägt, die Starre mit erlösungstrunkenem Sehnen durchseelt haben. Wenn dieser Lichtgeist zur schlafenden Seele der Gotik hinabtaucht, so bedeutet es darum keine Nachahmung ihrer Formen, sondern das Wiedererwachen des reinen Formwillens selbst aus alter Versunkenheit.»*[12] Es ist überliefert, daß Bruckner während der Zeit, da er die IX. Symphonie konzipierte, stundenlang den Wiener Stephansdom umkreiste, ganz vom

Anblick seiner hochragenden Pfeiler, Streben, Türme und Türmchen gebannt. Und stellt man seine Aussage über die d-Moll-Harmonie diesem bewußten Aufsaugen der gotischen Bauformen an die Seite, die wir im allgemeinen Teil im Kapitel über das Für und Wider einer Eigensprache der Tonarten zitiert haben, dann kann uns bewußt werden, daß auch diese Höhenstrebigkeit als Sehnsuchtsdrang die Harmonie erfüllt und ihre «Starre» mit «Erlösungswillen» beseelt. Ein Sehnen, das gerade aus der Finsternis und Todesträchtigkeit geboren wird und letztendlich auch aus jenem Leid-Erlebnis fließen konnte, das den «Fischen» so wesenseigen ist. Vorerst freilich sei diese Vermutung nur als Frage hingestellt.

Schon der Beginn des Satzes der IX. Symphonie Bruckners hüllt uns mit seiner auf- und abwellenden Terz-Quint-Motivik in das Dämmerlicht einer gotischen Kathedrale. Trotzdem hat auch Bruckner diese Melodik mit dem Sterben verbunden: «so würde der Tod an die Pforte klopfen» meinte er zu einem gleichlautenden Thema seiner, in früheren Jahren komponierten «Missa solemnis.»

Wenn dann aber plötzlich ein Lichtstrahl von Ces-Dur das Dunkel durchbricht, und *«dem Verzückten Ziel und Weg zur Erreichung des Höchsten weist»*[9], dann spricht der Mystiker zu uns, für den der Tod nicht Ende bedeutet, sondern Tor zu einem neuen, höheren Leben.

Schon die an Bruckners Thema gewonnene Erkenntnis zeigt uns, daß die Vermutung, d-Moll sei eine eindeutig nach Starre und Finsternis ausgerichtete Harmonie, einseitig und voreilig war. Zwar dürfte das Todesgeschehen in irgendeiner Weise wohl immer im Mittelpunkt ihres Erlebnisgehaltes stehen; allein aus dem «Wie» des Ertragens resultieren die unterschiedlichen Nuancierungen.

Johannes *Brahms* hat uns in seinem «Deutschen Requiem» ein d-Moll geschenkt, in dem sich der anfänglich so radikal anmutende Gegensatz zu F-Dur tatsächlich als ein nur scheinbarer erweist. Denn hier wird deutlich, daß hinter dem Todeserlebnis von d-Moll ebenfalls das Leidens-Element steht, das ein Hauptkriterium der Fische-Strahlung ist. Ein Leidens-Element, das auch dem faustischen «Entbehren», dem Trotz des «Holländers» letztlich zugrunde liegt, mag es auch durch Hochmut und Maßlosigkeit übertönt werden.

> «Herr, lehre doch mich,
> daß ein Ende mit mir haben muß,
> und mein Leben ein Ziel hat,
> und ich davon muß.»

611

Dieses Wissen, als Erdenmensch unentrinnbar der Vergänglichkeit unterworfen zu sein, ist ein Schicksals- und Leiderlebnis. Zwei Wesenselemente wird uns diese Harmonie somit bescheren: alle jene Faktoren, die aus der Erstarrung, Verhärtung des irdischen Todesgeschehens erfließen, werden uns ein d-Moll der Finsternis, der Angst, aber auch der Wildheit offenbaren. Wie sich diese Seite mit dem Wesen der «Fische» verträgt, wird noch zu klären sein.

Das zweite Element müßte uns den Leidenden in seiner ganzen Ausweglosigkeit und Hilflosigkeit erkennen lassen. Doch ehe wir dafür nach klingenden Zeugnissen suchen, wollen wir den Bezug der Tonwerte zu den Planetenworten ins Auge fassen.

D	E	F	G	A	B	CIS	D
Sekund-qualität	Terz-qualität	Quart-qualität	Quint-qualität	Sext-qualität	Septim-qualität	Prim-qualität	
Merkur	Jupiter	Venus	Saturn	Sonne	Mond	Mars	

Der Merkurwert d bildet den Grundton. Seine ihm wesenseigene Sekundqualität wird der Harmonie zwar keine fundamentale Festigkeit verleihen, gegenüber F-Dur aber bedeutet diese Grundtonposition doch eine gewisse Verhärtung. Denn in F-Dur durchstrahlt Merkur als Sexte die Harmonie; sein Wort: *«Im Begriffenen suche sich das Greifen»*, wird dort mit der Innigkeit einer kosmischen Terz gesprochen; Grundton zu sein, ein ruhendes Fundament abzugeben, stellt sich dem merkurialen Charakter dieses Tonwertes jedoch entgegen. Und vielleicht liegt hier bereits ein wichtiger Faktor, der uns die Stimmung des «Entbehrens» und «Erleidens» verständlich macht. Ein innerer Drang, das Feste in Tätigkeit und Bewegung auflösen zu wollen, der durch die Grundtoneigenschaft keine Befriedigung finden kann.

Der als Sekunde auftretende Jupiterwert stellt sich mit seiner wesenseigenen Terzqualität der Verhärtungstendenz entgegen, und sein Wort: *«Durch Werden zum Sein erhoben»*, steht zu jenem Erscheinungsbild des Todes – als «Knochenmann» – im Widerspruch.

Der Venuston ist Terz. Das Planetenwort vom *«Verlust des Gewinnes»* erfährt eine Verinnerlichung, d.h., es wird «empfunden» und «erlitten», was durch die umgreifende, verfestigende Tendenz der dem Venuston wesenseigenen Quartqualität noch eine gewisse Steigerung erhält.

Und auch Saturn, dem hier Quartstellung zukommt, betont das Verhaftetsein im irdischen Werden: *«Durch Sein zu dem Werden verwoben»*. Der Kommunikationsfluß zwischen Himmel und Erde, den die Quintqualität Saturns so sehr unterstützt – (in F-Dur steht er kongenial als Sekunde) – wird durch den umgrenzenden Quartcharakter erkennbar retardiert. Die Strahlung des Venus- und Saturnwertes in d-Moll mag vieles zu der Düsternis beitragen, die dieser Tonart anhaftet. Daran kann auch die Quint-Schwelle nichts ändern, die der Sonnenwert a einnimmt. Zwar ruft er an diesem Punkt zwischen Sein und Werden dazu auf, der *«Verlust»* möge sich im *«Verlorenen finden,»* aber es scheint, als wären durch die vorangegangenen Tonwerte die Akzente verschoben worden. Die Saturn-Quart, die so stark das Werden betont, dämpft die Sonnen-Mahnung ab, so daß der Nachhall ihres Wortes auf dem «Verlorenen» nicht am «Finden» ruht.

Dagegen bringt der Mondenton in seiner Sext-Stellung wieder einen Hoffnungsstrahl in das Dunkel: «*Der Verlust sei Gewinn für sich*». Dieses Wort durchstrahlt als Welten-Innerlichkeit die d-Moll-Sphäre und hat bestimmt Anteil an der Art, wie Bruckner in seiner IX. Symphonie sie erlebte.

Der exkarnierende Marswert cis greift weit hinaus in die «Tageswelt». Durch ihn wird das «*mächtige Lebewalten*» der «Zwillinge» hereingetragen in einen Zustand, in dem noch kaum von einer sichtbaren Regsamkeit des Lebens, geschweige von dessen «Walten» gesprochen werden kann. Und gewiß wird gerade durch diese Diskrepanz das Todesbewußtsein innerhalb unserer Harmonie besonders unterstrichen. Spricht Mars doch in den Fischen vom «*Erhalten des Erhaltenen*». Aber was kann erhalten werden? Nicht das «Lebewalten» der Zwillinge, dafür ist es noch nicht an der Zeit. Wohl aber das saturnische Verwobensein mit dem Stoffe, der «*Verlust des Gewinnes*», wie Venus ihn akklamiert.

In den Planetenworten liegen Aufforderungen, den gegebenen Situationen etwas abzuringen: zu «finden», zu «verlieren», zu «erhalten» usw. Wobei diese Gegebenheiten aus der Spannung zwischen «Sein» und «Werden» resultieren. Während nun in F-Dur die Tonwerte durchwegs eine Stellung beziehen, in der sie diesen planetarischen Anmahnungen voll gerecht werden, sehen wir sie in d-Moll zum Teil Positionen einnehmen, in denen sie retardierend dem kosmischen Willen entgegenstehen. So etwa Merkur, der sich in seiner Grundtoneigenschaft nicht wesensgemäß entfalten kann, so auch Venus, die durch ihre Terzenstellung dem «*Verlust des Gewinnes*» ein Element des Leidens verleiht; weiters Saturn, der als Quart fest mit dem «Werden» verwoben ist und in seiner ihm eigenen Quint-Durchlässigkeit für das «Sein» geschwächt erscheint; schließlich als stärkster Faktor der Marswert, dem sein Planetenwort «*Und erhalte sich im Erhalten*» zwar kongenial entgegenkommt, der aber durch seine Septimstellung in eine Dynamik versetzt wird, die dem d-Moll ein Licht hereinträgt, für das es noch nicht die Voraussetzungen besitzt. So wird die eigene Dunkelheit nur um so deutlicher erlebbar.

In unserer Beispielfolge wählen wir zuerst Zeugnisse für das todesträchtige d-Moll, mit all den finsteren Konsequenzen, die sich daraus ableiten. Schon in *Bachs* Präludium spricht sich die Düsternis und Monotonie aus, wie sie uns ähnlich aus dem c-Moll-Präludium entgegentönte. Eine Bestätigung dafür, daß d-Moll noch ganz der «Nachtseite» zugewandt ist, ohne freilich deren «geistiges Licht» zu besitzen.

Doch was in c-Moll rastlose Bewegung war, zeigt sich hier als ein Element des Starren. Zweifellos ist es das Fehlen des Sekund-Intervalls in der Triolenrhythmik, das diesen Eindruck erweckt. Die Sechzehntelbewegung des c-Moll-Präludiums war dagegen ganz auf Sekunden aufgebaut.

Von fließenderem Charakter dagegen erweist sich die Fuge, deren Thema die bei Bach so häufig anzutreffende zweigliedrige Gestalt zeigt. In der ersten Hälfte ruhig stufenweise einherschreitend, holt es in der zweiten etwas leidenschaftlich aus, um *«fragend mit einem Triller in die Quinte zu gehen.»*[4]

Der Sextenaufschwung zum Mondenton b im zweiten Takt durchleuchtet die Düsternis, da sich der Tonwert in dieser akzentuierten Stellung voll entfalten kann. Hier liegt zweifellos der bestimmende Kern des Themas, der sowohl das ruhige Schreiten im ersten Takt ursächlich bedingt, als er auch das eigentliche Agens für die nachfolgende Sechzehntelbewegung ist. Und dieser Kern lautet ins Planetenwort übertragen, im «Verlust» einen «Gewinn» zu erkennen und damit einen leisen Lichtschimmer der Hoffnung in das Dunkel von d-Moll zu tragen.

Gespenstisch dagegen zeigt sich das d-Moll zu Beginn der Don Giovanni-Ouverture *Mozarts,* das alle Hauptmotive der späteren Geistererscheinung in sich trägt. *«Das ‹Dämonische›, das Schicksalsgewaltige war es, das Mozarts schöpferische Energie mit einer Wildheit ohnegleichen aufriß»,* schreibt Bernhard Paumgartner in seiner Mozart-Biographie in bezug auf die Musik des Don Giovanni. *«Niemals ist seine Musik düsterer, herber, realistischer, rücksichtsloser gewesen als in den wilden, fieberhaften Augenblicken dieses Dramas.»*[13]

Unheimlich sind die schwankenden Synkopen der Violinen, grausig die auf- und absteigenden Tonleiterfolgen in den Geigen und Flöten, die gleich einem todesträchtigen Windessausen ein fröstelndes Grauen erwecken.

Einzigartig mutet uns der grimmige «Totentanz» an, bei dem uns *Bruckner* im Scherzo seiner IX. Symphonie Zeuge sein läßt. Schon der erste prickelnde Akkord – es ist der «Tristan-Akkord» – nimmt unsere Phantasie gefangen. Das folgende Frage- und Antwortspiel zwischen Flöte und Fagott, bei dem durch vierzig Takte hindurch das cis als Leitton zu d-Moll festgehalten wird, ruft uns mit seinen klappernd-knöchernen Staccati und Pizzicati Goethes «Totentanz» ins Bewußtsein:

> «*Nun hebt sich der Schenkel, nun wackelt das Bein,*
> *Gebärden, da gibt es vertrackte;*
> *Dann klippert's und klappert's mitunter hinein,*
> *Als schlüg' man die Hölzlein zum Takte.*»

Schließlich führt ein «*wahrer Hexensabbat wohlklingender (!) Dissonanzen zur Haupttonart d-Moll*»[9], in dem sich dieser Lemuren-Reigen aus «Sehnen, Bändern und Gebein» mit stampfender Wildheit entfaltet.

Ein markantes Beispiel für den Ausdruck des Erstarrenden liefert uns auch die Musik unseres Jahrhunderts im «Rosenkavalier» von Richard *Strauß*. Es findet sich in dem großen Monolog der Marschallin über die Vergänglichkeit des Lebens, im ersten Akt der Oper. Um dem Dahinschwinden der Zeit Einhalt zu gebieten, läßt sie des Nachts «die Uhren alle, alle stehn». Und dieses imaginierte Stillestehen des Zeitenflusses wird durch die Starre eines d-Moll-Akkordes sehr eindringlich zum Ausdruck gebracht.

Daß die Härten und Finsternisse von d-Moll mit einer elementaren Wucht verbunden sind, dies ließ uns Beethoven in seiner IX. Symphonie erleben, dies zeigte uns, nicht minder aufregend, Wagner mit seiner Holländer-Ouvertüre. Kaum wurde vor Wagner die Macht der Elemente mit solch realistischer Intensität und Plastik beschworen, wie in diesem von Sturm und Wogengischt gepeitschten Stück. Wohl aber wurde auch vor Wagner empfunden, daß d-Moll die Tonart ist, die jener schäumenden Meeresgischt innerlich nahesteht. Joseph *Haydn* legt dafür in seiner «Schöpfung» Zeugnis ab. Auch er weiß von einem d-Moll der «rollend, schäumenden Wogen», wenn auch in klassisch-verhaltenerer Art, als

wegt sich un - gestüm das Meer,

die Romantik es zu gestalten sich aufgerufen fühlte. Für unsere Betrachtung ist jedoch nicht die Intensität, sondern der Gleichklang der Stimmungen von Bedeutung.

Auch hier stürzt die Gesangslinie in die Tiefe des d-Moll-Klanges, auch hier prägen größere Intervallschritte die melodische Gebärde.

Nun steht aber die «brausende Meeresflut» zweifellos im Widerspruch zu den aufgezeigten verhärtenden, erstarrenden Elementen von d-Moll. Daß ein und dieselbe Tonart als Ausdrucksmittel für eine derartige Gegensätzlichkeit dienen kann, ist außergewöhnlich. Dennoch läßt sich auch darüber Einsicht gewinnen. Wir hörten, daß dem Fische-Zeichen der «Psychismus» als Weltanschauung zugeordnet ist. Und wir erinnern uns, daß dies der Fische-Veranlagung insoferne entspricht, indem der also Geborene das seelische Leben der Umwelt als sein eigenes miterlebt. Und daß «des Menschen Seele» dem «Wasser gleicht», diese Erkenntnis brachte uns bereits die Betrachtung von F-Dur und nicht zuletzt Goethes «Gesang der Geister über den Wassern». Die Seele als kristaller Quell, als verträumter See oder als mächtiger Strom, der das diesseitige und jenseitige Ufer – Leib und Geist – gleichermaßen verbindet und trennt –, wie oft dient das wässrige Element nicht als Bildsymbol für die Psyche. Die Imagination des «schäumenden Ozeans» aber verweist auf die abgründigen Tiefen der Seele, in die hinabzutauchen gefährlich ist. Keiner hat dies grandioser auszusprechen verstanden als Friedrich Schiller in seinem «Taucher»:

> *«Da unten aber ist's fürchterlich,*
> *Und der Mensch versuche die Götter nicht*
> *Und begehre nimmer und nimmer zu schauen,*
> *Was sie gnädig bedecken mit Nacht und Grauen.»*

Was in den Tiefen der Seele west, ist ein Chaos des Bösen, ein *«Zerstörungsherd»* furchtbarster Art. *«Wenn wir tiefer in unser Inneres hineinsehen, wenn wir hinter den Erinnerungsspiegel sehen, dann erblicken wir das, was ich als eine Art Zerstörungsherd charakterisierte.»*[14] Und wenn dieser Zerstörungsherd, an dem sich das Ich des Menschen erhärten soll, von diesem Ich nicht im Zaum gehalten wird, sondern heraufdringen und sich über die Welt ergießen kann, dann kommt damit das Böse über die Welt. *«Das Böse ist nichts anderes, als das nach außen geworfene, im Innern des Menschen notwendige Chaos.»*[14]

So kommt es, daß die Welt gleichermaßen erfüllt ist von Liebe und Haß, von Grausamkeit und Milde, Hoffnung und Verzweiflung, Bosheit und Güte, kurz von allem, was dieser Seelenozean in sich birgt und was die schäumende Flut ans Land schwemmt. Und der Fische-Geborene ist prädestiniert, all diese Strömungen in sich aufzunehmen, im Miterleben seiner Umwelt sich mit ihnen zu identifizieren. Nicht bloß mit den Wölfen zu heulen – um bewußt ein Negativum dieses Miterlebens herauszugreifen –, *«sondern vorübergehend wirklich zum Wolf zu werden, der mitheult, nicht, weil er es für klug hält, sondern weil ihn ein innerer pseudomoralischer Drang hiezu nötigt.»*[6] Von dieser Möglichkeit ist der Fische-Mensch umdroht. Die Sensibilität seiner Natur macht ihn zum Medium für moralische Impulse, seien sie nun positiver oder negativer Art.

Wir erwähnen dies, weil es uns Einsicht vermittelt, warum d-Moll auch zur Ersichtlichmachung jenes erwähnten «Zerstörungsherdes» der Seele Verwen-

dung fand. So zeichnete schon *Mozart* in seiner «Zauberflöte» die «höllische Rache» der sternflammenden Königin als ein von Dolchspitzen klirrendes d-Moll.

Mit einem zwei Takte währenden Tremolo des Orchesters wird die Atmosphäre geschaffen, aus der ihr Haß quillt. Wir begegneten diesem hart pochenden Quartmotiv, das «der Hölle Rache» beschwört, bereits in c-Moll, als die Königin versuchte, sich mit Hilfe des Monostatos in den Tempel zu schleichen, um ihr Rachewerk selbst zu vollziehen. D-Moll jedoch ist der «Ur-Boden» dieses Motivs.

Auf *Mord* sinnt auch Don Pizarro in *Beethovens* «Fidelio». Und auch sein Plan gärt in der Finsternis von d-Moll.

Man achte bei der Dämonie dieses Moll auf den exkarnierenden Marswert cis bei den Worten «die Rache *werd' ich* kühlen!»

Schließlich hat C. M. v. *Weber* in seinem «Freischütz» d-Moll zur Harmonie von Kaspars großem «Monolog des Bösen» gemacht. In dieser «Triumph-Arie» enthüllt der Jagdgenosse Maxens sein satanisches Wesen mit schonungsloser Brutalität.

Gewaltig in seinem furchterregenden Schauer auch das «Umgarnungsmotiv», das in einem grausigen Pianissimo den Dominantdreiklang a–cis–e als Höllenflamme aufzüngeln läßt: «Umgebt ihn ihr Geister, mit Dunkel beschwingt ...»

Gei - ster, mit Dun - kel be-schwingt! Schon trägt er knir - schend

Der nach einem scheinbaren D-Dur wechselnde Schluß der Arie: «Triumph, Triumph die Rache gelingt», ist im selben Sinne zu verstehen, wie Ortruds Racheschwur in fis-Moll, der sich zu einem Fis-Dur erhellt. Wie dort, so übersteigert sich auch hier die Moll-Harmonie in eine Intensität, die ihre Finsternis zum Aufflammen bringt. Gleiches gilt für Pizarros Triumphgesang am Ende seiner Arie. Nicht das Dur-Licht leuchtet in Wahrheit auf, sondern das dämonische Fanal eines über-potenzierten Moll.

Kann der Mensch ungestraft die zerstörenden Kräfte seiner Seele über die Welt ergießen? Die Geschichte der Menschheit scheint darauf eine bejahende Antwort zu geben. Allein die Anmahnungen unserer Planetenworte sind auf das «Sein» bezogen; dort wird gewogen, geurteilt und – gerichtet. Das «Dies irae» aus *Mozarts* «Requiem» zeigt uns ein d-Moll, in dem sich die Todesschauer mit dem Urteilsspruch vermischen, der am «Jüngsten Tag» verkündet wird. Ein d-Moll von furchtbarer Majestät, dessen Melodik abermals von klaffenden Intervallsprüngen gezeichnet wird und bei dem der exkarnierende Marswert ein gewichtiges Wort im harmonischen Gefüge zu sprechen hat.

621

Der «Tag des Zornes» gewinnt dem d-Moll eine neue Nuance ab, die *Händel* in seinem «Messias» in eine Frage gekleidet hat: «Doch wer wird ertragen den Tag seiner Ankunft; und wer besteht?»

Der strenge Ernst dieses d-Moll kann uns an die verzweifelte Bitte im Brahms-
schen «Requiem» erinnern, hinter der sich ebenfalls, wenn auch indirekt, eine
Schicksalsfrage verbarg: «Herr, lehre doch mich, daß ein Ende mit mir haben
muß …» Wir sagten, daß dieses Wissen, als Erdenmensch unentrinnbar der Vergänglichkeit unterworfen zu sein, ein Schicksals- und Leiderlebnis ist. Und
davon weiß auch das Moll der Fische-Tonalität in den verschiedensten Nuancen
zu künden. Ein zweifaches Verhalten dem Schicksal gegenüber ist denkbar:
Rebellion gegen das auferlegte Fatum, die schließlich, wenn sich ihre Ohnmacht
herausstellt, in dumpfe Resignation und Melancholie führt, oder eine volle
Schicksalsbejahung.

In *Beethovens* Klaviersonate Op. 10 Nr. 3 findet sich ein Largo-Satz, der uns
als das hohe Lied der Melancholie gelten kann. Das unaufhörliche Kreisen um
den Haupton d hat der Meister in späteren Jahren Schindler gegenüber selbst als
die Darstellung des Seelenzustandes eines Melancholikers charakterisiert. Es ist
ein d-Moll von unheimlich imaginativer Kraft und Plastizität.

In der Sonate Op. 31, Nr. 2 erhält diese unerbittliche Schicksalstragik dämonische Züge. Ist ihr doch auch der Name «Gespenster-Sonate» zuteil geworden.
Ein einfacher Dominant-Dreiklang eröffnet den Satz, dessen schrittweise Entfaltung einer Frage gleicht, deren Spannungselement durch die Sextakkordstellung
(Terz als Baßton) intensiviert wird. *«Und dieser mystischen Tiefe entsteigt eine
gespenstige Erscheinung, mit leisen Schritten nach oben tappend. Heftig abwehrende
energische Achtelrhythmen, festgeschlagene Baßviertel drängen fort von dem drohenden Spuk, beruhigen sich erst langsam auf einem breit ausklingenden Adagiotakt.»*[1]

Doch das Phantom kehrt wieder; noch gespenstischer anmutend durch die überraschende C-Dur-Wendung. Heftiger als zuvor antworten die abwehrenden Figuren, in furchtbarer Erregung auffahrend bis zum dreigestrichenen f:

Dann erfolgt der Sturz in die Tiefe, wo unter rollenden Achteltriolen das Thema – die anfängliche Largo-Vision – erscheint, dem eine *«schmerzlich flehende, chromatisch um einen Ton sich windende Phrase antwortet.»*[1]

Von diesem d-Moll führt nur noch ein Weg weiter, der über das hier Ausgesprochene hinausweist und uns zur *«gandiosesten d-Moll-Phantasie»*[1] geleitet. Zum ersten Satz der «Neunten Symphonie».

In manchen Märchen und Sagen gilt das Spinnrad als Schicksalssymbol. Ist es doch ein geeignetes Bild um das Weben des Menschen an seinem Schicksalsfaden deutlich zu machen. Franz *Schubert* hat dieses Bild mit seinem Lied «Gretchen am Spinnrad» in ein schicksalsträchtiges d-Moll gefaßt:

hin,____ mein Herz____ ist schwer; ich fin - de, ich

Auch für Joseph *Haydn* surren die Räder des Spinnrockens in d-Moll. Doch dem Chor in den «Jahreszeiten» fehlt alle Last und Schwere. Fast könnte man von einem d-Moll der Heiterkeit sprechen, das von keiner Melancholie und Resignation weiß, das den Schicksalsfaden vielmehr voll und ganz bejaht.

Knur - re, schnur - re, knur - - re, schnur - re, Räd - chen schnur - - re!

Set the wheel a go - - ing, make it snore a turn - - ing!

Bach hat diese Schicksalsbejahung in der großen d-Moll-Arie der «Matthäuspassion» zur freiwilligen Nachfolge der «Kreuztragung Christi» erhoben. Ein d-Moll ersteht vor uns, dem alle Charakteristika eigen sind, die wir an dieser Harmonie kennenlernten: große Intervallschritte, harte, kantige Rhythmen, düstere, in der Tiefe tappende Bässe.

Komm,

Bejahung des Schicksals in diesem hohen Sinn dargelebt, ist mehr als ein bloß subjektives Verhalten. Sie kann zum Vorbild für die Menschheit werden. Verlangt doch dieser Weg nichts Geringeres, als den «Fluch» des Leiden-*Müssens*, in den «Segen» des *freiwilligen* Erleidens zu wandeln. Und diese Wandlung bedeutet *Erlösung*. «*Wer anders, als der, in dessen Seele der Menschheit ganzer Jammer widerhallt, wer anders, als dieser, der durch diesen Widerhall in sich die Musik des Zusammenklanges alles Hohen und Niedrigen, das die menschliche Seele bewegt, erlebt, könnte imstande sein, all diese Dissonanzen aufzulösen und sie in Konsonanzen überzuleiten*»[6], als der Fische-Geborene, der Träger ist dieses Zeichens des Leidens. Wenn sich dieser Erlösungsweg in seiner ganzen Glorie auch in F-Dur zu erkennen gab – wir denken etwa an die Abendmahlsworte in der «Matthäuspassion» –, so hat doch auch die dunkle Schwester dieser Harmonie das ihrige hinzuzufügen und läßt in ihrer todesträchtigen Verbindung mit dem «Werden» das «Sein» nicht untergehen.

Den Abschluß dieser Betrachtung bilde ein d-Moll, das uns das Leid-Erleben in innigster Verklärung, die Erlösung in urbildlicher Größe zeigt. Das «Agnus Dei» in *Mozarts* Requiem, tief empfundenes Zeugnis für die Christus-Verbundenheit des Fische-Zeichens: *«Ichthys»*. Der tiefe Gefühlsgehalt, die Schönheit und die Eigentümlichkeit der Erfindung stehen den ersten, authentisch von Mozarts Hand geschriebenen Stücken des Werkes in nichts nach. So daß wir mit vollem Recht annehmen dürfen, daß die Konzeption dieses Satzes Mozart zuzuschreiben ist, daß sein Genius zumindest die Hauptgedanken dieses Gesanges diktiert hat, und Süßmeyer hier wirklich nur unbedeutende Ausführungsarbeiten leistete. Wunderschön die ausdrucksvollen Figuren der Geigen, die in ihren fließenden, schwungvollen Rhythmen zum lichten Dominant-Klang a–cis–e hin gesteigert werden. Hier scheint wirklich das Licht der «Zwillingssphäre» in die Finsternis von d-Moll.

626

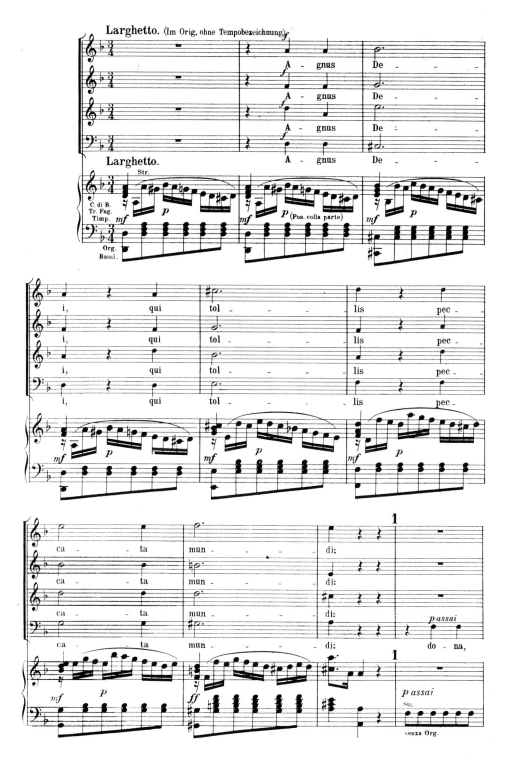

Harmonikale Aspekte innerhalb des Quintenkreises

Wir haben nunmehr den Quintenkreis an Hand der einzelnen Tonarten durchschritten, und gleichzeitig deren kosmisch-sphärischen Wesensgehalt zu ergründen versucht. Bereits der allgemeine theoretische Teil ließ uns erkennen, daß eine
Tonart nie durch ihren Grundton allein bestimmt wird; denn erst wenn sich der
«Tonika» die beiden Dominanten zur Seite stellen, ist die Tonart eindeutig festgelegt. Und die aufgezeigten Beispiele machten es überdies deutlich, daß sich das
harmonische Geschehen als ein stetes Wechselspiel zwischen den drei Hauptstu-
fen der Tonart und ihren etwaigen stellvertretenden Nebenstufen vollzieht. Erst
durch dieses Zusammenspiel tritt der Charakter der Tonart voll in Erscheinung.
Nun stehen aber hinter den beiden Dominanten deren wesenseigene Harmonien;
im Falle von C-Dur wären dies F- und G-Dur. Da die beiden Dominanten durch
Auskomponierung ihrer Stufen innerhalb einer Periode oder eines Satzes nicht
selten eine gewisse – wenn auch vorübergehende – Akzentuierung erfahren, werden sie zur klingenden Pforte, durch welche die harmonischen Elemente der beiden Nachbarharmonien: F-Dur (Unterdominante), G-Dur (Oberdominante)
hereinscheinen ohne deshalb die Eigenständigkeit der Tonika-Harmonie zu trüben oder zu schwächen. Daraus läßt sich unschwer die Einsicht gewinnen, daß
die Quintverwandtschaft – abgesehen von der engen Beziehung einer Tonart zu
ihrer Parallel-Harmonie –, die nächste und intimste Bindung unter den Tonarten
ist. In dieser Quintverwandtschaft bewegt sich das harmonische Geschehen vorwiegend in der Barockmusik und vor allem in der Musik der «Wiener Klassik»,
die das Dur/Moll am reinsten verwirklicht hat. In ihr sind alle kirchentonalen
Einflüsse überwunden, während die Chromatik ihre auflösende Kraft noch nicht
mit dieser Souveränität ins Spiel gebracht hat, wie dies dann später in der Hoch-
romantik der Fall ist.

Der Semisextil-Aspekt

Auf den «kosmischen Quintenkreis», den Zodiakus übertragen hieße dies, daß
z.B. in der Widdersphäre, die ja das sphärenharmonikale Urbild unseres C-Dur
darstellt, auch die Strahlungskräfte der «Fische» und des «Stieres» hereinleuchten und an der vollen Entfaltung des «Widders» mitbeteiligt sind. Da wir in unseren Untersuchungen des kosmischen Hintergrundes unserer Tonarten die
Tierkreis-*Zeichen* im Auge haben, müssen wir der astrologischen Gliederung folgen, die den Zodiakus in zwölf gleiche Abschnitte – Sektoren – von je 30° unter-

teilt. Die Quintverwandtschaft würde demnach die 30°-Grenze nicht überschreiten, so daß die benachbarten Tonarten im Aspekt eines «Semi-» oder
«Halbsextils» nebeneinander zu stehen kommen. Das Halbsextil gilt als schwa-
cher Aspekt, d. h., die Spannung zwischen den beiden Sphären ist nicht übermä-
ßig stark. Auf tonaler Ebene zeichnet sich Ähnliches ab. Da die Quintverwandtschaft bereits innerhalb einer einzigen Tonsphäre durch die beiden Dominanten
zum Tragen kommt, kann das Spannungsmoment für diese Tonbereiche kein
besonders großes sein. Um hier jedoch einem Mißverständnis vorzubeugen sei
ausdrücklich betont, daß sich dies nicht auf das Verhältnis der beiden Dominanten zueinander bezieht, sondern auf die Tonika-Harmonie zu ihrem harmonischen Nachbarbereich. Die beiden Dominanten stehen einander in ihrer
gegensätzlichen Dynamik – zentripetal und zentrifugal – natürlich in intensivster
Spannung gegenüber. Die Bindung der Tonika-Harmonie jedoch zu einer ihrer
benachbarten Tonalitäten wird durch die Dominantverstrebung notwendigerweise eine sehr enge und beziehungsreiche sein. Tauschen sich die entsprechenden Klänge in ihren Funktionen doch auch gegenseitig aus. Der F-Dur-Klang ist
in C-Dur Unterdominante, während der C-Dur-Akkord in F-Dur als Oberdominante auftritt. Ebenso ist im Oberdominant-Bereich der C-Dur-Klang Unterdominante von G-Dur, während deren Dreiklang wiederum Oberdominante von
C-Dur ist. Schließlich zeigte uns die Untersuchung der Obertonreihe im allgemeinen Teil, daß jeder Ton gleichzeitig Tonika und Dominante sein kann. Das
Spannungsmoment wird dadurch weitgehendst relativiert.

Dieser Umstand macht es möglich, daß sich die jeweilige benachbarte Tonalität innerhalb des Tonika-Bereiches über eine ihrer Dominanten als wesenseigene
Harmonie manifestieren kann. Wogegen das Spannungsverhältnis zwischen den
beiden Dominanten die Realisierung der Tonart erst *ermöglicht,* doch niemals
deren Eigenständigkeit *bedroht.* Man wird daher auch nicht gleich von «Modulation» sprechen dürfen, wenn sich eine der leitereigenen Stufen innerhalb einer
Satzperiode etwas stärker artikuliert, indem sie sich z. B. mit ihrer eigenen Dominante umgibt. Ein Beispiel dafür kann uns das Allegretto-Thema in *Mozarts*
bekannter A-Dur-Sonate sein: der in a-Moll stehende Beginn des mit «Alla turca»
überschriebenen Schlußsatzes.

Mit dem fünften Takt ruht die Harmonie auf der V. Stufe von a-Moll: e–g–h. Das fis in der Terzenmelodik der Oberstimme setzt bereits einen deutlichen Akzent, der im siebenten Takt durch das hinzutretende dis merklich verstärkt wird. Es wäre jedoch voreilig zu glauben, das Thema würde nach e-Moll «modulieren». Was wirklich geschieht ist lediglich eine gewisse harmonische Betonung der V. Stufe, indem ihr die eigene Dominante: h–dis–fis vorangestellt wird. Würde sich in der Fortsetzung das e-Moll verselbständigen, könnte man von einer Modulation sprechen. Dies ist jedoch nicht der Fall; die C-Dur-Harmonie, mit welcher der zweite Abschnitt anhebt, bedeutet die Parallele zu a-Moll, d. h. ihre leitereigene äolische III. Stufe. Arnold Schönberg bezeichnet dieses Voranstellen einer Dominante als «*Auskomponierung einer Nebenstufe*». Die harmonische Spannung ist dabei nie so groß, daß der Bestand der Grundtonalität ernstlich gefährdet wäre; trotzdem fällt der Strahl einer anderen Sphäre – im gegenwärtigen Fall aus der Stier-Sphäre – in die Tonika-Harmonie herein.

Was dabei jedoch ersichtlich wird ist der Umstand, daß jeder Akkord, der neben einen tonikalen Akkord gesetzt wird, in gleichem Maße die Tendenz in sich birgt, zu diesem Tonikabereich zurückzukehren, wie von ihm wegzuführen. «*Wichtig für uns ist, zu erkennen, daß es in der Tonalität Gebiete gibt, die, solange sie unter dem Zwang stehen, neutral bleiben, aber bereit sind, den Verlockungen einer Nachbartonalität zu erliegen, sowie die Herrschaft des Grundtones auch nur einen Augenblick nachläßt.*»[1] Im «Semisextil-Aspekt» der unmittelbaren Quintverwandtschaft ist die Spannung so latent, daß die Herrschaft des Grundtones nie in Zweifel gestellt wird.

Andererseits kann es natürlich zu einer echten Modulation kommen. So moduliert z. B. der Seitensatz einer klassischen Sonatenform in Dur stets in die Oberdominant-Tonart. Da diese Harmonie jedoch innerhalb der Grundtonart selbst wieder die Dominante darstellt, kann der Weg zurück in die Ausgangsharmonie weder sehr weit noch sehr schwierig sein. Ähnliches gilt für den Unterdominantbereich.

Der Sextil-Aspekt

Eine etwas fernere Verwandtschaft stellt die Tonalität der «Wechseldominante» dar. Sie ist die zur Dominante erhöhte II. Stufe einer Tonart und bildet die «Dominante der Dominante». Solange sie sich als solche gibt, ist der Tonika-Bereich in keiner Weise gefährdet, wie z. B. *Schuberts* «Heidenröslein» deutlich macht (s. S. 632).

Das Lied steht in G-Dur. Im sechsten Takt ist die leitereigene II. Stufe a–c–e zum Dominantseptakkord a–cis–e–g (er tritt als Sekundakkord mit der Sept im Baß in Erscheinung) erhöht, der im siebenten Takt folgerichtig in den Sextakkord fis–a–d, also in die Dominante von G-Dur mündet. Nun könnte sich diese «Wechseldominante» aber auch selbständig machen und sich als «Tonika» fühlen. Sie würde sich dann mit ihrer eigenen Dominante: e–gis–h umgeben und den ursprünglichen Dominantdreiklang d–fis–a zu ihrer Subdominante umdeuten.

Damit hätte sich eine Modulation nach A-Dur vollzogen, also in eine um zwei Quintenschritte entferntere Tonart. Wir sehen daraus, daß durch die Wechseldominante eine etwas weitläufigere Verwandtschaft, wenn auch immer noch durch die Quinte vermittelt, aufscheint. Der Schritt zur übernächsten Tonsphäre ist durch sie jedenfalls angedeutet.

Sphärisch betrachtet bedeutet dies einen Weg von 60° und ergibt den Aspekt eines «Sextils». Bemerkenswert ist die kosmische Korrespondenz, wenn wir die Tonarten und ihre Wechseldominant-Tonalitäten mit den Qualitäten der dazugehörigen Fixsternsphären vergleichen. C-Dur gehört der Widdersphäre an, der Dreiklang der Wechseldominante d–fis–a weist auf die Zwillinge. Der Widder ist ein Feuerzeichen, die Zwillinge ein Luftzeichen. Feuer und Luft stehen einander nicht feindlich, sich gegenseitig nicht auslöschend gegenüber; im Gegenteil, sie bedingen einander. Verfolgen wir die Beziehung nun bei G-Dur, das der Stier-Sphäre zugeordnet ist, so weist die Wechseldominante: a–cis–e in den «Krebs». Hier stehen einander «Erde» (Stier) und «Wasser» (Krebs) gegenüber. Auch diese Qualitäten sind einander freundlich gesinnt. Wir erinnern uns, was zu Beginn des Fische-Kapitels gesagt wurde: daß erst die Vermischung von Wasser und Erde die Lebenskräfte richtig in Regsamkeit versetzt.

Die Wechseldominante von D-Dur (Zwillinge) heißt: e–gis–h; sie läßt die Löwenkräfte in die Zwillingssphäre hereinstrahlen, und wieder ist es Luft- und Feuerqualität, die einander hier freundlich begegnen. In diesem Sinne kann man den gesamten Quintenkreis durchschreiten, und man wird sehen, daß der Sextil-Aspekt der Wechseldominante immer die Qualitäten Feuer-Luft und Wasser-Erde zusammenführt. Wie bei der gleichschwebenden Temperierung und der enharmonischen Verwandlung, finden auch in diesem Fall die Geschehnisse auf der empirischen Ebene ihre sphärischen Voraussetzungen.

632

Beträgt der Abstand 90°, ergibt dies eine Quadratur. Hier wird das Spannungs-verhältnis für das Tonika-Gefüge schon bedrohlicher, da mit der Erhebung der VI. Stufe zur Dominante der Grundton der Ausgangstonart ins Wanken kommt. In C-Dur heißt der Dreiklang der VI. Stufe zur Dominante erhoben: a–cis–e. Die Harmonie greift hinaus in die Krebs-Sphäre und konfrontiert – von den Qualitä-ten her gesehen – «Feuer» mit «Wasser». Hier noch der Quint-Verwandtschaft zu folgen wäre zwar theoretisch möglich, brächte in der Praxis aber wenig Gewinn. Gewiß kann man den A-Dur-Klang als Dominante der Wechseldomi-nante ansprechen; diese stellt sich wieder als die Dominante der Dominante von C-Dur dar. Eine bereits sehr weit hergeholte Verwandtschaft, die insoferne belanglos wird, weil man sie letztlich durch den gesamten Quintenkreis verfolgen könnte. Da der Tonartenzirkel aus Quinten aufgebaut ist, läßt sich auch die ent-fernteste Tonart als «quintverwandt» ansprechen. Wo wäre hier die Grenze?

Sinnvoller ist es daher von einer Terz-Verwandtschaft zu sprechen, da das a ja den Grundton zur parallelen Molltonart von C-Dur bedeutet. Diese Mollparal-lele künstlich zu Dur aufgehellt, läßt die Verwandtschaft enger erscheinen, als es das Herunterspulen der Quintbezüge vermag. Auch wird damit deutlich, daß wir uns aus den Dominantverstrebungen herausgelöst haben und in einer Tonalität stehen, die nicht mehr unmittelbar von der Grundtonart umgriffen wird.

Beethoven zeigt uns dies in der Durchführung seiner Pastoral-Symphonie, wenn er das Motiv zuerst in G-Dur, als Wechseldominante der Grundtonart F-Dur erklingen läßt, und dann spontan auf den E-Dur-Klang rückt.

Johannes Kepler sieht in der Quadratur den Aspekt der zweitstärksten Wirk-samkeit. Die Einsicht dafür läßt sich aus dem Umstand gewinnen, daß die Qua-dratur die Halbsumme zu 180 Grad, d.h. zur effektiven Opposition, darstellt. Die Tatsache, daß hier zwei Wirksamkeiten entgegengesetzter Pole aufeinander-stoßen, muß ein erhöhtes Spannungselement ergeben. Gerade die Konstellation C-Dur – A-Dur zeigt diesen Zusammenstoß der aufsteigenden, zum Licht sich erhebenden Tendenz mit jener der absteigenden, nach Verinnerlichung weisen-den, deutlich auf. Und dies trifft – wenn auch mit verschiedenen Intensitätsgra-den – für alle einander in Quadratur gegenüberstehenden Tonsphären zu, denn stets wird ein Eckpunkt aufsteigende, der andere absteigende Richtungsdynamik zeigen. Auf den Menschen bezogen, ruft die Quadratur zu erhöhten Anstrengungen auf, gegensätzliche Spannungen abzubauen und zu harmonisieren. Und auch dafür kann das musikalische Geschehen ein wertvolles Leitbild sein. Bedeutet doch die Quadratur-Stellung die völlige Durchlichtung und Verwandlung der parallelen Molltonart – a-Moll etwa, von C-Dur aus gedacht –, in das gleichnamige Dur: A-Dur. Das symphonische Schaffen unserer Meister ist diesen Weg der Verwandlung wiederholt gegangen, und immer war es ein empfindungsreicher, von Leid, Schmerz und Mühen erfüllter Weg voll Dramatik und Spannung: «per aspera ad astra!» Am häufigsten wurde er von d-Moll nach D-Dur und von c-Moll nach C-Dur beschritten.

Und wieder machen wir eine interessante Entdeckung. Wir stoßen nämlich auf die Tatsache, daß in bezug auf das qualitative Element der jeweiligen Tonsphären kein gleichlautender Rhythmus den Quintenkreis durchzieht, wie dies beim Sextil-Aspekt der Fall war. Quadratur ist nicht gleich Quadratur. Der Weg von a-Moll nach A-Dur konfrontiert die zwei feindlichen Elemente Feuer und Wasser. Dies ist jedoch nicht bei jedem Quadrat der Fall. Wir geben eine tabellarische Übersicht:

Von e-Moll	nach E-Dur:	Stier–Löwe; Qualität: Erde–Feuer.
Von h-Moll	nach H-Dur:	Zwilling–Jungfrau; Qualität: Luft–Erde.
Von fis-Moll	nach Fis-Dur:	Krebs–Waage; Qualität: Wasser–Luft.
Von cis-Moll	nach Cis-Dur:	wenn wir Cis-Dur als die neue Ebene in der Quintenspirale ansehen als ein transzendiertes C-Dur, dann würde sich die Qualität nicht ändern: Feuer–Feuer. Setzen wir jedoch statt Cis-Dur ein Des-Dur als enharmonische Verwandlung, dann ergäbe sich: Löwe–Skorpion; Qualität: Feuer–Wasser
Von gis- bzw. as-Moll nach As-Dur:		Jungfrau–Schütze; Qualität: Erde–Feuer, bzw. Feuer–Feuer, wenn wir Ces-Dur (as-Moll) als hochvergeistigte Potenzierung von C-Dur erkennen.
Von es-Moll	nach Es-Dur:	Waage–Steinbock; Qualität: Luft–Erde.
Von b-Moll	nach B-Dur:	Skorpion–Wassermann; Qualität: Wasser–Luft.
Von f-Moll	nach F-Dur:	Schütze–Fische; Qualität: Feuer–Wasser.
Von c-Moll	nach C-Dur:	Steinbock–Widder; Qualität: Erde–Feuer.
Von g-Moll	nach G-Dur:	Wassermann–Stier; Qualität: Luft–Erde.
Von d-Moll	nach D-Dur:	Fische–Zwillinge; Qualität: Wasser–Luft.

Unverkennbar zeichnet sich ein qualitatives Spannungselement darin ab. Am intensivsten muß uns die Wandlung zum gleichnamigen Dur bei a-Moll und f-Moll erscheinen, da hier die feindlichen Elemente – Feuer und Wasser – einander unmittelbar begegnen. Bemerkenswert, daß dieser Weg von den Meistern relativ selten beschritten worden ist. Diesem Intensitätsgrad am nächsten dürfte wohl die Spannung: Erde–Feuer kommen; also von e-Moll nach E-Dur, von gis-Moll

634

nach As-Dur und von c-Moll nach C-Dur. Der Schritt von as-Moll nach As-Dur würde dagegen keinen Qualitätsunterschied im sphärischen Sinne bedeuten, wenn wir as-Moll als Parallele eines tief in die Transzendenz gehüllten C-Dur ansehen.

In den Gruppierungen Wasser–Luft und Luft–Erde mag vor allem die Richtungsdynamik das Spannungselement bewirken. Der Schritt etwa von g-Moll nach G-Dur birgt eine Verdichtung in sich, die vom Ätherisch-Luftigen in das Physisch-Feste führt; ähnlich auch der Weg von es-Moll nach Es-Dur.

Diese Unterschiedlichkeiten in den Elementenqualitäten sind jedoch nicht nur für die Aufhellung einer Mollsphäre durch das gleichnamige Dur interessant, sondern haben Bedeutung für die tönende Dramatik eines Symphoniesatzes oder der Leitmotivik einer Oper im allgemeinen. So läßt z. B. *Beethoven* in seinem Es-Dur-Klavierkonzert das mit heldischem Glanz der Erdqualität des «Capricornus» ausgestattete Rondo-Thema des letzten Satzes alle drei Feuerregionen durchschreiten: C-Dur (Widder), As-Dur (Schütze), E-Dur (Löwe). Man achte dabei auf die jeweilige Variierung des Themas, die ganz aus dem Wesen der Tonart heraus gestaltet ist und uns stets einen anderen Stimmungsgehalt vermittelt. Kämpferisch aufjubelnd erscheint es in seiner Grundgestalt in Es-Dur:

Sieghaft erstrahlend im irdischen Sonnenlicht von C-Dur und fest gegründet in seiner marsischen Willenskraft erklingt es in der Widder-Sphäre:

In die Transzendenz der «Nachtweihe» von As-Dur gehoben, scheint der Nachsatz im Glitzern des Sternenlichtes zu zerfließen:

Schließlich in die Herzenswärme der Löwe-Harmonie gehüllt, wird der Nachsatz zur irisierenden Aura eines farbenprächtigen Klangspieles.

So zeigt uns das Thema in dreifachem Stimmungsgehalt seine ihm innewohnende Feuerkraft, ehe es wieder zur «Erde» zurückkehrt, die ihm das Fundament seiner Heldenbotschaft bedeutet.

In ähnlicher Weise könnten wir an die Wandlung von Siegfrieds «Waldknabenruf» (F-Dur) in sein Heldenthema (Es-Dur) denken, die wir im Fische-Kapitel aufgezeigt haben. Eine Wandlung, die den Initiationsweg des Helden von seiner jugendlichen Unwissenheit zur Reife seines Sonnenheldentums umgreift.

Mit der Quadratur C-Dur – A-Dur, bzw. «Widder» – «Krebs», stehen wir jedenfalls an zwei *kardinalen* Punkten sowohl hinsichtlich des Quintenkreises (beginnende Verinnerlichung), als auch in bezug zum Jahreslauf (Sommersonnenwende), deren volle Bedeutung sich uns noch offenbaren wird.

Der Trigon-Aspekt

Die drei Feuer-Qualitäten, die Beethoven in seinem Klavierkonzert miteinander verbunden hat, zeigen uns einen weiteren Aspekt harmonikaler Verwandtschaft. Sehen sich nämlich die Tonsphären vier Quintenschritte von einander getrennt, also in der Entfernung von 120°, so ergibt dies den Aspekt des «Trigons». Für die Sternenkunde ein starker Aspekt, der seine volle Gültigkeit auch auf der musikalischen Ebene besitzt. Denn er begründet die eigentliche Terzverwandtschaft der Tonarten, auf die vor allem die Romantik sehr häufig greift. C-Dur – E-Dur, oder C-Dur – As-Dur; ebenso E-Dur – As- bzw. Gis-Dur. Hier ist das Bindeglied die große Terz. Den Kern dieser Verbindung zu entdecken, ist nicht schwer; Beethoven hat ihn uns bereits offenbart: Trigone verbinden immer Strahlungen gleicher Qualitäten:

Widder (C) – Löwe (E) – Schütze (AS): Feuer.
Oder: Stier (G) – Jungfrau (H) – Steinbock (Es): Erde.
Weiters: Zwillinge (D) – Waage (Fis/Ges) – Wassermann (B): Luft.
Und schließlich: Krebs (A) – Skorpion (Des) – Fische (F): Wasser.

Beethoven hat uns in seiner «Pastorale» auch dafür ein schönes Zeugnis gegeben.

Zum Unterschied von dem vorhin aufgezeigten Quadratur-Aspekt der kleinen Terz: G-Dur – E-Dur, stehen einander hier mit B-Dur und D-Dur zwei Harmonien gleicher Elemente (Wassermann–Zwillinge: Luft) gegenüber. Einem feinsinnigen Empfinden für Tonartqualitäten wird die ätherische Unterschiedlichkeit in dieser zweifachen harmonischen Konfrontation gewiß nicht entgehen.

In der Romantik zeigt sich, wie bereits erwähnt, die Terzverwandtschaft des Trigon-Aspektes sehr häufig. So läßt Johannes *Brahms* im ersten Satz seines Violinkonzertes das Trigon Krebs–Fische: A-Dur – F-Dur als Durchführungselement erklingen.

Anton *Bruckner* verbindet die Sphäre des «Löwen» mit der des «Widders» im Trio seiner III. Symphonie, wobei die Empfindungs-Unterschiedlichkeit innerhalb der Tonarten mit gleicher Ätherqualität sich einprägsam offenbart: die Verträumtheit des herzenswarmen E-Dur und die Wachheit der sich bewußt ergreifenden C-Dur-Harmonie.

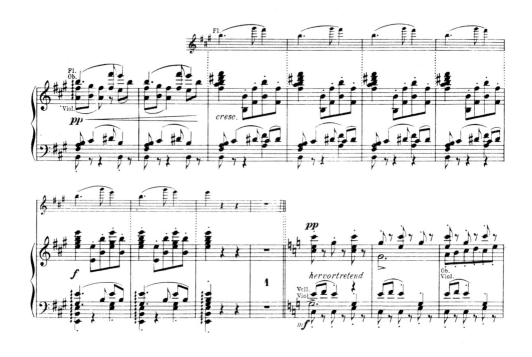

Der Quincunx-Aspekt

Der in der Sternenkunde als «Quincunx» (auch Fünfzwölftelschein) bezeichnete Aspekt von 150° gilt als schwache Strahlung. Auf harmonikaler Ebene spielt er eine zwar nicht häufig in Erscheinung tretende Rolle, die jedoch dort, wo sie zum Tragen kommt, von sehr markantem Charakter ist. Dieser Aspekt leuchtet in der sogenannten «neapolitanischen Sexte» auf. Darunter versteht man einen Sextakkord, zu dessen Rechtfertigung man am besten die II. Stufe als Vorbild heranzieht und ihn als deren Stellvertreter interpretiert. In C-Dur hieße er: f–as–des.

Als Mittel zur Modulation in entferntere Tonarten verwendet, darf man den Begriff dieses Sextakkordes auch erweitern und von einer «Neapolitanischen Harmonie» sprechen, die sich in der temperierten Stimmung auf dem Halbton über dem Grundton der Ausgangstonart aufbaut, in ihrem kosmischen Aspekt aber fünf Quintenschritte von ihr entfernt liegt: H-Dur (5♯) – C-Dur, den Kreuzweg gegen den Uhrzeiger zurückgeschritten, und C-Dur – Des-Dur (5♭) in Richtung der Unterdominante gerechnet.

In diesem erweiterten harmonischen Sinne verwendet z.B. Richard *Wagner* den neapolitanischen Dreiklang im Schlußchor des Tannhäuser, obwohl hier der Quincunx-Aspekt insoferne verwischt erscheint, weil c-Moll das harmonische Fundament dazu bildet. Aber die Vertauschung von Dur- und Mollstufen war bereits in der Klassik ein oft angewandtes Mittel und wird im Oppositions-Aspekt einen wichtigen Faktor darstellen. Ihre Ableitung erfährt die neapolitanische Sext jedenfalls von Dur.

Betrachten wir die harmonische Stufenfolge: die Worte «der durch dies Wunder Gnade fand», werden von der c-Moll-Harmonie und ihrer Dominante getragen. Bei «Hoch über aller Welt» erklingt die leitereigene III. Stufe von c-Moll: es–g–b, um dann bei «Gott» die neapolitanische II. Stufe aufklingen zu lassen, was diesem Wort ein nicht zu überhörendes Gewicht verleiht. Die dramatische Rechtfertigung findet diese Wendung in der ersten Strophe von Tannhäusers Hymnus an Frau Venus in der zweiten Szene des ersten Aktes. Wie ihm selbst durch das Gnadenwunder des mit neuem Leben ergrünten «dürren» Bischofsstabes Erlösung zuteil wurde, so findet auch die «Skorpion-Harmonie» des Jubelgesanges an Venus ihre Befreiung und offenbart sich als Klangbild des «Adlers». Erst bei: «und sein Erbarmen ist kein Spott», vollzieht sich die endgültige Modulation nach Es-Dur.

Der Aspekt der Opposition

Der weiteste Abstand, in dem einander zwei Gestirne bzw. zwei Tonsphären gegenüberstehen können, ist die Entfernung von 180°. Man nennt diesen Aspekt «Opposition» oder «Gegenschein». Es ist dies ein sehr starker Aspekt, der die Gegensätzlichkeit wohl am eindringlichsten markiert. Im harmonischen Bereich macht dies der Tritonus-Abstand deutlich, der die jeweiligen Harmonien trennt: C-Fis, bzw. C-Ges.

Mit köstlichem Humor verbunden hat Richard *Wagner* in seinen «Meistersingern» diesen Gegensatz aufklingen lassen, wenn im zweiten Akt nach dem Zornesausbruch Walthers über den «Merker» und seine «Meisterzunft» das Nachtwächterhorn auf «Ges» ertönt, das zu der Grundtonart des Werkes – C-Dur – eben diesen «diabolus in musica» bildet.

Mit diesem Tritonus endet Walthers Zorn, doch läßt dieser «Teufel in der Musik» nur einen Ausweg offen: die heimliche Flucht mit Evchen; ein für die mittelalterliche Moral wahrlich «teuflisches» Unterfangen.

Diese Oppositionsharmonie bedeutet erneut einen Kardinalpunkt im Quintenkreis: die «Schwelle», an der das Geheimnis der enharmonischen Verwandlung offenbar wird: das Umschlagen der exkarnierenden Dynamik der Kreuztonarten in die inkarnierende des Be-Tonartenbereiches. Jahreszeitlich gesprochen, stehen wir am Gegenpol zum Frühlingspunkt der Widdersphäre und ihres Frühlings-Äquinoktiums: vor der Herbst-Tagundnachtgleiche.

Ebenso liegt Es-Dur in Tritonus-Opposition zu A-Dur. Auch hier sind beide Harmonien Ausdruck eines gegensätzlichen Geschehens, das aber beide Pole doch wiederum zu einer sich ergänzenden Paarheit zusammenschließt. In der Krebs-Sphäre von A-Dur erlebten wir den Kulminationspunkt des physischen Sonnenlichtes und die Wende zur Verinnerlichung; im Steinbockbereich von Es-Dur zeigt sich das Gegengeschehen; die irdische Finsternis sinkt auf einen Tiefpunkt herab und die Wende zur Extraversion ist erreicht. So markieren die zwei gegensätzlichen Aspekte: Quadratur und Opposition vier grundlegende Punkte innerhalb des Quintenkreises, deren radiale Verbindung ein *Kreuz* ergibt, das wir zu Recht als *Kardinalkreuz* bezeichnen dürfen.

Das Kreuz der Tonika

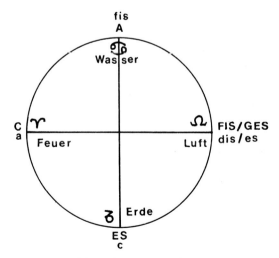

Für den ekliptischen Raum resultiert diese Bezeichnung aus der grundlegenden Position der Zeichen der Tagundnachtgleiche: Widder und Waage, sowie aus den Zeichen des Wendekreises der Sonne: Krebs und Steinbock. Alle vier Positionen zeigen sowohl eine Gegensätzlichkeit, als auch eine Gemeinsamkeit. Die Gegensätzlichkeit liegt in der auf- bzw. absteigenden Richtung, welche die jeweiligen Pole durchströmt; die Gemeinsamkeit in dem Umstand, daß beide Äquinoktien bzw. Wendepunkte darstellen.

Für unsere Betrachtung ist wichtig, ob sich auf musikalischer Ebene eine ähnliche Gemeinsamkeit in der Gegensätzlichkeit erkennen läßt. Was zunächst die Bezeichnung «Kardinalkreuz» betrifft, so ist sie für die von C-Dur ausgehende Vierheit durchaus angebracht. Stellt das C-Dur doch die ur-eigentliche «Tonika» unseres Quintenkreises dar. Und die Tonika ist der fundamentale und damit «kardinale» Punkt jeder Harmonie. Wenn wir daher vom C-Dur-Kreuz als dem Tonika- oder Kardinalkreuz sprechen, ist dies zweifellos durch die harmonischen Gegebenheiten begründet.

Nun liegt diesem von Widderkräften durchstrahlten C-Dur das von Waage-Wirksamkeiten erfüllte Fis- bzw. Ges-Dur gegenüber. Das sind zwei ganz verschiedene Sphären, in denen sich ein Gegensatz abzeichnet, der an die Zweiheit von Existenz und Transzendenz, von Stoff und Geist denken läßt. Dessen ungeachtet aber bilden beide Harmonien ein Tor, durch das sich der Austausch zwischen beiden Bereichen ungehindert vollziehen kann. Wie sich in der Waage-Tonart die sechsfache Hochalteration der Kreuztonarten mit der sechsfachen Tiefalterierung des Be-Tonartenbereiches begegnet und sie durch die enharmonische Verwandlung zum Schwellenpunkt wird zwischen Diesseits und Jenseits, so ist auch das vorzeichenlose C-Dur des Widders eine solche Schwelle, die beide Bereiche gleichermaßen trennt und verbindet. Auf den Menschen bezogen, könnten wir an die Tore der Geburt und des Todes denken, die beide einen ebensolchen Schwellenpunkt darstellen; ihre Gegensätzlichkeit liegt allein in der konträren Richtung, in der sie überschritten werden. So kann uns C-Dur als klingendes Tor zur irdischen Existenz erscheinen, Fis- und Ges-Dur als jenes zur Transzendenz.

Diesen Umstand hat Béla *Bartók* in seiner Harmonik aufgegriffen, die durchaus *tonal* ist und sich in den Quintenzirkel fügt. Bartók ist nämlich der Meinung, daß ein Pol mit seinem Gegenpol vertauscht werden könne, ohne daß die harmonische Funktion eine Veränderung erführe. In die Praxis übersetzt hieße dies, daß z. B. die kadenziale Quintenfolge: F–C–G–D–A–E auch als F–C–Des–As–A– E vorstellbar wäre; hier erscheint bei gleichbleibender Funktion das D und G vom Gegenpol As und Des vertreten. Im Prinzip handelt es sich um ein ähnliches Geschehen wie bei der neapolitanischen Harmonie. Auch durch sie leuchtet zwar die im Quincunx-Aspekt liegende Tonsphäre auf, ohne daß sie jedoch durch Modulation realisiert wird. Für Bartók ist der Austausch eines Akkordes durch dessen Gegenpol bloß ein Mittel zur strukturellen Erweiterung des tonalen Raumes. Er ist der Auffassung, daß die auf der Achse einander gegenüberliegenden Seiten – er nennt sie «*Gegenpole*» – viel empfindlicher aufeinander reagieren als die in Quadratur stehenden, wie etwa a und es. «*Ein Pol kann immer mit seinem Gegenpol vertauscht werden, ohne daß die Funktion eine Veränderung erführe ... Das Pol-Gegenpol-Verhältnis ist das grundlegendste strukturelle und formative Prinzip der Bartókschen Musik*»[2] Gewiß ist diese weitreichende Ausdehnung des tonalen

Raumes der klassischen und romantischen Harmonik noch unbekannt gewesen. Aber unserer Betrachtung geht es ja nicht um die spezielle Charakteristik bestimmter musikgeschichtlicher Epochen, sondern um die Rechtfertigung der Kreuz-Struktur innerhalb des Quintenkreises. Und dafür ist der funktionelle Pol-Gegenpol-Aspekt ein wesentlicher Faktor. Bartók hat dieses strukturelle und formative Prinzip sowohl in kleinen wie in großen Formen praktiziert. So entfaltet sich in seiner Oper «Herzog Blaubarts Burg» die harmonische Struktur ganz aus den spannungsgeladenen Beziehungen von Pol und Gegenpol. *«Das Werk hebt sich aus dem finsteren fis-Pol empor, kulminiert im strahlenden C-Dur-Akkord (Blaubarts Reich)»*[2], um schließlich wieder in das nächtliche «fis» zu versinken.

Von diesem Gesichtspunkt aus kann aber auch der erwähnte Tritonus-Klang zu C-Dur in den «Meistersingern» noch eindringlicher hintergründet werden. Ertönt dieses fis als Gegenpol zur Meistersinger-Tonart C doch bei allen entscheidenden Augenblicken des dramatischen Geschehens. Es war präsent, als sich Walther wider seinen Willen in den Singstuhl der Zunft setzen mußte, es trug seine trübende Dissonanz in Sachsens «Schusterlied» hinein, dieser liebevollen Anmahnung gegen Evchens nicht ganz ehrliches Spiel.

Schließlich findet es in dem herrlichen Ges-Dur-Quintett, dem wir bereits bei der Waage-Tonart begegnet sind, seine Erlösung. Es ist der Augenblick glücklichster Schicksalserfüllung, in dem sich dieser Tritonus mit seinem Gegenpol C zu einer Paarheit geistiger und irdischer Harmonie verbindet und erkennen läßt, daß diese beiden Tonalitäten, so unterschiedlich sie in ihrer sphärischen Selbständigkeit sind, gerade durch diese Gegensätzlichkeit einander bedingen.

Die beiden Pole der vertikalen Achse A–Es werden in ihrer Beziehung zur Tonika C leichter verständlich, wenn man das stellvertretende Dur-Moll-Verhältnis der klassischen Musik im Auge hat, auf das wir vorhin verwiesen. Die Klassik, und mehr noch die Romantik zeigen uns wiederholt die Austauschbarkeit der beiden Tongeschlechter, setzen in Dur des öfteren die Moll-Unterdominante, erheben Mollstufen zu Dominanten. Auch zeigt sich unser harmonisches Moll durch die künstliche Erhöhung der VII. Stufe zum Leitton permanent von Dur-Elementen durchsetzt. Ist doch auch beiden gleichnamigen Geschlechtern die Oberdominante gemeinsam. Auf unser Kardinalkreuz bezogen, besitzt a-Moll als Parallele von C-Dur denselben Dominantklang: e–gis–h, wie das gleichnamige A-Dur. Und die Dominante der Waage-Tonart Fis-Dur stimmt mit jener von fis-Moll, der Parallele von A-Dur überein: cis–eis–gis. Ähnliches gilt für Es-Dur, den Gegenpol zu A-Dur. Seine Moll-Parallele (c-Moll) ist gleichzeitig die Grundtonparallele zu C-Dur und weist mit der Widder-Harmonie dieselbe Dominante auf: g–h–d. Die Dominantbeziehungen zwischen den gleichnamigen Dur- und Molltonarten bilden somit ein wesentliches Kriterium für die Zusammenfassung der vier unterschiedlichen Pole des Achsengeviers eines Kreuzes.

Kosmisch gesehen zeigt sich überdies, daß durch dieses Achsenkreuz alle vier Qualitäten: Feuer–Luft (C-Fis/Ges-Dur, Widder–Waage) und Wasser–Erde (A–Es, Krebs–Steinbock) zu einer Ganzheit verbunden werden. Diese harmonikale Ergänzung läßt uns an den «Zusammenklang der Gegensätze», die «coincidentia oppositorum» des Nikolaus von Kues denken, an den der Entzweiung zugrunde liegenden Drang, kontradiktorische Gegensätze zu einer Einheit wieder zusammenführen zu wollen.

Nun kann man die gleiche Struktur auch von der Oberdominante G aus in den Quintenkreis zeichnen. Zu G lautet der Gegenpol Des, während sich E und B durch die gleichen Kriterien mit G verbinden, wie das A und Es mit dem C im Widderbereich.

Und schließlich läßt sich mit gleicher Funktion von einem Unterdominantkreuz sprechen, dessen Ausgangspunkt die F-Dur-Harmonie wäre: F–H als Pol und Gegenpol, D–As als moll- und dominantverwandt zur Führungstonart.

Auch in diesen beiden Kreuzen liegen einander die freundlichen Elemente gegenüber: das G (Erde) dem Des (Wasser), das E (Feuer) dem B (Luft). Im Subdominantkreuz dieselbe Reihung: F–H als Polarität von Wasser und Erde; D–As als jene von Luft und Feuer.

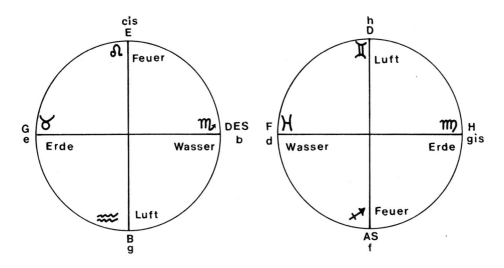

Aus dieser Sicht ergibt sich eine gewisse Regelmäßigkeit in der Struktur des Quintenkreises, indem harmonikale Vertreter des Tonika-, Dominant- und Subdominantkreuzes periodisch aufeinander folgen: T–D–S–T ... usw.

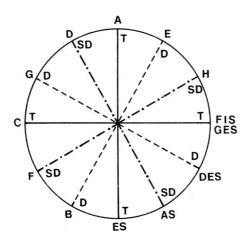

In dieser Perspektive wird für den Musiker jener theomorphe Blickpunkt erst wirklich einsehbar und verständlich, den Hermann Beckh als Pionier im Erforschen des kosmischen Gehaltes der Tonarten kühn und unmittelbar dem Quintenkreis unterlegt hat, wenn er von dem Kreuz des *Vaters*, des *Sohnes* und des *Geistes* spricht.

Was vermittelt uns die Einsicht in diese letzten Tiefenperspektiven des Wesens der Tonarten? Sie muß in dem Geistgehalt der drei Kreuze zu finden sein. Ausgangspunkt unserer Betrachtungen war die C-Dur-Harmonie. Sie zeigte uns in ihrer marsischen Grundtonbezogenheit, in dem Sieg des Lichtes über die Finsternis, daß wir mit ihr voll und ganz auf der festgefügten Erde stehen. Die Faustworte können einem in den Sinn kommen:

> *«Des Lebens Pulse schlagen frisch lebendig,*
> *ätherische Dämmerung milde zu begrüßen;*
> *du Erde, warst auch diese Nacht beständig*
> *und atmest neu erquickt zu meinen Füßen.»*
> *(Faust II, 1. Szene)*

Diese Erquickung, diese Beständigkeit tönte uns machtvoll in Beethovens Gellert-Lied oder am Beginn des Meistersinger-Vorspiels entgegen. Neu-erquickt erscheint uns das Leben der Erde, wenn mit der Erreichung des Frühlingspunktes im Widder die Natur zu sprießen und zu sprossen beginnt, und sich die Erde mächtig hinausatmet in den Kosmos.

Der Wendepunkt des Krebses setzt diesem sprießenden und sprossenden Sommerleben ein – wenn auch noch dem äußeren Blick verborgenes – Ende. Mit dem nahenden Herbst treten die absterbenden Kräfte immer stärker in den Vordergrund und führen uns dem Reifen und Fruchten, damit aber auch dem Verblühen und Verwelken entgegen. Die Erde atmet sich wieder ein; und in den Winter-Todeskräften findet sie neu ihr Bewußtsein, das ihr der große Sommerschlaf geraubt hat.

Aus tiefster Intuition heraus wurden die Feste verteilt, die das C-Dur-Kreuz mit seiner Vierung umfaßt. Als Fest der Neugeburt steht *Ostern* im Widder: C-Dur. Auch im Kinde ist alles sprießende, sprossende Wachstumskraft, noch unberührt von den Abbauprozessen der Bewußtseinsentfaltung. Der große Atmungsrhythmus hebt an. *Johanni* – das Fest der heißen Sommerzeit: A-Dur, das uns in Sinnesfreude mit dem schlafenden, träumenden Erdgeist verbindet. Als Gegenpol *Weihnachten*: Es-Dur; das bewußte Sich-Verbinden mit dem wachenden Geist der Erde. Dazwischen das *Michael*-Fest, in dem uns bewußt werden kann, daß Fruchten und Welken untrennbar zueinander gehören; daß der Tod die reifste Frucht des Lebens bedeutet: Fis- und Ges-Dur. Diese Eckpunkte des Tonika-Kreuzes lassen uns in eindringlichster Weise den Zusammenhang erkennen zwischen dem Leben des Menschen und dem Leben der Erde. Und in dem Maße, als wir uns selber in dieser Welt fühlen, werden wir uns unseres *Geborenwerdens* aus ihr bewußt. Aus jener Welt, die eine Schöpfung des göttlichen Vater-Urgrundes ist: *«Ex Deo nascimur»* – «Aus dem Vater-Gott sind wir geboren». Hier liegt die Rechtfertigung für den theomorphen Aspekt Hermann Beckhs.

Wie tief erfühlt muß uns der Beginn von Bruckners «Te Deum» vor diesem Hintergrund erscheinen, wenn mit jubelndem Glockenklang von C-Dur die Lobpreisung des Schöpfers ertönt.

Das Unterdominant-Kreuz als Kreuz des Sohnes

Zeigte sich das von C-Dur inaugurierte Vater-Kreuz als das Kreuz der Erde, als physisches Kreuz, so weist uns die Fische-Harmonie, die das Unterdominant-Kreuz impulsiert, auf das Ätherische. Die «Fische» sind dem wässrigen Element verbunden, das der eigentliche Mittler der ätherischen Kräfte ist.

«Der Menschheit ganzer Jammer faßt mich an» –

war uns das faustische Leitwort dieser Strahlung. Sie befähigt die Seele mit einer Liebeskraft, die sich zum echten, tieferfühlten Mit-Erleiden aller Fährnisse und Schmerzen ihrer Umwelt zu steigern vermag. Wir sprachen von den Erlöserkräften, von der Liebe zur Erde, die dieser Sternenstrahlung innewohnen. Sind doch die Füße das Organ, das durch sie beschienen wird, und «Ichthys» – der Fisch – ist fähig, die «Fußwaschung» zu vollziehen, d. h. durch dienende Liebe den Schmutz der Erde auszulöschen und der menschlichen Leiblichkeit ihren ätherisch-jungfräulichen Zustand zurückzugeben. Wir denken dabei an den Beginn der Abendmahlsszene in *Bachs* «Matthäuspassion».

Damit blicken wir aber auch bereits zum Gegenpol der Fischetonart. Der Tritonus-Balken dieses Kreuzes führt uns nach H-Dur, dem Klangbild der «Jungfrau». Auch der Virgo-Strahlung ist eine Liebeskraft eigen, die nach Läuterung und Wandlung strebt. In der Fürbitte Elisabeths um Tannhäusers Seelenheil sprach sich dies ergreifend aus: «Ich fleh' für ihn, ich flehe für sein Leben...»

Durch das Mysterium von Golgatha ist die «Jungfrau» zum Symbol für den höheren Menschen geworden, der seinen niederen, egoistischen «alten Adam» ausgeschieden hat; Symbol für alles, «was nicht vom Weibe geboren ist». Wir bezeichneten daher den Menschen, der durch diese zweite Geburt gegangen ist, als den «Jungfrau-Geborenen», von der Jungfrau geboren «im Hause des Brotes: Beth-Lechem». Unter der Sternenkonstellation von Fische und Jungfrau vollzog sich das Liebesmahl im Coenaculum. Und die Tritonusachse F-H ist das sphärenharmonikale Klangbild dafür. Die Seele des Menschen so zu läutern, daß sie dem

Blütenkelch der Pflanze gleicht, ist das chymische Anliegen der Jungfrau. Dieses Grals-Mysterium erlebten wir in dem H-Dur des Karfreitagszaubers in Wagners «Parsifal», wo sich uns die Jungfrau-Tonart in ihrer ganzen Tiefe offenbarte.

Stellen wir diesem Hauch einer ätherischen Lichterde das von gleichem Äther-zauber berührte, doch ganz dem irdischen Erlebnis verbundene Erwachen des Lebens gegenüber, wie es Beethoven in der «Pastorale» in Klänge malte, dann spüren wir das Zusammenfließen der polaren Gegensätzlichkeit zu einer Zwei-Einigkeit, wie sie unmittelbarer und eindringlicher kaum ein anderes Achsenpaar des Quintenkreises zu vermitteln mag.

F-Dur und H-Dur stehen einander wie Erwartung und Erfüllung gegenüber. In der Tiefe beider Klangsphären tönt – als gemeinsames Band – das Auferstehungs-mysterium auf. Sagten wir doch auch im Kapitel über die Fische-Tonart, daß über all den unzähligen Themen zartester Naturstimmung, die uns die Musik geschenkt hat, stets jener ungetrübte Ätherhauch des Paradieses liegen würde, der sich für Maria Magdalena in jener «Frühe, da es noch finster war» über das Grab von Golgatha breitete.

Nun führt uns das Melos des Blumenaue-Motivs vom «Parsifal» in der weite-ren Folge nach D-Dur. Wenn Gurnemanz in seiner Karfreitags-Unterweisung den höchsten Schmerzenstag Christi als Freudentag für Mensch und Kreatur preist, wandelt sich die Jungfrau-Harmonie in das siegende Licht der «Zwil-linge».

Und damit stehen wir am oberen Pol des zweiten Kreuzbalkens. Die innere Korrespondenz mit dem Klangbild der Fische wird an der Beziehung des D-Dur zum gleichnamigen Moll am deutlichsten erkennbar, das ja die Parallele zu F-Dur darstellt. Auch der Weg von d-Moll, der Tonart des Erstarrten, Harten und Sklerotisierten nach D-Dur, in dem sich das *Sonnesein erschließt*, ist ein Aufer-stehungserlebnis. Wagner hat dies aufgezeigt, wenn er z. B. die Schmiedung von Siegfrieds Schwert als den Weg von d-Moll nach D-Dur zeichnet, und Beethoven hat diesen Weg in seiner IX. Symphonie ausgeschritten bis zum Cherub, der vor Gott steht.

Dieses D-Dur des Götterfunkenthemas aber schließt in sein Auferstehungser-lebnis auch die Jungfrau-Sphäre mit ein. «Alle Menschen werden Brüder!» – dort, wo der «Freude sanfter Flügel weilt». Das Soloquartett leitet hinüber nach H-Dur und macht uns deutlich, daß sich auch mit diesem D-Dur eine «chymische Hochzeit» verbindet.

Ein Leitwort für As-Dur und f-Moll, dem Gegenpol des vertikalen Kreuzbalkens, war uns das Faustwort, das er nach seiner Erblindung durch den Anhauch der Sorge spricht:

«*Die Nacht scheint tiefer tief hereinzudringen,*
Allein im Innern leuchtet helles Licht ...»

Liegt darin nicht auch eine Auferstehung im Geiste? Erinnern wir uns an den Beginn von Isoldens Liebestod. Die ersten Takte brachten uns das reine As-Dur der «Nachtweihe». Dann erst vollzog sich die geheimnisvolle Alchimie über Ces- und D-Dur nach der Jungfrau-Tonart, in welcher der Sternenleib des Helden vor dem Geistesauge Isoldens aus seiner Erdenhülle aufersteht.

Ein sehr anschauliches Zeugnis für die innere Zusammengehörigkeit dieser Vierheit schenkte uns Wagner in seinem «Parsifal». Die große Szene der Salbung Parsifals zum Gralskönig, beginnend mit der Frage: «Werd' heut zu Amfortas ich noch geleitet?», bis zur Karfreitags-Unterweisung durch Gurnemanz, wird in der Hauptsache aus den Harmonien dieses Kreuzes gestaltet: F-Dur, d-Moll, H-Dur, As-Dur, f-Moll, H-Dur und D-Dur; die gesamte Vierheit wird also ausgeschritten.

Was uns das Unterdominant-Kreuz mit dem zarten Ätherhauch seines Melos lehrt, ist die Einsicht, daß aus dem hinwelkenden, sich auflösenden Leben dieser irdischen Welt, d. h. aus den Todeskräften ein *neues* Leben auferstehen kann, wenn in diesen Erdentod jene heilenden Wirksamkeiten hineingetragen werden, die mit dem Ereignis der Zeitenwende der Menschheit zuteil wurden. Wir müssen, um auf Erden Bewußtsein zu erlangen, untertauchen in das Ersterbende, Abbauende und Todesträchtige. *«Aber nach dem Mysterium von Golgatha tauchen wir unter, indem wir den Christusimpuls mit in dieses Ersterbende hineinnehmen»* [3]: *«In Christo morimur».* Die Konstellation des Unterdominant-Kreuzes Fische–Jungfrau, Zwillinge–Schütze umgreift mit seinen Achsen die Liebestat von Golgatha: Abendmahl, Passion und Auferstehung. Mit Recht dürfen wir es daher das Kreuz des *Sohnes* nennen.

Das Oberdominantkreuz als Kreuz des Geistes

Im Kreuz der Oberdominante begegnen wir als tönende Harmonien jenen apokalyptischen Imaginationen, die seit Urzeiten als Urbilder der Schöpfung verstanden worden sind: Stier, Löwe, Adler (Skorpion), Wassermann. Als das apokalyptische Kreuz haben wir es auch in einem der vorangegangenen Kapitel bezeichnet. Es umfaßt jene Vierheit, die in alter Mysterienweisheit in der Gestalt der *Sphinx* verehrt worden ist. Unsere erklingende Sphinx aber ist nicht bloßes Symbol für eine abgelaufene Vergangenheit, wie es das ägyptische Viergetier war, sie ist vielmehr allgegenwärtig, d. h. ihre sphärenmusikalischen Kraftströme sind nicht versiegt, die geistig-tönende Kommunikation zwischen der empirischen Klangebene und der «musica mundana» besteht nach wie vor. Wieder können wir an ein Wort aus dem Faust-Drama denken, das Goethe in der «Klassischen Walpurgisnacht» die Sphinxe sprechen läßt:

> *«Wir hauchen unsre Geistertöne*
> *Und ihr verkörpert sie alsdann.»*

Auch die Sternzeichen des Oberdominant-Kreuzes hauchen ihre «Geistertöne», und unsere Tonarten verkörpern sie auf der stofflichen Ebene des Klanges.

Hinter diesen Imaginationen des «Viergetiers», die später nur noch Symbolwert hatten, erkannte eine frühere, mit Hellsichtigkeit begabte Menschheit höchste göttliche Schöpferwesen aus der Hierarchie der Cherubim. Darüber lesen wir bei Rudolf Steiner:

> *«Unsere Vorfahren, die noch ein Bewußtsein gehabt haben durch ihre Tradition von dieser bedeutungsvollen Tatsache, die haben die Cherubim abgebildet als jene*

eigentümlich geflügelten Tiere mit den verschieden gestalteten Köpfen: den geflügelten Löwen, geflügelten Adler, den geflügelten Stier, den geflügelten Menschen. Denn in der Tat: von vier Seiten haben sich zunächst genähert die Cherubim. Und sie nahten sich in solchen Gestalten, daß sie in der Tat nachher so abgebildet werden konnten, wie sie uns als die Gestalten der Cherubim bekannt geworden sind. Und deshalb haben die Schulen der ersten Eingeweihten der nachatlantischen Zeit diese von vier Seiten an die alte Sonne heranrückenden Cherubim mit Namen bezeichnet, die dann geworden sind zu den Namen Stier, Löwe, Adler, Mensch.» [4]

Auch der Seher auf Patmos hat diese hohen Hierarchen in dieser Vierheit um den «Thronenden» geschaut:

«Und vor dem Stuhl war ein gläsernes Meer gleich dem Kristall, und mitten am Stuhl und um den Stuhl vier Tiere, voll Augen vorn und hinten.

Und das erste Tier war gleich einem Löwen, und das andere Tier war gleich einem Kalbe, und das dritte hatte ein Antlitz wie ein Mensch, und das vierte Tier war gleich einem fliegenden Adler.

Und ein jegliches der vier Tiere hatte sechs Flügel, und sie waren außenherum und inwendig voll Augen und hatten keine Ruhe Tag und Nacht und sprachen: ‹Heilig, heilig, heilig ist Gott der Herr, der Allmächtige, der da war und der da ist und der da kommt!›» (Off. IV, 6–8)

Diese *«großen und universellen Helfer»* [4] des Menschheits- und Erdenwerdens nahten sich aus dem geistigen Umkreis unserem, damals noch im alten Sonnenzustand befindlichen Erdenplaneten in der Art, *«daß jede solche Cherubimgestalt nach links und rechts eine Art Nachkommen oder Begleiter»* [4] zur Seite hatte. Man denke sich *«jede der vier Cherubimgestalten mit zwei Begleitern ausgestattet»* [4], dann ergibt dies zwölf Kräfte solcher Mächte, die dem Reich der Cherubim angehören im Umkreis unseres Planeten. Rudolf Steiner machte dies durch folgende Skizze anschaulich [4]:

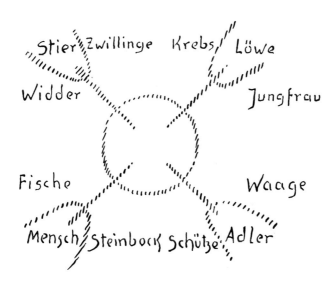

653

Im Anschauen dieser Vierheit mit ihrer dreifachen Gruppierung wird man fast zwangsläufig an die harmonische Gliederung erinnert, in der sich die Tonika mit ihren beiden Dominanten umgibt. Uralte Mysterienweisheit leuchtet im Klanggeschehen des Oberdominant-Kreuzes vor uns auf.

In dieser Art also wirkten höchste hierarchische Wesen aus den verschiedenen Seiten des Weltenraumes herein und «hauchten ihre Geistertöne», die im Laufe der Evolution im Tier- und schließlich im Menschenreich ihre Verleiblichung fanden und Zeugnis abgeben, daß dieses Leben aus dem Geiste heraus entstanden ist. Auch der Vater der Deszendenztheorie, Charles Darwin, verleiht allem Leben einen göttlichen Ursprung, mag dies auch von all jenen heute übergangen werden, die ihre naturwissenschaftlichen Thesen auf Darwin aufbauen:

«Ich halte dafür, daß alle organischen Wesen, die je auf dieser Erde gelebt haben, von einer Urform abstammen, welcher das Leben vom Schöpfer eingehaucht wurde.»[5]

In unserem Oberdominant-Kreuz ertönen diese göttlichen Wirkenskräfte abbildhaft, wie aus einem klingenden Spiegel. Quelle und Ausgangspunkt ist das die Stier-Sphäre repräsentierende G-Dur. Es war uns zunächst die Tonart des maienhaften Blühens und Sprießens, in seiner Tiefe aber enthüllte sich G-Dur als die «Logos-Tonart», als die «Wartburg» des Geistes, die den Sinn des «Wortes» gleichermaßen verbürgt und bewacht. Von dieser «Wartburg des Geistes» kündete uns z.B. ein G-Dur in *Wagners* «Die Meistersinger von Nürnberg»; Wagner wählte diese Harmonie als Ausdruck des Dankes Evchens an Hans Sachs, der in ihr das höhere Menschentum zu erwecken wußte:

> «Durch dich gewann ich,
> Was man preist,
> Durch dich ersann ich,
> Was ein Geist ...»

Und in seiner erhabensten Klanghülle trat uns der Logosgehalt von G-Dur in Beethovens «Missa solemnis» entgegen:

Den Gegenpol zu G-Dur stellt die Skorpion–Adler-Sphäre dar. Die maienhaft-sprießende Lebenskraft des «Stieres» wird im «Skorpion» zum sinnlichen Leidenschaftselement, in dem Sehnen und Trieb so gut wie ident sind. Wir denken an Tannhäusers Weilen im Venusberg, an seinen Hymnus an die Liebesgöttin, der uns eindringliches Zeugnis gab von seinem Verstricktsein in die eigene luziferisierte und egoisierte Astralität. Wir denken aber auch an sein unbeirrbares Streben, sich aus dieser Umstrickung zu befreien und sein Heil in einem reinen, marienhaften Seelentum zu suchen. Durch dieses Streben erhebt sich der «Skorpion» zum «Adler», steigt aus dem existentiellen Dasein empor zur Transzendenz eines «Übersinnlichen». Die Kraft zu dieser Wandlung aber ist eine *Bewußtseinskraft*. Es ist der im menschlichen Ich wesende *Geist*, durch welchen sich der Mensch die Fähigkeit erringt, *«wissend»* zu werden und sich aus seiner egoisierten Erdennatur zur Adlerhöhe zu erheben.

«Alles weiß ich, / Alles ward mir nun frei!», spricht Brünnhilde am Ende von *Wagners* «Götterdämmerung»; erkennend, daß es ohne Untergang des Abgelebten keinen Neubeginn geben kann. So ist sie zum Liebesopfer bereit. Der Weg zum «Herzen», das eben noch nach Rache schrie, führte über das «Haupt». Es ist der umgekehrte Weg, den Parsifal zu gehen haben wird. *«Der Weg zum Herzen geht durch den Kopf»*, schreibt Rudolf Steiner in seiner «Philosophie der Freiheit». *«In meinem Herzen stellt sich das Mitleid ein, wenn in meinem Bewußtsein die Vor-*

stellung einer mitleiderregenden Person aufgetreten ist.» [6] Wissend geworden, findet Brünnhilde den Weg zum Herzen, von dem uns das feierliche Des-Dur des «Liebes-Erlösungsthemas» am Ende der «Götterdämmerung» kündet, von zartesten Geigen- und Flötenstimmen getragen, von Harfenklang umglänzt.

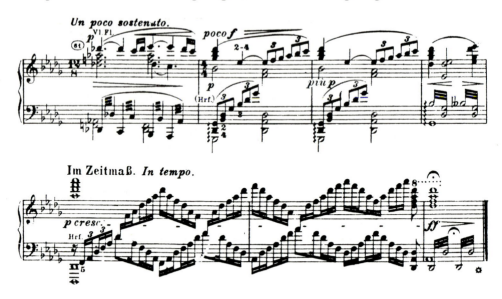

Aber durch «Mitleid», durch die Kraft des Herzens ist Parsifal *«wissend»* geworden und wurde in das As-Dur des Gralsmysteriums geführt. Beide Wege gehören zusammen; von Parsifals Weg spricht das Kreuz des *Sohnes,* den Weg über das Haupt weist das Kreuz des *Geistes.* Aber der Geist ist uns durch den Sohn gebracht worden:

«Und da er das gesagt hatte, blies er sie an und spricht zu ihnen: ‹Nehmet hin den heiligen Geist!» (Johannes XX., 22)*

In Anton *Bruckners* Adagio der VIII. Symphonie spricht sich diese Einswerdung ergreifend aus. Hier wurde uns ein Des-Dur geschenkt, das uns die Urtiefen des Geistes erleben läßt, in seiner Weihe und Erhabenheit jedoch der Benedictus-Botschaft von Beethovens «Missa solemnis» in nichts nachsteht.

Der vertikale Balken dieses Kreuzes wird von E- und B-Dur gebildet. Daß die Löwen-Tonart ganz von den Herzenskräften beherrscht wird, bedarf keiner weiteren Ausführung mehr. Die Beispiele, die wir im E-Dur-Kapitel anführten, sprechen eine so eindeutige Sprache, daß jede weitere Begründung unnötig erscheinen muß. Aber auch hier handelt es sich nicht um Liebeskräfte, denen Bewußtsein mangelt, die sich im bloßen Gefühlsüberschwang erschöpfen. Die aufgezeigten Beispiele ließen über das Bewußtseinselement keinen Zweifel, das sie zu Kündern einer geistdurchdrungenen Liebe machte. Wir denken an Sarastros Wort in Mozarts «Zauberflöte»: «In diesen heil'gen Hallen kennt man die Rache nicht», oder an Leonorens Herzenszuversicht in Beethovens Fidelio: «Komm, Hoffnung, laß den letzten Stern der Müden nicht erbleichen», die, begleitet von einem unsagbar ergreifenden Horn-Melos, Zeugnis gibt, wie hier Geist, d. h. Bewußtsein und Gefühl untrennbar verbunden sind.

Auch das E-Dur der großen Erlöser-Arie in *Händels* «Messias» spricht mit seinem reichen Empfindungsgehalt in unerschütterlicher Sicherheit vom Wissen um die Realität des Geistes: «Ich weiß, daß mein Erlöser lebet».

In B-Dur, dem Gegenpol dieser Achse, erkannten wir die «Sternentonart», der durch Uranus jene umgreifende Weite zuteil wurde, die wir mit dem Goethe-Wort charakterisierten: *Stille ruhn oben die Sterne und unten die Gräber».* Ihr dem Tode verbundenes Sternengeheimnis machte uns die B-Dur-Harmonie zur Ton-

art der Glaubensfestigkeit und Hoffnungszuversicht, zum Garant des Geistes schlechthin, womit sich in schönster Weise der Wesensgehalt dieses Kreuzes abrundet und vollendet: die innere Gewißheit, im Geiste zu neuem Leben zu erwachen: *«Per spiritum sanctum reviviscimus!»*

Johannes *Brahms* hat in seinem «Deutschen Requiem» dieser Zuversicht unbeirrbaren Ausdruck verliehen (s. S. 658).

So kann uns das Oberdominant-Kreuz in seiner *astralen* Vierung wahrhaftig als Kreuz des *Geistes* gelten, das die göttliche Trinität im klingenden Abbild innerhalb des Quintenkreises vollendet.

In den harmonischen «Hüllen» dieser drei Kreuze wirkt das *Ich,* das ja hinter dem Tierkreis west, und entfaltet sein Schöpfertum nach den ihm wesenseigenen Gesetzen.

Zusammenfassung und Schlußbetrachtung

Unsere Untersuchungen der einzelnen Tonarten und ihre Zusammenschau von den verschiedenen Gruppierungen der Zwölfheit führten uns in Weltentiefen, die religiöse Empfindungen in der Seele erwecken müssen. «Religio» ist das Band, das uns das Kosmische geistig erfassen und gleichzeitig die Beziehung des Irdischen zum Kosmos erkennen läßt. Der Erweckung eines derartigen Hörerlebnisses, in dem sich Geistiges und Irdisches, Ton und Klang verbindet, sollten diese Ausführungen dienen. Der zukunftsweisende Aspekt liegt gewiß nicht in der äußeren Form der hier besprochenen Werke und Themen. Die Dur-Moll-Struktur, wie sie sich in der Zeit von Bach bis Bruckner entfaltete und darstellte, ist in dieser Art ausgeschöpft. Was seine Vollendung erfahren hat, kann nicht mehr vollendet werden. Neue Strukturen gilt es zu finden, aus denen neue Gipfel der Vollendung erstehen können. Strukturen, die in ganz anderer Weise, ohne Dominantverstrebungen und Leittonspannungen, das Dur und Moll werden zu objektivieren haben. Denn beide Tongeschlechter sind Realitäten der Weltenharmonie, Ausdruck lebendiger Weltgesetze; ihre Offenbarung im Klang wird neue Formen bringen, ihr Geistgehalt aber wird bestehen bleiben. Erinnern wir uns der Worte Rudolf Steiners, wonach unser Dur den *«kosmischen Jubel der Götter, wie den Ausdruck der Freude über ihr Weltschaffen»* [1] widerspiegelt, wogegen unser Moll die *«Klage der Götter»* in sich birgt, *«daß die Menschen verfallen können in das, was ... als der Abfall von den göttlich-geistigen Mächten»* [1], als der Sündenfall geschildert worden ist.

Und noch ein Zweites erscheint uns in diesem Zusammenhang gewiß: die Zukunft liegt nicht in einem immer heilloseren Versinken in Klang und Geräusch; sie liegt bestimmt im *Ton*-Erlebnis, das ein ätherisch-geistiges Erlebnis ist. Sich bewußtseinsmäßig loszulösen von der Leiblichkeit des Klanges und zu einem meditativen Erfassen des in ihr inkarnierten Tones vorzudringen, den Zusammenhang mit der «Weltenmusik» wieder zu finden, dünkt uns Gebot. Die Möglichkeit eines neuen Hörerlebnisses auf der Grundlage einer echten «Astrosophie» zu gewinnen, dürfte dafür ein erster Anfang sein. Und ein neues Musikverständnis an vertrauten Klängen wenigstens im Keim zu erwecken, ist das Grundanliegen dieses Buches. Mag sich dabei alles noch als unvollkommenes Stückwerk erweisen, die Perspektive scheint uns richtig gewählt. Denn wie auch immer die Strukturen der neuen Klangebene aussehen mögen, wirkliches Leben werden sie für uns nur dann besitzen, wenn sie erneut klingende Abbilder einer «musica mundana» sein können. Unser siebenstufiges Dur-Moll, durch den zwölfgliedrigen Quintenkreis wandernd, ist bestimmt nicht die einzige Form, die «Weltenmusik» in die Klänge unserer Instrumente zu bannen vermag. Hat sich unsere Betrachtung doch ausschließlich an der den Zodiakus durchlaufenden Sonne orientiert. Die Einwirkungen der anderen Planeten blieb weitgehendst unberücksichtigt. Hier wird noch vieles zu erforschen sein, wie dies von anthroposophisch orientierter Geisteswissenschaft z. B. für die Pflanzenwelt in grundlegender Weise bereits getan wurde. Denn wie immer die Entwicklung sich gestalten mag: ein Abbild der Sphärenmusik wird auch die zukünftige musikalische Schöpfung sein müssen.

Vielleicht wird der Einwand erhoben werden, daß all das hier über Planetentöne und Tierkreiszeichen Ausgeführte letztlich doch nur mit dem Verstand aufgenommen werden kann und es ein weiter Weg wäre bis zu dem so oft zitierten meditativen Erleben. Dieser Einwand besteht zweifellos zu Recht. Aber die Tatsache, gegen die er sich richtet, ist eine in der Bewußtseinsevolution der Menschheit begründete. Unserem Denken ist die einstige Spiritualität weitgehendst verlorengegangen. Unser Ich, dessen geistige Existenz uns gerade durch das Schwinden dieser Spiritualität zum inneren Erlebnis wurde, trägt jedoch die Kraft in sich, das Verlorene bewußt wieder zu finden. Und der erste Schritt zu diesem Ziel ist das «Studium», d. h. die bewußte, verstandesmäßige Aneignung von geistigen Realitäten, die wir selbst zwar nicht wahrnehmen können, über deren Vorhandensein uns jedoch die Geisteswissenschaft Kunde gibt. Und das Wissen um die Sphärenharmonie, das Wissen um Planetentöne und Tierkreiskräfte in der Musik gehört zu dieser Kunde. *Goethe*, dem die Rosenkreuzerweisheit zutiefst vertraut war, wußte um diese Tatsache: *«Die Sonne tönt nach alter Weise, / In Brudersphären Wettgesang!»* Dazu bemerkt Rudolf Steiner: *«Das ist entweder ein Unsinn oder eine höhere Weisheit. Die physische Sonne tönt nicht, der Geist der Sonne ist ein wirkliches, tönendes Wesen.»* [2] Für Goethe muß es Weisheit gewesen sein, denn er blieb im Bilde, wenn er das Erwachen Fausts zu Beginn des zweiten Dramenteiles schildert: *«Tönend wird für Geistesohren / Schon der neue Tag geboren».* Für Goethe ist die Sphärenmusik der Pythagoreer eine nicht anzuzweifelnde Realität geblieben. Und was mag schwerer vollziehbar sein: das Tönen des Sonnenlichtes zu erlauschen, oder das Wesen des Tones aus seiner Klanghülle herauszulösen und es in seiner kosmischen Natur zu erleben? Der erste, ganz allererste Schritt dorthin ist die Hinlenkung unseres Bewußtseins auf dieses Phänomen. Dann wird allmählich unsere Empfindung davon affiziert werden und die Voraussetzung für ein bewußtes Tonerlebnis dadurch geschaffen.

Versuchen wir an einem Beispiel diese Gefühlsvertiefung zu praktizieren. Es mag gleichzeitig Kunde geben von einer weiteren Absicht, die den Ausführungen dieses Buches zugrunde liegen: die Bewußtwerdung geistiger Zusammenhänge, die in der Tiefe der großen musikalischen Kunstwerke verborgen ruhen. Wir greifen das Parsifal-Thema aus Richard *Wagners* Bühnenweihfestspiel heraus und verfolgen sein Klangbild in den einzelnen Tonartenbereichen.

Wenn Parsifal zum ersten Mal die Nähe der Gralsburg findet und sich rühmt, im Fluge den Schwan mit seinem Pfeil getroffen zu haben, steht sein Thema in B-Dur. Es ist das B-Dur eines jugendlichen, noch nicht von Wissen beschwerten Lebensstromes, wie ihn die «Krüge des Wassermanns» zu spenden vermögen und wie es uns in den zahlreichen angeführten Beispielen zu Beginn des entsprechenden Tonarten-Kapitels entgegentönte.

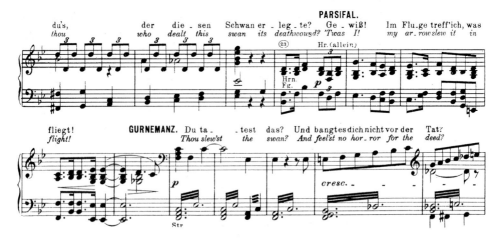

Bei der Kunde, die der Held von seiner Mutter, als das einzige Wissen, das er über seine Herkunft behalten hat, gibt, ertönt sein Thema dann in H-Dur. Es spricht von der Unberührtheit dieses «reinen Toren», von seiner «paradiesischen Jungfräulichkeit», die noch nichts weiß von «gut» und «bös», der die «Augen» noch nicht «aufgetan» wurden.

Wenn Parsifal, nachdem er Zeuge des Gralsmysteriums war, die Frage: «Weißt du, was du sahst?», in ohnmächtiger Ergriffenheit verneinen muß, und durch Gurnemanz von der Schwelle gewiesen wird, ertönt sein Thema in ebendemselben B-Dur auf wie bei seinem Kommen. Es ist das B-Dur des «reinen Toren», dessen Seele zwar zutiefst erfüllt ist von Herzenskräften, dem jedoch das Wissen fehlt.

Das Erscheinen Parsifals im Klingsorgarten prägt seinem Thema die Heldenkraft von Es-Dur ein. Mit Recht! Kundry gab uns bereits im ersten Akt Kunde
von den Taten des «reinen Toren»: «Ja, Schächer und Riesen traf seine Kraft: /
Den freislichen Knaben lernten sie fürchten.» So steht er – gleich einem jungen
Siegfried – auf der Mauerzinne des Klingsorgarten.

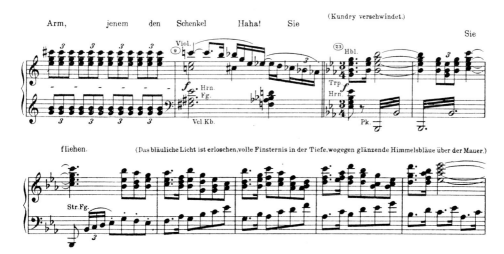

Diese heldische Kraft von Es-Dur begleitet seine Bewußtwerdung. Die Worte,
mit denen er die Verführerin von sich stößt: «Erlösung, Frevlerin, biet' ich auch
dir», werden ebenfalls von seinem Motiv in der Steinbock-Harmonie getragen.
Parsifals Irrfahrten, sein Hinabsteigen in die Todesmächte dieser Erdenwelt
hüllen sein Thema in die Düsternis von b-Moll. Wenn er als «schwarzer Ritter»
die Gralsburg wiederfindet, geschieht dies in der Finsternis des Skorpion-Moll.

Die Salbung zum Gralskönig durch Gurnemanz aber läßt erneut H-Dur auf-
klingen, das jetzt ganz von Bewußtsein durchdrungen ist. Dies bestätigen seine
Worte: «Daß heute noch, als König er mich grüße!» Parsifal ist zum «Jungfrau-
Geborenen» geworden. Hier offenbart sich auch anschaulich die Verschieden-
heit der Aspekte *einer* einzigen Tonart: bei Parsifals Kommen ein H-Dur des
Unberührten, kindlich-unbewußten Jungfräulichen; jetzt dieselbe Harmonie als
Ausdruck des gereiften, zum «Jungfrau-Geborenen» emporgestiegenen Helden.

Und schließlich ist es der Siegesglanz von D-Dur, der sein Thema umstrahlt,
wenn er als Erlöser mit dem wiedergewonnenen Speer die Gralsburg betritt:
«Den heil'gen Speer, ich bring ihn euch zurück!»

Was Sprache der Tonarten heißt, kann man aus dieser dezidierten Auswahl der
Harmonien durch den schöpferischen Genius des Meisters wohl empfinden.

Gleichzeitig läßt sie uns aber auch erkennen, wie wichtig dieses Wissen des Geist-gehaltes der Tonarten ist, um die dramatischen Geschehnisse im richtigen Sinne deuten zu können. Dies gilt natürlich nicht nur für das Wagnersche Musikdrama, sondern auch für alle instrumentalen Darstellungen.

Betrachten wir beispielsweise das Kopfthema der Einleitung zur ersten Sym-phonie von Johannes *Brahms*. In einem dämonisch-drohenden c-Moll windet es sich über chromatische Terzen qualvoll zur Höhe.

Die Düsternis seiner Gebärde leitet auch das Hauptthema des ersten Satzes ein. Mit seiner schwer-drückenden Chromatik erzwingt es sich die Wechseldomi-nante von c-Moll, ehe es über die Dominante der Tonika den Platz räumt.

Der zweite Satz steht in einem von Sehnsucht und Innigkeit erfüllten E-Dur. Wenn im fünften und sechsten Takt unser Motiv, gleich einer Schicksalsmah-nung auftönt, dann hat seine Melodik alle Dämonie verloren; nur als ein Hauch des Leidens durchweht es die Liebessphäre der «Löwen-Harmonie».

Auch im As-Dur des dritten Satzes schmiegt sich das Melos des «Schicksals-Motives» in den mitternächtigen Glanz der Schütze-Tonart. Gelöst zu reinem diatonischen Aufstieg erklingt es zu Beginn in den Mittelstimmen,

um in der weiteren Durchführung wieder seine Chromatik aufzugreifen, die hier jedoch alles qualvolle Mühen überwunden hat und nach innerer Erhebung strebt; ein Streben, das sich uns als heiliges Anliegen der Schütze-Strahlung geoffenbart hat.

Die Einleitung zum Finale bringt erneut das finstere c-Moll. Schwer und gespenstisch durchzieht die Chromatik unseres «Schicksalsmotives» das Melos der ersten Takte, in denen nur wie in einer hoffnungslosen Vision das kommende Hauptthema, das sich den Durchbruch zum Widder-Licht von C-Dur erzwungen haben wird, zu erahnen ist.

Im C-Dur des Finales hat sich dann die Chromatik der Schicksals-Motivik aus ihrer Verstrickung befreit und ist ein einziger Zug zur Höhe geworden.

Wir sehen: auch die herbe Kunst Brahms'scher Zeichnung, mit ihrer zarten Archaisierung in Metrik, Rhythmik und Harmonie, unterscheidet – feinsinnig empfunden – das Eigenwesen der Tonarten, formt das Melos gemäß ihrem Geistgehalt und bindet – vom Erdzeichen ausgehend – die Sätze in der Terzverwandtschaft der Feuerqualitäten (Trigon-Aspekt) aneinander: E-Dur, As-Dur, C-Dur.

Epilog

Akróasis – das Universum tönt! Im Zauber des erklingenden Tones, in der Musik als der die menschliche Seele zutiefst ergreifenden Kunst, finden Denken und Fühlen, Haupt und Herz, die heute oft so leidvoll auseinanderklaffen, wieder zusammen und lassen uns die Einheit von Welt, Erde und Mensch neu erleben. Mit diesen Worten schlossen wir die Betrachtung des ersten, allgemeinen Teiles des Buches. Jetzt, am Ende unseres Weges durch die klingenden Abbilder der Sphärenharmonien, müßte uns ihre Richtigkeit reales Erlebnis geworden sein.

Lassen wir daher zum Ausklang noch einmal das Universum ertönen, wie es Anton *Bruckner* in der Coda des ersten Satzes seiner VI. Symphonie in herrlichen Klangfolgen und in immer leuchtenderem Wechselspiel zwischen Hörnern, Trompeten und Holzbläsern Ereignis werden ließ. Schon nach der feierlichen Ruhe des ersten viertaktigen A-Dur-Ansatzes erfolgt mit dem plötzlichen pp einer fis-Moll-Wendung die erste Rückflutung des Aufschwungs. *«Das Horn bringt dabei das Thema gelöst in der Ausstrebung über die Urtöne von Grundton und Quint.»* [1]

Nach dieser Rückflutung verdichtet sich das Thema, indem sich das Teilmotiv der Halbtakttriolen mehr und mehr ausweitet. In herrlich weihevollen Harmoniewendungen – Des-Dur, As-Dur, E-Dur, G-Dur steigt es in Licht- und Farbenkreisen sich weitend empor. *«Hymnischer, seraphischer schwang sich keine von Bruckners bisherigen Schlußsteigerungen auf.»* [1]

Das Wechselspiel zwischen Kreuz- und Be-Tonarten wird immer drängender und strebt mächtig seinem Höhepunkt entgegen: F-Dur, G-Dur, H-Dur, B-Dur, Ges-Dur, meist begleitet von ihren Dominanten –, die Harmonien des ganzen Quintenkreises, so will es scheinen, fließen ineinander. Wahrlich – das Universum singt!

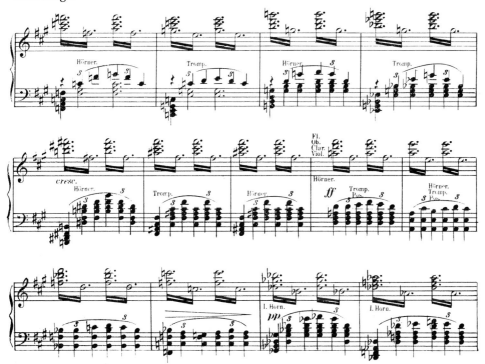

Dann ein plötzliches Zusammensinken nach einem vier Takte lang gehaltenen D-Dur: der Absturz in das gleichnamige Moll. Eine «Grunderschütterung» schreibt Ernst Kurth, «aus der dann die letzten Klänge wie ein riesiges Lichtwunder auflodern.» [1]: das A-Dur!

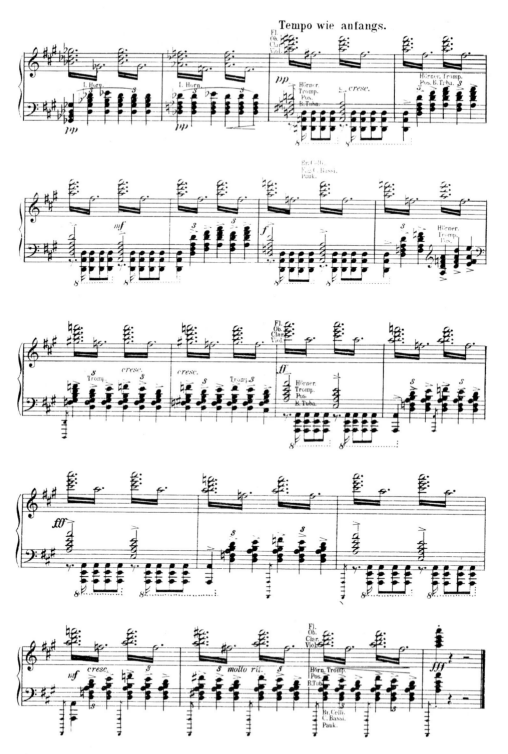

Warum dieser Sturz nach d-Moll, unmittelbar vor dem im majestätischen Glanz von A-Dur aufleuchtenden Haupt- und Kopfthema der Symphonie? Von ihm sagten wir im betreffenden Kapitel, daß sich mit diesem A-Dur-Thema in Tönen das Wort aus dem Johannes-Prolog aussprechen würde: *«Und das Licht schien in die Finsternis».* Will uns Bruckner durch diesen Absturz in die Todesstarre von d-Moll noch einmal an die Finsternis gemahnen, in die das «Weltenwort» hinabgestiegen ist? Oder bedeutet er jene Erschütterung, die stets mit dem «Lichtwunder» als Offenbarung einer überirdischen Welt verbunden ist, und die durch die Engelsworte ihre Besänftigung erfuhr: «Fürchtet euch nicht!»?

Ernst Kurth hat nur zu recht, wenn er meint, daß man über diese Endgestaltung des Satzes und deren Teilvorgänge *«ein ganzes Buch schreiben könnte, um aus ihrem Reichtum Bruckners gesamte Kunst darzustellen und mehr noch: das Wesen der Musik an sich.»* [1]

Das Wesen der Musik, das uns mit der Zwölfheit dieses ertönenden Universums den Logosgehalt der Welt zum erschütternden Erlebnis macht, wo finden wir es in seiner letzten, allerletzten Tiefe? Im Nachsinnen über diese Brucknersche Endgestaltung des Satzes kann uns eine ahnende Einsicht werden, was Rudolf Steiner meinte, als er in der Musik jene Kunst erblickte, durch die sich einmal der Impuls von Golgatha selbst aussprechen wird:

«Der Christus-Impuls kann im Musikalischen gefunden werden ... Es wird einmal ganz gewiß, wenn die Menschheit nicht in Dekadenz kommt, durch anthroposophische Inspiration ... entstehen können, daß gerade im Musikalischen der Christus-Impuls in wahrer Gestalt auch vor die äußere Offenbarung hintritt.» [2]

Möge der hier aufgezeigte Weg ein bescheidener Schritt hin zu diesem Ziele sein.

Literatur-Verzeichnis

ERSTER TEIL

Einleitung

[1] Hermann Pfrogner: Lebendige Tonwelt, München/Wien 1976
[2] Plato: Timaios, Ges. Werke III., Köln 1969
[3] Ernst Bindel: Zahlengrundlagen der Musik im Wandel der Zeiten, Stuttgart 1950
[4] Plato: Der Staat, Ges. Werke II., Köln 1969
[5] Johannes Kepler: Weltharmonik, Darmstadt 1967
[6] Walther Simon: Abriß einer Geschichte der Musiktherapie, in: Grundlagen der Musiktherapie und Musikpsychologie, Stuttgart 1975
[7] Hermann Pfrogner: Musik – Geschichte ihrer Deutung, Freiburg/München 1954
[8] H. J. Möller: Psychotherapeutische Aspekte in der Musikanschauung der Jahrtausende, in: Neue Wege der Musiktherapie, Düsseldorf/Wien 1974
[9] Rudolf Steiner: Geisteswissenschaft und Medizin, GA 312, 1. Vortrag
[10] Hans Kayser: Der hörende Mensch, Berlin 1930
[11] Armin J. Husemann: Der musikalische Bau des Menschen, Stuttgart 1982
[12] Rudolf Steiner: Perspektiven der Menschheitsgeschichte, V. v. 23. IV. 1921, GA. 204
[13] Wilfried Krüger: Das Universum singt, Edition trèves e. V., Trier 1
[14] Joachim E. Berendt: Nada Brahma – Die Welt ist Klang. Frankfurt a. Main 1983
[15] Rudolf Steiner: Das Hereinwirken geistiger Wesenheiten in den Menschen, GA 102, V. v. 16. III. 1908
[16] Rudolf Steiner: Über Philosophie, Geschichte und Literatur, GA 51, V. v. 28. I. 1905
[17] Rudolf Steiner: Kunst und Kunsterkenntnis, GA 271, V. v. 12. IX. 1920

Die Zwölfordnung und die Siebenordnung

[1] Johannes Kepler: Weltharmonik, Darmstadt 1967
[2] Jacques Handschin: Musikgeschichte, Basel 1948

Das Für und Wider einer Sprache der Tonarten

[1] Ernst Bindel: Zur Sprache der Tonarten und Tongeschlechter, Stuttgart 1953
[2] Max Auer: Anton Bruckner, Zürich/Leipzig/Wien 1932
[3] Richard Wagner: Mein Leben, Leipzig 1914
[4] A. Schindler: Biographie von Ludwig v. Beethoven, Hildesheim/New York 1970

Die Variabilität der Normalstimmung

[1] Hermann Pfrogner: Lebendige Tonwelt, München/Wien 1976
[2] Ernst Kurth: Musikpsychologie, Bern 1947

Die Frage der Transposition

[1] Ernst Kurth: Musikpsychologie, Bern 1947
[2] Heiner Ruland: Ein Weg zur Erweiterung des Tonerlebens, Basel 1981

Relatives und Absolutes Gehör

[1] Ernst Kurth: Musikpsychologie, Bern 1947
[2] Jacques Handschin: Der Toncharakter, Zürich 1948

Klang und Ton

[1] Jacques Handschin: Der Toncharakter, Zürich 1948
[2] Rudolf Steiner: Das Künstlerische in seiner Weltmission, GA 276, V.v. 2.VI.1923
[3] Hermann Pfrogner: Lebendige Tonwelt, München/Wien 1976

Das Ohr als Tor zur Seele

[1] Kurt Eckel: Der Anteil der Sinnesphysiologie an der menschlichen Hörwelt. In: Grundlagen der Musiktherapie und Musikpsychologie, Stuttgart 1975
[2] Rudolf Steiner: Welche Bedeutung hat die okkulte Entwicklung des Menschen für seine Hüllen und sein Selbst, GA 145, V.v. 22.III.1913
[3] Rudolf Steiner: Geisteswissenschaft und Medizin, GA 312 V.v. 3.IV.1920
[4] Ernst Hagemann: Vom Wesen des Musikalischen, Freiburg/Br. 1974
[5] Rudolf Steiner: Das Wesen des Musikalischen und das Tonerlebnis im Menschen. GA 283, V.v. 7.III.1923
[6] Rudolf Steiner: Geisteswissenschaftliche Impulse zur Entwicklung der Physik, GA 320 V.v. 30.XII.1919

[7] Rudolf Steiner: Die Welt des Geistes und ihr Hereinragen in das physische Dasein, GA 150, V.v. 13.IV.1913

[8] Anny v. Lange: Mensch, Musik und Kosmos, Freiburg/Br. 1965

[9] Joachim E. Berendt: Nada Brahma – Die Welt ist Klang, Frankfurt a. Main 1983

[10] Rudolf Steiner: Geistige Zusammenhänge in der Gestaltung des menschlichen Organismus, GA 218, V.v. 9.XII.1922

Die Leiterstruktur von Dur und Moll

[1] Johannes Kepler: Weltharmonik, Darmstadt 1967

Die Dominant-Verstrebungen in der Tonart

[1] Gustav Güldenstein: Theorie der Tonart, Basel 1973

Der Charakter der Töne innerhalb der Tonleiter – Der Tonwert

[1] Hermann Pfrogner: Zeitwende der Musik, München/Wien 1986

[2] Rudolf Steiner: Die Impulsierung des weltgeschichtlichen Werdens durch geistige Mächte, GA 222, V.v. 16.III.1923

[3] Rudolf Steiner: Kunst im Lichte der Mysterienweisheit GA 275, V.v. 29.XII.1914

[4] Emil Naumann: Illustrierte Musikgeschichte, Stuttgart 1885

[5] Rudolf Steiner: Kunst im Lichte der Mysterienweisheit, GA 275, V.v. 1.I.1915

[6] Paul Hindemith: Das Marienleben; Vorwort, Mainz 1948

[7] Hermann Pfrogner: Lebendige Tonwelt, München/Wien 1976

[8] Rudolf Steiner: Das Initiatenbewußtsein, GA 243, V.v. 22.VIII.1924

Der Planetenbezug der einzelnen Töne der Tonleiter

[1] Karl H. Wörner: Geschichte der Musik, Göttingen 1972

[2] Hermann Pfrogner: Lebendige Tonwelt, München/Wien 1976

Die gleichschwebende Temperierung

[1] Hermann Pfrogner: Lebendige Tonwelt, München/Wien 1976

[2] Andreas Werkmeister: Cribrum musicum, 1700

[3] Thr. Georgiades: Musik und Sprache, Berlin/Göttingen/Heidelberg 1954

⁴ Richard Wagner: Religion und Kunst, Ges. Schriften u. Dichtungen Band X, Leipzig 1883
⁵ Hermann Pfrogner: Die Zwölfordnung der Töne, Zürich/Wien/Leipzig 1953

Die Polarität im Quintenkreis

¹ Ernst Kurth: Musikpsychologie, Bern 1947
² Ernst Kurth: Grundlagen des linearen Kontrapunkts, Bern 1956
³ Rudolf Steiner: Das Initiatenbewußtsein, GA 243. V. v. 22. VIII. 1924
⁴ B. C. J. Lievegoed: Über den doppelten Planetenprozeß, in: Der Beitrag der Geisteswissenschaft zur Erweiterung der Heilkunst, Dornach 1950

Die enharmonische Verwandlung

¹ Hermann Pfrogner: Lebendige Tonwelt, München/Wien 1976
² Ernst Kurth: Musikpsychologie, Bern 1947
³ Anny v. Lange: Mensch, Musik und Kosmos, Freiburg/Br. 1956

Helligkeitsgrade im Quintenzirkel

¹ Hermann Pfrogner: Lebendige Tonwelt, München/Wien 1976
² Max Auer: Anton Bruckner, Zürich/Leipzig/Wien 1932

Der Quintenkreis als klingendes Abbild des Zodiakus

¹ Hermann Pfrogner: Die sieben Lebensprozesse, Freiburg/Br. 1978
² Anny v. Lange: Mensch, Musik und Kosmos, Freiburg/Br. 1956
³ Hermann Beckh: Die Sprache der Tonarten, Stuttgart 1977
⁴ Rudolf Steiner: Anthroposophie als Kosmosophie II. GA 208 V. v. 28. X. 1921
⁵ Rudolf Steiner: Der Mensch im Lichte von Okkultismus, Theosophie und Philosophie, GA 137, V. v. 12. VI. 1912
⁶ Friedrich Oberkogler: Faust, Der Tragödie zweiter Teil, Schaffhausen 1982
⁷ Rudolf Steiner: Seelenkalender, in: Wahrspruchworte, GA 40

Probleme und Aspekte der Moll-Tonarten

¹ Gustav Güldenstein: Theorie der Tonarten, Basel 1973
² Rudolf Steiner: Das Wesen des Musikalischen, V. v. 16. III. 1923 GA 283
³ Rudolf Steiner: Das Wesen des Musikalischen, V. v. 30. IX. 1920, GA 283
⁴ Armin J. Husemann: Der musikalische Bau des Menschen, Stuttgart 1982
⁵ H. Helmholtz: Die Lehre von den Tonempfindungen, 1863

ZWEITER TEIL

Einleitung

[1] Rudolf Steiner: Zwölf Stimmungen, in: Wahrspruchworte GA 40
[2] Rudolf Steiner: Seelenkalender, Dornach 1953

C-Dur / a-Moll

[1] Rudolf Steiner: Die Pforte der Einweihung. 1. Mysteriendrama, GA 14
[2] Rudolf Steiner: Zwölf Stimmungen, GA 40
[3] Albert Schweitzer: Johann Sebastian Bach, Leipzig 1954
[4] Hugo Riemann: Analyse von Bachs «Wohltemperiertem Klavier», Leipzig 1914
[5] Paul Bekker: Beethoven, Berlin 1912
[6] Joh. Nep. David: Die Jupiter-Symphonie, Göttingen 1953
[7] Walter Dahms: Schubert, Berlin 1918
[8] Friedrich Oberkogler: Vom Ring zum Gral, Stuttgart 1978
[9] Rudolf Steiner: Die Mission der neuen Geistesoffenbarung, GA. 127, V. v. 3. V. 1911
[10] Oskar Adler: Das Testament der Astrologie, 1. Band, Wien/Zürich 1950
[11] Rudolf Steiner: Das Wesen der Farben, GA 291, V. v. 5. XII. 1920
[12] Ernst Kurth: Bruckner, 2. Band, Berlin 1915
[13] Friedrich Oberkogler: Zauberflöte, Schaffhausen 1982
[14] Christoph Peter: Die Sprache der Musik in Mozarts Zauberflöte, Stuttgart 1983
[15] Hermann Beckh: Die Sprache der Tonart, Stuttgart 1977
[16] Paul Bekker: Gustav Mahlers Sinfonien, Tutzing 1969
[17] Rudolf Steiner: Das Johannesevangelium im Verhältnis zu den drei anderen Evangelien, GA 127, V. v. 3. V. 1911
[18] Philipp Spitta: Johann Sebastian Bach, 2. Band, Wiesbaden 1970

G-Dur / e-Moll

[1] Wustmann: Alle angeführten Zitate sind einem von Wustmann herausgegebenen Kompendium entnommen, das eine Charakteristik der Tonarten durch Aussprüche verschiedener Musiker und Musiktheoretiker gibt. Das Exemplar habe ich vor vielen Jahren, während meiner Studienzeit an der Hochschule für Musik in Wien, in der Bibliothek entdeckt. Da es mir heute nicht mehr zugänglich ist, bin ich nur auf die selbstverfertigten seinerzeitigen Abschriften angewiesen.
[2] Hugo Riemann: Analyse von Bachs «Wohltemperiertem Klavier», Leipzig 1914
[3] Friedrich Oberkogler: Zauberflöte, Schaffhausen 1982

⁴ Friedrich Oberkogler: Tannhäuser, Schaffhausen 1984
⁵ Oskar Adler: Das Testament der Astrologie (1. Band) Wien/Zürich 1950
⁶ Friedrich Oberkogler: Lohengrin, Schaffhausen 1984
⁷ Friedrich Oberkogler: Vom Ring zum Gral, Stuttgart 1978
⁸ B. C. J. Lievegoed: Über den doppelten Planetenprozeß, in: Der Beitrag der Geisteswissenschaft zur Erweiterung der Heilkunst, Dornach 1950
⁹ Hermann Beckh: Die Sprache der Tonart, Stuttgart 1977
¹⁰ Albert Schweitzer: Johann Sebastian Bach, Leipzig 1954
¹¹ Paul Bekker: Beethoven, Berlin 1912

D-Dur / h-Moll

¹ Wustmann: a.a.O,
² B. C. J. Lievegoed: Über den doppelten Planetenprozeß, a. a. O.
³ Hugo Riemann: Analyse von Bachs «Wohltemperiertem Klavier», Leipzig 1914
⁴ Hermann Beckh: Die Sprache der Tonart, Stuttgart 1977
⁵ Walter Niemann: Brahms, Berlin 1920
⁶ Walter Dahms: Schubert, Berlin 1918
⁷ Oskar Adler: Das Testament der Astrologie I., Wien/Zürich 1950
⁸ G. Schwab (Eigl): Die schönsten Sagen des Klassischen Altertums, Wien 1955
⁹ Rudolf Steiner: Anthroposophie als Kosmosophie II, V. v. 28. X. 1921 GA. 208
¹⁰ G. E. Lessing: Theologische Streitschriften, 1777
¹¹ G. E. Lessing: Brief an den Vater vom 30. V. 1749
¹² F. Oberkogler: Tannhäuser, Schaffhausen 1984
¹³ H. Beckh: Aus der Welt der Mysterien, Basel
¹⁴ Philipp Spitta: Johann Sebastian Bach, II. Band, Wiesbaden 1970
¹⁵ Albert Schweitzer: Johann Sebastian Bach, Leipzig 1954
¹⁶ Alfred Lorenz: Der musikalische Aufbau von Richard Wagners «Parsifal», Berlin 1933

A-Dur / fis-Moll

¹ Rudolf Steiner: Die Sendung Michaels, GA 194, V. v. 23. XI. 1919
² Hugo Riemann: Analyse von Bachs «Wohltemperiertem Klavier», Leipzig 1914
³ Paul Bekker: Beethoven, Berlin 1912
⁴ Richard Wagner: Das Lohengrin-Vorspiel, Ges. Schriften u. Dichtungen, 5. Band, Leipzig 1872
⁵ Rudolf Steiner: Kunst im Lichte der Mysterienweisheit, GA 275, V. v. 30. XII. 1914
⁶ Rudolf Steiner: Christus und die geistige Welt, GA 149, V. v. 2. I. 1914
⁷ Oskar Adler: Das Testament der Astrologie I., Wien/Zürich 1950
⁸ Rudolf Steiner: Anthroposophie und Kosmosophie II., GA 208, V. v. 28. X. 1921

⁹ Ernst Kurth: Bruckner, 2. Band, Berlin 1925
¹⁰ Wustmann: a. a. O.
¹¹ B. C. J. Lievegoed: Über den doppelten Planetenprozeß, a.a.O.
¹² Hermann Beckh: Die Sprache der Tonart. Stuttgart 1977
¹³ Hugo Riemann: Ludwig v. Beethovens sämtliche Klaviersonaten, 3. Band, Berlin 1919
¹⁴ Friedrich Oberkogler: Lohengrin, Schaffhausen 1984
¹⁵ Philipp Spitta: Joh. Seb. Bach, II., Wiesbaden 1970

E-Dur / cis-Moll

¹ Wustmann: a. a. O.
² Rudolf Steiner: Anthroposophie als Kosmosophie II., V. v. 28. X. 1921, GA 208
³ Oskar Adler: Das Testament der Astrologie I., Wien/Zürich 1950
⁴ Hugo Riemann: Analyse von Bachs «Wohltemperiertem Klavier», Leipzig 1914
⁵ Rudolf Steiner: Der Mensch als Zusammenklang des schaffenden, bildenden und gestaltenden Weltenwortes, V. v. 2. XI. 1923, GA 230
⁶ Hermann Beckh: Die Sprache der Tonart, Stuttgart 1977
⁷ Ernst Kurth: Bruckner, 2. Band, Berlin 1925
⁸ H. Abert: Wolfgang Amadeus Mozart, Leipzig 1924
⁹ Walter Dahms: Schubert, Berlin 1918
¹⁰ Sig. v. Gleich: Die Wahrheit als Gesamtumfang aller Weltansichten, Stuttgart 1957
¹¹ William Mann: Richard Strauß, Wiesbaden 1964
¹² F. Oberkogler: Tannhäuser, Schaffhausen 1984
¹³ Alfred Lorenz: Der musikalische Aufbau von Richard Wagners «Tristan und Isolde», Berlin 1926
¹⁴ F. Oberkogler: Vom Ring zum Gral, Stuttgart 1978
¹⁵ Hugo Riemann: Ludwig v. Beethovens sämtliche Klavier-Solosonaten, II., Berlin 1919
¹⁶ B. C. J. Lievegoed: Über den doppelten Planetenprozeß, a.a.O.

H-Dur, gis/as-Moll

¹ Wustmann: a. a. O.
² B. C. J. Lievegoed: Über den doppelten Planetenprozeß, a.a.O.
³ Hugo Riemann: Analyse von Bachs «Wohltemperierten Klavier», Leipzig 1914
⁴ Sigismund v. Gleich: Die Wahrheit als Gesamtumfang aller Weltansichten, Stuttgart 1957
⁵ Oskar Adler: Das Testament der Astrologie, 1. Band, Wien/Zürich 1950
⁶ Rudolf Steiner: Anthroposophie als Kosmosophie II., V. v. 28. X. 1921, GA 208

[7] J. W. v. Goethe: Dichtung und Wahrheit, 8. Buch

[8] William Mann: Richard Strauß, Wiesbaden 1964

[9] Martin Hürlimann: Carl Maria v. Weber, Zürich 1973

[10] Rudolf Steiner: Die Erkenntnis des Übersinnlichen in unserer Zeit, GA 55. V. v. 14. III. 1907

[11] F. Oberkogler: Vom Ring zum Gral, Stuttgart 1978

[12] Hermann Beckh: Die Sprache der Tonart, Stuttgart 1977

Fis/Ges-Dur, dis/es-Moll

[1] Oskar Adler: Das Testament der Astrologie, 1. Band, Wien/Zürich 1950

[2] B. C. J. Lievegoed: Über den doppelten Planetenprozeß, a. a. O.

[3] Hugo Riemann: Analyse von Bachs «Wohltemperiertem Klavier», Leipzig 1914

[4] Hermann Beckh: Die Sprache der Tonart, Stuttgart 1977

[5] William Mann: Richard Strauß, Wiesbaden 1981

[6] Hugo Riemann: Ludwig van Beethovens sämtliche Klaviersonaten, 3. Band, Berlin 1919

[7] Karl Storck: Das Opernbuch, Stuttgart 1927

[8] Max Auer: Anton Bruckner, Zürich/Leipzig/Wien 1932

[9] Ernst Kurth: Bruckner, 2. Band, Berlin 1925

[10] Ernst Kurth: Bruckner 1. Band, Berlin 1925

[11] Heraklit: Urworte der Philosophie, Insel-Bücherei Nr. 49

[12] Rudolf Steiner: Das Christentum als mystische Tatsache, Stuttgart 1949

[13] Rudolf Steiner: Das Hereinwirken geistiger Wesenheiten in den Menschen, Freiburg im Breisgau 1955, V. v. 27. I. 1908

[14] F. Oberkogler: Tannhäuser, Schaffhausen 1984

[15] Wustmann: a. a. O.

[16] J. N. David: Das wohltemperierte Klavier, Göttingen 1962

Des-Dur / b-Moll

[1] Sigismund v. Gleich: Die Wahrheit als Gesamtumfang aller Weltanschauungen, Stuttgart 1957

[2] Hermann Beckh: Die Sprache der Tonart, Stuttgart 1977

[3] Oskar Adler: Das Testament der Astrologie, 1. Band, Wien/Zürich 1950

[4] Rudolf Steiner: Geisteswissenschaft und Medizin, V. v. 8. IV. 1920, GA 312

[5] Ernst Kurth: Bruckner, 2. Band, Berlin 1925

[6] Fr. Oberkogler: Vom Ring zum Gral, Stuttgart 1978

[7] Hugo Riemann: Analyse von Bachs «Wohltemperiertem Klavier», Leipzig 1914

As-Dur / f-Moll

1 Rudolf Steiner: Die Kunst im Lichte der Mysterienweisheit, V. v. 29. XII. 1914, GA 275
2 Rudolf Steiner: Anthroposophie und Kosmosophie II. V. v. 28. X. 1921, GA 208
3 Hugo Riemann: Analyse von Bachs «Wohltemperiertem Klavier» Leipzig 1914
4 Paul Bekker: Beethoven, Berlin 1912
5 Rudolf Steiner: Eurythmie als sichtbarer Gesang, V. v. 27. II. 1924, GA 278
6 Oskar Adler: Das Testament der Astrologie, 1. Band, Wien/Zürich 1950
7 Robert v. Ranke-Graves: Griechische Mythologie, Hamburg 1986
8 Hans Gsänger: Ephesos, Freiburg/Breisgau 1959
9 Rudolf Meyer: Die Weisheit der deutschen Volksmärchen, Stuttgart 1950
10 Werner Schüpbach: Die Menschwerdung als zentrales Phänomen der Evolution in Goethes Darstellung der Klassischen Walpurgisnacht, Freiburg/Br. 1967
11 Fritz Högler: Geschichte der Musik, Wien 1949
12 Rudolf Steiner: Metamorphosen des Seelenlebens, V. v. 18. X. 1909, GA 58
13 Ernst Kurth: Bruckner, 2. Band, Berlin 1925
14 Max Auer: Anton Bruckner, Zürich/Leipzig/Wien 1932
15 Karl H. Wörner: Robert Schumann, Zürich 1949
16 Camille Bourniquel: Chopin, Hamburg 1986
17 Hermann Beckh: Die Sprache der Tonart, Stuttgart 1977

Es-Dur / c-Moll

1 Richard Wagner: Mein Leben, Leipzig 1914
2 Ernst Kurth: Bruckner, 2. Band, Berlin 1925
3 Sigismund v. Gleich: Die Wahrheit als Gesamtumfang aller Weltansichten, Stuttgart 1957
4 Robert Oboussier: Die Symphonien von Beethoven, Berlin/Wiesbaden 1937
5 Hugo Riemann: Analyse von Bachs «Wohltemperierten Klavier», Leipzig 1914
6 Oskar Adler: Das Testament der Astrologie, 1. Band, Wien/Zürich 1950
7 Rudolf Steiner: Anthroposophie als Kosmosophie II., V. v. 28. X. 1921, GA 208
8 Paul Bekker: Beethoven, Berlin 1912
9 Walter Niemann: Brahms, Berlin 1920
10 Michael Leinert: Carl Maria v. Weber, Hamburg 1978
11 Martin Hürlimann: Carl Maria v. Weber, Zürich 1973
12 Hugo Riemann: Ludwig van Beethovens sämtliche Klavier-Solosonaten, Berlin 1919

B-Dur / g-Moll

[1] Sigismund v. Gleich: Die Wahrheit als Gesamtumfang aller Weltansichten, Stuttgart 1957
[2] Robert Oboussier: Die Symphonien von Beethoven, Berlin/Wiesbaden 1937
[3] Hugo Riemann: Analyse von Bachs «Wohltemperiertem Klavier», Leipzig 1914
[4] Hermann Beckh: Die Sprache der Tonart, Stuttgart 1977
[5] Thr. Georgiades: Schubert – Musik und Lyrik, Göttingen 1967
[6] Rudolf Steiner: Die geistigen Wesenheiten in den Himmelskörpern und Naturreichen, V. v. 14. IV. 1912, GA 136
[7] Hermann Beckh: Vom Geheimnis der Stoffeswelt, Basel 1942
[8] Paul Bekker: Beethoven, Berlin 1912
[9] Karl H. Wörner: Robert Schumann, Zürich 1949
[10] Oskar Adler: Das Testament der Astrologie, 1. Band, Wien/Zürich 1950
[11] Hermann Beckh: Der kosmische Rhythmus im Johannes-Evangelium, Basel 1930
[12] Otto Jahn: W. A. Mozart, Leipzig 1891

F-Dur / d-Moll

[1] Paul Bekker: Beethoven, Berlin 1912
[2] Hermann Beckh: Die Sprache der Tonart, Stuttgart 1977
[3] Karl Geiringer: Joseph Haydn, Mainz 1959
[4] Hugo Riemann: Analyse von Bachs «Wohltemperiertem Klavier», Leipzig 1914
[5] Alfred Einstein: Mozart, Frankfurt 1968
[6] Oskar Adler: Das Testament der Astrologie, 1. Band, Wien/Zürich 1950
[7] Walter Niemann: Brahms, Berlin 1920
[8] Ernst Kurth: Bruckner, 1. Band, Berlin 1925
[9] Max Auer: Anton Bruckner, Zürich/Leipzig/Wien 1967
[10] Rudolf Steiner: Christus und die menschliche Seele, V. v. 12. VII. 1914, GA 155
[11] Richard Wagner: Zum Vortrag der neunten Symphonie Beethovens, Ges. Schriften und Dichtungen, 9. Band, Leipzig 1873
[12] Ernst Kurth: Bruckner, 2. Band, Berlin 1925
[13] Bernhard Paumgartner: Mozart, Zürich 1973
[14] Rudolf Steiner: Östliche und westliche Kultur in geisteswissenschaftlicher Beleuchtung, V. v. 23. u. 24. IX. 1921, in: Anthroposophie als Kosmosophie, 1. Teil, GA 207

Harmonikale Aspekte innerhalb des Quintenkreises

[1] Arnold Schönberg: Harmonielehre, Wien 1911
[2] DTV Wissenschaftliche Reihe: Béla Bartók, Weg und Werk

³ Rudolf Steiner: Kunst- und Lebensfragen, V.v. 23.V.1915, GA 162
⁴ Rudolf Steiner: Geistige Hierarchien und ihre Widerspiegelung in der physischen Welt, V.v. 13.IV.1909. GA 110
⁵ Charles Darwin: Über die Entstehung der Arten im Tier- und Pflanzenreich, Stuttgart 1859
⁶ Rudolf Steiner: Die Philosophie der Freiheit, GA 4

Zusammenfassung und Schlußbetrachtung

¹ Rudolf Steiner: Das Wesen des Musikalischen, V.v. 30.IX.1920, GA 283
² Rudolf Steiner: Das christliche Mysterium, V.v. 22.II.1907, GA 97

Epilog

¹ Ernst Kurth: Bruckner, 2. Band, Berlin 1925
² Rudolf Steiner: Das Initiatenbewußtsein, V.v. 22.VIII.1924, GA 243

Musikalisch-geisteswissenschaftliche Werkbesprechungen
von Dr. Friedrich Oberkogler im Novalis Verlag

DER FLIEGENDE HOLLÄNDER

von Richard Wagner

187 Seiten mit zahlreichen Notenbeispielen
Format 14 × 21 cm, gebunden mit Schutzumschlag

LOHENGRIN

von Richard Wagner

229 Seiten mit zahlreichen Notenbeispielen
Format 14 × 21 cm, gebunden mit Schutzumschlag

TANNHÄUSER

von Richard Wagner

255 Seiten mit zahlreichen Notenbeispielen
Format 14 × 21 cm, gebunden mit Schutzumschlag

Diese drei Werke nehmen in einer gewissen Weise die Problemstellungen von Wagners großen Musikdramen vorweg. Zum Gedenken an die hundertste Wiederkehr von Wagners Todestag sind die drei musikalisch-geisteswissenschaftlichen Besprechungen erschienen. Oberkogler hat sich ausschließlich auf das jeweilige Werk beschränkt und streng die Intentionen Wagners, soweit sie belegt sind, befolgt.

Friedrich Oberkogler

ZAUBERFLÖTE

Mozarts Mysterienspiel
und das Goethe-Fragment

228 Seiten, mit 8 Farbtafeln, Format 17 × 24 cm, gebunden

Indem uns die „Zauberflöte" immer wieder vor neue Geheimnisse stellt, uns stets dort das Wesentliche verbirgt, wo uns ihre Märchenpoesie scheinbar alles erzählt, wird sie uns immer mehr zu einem echten „Mysterium", zu einem Spiel von den tiefsten Geheimnissen des Lebens und der menschlichen Seele. Die vorliegende Betrachtung will dieses in der Oper verborgene Mysterium zum Fundament ihrer Untersuchung machen.

Goethe, der wie kaum ein zweiter den tiefen Mysteriengehalt des Werkes erkannt hat, wollte ihm sogar einen zweiten Teil folgen lassen, in welchem der Kampf der Dämonen gegen das Göttliche in aller Konkretheit zur Darstellung kommen sollte. Die Dichtung ist leider Fragment geblieben, doch umfangreich genug, um all die Weisheitsgehalte erkennen zu können, die in Mozarts Oper bereits veranlagt sind. Sie aufzuzeigen ist ebenfalls ein Anliegen des Buches, das damit zum Goethe-Gedenkjahr ein zu Unrecht in Vergessenheit gesunkenes Fragment Goethescher Poesie dem Leser in Erinnerung rufen möchte.

Ein Versuch, das Mysterium in der Zauberflöte zu deuten. Nicht zuletzt mit Hilfe der Dichtung Goethes, die den ganzen Weisheitsgehalt in dieser Mozartoper zu erkennen gibt.

Friedrich Oberkogler

VOM WESEN UND WERDEN DER MUSIKINSTRUMENTE

2. Auflage 1985

176 Seiten mit 94 Abbildungen
Format 20,6 × 29,5 cm, Leinen

In diesem Buch wird der Versuch einer geisteswissenschaftlichen Betrachtung der Musikinstrumente gewagt. Er soll Anregung sein für alle ausübenden Instrumentalisten zu weiterführendem Nachdenken und Forschen. Allen Musikfreunden möchte dadurch eine Vertiefung und Verlebendigung des Musikerlebnisses ermöglicht werden.
Die Frage nach dem Ursprung der Musikinstrumente – im vorliegenden Band werden die Instrumente, wie sie im klassischen Orchester verwendet werden, besprochen – stand schon immer am Ausgangspunkt der Instrumentenkunde und ihrer Forschung. Dem Autor, Friedrich Oberkogler, geht es aber um mehr als eine historische Instrumentenkunde. Er möchte die Beziehungen zwischen dem Wesen des Menschen und der von ihm geschaffenen Instrumente und deren Bedeutung für den seelisch-geistigen Entwicklungsgang der menschlichen Gesellschaft zur Darstellung bringen und sichtbar machen.
Die mittelalterliche Vorstellung einer „musica humana" – die Vorstellung des Menschen als Musik – verliert bei näherer Betrachtung, wie sie hier geübt wird, die gerne belächelte Naivität und erweist sich als ein Wissen, von dessen Umfang und Tiefe wir uns heute kaum mehr eine zureichende Vorstellung zu machen vermögen. Musik- und Instrumentengeschichte waren Bewußtseinsspiegel der Menschheit, und die vom Menschen erbauten Instrumente wurden verstanden als Abbilder seiner eigenen Wesenheit.
Von solchen Voraussetzungen her schildert Friedrich Oberkogler Werden und Wesen der Musikinstrumente, so, wie sie eigentlich im Zusammenhang mit dem Menschen verstanden werden müssen. Daraus werden neue Gesichtspunkte gewonnen, die für alle Freunde der Musik die Instrumentenkunde interessanter macht und ihnen ein vertieftes, in ihrem Wesen verankertes Verständnis der Musik vermittelt.

Friedrich Oberkogler

ZAUBERFLÖTE

Mozarts Mysterienspiel
und das Goethe-Fragment

228 Seiten, mit 8 Farbtafeln, Format 17 × 24 cm, gebunden

Indem uns die „Zauberflöte" immer wieder vor neue Geheimnisse
stellt, uns stets dort das Wesentliche verbirgt, wo uns ihre Märchenpoesie scheinbar alles erzählt, wird sie uns immer mehr zu einem
echten „Mysterium", zu einem Spiel von den tiefsten Geheimnissen
des Lebens und der menschlichen Seele. Die vorliegende Betrachtung
will dieses in der Oper verborgene Mysterium zum Fundament ihrer
Untersuchung machen.
Goethe, der wie kaum ein zweiter den tiefen Mysteriengehalt des
Werkes erkannt hat, wollte ihm sogar einen zweiten Teil folgen lassen, in welchem der Kampf der Dämonen gegen das Göttliche in aller
Konkretheit zur Darstellung kommen sollte. Die Dichtung ist leider
Fragment geblieben, doch umfangreich genug, um all die Weisheitsgehalte erkennen zu können, die in Mozarts Oper bereits veranlagt
sind. Sie aufzuzeigen ist ebenfalls ein Anliegen des Buches, das damit
zum Goethe-Gedenkjahr ein zu Unrecht in Vergessenheit gesunkenes Fragment Goethescher Poesie dem Leser in Erinnerung rufen
möchte.
Ein Versuch, das Mysterium in der Zauberflöte zu deuten. Nicht zuletzt mit Hilfe der Dichtung Goethes, die den ganzen Weisheitsgehalt
in dieser Mozartoper zu erkennen gibt.

Friedrich Oberkogler

VOM WESEN UND WERDEN DER MUSIKINSTRUMENTE

2. Auflage 1985

176 Seiten mit 94 Abbildungen
Format 20,6 × 29,5 cm, Leinen

In diesem Buch wird der Versuch einer geisteswissenschaftlichen Betrachtung der Musikinstrumente gewagt. Er soll Anregung sein für alle ausübenden Instrumentalisten zu weiterführendem Nachdenken und Forschen. Allen Musikfreunden möchte dadurch eine Vertiefung und Verlebendigung des Musikerlebnisses ermöglicht werden.

Die Frage nach dem Ursprung der Musikinstrumente – im vorliegenden Band werden die Instrumente, wie sie im klassischen Orchester verwendet werden, besprochen – stand schon immer am Ausgangspunkt der Instrumentenkunde und ihrer Forschung. Dem Autor, Friedrich Oberkogler, geht es aber um mehr als eine historische Instrumentenkunde. Er möchte die Beziehungen zwischen dem Wesen des Menschen und der von ihm geschaffenen Instrumente und deren Bedeutung für den seelisch-geistigen Entwicklungsgang der menschlichen Gesellschaft zur Darstellung bringen und sichtbar machen.

Die mittelalterliche Vorstellung einer „musica humana" – die Vorstellung des Menschen als Musik – verliert bei näherer Betrachtung, wie sie hier geübt wird, die gerne belächelte Naivität und erweist sich als ein Wissen, von dessen Umfang und Tiefe wir uns heute kaum mehr eine zureichende Vorstellung zu machen vermögen. Musik- und Instrumentengeschichte waren Bewußtseinsspiegel der Menschheit, und die vom Menschen erbauten Instrumente wurden verstanden als Abbilder seiner eigenen Wesenheit.

Von solchen Voraussetzungen her schildert Friedrich Oberkogler Werden und Wesen der Musikinstrumente, so, wie sie eigentlich im Zusammenhang mit dem Menschen verstanden werden müssen. Daraus werden neue Gesichtspunkte gewonnen, die für alle Freunde der Musik die Instrumentenkunde interessanter macht und ihnen ein vertieftes, in ihrem Wesen verankertes Verständnis der Musik vermittelt.

Friedrich Oberkogler

FAUST

Band I

Werkbesprechung und geisteswissenschaftliche Erläuterungen
424 Seiten, gebunden, Format 14 × 21 cm

Band II

Werkbetrachtung und geisteswissenschaftliche Erläuterungen
736 Seiten, gebunden Format 14 × 21 cm

Dieses Buch soll vor allem die spirituelle Seite von Goethes FAUST als Gegengewicht zur heutigen materialistischen Betrachtungsweise darstellen. Dr. Oberkogler versuchte die goethischen Intentionen, soweit sie durch Goethes eigene Aussagen belegt sind, streng zu befolgen.

Die Fragen, die bis zu den letzten Dingen reichen, sind der Grundnerv des Buches: Fragen nach Sinn und Mission unseres Menschseins, nach der Güte der Schöpfung und nach dem „Bösen, wie sie der Weg Faustens zeigt".

Mit besonderer Hoffnung wendet sich dieses Buch an alle jene, die Goethe verehren und denen der FAUST ein Wegbegleiter durch ihr Leben ist.

Dem mit der Geisteswissenschaft verbundenen Leser möge es Erfahrungen bringen mit Fortsetzung und Ergänzung der FAUST-Vorträge Rudolf Steiners.

Werkinterpretationen zum tieferen Verständnis
großer Dramen der Weltliteratur von Friedrich Oberkogler

DIE JUNGFRAU VON ORLEANS

von Friedrich Schiller

148 Seiten, Format 13,5 × 20,5 cm, gebunden mit Schutzumschlag

MACBETH

von William Shakespeare

157 Seiten, Format 13,5 × 20,5 cm, gebunden mit Schutzumschlag

Mit den beiden Werkinterpretationen will der Autor ein Gegengewicht zu den heute üblichen, rein materialistisch orientierten Interpretationen schaffen, deren geistige Zerstörungswut das Unvergängliche in der Kunst zu vernichten droht.
Wenn beispielsweise Schillers „Jungfrau" Idealisierung des Stoffes vorgeworfen wird, als eine den wahren Sachverhalt nicht wiedergebende Darstellung der historischen Jeanne d'Arc, so wird vergessen, daß Wahrheit und Sinneswirklichkeit nicht identisch zu sein brauchen. Der Versuch wird gewagt, die „erhöhte Wirklichkeit" in der „Jungfrau von Orleans" aufzuschließen.
Wenn nun weiter in Shakespeare's Macbeth-Drama nur ein einziges Thema, der Mord, erblickt wird, so wird Goethes Hinweis übersehen, daß die Werke des englischen Dramatikers viel weniger „sinnliche Tat" als „geistiges Wort" enthalten. Das eröffnet eine Perspektive, die erkennen lassen wird, daß wir es keineswegs bloß mit einem „Monothema" zu tun haben.

Bitte fordern Sie den Prospekt *„Bücher von Friedrich Oberkogler im Novalis Verlag"* an, der kostenlos zu beziehen ist durch Ihre Buchhandlung oder direkt beim Novalis Verlag, Steigstraße 59, CH-8200 Schaffhausen.